马克思主义理论研究
和建设工程重点教材

国际私法学

《国际私法学》编写组

主　编　黄　进
副主编　肖永平　吕岩峰
主要成员
（以姓氏笔画为序）
王　瀚　刘仁山　刘晓红
齐湘泉　杜焕芳　杜新丽
宋连斌　宣增益　郭玉军
谢石松

高等教育出版社·北京

二维码资源访问

使用微信扫描本书内的二维码,输入封底防伪二维码下的20位数字,进行微信绑定,即可免费访问相关资源。注意:微信绑定只可操作一次,为避免不必要的损失,请您刮开防伪码后立即进行绑定操作!

教学课件下载

本书有配套教学课件,供教师免费下载使用,请访问 xuanshu.hep.com.cn,经注册认证后,搜索书名进入具体图书页面,即可下载。

图书在版编目(CIP)数据

国际私法学/《国际私法学》编写组编. -- 北京：高等教育出版社,2023.3(2024.8重印)

马克思主义理论研究和建设工程重点教材

ISBN 978-7-04-058883-5

Ⅰ. ①国… Ⅱ. ①国… Ⅲ. ①国际私法-法的理论 Ⅳ. ①D997

中国版本图书馆 CIP 数据核字(2022)第 116463 号

国际私法学
GUOJI SIFA XUE

| 责任编辑 | 姜 洁　程传省 | 封面设计 | 王 鹏 | 版式设计 | 于 婕 | 责任校对 | 窦丽娜 |
| 责任印制 | 沈心怡 | | | | | | |

出版发行	高等教育出版社	网　　址	http://www.hep.edu.cn
社　　址	北京市西城区德外大街4号		http://www.hep.com.cn
邮政编码	100120	网上订购	http://www.hepmall.com.cn
印　　刷	涿州市星河印刷有限公司		http://www.hepmall.com
开　　本	787mm×1092mm　1/16		http://www.hepmall.cn
印　　张	31.25		
字　　数	520千字	版　　次	2023年3月第1版
购书热线	010-58581118	印　　次	2024年8月第5次印刷
咨询电话	400-810-0598	定　　价	62.00元

本书如有缺页、倒页、脱页等质量问题,请到所购图书销售部门联系调换

版权所有　侵权必究

物料号　58883-00

目 录

绪 论 ·· 1
  第一节 国际私法学的研究对象和研究方法 ··· 1
    一、国际私法学的概念与研究对象 ··· 1
    二、国际私法学的体系结构 ··· 1
    三、国际私法学的研究方法 ··· 2
  第二节 国际私法学的历史发展 ··· 5
    一、国际私法学在国外的历史发展 ··· 5
    二、国际私法学在中国的历史发展 ··· 9
  第三节 国际私法和国际私法学的地位 ··· 14
    一、国际私法在一国法律体系中的地位 ··· 14
    二、国际私法学在法学体系中的地位 ··· 15
    三、国际私法学与其他部门法学的关系 ··· 15
  第四节 学习国际私法学的意义和方法 ··· 17
    一、为什么要学习国际私法学 ··· 17
    二、怎样学习国际私法学 ··· 23

第一编 国际私法基本理论与方法

第一章 国际私法概论 ··· 29
  第一节 国际私法的调整对象与方法 ··· 29
    一、国际民商事法律关系及其调整方法 ··· 29
    二、国际民商事法律冲突及其解决方法 ··· 36
  第二节 国际私法的范围与体系 ··· 45
    一、国际私法的范围 ··· 45
    二、国际私法的体系 ··· 51
  第三节 国际私法的渊源与性质 ··· 54
    一、国际私法的渊源 ··· 54

二、国际私法的性质 ································ 64
第四节　国际私法的名称与定义 ································ 70
一、国际私法的名称 ································ 70
二、国际私法的定义 ································ 72
第五节　国际私法的历史与展望 ································ 74
一、国际私法的历史 ································ 74
二、国际私法的展望 ································ 94

第二章　法律适用理论与法律选择方法 ································ 98
第一节　法律适用理论 ································ 98
一、外国的法律适用理论 ································ 98
二、中国的法律适用理论 ································ 103
第二节　法律选择方法 ································ 106
一、冲突法方法与实体法方法 ································ 106
二、法域选择方法与规则选择方法 ································ 107
三、客观标志方法与主观选择方法 ································ 108
四、利益分析方法与功能分析方法 ································ 109
五、整体适用方法与分割适用方法 ································ 110

第三章　国际统一实体法理论与方法 ································ 113
第一节　国际统一实体法理论 ································ 113
一、国际统一实体法的概念 ································ 113
二、国际统一实体法的渊源 ································ 114
三、国际统一实体法的地位 ································ 117
第二节　国际统一实体法方法 ································ 119
一、国际实体法条约的适用方法 ································ 120
二、国际商事惯例的适用方法 ································ 123

第二编　国际民商事法律适用

第四章　冲突规范与准据法的确定 ································ 131
第一节　冲突规范与准据法 ································ 131

一、冲突规范 …………………………………………………………… 131
　　二、准据法 ……………………………………………………………… 141
第二节　定性 ……………………………………………………………………… 144
　　一、定性的概念 ………………………………………………………… 144
　　二、定性的依据 ………………………………………………………… 145
　　三、实体与程序 ………………………………………………………… 149
第三节　先决问题 ………………………………………………………………… 154
　　一、先决问题的概念 …………………………………………………… 154
　　二、先决问题的解决 …………………………………………………… 155
第四节　反致 ……………………………………………………………………… 156
　　一、反致的概念 ………………………………………………………… 156
　　二、反致的理论 ………………………………………………………… 160
　　三、反致的立法 ………………………………………………………… 161

第五章　准据法适用的一般问题 ……………………………………………… 163
第一节　强制性规定 ……………………………………………………………… 163
　　一、强制性规定的概念 ………………………………………………… 163
　　二、强制性规定的范围与效力 ………………………………………… 164
　　三、强制性规定的直接适用 …………………………………………… 168
第二节　法律规避 ………………………………………………………………… 171
　　一、法律规避的概念 …………………………………………………… 171
　　二、法律规避的构成 …………………………………………………… 172
　　三、法律规避的处理 …………………………………………………… 172
第三节　外国法的查明 …………………………………………………………… 174
　　一、外国法查明的概念 ………………………………………………… 174
　　二、外国法查明的责任与方法 ………………………………………… 175
　　三、外国法的解释 ……………………………………………………… 178
　　四、外国法无法查明与错误适用 ……………………………………… 180
第四节　公共秩序保留 …………………………………………………………… 185
　　一、公共秩序保留的概念 ……………………………………………… 185
　　二、公共秩序保留的理论 ……………………………………………… 186

三、公共秩序保留条款的立法与实践 …… 188

第六章 民事主体 …… 195
第一节 外国人的民商事法律地位 …… 195
一、外国人民商事法律地位的概念 …… 195
二、外国人在中国的民商事法律地位 …… 197
三、国家和国际组织的特殊法律地位 …… 199
第二节 自然人权利能力与行为能力 …… 203
一、自然人的国籍、住所与经常居所 …… 203
二、自然人权利能力的法律适用 …… 211
三、自然人行为能力的法律适用 …… 212
第三节 法人权利能力与行为能力 …… 213
一、法人的国籍与住所 …… 214
二、外国法人的认可 …… 218
三、法人权利能力和行为能力的法律适用 …… 220

第七章 婚姻家庭 …… 223
第一节 结婚 …… 223
一、结婚实质要件的法律适用 …… 223
二、结婚形式要件的法律适用 …… 226
第二节 夫妻关系 …… 229
一、夫妻人身关系的法律适用 …… 229
二、夫妻财产关系的法律适用 …… 230
第三节 离婚 …… 231
一、协议离婚的法律适用 …… 232
二、诉讼离婚的法律适用 …… 232
第四节 父母子女关系 …… 235
一、父母子女关系确认的法律适用 …… 236
二、父母子女权利义务关系的法律适用 …… 239
第五节 收养 …… 240
一、收养成立的法律适用 …… 240

二、收养效力的法律适用 ………………………………………… 241

　　三、收养终止的法律适用 ………………………………………… 242

第六节　扶养与监护 …………………………………………………… 244

　　一、扶养的法律适用 ……………………………………………… 244

　　二、监护的法律适用 ……………………………………………… 245

第八章　继承 …………………………………………………………… 248

第一节　法定继承 ……………………………………………………… 248

　　一、区别制与同一制 ……………………………………………… 248

　　二、法定继承的法律适用 ………………………………………… 250

第二节　遗嘱继承 ……………………………………………………… 251

　　一、遗嘱成立、撤销与解释的法律适用 ………………………… 252

　　二、遗嘱效力的法律适用 ………………………………………… 256

第三节　无人继承遗产 ………………………………………………… 257

　　一、无人继承遗产归属的理论 …………………………………… 257

　　二、无人继承遗产归属的法律适用 ……………………………… 258

第四节　遗产管理 ……………………………………………………… 259

　　一、遗产管理的理论 ……………………………………………… 259

　　二、遗产管理的法律适用 ………………………………………… 260

第九章　物权 …………………………………………………………… 262

第一节　不动产物权与动产物权 ……………………………………… 262

　　一、不动产物权的法律适用 ……………………………………… 262

　　二、动产物权的法律适用 ………………………………………… 265

第二节　船舶物权与民用航空器物权 ………………………………… 272

　　一、船舶物权的法律适用 ………………………………………… 272

　　二、民用航空器物权的法律适用 ………………………………… 274

第三节　有价证券与权利质权 ………………………………………… 277

　　一、有价证券的法律适用 ………………………………………… 277

　　二、权利质权的法律适用 ………………………………………… 279

第十章 合同 ... 281
第一节 一般原理 ... 281
一、合同法律适用的理论与方法 ... 282
二、合同法律适用的一般规则 ... 286
三、中国涉外合同法律适用的一般规定 ... 293
第二节 特殊规则 ... 297
一、劳动合同的法律适用 ... 297
二、消费合同的法律适用 ... 300
三、投资合同的法律适用 ... 302

第十一章 侵权 ... 304
第一节 一般原理 ... 304
一、侵权法律适用的理论与方法 ... 304
二、侵权法律适用的一般规则 ... 308
三、中国涉外侵权法律适用的一般规定 ... 312
第二节 特殊规则 ... 314
一、人格侵权的法律适用 ... 314
二、网络侵权的法律适用 ... 315
三、产品责任的法律适用 ... 317
四、污染侵权的法律适用 ... 318
五、航空侵权的法律适用 ... 319
六、道路交通事故侵权的法律适用 ... 321

第十二章 知识产权 ... 323
第一节 知识产权的确权与效力 ... 323
一、知识产权确权与效力的界定 ... 323
二、知识产权确权与效力的法律适用 ... 324
第二节 知识产权的转让与许可使用 ... 325
一、知识产权转让与许可使用的界定 ... 326
二、知识产权转让与许可使用的法律适用 ... 326
第三节 知识产权的侵权 ... 327

一、知识产权侵权的界定 ·· 328
　　二、知识产权侵权的法律适用 ·· 329

第十三章　其他民商事关系 ··· 332

第一节　代理 ··· 332
　　一、代理内部关系的法律适用 ·· 332
　　二、代理外部关系的法律适用 ·· 334

第二节　票据 ··· 335
　　一、票据签发的法律适用 ·· 336
　　二、票据流转的法律适用 ·· 337
　　三、票据追索的法律适用 ·· 337

第三节　海事 ··· 338
　　一、船舶碰撞的法律适用 ·· 338
　　二、共同海损理算的法律适用 ·· 339
　　三、海事赔偿责任限制的法律适用 ···································· 340

第四节　信托与破产 ··· 340
　　一、信托的法律适用 ··· 340
　　二、破产的法律适用 ··· 343

第五节　不当得利与无因管理 ··· 346
　　一、不当得利的法律适用 ·· 346
　　二、无因管理的法律适用 ·· 348

第三编　国际民商事争议解决

第十四章　国际民商事争议及其解决机制 ····························· 353

第一节　国际民商事争议概述 ··· 353
　　一、国际民商事争议的概念 ··· 353
　　二、国际民商事争议的类型 ··· 355

第二节　国际民商事争议解决机制 ······································· 356
　　一、国际民商事争议解决机制的概念及类型 ······················· 356
　　二、替代性争议解决方式 ·· 357

  三、协商 ·· 361
  四、调解 ·· 363
 第三节　国际民商事司法与行政合作 ·· 368
  一、国际民商事司法与行政合作的概念 ······································ 368
  二、国际民商事司法与行政合作的发展 ······································ 369
  三、国际民商事司法与行政合作的方法 ······································ 370

第十五章　国际民事诉讼 ·· 376
 第一节　国际民事诉讼概述 ·· 376
  一、国际民事诉讼的概念 ··· 376
  二、国际民事诉讼当事人的地位 ·· 377
 第二节　国际民事诉讼管辖权 ·· 381
  一、国际民事诉讼管辖权的概念 ·· 381
  二、国际民事诉讼管辖权的确定 ·· 382
 第三节　国际民事司法协助 ·· 391
  一、国际民事司法协助的概念 ·· 391
  二、域外送达 ·· 393
  三、域外取证 ·· 396
 第四节　外国法院判决的承认与执行 ·· 399
  一、承认与执行外国法院判决的概念 ·· 400
  二、承认与执行外国法院判决的条件 ·· 401
  三、承认与执行外国法院判决的程序 ·· 405

第十六章　国际商事仲裁 ·· 409
 第一节　国际商事仲裁的概念和性质 ·· 409
  一、国际商事仲裁的概念 ··· 409
  二、国际商事仲裁的性质 ··· 412
 第二节　国际商事仲裁协议 ·· 415
  一、国际商事仲裁协议概述 ··· 415
  二、国际商事仲裁协议的独立性 ·· 417
 第三节　国际商事仲裁的法律适用 ··· 420

一、仲裁协议的法律适用 …………………………………………………… 420
　　二、仲裁程序的法律适用 …………………………………………………… 422
　　三、仲裁实体问题的法律适用 ……………………………………………… 422
第四节　国际商事仲裁裁决的撤销 ……………………………………………… 423
　　一、撤销仲裁裁决概述 ……………………………………………………… 423
　　二、撤销仲裁裁决的条件与程序 …………………………………………… 425
　　三、重新仲裁 ………………………………………………………………… 426
第五节　国际商事仲裁裁决的执行 ……………………………………………… 428
　　一、本国涉外仲裁裁决的执行 ……………………………………………… 428
　　二、外国仲裁裁决的承认与执行 …………………………………………… 429

第四编　区际民商事法律问题

第十七章　区际民商事法律冲突 ……………………………………………… 435
第一节　区际法律冲突概述 ……………………………………………………… 435
　　一、法域与区际法律冲突 …………………………………………………… 436
　　二、区际法律冲突的解决 …………………………………………………… 438
第二节　"一国两制"与中国区际法律冲突 …………………………………… 443
　　一、中国区际法律冲突的产生 ……………………………………………… 443
　　二、中国区际法律冲突的特点 ……………………………………………… 445
　　三、中国区际法律冲突的解决 ……………………………………………… 447

第十八章　区际民商事司法协助 ……………………………………………… 454
第一节　区际司法协助概述 ……………………………………………………… 454
　　一、区际司法协助的定性和特征 …………………………………………… 454
　　二、区际民商事司法协助的范围和主体 …………………………………… 457
　　三、区际司法协助的模式 …………………………………………………… 458
第二节　中国区际司法协助 ……………………………………………………… 460
　　一、送达 ……………………………………………………………………… 460
　　二、取证 ……………………………………………………………………… 464
　　三、判决的认可和执行 ……………………………………………………… 467

四、仲裁裁决的认可和执行 …………………………………… 473

阅读文献 ………………………………………………………… 479
人名译名对照表 ………………………………………………… 481
后　　记 ………………………………………………………… 484

绪 论

国际私法是一个独立的法律部门，是人类社会发展到一定阶段的产物。国际私法学则是伴随着国际私法的产生而产生的。国际私法学是法学的一个重要分支学科。"国际私法"一词通常有两种含义：一是指国际私法，二是指国际私法学，两者时常混用。但为了更加明确地表达，本书使用的"国际私法"概念，只指国际私法，不指国际私法学。

第一节 国际私法学的研究对象和研究方法

一、国际私法学的概念与研究对象

法学是以法律及其相关社会现象为研究对象的学问。由于其研究对象——法律，因调整对象的不同形成了不同的法律部门或者法律分支，法学因研究不同的法律部门或者法律分支，也形成了不同的分支学科。国际私法学的研究对象就是国际私法及其相关社会现象，亦即国际私法学是以国际私法及其相关社会现象为研究对象的学问。国际私法学不仅要研究本国的国际私法，也要研究外国的国际私法；不仅要研究国内的国际私法，也要研究国际的国际私法；不仅要研究国际私法理论，也要研究国际私法实践；不仅要研究国际私法制度、规则，也要研究国际私法实施的体制、机制；不仅要研究国际私法的过去，也要研究国际私法的现状与未来。

二、国际私法学的体系结构

国际私法学体系，又称为国际私法理论体系，是指国际私法学者基于其对国际私法的认识所建立的学说体系。国际私法有其自身的体系，但由于学者们对国际私法的认识各不相同，因而国际私法学体系多种多样，主要有如下几类：

（1）依本国民商法体系或比较民商法体系建立国际私法学体系，这种理论体系仅讨论涉外民商事关系的法律适用问题，俗称"小国际私法学"体系。

（2）将国际私法分为外国人的民事法律地位、冲突规范和国际民事诉讼及国际商事仲裁三大部分，并在此基础上建立国际私法学体系，俗称"中国际私法学"体系。

（3）将国际私法分为外国人的民事法律地位、冲突规范、国际统一实体规范和国际民事诉讼及国际商事仲裁四大部分，并在此基础上建立国际私法学体系，俗称"大国际私法学"体系。有的学者还主张在"大国际私法学"体系中将一国制定的专门用来调整涉外民商事关系的实体法规范，即所谓的"国内专用实体规范"列入其中。[①]

（4）将管辖权、法律适用和外国法院判决的承认与执行视为国际私法或冲突法的核心内容，并围绕这三大主要问题建立国际私法学体系，通常称为英美普通法体系。

（5）在依顺序讨论国籍、外国人的地位、法律冲突、国际管辖权和外国法院判决的承认与执行问题的基础上建立国际私法学体系，通常称为法国体系。

基于对国际私法的调整对象与方法、范围与体系、渊源与性质、名称与定义的认识，考虑到国际私法的实践逻辑和满足国际私法教学需要，本书分四编：第一编是国际私法基本理论与方法，讨论国际私法的调整对象与方法、范围与体系、渊源与性质、名称与定义、历史与展望、法律适用理论与法律选择方法以及国际统一实体法的理论与方法；第二编是国际民商事法律适用，讨论冲突规范与准据法的确定，准据法适用的一般问题，以及民事主体、婚姻家庭、继承、物权、合同、侵权、知识产权、其他民商事关系的法律适用；第三编是国际民商事争议解决，讨论国际民商事争议及其解决机制、国际民事诉讼、国际商事仲裁；第四编是区际民商事法律问题，讨论区际民商事法律冲突和区际民商事司法协助。

三、国际私法学的研究方法

学习和研究国际私法必须掌握和运用科学的研究方法，尤其必须掌握和运用马克思主义方法论，也就是辩证唯物主义和历史唯物主义的立场观点方法。方法论对于人类认识世界和改造世界具有重大意义。恩格斯说过："马克思的整个世界观不是教义，而是方法。它提供的不是现成的教条，而是进一步研究的

[①] 韩德培主编、肖永平主持修订：《国际私法》（第三版），高等教育出版社、北京大学出版社2014年版，第5—6页；姚壮、任继圣：《国际私法基础》，中国社会科学出版社1981年版，第3—8页。

出发点和供这种研究使用的方法。"① 马克思主义立场观点方法特别强调坚持人民立场，以人为本，促进人的自由全面发展；坚持存在决定意识，生产力决定生产关系，经济基础决定上层建筑；坚持解放思想、实事求是、与时俱进、求真务实，一切从实际出发；坚持问题导向，具体问题具体分析；坚持客观、全面地揭示事物的本质及其规律，尊重客观规律，按规律办事；坚持理论联系实际，实践是检验真理的唯一标准。学习和研究国际私法，应坚持以马克思主义为指导，深入学习马克思列宁主义、毛泽东思想、邓小平理论、"三个代表"重要思想、科学发展观、习近平新时代中国特色社会主义思想。习近平新时代中国特色社会主义思想是马克思主义中国化时代化的最新成果，蕴含着丰富的辩证唯物主义和历史唯物主义方法。党的二十大报告指出："我们坚持以马克思主义为指导，是要运用其科学的世界观和方法论解决中国的问题，而不是要背诵和重复其具体结论和词句，更不能把马克思主义当成一成不变的教条。"而且，"首先要把握好新时代中国特色社会主义思想的世界观和方法论，坚持好、运用好贯穿其中的立场观点方法"。我们要学懂弄通习近平新时代中国特色社会主义思想所体现的立场观点方法，坚持人民至上、自信自立、守正创新、问题导向、系统观念和胸怀天下，深入贯彻落实习近平法治思想中的统筹推进国内法治和涉外法治观，以及协调推进国内治理和国际治理的方法，努力解决新时代中国在参与国际民商事交往中出现的新矛盾、新问题，不断提高国际私法理论水平和实践能力。

学习和研究国际私法要坚持以马克思主义为指导，特别要掌握以下研究方法。

(一) 理论联系实际方法

理论联系实际方法，亦称为"理论同实际相结合"的方法。在中国共产党的实践中，理论联系实际就是把马克思主义基本原理同中国的具体实际和时代特点相结合。理论联系实际体现了认识与实践相统一、矛盾的普遍性和矛盾的特殊性相联系的马克思主义的认识论和辩证法。理论联系实际是中国共产党一贯坚持的思想路线的要求，是中国共产党的三大作风之一。坚持和发展马克思主义，必须同中国具体实际相结合。理论联系实际方法是一种以问题为导向的学习和研究方法。在学习和研究国际私法的过程中，我们要养成理论联系实际的思维方式：一要从实际出发，实事求是，知晓实际情况，善于发现问题；二

---

① 《马克思恩格斯文集》第 10 卷，人民出版社 2009 年版，第 691 页。

要重视理论学习，谙熟理论知识，掌握理论武器；三要将学习和研究国际私法理论与相关国际私法立法、执法、司法和法律服务实践，与国际私法案例或国际私法事件结合起来思考和分析，形成自己的看法、评价、意见或建议，实事求是地解决问题。

（二）比较分析方法

比较法学是法学的一个分支，而比较分析方法是法学的重要研究方法。比较分析方法，简称比较方法，又称比较法方法，就是通过对不同法律制度的比较分析，研究法律制度生成和发展一般规律的方法。比较法学与国际私法学有着天然的联系，比较法学是国际私法学之母。学习和研究国际私法必须掌握比较分析方法，因为比较分析方法是国际私法学的基本研究方法，它不仅要在比较不同国家或地区的民商法律制度的异同基础之上分析法律冲突及其解决方式，而且要对不同国家或地区的国际私法制度以及国际上统一的国际私法制度进行比较研究。

（三）规范研究方法

规范研究方法对法律制度的研究具有特别重要的意义。规范研究方法是演绎推理的方法，即根据假设，按事物内在联系运用逻辑推理得出结论的方法。学习和研究国际私法，一方面，要对国际私法规范进行解释、注释、诠释，作字义、词义、语义分析，明了其真实含义；另一方面，要根据一定的理论原则或价值标准对国际私法规范以及这些规范在现实生活中的运行进行是非曲直、优劣高下判断，回答"应该是什么"的问题。

（四）历史研究方法

在学习和研究国际私法的过程中，历史研究方法无疑也是十分重要的方法。这一方法能使我们正确了解国际私法产生和发展的历史条件；通过揭示不同制度与理论产生的社会背景和它们的历史作用，使我们透过似乎纯粹抽象的公式，了解不同的立法处理都具有特定的生活内容和社会职能。国际私法之所以能够在13、14世纪的意大利北部城邦国家之间发展起来，就是因为其反映了当时社会对自由贸易的需要。而此后之所以停滞一段时期，是因为欧洲的封建统治阶级企图保护他们自己的利益以对抗正在崛起的资产阶级。此后的发展，也无不表现出各个时代、各个国家的政治、经济对国际私法学说与制度的直接影响。它们在不同历史条件下的意义是有区别的，反映不同的经济关系，并受到不同国家之间经济实力消长的影响。因此，国际私法的历史研究方法，要求我们必须把国际私法作为建立在一定经济基础之上的上层建筑对待，它的各种学说与制度，必须到当时的社会物质生活条件中探求根源。国际私法的历史研究方法，还有助于我们通过了解国际私法的过去和现在，预见它未来的发展道路和前景。

（五）实证研究方法

实证研究方法作为一种研究范式，是通过对研究对象大量的观察、实验和调查，获取客观材料，从个别到一般，归纳出事物的本质属性和发展规律的一种研究方法。它包括调查研究、实地考察、统计分析、个案剖析、科学实验、评估研究等具体操作方法。实证研究方法与规范研究方法相对应，但不同于规范研究方法，它以实践为研究起点，重视研究中的第一手资料，认为经验是科学的基础，回答"是什么"或"怎么样"的问题，强调具体问题具体分析。学习和研究国际私法，要特别强调实证研究方法的运用，注意从国际私法案例、事件、司法实践入手研究国际私法现象，回答国际私法问题。

第二节　国际私法学的历史发展

一、国际私法学在国外的历史发展

（一）法则区别说时代

国际私法学发轫于古代欧洲。国际私法最初是以学说和理论的形式出现的，故有"学说法"之称。从 13 世纪到 18 世纪，在长达 5 个世纪的时间里，作为"学说法"的"法则区别说"一直居统治地位，在国际私法学发展史上形成法则区别说时代。法则区别说时代包括意大利法则区别说、法国法则区别说和荷兰法则区别说三个时期。

从 13 世纪开始，以意大利法学家巴托鲁斯（1314—1357）和巴尔都斯（1327—1400）为代表的后期注释学派（the post-glossators）逐渐创立一种冲突法学说，称为意大利法则区别说（Italian theory of statutes）。后期注释学派学者为解决法律冲突问题，从法律规则的性质分类入手，将法律规则归为人的法则、物的法则和混合法则三大类，并针对每一类法则确定了一条解决法律冲突的原则。该学说不仅试图回答为什么要适用外国法的问题，而且试图归纳出一些普遍适用的解决法律冲突的原则，为冲突法进一步发展奠定了理论基础。

15、16 世纪的法国虽然在政治上已经统一，但在法制方面各省仍然适用原来的习惯法。这样，随着各省民众之间以及法国人同外国人之间交往的发展，法律冲突问题被提到了法学界面前。法国法学界在研究、接受意大利法则区别说的同时，形成了法国法则区别说（French theory of statutes），法则区别说的中心便从意大利转移到法国。① 法国法则区别说有两位代表人物：一位是杜摩兰（1500—1566），另一位是达让特莱（1519—1590）。前者提出了国际私法上的意思自治理论，后者则强调了自己的属地主义主张。

荷兰法则区别说（Dutch theory of statutes）起源于16世纪末，形成于17世纪，延续至18世纪。它是以荷兰法学家胡伯（1636—1694）为代表的荷兰学者继承和发展的一种法则区别说。由于荷兰学者特别崇尚达让特莱的属地主义主张，故荷兰法则区别说是在达让特莱的属地主义主张的基础上发展起来的，最终形成了法则区别说中的荷兰学派（the Dutch school）。荷兰法则区别说的形成使法则区别说的发展中心从法国转移到荷兰。荷兰学者在继承达让特莱学说的基础上提出了"礼让说"（doctrine of comity）。这一学说特别强调主权原则，因而也特别强调法律的属地性，即只在制定它们的主权者域内有效，适用外国法不是基于它本身有什么域外效力，而是内国出于"礼让"的考虑。

(二) 近代国际私法学

从18世纪下半叶到19世纪末为近代国际私法学时期。在这个时期，随着成文的国内国际私法立法从无到有并逐渐增多以及国际私法统一化运动的开展，从19世纪下半叶开始，国际私法学发展的一个明显标志就是理论上从把国际私法学说建立在对法则本身性质的分析上逐渐转到对法律关系性质的分析上。

这一发展时期值得一提的理论和学说如下：

一是萨维尼（1779—1861）的"法律关系本座说"（Sitz des Rechtsverhältnisses）。萨维尼在他1849年出版的《现代罗马法体系》（*System des Heutigen Römischen Rechts*）一书第八卷提出了"法律关系本座"理论。他从普遍主义的观点出发，主张为了使涉外案件无论在什么地方审理均能适用同一个法律，得到一致的判决，各涉外民事关系适用的法律只应是依法律关系本身性质确定的其"本座"（Sitz）所在地的法律。在他看来，"本座"是涉外民事关系在性质

---

① Friedrich K. Juenger, *Choice of Law and Multistate Justice*（《法律选择与涉外司法》），Martinus Nijhoff Publishers, 1993, pp. 16-19.

上归属的地点。借助于法律关系"本座"的概念，人们可以通过对各种法律关系性质的分析，方便地制定出各种双边冲突规范去指导法律的选择。萨维尼的"法律关系本座说"从法律关系的性质出发研究和确定法律选择，开辟了一条解决法律冲突、进行法律选择的新路子，被国际私法学者卡恩-弗罗因德认为是国际私法学发展史上的"哥白尼革命"（Copernican revolution）。①

二是斯托里（1779—1845）的"礼让说"。斯托里接受和吸取了荷兰法则区别说，特别是胡伯的学说，并以胡伯的礼让说为其理论体系的基础，结合美国本身的司法实践，创立了自己的"礼让说"。斯托里特别强调一国法律要在他国取得效力，必须取得他国法律和制度明示或默示的同意。因此，他得出结论：一国适用外国法完全是基于礼让（ex comitate），而不是基于义务（ex jure）。斯托里的学说强调了主权和法律的属地性。

三是孟西尼（1817—1888）的"国籍国法说"。孟西尼主张以当事人的国籍国法或本国法为属人法的国籍主义。他提出了以国籍主义为核心的国际私法三原则，即国籍原则（又称本国法原则）、主权原则（又称公共秩序原则）和自由原则（又称意思自治原则）。② 在孟西尼的国籍主义思想影响下，认为属人法就是当事人的住所地法的旧观念逐渐被属人法既可以是住所地法也可以是国籍国法的新观念所取代。

四是戴西（1835—1922）的"既得权说"（doctrine of vested rights）。在19世纪以前，英国没有自己的国际私法学。19世纪上半叶，英国的国际私法学深受美国斯托里"礼让说"的影响。到19世纪下半叶，英国国际私法学才逐渐形成有别于美国斯托里的学说的理论，这一理论就是戴西主张的"既得权说"。戴西学说的核心就是一国法院在利用外国法律处理涉外案件时，它并不是承认和执行外国法，而是承认和执行依据外国法取得的权利。他的主张得到美国哈佛大学教授比尔的热烈响应和宣扬。1934年，比尔主持编纂的美国《冲突法重述》接受了戴西的既得权说，并在美国加以全面推广，从而结束了斯托里的"礼让说"在美国国际私法学中的统治地位。

（三）现当代国际私法学

随着人类进入20世纪，国际私法学的发展也步入新纪元。国际私法学说

---

① O. Kahn-Freund, *General Problems of Private International Law*（《国际私法一般问题》），Sijhoff, 1976, p. 98.
② 关于孟西尼的学说，参见［德］马丁·沃尔夫：《国际私法》，李浩培、汤宗舜译，法律出版社1988年版，第61—64页。

百花齐放、百家争鸣，国际私法理论繁荣发展，不断推动着国际私法立法和司法实践的改革和创新。现当代国际私法学在一百多年的发展过程中，有如下值得关注的表征：

一是对传统国际私法理论的挑战与变革。在这场变革中，美国国际私法学界无疑起了领头作用。这股变革的浪潮起源于20世纪30年代。1934年，美国哈佛大学法学院比尔教授主持编纂的贯穿传统的"既得权说"的《冲突法重述》出版。但就在该重述问世的前后，"既得权说"受到库克、洛伦森和卡弗斯等人的尖锐批评，代之以库克所提倡的"本地法说"和卡弗斯的"规则选择说"或"结果选择说"。第二次世界大战（以下简称"二战"）后，美国的国际私法学说迅速发展，学者们对传统的国际私法，尤其是它那通过冲突规范去选择适用准据法的"呆板的""机械的"方法，纷纷予以猛烈抨击，并各自提出了独树一帜的新学说。例如，卡弗斯的"优先原则说"、柯里的"政府利益分析说"、艾伦茨威格的"法院地法说"、莱弗拉尔的"较好法律说"、冯·迈伦和特劳特曼的"功用分析说"或"多州法则说"以及里斯的"最重要联系说"等。这些学说虽然有的十分激烈，有的较为温和，但都积极主张变革传统的国际私法，以适应现代条件下日趋复杂的涉外关系。这些主张变革的新学说，不但在美国法学界引起了广泛的注意和热烈的讨论，在其他一些国家也受到关注并产生了不可忽视的影响。①

二是苏联及东欧国家的国际私法学的兴起与衰退。谈到20世纪的国际私法学，不能不提到苏联及东欧国家的国际私法学。十月社会主义革命以后，苏联及东欧国家逐渐建立了自己的国际私法学，形成所谓的"对外政策学派"。②这个学派学说的出发点是国家的对外政策，认为一个国家的国际私法的内容取决于该国对外政策确定的任务。隆茨是苏联国际私法学的代表人物。苏联和东欧国家的国际私法学还有一个很大的特点，就是在国际私法的范围上，突破了西方国际私法理论的传统观念，认为国际私法除包括冲突规范、外国人的民事法律地位规范、国际民事诉讼程序规范外，还包括国际统一实体规范。苏联解体、东欧剧变后，苏联及东欧国家的国际私法学逐渐衰退。

三是注重对国际私法的法律选择方法的创新。比如说，美国里斯提出的

---

① 韩德培、韩健：《美国国际私法（冲突法）导论》，法律出版社1994年版，第2—3页。
② 《中国大百科全书·法学》，中国大百科全书出版社1984年版，第73页。

"最重要联系说",推进了最密切联系原则等弹性连结原则被广泛采用。又比如说,美国柯里关于应根据有关国家的政府利益来选择法律的主张,美国卡弗斯关于应按优先原则对法律规则进行审查后再选择法律的主张,使得政策定向和结果选择的方法在法律选择中受到重视。再比如说,希腊弗朗西斯卡基斯提出的"直接适用的法"理论导致一些国际私法立法采用了强制性规定直接适用制度。另外,英国诸多学者对于"合同自体法"理论的强调和瑞士学者施尼策尔提出的"特征性履行"主张,无不反映出在合同法律选择方面当事人意思自治原则的强化和最密切联系原则的具体化。

四是关注和展望国际私法未来发展趋势。在国际私法学者看来,冲突法与实体法相结合、公法与私法相结合、普通法系与大陆法系的相互融合、国内国际私法的法典化、优先适用法院地法和内国法、国际私法的趋同化与统一化、法律选择上传统的"分配法"与重视政策定向和结果选择相结合、法律适用上"明确性"与"灵活性"相结合等,是当今国际私法发展的趋势。

五是国际的国际私法研究得到加强。国际私法统一化运动始于19世纪下半叶,在20世纪特别是"二战"后得到了全面的发展。国际私法的统一,不仅是指传统冲突法(包括管辖权、法律适用和外国判决的承认与执行)的统一,亦指实体私法的统一、其他民事诉讼程序规则的统一以及仲裁法的统一。在国际私法统一化运动中,海牙国际私法会议、国际统一私法协会、联合国、欧盟、美洲国家组织、国际商会等政府间和非政府间国际组织发挥了重大作用,推动制定了许多国际私法国际条约,成文固化了许多国际商事规则。这些国际私法统一化的成果,得到国际私法学者的极大重视,成为其研究对象并产出了大量的研究成果。国际的国际私法研究的加强,促成了从特殊主义向普遍主义回归的国际私法思潮,催生了以德国拉贝尔为代表的"比较国际私法学派",成为现当代国际私法学的一大亮点。

二、国际私法学在中国的历史发展

中国国际私法学术研究始于19世纪末。以1949年中华人民共和国成立为标志,大致可以分前后两个时期:前一个时期为清末与民国时期,后一个时期为中华人民共和国时期。

(一)清末与民国时期

清朝末年,国外的国际公法学和国际私法学逐渐传入中国。刚开始,有一些外文国际公法、国际私法著述被翻译成中文，如丁韪良翻译的《万国公法》、傅兰雅翻译的《各国交涉便法论》。清光绪三十一年（1905年）出版的法律丛书——"法政粹编"中就有一本《国际私法》，同年出版的"法政丛书"中也有郭斌编写的《国际私法》。清光绪三十三年（1907年），傅疆编写的《国际公私法》出版，该书被列入"法政讲义"丛书。清宣统三年（1911年），熊元楷等编写的《国际私法》也被列入"京师法律学堂笔记"丛书得以出版。① 辛亥革命后，随着1918年中国第一部国际私法立法即《法律适用条例》的颁布，以及海外学习国际私法的学者陆续归来，研究国际私法的学者增多，出版的国际私法著作也逐渐多了起来，陈顾远、周敦九、梅仲协、徐砥平、阮毅成、唐纪翔、翟楚、郭云观、燕树棠、卢峻、费青、李浩培、韩德培等学者先后发表了自己的国际私法著作和论文，开启了中国国际私法的学术研究。上述这些著作要么受到法、德、日等大陆法系国家国际私法理论的影响，要么受到英、美等普通法系国家国际私法理论的影响，多为对国外国际私法学说的转述、传播、解释和运用，尽管有的著作已构建起自成一体的知识体系，但大都尚未形成自己独立、成熟或完善的理论体系。当然，它们对国际私法知识在中国的普及起到了重要的启蒙作用，推动了中国国际私法学的形成和发展。特别值得一提的是，燕树棠、郭云观等学者还对《法律适用条例》进行了专门研究，提出过修正草案。

（二）中华人民共和国时期

在中华人民共和国成立后、实行改革开放前这一阶段，中国没有国人撰写的国际私法著作出版，仅有屈指可数的几本翻译的国际私法著作和文集问世，如人民出版社于1951年出版的隆茨著的《国际私法》、大东书局于1951年出版的隆茨著的《苏联国际私法教程》、中国人民大学出版社于1956年出版的乌·姆·柯列茨基著的《英美国际私法的理论和实践概论》、世界知识出版社于1959年出版的隆茨等著的《国际私法论文集》以及商务印书馆于1963年出版的托马斯著的《国际私法》等。20世纪50年代后期培养出来的中国国际私法学者大多受到这些学术成果的影响。

党的十一届三中全会后，中国开始实行改革开放政策，一手抓经济建设，一手抓民主法制建设，中国国际私法的教学和研究工作随之进入蓬勃发展时

---

① 高树异主编：《国际私法》，吉林大学出版社1985年版，第49—50页。

期。1981年，姚壮和任继圣教授合著的《国际私法基础》由中国社会科学出版社出版，这是新中国国际私法的拓荒之作。而由韩德培教授主编并由武汉大学出版社于1983年出版的高等学校法学教材《国际私法》，则是新中国成立以来第一本国际私法全国统编教材。随着中国国际私法法治建设的不断发展，中国国际私法的理论研究工作也不断取得丰硕的成果。从1985年开始，中国国际私法著述的出版或发表犹如雨后春笋。这些国际私法著述的大量出现是中国国际私法学繁荣发展的重要标志。

中国国际私法研究虽已涉及国际私法方方面面的问题，但更注重研究国际私法基础理论以及中国改革开放过程中产生的重大国际私法理论和实践问题，比如中国国际私法立法及法典化，中国对香港、澳门恢复行使主权后以及海峡两岸人民交往中亟须解决的法律冲突与司法协助问题，国际私法的晚近发展趋势，国际私法的统一化和趋同化，海牙国际私法公约研究，海事国际私法，合同、侵权行为、公司、票据、知识产权、法律行为和代理的法律适用，国际私法上的意思自治原则与最密切联系原则，国际商事争议解决机制，涉外民商事、海事案件的管辖权，国际司法协助，外国判决和仲裁裁决的承认与执行等。这表明中国国际私法研究坚持问题导向，研究质量和水平在不断提高，理论研究逐渐务实。同时，中国国际私法学者开始向国外推介中国国际私法的理论研究成果，他们或同外国学者合作，或独立用外文撰写国际私法专著和论文，并不时在国外出版或发表，极大地推进了中外国际私法交流，丰富了中国国际私法的理论文库。

国际私法的教学和研究历来是相辅相成和互相促进的。20世纪80年代以来，在国际私法教学方面，国际私法课程不仅在高等学校法学院系开设，还进入了电大、职大、夜大、函大、自学考试以及各省、直辖市、自治区的政法管理干部院校的教学领域。在国际私法教材方面，不仅有高等学校统编教材，而且有许多具有地方特色或院校特色的教材，还有国家开放大学统编教材和全国自学考试统编教材。在国际私法专业研究生培养方面，许多高等学校法学院系不仅培养了一大批国际私法专业硕士研究生，而且自1984年武汉大学法学院国际法研究所招收和培养国际私法专业博士研究生开始，已培养出一批国际私法专业的法学博士。国际私法专业的硕士生和博士生本身也是一支重要的研究力量，他们的不少博士论文和硕士论文对国际私法的有关问题进行了开拓性和创造性研究。

中国全国性的国际私法学术活动的开展始于 1985 年。这年 8 月，武汉大学国际法研究所发起并和贵州大学法律系联合在贵阳主持召开了首届全国国际私法学术讨论会。这次会议基本上聚集了中国从事国际私法教学、研究和实践工作的骨干力量，是中国国际私法学界的一次空前盛会。在这次会议上，与会代表开始酝酿成立全国性的国际私法学术团体，并成立了"中国国际私法研究会筹备组"。1987 年 10 月，在国家教委和司法部的大力支持下，武汉大学国际法研究所发起并在武汉大学主持召开了全国国际私法教学研讨会。在这次会议上，经与会代表民主协商，成立了全国性的国际私法民间学术团体——"中国国际私法研究会"（China Society of Private International Law，简称 CSPIL），并选举产生了研究会理事会。理事会选举韩德培教授为会长。这次会议一致通过了《中国国际私法研究会章程》（以下简称《章程》）。《章程》确定，中国国际私法研究会是团结广大从事国际私法科研、教学和实践工作的同志，积极开展国际私法的研究和学术活动，促进国际私法学科不断发展的民间学术团体。此后，中国国际私法研究会相继召开过多次学术讨论会和年会，对国际私法理论和实践中的一些重要问题进行了深入探讨。1998 年，《中国国际私法与比较法年刊》（创刊号）由法律出版社正式出版，目前每年定期出版，已成为中国国际私法学界信息交流和发表学术研究成果的重要载体。1999 年，中国国际私法研究会同时使用"中国国际私法学会"名称。

《中华人民共和国国际私法示范法》（以下简称《示范法》）是中国国际私法学界的标志性成果。1993 年，在深圳召开的中国国际私法研究会年会上，经与会代表的倡议和讨论，研究会决定成立"中华人民共和国国际私法示范法起草小组"，并开始进行《示范法》的起草工作。后经广泛讨论，多次修改，到 1997 年年底，经过起草小组成员和研究会全体同仁的共同努力，《示范法》的起草工作基本完成，最后定稿为第六稿，由法律出版社于 2000 年出版。《示范法》的英文译文也在英文《国际私法年刊》（Yearbook of Private International Law）第 3 卷（2001 年）上发表。《示范法》分总则、管辖权、法律适用、司法协助和附则等 5 章，共计 166 条。该《示范法》由中国国际私法研究会草拟，是学术性的，仅供立法、司法机关或者其他从事涉外事务的政府部门以及法学院校、法学科研单位参考适用。《示范法》的发表对中国国际私法立法和理论研究产生了较大的影响和推动作用，特别是在《中华人民共和国涉外民事关系法律适用法》（以下简称《涉外民事关系法律适用法》）制定过程中，《示范法》受到了立法机关的高度重视，多有参考借鉴。2008年4月至2010年3月，中国国际私法研究会还在《示范法》的基础上草拟了《涉外民事关系法律适用法建议稿》，提交给全国人大常委会法制工作委员会，供其立法参考。

2017年9月，由中华人民共和国外交部和中国国际私法学会共同举办的"国际私法全球论坛暨中国国际私法学会2017年年会"在武汉召开。与会学者围绕"合作共进：国际私法的发展与作用"这一主题，深入探讨了通过国际私法促进共同进步的30年、"一带一路"倡议与国际法律合作、全球视野下国际私法的新发展、海牙判决项目等议题。2017年是中国国际私法学会成立30周年，也是中国加入海牙国际私法会议30周年。30年来，中国国际私法事业的发展与中国的改革开放同呼吸、共命运，在立法、执法、司法、法律服务、人才培养、学术研究和学会自身建设方面，均取得了巨大的进步。

2017年10月召开的党的十九大把习近平新时代中国特色社会主义思想确立为党必须长期坚持的指导思想并写入党章，2018年3月十三届全国人大一次会议通过的宪法修正案把习近平新时代中国特色社会主义思想载入宪法，实现了党和国家指导思想的与时俱进。习近平新时代中国特色社会主义思想是马克思主义中国化时代化的最新成果，蕴含着丰富的全球治理与国际法治思想，推动构建人类命运共同体是其核心理念之一，也是新时代坚持和发展中国特色社会主义的基本方略之一。2020年11月召开的中央全面依法治国工作会议明确习近平法治思想在全面依法治国中的指导地位，强调坚持统筹推进国内法治和涉外法治，加快涉外法治工作战略布局，协调推进国内治理和国际治理，更好维护国家主权、安全、发展利益。还特别强调要坚定维护以联合国为核心的国际体系，坚定维护以国际法为基础的国际秩序，坚定维护以联合国宪章宗旨和原则为基础的国际法基本原则和国际关系基本准则。2022年10月召开的党的二十大开辟了马克思主义中国化时代化新境界，确立新时代新征程中国共产党的中心任务是团结带领全国各族人民全面建成社会主义现代化强国、实现第二个百年奋斗目标，以中国式现代化全面推进中华民族伟大复兴。党的二十大报告专章论述"坚持全面依法治国，推进法治中国建设"，要求坚持中国特色社会主义法治道路，全面推进国家各方面工作法治化，在法治轨道上全面建设社会主义现代化国家；强调加强涉外领域立法，统筹推进国内法治和涉外法治；重申坚持对外开放基本国策，推进高水平对外开放，积极参与全球治理体系改革和建设，坚定维护以国际法为基础的国际秩序，致力于推动构建人类命运共同体。中国国际私法学界积极对习近平法治思想的全球治理与国际法治观进行诠释和研究,充分发挥自身优势,积极应对世界百年未有之大变局以及互联网、大数据、云计算、人工智能等给传统国际私法带来的挑战,力图在习近平法治思想的指导下构建既具有中国特色、中国风格、中国气派,又能进入世界学术话语体系的国际私法学科体系、学术体系、理论体系,通过国际私法积极参与全球治理,携手推进全球国际私法共同体建设。

第三节 国际私法和国际私法学的地位

一、国际私法在一国法律体系中的地位

法律体系包括国内法律体系和国际法律体系。一国法律体系就是一个国家现行法律的全部和整体,由不同的法律部门或者法律分支组成。各法律部门既相对独立、自成一体,又统一协调、相互配合。早期,在一些大陆法系国家的法律体系中,国际私法是民法的一部分,不是独立的法律部门。但自19世纪末20世纪初以来,随着国际民商事交往的不断增加,海牙国际私法会议和国际统一私法协会等政府间国际组织问世,国际私法在规范国际民商事关系、构建国际民商事秩序方面的作用和重要性日益突出,渐渐从民法中分离出来,成为一国国内法律体系中独立的法律部门。国际私法在英美普通法系国家通称为"冲突法",以管辖权、法律适用、判决的承认与执行为其独特的内容,自成一体,一直就是这些国家法律体系中独立的法律分支。由于国际私法天然的涉外性、国际性,加上从法律渊源上讲它既来源于国内法,也来源于国际条约,因此,国际私法有国内的国际私法和国际的国际私法之分。从这个意义上讲,国际私法也是国际法律体系的一个法律分支。

中国特色社会主义法律体系已经形成,它由在宪法统领下的宪法及宪法相关法、民商法、行政法、经济法、社会法、刑法、诉讼与非诉讼程序法等法律部门或者法律分支构成,包括法律、行政法规、地方性法规等多个层次。中国的国际私法是以《涉外民事关系法律适用法》为统领,由一系列法律法规和司法解释中的国际私法规范组合而成的有机整体。所以,中国的国际私法是中国特色社会主义法律体系的重要组成部分,是独立的法律部门或者法律分支。

二、国际私法学在法学体系中的地位

一国的法学体系同一国的法律体系是密切联系的。一方面，法律体系为法学体系提供条件和对象，法学体系应基于法律体系进行研究和分类；另一方面，法学体系可以从理论上为法律体系的建立健全引路、导航、纠偏。法学体系同法学教育中的课程体系也是密切相关的。一般来说，法学体系的分科是法学教育中课程设置的基础，会在很大程度上影响课程体系，特别是法学教育中最基本的课程设置，但具体课程的设置并不一定要拘泥于法学体系的分科，既可以再细拆开设，也可以跨科开设，在选修课中还可以因材施教，多设、少设或不设。

毫无疑问，国际私法学是法学体系中的独立的部门法学、重要的分支学科。因其研究如何调整国际民商事关系、解决国际民商事法律冲突、处理国际民商事纠纷，可将其归入私法学类；因其研究国际民商事交往中的法律实务问题，可将其归入应用法学类；因其研究对象——国际私法规范主要源于国内法，可将其归入国内法学类；因其研究对象——国际私法规范也源自国际条约，要解决的法律问题具有国际性，也有人将其归入国际法学类。另外，因为国际私法是法律体系中的独立法律部门，国际私法学是法学体系中的独立分支学科，所以国际私法学科是法学体系中的主干学科，国际私法学是法学教育中的核心课程、主干课程、必修课程。

三、国际私法学与其他部门法学的关系

在整个法学体系中，国际私法学与各个法学分支学科都有或多或少的联系，但与法理学、比较法学、宪法学、民商法学、国际公法学、国际经济法学、国际商法学、民事诉讼法学、仲裁法学、调解法学、区际私法学等有着更为密切的联系。当然，国际私法与法学体系外的国际关系、国际政治、外交学、世界经济、国际贸易、世界史等学科也有关联，国际私法与它们的关系值得探讨，但限于篇幅，不在此一一赘述。下面择要讨论一下国际私法学与民商法学、国际公法学、国际经济法学等部门法学的关系。

（一）国际私法学与民商法学

国际私法学以国际私法为研究对象，而国际私法是调整国际民商事关系、解决国际民商事法律冲突以及处理国际民商事争议的法律部门，从某种意义上讲，国际私法就是国际民商法。国际私法与民商法具有天然的联系，在一些大

陆法系国家，国际私法规范曾经存在于其民法之中。要研究国际私法，必然要对不同国家的民商法进行比较研究，分析在国际民商事交往中产生的法律冲突。所以，国际私法学要以民商法学为基础，学习和研究国际私法学，必须学好民商法学。

（二）国际私法学与国际公法学

国际私法学与国际公法学联系十分密切。在学术史上，国际私法学与国际公法学曾结合在一起，被一些学者著述在一本书里，甚至有学者基于国际私法产生于国际交往，调整的国际民商事关系本质上是各国的主权关系，并主要限定一国法律的适用范围也即限定国家主权所扩及的范围的认识，认为国际私法是国际公法的一部分。到19世纪末20世纪初，国际私法学与国际公法学逐渐分离，各自成为独立学科。国际公法学以国际公法为研究对象，是研究调整国家、国际组织等主体相互之间的政治、经济、军事和外交等关系的法律规范的学问，显然不同于国际私法学。但是，在经济全球化时代，国际公法关系和国际私法关系相辅相成，并行不悖，确立国际的国际私法规范的国际条约不断增多，而解决一个实际国际问题，有时既要考虑运用国际公法，也要考虑运用国际私法，两者互相借力，互相补充。所以，学习和研究国际私法学，必须掌握国际公法学。

（三）国际私法学与国际经济法学

国际私法学与国际经济法学联系十分密切，并相互交错。国际经济法学以国际经济法为研究对象。国际经济法原本是国际公法的组成部分，但在"二战"后，随着国际经济贸易关系突飞猛进，国际经济组织迅速发展，调整国际经济贸易关系的原则、规则和制度不断增多，国际经济法逐渐发展成为一个独立的法律部门。目前，仍有一派学者认为国际经济法是国际公法的一个分支，认为国际经济法包括两大部分，即国际经济条约和国际经济组织法，其他涉及国际经济活动的法律规范应归入国际商法或者国际私法。而另一派学者主张，国际经济法是一个新兴、独立、综合的法律部门，它是调整一切跨越国境而发生的经济关系的法律规范的总和，不仅包括国际经济条约所含的国际法律规范，而且包括国内立法中的涉外法律规范。按照后一种主张，国际经济法学与国际私法学不仅都研究国际经济活动中的法律问题，而且在研究范围和内容方面也有交叉重合的地方，因为国际私法学研究如何调整国际民商事关系，一定要了解和掌握调整国家间经济关系的法律规范，必然要涉及国际经济活动的内容，特别是国际商法的内容。所以，学习和研究国际私法学，也必须加强对国际经济法学的学习和研究。

第四节 学习国际私法学的意义和方法

一、为什么要学习国际私法学

学习和研究国际私法学对法学专业的学生来说具有以下几个方面的意义。

首先，学习和研究国际私法学有助于培养高素质涉外法治人才或者说国际法治人才，特别是有助于培养和提高涉外法治人才或者说国际法治人才处理国际民商事法律事务的能力。随着中国深化改革开放、推进合作共赢的开放体系建设，坚持互利共赢的开放战略、推动共建"一带一路"高质量发展，积极参与全球治理体系改革和建设、推动构建人类命运共同体，国家对高素质涉外法治人才或者说国际法治人才的需求越来越迫切。

因此，党的十八届四中全会通过的《中共中央关于全面推进依法治国若干重大问题的决定》明确要求，创新法治人才培养机制，建设通晓国际法律规则、善于处理涉外法律事务的涉外法治人才队伍。习近平在中央全面依法治国委员会第二次会议上再次强调，要加强涉外法治建设、加快推进我国法域外适用的法律体系建设，加强涉外法治专业人才培养，积极发展涉外法律服务，保障和服务高水平对外开放。党的十九届四中全会通过的《中共中央关于坚持和完善中国特色社会主义制度 推进国家治理体系和治理能力现代化若干重大问题的决定》（以下简称"党的十九届四中全会《决定》"）进一步强调，要加强我国法域外适用的法律体系建设，加强涉外法治工作，建立涉外工作法务制度，加强国际法研究和运用，提高涉外工作法治化水平。习近平在中央全面依法治国委员会第三次会议上进一步强调，要加强国际法治领域合作，加快我国法域外适用的法律体系建设，加强国际法研究和运用，提高涉外工作法治化水平。特别是在2020年中央全面依法治国工作会议上，习近平指出，要坚持统筹推进国内法治和涉外法治，加快涉外法治工作战略布局，协调推进国内治理和国际治理，更好维护国家主权、安全、发展利益，坚持建设德才兼备的高素质法治工作队伍。党的二十大报告设专章论述"实施科教兴国战略，强化现代化建设人才支撑"。习近平指出，人才是第一资源，要全面提高人才自主培养质量,着力造就拔尖创新人才,聚天下英才而用之①;要加快建设世界重要人才中心和创新高地,促进人才区域合理布局和协调发展,着力形成人才国际竞争的比较优势②。习近平的系列重要论述为做好涉外法治工作,特别是对加强我国涉外法治人才培养,指明了前进方向,提供了根本遵循。

高素质涉外法治人才或者说国际法治人才,就是具有家国情怀、世界眼光、跨文化交流能力,通晓国际法律规则、善于处理涉外法律事务的法治专门人才。国际私法学是法学专业学生,尤其是涉外法治人才或者说国际法治人才必须掌握的专业理论知识。如前所述,国际私法是法律体系中的重要法律部门;国际私法学是法学体系中的主干分支学科,是法学教育中的核心课程、主干课程和必修课程。同时,国际私法学是一门专业性、实践性很强的学科,无论是跨国的私人民商事交往还是政府间的国际合作,都涉及相关的权利与义务、利益与责任,涉及相关法律原则、规则和制度的解释和运用,掌握它绝非轻而易举。法学专业学生要想成为一名合格的毕业生,成为高素质的涉外法治人才或者说国际法治人才,必须学习和研究国际私法学,在掌握国际私法学理论知识的基础上,掌握国际私法技能和方法,增强国际私法意识,养成国际私法思维。

其次,学习和研究国际私法有助于全面推进依法治国。法律是治国理政之重器。基于民主的法治,是人类经过艰苦探索找到的治国理政和全球治理的最佳方式。改革开放以来,中国共产党和国家高度重视法治建设,早在1978年就提出"有法可依,有法必依,执法必严,违法必究"的16字法制方针,提出一手抓经济建设,一手抓民主法制建设。后来又提出依法治国、建设社会主义法治国家,强调依法治国是党领导人民治理国家的基本方略,是发展社会主义市场经济的客观需要,是社会文明进步的重要标志,是国家长治久安的重要保障。提出发展社会主义民主政治,最根本的是要把坚持党的领导、人民当家作主和依法治国有机统一起来。提出依法治国是社会主义民主政治的基本要求,强调要全面落实依法治国基本方略,加快建设社会主义法治国家。

---

① 习近平:《高举中国特色社会主义伟大旗帜 为全面建设社会主义现代化国家而团结奋斗——在中国共产党第二十次全国代表大会上的报告(2022年10月16日)》,人民出版社2022年版,第33—34页。

② 习近平:《高举中国特色社会主义伟大旗帜 为全面建设社会主义现代化国家而团结奋斗——在中国共产党第二十次全国代表大会上的报告(2022年10月16日)》,人民出版社2022年版,第36页。

党的十八大提出,"法治是治国理政的基本方式",要加快建设社会主义法治国家,全面推进依法治国,"提高领导干部运用法治思维和法治方式深化改革、推动发展、化解矛盾、维护稳定能力";实现依法治国基本方略全面落实,法治政府基本建成,司法公信力不断提高,人权得到切实尊重和保障;还提出了"科学立法,严格执法,公正司法,全民守法"新的16字法治方针。党的十八届三中全会进一步提出,建设法治中国,必须坚持依法治国、依法执政、依法行政共同推进,坚持法治国家、法治政府、法治社会一体建设。党的十八届四中全会更是作出了《中共中央关于全面推进依法治国若干重大问题的决定》,将全面依法治国纳入"四个全面"战略布局,提出全面推进依法治国的总目标是建设中国特色社会主义法治体系,建设社会主义法治国家。特别强调,依法治国,首先是依宪治国;依法执政,关键是依宪执政;中国共产党要履行好执政兴国的重大职责,必须依据党章从严治党、依据宪法治国理政;党领导人民制定宪法和法律,党领导人民执行宪法和法律,党自身必须在宪法和法律范围内活动,真正做到党领导立法、保证执法、带头守法。党的十九大将坚持全面依法治国纳入新时代坚持和发展中国特色社会主义的基本方略,强调全面依法治国是中国特色社会主义的本质要求和重要保障;必须把党的领导贯彻落实到依法治国全过程和各方面,坚定不移走中国特色社会主义法治道路,完善以宪法为核心的中国特色社会主义法律体系,建设中国特色社会主义法治体系,建设社会主义法治国家,发展中国特色社会主义法治理论,坚持依法治国、依法执政、依法行政共同推进,坚持法治国家、法治政府、法治社会一体建设,坚持依法治国和以德治国相结合,依法治国和依规治党有机统一,深化司法体制改革,提高全民族法治素养和道德素质。2020年中央全面依法治国工作会议明确了习近平法治思想在全面依法治国中的指导地位,这是我国社会主义法治建设进程中具有重大现实意义和深远历史意义的大事。习近平法治思想坚持马克思主义立场观点方法,植根于中华优秀传统法律文化,借鉴了人类法治文明有益成果,在理论上有许多重大突破、重大创新、重大发展,是马克思主义法治理论中国化时代化最新成果,是习近平新时代中国特色社会主义思想的重要组成部分,为新时代推进全面依法治国提供了根本遵循和行动指南。深入学习贯彻习近平法治思想,在新时代不断把法治中国建设推向前进,是深入推进全面依法治国的重大政治任务。

党的二十大报告首次对"坚持全面依法治国,推进法治中国建设"进行专章论述、专门部署，充分体现了以习近平同志为核心的党中央对全面依法治国的高度重视。党的二十大报告强调，全面依法治国是国家治理的一场深刻革命，关系党执政兴国，关系人民幸福安康，关系党和国家长治久安。必须更好发挥法治固根本、稳预期、利长远的保障作用，在法治轨道上全面建设社会主义现代化国家。我们要坚持走中国特色社会主义法治道路，建设中国特色社会主义法治体系、建设社会主义法治国家，围绕保障和促进社会公平正义，坚持依法治国、依法执政、依法行政共同推进，坚持法治国家、法治政府、法治社会一体建设，全面推进科学立法、严格执法、公正司法、全民守法，特别是要完善以宪法为核心的中国特色社会主义法律体系，扎实推进依法行政，严格公正司法，加快建设法治社会，全面推进国家各方面工作法治化。党的二十大报告进一步宣示了我们党矢志不渝推进全面依法治国的坚定决心，丰富和发展了习近平法治思想，深化和拓展了新时代党和国家工作布局。可以这样说，依法治国，法治天下，建设法治中国，是时代的最强音，是全国人民的共同心声。

党的十八届四中全会通过的《中共中央关于全面推进依法治国若干重大问题的决定》还特别提出，要加强涉外法律工作。要适应对外开放不断深化，完善涉外法律法规体系，促进构建开放型经济新体制；要积极参与国际规则制定，推动依法处理涉外经济、社会事务，增强我国在国际法律事务中的话语权和影响力，运用法律手段维护我国主权、安全、发展利益；要强化涉外法律服务，维护我国公民、法人在海外及外国公民、法人在我国的正当权益，依法维护海外侨胞权益；要深化司法领域国际合作，完善我国司法协助体制，扩大国际司法协助覆盖面；建设通晓国际法律规则、善于处理涉外法律事务的涉外法治人才队伍。党的十九大报告进一步强调，坚持全面依法治国是中国特色社会主义的本质要求和重要保障，是新时代坚持和发展中国特色社会主义的基本方略，是国家治理的一场深刻革命，必须坚持厉行法治，推进科学立法、严格执法、公正司法、全民守法。党的十九届四中全会《决定》特别强调，要加强涉外法治工作，加快我国法域外适用的法律体系建设，完善涉外经贸法律和规则体系，健全支持外商投资企业发展的法治环境，建立涉外工作法务制度，加强国际法研究和运用，提高涉外工作法治化水平。在2020年中央全面依法治国工作会议上，习近平强调指出，要坚持统筹推进国内法治和涉外法治，加快涉外法治工作战略布局，协调推进国内治理和国际治理，更好维护国家主权、安全、发展利益。强化法治思维，运用法治方式，有效应对挑战、防范风险，综合利用立法、执法、司法等手段开展斗争,坚决维护国家主权、尊严和核心利益。加快形成系统完备的涉外法律法规体系,提升涉外执法司法效能。用规则说话,靠规则行事,依法维护我国企业和公民海外合法权益。积极推动形成公正合理透明的国际规则体系,做全球治理变革进程的参与者、推动者、引领者,推动构建人类命运共同体。党的二十大报告进一步强调,推进高水平对外开放,稳步扩大规则、规制、管理、标准等制度型开放;加强涉外领域立法,统筹推进国内法治和涉外法治;依法保护外商投资权益,营造市场化、法治化、国际化一流营商环境;坚定维护以联合国为核心的国际体系、以国际法为基础的国际秩序、以联合国宪章宗旨和原则为基础的国际关系基本准则。可以肯定地说,要实现上述这些全面依法治国的目标,加强涉外法治建设,离不开学习和研究国际私法学。要通过学习和研究国际私法学,加深对国际私法的认识,提高国际私法理论水平,了解和熟悉世界国际私法的发展趋势,借鉴世界国际私法法治的有益经验,完善中国国际私法制度,促进国内法治与国际法治的良性互动,推进国家治理体系和治理能力现代化。

　　再次,学习和研究国际私法有助于促进国际民商事交往,维护我国主权、安全和发展利益,维护我国公民、法人在海外及外国公民、法人在我国的正当合法权益。改革开放是坚持和发展中国特色社会主义的必由之路,和平发展是中国特色社会主义的必然选择。中国将继续高举和平、发展、合作、共赢的旗帜,坚定不移地致力于维护世界和平、促进共同发展,推动构建新型国际关系和人类命运共同体。在国家坚持和平发展、深化改革开放、推进"一带一路"建设的大背景下,我国公民、法人走出国门、走向世界,开展国际民商事交往,从事国际民商事活动,必须建立在法治的基础上。在世界多极化、经济全球化、文化多元化、社会信息化的今天,国际社会更加注重全球治理与国际法治,中国应当做国际法治的积极建设者和坚定维护者。中国要引导企业、公民在"走出去"过程中更加自觉地遵守当地法律法规和风俗习惯,运用法治和规则维护自身合法权益;要强化涉外法律服务,注重培育国际一流的仲裁机构、调解机构、律师事务所,把涉外法治保障和服务工作做得更有成效。这就要求我们学习和研究国际私法学,了解和熟悉国际私法原则、规则和制度,积极参与国际私法规则的制定,依法处理国际民商事事务,化解国际民商事争议,增强我国在国际法律事务中的话语权和影响力,运用法治思维和法治方式维护我国主权、安全和发展利益,维护我国公民、法人在海外及外国公民、法人在我国的正当合法权益，从而促进国际民商事交往正常、健康地开展。

最后，学习和研究国际私法有助于中国积极参与全球治理体系改革和建设，推动构建百年未有之大变局下的国际民商事新秩序，推动构建新型国际关系，推动构建人类命运共同体。党的二十大报告指出，构建人类命运共同体是世界各国人民前途所在。万物并育而不相害，道并行而不相悖。只有各国行天下之大道，和睦相处、合作共赢，繁荣才能持久，安全才有保障。

拓展阅读
习近平全球治理与国际法治思想研究

"二战"后，国际社会在深刻反思历史教训的基础上，通过改造孱弱而不合理的既存国际制度，大踏步地向战后国际新秩序迈进，包含"国际政治新秩序""国际经济新秩序"与"国际民商事新秩序"的国际新秩序基本形成。国际民商事秩序不同于国际政治秩序和国际经济秩序，它是建立在调整私人（主要包括自然人、法人和其他组织）之间的跨国民商事关系基础之上的，包含合同、侵权、财产权、婚姻家庭、商事交易等方面的国际民商事法律适用制度以及与国际民商事关系相伴生的国际民商事管辖权、国际民商事司法协助和国际民商事争议解决制度等，旨在协调化解各国民商事法律之间的冲突，保障国际民商事关系的稳定与发展。"二战"后，国际社会基于以《联合国宪章》的宗旨和原则为核心的国际法原则、规则和制度，逐步革除旧秩序中不公正、不平等、不自由、不包容及不高效的民商事制度，通过构建新的国际民商事管辖权协调机制、国际民商事法律冲突协调机制、国际民商事司法协助机制以及国际民商事争议解决机制，推动建立以国际私法新规则为支撑的国际民商事新秩序，以确保各国自然人、法人在跨国民商事交往中实现平等互利，可以说在一定程度上推进了世界和平与发展。

当今世界，单边主义、孤立主义、民粹主义、极端民族主义、贸易保护主义强烈回潮，经济全球化遭遇逆流，世界经济增长动能明显不足，贫富分化日益严重，地区热点问题此起彼伏，恐怖主义、网络安全、重大传染性疾病、气候变化、贸易战等非传统安全威胁持续蔓延，全球面临的不稳定性不确定性更加突出，世界百年未有之大变局加速演进，世界进入新的动荡变革期，迫切需要回答"世界怎么了""人类向何处去"的时代之题。面对世界大变局，习近平反复强调，要加强国际法研究和运用，坚定维护以联合国为核心的国际体系，坚定维护以国际法为基础的国际秩序，坚定维护联合国在国际事务中的核心作用。中国要坚持走和平发展道路，积极参与全球治理体系改革和建设，推动建设相互尊重、公平正义、合作共赢的新型国际关系，推动构建持久和平、普遍安全、共同繁荣、开放包容、清洁美丽的人类命运共同体。构建人类命运共同体理念的提出和强化，为复杂多变的世界指明了前进的方向。那么，在新的历史条件下，国际民商事秩序将如何演进以及中国应采取什么样的立场？国际私法如何与建设新型国际关系和构建人类命运共同体对接？这正是国际私法学要关注和研究的问题，也是国际私法能够发挥独特作用的领域。"国之交，在于民相亲。"[①] 只要各国间的民商事交往更加密切、便捷、顺畅，所产生的纠纷能够得到公正、合理、高效的解决，国家之间的平等互利与合作共赢就能得到坚实保障，全球的良法善治就会不断进步。所以，我们要加强对国际私法的学习研究和运用，聚焦百年大变局，抓住机遇，展现智慧，有所作为，建设性参与和引领相关全球治理规则的制定，对不公正、不合理、不符合国际格局演变大势的国际规则、国际机制，提出改革方案，增强中国在国际私法领域的话语权和影响力，努力推动构建百年未有之大变局下的国际民商事新秩序。

二、怎样学习国际私法学

大学生在大学期间，不仅要掌握理论知识，更重要的是还要学会学习。这里对怎样学习国际私法学提出如下建议。

（一）夯实理论基础

学习和研究国际私法学，首先，要坚持以马克思主义为指导，深入学习马克思主义中国化时代化的理论成果，特别是习近平新时代中国特色社会主义思想，运用其蕴含的立场、观点和方法指导国际私法的理论研究和丰富实践。其次，要打好基础，通过系统学习国际私法学课程，阅读国际私法学教材和参考资料，真正掌握国际私法学的基本理论、基本知识和基本技能。再次，要学好相关法学专业知识。国际私法学只是法学体系中的一个分支学科，它与各个法学分支学科都有或多或少的联系，所以，要学好国际私法学，夯实综合的法学专业基础实属必要，尤其要学好法理学、比较法学、宪法学、民商法学、国际公法学、国际经济法学、国际商法学、民事诉讼法学、仲裁法学、调解法学、区际私法学等。最后，要以其他学科专业知识为支撑。在当今科技突飞猛

[①] 《习近平谈治国理政》第 1 卷，外文出版社 2018 年版，第 443 页。

进、知识爆炸、信息云涌的时代，许多国际私法问题涉及多个学科，要及时发现、科学分析、合理解决这些问题，需要其他学科知识背景，甚至需要学科交叉、跨学科研究。因此，还要注意学习其他人文社会科学和自然科学的知识，特别是与国际私法学相关的国际关系、国际政治、外交学、世界经济、国际贸易、世界史和现代信息技术等方面的知识，博观而约取，厚积而薄发。

（二）跟踪实践发展

现在，国际私法理论知识更新很快。"理论是灰色的，而生活之树是常青的。"① 在学习和研究国际私法学的过程中，不仅要关注国际私法学界的学术动态和新的研究成果，了解新的国际私法理论知识，还要关注国际私法立法、执法、司法和法律服务实践，分析其利弊得失，思考其前因后果，展望其未来发展。同时，要关注国内外实践特别是司法实践中发生的与国际私法相关的案件、事件，运用所学的国际私法理论知识，分析其中可能涉及的国际私法问题，思考如何运用国际私法思维和方法解决这些问题。

（三）坚持问题导向

基于问题学习或者说以问题为导向学习（Problem-Based Learning，简称 PBL）是一种有效的学习和研究方法，也是一种重要的教学方法。它是一种以问题为学习的起点，以问题为主线、轴心构建学习内容，以培养和提升学生发现问题、筛选问题、分析问题、解决问题的能力为目标的学习方法。它强调学生积极主动学习，教师重在指导学生学习方法。"问题是时代的声音，回答并指导解决问题是理论的根本任务。"② 国际私法学是一门理论性和实践性都很强的学科，涉及许多理论问题和现实问题，比如说，为什么一国法院对涉外民商事案件具有管辖权？为什么当事人之间有效的仲裁协议就排除了法院管辖权？为什么一国法院在处理涉外民商事案件时可以选择适用外国法？学习和研究国际私法学要树立问题意识，坚持问题导向，首先要从问题入手，善于发现问题、敏锐找准问题，然后以问题为中心开展学习，用国际私法思维和方法或者跨学科方法分析和研究问题，寻求解决问题的路径和方法，通过这样一个积极主动探究的过程来培养和提升自己解决国际私法问题的能力。

---

① 《列宁全集》第25卷，人民出版社2017年版，第413页。
② 习近平：《高举中国特色社会主义伟大旗帜　为全面建设社会主义现代化国家而团结奋斗——在中国共产党第二十次全国代表大会上的报告（2022年10月16日）》，人民出版社2022年版，第20页。

（四）研读经典名著

有关国际私法理论知识的著作，无论是中文的还是外文的，可谓汗牛充栋，数不胜数。在学习和研究国际私法学的过程中，面对浩如烟海的国际私法文献，要学会选择，学会放弃，学会拒绝，要在老师的指导下研读经典名著、精品力作。这样学习和研究国际私法学，会起到事半功倍的效果。同时，建议在学习和研究国际私法学的过程中，不时跳出国际私法学，读些马克思主义经典文献和相关学科的经典名著，以此来指导和深化国际私法学的研究和学习。

（五）养成国际私法思维

养成国际私法思维，是学习和研究国际私法学的重要内容和必然要求，它要求在学习和研究国际私法学的过程中，逐渐培养和养成这样一种思维方式和思维技巧：面对国际民商事案件、事件、问题，要基于国际私法理论知识与国际私法的原则、规则和制度，开动脑筋，认真调研、仔细观察、缜密分析、综合认识，从而查清事实、弄清案情，了解案件、事件、问题的来龙去脉、前因后果；在此基础上进一步识别、分类、解释、定性，确定相关事实、问题、法律关系的性质，比如，是仲裁解决还是诉讼解决，是本国管辖还是外国管辖，是实体问题还是程序问题，是合同问题还是侵权问题，是送达问题还是取证问题，是认可问题还是执行问题，等等；然后在分析、综合、比较、分类的基础上，基于事实，依据国际私法理论知识与国际私法的原则、规则和制度，进行逻辑推理，作出合理判断，揭示解决、处理同类国际民商事案件、事件、问题的共同特征和规律，提出个案的解决办法和方案。

（六）至少掌握一门外语

国际私法学是一门涉外学科，具有国际性。这要求学习和研究国际私法学至少要掌握一门外语，而且应首选英语、法语。首先，这是学习和掌握国际私法文献资料的需要。国际私法文献资料大致包括学术文献、法律文件、案例资料等，除了中文文献资料外，更多的是外文的。而且，国际组织或者国际会议通过的各种政治与法律文件，最普遍采用的是英文、法文文本。不掌握一门外语，学习和研究国际私法学会受到很大的限制。其次，学习和研究国际私法学的目的最终还是要培养学生通晓国际私法等法律规则、善于处理国际民商事法律事务的能力，如果学生外语水平不高，毕业后也很难胜任相关工作。

第一编 | 国际私法基本理论与方法

第一章 国际私法概论

学习和研究国际私法，必须了解和掌握国际私法的基本概念、基本范畴和基本问题。本章重点讨论国际私法的调整对象与方法、国际私法的范围与体系、国际私法的渊源与性质、国际私法的名称与定义以及国际私法的历史与展望等基本问题。国际私法是调整国际民商事法律关系、解决国际民商事法律冲突、化解国际民商事争议、促进国际民商事交往、构建国际民商事秩序的法律部门，在中国改革开放尤其是中国对外民商事交往中发挥着重要的作用。

第一节 国际私法的调整对象与方法

人类社会出现国家以后，国际社会便逐渐形成。在国际社会中，不同国家的人民必然会进行交往，建立各种社会关系，国际民商事法律关系就是其中一种。为了调整这种关系，国际私法应运而生。因此可以说，国际民商事法律关系是国际私法的调整对象，而国际私法是调整国际民商事法律关系的法律部门。

一、国际民商事法律关系及其调整方法

（一）国际民商事法律关系的概念和范围

国际民商事法律关系，又称跨国民商事法律关系或国际私法关系，是国际社会中因不同国家的人民进行民商事交往而产生的一种社会关系。就一国而言，可称之为涉外民商事法律关系。

首先，国际民商事法律关系是一种民商事法律关系。民商事法律关系是由民商事法律调整和规范的社会关系，也是由民商事法律确认和保护的社会关系。民商事法律关系既不是人与自然之间或者人与物之间的关系，也不是物与物之间的关系，而是一种人与人之间的社会关系。同时，它是一种平等主体之间的权利义务关系，其当事人都是独立主体，他们的地位是平等的。民商事法律关系包括财产关系和人身关系两大类。同其他法律关系一样，民商事法律关系由主体、内容和客体三因素构成。

其次，国际民商事法律关系是具有国际因素或涉外因素的民商事法律关系，或者说，它是在法律关系的诸因素中至少有一个因素与外国有联系的民商事法律关系。主体为涉外因素时，作为民商事法律关系主体的当事一方或各方是外国自然人、无国籍人或者外国法人，有时也可能是外国国家或者国际组织。例如，某中国公民同某外国公民在中国境内结婚。需要指出的是，在实践中，住所、经常居所或者营业场所在不同国家的主体之间的民商事法律关系有时也被视为国际民商事法律关系。① 内容为涉外因素时，产生、变更或者消灭民商事关系的法律事实发生在外国。例如，某中国公民在外国死亡，其中国籍亲属继承其在中国境内的遗产。客体为涉外因素时，民商事法律关系主体之间的权利义务共同指向的对象或标的物位于外国。例如，某中国公民向某华侨购买该华侨在外国申请取得的一项专利。在实际生活中，国际民商事法律关系可能只有一个因素同外国有联系，也可能有两个或者两个以上的因素同外国有联系。例如，某中国公司与某外国公司在中国签订合同，进口一宗外国的货物，在这一民商事法律关系中，就有两个涉外因素，即主体一方和客体。如果某中国公司与某外国公司在外国签订一项进口一批外国货物的合同，那么，在这一民商事法律关系中，就有主体一方、法律事实和客体三个涉外因素了。国际民商事法律关系的涉外性质并不因其中涉外因素的多寡而受到影响。1988年最高人民法院发布的《关于贯彻执行〈中华人民共和国民法通则〉若干问题的意见（试行）》（以下简称《民法通则意见》）第178条第1款曾规定："凡民事关系的一方或者双方当事人是外国人、无国籍人、外国法人的；民事关系的标的物在外国领域内的；产生、变更或者消灭民事权利义务关系的法律事实发生在外国的，均为涉外民事关系。"中国2010年颁布的《涉外民事关系法律适用法》对涉外民事关系没有界定，而《最高人民法院关于适用〈中华人民共和国涉外民事关系法律适用法〉若干问题的解释（一）》②（以下简称《涉外民事关系法

---

① 如1980年《联合国国际货物销售合同公约》第1条规定，该公约适用于营业地在不同国家的当事人之间订立的货物销售合同。
② 该司法解释于2012年12月10日由最高人民法院审判委员会第1563次会议通过，自2013年1月7日起施行。《最高人民法院关于修改〈最高人民法院关于破产企业国有划拨土地使用权应否列入破产财产等问题的批复〉等二十九件商事类司法解释的决定》于2020年12月23日由最高人民法院审判委员会第1823次会议通过，自2021年1月1日起施行。该决定第22条规定，删除《最高人民法院关于适用〈中华人民共和国涉外民事关系法律适用法〉若干问题的解释（一）》第4条、第5条，条文顺序作相应调整。

律适用法解释（一）》》第 1 条则明确规定："民事关系具有下列情形之一的，人民法院可以认定为涉外民事关系：（一）当事人一方或双方是外国公民、外国法人或者其他组织、无国籍人；（二）当事人一方或双方的经常居所地在中华人民共和国领域外；（三）标的物在中华人民共和国领域外；（四）产生、变更或者消灭民事关系的法律事实发生在中华人民共和国领域外；（五）可以认定为涉外民事关系的其他情形。"与《民法通则意见》相比，《涉外民事关系法律适用法解释（一）》有三点进步：一是当事人增加了"外国法人或者其他组织"；二是在考虑主体因素涉外时，将当事人一方或双方的经常居所地在中国领域外的情形也纳入其中；三是为涉外民事关系的其他情形开了一个口子，留有解释空间。

最后，国际民商事法律关系在国际私法上是广义的国际民商事法律关系。从世界各国有关民事立法的情况来看，其确定的民事立法的调整对象——民事法律关系的范围并不是完全相同的。有些大陆法系国家采取"民商合一"的编纂方法，即将调整民事关系的法律和调整公司、海商、票据、保险、破产等商事关系的法律合并规定在民法典中，或者虽将调整商事关系的规范以单行法另加规定，但视之为民法的组成部分。有些大陆法系国家则采取"民商分立"的编纂方法，即在制定民法典之外另行制定商法典，专门用来调整商事关系。普通法系国家没有民法典，其有关民事和商事方面的法律规范包含在普通法中或者通过单行专门法规加以规定。如英国有关民商事方面的法律规范都寓于普通法或者衡平法中，普通法中形成的法律规范主要是合同法、侵权行为法、家庭法等，衡平法中形成的法律规范主要是不动产法、信托法、破产法等。19 世纪末 20 世纪初，英国又制定了货物买卖法、票据法、保险法、公司法等成文法。2020 年颁布的《中华人民共和国民法典》（以下简称《民法典》），对民事活动中的一些共同性问题作了规定，确定中国民法是调整平等主体的自然人、法人和非法人组织之间的人身关系和财产关系的法律。此外，中国还颁布了一系列调整民事法律关系的单行法，如商标法、专利法、著作权法、企业法、破产法、公司法、海商法、票据法、保险法、民用航空法等。可见，中国民事法律调整的民事法律关系的范围比较广泛，包括商事法律关系。正因为世界各国民事法律调整民事法律关系的范围不一，加上国际民事法律关系是涉及不同国家的民事法律关系，还会根据国际私法选择处理这种关系的法律，故在国际私法研究和处理这种关系时应作广义的理解，即国际民事法律关系既包括一般民事法律关系，也包括婚姻家庭继承关系和各种商事法律关系，亦即平等主体之间的一切私法关系。本书将这种广义的国际民事法律关系更明确地称为国际民商事法律关系。

应该指出的是，在我国，涉及香港特别行政区、澳门特别行政区和台湾地区的民事关系，属于区际民事法律关系，不具有国际因素或涉外因素，而涉及香港特别行政区、澳门特别行政区和台湾地区的民事关系的法律适用问题，参照适用《涉外民事关系法律适用法》及相关司法解释。不过，有些国家，特别是普通法系国家，对涉外民事法律关系还有更广泛的理解，认为一个国家内部具有独特法律制度的不同地区之间的民事法律关系，即区际民事法律关系，也属涉外民事法律关系。例如，在英格兰，涉外民事法律关系中的"涉外因素"(foreign element) 和"外国国家"(foreign country) 意味着非英格兰因素和非英格兰国家，这里，"国家"(country) 一词不是指宪法或国际公法意义上的国家，只是具有独特法律制度的法域或法区 (law district 或 legal region) 的代名词。[①] 因此，英格兰、苏格兰和北爱尔兰是同法国、意大利一样的"国家"；"涉外因素"是指涉及外法域的因素；涉外民事法律关系既包括英格兰与法国、意大利这样的国家之间的国际民事法律关系，也包括英格兰与苏格兰和北爱尔兰这样的法域之间的区际民事法律关系。

总之，国际民商事法律关系是超越一国范围的含有涉外因素的民商事法律关系，其国际性或涉外性将它与国内民商事法律关系区别开来，其私法性将它与国家之间、国家与国际组织之间以及国际组织之间的公法关系区别开来。

(二) 国际私法的调整对象

国际民商事法律关系是国际私法的调整对象。国际民商事法律关系与现实生活中存在的由国际私法调整的国际民商事关系并不是两种不同的社会关系，而是同一种社会关系。这是因为，法律调整社会关系只是确认、赋予和更正当事人的权利和义务，使其权利义务关系与法律规定一致起来，并不是形成另一种独立的社会关系。任何一种作为国际私法调整对象的国际民商事关系，在实际生活中，由于受国际私法的调整，也就具有法律性质，成为以权利义务为内容的国际民商事法律关系。简言之，国际私法调整的对象就是国际民商事法律

[①] J. H. C. Morris, *The Conflict of Laws* (《冲突法》), 4th ed., Stevens & Sons Ltd., 1993, p. 2.

关系。

在国际私法的调整对象问题上，学术界存在着分歧。分歧的焦点主要有两个：一是国际私法的调整对象到底是国际民商事法律关系或涉外民商事法律关系还是国际民商事关系或涉外民商事关系；二是国际私法的调整对象究竟是整体的国际民商事关系还是特定部分的国际民商事关系。

对第一个问题，有的学者认为，"民事关系"和"民事法律关系"是两个不同的概念，两者在内涵和外延上都存在区别。民事关系是社会关系中的财产关系和人身关系，其本身并不存在固有的权利义务内容；民事法律关系则是一种意志社会关系，是民事关系中具有权利义务内容的财产关系和人身关系。而且，民事法律关系是由民事关系转变过来的，转变的条件就是相应民事法律规范的实施，从而在法律上赋予了民事关系权利义务内容，民事关系是民事法律调整的对象，民事法律关系是民事法律调整的结果。[①] 因此，国际私法的调整对象是国际民事关系或涉外民事关系，而不是国际民事法律关系或涉外民事法律关系。但更多的学者认为，在国际私法上，国际民商事关系与国际民商事法律关系、涉外民商事关系与涉外民商事法律关系是同义语，没有实质上的区别。国际民商事法律关系或涉外民商事法律关系就是受国际私法调整的国际民商事关系或涉外民商事关系。那种否定民事关系存在固有的权利义务内容的观点是不正确的，因为任何社会关系都是人们基于一定的规则而结成的权利义务关系。把国际私法的调整对象仅理解为国际民商事关系而非国际民商事法律关系是片面和机械的。

对第二个问题，有一种观点认为，国际私法只调整特殊的或特定范围的涉外民事关系，即"涉及外国法适用的涉外民事关系"，而这种特殊的或特定范围的涉外民事关系必须具备如下条件：一是涉外民事关系本身必须具有外国法效力所及的法律事实；二是外国法的效力必须获得内国法的承认。[②] 但另一种观点则主张，国际私法应把国际民商事法律关系视为一个整体来进行总体调整，国际私法的调整对象就是国际民商事法律关系，没有受国际私法调整的国际民商事法律关系和不受国际私法调整的国际民商事法律关系之分。之所以有上述这种分歧，一方面是由于学者们对国际民商事关系或国际民商事法律关系

---

① 陈力新、邵景春：《国际私法概要》，光明日报出版社1988年版，第23页。
② 陈力新、邵景春：《国际私法概要》，光明日报出版社1988年版，第5—10、24—26页。

这一概念有不同的理解，另一方面是由于学者们在国际私法的范围上有不同的看法。

的确，随着国际交往日益频繁，国际民商事法律关系越来越复杂和多样。其中，部分国际民商事法律关系，如国际贸易关系，得到了突飞猛进的发展，调整它们的法律规范也相应增加，甚至与其他法律规范结合，形成新的相对独立的法律部门。国际海商法和国际商法就是典型的例子，它们也调整部分特定范围的国际民商事法律关系。但是，我们并不能把脱胎于国际私法的这些部门所调整的国际民商事法律关系排除在国际私法调整范围之外。尽管由于国际民商事法律关系的复杂和多样，国际私法已不可能也没有必要把调整国际民商事法律关系的大大小小的问题统统包揽起来，然而，国际私法必须对国际民商事法律关系从总体上进行规制和调整。国际海商法和国际商法等法律部门的产生，是国际私法发展的自然结果和其进步的明显标志，但不等于说它们的存在就排除了国际私法对有关国际民商事法律关系的调整。相反，国际私法仍然需要有确定国际民商事法律关系的总原则或一般制度，而国际海商法和国际商法等新形成的法律部门自身的建立和发展以及调整有关的法律关系也需要借助于国际私法的总原则或一般制度。尤其值得一提的是，历史发展到今天，随着国际社会发展的复杂化和多样化，任何一项国际法律关系的法律调整、任何一项国际争议的解决，都涉及多方面的法律问题，须借助多方面的法律手段和途径。此外，国际社会关系的复杂化和多样化，不仅导致出现了许多新的法律部门，而且使原有的法律部门也增添了新的内容。在这种情况下，各个法律部门调整对象的交叉与重叠已在所难免。对于同一对象，不同的法律部门可以从不同的角度加以调整。同样，对于同一对象，学者如果从不同的角度采用不同的研究方法进行研究，也可以把它视为不同法律部门的调整对象。作为国际私法调整对象的国际民商事法律关系亦是如此，它的某一部分为其他法律部门所调整实不足为奇。我们不能因此就简单地把那些为其他法律部门交叉或重叠调整的国际民商事法律关系从国际私法的调整对象中排除出去。

（三）国际民商事法律关系的调整方法

国际民商事法律关系是国际私法的调整对象，而国际私法如何调整国际民商事法律关系就是国际民商事法律关系的调整方法问题。国际私法不同于其他法律部门之处，不仅在于它调整的社会关系是国际民商事法律关系，而且在于它调整这种关系的方法有独特之处。概括而言，国际民商事法律关系的法律调整方法有两种，即间接调整方法和直接调整方法。

1. 间接调整方法

间接调整方法是通过"间接法律规范"来调整国际民商事法律关系的。也就是说，调整国际民商事法律关系的法律规范只指出适用什么法律来确定某国际民商事法律关系当事人的权利义务，或通过什么程序来解决国际民商事法律纠纷，并不直接规定当事人的实体权利义务，因而不直接调整国际民商事法律关系当事人的实体权利义务关系，仅起间接的调整作用。

间接调整国际民商事法律关系的间接法律规范主要是"冲突规范"，它是指明某种国际民商事法律关系应适用何种法律的规范，并不直接调整当事人之间实体权利义务关系。例如，中国《涉外民事关系法律适用法》第36条规定："不动产物权，适用不动产所在地法律。"这就是一条冲突规范。它只指明在不动产物权关系中，当事人的权利义务按不动产所在地法处理，并没有直接规定当事人之间的实体权利义务关系，因此，它对不动产物权关系只起间接的调整作用。冲突规范是国际私法的特有规范，用冲突规范调整国际民商事法律关系是国际私法特有的调整方法。

除冲突规范外，间接调整国际民商事法律关系的间接法律规范还有"程序规范"，包括国际民事诉讼程序规范和国际商事仲裁程序规范。程序规范调整的是法院、诉讼当事人之间的国际民事诉讼法律关系，或者仲裁庭、仲裁当事人之间的国际商事仲裁关系，它们也不直接调整国际民商事法律关系。但由于程序规范是解决国际民商事法律纠纷、维护当事人民商事权益的必不可少的法律手段，是实现民商事实体规范的辅助法律规范，因而它们对国际民商事法律关系同样起着间接调整作用。

2. 直接调整方法

直接调整方法是通过直接规定国际民商事法律关系当事人的实体权利义务的"直接法律规范"来调整国际民商事法律关系的。即调整国际民商事法律关系的法律规范直接规定国际民商事法律关系当事人的实体权利义务，告诉当事人应该怎样做，不应该怎样做，从而起到对国际民商事法律关系的调整作用。这种直接法律规范通常称为"实体规范"。例如，1980年《联合国国际货物销售合同公约》第52条规定："（1）如果卖方在规定的日期前交付货物，买方可以收取货物，也可以拒绝收取货物。（2）如果卖方交付的货物数量大于合同规定的数量，买方可以收取也可以拒绝收取多交部分的货物。如买方收取多交部分货物的全部或一部分,他必须按合同价格付款。"这条规定即属实体规范,它对合同关系中的卖方和买方在卖方提前交货和多交货物时的权利义务作了明确规定,当事人可以直接据此处理这方面的问题。按照这条规定调整合同买卖双方在卖方提前交货和多交货物方面的权利义务关系,就是一种直接调整方法。

直接调整国际民商事法律关系的实体规范既可以见于国际条约和国际惯例,也可以见于国内法。国际条约和国际惯例中直接调整国际民商事法律关系的实体规范称为"国际统一实体规范"或"国际统一实体私法规范"。国内法中直接调整国际民商事法律关系的实体规范称为"国内专用于调整国际民商事法律关系的实体规范"。① 规定外国人在内国民事法律地位的规范是规定外国人在内国哪些范围内享有民事权利和承担民事义务的实体规范,如规定外国人可以在内国申请取得专利的规定就属这类规范。它们调整国际民商事法律关系也采用直接调整方法。由于实体规范特别是国际统一实体规范直接支配国际民商事法律关系当事人的权利义务关系,可以避免或消除在国际民商事交往中可能发生的法律冲突,故就调整国际民商事法律关系而言,直接调整方法优于间接调整方法。

间接调整方法和直接调整方法都是国际私法调整国际民商事法律关系的手段,两者相辅相成,互为补充。一方面,由于国际民商事法律关系含有国际因素,同两个或更多的国家有联系,而各国法律制度千差万别,难以统一,不可能对一切社会关系都用实体规范直接加以调整,而需要冲突规范来缓和矛盾,调和冲突,从而间接调整国际民商事法律关系。另一方面,由于冲突规范不直接规定国际民商事法律关系当事人的权利与义务,同实体规范比较起来缺乏法律关系的预见性和明确性,随着国际民商事交往的发展,仅用冲突规范间接调整国际民商事法律关系已难以满足实际需要,于是,直接调整国际民商事法律关系的实体规范应运而生。上述可见,国际私法这两种调整国际民商事法律关系的方法并存,是由国际民商事交往的实际情况决定的。

二、国际民商事法律冲突及其解决方法

在法律领域,法律冲突是普遍存在的现象。国际民商事法律冲突是法律冲

---

① 姚壮、任继圣:《国际私法基础》,中国社会科学出版社1981年版,第5、7、12页。

突的一种。国际私法的目的就是要解决国际民商事法律冲突。

（一）法律冲突的概念和类型

1. 法律冲突的概念

从广义上讲，法律冲突系指调整同一社会关系或解决同一问题的不同法律由于各自内容的差异和位阶的高低而产生的效力上的抵触。一般来说，只要各法律对同一问题作了不同的规定，且某种法律事实又将不同的法律规定联系在一起，法律冲突便会产生。比如说，如果中国某省的权力机关制定的一项地方性法规与中国现行宪法的某一规定不一致，那么，该地方性法规与中国宪法在效力上就会发生冲突。匈牙利国际私法学者萨瑟曾说："法律冲突一词必须在比喻意义上加以理解。它仅仅是明喻，指出由法律支配的事实或法律关系与几种法律制度相联系，并且必须决定几种法律制度中的哪一种应适用于实际案件。"[①] 萨瑟实际上是说，法律冲突就是在几种不同的法律与某一法律关系相联系时决定应适用何种法律，或者说法律冲突是法律适用上的冲突。国际民商事法律冲突就是不同国家的民商事法律在法律适用上的冲突。

2. 法律冲突的类型

法律冲突既可能发生在法律的各个领域或各个法律部门，也可能发生在法律的不同层次和结构中。因此，法律冲突的表现形式或类型是多种多样的。

（1）空间法律冲突（conflict of laws in space or interspatial conflict of laws）。法律冲突可以是空间上的冲突，即不同国家、不同地区或不同区域之间的法律冲突。国际法律冲突和区际法律冲突都属于空间上的法律冲突。

（2）时际法律冲突（intertemporal conflict of laws）。法律冲突可以是时际冲突，即在一个法律体系内同属一种法律的新法与旧法或前法与后法之间在时间效力上的冲突。

（3）人际法律冲突（interpersonal conflict of laws）。法律冲突可以是人际冲突，即在一个国家内适用于不同民族、种族、部落、阶级以及教徒的法律之间的冲突，或者说适用于不同人员集团的法律之间的冲突。

（4）法律系统冲突（intersystematic conflict of laws）。法律冲突可以是不同法律系统之间的冲突，如国内法与国际法之间的冲突、宪法与普通法律之间的

[①] I. Szászy, *Conflict of Laws in the Western, Socialist and Developing Countries*（《西方国家、社会主义国家和发展中国家的冲突法》），Kluwer Academic Publishers, 1974, p. 25.

冲突、中央立法和地方立法之间的冲突、一般法和特别法之间的冲突、成文法和不成文法之间的冲突以及在普通法系国家内普通法与衡平法之间的冲突。法律系统冲突也可以是不同法律领域内不同法律之间的冲突，如不同国家或地区民商法之间的冲突、刑法之间的冲突、行政法之间的冲突以及税法之间的冲突等。①

（5）国际法律冲突（international conflict of laws）和区际法律冲突（interregional conflict of laws）。基于法律冲突发生的范围，法律冲突可以划分为国际法律冲突和区际法律冲突。国际法律冲突主要是指不同国家的法律之间的冲突，在民商法领域发生的国际法律冲突即国际私法的解决对象。当然，国际法律冲突也可能发生在其他法律领域，不同的区域国际法之间的法律冲突也应属国际法律冲突。区际法律冲突是指一个主权国家内部具有独特法律制度的不同地区之间的法律冲突。在多数情况下，一个国家只有一种法律制度，或者说法律制度是统一的，但由于种种历史和现实以及外在和内在的原因，世界上有不少国家内部的法律制度不统一，其国内有数量不等的具有独特法律制度的地区或区域，即法域或法区。这种情况不仅在像美国、加拿大和澳大利亚这样的联邦制国家存在，在像中国和英国这样的单一制国家也有。由于一个国家内部的不同地区具有不同的法律制度，在人们的交往过程中不可避免会产生区际法律冲突。② 区际法律冲突是区际私法或区际冲突法的解决对象。

（6）平面法律冲突（horizontal conflict of laws）和垂直法律冲突（vertical conflict of laws）。从纵横角度来看，可以把法律冲突归纳为平面法律冲突和垂直法律冲突。前者如主权国家之间的法律冲突和一国内部处于平等地位的不同地区的法律之间的冲突，是指发生冲突的法律处于同一层次、同一水平线上，甚至处于同等地位。后者如中央立法和地方立法之间的冲突、国际法和国内法之间的冲突及宪法和普通法律之间的冲突，是指发生冲突的法律处于不同层次或位阶，它们之间的关系是上下或纵向关系，一般处于高层次的法律优于处于低层次的法律。

---

① 关于法律冲突的表现形式和分类，参见 I. Szászy, *Conflict of Laws in the Western, Socialist and Developing Countries*（《西方国家、社会主义国家和发展中国家的冲突法》），Kluwer Academic Publishers, 1974, pp. 25-26; J. J. Fawcett, "A New Distinction in Conflict of Laws", *The Anglo-American Law Review*, 7 (1978), pp. 230-242.

② 黄进：《区际冲突法》，永然文化出版股份有限公司1996年版，第81—132页。

（7）公法冲突和私法冲突。从法律的性质来看，法律冲突又可分为公法冲突和私法冲突。长期以来，国际私法学界许多学者认为，法律冲突只可能发生在民商法领域或私法领域，在其他领域无法律冲突可言。固然，在国际上或者在一个国家内部的不同地区之间，大量存在着民商事法律冲突或私法冲突，但在刑法、行政法、经济法、民事诉讼法、刑事诉讼法、税法等公法领域，也会产生法律冲突。比如，在刑法领域，中国《刑法》第6条第2款规定："凡在中华人民共和国船舶或者航空器内犯罪的，也适用本法。"假设某一中国船舶在法国某港口停泊期间，在该船舶上发生了一起刑事案件。按中国刑法的上述规定，中国刑法适用于该犯罪，但由于该案发生在法国领域内，法国法律显然也会主张法国刑法适用于该犯罪。这里，中国刑法和法国刑法在效力上就出现了冲突，出现了究竟适用中国刑法还是法国刑法的问题。上述这个假设的例子尤其表明，一个主权国家完全可能和可以自行制定直接调整某些国际关系的法律。由于这种法律调整的社会关系超越了本国范围，涉及他国及其自然人或法人，它们显然具有一种自设的域外效力。不过，在刑法、行政法和税法等公法领域，因为涉及国家的公共利益并具有严格的属地性，各国原则上并不承认外国刑法、行政法和税法等公法在内国的域外效力，只适用内国的刑法、行政法或税法等，而不适用外国的这类法律。因此，解决公法冲突的法律适用规范或冲突规范一般都是单边的，即它们只限定内国公法的适用范围，而不限定外国公法的适用范围。① 从公法只有自设的域外效力或各国互不承认他国公法在内国的域外效力来讲，行政法、刑法和税法等公法的冲突只是一种虚拟的冲突，它只涉及内国法的适用，而不涉及外国法的适用。但是，在民商法领域，内国法在外国的域外效力或外国法在内国的域外效力在一定条件下得到了承认。正是由于这种承认，各国之间的民商事法律冲突成为一种实在的冲突，即外国法律的域外效力与内国法律的域内效力之间的冲突或外国法律的域内效力与内国法律的域外效力之间的冲突。解决这种冲突，不仅会涉及内国法的适用，更重要的是还会涉及外国法的适用，也就是说会涉及内外国法律的选择。这正是民

---

① 传统的国际私法理论认为，外国公法具有严格的属地性而不具有域外效力，因而在适用外国法时将外国的公法规则一概予以排除。但是，这一传统主张受到一些学者的批评，这些学者主张在一定条件下，外国公法亦可予以适用。这种主张已在国内国际私法立法上有所反映。如瑞士《关于国际私法的联邦法》（2017年文本）第13条规定："外国法的适用，不得仅以其规定被认为具有公法性质而予以排除。"

商法领域的法律冲突与行政法、刑法和税法等公法领域的法律冲突之区别所在。也正是这一点决定了我们研究国际法律冲突或区际法律冲突,并不研究行政法、刑法或税法等公法冲突,而只限于研究民商事法律冲突或私法冲突,或者更通俗地说,只限于研究民商事法律冲突。①

(二) 国际民商事法律冲突的产生和特点

国际私法所调整的国际民商事法律关系和纯国内民商事法律关系之所以不同,是因为前者含有涉外因素,它既可能受内国法调整,也可能受外国法调整。在这种情况下,如果内外国法律的有关规定是完全一致的,适用其中任何一国的法律都会导致相同的结果,那么,便不会发生法律适用上的冲突,自然也无法律选择的必要。但实际上,各国民商事法律千差万别,对同一涉外民商事法律关系适用不同国家的法律,必然会产生不同的结果。在国际私法上,这种现象被称为国际民商事法律冲突。

1. 国际民商事法律冲突的产生

历史上,从国际民商事法律关系的出现到国际民商事法律冲突的产生,经历了一个演变发展的过程。国际民商事法律冲突的产生是以下几个因素相互作用的结果:

第一,各国人民之间存在着正常的民商事交往,并结成国际民商事法律关系。虽然各国民商事法律不同,但如果各国人民没有交往,老死不相往来,民商事法律冲突就不会产生。因为各国人民之间如不存在民商事交往,一方面,内国人及其财产不会到外国,并不会产生与外国有联系的法律事实;另一方面,外国人及其财产也不会出现在内国,也不会在内国产生与外国有联系的法律事实。这样,各国民商事法律仅在本国范围内实施,民商事法律冲突自然无从产生。一旦各国人民进行正常的民商事交往,必然会提出依哪个国家的法律结成国际民商事法律关系的问题,提出在国际民商事交往中发生争议时应适用哪个国家的法律加以解决的问题。可以说,各国人民之间正常的民商事交往为国际民商事法律冲突的产生奠定了客观基础。

第二,各国民商事法律制度不同。由于世界上各个国家的国家性质、社会制度、经济发展状况、历史文化传统以及自然环境不同,其法律制度也就千差万别。在民商事法律制度方面,这种差别表现得更为突出。例如,关于结婚年

---

① 黄进:《区际冲突法》,永然文化出版股份有限公司1996年版,第18—20、96—102页。

龄,《日本民法典》第 731 条规定为男 18 岁,女 16 岁;《瑞士民法典》第 96 条规定为男 20 岁,女 18 岁;中国《民法典》则规定为男 22 岁,女 20 岁。正由于各国民商事法律规定互不相同,对同一涉外民商事法律关系,适用不同国家的法律必然产生不同的结果,这样便出现了应适用何国法律来确定当事人的权利和义务的问题。各国民商事法律制度的不同是国际民商事法律冲突产生的前提条件。

第三,各国承认外国人在内国的民商事法律地位。国际私法本身的历史表明,它的产生和发展是与外国人在内国的民商事法律地位的变迁密切相关的。赋予外国人民商事法律地位是国际民商事交往得以正常进行的重要条件,也是国际民商事法律冲突产生的一个重要条件。正是基于这一点,许多国家的国际私法才把直接调整外国人民商事法律地位的实体规范纳入国际私法范围之内。在实际生活中,只要内国法不允许外国人享有某项民商事权利,外国人就不能参加有关民商事活动,也就不会出现外国人作为主体的民商事法律关系,当然也就不会产生涉及外国法适用的民商事法律冲突。但是,如果外国人在内国居于凌驾于内国人之上的特权地位,也无国际私法意义上的民商事法律冲突可言。例如,在过去一些亚、非国家,如土耳其、旧中国、日本等,西方列强通过不平等条约享有特权地位,通称为"治外法权"(extraterritoriality)。其具体表现为,外国人在这些国家的领土内不受所在国法律的约束,不受所在国法院的管辖,而由外国人本国领事根据其本国的法律对他们行使管辖权,因而关于外国人的治外法权也称为领事裁判权(consular jurisdiction)。显然,外国人在内国拥有这种特权地位的现象是对国家主权的侵害,使得外国人与内国人不可能建立平等的民商事法律关系,因而也不可能导致国际私法意义上的民商事法律冲突的产生。

第四,各国在一定条件下承认外国民商事法律在内国的域外效力。任何法律都有一定的效力范围,或只有域内效力,或既有域内效力又有域外效力。所谓法律的域内效力,是指一国制定的法律在其本国域内有效。所谓法律的域外效力,是指一国制定的法律不仅在本国有效,在外国也发生效力。有些国家用法律条文的形式明确规定了法律的域内效力和域外效力。例如,1804 年《法国民法典》第 3 条第 1、2 款规定:"有关警察与公共治安的法律对于居住在法国境内的居民均有强行力。不动产,即使属于外国人所有,仍适用法国法律。"上述规定表明,有关警察、公共治安及不动产的法律对居住在法国境内的一切人都是有效力的，这体现了法律的域内效力。而该法典第3条第3款还规定："关于个人身份与法律上能力的法律，适用于全体法国人，即使其居住于国外时亦同。"这确定了法国关于个人身份与能力的法律在法国域外的效力。一国制定法律时都可以依国家主权确定自己的法律具有域外效力，但这种域外效力只是一种自设的域外效力。如果这种法律要在国际社会得到贯彻执行，也就是说，其自设的域外效力要变成现实的域外效力，需要各国根据主权原则和平等互利原则彼此协调，互相承认。一般来说，各国都在一定条件下或一定程度上承认外国民商事法律在内国的效力，如承认依外国法订立的合同、缔结的婚姻关系等，以促进本国同外国的民商事交往。正由于各国相互承认对方的某些法律同时具有域内效力和域外效力，才会产生法律冲突，即外国法律的域外效力与本国法律的域内效力之间的冲突或者本国法律的域外效力与外国法律的域内效力之间的冲突。

总之，国际民商事法律冲突是在各国人民之间存在着正常的民商事交往、各国民商法律制度不同、各国承认外国人在内国的民商事法律地位以及各国在一定条件下承认外国民商事法律在内国的域外效力的条件下发生的。

2. 国际民商事法律冲突的特点

与其他法律冲突相比，国际民商事法律冲突具有如下特点：

第一，国际民商事法律冲突是一种跨国法律冲突。国际民商事法律冲突产生于国际社会，是不同主权国家之间的法律冲突。显然，这与一个主权国家领土范围内不同地区之间的法律冲突，即区际法律冲突，有着根本的区别。

第二，国际民商事法律冲突是一种空间法律冲突。国际民商事法律冲突是适用于不同国家领域的法律之间的冲突，它是同一定的地域相联系的，这与适用于不同种族、民族、部落、阶级以及宗教信仰的人的法律之间的冲突（即人际法律冲突），以及先后施行于同一地区并涉及同一问题的新旧法律之间在时间效力上的冲突（即时际法律冲突），有着本质的差别。

第三，国际民商事法律冲突是一种私法冲突。国际民商事法律冲突是不同国家的民商事法律之间的冲突。由于传统上一般将民事法律和商事法律视为私法，故国际民商事法律冲突，亦即国际私法冲突，与具有公法性质的法律冲突在性质上是完全不同的。

第四，国际民商事法律冲突是一种平面冲突。各国主权是平等的，各国的法律也是平等和互相独立的，本无谁优于谁的问题。但实际上，各国或多或少地坚持属地主义，排斥外国法在内国的适用，在公法领域尤甚。不过，在民商事法律领域，各国为了进行国际民商事交往，对属地主义进行了限制，在一定条件下承认外国民商事法律在内国的效力，这导致在一定范围内，内外国民商事法律处于平等地位，对国际民商事法律关系的调整需要在内外国法律之间进行选择。因此，国际民商事法律冲突是处于平等地位的不同国家的民商事法律之间的冲突。

（三）国际民商事法律冲突的解决方法

解决国际民商事法律冲突的方法也就是解决民商事法律冲突的途径。考察国际上的实践，解决国际民商事法律冲突的方法主要有如下两种：

1. 冲突法解决方法

冲突法解决方法就是通过制定国内或国际的冲突规范来确定各种不同性质的国际民商事法律关系应适用何种法律，从而解决国际民商事法律冲突。

我们知道，国际民商事法律冲突实质上是不同国家的民商事法律在适用上的冲突。换言之，国际民商事法律冲突讲的是某种国际民商事法律关系应适用何种法律的问题，而冲突规范恰恰是指定某种国际民商事法律关系应适用何种法律的规范，因此，就解决国际民商事法律冲突而言，冲突规范的适用，不失为解决国际民商事法律冲突的有效方法。但是，从调整国际民商事法律关系来讲，冲突规范只指定有关国际民商事法律关系应适用何种法律，而没有明确地直接规定当事人的权利与义务，因而它对国际民商事法律关系只起间接调整的作用。而且，冲突规范只作立法管辖权选择，即只就有关国际民商事法律关系指定一个立法管辖权，而不问具有该管辖权的国家调整该国际民商事法律关系的法律的有无和具体内容如何，因而它对国际民商事法律关系的调整也缺乏应有的明确性、预见性和针对性。由此看来，冲突法解决方法并不能从根本上避免和消除国际民商事法律冲突，只能解决有关具体的国际民商事法律关系的法律适用问题。从这个意义上讲，这种方法只是一种消极的解决方法。

按照冲突法的渊源，冲突法解决方法可分为国内冲突法解决方法和国际冲突法解决方法。前者是各国通过制定自己的冲突法解决与本国有关的国际民商事法律冲突；后者是有关国家以双边或多边国际条约的形式制定统一的冲突法来解决国际民商事法律冲突。在用国内冲突法解决国际民商事法律冲突的情况下，由于各国的冲突规范本身并不一定相同，有关国家的冲突规范之间也会产生冲突，这样，同一个国际民商事案件在不同国家的法院审理就会得出不同的结果。这种冲突规范本身的冲突的存在，大大增加了国际民商事争议的复杂性，导致当事人"挑选法院"（forum shopping），即当事人选择于己有利的法院起诉，从而使对方蒙受不利这一现象发生。而通过国际统一冲突法解决国际民商事法律冲突，不仅可以避免各国冲突规范之间的冲突，而且能在一定范围内使各国法院对同一争议作出同样的判决，从而防止"挑选法院"现象的发生，甚至还可以为各国实体法的统一奠定基础。

2. 实体法解决方法

实体法解决方法是指通过制定国内或国际的民商事实体规范来直接确定当事人的权利与义务，调整国际民商事法律关系，从而避免或消除国际民商事法律冲突。

在实体法解决方法中，国际统一实体法解决方法最为重要，它是指有关国家以双边或多边国际条约的形式制定，或者借助基于广泛实践形成的国际惯例来确定直接规定当事人权利与义务的国际统一实体规范，以避免或消除国际民商事法律冲突。自19世纪开始，为了更有效地解决国际民商事法律冲突，克服冲突规范解决民商事法律冲突的不彻底性，国际实践中出现了一种解决国际民商事法律冲突的方法，即有关国家通过制定国际条约或借助在实践中形成的国际惯例，把彼此在某些方面的民商事法律统一起来，直接适用于有关当事人之间的国际民商事法律关系，从而在所涉问题上避免和消除有关民商事法律冲突。正因为国际统一实体法把有关国家的实体民商法统一起来，并直接规定了当事人的权利与义务，故它对国际民商事法律关系起着直接的调整作用。就解决国际民商事法律冲突而言，国际统一实体法解决方法由于从根本上起到了避免和消除民商事法律冲突的作用，因而它是一种积极的国际民商事法律冲突解决方法，优于冲突法解决方法。国际统一实体法的出现应该视为解决国际民商事法律冲突的自然进程，是解决国际民商事法律冲突的手段日趋完善的一个合乎逻辑的结果。

根据国际统一实体法的渊源，国际统一实体法解决方法可分为国际条约解决方法和国际惯例解决方法，而前者又有双边条约解决方法和多边条约解决方法之分。目前，国际上已有不少解决国际民商事法律冲突的多边实体法公约，但规定有国际统一实体规范的双边条约在解决国际民商事法律冲突中的作用也不容忽视。在国际民商事交往中，各国的长期实践逐渐形成了一些国际惯例。国际惯例分为两种：一种是强制性的国际惯例，即当事人无须选择而必须遵循的国际惯例；另一种是任意性的国际惯例，即只有经当事人选择才对他们有约束力的国际惯例。国际经济贸易中的国际惯例大多为任意性的国际惯例。由于以国际惯例形式出现的统一实体规范，有的不及国际条约中的统一实体规范明确，再加上大多为需经当事人选择才能适用的任意性规范，故国际惯例中的统一实体法在解决国际民商事法律冲突方面的作用和效果方面不及国际条约中的实体规范。

国际统一实体法的出现与发展，虽然增加了一种解决国际民商事法律冲突的方法，但是，从目前的情况来看，已有的国际统一实体法，从适用范围上讲仅仅是局部的，从内容范围上讲也只涉及有限的民商法领域。对于所要解决的问题，国际条约也并不一定能作出全面和明确的规定，对那些应解决而未解决的问题，借用冲突规范加以解决仍是可能和可行的。例如，1980年《联合国国际货物销售合同公约》第7条第2款就有这样的规定：凡本公约未明确解决的属于本公约范围的问题，应按照本公约所依据的一般原则来解决，在没有一般原则的情况下，则应按照国际私法规范规定适用的法律来解决。① 这里讲的"国际私法规范"就是指冲突规范。加之，各国法制差异如此之大，以至于至少目前我们还看不到实现全球法制统一的曙光。因此，在现阶段，国际统一实体法并不能取代冲突法在解决国际民商事法律冲突方面的地位和作用。

第二节　国际私法的范围与体系

一、国际私法的范围

国际私法的范围问题，就是国际私法包括哪些规范，包括什么内容的问题。在这个问题上，国内外学者历来都存在争论，各国在立法和司法实践中亦有不同的主张。

（一）关于国际私法范围的不同主张

首先，英美普通法系国家的学者大多主张国际私法就是冲突法。他们认为，国际私法只解决三个问题：第一个问题是一国法院在什么情况下对一个

---

① 关于国际统一实体法不能取代冲突法在解决国际民商事法律冲突方面的地位和作用问题，参见韩德培、李双元：《应该重视对冲突法的研究》，《武汉大学学报（社会科学版）》1983年第6期。

涉外案件有管辖权；第二个问题是一国法院在确定自己对某一涉外案件有管辖权后，应决定适用何种法律来确定当事人的权利与义务；第三个问题是在什么条件下承认与执行外国法院判决以及外国仲裁裁决。因此，国际私法的范围包括如下三种规范：对涉外案件的管辖权规范、冲突规范（也就是法律适用规范或法律选择规范）以及承认与执行外国法院判决以及外国仲裁裁决的规范。

其次，法国多数国际私法学者认为国际私法包括这样几种规范：国籍法规范（这是因为法国以当事人的本国法作为属人法，以国籍作为属人法的连结点，但应该注意的是，法国的国际私法学者对国籍问题不是仅仅从解决国籍冲突的角度去讨论的，而是一般地讨论）、外国人的法律地位规范、法律适用规范以及有关涉外民商事案件的管辖权规范。

最后，德国和日本的多数学者以及受德国法影响的其他国家的学者认为，国际私法的全部任务或主要目的是解决在涉外民商事法律关系中适用何种法律的问题。换言之，国际私法只解决法律冲突问题，仅包括调整涉外民商事法律关系的冲突规范或法律适用规范。

中国国际私法学者对国际私法的范围有种种不同的看法。在理论和实践中，比较普遍的观点是主张把关于外国人的民事法律地位规范、冲突规范、国际统一实体规范和国际民事诉讼程序与国际商事仲裁规范都包括在国际私法范围之内。韩德培教授主编的高等学校法学教材《国际私法》就持这种观点。[①] 有的学者甚至主张，国际私法除了包括上述各种规范外，还包括国内法中专门用于调整涉外民商事法律关系的实体规范（简称专用实体规范）。[②] 当然，也有学者主张"小国际私法"，认为国际私法就是冲突法，抑或主张国际私法仅包括涉外民商事法律适用规范，抑或持英美普通法系的冲突法主张。还有学者主张"中国际私法"，认为国际私法包含外国人的民事法律地位规范、冲突规范和国际民事诉讼及国际商事仲裁规范。

从上述不同主张可以看出：（1）冲突规范，或称为法律适用规范、法律选择规范，无论在哪一种观点中，都被视为国际私法的规范，因此，可以说冲突规范是国际私法最基本的规范。（2）大多数学者，包括一些把国际私法

---

① 韩德培主编：《国际私法》（修订本），武汉大学出版社1989年版，第6—8页。
② 姚壮、任继圣：《国际私法基础》，中国社会科学出版社1981年版，第3—8页。

和冲突法两个概念完全等同起来的学者，都认为应该把冲突规范以外的与调整国际民商事法律关系和解决国际民商事法律冲突有关的一些规范纳入国际私法范围。本书认为，在国际私法的范围问题上，不宜采取过于绝对化的观点。

目前，中国国际私法学界在国际私法范围问题上的基本分歧点在于，是否应把国际统一实体规范和国内法中的专用实体规范列入国际私法的范围。

对于国际统一实体规范应该持肯定态度。要正确地认识这个问题，必须从法律发展的观点出发。为了解决国际民商事法律关系中法律适用上的冲突问题，历史上最早采取的办法是用冲突规范来进行法律选择。但是，冲突规范并不直接规定当事人的实体权利与义务，其只是一种间接调整国际民商事法律关系的方法，适用起来不免缺乏明确性、预见性和针对性，有时还会带来不少复杂的法律问题。随着国际民商事关系日趋发达，为了便于国际民商事交往，在19世纪末20世纪初，国际社会便开始制定直接调整某些国际民商事法律关系的统一实体规范。这种统一实体规范在某些方面以及一定程度上起到了避免和消除国际民商事法律冲突的作用。因此，它也是在解决国际民商事法律冲突的基础上发展起来的，是与冲突规范并行的调整国际民商事法律关系的法律规范。而且，把这两种法律规范放在同一个法律部门来考量，有助于解决哪一种方式调整某种国际民商事法律关系更好的问题。在某些领域，如在国际贸易领域，采取可以避免和消除法律冲突问题的国际统一实体规范来调整国际民商事法律关系，意味着有关国家之间有更密切的合作，因而也是一种更高级的调整方式。但在有些领域，如婚姻家庭和继承领域，采取冲突规范加以调整更具有现实意义，因为各国在这些方面的历史和文化传统存在差异，很难达成一致并制定有关国际条约，至少目前尚无采取国际统一实体规范进行调整的可能性。

对于国内法中的专用实体规范，应该持肯定和审慎的态度。对此应从两方面来认识：一方面，专用实体规范中有一部分是涉外民商事法律规范，如规定外国人的民商事法律地位的规范，它们是国际私法上所讲的专门用于调整涉外民商事法律关系的专用实体规范。各国在对外交往中，为了规范或促进国际民商事交往，不可能不制定专门的涉外民商事法律规范。在这部分规范中，有一些可以直接适用于涉外民商事法律关系；而更多的并不能直接适用于涉外民商事法律关系，需要冲突规范指定适用或当事人选择适用。不过，这部分属于民商事法律范畴的专用实体规范，尽管直接确定了当事人的实体权利与义务，但它们并不能像国际统一实体规范那样起到消除和避免国际民商事法律冲突的作用，反而提供了国际民商事法律冲突产生的土壤。此外，由于这部分规范大多仍需要冲突规范指定或当事人选择适用，因而也避免不了一国法院在审判涉外民商事案件时需要进行法律选择的麻烦。另一方面，要注意把专门用于调整涉外民商事法律关系的专用实体规范即私法规范同涉外经济管理规范区别开来。一国专用实体规范中有一部分为涉外经济管理规范，比如，涉及外汇管制等金融安全的规范是直接适用的强制性规定，属于行政法的范畴，或者说属于经济行政法的范畴，而行政法属于公法。按照一般法理，公法属强行法，具有严格的属地性，各国通常不考虑适用外国法的问题，也就是说，这种规范所涉领域不存在国际私法上的法律选择问题。因此，这部分专用实体规范不应被包括在国际私法之中。

关于国际私法的范围，韩德培教授曾有一段精彩、形象的论述。他说："国际私法就如同一架飞机一样，其内涵是飞机的机身，其外延是飞机的两翼。具体在国际私法上，这内涵包括冲突法，也包括统一实体法，甚至还包括国家直接适用于涉外民事关系的法律。而两翼之一则是国籍及外国人法律地位问题，这是处理涉外民事关系的前提；另一翼则是在发生纠纷时，解决纠纷的国际民事诉讼及仲裁程序，这包括管辖权、司法协助、外国判决和仲裁裁决的承认与执行。"[①] 这段话可以说形象科学地勾画出了国际私法的范围。

综上所述，国际私法主要应包括外国人的民商事法律地位规范、冲突规范、国际统一实体规范和国际民商事争议解决规范（主要指国际民事诉讼程序规范与国际商事仲裁规范）。

（二）国际私法的规范

1. 外国人的民商事法律地位规范

外国人的民商事法律地位规范是确定外国的自然人、法人甚至外国国家和国际组织在内国民商事领域的权利与义务的规范。这种规范既可以规定在国内法中，也可以规定在国际条约中。就规定在国内法中而言，它们既可以规定在一国宪法、民法和商法等法律中，也可以单行的外国人法律地位法的形式加以规定。就规定在国际条约中而言，它们既可以规定在双边国际条约之中，也可

---

① 转引自刘卫翔等：《中国国际私法立法理论与实践》，武汉大学出版社 1995 年版，第 40 页。

以规定在多边国际条约之中。由于这种规范规定外国人在内国有权从事某种民商事活动，享有某种民商事权利，取得某种民商事地位，或者限制外国人在内国从事某种民商事活动，不得享有某种民商事权利或待遇，故这种规范为直接规范和实体规范。

外国人的民商事法律地位规范之所以成为国际私法规范，是因为这种规范实际上是国际私法产生的前提之一。在国际民商事交往中，只有承认外国人在内国具有民商事主体的资格，能够享有民商事权利且其权利能够得到保护，并能够承担相应的民商事义务，国际民商事交往才能顺利进行，国际私法的其他规范才能得到适用。由于这种规范比国际私法的其他任何规范出现得都要早（其在罗马法中的"万民法"中就已出现），故有的学者认为这种规范是国际私法中最古老的规范。

2. 冲突规范

冲突规范，又称法律适用规范、法律选择规范，在一些国际法律文件中也被称为国际私法规范（rules of private international law）①，是指明某种涉外民商事法律关系应适用何种法律的规范。例如，中国《涉外民事关系法律适用法》第21条规定："结婚条件，适用当事人共同经常居所地法律；没有共同经常居所地的，适用共同国籍国法律；没有共同国籍，在一方当事人经常居所地或者国籍国缔结婚姻的，适用婚姻缔结地法律。"这就是典型的冲突规范。这一规定并没指明结婚应满足什么条件和要求，而只指出结婚条件应当适用什么法律来确定。从这一规定不难看出，冲突规范是一种间接规范。冲突规范作为国际私法特有的规范，是国际私法的重要组成部分。

3. 国际统一实体规范

国际统一实体规范，更确切的表述应为国际统一实体私法规范，有时也被称为国际民商事统一实体规范，是指国际条约和国际惯例中具体规定国际民商事法律关系当事人的实体权利与义务的规范。从整体上讲，国际统一实体规范的出现晚于冲突规范。这是由于各国在尖锐的利益冲突面前，很难达成一致的协议，制定出统一适用的国际统一实体规范。最早的国际统一实体规范出现在19世纪末，如1883年签订的《保护工业产权巴黎公约》、1886年签订的《保护文学和艺术作品伯尔尼公约》、1891年签订的《商标国际注册马德里协定》

---

① 如1980年《联合国国际货物销售合同公约》第1条。

等。在今天，随着国际民商事交往的日益频繁，调整国际民商事法律关系的国际条约和国际惯例也在逐渐增多。可以肯定地说，作为一种直接规范，国际统一实体规范在国际民商事领域发挥的作用越来越重要。而且，就调整国际民商事法律关系的直接性和解决国际民商事法律冲突的彻底性而言，它明显地表现出优于冲突规范的特点。

4. 国际民商事争议解决规范

国际民商事争议解决规范主要指国际民事诉讼程序规范与国际商事仲裁规范，也包括解决国际民商事争议的其他规范，如国际商事调解规范等。

国际民商事争议解决规范，从性质上说是一种程序规范或间接规范，而不是直接调整国际民商事法律关系当事人的实体权利义务关系的规范，因此有人认为其不是国际私法规范。但是，这种规范与冲突规范和其他国际私法规范有着密切的联系，是调整国际民商事法律关系和解决国际民商事争议不可或缺的法律规范；而且，鉴于这种规范在国内法和国际法上尚未成为一个独立的法律部门，因此，应将这种规范放在国际私法中加以研究。众所周知，海牙国际私法会议是世界上公认的推动国际私法统一的政府间国际组织，它所主持制定的国际私法公约主要是冲突法公约和民事诉讼程序公约，事实上，它在民事诉讼程序公约的统一方面取得了更大的成功。海牙国际私法会议并没有把自己的工作局限在统一冲突法方面。

国际民事诉讼程序规范是指司法机关在审理涉外民商事案件时专门适用的程序规范。一国法院在审理涉外民商事案件时，当然要适用国内法中关于审理一般民商事案件的诉讼程序。但是，由于涉外民商事案件的特殊性，仅仅适用这些诉讼程序是不够的，还要适用一些专门用于审理涉外民商事案件的特别程序规范，包括关于涉外民商事案件的管辖权规范、司法协助规范、外国判决的承认与执行规范等。

国际商事仲裁规范是指仲裁机构、仲裁当事人以及其他仲裁参与人对发生在各种国际商事交易中的争议通过仲裁解决时所遵循的规范。这种规范涉及仲裁范围、仲裁协议、仲裁员和仲裁机构、仲裁程序、仲裁裁决、仲裁裁决的撤销、仲裁裁决的承认与执行等方面的内容。由于国际商事仲裁是替代诉讼的最为重要的解决国际商事争议的方式之一，国际商事仲裁规范日益受到人们的重视，在国际私法中的地位越来越重要。

国际商事调解规范是指调解机构、调解员、调解当事人以及其他调解参与人对发生在各种国际商事交易中的争议通过调解解决时所遵循的规范。这种规范涉及调解范围、调解协议、调解员和调解机构、调解程序、和解协议及其救济、执行等方面的内容。

显然，国际民事诉讼程序规范和国际商事仲裁规范、国际商事调解规范有所不同，但是，对国际民商事争议或案件的处理，一般总是通过这三种程序进行的。因此，就国际民商事争议而言，它们都是解决争议的方法和手段。

总之，国际私法集外国人的民商事法律地位规范、冲突规范、国际统一实体规范、国际民商事争议解决规范于一体，集直接规范和间接规范于一体，集实体规范、法律适用规范和程序规范于一体，是最早的跨越传统的国内法和国际法的法律部门或法律分支。

二、国际私法的体系

（一）国际私法体系的界定

国际私法体系，从广义上讲，包含国际私法法律制度体系和国际私法法治体系。前者是由国际私法法律规范构成的制度体系；后者则是包含立法、执法、司法和守法等环节的国际私法整体运行体系，包括法律规范体系、法治实施体系、法治监督体系和法治保障体系等。这里讲的国际私法体系主要指的是国际私法立法体系，或者说国际私法制度体系。

国际私法体系与国际私法范围有着密切的联系。一般来说，国际私法学者或立法者在国际私法范围上所持的观点、主张或立场往往直接或间接影响着其确立什么样的国际私法理论体系或国际私法立法体系。当然，客观现实是复杂的。有时，在国际私法范围上持相同观点、主张或立场的学者对国际私法规范、内容在国际私法体系中的具体安排或排列也并不一定相同。

国际私法制度体系或者说国际私法立法体系与国际私法理论体系或者说国际私法学说体系，既有联系，又有区别。通常，在一个法制统一的国家内部，国际私法立法体系在一定时期内只有一个，而国际私法理论体系则可能五花八门。但在一个法制不统一的国家内部，国际私法立法体系则可能由于各法域的法律制度不同而有两个或两个以上。尽管国际私法立法体系和国际私法理论体系是互相影响的，但某种国际私法立法体系的存在即使代表或反映某种国际私法理论体系，也并不能因此否定其他国际私法理论体系的存在及其合理性。由于各国的政治、经济、法治、历史和文化的不同，各国国际私法立法体系也互不相同。

（二）国际私法立法体系

国际私法立法体系是指制定成文国际私法法典或单行法规时所采用的体系。从现存的国际私法法典或单行法规来看，国际私法立法体系大致分为如下几类：

第一，按本国民法体系仅对法律适用问题作出规定。1978年奥地利《关于国际私法的联邦法》、2006年日本《法律适用通则法》等采用这种体系。当然，由于各国的民法体系并不完全相同，其国际私法的内在体系也不相同。比如，1978年奥地利《关于国际私法的联邦法》所采用的体系为：第一章"总则"；第二章"人法"；第三章"家庭法"；第四章"继承法"；第五章"物权法"；第六章"无形财产权法"；第七章"债法"；第八章"最后条款"。

第二，将冲突规范和国际民事诉讼法规范分为两大部分，合并规定在国际私法法典或单行法规中。2007年土耳其《关于国际私法和国际民事诉讼程序法的第5718号法律》等采取这种体系：第一章"国际私法"（含"总则"和"冲突规范"两节）；第二章"国际民事诉讼程序法"（含"土耳其法院的国际管辖权"和"外国法院判决及仲裁裁决的承认与执行"两节）；第三章"最后条款"。

第三，将冲突规范、外国人的法律地位规范和国际民事诉讼规范合并规定在国际私法法典或单行法规中。1964年捷克斯洛伐克《国际私法及国际民事诉讼法》采用这种体系。

第四，瑞士模式。1987年制定的瑞士《关于国际私法的联邦法》是当代国际私法立法的典范，其兼采大陆法系和普通法系的特点，将两者融为一体，极具特色。该法当时分为13章，共有200条。第一章为总则性的共同规定，第二章至第十二章为分则，第十三章为最后条款。其体系安排如下：第一章"总则"首先规定了该法的适用范围，然后就管辖权、应适用的法律、该法所使用的最重要的连结因素（住所、主事务所所在地、国籍）、外国判决的承认与执行作出了一般性的共同规定。分则除关于破产和清偿协议的第十一章和关于仲裁的第十二章之外，其余各章基本上是依照《瑞士民法典》和《瑞士债法典》划分所调整事项的范围的。大体上说，每一章都是就相关事项先规定直接国际管辖权规则，再规定法律适用规则，最后是关于外国判决的承认与执行的规则。该法在结构方面所作的上述安排，会使总则部分的规定和分则部分的规定偶有重复之处，但这种结构体现了管辖权与法律适用之间的有机联系，与受理国际民商事案件的瑞士司法或行政机关的工作方法一致，其最大优点是便于查阅和适用。①

第五，美国《第二次冲突法重述》的体系。英美普通法系国家一般没有成文的国际私法法典或专门的国际私法法规。普通法系国家的学者大多认为国际私法或冲突法由管辖权、法律适用和外国判决的承认与执行三大部分组成，故美国法学会主持制定的具有示范法、准立法和司法实践总结性质的《第二次冲突法重述》在体系方面也受到上述理念的影响。

第六，中国《涉外民事关系法律适用法》的体系。该法在一定程度上创新了中国的涉外民事关系法律适用制度。该法在起草过程中，既立足中国，从中国本土实际出发，注意总结改革开放以来在涉外民事立法、执法、司法等方面的经验，把多年来行之有效的规定和做法纳入其中；又放眼世界，注意借鉴世界各国国际私法立法和国际公约制定的成功经验，参考国际上的通行做法和最新发展成果。其创新表现之一就是该法在体系上分为8章，即第一章"一般规定"、第二章"民事主体"、第三章"婚姻家庭"、第四章"继承"、第五章"物权"、第六章"债权"、第七章"知识产权"和第八章"附则"。特别是将"人法"部分即"民事主体""婚姻家庭"和"继承"3章置于"物权""债权"之前，体现了该法坚持以人为本的理念，强化人的主体性和权利，且优化了立法体系结构。

关于中国的理论与实践，特别值得一提的是《示范法》的体系。中国国际私法研究会于1993年开始起草《示范法》。在起草《示范法》的过程中，起草小组成员对《示范法》的体系曾有不同的主张。一种主张认为，《示范法》应分为总则、法律适用、国际民事诉讼程序和附则4章，主体为法律适用和国际民事诉讼程序两大部分；另一种主张认为，《示范法》应分为总则、管辖权、法律适用、司法协助和附则5章，主体为管辖权、法律适用和司法协助三大部分。通过讨论，起草小组最后采用了后一种主张。《示范法》所采用的体系在各国国际私法立法史上尚无先例，可以说颇具特色，自成一体。

---

① 陈卫佐：《瑞士国际私法法典研究》，法律出版社1998年版，第15—16页。

第三节 国际私法的渊源与性质

一、国际私法的渊源

国际私法的渊源是指国际私法的表现形式。由于国际私法调整对象的特殊性和复杂性,国际私法的渊源既有国内法渊源,也有国际法渊源。又由于各国对国际私法的范围有不同的认识和主张,各国对国际私法的国内法渊源和国际法渊源范围的界定也各不相同。除了国内法渊源和国际法渊源,有人认为一般法律原则和法律学说也是国际私法的渊源。

(一) 国内法渊源

国际私法的国内法渊源主要包括国内立法、司法判例、司法解释、国内习惯等。

1. 国内立法

在成文法国家,国际私法规范大多被规定在国内立法中。即使在普通法系国家,国际私法规范在其国内立法中也多有反映。国际私法所包括的外国人的民商事法律地位规范、冲突规范、国际民事诉讼程序和国际商事仲裁规范,均可见于国内立法。

从国际私法国内立法的发展历程来观察,我们不难发现,国际私法国内立法的发展经历了一个从分散立法到集中立法的过程。在这个过程中,各国由于国情不同,其具体发展程度也有很大的差异。有的国家在经历了相当长时间发展后从分散立法步入了集中立法的阶段;而另外一些国家至今仍然没有系统的国际私法立法,国际私法规范仍然处于分散的状态。

关于外国人的民商事法律地位规范,有的国家集中规定在外国人法律地位法中,有的国家分别在宪法、民法、商法、民事诉讼法、仲裁法以及其他单行法规中加以规定。

关于冲突规范,最早以国内立法方式规定的是1756年《巴伐利亚法典》。以后,又有1794年《普鲁士邦一般法典》。[①] 但是,具有重大影响的是1804年《法国民法典》。迄今为止,世界上大多数国家以如下四种不同的立法方式在国

---

① [德]马丁·沃尔夫:《国际私法》,李浩培、汤宗舜译,法律出版社1988年版,第55—56页。

内法中规定冲突规范：一是在民法典不同篇章中分别列入相关的冲突规范，或者在民法总则中规定冲突规范。在这方面较早的例子有 1804 年《法国民法典》。在立法模式上，采取这种做法的国家大多受《法国民法典》的影响，仅在民法典中集中或分散加入一些冲突规范条文，不但规定得极其简单，而且涉及的事项或调整的范围也十分有限。二是在民法典中列入专节、专章或专编比较系统地对冲突规范加以规定，如 1966 年《葡萄牙民法典》和 1984 年《秘鲁民法典》。这种规定方式比较系统，便于查阅和适用，可以说是上一种方式进一步发展的结果。但是，从有关民法典的规定来看，除少数规定比较全面外，大多数规定仍然不够全面。而且，把作为国际私法的主要规范之一的冲突规范放在民法典中加以规定，受民法典本身的内容和体系的限制，这种规定方式不可能反映国际私法的全貌。三是在单行法规中就该法规所涉问题规定冲突规范，如中国《民用航空法》的有关规定。四是以法典或单行法规的形式制定系统的冲突规范，如 1978 年奥地利《关于国际私法的联邦法》。以法典或单行法规的形式制定系统的冲突规范代表了国际私法立法的新趋势。在结构上，一些最新的国际私法法典或单行法规，像民法、刑法这些基本法一样，有总则和分则之分，对民商法方方面面问题的法律适用都作了规定。

关于国际民事诉讼程序的规范，传统上，大多见于各国民事诉讼法中。但新近颁布的一些国际私法法典或单行法规，在结构上已抛弃了过去只规定法律适用问题的简单做法，而是融管辖权、法律适用和外国判决的承认与执行等内容于一体。如 1987 年瑞士《关于国际私法的联邦法》不但分别就不同的国际私法关系的瑞士法院管辖权、法律适用和对外国判决的承认与执行作出了具体的规定，在不少领域还对保全措施、司法协助、公告、取证等其他程序法上的问题作出了相应的规定。在国际民事诉讼方面，中国《民事诉讼法》第四编对涉外民事诉讼程序作了特别规定，主要涉及涉外民事诉讼中的外国人诉讼地位、司法豁免权、管辖、送达与期间、财产保全、仲裁、司法协助等问题。

关于国际商事仲裁规范，一般在各国的仲裁法或民事诉讼法中加以规定，如 1994 年中国《仲裁法》（2009 年、2017 年修正）、英国《1996 年仲裁法》、2015 年《意大利民事诉讼法典》第四卷第八篇等。有的国家则将国际商事仲裁规范同冲突规范和国际民事诉讼程序规范规定在一个法律中，典型的例子是 1987 年瑞士《关于国际私法的联邦法》，它专设第十二章系统地规定了国际商事仲裁制度。

2. 司法判例

一般而言，普通法系国家为判例法国家，大陆法系国家为成文法国家。然而，在国际私法上，司法判例作为一种法律渊源，无论对普通法系国家还是大陆法系国家来说，都具有重要的意义。

在普通法系国家，法院可以通过判例确立法律规范。通常，权威的法院判决作为先例，对下级法院以后处理同类案件具有拘束力，起着法律的作用。因此，司法判例是其国际私法的一种重要渊源。在这些国家，除少数单行法中有一些成文的冲突规范之外，大部分冲突规范的表现形式为司法判例。由于冲突规范散见于长期的司法判例之中，内容零散，系统的汇集和整理工作一般都由学者或学术机构完成。例如，在美国，美国法学会（The American Law Institute）这个非官方的机构承担了冲突法的编纂工作。1934 年由比尔任报告员出版了《冲突法重述》（the Restatement of the Law of Conflict of Laws），1971 年又以里斯为报告员出版了《第二次冲突法重述》。这两次重述可以说是美国冲突法判例规则的重要总结。

在不少大陆法系国家，其成文国际私法立法对国际私法问题规定得并不是很完善，司法判例在处理涉外民商事案件方面发挥着重要作用，因此司法判例也是其国际私法的一种渊源，即使在有系统成文国际私法立法的国家亦然。例如在法国，除了关于国籍的规定外，其他的国际私法规定都非常零散，数量也很少。在这种情况下，法国最高法院及其下属法院的判例成为法国国际私法的主要渊源。① 所以，要真正了解大陆法系国家的国际私法，不能不研究它们的司法判例。

中国不是判例法国家，因此司法判例不是中国法律的渊源，当然也不是中国国际私法的渊源。不过，在中国司法实践中，最高人民法院高度重视发挥案例的指导作用，专门建立了案例指导工作机构，不仅通过《中华人民共和国最高人民法院公报》等媒体公开发布典型案例，还集中发布指导性案例，供各级人民法院在审判实践中参考，强化法律适用的统一尺度。所以，最高人民法院发布的指导性国际私法案例对涉外民商事审判实践具有重要的指导作用，研究这些案例是了解中国国际私法实践的一个重要途径。另外，由于我们在国际民

---

① ［法］亨利·巴蒂福尔、保罗·拉加德：《国际私法总论》，陈洪武等译，中国对外翻译出版公司 1989 年版，第 22—23 页。

商事交往中经常要同判例法国家打交道，所以，我们也要认真研究这些国家的司法判例，以便知己知彼，更好地为中国对外开放服务。

3. 司法解释

所谓司法解释，是指司法机关在适用法律过程中对具体应用法律问题所作的诠释。在不同的国家，司法解释的具体定义和运作有所不同。不过，在许多国家，司法解释是自成一类的法律渊源。因此，司法解释也成为这些国家的国际私法的渊源。

在中国，司法解释是指国家最高司法机关根据法律的授权，就司法实践中具体应用法律的问题所作的解释。[①] 1981年，全国人民代表大会常务委员会作出了《关于加强法律解释工作的决议》，规定"凡属于法院审判工作中具体应用法律、法令的问题，由最高人民法院进行解释。凡属于检察院检察工作中具体应用法律、法令的问题，由最高人民检察院进行解释"。此外，《人民法院组织法》和《人民检察院组织法》也作了类似规定。这表明，在中国，由最高人民法院和最高人民检察院这两个司法机关进行司法解释。不过，由于检察工作与国际私法的关系不大，最高人民检察院的司法解释较少涉及国际私法问题。针对应用法律问题并对中国司法实践加以总结和升华的最高人民法院的司法解释，由于其对法院的审判活动具有约束力，实际上已成为中国法律的一种渊源。这一点在2007年印发并于2021年修改的《最高人民法院关于司法解释工作的规定》中得到了肯定。该规定明确：最高人民法院发布的司法解释应当经审判委员会讨论通过；最高人民法院发布的司法解释具有法律效力；制定和发布司法解释须经过立项、起草与报送、讨论、发布施行与备案等程序。虽然中国许多立法都含有国际私法的规定，但不少规定不够全面、系统、具体和明确。因此，最高人民法院在对有关法律进行解释的同时，对其中的国际私法规定也作了大量的解释，比如《涉外民事关系法律适用法解释（一）》。

4. 国内习惯

在有的国家，习惯是一种间接的法律渊源。这里所讲的习惯是指经国家认可并由国家强制力保证实施的习惯。一般来说，这种习惯应确实存在并被遵守，人人确信其为法律并愿受其约束，其仅适用于法律未规定的事项，且不得

---

① 江平主编：《中国司法大辞典》，吉林人民出版社1991年版，第6页。

违背公共秩序或善良风俗。① 例如，1966 年《葡萄牙民法典》第 3 条规定，法律没有规定时，不违背善意原则之习惯可视为法律。而葡萄牙的冲突规范主要规定在该法典中，故习惯也是葡萄牙国际私法的渊源。在中国法律中，2020 年《民法典》明确规定了习惯的法律渊源地位。该法第 10 条规定："处理民事纠纷，应当依照法律；法律没有规定的，可以适用习惯，但是不得违背公序良俗。"当然，在国际私法的渊源中，习惯并不具有重要地位。

（二）国际法渊源

国际私法的国际法渊源主要包括国际条约和国际惯例。

1. 国际条约

国际条约有双边国际条约和多边国际条约之分。而多边国际条约可以分为普遍性的国际条约和地区性的国际条约。国际条约，尤其是多边国际公约，在国际私法的统一化过程中发挥着日益重要的作用。在世界各国以及海牙国际私法会议、国际统一私法协会、联合国国际贸易法委员会、欧洲联盟、美洲国家组织等国际组织的共同努力下，大量私法领域的国际条约被制定，私法的国际统一正在迅速发展，一个被称为"国际统一私法"或"私法国际统一法"的法律分支正在形成。一些重要的多边国际条约不仅对缔约国有约束力，对非缔约国也会产生一定的影响。

作为国际私法渊源的国际条约，既包括统一冲突法条约，也包括统一实体法条约；既包括国际民事诉讼程序条约，也包括国际商事仲裁条约和国际商事调解条约；既包括专门规定国际私法规范的条约，也包括部分内容涉及国际私法规范的条约。

为了履行国际条约确定的义务，缔约国理应保证国际条约在国内的施行。至于如何保证国际条约在国内的施行以及国际条约同国内法有不同规定时应如何解决，各国的立法和实践不尽相同。通过比较和总结，我们可以大致概括出以下四种不同的模式：（1）国内法优先适用，即在国际条约与国内法的规定发生冲突时，优先适用国内法。（2）国内法与条约同等适用，即在国际条约与国内法的规定发生冲突时，按后法优于前法或新法优于旧法的原则，分别适用国际条约或国内法。（3）国际条约相对优先适用，即本国宪法之外的国内法与国际条约的规定发生冲突时，优先适用国际条约。（4）国际条约绝对优先适用，

---

① 郑玉波：《法学绪论》，三民书局 1981 年版，第 20—22 页。

即在包括本国宪法在内的一切国内法与国际条约的规定发生冲突时，均优先适用国际条约。在实践中，大多数国家采取第三种模式，即国际条约相对优先适用。应该注意的是，实践中，即便在坚持国际条约绝对优先适用的国家，国际条约优先适用也不是绝对的。在某些特殊情况下，国际条约的优先适用受到一定的限制，包括因声明保留而不予适用以及因违背国内公共秩序被排除适用等情况。用内国的公共秩序排除国际条约中有关规则的观点，虽然一度在国际私法学界引起很大的反响和激烈的争论，但是大多数学者对此持肯定态度，许多海牙国际私法条约也采纳了这一观点。在新近制定的一些海牙国际私法条约中常常有这么一个几乎是标准化的条款："本条约的规定，只有在缔约国的遵循将显然违反其公共秩序时，可以不予适用。"另外，在国际法院受理的"博尔案"（*Boll Case*）① 中，劳特派特法官也曾提出，有关冲突规范的国际条约的参加国，在特殊的情况下，如果适用依该国际条约的有关冲突规范所援引的法律，会违背法院地国的公共秩序，可以拒绝适用依该国际条约的有关冲突规范所援引的法律。

中国缔结或参加了不少有关国际私法的国际条约：有专门的国际私法条约，比如中国加入的海牙国际私法会议制定的1965年《关于向国外送达民事或商事司法文书和司法外文书公约》（以下简称《送达公约》）、1970年《关于从国外调取民事或商事证据的公约》（以下简称《取证公约》）和1993年《跨国收养方面保护儿童及合作公约》（以下简称《收养公约》）；有包含国际私法规范的条约，比如1951年《关于难民地位的公约》和1969年《国际油污损害民事责任公约》。中国还与其他国家缔结了大量涉及国际私法的双边条约或协定。在这些双边条约或协定中，既含有关于外国人的民商事法律地位的规范和调整涉外民商事法律关系的实体规范，也含有冲突规范和有关国际民事诉讼程序、国际商事仲裁和国际商事调解的规范。特别值得一提的是，自1987年中国同法国签订司法协助协定以来，截至2021年12月，中国已先后与82个国家缔结了引渡条约、司法协助条约等共170项，极大地便利了中国同其他缔约国在

---

① 该案见黄惠康、黄进编著：《国际公法国际私法成案选》，武汉大学出版社1987年版，第290—292页。

民商事领域开展司法协助。①

无论是多边国际条约还是双边国际条约，只要中国依法定程序缔结或参加，均对中国有法律拘束力。在国际私法领域，中国立法明确确立了国际条约优先原则。先后有 1985 年《涉外经济合同法》（已废止）第 6 条、1985 年《继承法》（已废止）第 36 条、1986 年颁布并于 2009 年修正的《民法通则》（已废止）第 142 条、1991 年颁布并于 2021 年第四次修正的《民事诉讼法》第 267 条、1992 年《海商法》第 268 条、1995 年颁布并于 2004 年修正的《票据法》第 95 条、1995 年颁布并于 2021 年第六次修正的《民用航空法》第 184 条等作了明确规定。基本上都是这样规定的："中华人民共和国缔结或者参加的国际条约同本法有不同规定的，适用国际条约的规定，但中华人民共和国声明保留的条款除外。"这实际上把国际条约置于了优于国内法的地位。但是，这里所说的国际条约，究竟仅指有关冲突规范的国际条约，还是兼指有关冲突规范的国际条约和有关实体规范的国际条约？这个问题在立法过程中是有争论的。一种意见主张把"同本法有不同规定的"写成"同本章有不同规定的"，其意思是国际条约仅限于有关冲突规范的国际条约，而不包括有关实体规范的国际条约，因为该章的规定并没有涉及实体规范。然而，这种意见没有被采纳。由此可以肯定，所谓"本法"，既包括本法的冲突规范，也包括其他各章以及其他相关民事法律的实体规范。与此相对应，优先适用的国际条约既包括有关冲突规范的国际条约，也包括有关实体规范的国际条约。

中国法律所确立的国际条约优先原则包含两层意思：一是某种涉外民商事法律关系按照中国法律的规定应该适用其中某一条冲突规范，但中国缔结或参加的有关国际条约对该种涉外民商事法律关系规定了其他的冲突规范的，则应适用条约中的冲突规范。二是某种涉外民商事法律关系按照中国的冲突规范应该适用中国的某项实体规范，而中国的这项实体规范同中国缔结或参加的国际条约中的有关实体规范的规定不同的，中国的这项实体规范应不予适用，而应适用该国际条约中的有关实体规范。

---

① 外交部条约法律司编：《中华人民共和国司法协助条约集》，世界知识出版社 1998 年版；司法部司法协助局编：《司法协助研究》，法律出版社 1996 年版，第 41—47 页；中共中央纪律检查委员会、中华人民共和国国家监察委员会网站；中华人民共和国外交部网站。

2. 国际惯例

国际惯例可分为两类：一类为法律范畴的国际惯例，具有法律效力；另一类为非法律范畴的国际惯例，不具有法律效力。有的学者将国际惯例分为国际习惯和国际常例两类。他们认为，国际习惯一般是指在国际交往中各国重复类似行为而形成的具有法律约束力的不成文原则或规则。国际常例是指在国际交往中经反复实践而形成的具有确定内容的不成文规则，也就是《国际法院规约》在给"国际习惯"下定义时所指的"通例"之意。国际常例是国际习惯的初级表现形式，不具有法律约束力。国际常例一旦被国际社会确认具有法律约束力，即转化为国际习惯。法律范畴的国际惯例可以划分为国际私法上的国际惯例和国际公法上的国际惯例。

从法律意义上讲，《国际法院规约》第 38 条给国际惯例下过一个权威定义，即"作为通例（general practice）之证明而经接受为法律者"。这就是说，国际惯例是在国际交往中逐渐形成的具有法律效力的规范。上述定义表明，构成国际惯例必须具备两个条件，或者说国际惯例包括两个构成因素：一是客观因素或物质因素，即各国共同实践，重复类似行为，形成"通例"；二是主观因素或心理因素，即被"接受为法律"，或者说被公认具有法律约束力。法律范畴的国际惯例依法律规范的性质可划分为强制性的国际惯例和任意性的国际惯例。前者具有直接的、普遍的约束力，当事人必须遵守；而后者不具有直接的、普遍的约束力，不能自动地适用，一般只有在当事人约定或选择适用时才具有约束力。

在国际私法范围内，也有两种不同的国际惯例：一种是不需要当事人选择而必须遵守的国际惯例，即强制性的国际惯例，如通过长期国际实践形成的"国家及其财产豁免"原则。另一种是只有经过当事人选择才对其具有约束力的国际惯例，即任意性的国际惯例，如在国际贸易中存在的"离岸价格"（FOB）、"到岸价格"（CIF）等常见的贸易条件。

在国际私法中，国际惯例大量存在。例如，在外国人的民商事法律地位方面有"国民待遇"原则等；在冲突法方面有"不动产物权依物之所在地法"原则、"公共秩序"原则、"意思自治"原则、"既得权的尊重与保护"原则、"场所支配行为"原则等；在国际民事诉讼程序方面有"程序问题依法院地法"原则等。但较多的是在长期商业实践基础上发展起来并用于解决国际商事问题的任意性的实体法惯例，也就是通常所说的国际商事惯例、国际商业惯例或国际贸易惯例。例如，在贸易术语方面，主要有国际商会制定的《国际贸易术语解释通则》、国际法协会制定的《1932年华沙—牛津规则》等；在支付方面，主要有国际商会制定的《跟单信用证统一惯例》《托收统一规则》等；在担保方面，主要有国际商会制定的《合同担保统一规则》《见索即付保函统一规则》等；在运输和保险方面，主要有国际商会制定的《联合运输单证统一规则》、国际海事委员会制定的《1974年约克—安特卫普规则》以及英国伦敦保险协会制定的《伦敦保险协会货物保险条款》等。

中国在调整涉外民商事法律关系、解决涉外民商事法律冲突、处理涉外民商事法律争议时，也主张依法适用国际惯例。原《民法通则》第142条第3款曾规定："中华人民共和国法律和中华人民共和国缔结或者参加的国际条约没有规定的，可以适用国际惯例。"2020年《民法典》第10条明确规定："处理民事纠纷，应当依照法律；法律没有规定的，可以适用习惯，但是不得违背公序良俗。"这表明，中国法院在处理涉外民商事案件时，如果在法律适用问题上，中国法律以及中国缔结或参加的国际条约对案件所涉及的问题没有作出规定，则可以适用国际惯例。在涉外民商事法律关系的法律适用方面，中国法律允许在一定条件下适用国际惯例，不但是在立法上采用国际上广为流行的做法，也是对中国民商事立法尚不完备的一种弥补办法。这种灵活变通的规定可以促使外国人打消其合法权益在中国无法得到保护的顾虑，从而有利于国际民商事活动的正常进行。

此外，对于国际法院等国际司法机构的判例可否成为国际私法的渊源，在理论上有不同的主张。有人主张，国际法院1955年对"诺特包姆案"（*Nottebohm Case*）的判决[①]、1958年对"博尔案"的判决、1970年对于"巴塞罗那公司案"（*Barcelona Traction Case*）的判决[②]在国际私法上具有渊源作用。有人甚至认为，海牙常设仲裁法院以及其他国际性的常设仲裁机构（如国际商会国际仲裁院）的仲裁裁决所反映的法律见解在国际私法上亦具有渊源作用。但也有人对此持不同意见，认为在国际公法上，按照《国际法院规约》第38条，司法判例只能作为确定法律原则的辅助资料。该规约第59条也规定，国际法院的

---

① 该案见黄惠康、黄进编著：《国际公法国际私法成案选》，武汉大学出版社1987年版，第60—63页。
② 该案见黄惠康、黄进编著：《国际公法国际私法成案选》，武汉大学出版社1987年版，第66—71页。

裁判仅对当事国及本案有拘束力。不过，1958年国际法院对"博尔案"的判决以及该判决所反映的法律意见，的确在国际私法界引起了广泛的讨论，对国际私法的理论和实践产生了极大的影响。

（三）一般法律原则和法律学说

1. 一般法律原则

一般法律原则作为法律（包括国内法和国际法）的渊源已得到普遍的认同，其也应该是国际私法的渊源。一般法律原则为各国国内法律体系和国际法中所包含的共同原则或法律理念。一般法律原则应为各国所承认，它决不着眼于只是偶然一致的法律规定，而着眼于那些以一般的法律理念为基础并可以适用于国际往来的法律原则。[①] 一般法律原则到底包括哪些原则呢？对这个问题，没有统一的答案。被常设国际法院、国际法院及其法官、一些仲裁庭和学者引用过的一般法律原则有约定必须遵守原则、诚实信用原则、人道原则、特别法优于普通法原则、善意使用与禁止滥用权利原则、判决确定力原则、违反义务产生赔偿义务原则、对不履行者不必履行原则、不可抗力免责原则、不当得利原则、间接证明原则、败诉当事人须负担诉讼费用原则等。在中国国内立法中，对于一般法律原则是否为法律的渊源尚无明确的规定。但是，一般法律原则至少是国际统一私法的一个重要的渊源，因为国际统一私法所调整的社会关系，为含有涉外因素、国际因素或跨国因素的民商事法律关系或私法关系，而对民商事法律关系或私法关系加以调整的国内法所基于的一般原则大多比较一致。这种一致性，既是一般法律原则存在的基础，也是一般法律原则能够成为国际统一私法渊源的基础。而且，法律无论如何详尽，都不可能把错综复杂、千变万化的社会现象毫无遗漏地加以规定，而一般法律原则则可以弥补法律的上述不足。当然，一般法律原则确定的标准难以统一，在实践中也难以掌握和适用。但无论如何，随着国际交往的不断增加，各国法律会在一些领域逐渐趋同，一般法律原则的数量会逐渐增多，适用一般法律原则的机会也会越来越多。[②]

---

① 王铁崖主编：《国际法》，法律出版社1981年版，第31—32页；[奥]阿·菲德罗斯等：《国际法》（上册），李浩培译，商务印书馆1981年版，第183—188页。
② [奥]阿·菲德罗斯等：《国际法》（上册），李浩培译，商务印书馆1981年版，第185—186页。

2. 法律学说

法律学说，有时称为法律科学（science of the law），是指关于全部法律或某一部门法律的学理。在理论上，关于公认的权威法律学说能否成为法律的渊源仍有争论。① 但在各国实践中，一般不将学说作为法律的直接渊源，有的将判例确定的学说作为间接法律渊源，有的将学说作为有疑义的法律规范的证明手段。按照《国际法院规约》第38条的规定，国际法院只可以援用各国权威最高的公法学家学说作为确定法律原则的辅助资料。

如果不是因为国际私法学说和理论对立法机关和司法机关发挥着特别重要的作用，实在没有理由和必要讨论法律学说作为国际私法渊源的问题。众所周知，早期的国际私法为"学说法"。相对民法、刑法这些法律部门而言，国际私法的历史要短得多，它的许多制度和规则尚处于发展和演进的阶段。从各国的立法实践来看，不少国家的国际私法立法并不完善。而从各国的司法实践来看，在国际私法领域，法院的自由裁量权比较大。因此，各国的司法机关在处理涉外民商事案件时，更需要国际私法学说和理论的指导。这一点在普通法系国家表现得尤为突出。在普通法系国家，国际私法学说对法院判决有时会产生决定性的影响。事实上，无论在普通法系国家还是在大陆法系国家，在国际私法领域，司法机关在判决中引述学者的学说来论证其裁判、解释成文立法甚至推翻先例的情况，比比皆是。

在中国，法律学说不是法律的渊源，当然也不是国际私法的渊源。但是，权威国际私法学家的学说不仅在实践中对法官和仲裁员的思维、判断有重要影响，而且可以作为确定国际私法原则或规则的辅助资料。

二、国际私法的性质

谈到国际私法的性质，实质上就是要解决三个问题：一是国际私法是国内法还是国际法，或者是介于两者之间的特殊法律部门；二是国际私法是实体法还是程序法；三是国际私法是公法还是私法。

---

① O. Kahn-Freund, *General Problems of Private International Law*（《国际私法一般问题》），Sijhoff，1976，pp. 128–142.

（一）关于国际私法是国内法还是国际法的问题

1. 理论分歧

关于国际私法是国内法还是国际法的问题，不论在历史上还是在今天，国内外学者都有不同的观点。根据对国际私法性质的不同看法，可将国际私法学者分为三大学派，即"世界主义学派"或"国际法学派"、"民族主义学派"或"国内法学派"和"二元论"或"综合论"。

第一，"世界主义学派"或"国际法学派"。这一学派认为国际私法是国际法。其代表人物有德国的萨维尼、冯·巴尔、弗兰根斯坦，法国的魏斯、皮耶，以及意大利的孟西尼等。他们主张国际私法具有国际法性质的主要理由有：(1) 国际私法产生于国际社会。德国19世纪法学家萨维尼在他于1849年出版的著作《现代罗马法体系》第八卷中认为，国际私法的科学基础在于各国之间相互依赖的情况，所以才有国际法律社会存在，才会相互适用别国的法律。(2) 国际私法调整的关系在本质上与国际公法调整的关系没有什么不同。魏斯在其所著的《国际私法手册》一书中指出，国际私法与国际公法的最终目的都在于调整国家之间的关系。[①] 还有学者认为，在国际民商事交往中，每一个人、每一个商行都有其祖国作后盾，因此，民商法领域的任何争执和冲突，甚至关于离婚的家庭纠纷，归根结蒂都会变成国家之间的冲突。(3) 国际私法的作用在于划分国家主权扩及的范围。冯·巴尔认为，国际私法是划分主权扩及范围的法律部门。这种观点往往同认为国际私法就是冲突法的观点有关。[②] 在持这种观点的人看来，冲突法就是用来限定某一国法律适用的范围，即限定国家主权所扩及的范围的。因此，国际私法虽然调整的是国际民商事法律关系，但从根本上讲它是规范各国主权关系的。(4) 国际条约和国际惯例已成为国际私法的主要渊源。他们认为，国际私法的目的在于建立一套世界性的通用规则。为了创造使不同民法体系共处的有利条件，应当建立一套世界各国都适用的规则。事实上，各国通过国际条约不仅制定了不少的统一冲突法规范和统一程序法规范，还制定了不少的统一实体规范。国际条约和国际惯例已日益成为国际私法的重要渊源。

综上可见，以往主张国际私法是国际法的学者所讲的国际法，主要是指国

[①] 韩德培主编：《国际私法》（修订本），武汉大学出版社1989年版，第29页。
[②] 韩德培主编：《国际私法》（修订本），武汉大学出版社1989年版，第30页。

家与国家之间的法律,即国际公法,因而他们实际上把国际私法当作调整国家与国家之间的关系的法律,没有把国际公法同国际私法严格区别开来。

第二,"民族主义学派"或"国内法学派"。这一学派主张国际私法为国内法。其主要代表人物有法国的巴坦、尼布瓦耶、巴迪福尔,德国的卡恩、努斯鲍姆、沃尔夫,英国的戴西、戚希尔、诺思、莫里斯、施米托夫,以及美国的比尔、库克、艾伦茨威格、里斯等。其主要理由如下:(1)从调整对象和主体来看,国际法是以各主权国家之间的政治、军事、经济、外交关系为调整对象的,而国际私法则是以不同国家之间的自然人、法人之间的民商事法律关系为调整对象的。尽管有时主权国家也可以作为民商事主体出现在国际民商事法律关系中,但在这种情况下,其法律地位只能按一般民商事主体对待,其所承担的责任也只具有民商事法律责任的性质,而不是国际法上的国家责任。尽管有时它也可能要承担国家责任,但这是由它不履行民商事责任所造成的。(2)从法律渊源来看,尽管国际私法的渊源一部分为国际条约,但国际私法的主要渊源为国内法。持这种看法的学者认为,首先,由于国际私法涉及国际因素,有关国家常常通过国际协议的方式制定各种统一的冲突规范,划分国家间的司法管辖权,约定彼此相互进行司法协助,甚至制定一些统一实体规范。但是,这类性质的国际私法规范为数不多,而且它们只在极少数国家间生效,至今并不存在得到较多国家(更不用说所有国家)接受的统一国际私法规范。其次,在许多已有的国际私法条约中,还规定了公共秩序条款,即缔约国在其认为遵行国际私法条约所规定的统一冲突规范会与自己的公共秩序(或公共政策)发生冲突时,可以不适用国际私法条约的规定,这就更降低了这些条约作为约束缔约国的行为规则的法律意义。最后,在国际条约(更不用说国际惯例)中,许多国际贸易方面的统一实体规范都是任意性规范,只有当事人在合同中选择适用后才对当事人有约束力,而且,当事人在合同中选择适用统一实体规范时,还可以减损与改变有关的规定。此外,统一国际私法中的强行性规范也很少。因此,国际统一实体规范的出现,仍不足以改变国际私法是国内法的基本性质。(3)从法律规范的制定和适用范围来看,国际法是国家之间协议的产物,具有普遍的约束力;而国际私法主要是由一个国家的立法机关制定的,不具有普遍的约束力。即便有一些冲突原则可能为许多国家共同采用,但这并不意味着它们本身具有约束国家的行为规则的性质。如"不动产物权依物之所在地法""人的能力依属人法""行为方式依行为地法"以及"程序问题依法院地法"

等，虽为许多国家所采用，但它们都是通过国内法加以规定的，其内容及适用范围也很不相同。(4) 从争议的解决方法来看，国际法上的争议，一般通过国家之间的谈判、斡旋、国际调查委员会、国际仲裁以及国际法院来解决。而国际私法上的争议属于民商事法律争议，其案件大多由有关国家的法院和仲裁机构来解决。国内法院在解决这类争议时，对于程序问题，一般都适用本国的程序法；对于实体问题，在当事人无协议选择的情况下，也只能根据法院地国的冲突规范去选择适当的法律解决。

基于上述理由，这些学者认为，从现实情况出发，不存在统一的或公认的国际私法，只存在中国国际私法、英国国际私法、美国国际私法或法国国际私法等。从上述"国内法学派"的观点来看，他们所讲的国际法也仅指国际公法，似乎除了国际公法就不存在其他国际法了。

第三，"二元论"或"综合论"。"二元论"或"综合论"的主要代表人物有德国的齐特尔曼和捷克的贝斯里斯基等。"二元论"者认为，国际私法调整的社会关系既涉及国内又涉及国际；国际私法本身既涉及一国国内的利益又涉及他国的利益；国际私法的渊源既有国内法又有国际条约和国际惯例。因此，他们认为，不能简单地说国际私法是国际法或国内法，国际私法既有国际法性质又有国内法性质。齐特尔曼主张，应该把国际私法分为"国际的"国际私法与"国内的"国际私法，国际私法是这两部分的综合。

2. 国际私法的国际性

要弄清国际私法是否具有国际性这一问题，首先得弄清国际法这一概念。"二战"后，传统的国际法即国际公法的概念，无论是其内涵还是外延，都已不能容纳已有巨大发展的国际法律本身。国际法律的这种发展主要表现在：(1) 国际上出现了大量调整国际商事关系的法律和惯例，如 1980 年《联合国国际货物销售合同公约》和国际商会《国际贸易术语解释通则》。(2) 国际上出现了大量调整传统的一般国际民事关系的法律，如 1969 年《国际油污损害民事责任公约》和 1979 年《美洲国家间关于国际私法上自然人住所的公约》。(3) 国际上出现了大量调整国际民事诉讼关系和国际商事仲裁关系的法律，如 1954 年《民事诉讼程序公约》和 1958 年《承认及执行外国仲裁裁决公约》。(4) 在国际社会中，我们还可以看到一些直接规定法人或自然人权利与义务的法规。其中既有国际公约的规定，如关于惩治国际犯罪的公约；也有双边条约的规定，如不少领事条约直接赋予缔约国的国民或法人在对方国家的权利。

（5）许多国际组织建立了自己的行政法规及保障其施行的行政法庭。由此可见，国际法律本身的发展已经突破了传统国际公法作为调整国家之间关系的行为规则的范围。作为以国际法律为研究对象的国际法学应该敏锐地反映这一事实，从宏观的角度对新的国际法律现象加以归纳和概括。当某种新的法律现象出现，而又不能用原有的类别加以归类时，决不应对之视而不见，而应考虑构成新的类别。

综上可见，国际法已不是传统的国际公法，而是反映国家意志的协调、调整一切国际关系（不限于国家之间的政治、军事、外交关系）的具有法律约束力的行为规范的总和。对这种国际法律规范从宏观的角度进行系统和科学的研究的法学，就是宏观国际法学。①

宏观国际法学首先把国际法概念和国际公法概念区别开来。宏观国际法学认为，国际法是一个体系，而不是一个部门法。国际法体系大致包括国际公法、国际私法、国际经济法、国际刑法、国际行政法等法律部门。其次，宏观国际法学认为，国际法调整的社会关系是超越国界的一切国际社会关系，国家与国家之间的关系只是其中的一部分。我们知道，国际法和国内法的划分主要是以它们适用的范围和调整的社会关系为标准的。从它们适用的范围来看，国内法是适用于一国领域内的全部法律的总称，而国际法的适用范围超出了一国界限。这里所说的"国际"并不仅仅指"国家之间"。在汉语中，"国际"中的"际"除有"彼此之间"的意义外，还有"交界""边"的意义。因此，本书所说的"国际"系指超越或跨越国界的意思。再从它们调整的社会关系看，国内法一般调整一国内部的各种社会关系，而国际法调整的社会关系超出了一国的范围，它调整的是具有国际因素的社会关系，即国际关系。这种国际关系不仅包括国家之间的关系，还包括各国家、国际组织、不同国籍的自然人、无国籍人和法人相互之间的关系；不仅包括国家间的政治、军事、外交关系，还包括跨国的刑事、民事、商事、行政关系等。

当弄清了国际法到底是怎么一回事后，我们就会发现，国际私法具有国际性。这是因为国际私法调整的社会关系为国际民商事法律关系或者跨国民商事法律关系，含有涉外因素或国际因素，具有国际性；国际私法的适用范围涉及两个或两个以上的国家，跨越了国界，具有国际性；国际私法的部分规范来源

---

① 黄进：《宏观国际法学论》，《法学评论》1984年第2期。

于国际条约和国际惯例,具有国际性。因此,国际私法也属于我们所说的国际法,或者广义的国际法,它是国际法体系的一个独立部门或分支,但它和主要调整国家与国家之间、国家与国际组织之间以及国际组织与国际组织之间的政治、军事、外交关系的国际公法是有明显区别的。当然,从法律渊源上来看,既有国内的国际私法,也有国际的国际私法。

(二)关于国际私法是实体法还是程序法的问题

法律依其内容可分为实体法和程序法,前者为规定法律关系主体之间权利、义务本体的法律,如行政法、民法、商法、刑法等;后者为规定实现实体法的有关程序的法律,如民事诉讼法、刑事诉讼法、行政诉讼法、仲裁法等。关于国际私法是实体法还是程序法的问题,是由那些不把国际统一实体法作为国际私法的组成部分,认为国际私法仅仅为冲突法的学者提出来的。[1] 例如,英美普通法系国家大多数学者认为国际私法或他们惯称的冲突法包括管辖权规范、冲突规范和外国判决的承认与执行规范。显然,管辖权规范和外国判决的承认与执行规范属程序法,而对冲突规范是不是程序法问题则有争论。

主张冲突规范是程序法规范的人认为,冲突规范并不直接规定当事人的权利与义务,它只是指导法院在处理国际案件时如何选择应适用的法律,因而它是指导法院进行诉讼活动的规范,是程序法。如中国国际私法学者翟楚在其著作《国际私法纲要》中就认为国际私法是程序法。

主张冲突规范是实体法规范的人认为,国际私法中的冲突规范虽然没有直接确立当事人的权利与义务,但它间接调整国际民商事法律关系中当事人的权利义务关系,而且,国际私法中的冲突规范是确立民商事法律适用范围的法律,因此,国际私法是实体法。

应该提到的是,也有人既反对国际私法是程序法,又反对国际私法是实体法。他们认为,国际私法(主要指冲突规范)就是法律适用法。

国际私法发展到今天,已由外国人的民商事法律地位规范、冲突规范、国际统一实体规范、国际民事诉讼程序规范及国际商事仲裁规范等规范组成。在国际私法中,既有实体规范,也有程序规范;在国际私法实践中,既适用实体法,也适用程序法。国际私法实践本来就是实体法、法律适用法和程序法的综合运用。因此,讨论国际私法是实体法还是程序法已没有多大意义。

---

[1] 马汉宝:《国际私法总论》,汉林出版社1990年版,第16—18页。

(三) 关于国际私法是公法还是私法的问题

公法和私法的划分最早是由罗马法学家提出来的,后来为西方法学界广泛采用,有不少法学家依公法和私法的划分建立法的体系。但是,对于究竟以什么标准划分公法和私法,则有不同的主张。利益说认为,以保护国家公益为目的的法律为公法,以保护私人利益为目的的法律为私法;主体说认为,调整主体一方为国家或国家所属的公共团体的法律关系的法律为公法,调整主体双方均为私人的法律关系的法律为私法;权力说认为,规定国家与公民之间权力服从关系的法律为公法,规定公民之间权利对等关系的法律为私法;公私权说认为,规定国家机关之间或国家与公民之间政治关系或公权关系的法律为公法,规定公民之间以及国家与公民之间民商事关系或私权关系的法律为私法。[①] 尽管上述说法各不相同,但一般都将宪法、行政法、刑法、程序法等划为公法,而将民法、商法等划为私法。

关于国际私法是公法还是私法的问题,是同国际私法是实体法还是程序法这个问题联系在一起的。一般来说,认为国际私法是程序法者视国际私法为公法,而认为国际私法是实体法者视国际私法为私法。[②] 如前所述,国际私法发展到今天,已具有许多新的内容,既包含公法规范(如宪法中关于外国人民商事法律地位的规定),也包含私法规范,简单地断定国际私法是公法还是私法是不恰当的。

第四节 国际私法的名称与定义

一、国际私法的名称

国际私法是从名称开始就有争议的法律部门和法律学科。直到目前,不同的国家和地区及其学者对国际私法仍有不同的称谓。过去或现在较为普遍使用的名称有:

第一,法则区别说(theory of statutes)。这是国际私法最初使用的学名。这一名称从13、14世纪开始为意大利学者使用,后被意大利、法国和荷兰等国的

---

① 《中国大百科全书·法学》,中国大百科全书出版社1984年版,第80页。
② 马汉宝:《国际私法总论》,汉林出版社1990年版,第18—20页。

学者延续使用到 17、18 世纪。

第二，私国际法（private international law）。这一名称是曾任美国最高法院法官的斯托里于 1834 年在其著作《法律冲突论》（*Commentaries on the Conflict of Laws*）中首先提出来的。他在书中写道："关于法律冲突问题，也可以很适当地称为'私国际法'。"但是，他并没有使用这个名称来给他这本书命名。1843 年，法国学者弗利克斯在其著作《私国际法或冲突法论》（*Traite du Droit International Privé ou du Conflit des Lois*）中开始正式采用这一名称，其法文为 droit international privé。但弗利克斯与斯托里的立意大不相同，因为他是一个把国际私法视为国际法的人。后来，私国际法这个名称也传到了其他国家，为其他国家所采用，如其意大利文为 diritto internazionale privato，西班牙文为 deracho international privato，葡萄牙文为 direito internacional privado。现在，这个名称在法国和其他拉丁语系的国家很流行。在英美普通法系国家，也有学者使用它。

第三，国际私法（international private law）。1841 年，德国学者舍夫纳在其著作《国际私法的发展》（*Entwicklung Des Internationalen Privatrechts*）中首先使用这一名称。德文的 internationales Privatrecht 直译为英文应该是 international private law。这一名称在中国、德国、日本、俄国以及一些东欧国家得到普遍采用。

第四，冲突法（conflicts law）、法律冲突法（the law of the conflict of laws）或法律冲突（the conflict of laws）。荷兰学者罗登伯格于 1653 年首先使用"de conflict legum"（即冲突法）来称呼国际私法。另一国际私法学者胡伯也曾使用过这一名称。有趣的是，这个由大陆法系国家的学者首先提出来的名称现在在英美普通法系国家得到了广泛使用。①

除上述名称外，旧中国把国际私法法规称为"法律适用条例"，德国称为"民法典施行法"，日本称为"法例"。另外，还有使用"法律选择""外国法的适用""涉外私法""国际民法""国际民商法""国际民事诉讼法"等名称的。

尽管国际私法的名称五花八门，但一般来说，大陆法系国家及其学者比较普遍地使用"国际私法"（international private law）或"私国际法"（private international law），而英美普通法系国家及其学者则更多地使用"冲突法"（the

---

① 关于胡伯的学说对英、美国际私法的影响，参见 K. H. Nadelmann, *Conflict of Laws: International and Interstate*（《冲突法：国际与州际》），Kluwer Law International, 1972, pp. 1-6.

conflict of laws 或 conflicts law）。国际私法的名称之所以五花八门，是因为各国立法者和学者对国际私法的对象和范围有不同的认识。这些不同的名称，或强调它所调整的法律关系仍属民商事法律关系，只不过这种民商事法律关系已超出一国范围；或强调它要解决的是本国及外国的民商法适用的问题；或强调它所要解决的法律冲突及解决法律冲突的手段。无论在理论上还是在实践中，对国际私法究竟用什么确切的名称表示比较恰当，尚无定论。

相对来说，"国际私法"这一名词还是比较合适的。这是因为：（1）国际私法虽然不是调整国家与国家之间关系的法律，但国际私法调整的国际民商事法律关系超越一国范围，是一种跨国法律关系，具有国际性，完全可以冠之以"国际"二字。（2）虽然一些社会主义国家的法学学者否定"公法"和"私法"的划分，但是，正如国际私法学者卡恩-弗罗因德指出的那样，比较法是国际私法之母，要研究国际私法，不得不对各国的法律进行比较研究，因而也不得不考虑西方法学关于公法和私法的划分，而西方法学把民商事法律归入私法一类。因此，将调整国际民商事法律关系的国际私法称为"私法"也未尝不可。（3）尽管国际私法中包含一些程序规范、公法规范，但它们都与调整国际民商事法律关系直接相关，是为解决国际民商事法律问题或者说私法问题服务的。（4）在中国和其他许多国家，用"国际私法"这一名称来称呼这一法律部门或法律学科已约定俗成。（5）许多国家，如波兰、瑞士、土耳其、奥地利、委内瑞拉等，都使用"国际私法"这一名称来给有关的立法命名，如1987年瑞士《关于国际私法的联邦法》。（6）国际上最重要的专门从事国际私法统一活动的政府间国际组织——"海牙国际私法会议"（The Hague Conference on Private International Law），亦在其活动中广泛使用"国际私法"这一名称。

二、国际私法的定义

国际私法的定义可以说是专家学者对国际私法的一种概括认识，它要用概括而简洁的语言告诉人们国际私法是什么。专家学者对国际私法下过许多不同的定义，归纳起来有这样几种类型：

第一，根据国际私法所调整的法律关系的性质下定义。例如，韩德培教授主编的高等学校法学教材《国际私法》给国际私法所下的定义是：国际私法是调整涉外民事法律关系的法律部门。德国学者努斯鲍姆也是这样下的定义，他在其《国际私法原理》一书中指出：国际私法，或冲突法，从广义上讲，是处理涉外关系的私法的一部分。

第二，从解决国际民商事法律冲突的角度给国际私法下定义。例如，美国的斯托里认为，国际私法是关于产生于不同国家的法律在实际运用于现代商业交往中所发生的冲突的法学。法国学者巴坦认为，国际私法是调整各主权国家把自己的法律用于因特定情况而产生的冲突的法律。法国学者魏斯认为，国际私法是确定发生于两个主权者之间涉及其私法或公民私人利益之间的冲突的规则之总称。陈力新教授给国际私法下的定义也是这样的：所谓国际私法，是在调整一些涉及外国法适用的涉外民事关系中，用来解决和避免法律冲突的规范的总和。从这种角度给国际私法下定义的学者一般都认为国际私法仅仅是冲突法。

第三，从法律适用的角度给国际私法下定义。例如，李浩培教授认为，国际私法是指在世界各国民法和商法互相歧异的情况下，对含有涉外因素的民商法关系，解决应当适用哪国法律的法律。再如，德国学者沃尔夫认为，国际私法是决定几种同时有效的法律制度中的哪一种可以适用于一组特定的事实的法律。唐表明教授在其所著的《比较国际私法》一书中认为，国际私法是一国的法律中指定应适用哪一国的法律去处理涉外民事法律问题的那些法律规范的总称。

第四，通过列举国际私法的内容、范围或规范给国际私法下定义。例如，戚希尔和诺思在其所著的《国际私法》一书中就指出，英国法所理解的国际私法是在处理含有涉外因素的案件时判定以下情形的法律：（1）法院在什么条件下对案件有管辖权；（2）不同种类的案件应适用哪一国法律来确定当事人的权利与义务关系；（3）在什么条件下可以承认外国的判决，以及在什么条件下外国判决赋予的权利可以在英国执行。

第五，综合性定义。例如，中国台湾地区学者刘甲一在他撰写的《国际私法》一书中指出，国际私法定义谓其系统规范涉外关系而分配有关国家之制法及管辖权限并制约其行使之法律也。李双元教授在其所著的《国际私法（冲突法篇）》中也给国际私法下了一个综合性的定义，他主张国际私法是以涉外民事关系为调整对象，以解决法律冲突为中心任务，以冲突规范为最基本的规范，同时包括规定外国人民事法律地位的规范、避免或消除法律冲突的统一实体规范以及国际民事诉讼与仲裁程序规范在内的一个独立的法律部门。

上述定义，各有侧重，各有特点，均反映了国际私法某一方面的特性，但其中有的定义比较传统。本书认为，国际私法是一个在不断发展的法律部门，研究国际私法的法律学科也在不断发展之中，因此，国际私法的定义也应该随着国际私法本身的发展而发展。本书对国际私法作如下定义：国际私法是以直接规范和间接规范相结合来调整平等主体之间的国际民商事法律关系并解决国际民商事法律冲突和化解国际民商事争议的法律部门。之所以使用这个定义，是因为定义无非用于揭示概念所反映的事物的本质属性，而根据事物的本质属性就可以把这一类事物与其他事物区别开来，给国际私法下定义就应该揭示国际私法的本质属性。而国际私法作为一个独立的法律部门，和其他法律部门区别开来的客观基础就是国际私法调整的社会关系是国际民商事法律关系，而且主要通过解决国际民商事法律冲突、化解国际民商事争议并同时适用直接规范和间接规范来实现。本书所使用的这个定义试图揭示国际私法这一概念的本质属性。

第五节 国际私法的历史与展望

一、国际私法的历史

这里的国际私法历史主要讲的是国际私法法制史。国际私法的历史大致可分为国际私法的萌芽、"学说法"时代、近代国际私法和现当代国际私法四个阶段。从19世纪末20世纪初开始，国际私法统一化运动便逐渐蓬勃开展起来，国际私法的发展也开始从国内走向国际。

(一) 国际私法的萌芽

在国际私法发展史上，13世纪之前为国际私法的萌芽时期。

第一，古代欧洲。在古罗马，随着商业的发展和罗马征服地区的扩大，罗马公民与异邦人以及被征服地区的居民之间关于适用法律的矛盾越来越突出。异邦人和被征服地区的居民不能享有罗马公民权，不受市民法（jus civile）保护。为了调整其内部以及他们与罗马公民之间的权利义务关系，3世纪产生了万民法（jus gentium）。所谓万民法，是指"各民族共有"的法律，其实际上并非处于罗马国家之外或罗马国家之上的法律，而是通过罗马外事裁判官的司法活动制定,并被罗马国家用强制力保证实施的适用于罗马公民与非罗马公民之间的法律。该法绝大部分属于调整财产关系,特别是有关所有权和债权关系的实体规范,也有确定外邦人民事法律地位的规范。

476 年西罗马帝国灭亡后,欧洲大陆进入属人主义时期。这个时期一直持续至 11 世纪。当时,尽管各民族频繁迁徙,但各民族都有自己的民族法,如拉丁民族遵守罗马法,日耳曼人遵守日耳曼法,法兰克人遵守法兰克法,舍拉人遵守舍拉法,萨克逊人遵守萨克逊法。各民族的法律只支配本民族人,不以领土来划分其适用范围。一个民族易地迁徙,仍然保留适用原有的法律。这个时期的属人主义是绝对的和极端的属人主义,因为在当时,一个人无论在什么地方都只受其所属民族的法律支配。这同现代国际私法中建立在法律选择基础上的"属人法"的意义有很大的不同,尽管现代国际私法上的"属人法"是在早期属人主义基础上逐渐嬗变而来的。不过,在这个时期,有时当事人选择的并非其本民族的法律,而是他们愿意服从的法律。这是最早的背离属人的民族法原则,而由当事人选择法律的例子。而且,在当时的法兰克帝国,国王所颁布的敕令适用于其帝国的全部领土,这些敕令已经是属地性的而不是属人性的了。10 世纪以后,欧洲出现了许多封建王国,形成了封建割据局面。封建割据必然带来属地主义,要求居民必须服从当地的法律和习惯,至少在法兰西和德意志,各民族的古老的"属人法",如舍拉法、法兰克法和勃艮第法等,逐渐被属地性的法律代替。这标志着欧洲进入属地主义时期。

第二,古代中国。在国际私法的萌芽时期,中国虽然没有完整的国际私法规范和理论,却存在着涉外民商事关系,也曾经出现过零星的调整涉外民商事关系的法律适用规范。

7 世纪中叶,中国唐朝《永徽律》中已有了类似今天的冲突规范的规定。它在第一篇"名例律"中规定:"诸化外人,同类自相犯者,各依本俗法;异类相犯者,以法律论。"[1]《唐律疏议》解释道:"化外人,谓蕃夷之国别立君长者,各有风俗,制法不同。其有同类自相犯者,须问本国之制,依其俗法断之。异类相犯者,若高丽之与百济相犯之类,皆以国家法律论定刑名。"[2] 这

---

[1] 法学教材编辑部《中国法制史》编写组:《中国法制史》,群众出版社 1982 年版,第 214 页。
[2] 长孙无忌等:《唐律疏议》,中华书局 1983 年版,第 133 页;马汉宝:《国际私法总论》,汉林出版社 1990 年版,第 18—20 页。

里,"化外人"显然是指外国人,并不是指国内少数民族。"同类自相犯者",即同一国家的外国人相互侵犯。"依其俗法",即各自依其本国法。"异类相犯者",即不同国家的外国人相互侵犯。"以国家法律论定",即依唐朝法律论处。在中国古代,民法和刑法是不分的。虽然唐律大部分是刑法规定,但它也有一部分民法规定。因此,唐律的上述规定,既是刑法规定,又是国际私法规定。当时的唐朝是亚洲乃至世界政治、经济和文化活动的一个中心,有许多"化外人"来中国学习文化和进行贸易,这条冲突规范无疑是在唐朝与外国的交往中应运而生的。像这样的规定,在同时期的外国法中尚没有见到。在唐朝以后历代封建王朝的法律中,虽然有类似唐律的规定,但都未超越唐律。[①]明朝在司法实践中也曾借用唐律的上述规定处理过涉及居住在澳门的葡萄牙人事务。[②]

(二)"学说法"时代

在欧洲,国际私法最初是以学说和理论的形式出现的,故当时有"学说法"之称。从13世纪到18世纪,在长达5个世纪左右的时间里,作为"学说法"的"法则区别说"一直居统治地位,在国际私法发展史上形成了"法则区别说"时代,或者说"学说法"时代。"法则区别说"是以意大利法学家巴托鲁斯为代表的后期注释学派(the post-glossators)创立的一种冲突法学说。"法则区别说"时代经历了意大利法则区别说、法国法则区别说和荷兰法则区别说三个时期。后来,一些国家在司法实践中有了国际私法方面的法院判例。但应该指出的是,虽然在当时经济、文化相对来说比较发达的欧洲国家之间有许多对外交往,但由于这些国家的生产力仍很低下,处于封闭式经济状态,对外民商事交往并不发达,因而作为调整国际民商事法律关系的国际私法并没有也不可能得到长足的发展,当然更谈不上成为一个独立的法律部门。

(三)近代国际私法

18世纪中叶以后,欧洲大陆的立法者开始将国际私法规则订入民法典,其中第一个法典是1756年《巴伐利亚法典》。该法典采取了法则区别说所主张的几个原则,但没有采取动产随人的规则,而是规定无论不动产还是动产,均适用财产所在地法。1794年《普鲁士邦一般法典》也采取了法则区别说所主张的

---

① 窦仪等:《宋刑统》,中华书局1984年版,第97页。
② 黄汉强、吴志良主编:《澳门总览》(第二版),澳门基金会1996年版,第13页。

一些原则，但对有关合同成立要件和效力等问题的法律适用，未作规定。

1804年《法国民法典》中的国际私法条文并不多，但该法典对后世国际私法的发展产生了深远的影响。其中最重要的影响就是，在属人法方面，它用当事人的本国法代替了住所地法。受《法国民法典》影响的民法典主要有1811年《奥地利民法典》、1844年《塞尔维亚民法典》、1851年《智利民法典》、1851年《希腊民法典》、1865年《罗马尼亚民法典》、1865年《意大利民法典》、1866年《魁北克民法典》、1867年《塞亚布拉民法典》（现行《葡萄牙民法典》的前身）、1871年《阿根廷民法典》和1888年《西班牙民法典》等。例如，1811年《奥地利民法典》也采取了《法国民法典》的国籍原则来解决人的身份及能力问题。值得一提的是，1829年，荷兰制定了《国王立法之总则》，其中规定有国际私法规则，这是将国际私法规定同民法典相分离之始。①

1865年《意大利民法典》中的国际私法规范是在国际私法学家孟西尼的主持下制定的。起初，《意大利民法典》草案中只有一条类似《法国民法典》第3条那样的法律适用条款。孟西尼提议增设多条国际私法规范，被议会采纳。该民法典中国际私法规范的一个显著特点是，法律适用规范皆采用双边冲突规范的方式。在民事权利方面，它抛弃了歧视外国人的做法，不再提"意大利人""本国人"或"外国人"，而是统称为"自然人"。该法典的另一个特点是以国籍作为属人法的连结因素。

19世纪，英美普通法系国家的国际私法主要寓于判例法中，但一些单行立法中也有国际私法规范。例如，英国《1837年遗嘱法》《1861年遗嘱法》《1882年汇票法》和《1892年涉外婚姻法》等均含有国际私法规范。在斯托里的礼让说和戴西的既得权说的影响下，19世纪的英美普通法系国家的国际私法有如下共同点：（1）从荷兰的法则区别说中汲取养分，并结合自己的司法实践，形成了国际私法上的英美体系（Anglo-American System）。（2）采取属地主义原则，否定外国法的域外效力，把内国法院适用外国法问题，或者看作出于礼让的考虑，或者说是对外国既得权的尊重，从而把国际私法等同于一种纯粹的国内法。（3）重视对判例实践的研究，对理论较为轻视。（4）在实践中对国际法律冲突和区际法律冲突基本上不加区分。（5）坚持以住所地法为属人法，从而

---

① 梅仲协：《国际私法新论》，三民书局1980年版，第52页。

与大陆法系国家视本国法为属人法区别开来。（6）在处理具体涉外案件和制定冲突法规范时，注意追求简单、方便与判决一致的目的。

1896 年德国《民法典施行法》和 1898 年日本《法例》代表着 19 世纪国内国际私法立法的最高成就。1896 年德国颁布的《民法典施行法》，在国际私法发展史上第一次较为系统和全面地规定了国际私法的内容，对后世国际私法立法产生了很大的影响。该法有一个明显的特点，就是其冲突规范大多采用单边冲突规范和以当事人的本国法为属人法。1898 年日本《法例》是国际私法发展史上第一部单行的国际私法法规。在内容上，它受到 1896 年德国《民法典施行法》的影响，其中有些规定甚至是后者的复制。但是，其规定在形式上同 1896 年德国《民法典施行法》有极大的不同，即没有采用单边冲突规范的形式，而采用了双边冲突规范的形式。1896 年德国《民法典施行法》和 1898 年日本《法例》是近代国际私法的总结，开启了现当代国际私法的大门。

（四）现当代国际私法

随着人类进入 20 世纪，国际私法的发展也进入一个新的纪元。国际私法的适用范围大大扩大，法律选择的灵活性、适当性大大加强，国内国际私法立法的系统化、法典化已成为趋势。

第一，欧洲国家。欧洲国家有重视国际私法法制的传统。在国际私法发展史上，通过国内立法全面和系统地对国际私法规范加以规定始于 1896 年德国《民法典施行法》。在德国的带动下，20 世纪初以来，已有希腊、西班牙、葡萄牙、瑞典、瑞士、奥地利、比利时、荷兰、英国、列支敦士登、意大利、北马其顿、俄罗斯、白俄罗斯、乌克兰、立陶宛、亚美尼亚、摩尔多瓦、格鲁吉亚、阿塞拜疆、爱沙尼亚、阿尔巴尼亚、罗马尼亚、保加利亚、波兰、匈牙利、斯洛文尼亚、捷克、斯洛伐克、突尼斯、委内瑞拉、黑山、克罗地亚、摩纳哥等国家先后制定了自己的国际私法法规。

随着时代的变迁和社会的发展，德国先后于 1986 年、1999 年、2008 年、2009 年、2016 年、2017 年对《民法典施行法》中的国际私法规定进行了重大修订。奥地利 1978 年率先制定了单行的《关于国际私法的联邦法》，开"二战"后发达国家制定国际私法法典之先河。而瑞士 1987 年颁布的《关于国际私法的联邦法》则将国际私法在国内立法上的法典化推向新的高度。该法规颁布时共有 200 条，是当时世界上条文最多的国内国际私法法规。该法规对瑞士法院和主管机关的管辖权、法律适用、承认和执行外国的判决、破产和清偿协议以及仲裁等问题作了规定，内容丰富，体系完整和独特，是现当代国际私法立法的典范。

意大利的国际私法一直规定在其民法典中。1995 年，意大利一改其长期在民法典中规定国际私法规范的做法，于当年 6 月 3 日公布了单行的《意大利国际私法制度改革法》。该法对意大利的管辖权、法律适用和外国判决的效力作了规定。

法国曾先后在 1955 年、1959 年和 1967 年提出过三个国际私法草案，尝试修改《法国民法典》中的国际私法规范，但未修成正果。值得一提的是，2004 年，原来深受法国国际私法影响的比利时制定了《国际私法典》。该法典以 1987 年瑞士《关于国际私法的联邦法》为蓝本，将比利时原来的零星立法、判例和学说的国际私法规范进行法典化，并大量吸收了欧盟国际私法立法以及一些国际公约的内容，是一部内容相当完善的国际私法法典。该法典具有简明、实用和前卫的特色，为最新国际私法法典化的一项杰作。

"二战"后，英国在一系列成文法律中对相关的国际私法问题作了规定，包括《1990 年合同（准据）法》《1991 年外国公司法》《1995 年国际私法（杂项规定）》《1996 年仲裁法》《1996 年家庭法》等 30 多项，可谓一派繁荣。英国的这些成文国际私法规定是对原判例法规则的修订和取代。

苏联及东欧国家的情况比较特殊。1926 年 8 月 2 日，波兰颁布了两部法典，其中一部是国际私法典，另一部是区际私法典。制定这样完备的国际私法典在当时的欧洲尚属首次，而区际私法典的制定更是开世界区际私法立法之先河。"二战"后，苏联及东欧国家的国际私法立法有不同寻常的发展，表现突出。先后有捷克斯洛伐克、保加利亚、德意志民主共和国、阿尔巴尼亚、波兰、南斯拉夫、匈牙利等国进行了国际私法立法。东欧社会主义国家的国际私法立法大多采取单行立法或法典的形式，体系和内容较为完备，不少立法不仅包含冲突规范，还对外国人的民事法律地位、管辖权和外国法院判决及仲裁裁决的承认与执行等问题作了规定。在 20 世纪 80 年代末 90 年代初苏联及东欧社会主义国家发生历史性巨变后，它们的国际私法法制也随之发生了一些变化。有的在民法典中设专编专章加以规定，如俄罗斯、白俄罗斯；有的则制定专门法规加以规定，如斯洛文尼亚、保加利亚、捷克、黑山和克罗地亚。

第二，美洲国家。北美的美国和加拿大均属普通法系国家，其国际私法主要根植于普通法，而且在总体上对国际私法和区际私法不加区分。美国法学会分别于 1934 年和 1971 年出版的《冲突法重述》和《第二次冲突法重述》，可以说是对美国普通法中的国际私法规则的总结，尽管它们本身不具有法律效力，但它们对美国国际私法司法实践的巨大影响是无疑的。在联邦管辖事项上，一些联邦立法时常含有国际私法规定，如美国 1976 年《外国主权豁免法》、加拿大 1968 年《离婚法》等。美国大部分州还采纳了美国统一州法全国委员会制定的《统一外国金钱判决承认法》等。美国的路易斯安那州和加拿大的魁北克省的国际私法立法值得特别一提。这两个地方曾是法国的殖民地，其法律受法国法的影响较大。路易斯安那州原来的冲突规范与《法国民法典》类似，散见于 1808 年制定的民法典中。以后，该州又分别在保险法典、商法典、私人信贷和消费者保护法以及动产租赁法等法律中订立了相应的冲突规范。该州于 1991 年颁布了第 923 号法案，即冲突法法案，共 36 条，作为民法典的组成部分，编入民法典新增设的第四编。1866 年加拿大《魁北克民法典》有一些源于《法国民法典》的冲突规范。1991 年 12 月 18 日，魁北克议会通过了新的《魁北克民法典》。该法典改变了过去将冲突规范散订于民法典中的做法，在第十编专门规定了国际私法规范。

从 20 世纪初直至 20 世纪 60 年代之前，拉丁美洲国家在国际私法立法方面的工作重点在于订立区域性条约，企图以此实现统一国际私法的目的。拉丁美洲国家的努力取得了一定的成绩，但是，国际民商事法律关系的复杂性使得其在现阶段难以完全实现统一国际私法的目的，故从 60 年代起，一些拉丁美洲国家，如委内瑞拉、多米尼亚、阿根廷、巴拿马、秘鲁和巴拉圭等，相继开始制定本国的国际私法。1998 年委内瑞拉《关于国际私法的法令》具有一定的代表性。该法不仅有总则，对住所、民事主体、家庭、财产、债务、继承、行为方式的法律适用作了规定，而且对裁判权与管辖权、外国判决的效力以及诉讼程序作了专门的规定，鲜明地表达了对国际私法范围的立场，在一定程度上反映了拉丁美洲国家国际私法现代化的进程。

第三，大洋洲国家。澳大利亚和新西兰为普通法系国家，普通法是其国际私法的一个重要渊源。但在国际私法领域，澳大利亚和新西兰也制定了不少专门成文法或含有国际私法规范的成文法。例如，从澳大利亚联邦层面讲，在婚姻家庭方面，有 1959 年《婚姻诉讼法》、1961 年《婚姻法》以及取代两者的 1975 年《家庭法》；在商事方面，有 1909 年《汇票法》、1966 年《破产法》、1981 年《公司法》和 1986 年《支票和支付法令》；在诉讼程序方面，有 1901

年《送达与执行程序法》、1992年经修订代替前者的《送达与执行程序法》、1903年《司法法》、1984年《外国诉讼法》和1985年《外国国家豁免法》等。另外，澳大利亚一些州也制定了自己的成文国际私法法规，如维多利亚州的1962年《外国判决法》、新南威尔士州的1973年《外国判决（互惠执行）法》等。1992年《澳大利亚法律选择法案》对侵权、交通事故、雇用赔偿、合同、公平贸易、信托、继承的法律适用作了详细而明确的规定，特别是对普通法规则与该成文法的关系、诉讼移送时的法律适用以及实体问题和程序问题进行了界定。

第四，非洲国家。"二战"后，非洲独立国家开始从事自己的国际私法立法工作。其中最为典型的首推1948年《埃及民法典》中的国际私法条款。该法典序编第一章第一节规定了一系列调整涉外民事关系的法律适用规范，同时对国际私法的一般问题，如国籍冲突、在法制不统一国家准据法的确定、反致、公共秩序保留等，也作出了相应的规定。埃及对国际私法立法采取的方式和方法成为临近非洲和阿拉伯国家的楷模。

除埃及外，非洲的其他一些国家也在其民法典或家庭法典中制定了相应的国际私法规范，包括1962年《马达加斯加民法典》、1965年《中非民法典》、1972年《加蓬民法典》、1972年《塞内加尔家庭法典》、1975年《阿尔及利亚民法典》、1980年《布隆迪国际私法》以及1980年《多哥家庭法典》。由于非洲国家的国际私法规范大多以专编专章形式存在于民法典或家庭法典之中，故主要为法律适用规范。不过，1972年《加蓬民法典》不仅规定了法律适用问题，对外国人的地位和外国判决的效力问题也作了规定。此外，1998年突尼斯编纂了国际私法规范。

第五，亚洲国家。在东亚和东南亚，较早制定的单行国际私法是日本1898年《法例》，从20世纪40年代开始，日本又先后7次对该法例进行修订，2006年最近一次修订后命名为《法律适用通则法》。泰国于1938年制定了《法律冲突法》。韩国于1962年制定了《韩国国际私法》，并于2001年颁布了修正后的《韩国国际私法》。朝鲜于1995年通过了《涉外民事关系法》。蒙古和越南分别于1994年和1995年在其民法典中对国际私法问题作了专编专章的规定。

亚洲阿拉伯国家的国际私法立法虽然起步较晚，但发展较快。在亚洲阿拉伯国家中，科威特的国际私法立法颇引人注目。科威特于1961年制定了《涉外法律关系规范》，并于1980年作出修订。约旦、阿联酋、卡塔尔、阿曼等阿拉伯国家也分别在其民法典中规定了国际私法。

冷战结束后，中东国家和独立的中亚国家在国际私法立法方面异军突起。比如，土耳其在 1982 年制定了《土耳其国际私法和国际诉讼程序法》，将国际私法和国际民事诉讼程序法融为一体，颇具特色；2007 年，该国制定了《关于国际私法和国际民事诉讼程序法的第 5718 号法律》，取代了前法。1998 年，吉尔吉斯斯坦和哈萨克斯坦分别在本国的民法典中对国际私法作了专编专章的规定。

第六，中国国际私法立法。中国国际私法立法的历史大致可以用两个"两个阶段"来梳理：一是以 1949 年中华人民共和国成立为界，分为 1949 年前和 1949 年后两个阶段。二是 1949 年后又以实行改革开放为界，分为改革开放前和改革开放后两个阶段。

中国是世界上最早制定单行涉外民事关系法律适用法的国家之一。早在 1918 年，当时的北洋政府就颁布了《法律适用条例》。1927 年，南京国民政府令暂准援用。该条例是世界上最早的单行国际私法立法之一。1953 年，中国台湾当局在对该条例进行修订的基础上制定"涉外民事法律适用法"，在台湾地区适用。2010 年，台湾地区立法机构全面修订了"涉外民事法律适用法"，推动了中国台湾地区国际私法制度的进步和完善。

在新中国成立后的最初 30 年里，基于各种原因，中国涉外民事交往基本上处于停滞状态，涉外民事关系法律适用法在中国当时的法律体系中几乎是空白。改革开放以来，伴随着中国特色社会主义法治建设的进步和发展，涉外民事关系法律适用法的立法也日渐被人们所重视。中国先后制定的许多法律法规均对相关的涉外民事关系的法律适用作了规定，比如《继承法》《民法通则》《收养法》《海商法》《票据法》《民用航空法》《合同法》《民事诉讼法》《仲裁法》等。特别是《民法通则》设专章（第八章）对涉外民事关系的法律适用问题作了规定，《民事诉讼法》设专编对涉外民事诉讼程序作了特别规定。此外，最高人民法院在涉外民事审判工作中就具体应用法律问题所作的许多司法解释也含有不少有关涉外民事关系法律适用的规定。客观地说，在 2010 年《涉外民事关系法律适用法》颁布之前，中国涉外民事关系法律适用立法，从中国改革开放的实际需要和基本国情出发，在总结已有实践经验的基础上，吸收了国际上国际私法立法的一些最新成果,并且在立法上有所创新。从立法模式上看,采取了专章规定加在有关单行法中列入相应涉外民事关系法律适用规范的模式。而且,涉外民事关系法律适用立法既有总的一般性规定,又有具体的法律适用规定。而具体的规定还涉及国籍和住所、权利能力和行为能力、时效、物权、合同、侵权、票据、海商、婚姻、收养、监护、扶养、继承等领域,涉及范围较广。虽然各项具体规定散布在许多法律法规和司法解释中,但总的来说,它们在各自的领域发挥了独特的作用,对规范国际民事法律关系、解决国际民事争议、构建正常的国际民事法律秩序、促进中国的改革开放发挥了重要的作用。

2010 年 10 月 28 日,第十一届全国人大常委会第十七次会议审议通过了《涉外民事关系法律适用法》,该法分一般规定、民事主体、婚姻家庭、继承、物权、债权、知识产权和附则 8 章,共 52 条,自 2011 年 4 月 1 日起施行。该法的颁布实施是中国涉外立法史上的里程碑,具有十分重要的意义。

首先,它的出台结束了新中国没有单行、统一的涉外民事关系法律适用法的历史。新中国成立以来,一直没有单行的国际私法立法,这与中国的大国地位是不相称的,也不能满足中国和平发展的需要。而该法从中国实际出发,适应国家对外开放和民众涉外交往日益扩大的需要,总结改革开放的经验,借鉴国际通行做法,着重解决涉外民事争议发生较多、各方面意见又比较一致的法律适用问题。除一般规定外,对涉外民事关系的主体、婚姻家庭、继承、物权、债权和知识产权的法律适用问题也分别作了较为系统的规定。它是中国涉外民事法制的新成果,促进了中国特色社会主义法律体系的形成。

其次,该法在一定程度上创新了中国的涉外民事关系法律适用制度。该法在起草过程中,既注意总结改革开放以来在涉外民事立法、司法、执法等方面的经验,把多年来行之有效的规定和做法纳入其中;又注意借鉴世界各国国际私法立法和国际公约制定的成功经验,参考国际上的通行做法和最新发展成果;同时,从中国本土实际出发,立足中国,进行涉外民事关系法律适用制度创新。主要表现在:(1)该法在结构上将"人法"部分即"民事主体""婚姻家庭"和"继承"3 章置于"物权""债权"之前,体现了该法坚持以人为本,强化人的主体性和权利,优化了立法体系结构。(2)该法采用最密切联系原则作为对法律未作规定的所有涉外民事关系法律适用的"兜底原则",避免了在涉外民事关系法律适用方面留下漏洞。①（3）该法采用经常居所地法作为属人法，以国籍国法辅之。世界上，一般而言，大陆法系国家采用国籍国法即本国法为属人法，英美普通法系国家采用住所地法为属人法。而海牙国际私法会议为协调两大法系在属人法上的对立，在许多海牙国际私法公约中采用经常居所地法作为属人法。这一做法是不少海牙国际私法公约成功的原因之一。而中国在国内立法中勇敢而坚定地采用经常居所地法作为属人法，独树一帜，必将在国际上产生重大影响。（4）该法扩大了涉外民事关系当事人选择法律的范围，也就是扩大了当事人意思自治原则的适用范围。考虑到当事人对民事权利享有处分权，并适应国际上当事人自行选择适用法律的范围不断扩大的趋势，该法规定，在婚姻家庭、继承、物权、债权、知识产权等领域，当事人对一些问题可以选择适用的法律。（5）该法第一次规定了国家对涉外民事关系所作的强制性规定直接适用。② 这是根据中国改革开放实际对国际上"直接适用的法律"理论③的吸纳和扬弃。（6）该法在动产物权的法律适用上，允许当事人先协议选择动产物权适用的法律④，这是一个创举，是充分考虑动产的种类繁多，动产物权的变动常常与商事交易相连，且交易条件和方式不一等因素作出的安排。（7）该法在知识产权的法律适用方面采取了国际上先进的"被请求保护地法"原则，有利于知识产权的应用和保护，便于处理实践中发生较多的知识产权确权、转让、侵权三类纠纷。

最后，该法是一部以人为本、亲民的法律，也是一部充满自信、心胸开阔之法，向全世界展现了中国更加开放的良好形象。该法多采用双边冲突规范，坚持内外法律平行，平等地保护内外当事人的合法权益，促进和谐的国际民事关系，追求更公平、更平等、更合理地解决涉外民事争议。该法关于收养、扶养、监护、消费合同、劳动合同、产品责任等的多处规定均充分体现了以人为本及对弱方当事人利益的保护。该法的法条避开了国际私法固有的晦涩词汇和

---

① 《涉外民事关系法律适用法》第 2 条第 2 款规定："本法和其他法律对涉外民事关系法律适用没有规定的，适用与该涉外民事关系有最密切联系的法律。"
② 《涉外民事关系法律适用法》第 4 条规定："中华人民共和国法律对涉外民事关系有强制性规定的，直接适用该强制性规定。"
③ 韩德培：《国际私法的晚近发展趋势》，《韩德培文集》（上），武汉大学出版社 2007 年版，第 38—56 页。
④ 《涉外民事关系法律适用法》第 37 条规定："当事人可以协议选择动产物权适用的法律。当事人没有选择的，适用法律事实发生时动产所在地法律。"

专门用语,尽可能做到简明扼要,通俗易懂,展现其亲民的一面。

还应提到的是,中国分别于1997年和1999年对香港和澳门恢复行使主权,由于其原有法律保持基本不变,香港特别行政区和澳门特别行政区的国际私法制度不同于内地的国际私法制度。香港特别行政区的国际私法规范寓于在香港适用的普通法和部分成文法例中,而澳门特别行政区的国际私法规范主要规定在《澳门民法典》第一编第三章之中。

值得一提的是,2020年5月28日,十三届全国人大三次会议表决通过《中华人民共和国民法典》,该法典共7编1260条,是新中国历史上首部以"法典"命名的法律。2002年12月提交第九届全国人大常委会第三十一次会议初次审议的《中华人民共和国民法(草案)》曾设"第九编 涉外民事关系的法律适用法"。编纂民法典时,也曾有人建议增加"涉外民事关系法律适用法"编,但该建议在编纂民法典各分编时被否定。对此,2018年8月第十三届全国人大常委会第五次会议审议《民法典各分编(草案)》时,《关于〈民法典各分编(草案)〉的说明》中专门进行了阐述:"涉外民事关系法律适用规则的概念体系、规范内容与民法典虽有一定联系,但二者性质不同,在法律的调整范围、立法目标、具体规则等方面存在较大差异,民法典不宜设立涉外民事关系法律适用编。"民法典是以调整国内民事关系为宗旨的法典,特别是在没有设置"涉外民事关系法律适用法"编的情况下,基本上没有以确定涉外民事关系的法律适用为目的的规则,但在中国境内履行的中外合资经营企业合同、中外合作经营企业合同、中外合作勘探开发自然资源合同(第467条),国际合同纠纷的诉讼时效(第594条)和涉外收养(第1109条)等方面也有相关法律适用的规定。

综上所述,20世纪以来,尤其是"二战"以来,世界各国或地区的国际私法立法得到迅速发展。现当代国际私法立法表现出如下特点:(1)对国际私法关系集中、统一、系统、全面、详明地加以规定,特别是以国际私法法典或单行法规的形式加以规定。在许多新的国际私法立法中,已有总则和分则之分,而在分则中,有的立法又分别就外国人的地位、管辖权、法律适用和外国判决及仲裁裁决的承认与执行作出规定。(2)随着国际民商事活动日益频繁和广泛,深入到一切可以进入的领域,国际私法的调整范围也大大地扩大了。(3)由于许多国际私法立法大量采用双边冲突规范、选择性冲突规范以及最密切联系原则,法律选择的灵活性大大增强了。(4)由于利益分析、政策定向和结果选择等法律选择方法受到重视，以及在立法中强调男女平等，保护消费者、劳动者以及弱者，法律选择的适当性大大加强了。(5)"直接适用的法律"的适用范围不断扩大，以实体法解决法律冲突的方法日益受到重视。①

（五）国际私法统一化运动

国际私法统一化运动是国际私法历史演进的重要组成部分。国际私法统一化运动始于 19 世纪下半叶，在 20 世纪得到了全面的发展。应该强调的是，这里讲的国际私法统一，不仅指传统冲突法（包括管辖权、法律适用和外国判决的承认与执行）的统一，亦指实体私法的统一、其他民事诉讼程序规则的统一以及仲裁法的统一。

早在 1845 年，美国国际私法学者斯托里就在其著述中第一次表达了统一各国国际私法的愿望。而真正将这一愿望付诸实践的则是意大利的政治家及法学家孟西尼。在孟西尼的倡导和影响下，意大利政府曾先后两次企图发起制定多边条约的国际会议，但未能成功。不过，孟西尼的倡议受到拉丁美洲国家的热烈欢迎和响应。1877 年，南美数国应秘鲁政府的邀请到秘鲁首都利马开会，讨论国际私法的统一问题。1878 年，秘鲁、阿根廷、玻利维亚、哥斯达黎加、智利、厄瓜多尔及委内瑞拉 7 国在利马签订了《建立国际私法统一规则条约》（以下简称《利马条约》）。但该条约因除秘鲁外未获其他国家批准而未能生效。

实际上，国际私法统一化运动是从实体私法的国际统一成功开始的。1883 年，法国、比利时和巴西等 11 个国家在法国首都巴黎签订了《保护工业产权巴黎公约》。该公约的诞生和成功，标志着国际私法统一化运动的真正开始。1886 年，瑞士、英国、海地和突尼斯等 10 个国家在瑞士首都伯尔尼签订了《保护文学和艺术作品伯尔尼公约》。1891 年，西班牙、法国和突尼斯等已实行商标注册的国家在西班牙首都马德里签订了《商标国际注册马德里协定》。这几个公约的问世可以说开了实体私法国际统一之先河。

1. 海牙国际私法会议（The Hague Conference on Private International Law）及海牙国际私法公约

海牙国际私法会议（以下简称"海牙会议"）在国际私法统一化运动中发

---

① 韩德培主编：《中国冲突法研究》，武汉大学出版社 1993 年版，第 21—34 页；李双元主编：《国际私法》，北京大学出版社 1991 年版，第 41—42 页。

挥了极为重要的作用。1892年，在荷兰法学家阿塞尔的倡导和推动下，荷兰政府向欧洲国家发出了召开制定统一的国际私法规则的国际会议的邀请。1893年9月12日，第一届海牙会议在荷兰的海牙举行。海牙会议的发展可分为两个阶段。从1893年第一届会议到1951年第七届会议召开前为第一阶段。这时的成员主要是欧洲大陆国家，先后有21个。在第一阶段，海牙会议先后召开了6届，在民事诉讼、结婚、离婚、婚姻效力、监护、禁治产及类似保护措施等方面制定了7个国际私法公约。1951年以来为第二阶段。海牙会议第二阶段的最大变化是在第七届会议上制定了《海牙国际私法会议章程》，建立了常设机构，海牙会议成为一个以逐渐统一国际私法规范为目的的永久性政府间组织。在第二阶段，海牙会议的成员数量大大增加，截至2021年3月，它的成员已有88个（87个成员国，1个区域组织——欧盟），分布于世界五大洲。在这一阶段，海牙会议在统一国际私法方面取得了巨大的成就。截至2021年3月，除了会议章程，它已先后制定了38个国际私法公约、2个议定书和1个示范法性质的《国际商事合同法律选择原则》。从内容来看，这些公约涉及属人法、公司承认、货物买卖、买卖合同、代理、财产、信托、公文书认证、交通事故、产品责任、结婚、婚姻财产、离婚承认、收养、扶养、未成年人保护、儿童诱拐、遗嘱方式、遗产管理、继承、民事诉讼以及司法救助等广泛领域，已不限于海牙会议第一阶段制定的公约所涉及的婚姻家庭和民事诉讼领域。从制定方式来看，海牙国际私法公约从不采取综合性的法典式的立法方式，而是就具体问题分别制定公约。而且，即便针对具体问题，有的公约仅涉及法律适用，有的公约仅涉及承认与执行，当然也有公约同时涉及具体问题的管辖权、法律适用、法院判决承认与执行以及司法合作等诸方面。这种方式便于缩小各国的分歧和被各国接受。从缔约方来看，不少海牙国际私法公约得到了广泛的认同和许多国家的签署、批准或加入，如1965年《送达公约》、1970年《取证公约》、1993年《收养公约》等。而且，现在签署批准或加入这些公约的缔约方不仅包括海牙会议成员，还有不少非成员分别参加了不同的海牙公约。这表明海牙国际私法公约的适用范围更加广泛。不过，从签署、批准或加入的成员数量来看，关于民事诉讼程序和司法协助与合作的公约比关于法律适用的公约得到更多成员的签署、批准或加入，这说明海牙会议在民事诉讼程序和司法协助与合作的国际统一方面的努力更成功。

中国积极参加海牙会议开展的国际私法统一活动。自1981年起，中国曾多次应邀派代表作为观察员出席海牙会议的特别委员会会议。1986年，中国向海牙会议提交了加入申请。1987年7月3日，中国正式成为海牙会议的成员。中国参加的海牙国际私法公约和仅适用于中国香港特别行政区、澳门特别行政区的海牙国际私法公约共有11个。中国于1991年加入了迄今国际上在域外文书送达方面规定最为完备的1965年《送达公约》，这是中国加入的第一个海牙国际私法公约。1997年加入了1970年《取证公约》，2005年又加入了1993年《收养公约》。上述三个公约均适用于中国内地、香港特别行政区和澳门特别行政区。此外，1961年《海牙关于取消外国公文书认证的公约》和1980年《海牙国际性非法诱拐儿童民事事项公约》适用于香港特别行政区和澳门特别行政区；1961年《遗嘱处分方式法律冲突公约》、1970年《承认离婚和分居公约》和1985年《关于信托的法律适用及其承认的公约》适用于香港特别行政区；1954年《民事诉讼程序公约》、1956年《抚养儿童义务法律适用公约》、1958年《儿童抚养义务判决的承认和执行公约》和1961年《未成年人保护的管辖权和法律适用公约》适用于澳门特别行政区。特别值得一提的是，在海牙会议起草2005年《选择法院协议公约》（2015年生效）和2019年《承认与执行外国民商事判决公约》的过程中，中国积极发挥作用，贡献智慧，有力推动了两公约的达成。2017年，中国签署了《选择法院协议公约》。

2. 国际统一私法协会（International Institute for the Unification of Private Law）

国际统一私法协会成立于1926年，总部设在意大利首都罗马。它是一个以研究和协调不同国家以及国家集团的私法规则的各种方法，逐步为各国采用统一的私法规则作准备，并介绍、推广统一私法规则；宣传依据统一私法规则作出的判例为宗旨的国际性政府间组织。该协会的工作范围同海牙国际私法会议的工作范围有很大的不同，它从事的是实体私法的国际统一工作。自1926年成立以来，其发展大致经历了两个阶段：1926年至1939年为第一阶段。在这一阶段，该协会向国际联盟提出了两个重要的统一法草案。1939年后为第二阶段。1940年，《国际统一私法协会章程》生效。从此，该协会的私法国际统一工作更加正规化。在这一阶段，该协会一直致力于可以实现统一的私法领域的实体法规则的统一工作，制订了许多统一法公约草案，其中有的公约在外交会议上获得通过。例如，在国际货物买卖领域，该协会拟订的《国际货物买卖统一法公约》和《国际货物买卖合同成立统一法公约》于1964年在海牙外交会议上获得通过；该协会草拟的《国际货物销售代理公约》于1983年在日内瓦外交会议上获得通过。该协会还在合同有效性、货物善意卖主的保护、运输、商事仲裁和民事责任等领域制订了大量的统一法公约草案。由于各国在实体私法方面分歧较大，实难很快达成统一，取得成功的并不多。值得一提的是，该协会组织拟订的具有示范法和国际惯例性质的《国际商事合同通则》产生了广泛的影响，取得了极大的成功。

1983年年初，中国政府应该协会的邀请派代表参加了在日内瓦召开的讨论《国际货物销售代理公约》的外交会议，同该组织建立了联系。1985年，中国正式加入了该组织，随后就一直积极参与该组织统一私法的国际活动。

3. 国际联盟与"日内瓦公约"

作为在第一次世界大战后建立的一个普遍性国际组织，国际联盟对国际私法统一也作出了一些贡献，它先后在自然人的身份及能力、仲裁和票据等领域主持制定了一系列公约，包括实体法公约、法律适用公约和仲裁程序公约。因为这些公约都是在其总部所在地日内瓦制定的，所以被统称为"日内瓦公约"。其中比较有影响的公约有1923年《仲裁条款议定书》、1927年《关于执行外国仲裁裁决的公约》、1930年《统一汇票及本票法公约》、1930年《解决汇票及本票若干法律冲突公约》、1931年《统一支票法公约》、1931年《解决支票若干法律冲突公约》和1933年《难民国际地位公约》等。

4. 联合国及其直属机构和专门机构

"二战"后，作为国际社会最重要的国际组织，联合国在广泛的国际事务中发挥了重要的作用。在国际私法统一方面，联合国及其直属机构和专门机构成绩斐然。例如，联合国国际法委员会在国籍、国家及其财产豁免、外国人的待遇等方面推动了国际私法的统一。而联合国国际贸易法委员会在国际货物买卖、国际贸易支付、国际商事仲裁和国际海运等领域，积极同其他从事国际私法统一工作的组织合作，起草了不少国际公约、示范法和统一法，1978年《联合国海上货物运输公约》（即《汉堡规则》）和1980年《联合国国际货物销售合同公约》就是其代表。此外，国际劳工组织、国际民航组织、国际海事组织和世界知识产权组织等联合国专门机构亦在各自的领域对国际私法统一做了许多工作。除上面提到的外，联合国系统制定的比较重要的涉及国际私法的公约还有1950年《关于宣告失踪者的公约》、1951年《关于难民地位的公约》、1958年《承认及执行外国仲裁裁决公约》、1965年《关于解决国家与他国国民之间的投资争端的公约》等。一般来说，联合国系统制定的国际公约受到广泛的重视，参加的国家比较多，因而具有广泛的适用性。应该提到的是，一些国际组织制定了一些并非国际条约但具有"示范法"性质的规则，对国际私法统一发挥了重要的作用。比如说，联合国国际贸易法委员会于 1985 年制定的《国际商事仲裁示范法》，尽管不是国际条约，但被许多国家或地区采用，或者以此为基础或参照其内容制定自己的国际商事仲裁法或仲裁规则。因此，这种"示范法"性质的规则的出现，同样推动了国际私法的统一。

5. 蒙得维的亚会议与蒙得维的亚条约

《利马条约》失败以后，拉丁美洲国家并没有放弃统一国际私法的努力。1888 年 8 月至 1889 年 2 月，经乌拉圭法学家拉米勒兹倡议，由乌拉圭和阿根廷发起，在乌拉圭首都蒙得维的亚举行了蒙得维的亚会议（又称南美国际私法会议），参加国有乌拉圭、阿根廷、玻利维亚、巴西、智利、巴拉圭和秘鲁等。鉴于南美国家外来移民较多，为了保护南美国家的利益，该会议特别强调住所地法主义。该会议共签订了 8 个条约，即《关于国际民法的公约》《国际商法条约》《国际刑法条约》《诉讼程序法条约》《文学艺术所有权条约》《商标条约》《发明专利条约》《执行自由职业条约》。前两个条约的缔约国有采用住所地法原则的乌拉圭、阿根廷、玻利维亚、巴拉圭和秘鲁 5 国，巴西和智利因不愿意放弃本国法原则而没有批准。1939 年 8 月至 1940 年 3 月，为了纪念 1888 年蒙得维的亚条约签订 50 周年，乌拉圭和阿根廷政府邀请上次会议的参加国举行了第二次蒙得维的亚会议。参加会议的国家有阿根廷、乌拉圭、巴拉圭、玻利维亚、哥伦比亚和秘鲁。在这次会议上，除《商标条约》及《发明专利条约》外，其他条约均有修改，原《国际商法条约》拆分为《陆上国际商法条约》和《国际通商航行法条约》。

6. 泛美会议与《布斯塔曼特法典》

1928 年，第六届泛美会议（Pan-American Conference）在古巴首都哈瓦那举行，有 21 个美洲国家出席。这次会议的重要成果就是在 1928 年 2 月 20 日签订了《国际私法公约》，该公约附有《国际私法法典》。由于该法典是由古巴法学家布斯塔曼特主持编订的，故又称为《布斯塔曼特法典》（Bustamante Code 或 Codigo Bustamante）。该法典除一般规则外，含有国际民法、国际商法、国际刑法和国际程序法 4 卷，共 437 条，至今仍为世界上条文最多的国际私法法典。该法典于 1928 年 11 月 25 日生效，获得 15 个拉丁美洲国家批准。该法典深受意大利孟西尼观念的影响,其第 3 条把所有的法律规则分为三类:第一类为属人法或国内公共秩序法,即依人的住所或国籍所适用的法律;第二类为属地法或国际公共秩序法,即对一切居住于领土内的人都适用的法律;第三类为任意法或私的秩序法,即依当事人一方或双方的意思表示、解释或推定所适用的法律。该法典对许多问题规定得甚为详细,如关于国际物权法的规定多达 25 条。但该法典第 7 条把属人法解释为住所地法、本国法或缔约国法律已定或将定的法律,对以属人法为连结点的公约规定而言,实际上并没有起到统一国际私法的作用。

7. 北欧国家

瑞典、挪威、丹麦、芬兰和冰岛 5 个北欧国家长期以来便进行国际私法统一活动。1931—1936 年间,它们先后缔结了 5 个国际私法条约,即 1931 年《关于婚姻、收养和监护的某些国际私法规定的公约》和《扶养费收取公约》、1933 年《外国判决的承认与执行公约》、1933 年《破产公约》以及 1934 年《继承和遗产管理公约》。这些公约后来均有修订。北欧 5 国除对国际私法采取国际公约的方式进行统一外,还以灵活、机动的所谓"立法合作程序"推进国际私法统一工作。这些国家的司法部部长和官员每年会晤若干次,讨论在哪些私法领域推进统一。

8. 比利时、荷兰、卢森堡三国联盟

比、荷、卢三国于 1951 年缔结条约成立三国联盟。该联盟除在经济领域进行合作外,还进行法律的国际统一活动,并取得了一定的成就。在国际私法统一方面,比、荷、卢三国合作取得的最大成就是于 1951 年 5 月 11 日签订了《荷兰、比利时、卢森堡关于国际私法统一法的公约》。该条约的附件为《国际私法统一法》,是条约的组成部分,共 28 条,涉及人的身份和能力、婚姻家庭、继承、物权、合同及债务、法律行为及代理、证据、时际冲突和公共秩序等事项。该公约曾于 1966 年修订。只可惜,该公约因只有卢森堡批准,其他两国虽签署但未批准而未能生效。

9. 欧洲联盟(欧洲共同体)

欧洲一体化发展极大地推动了国际私法统一化运动。欧洲联盟是在欧洲共同体基础上建立起来的。而欧洲共同体是欧洲经济共同体、欧洲煤钢共同体和欧洲原子能共同体的总称。建立欧洲联盟的基础性条约是 1957 年《罗马条约》、1992 年《马斯特里赫特条约》(即《欧洲联盟条约》)、1997 年《阿姆斯特丹条约》和 2007 年《里斯本条约》。据此，欧盟国际私法统一进程大致可以分为四个阶段：欧洲经济共同体时期、《马斯特里赫特条约》生效后时期、《阿姆斯特丹条约》生效后时期和《里斯本条约》生效后时期。在欧洲经济共同体时期，欧洲经济共同体在促进成员国之间包括国际私法在内的法律的协调和统一方面，表现得十分活跃。1957 年《罗马条约》专门提出了"使各国立法趋于一致"的目标，并以国际公约为方法和手段来协调国际私法规则的统一。《马斯特里赫特条约》生效后，欧洲共同体 12 国建立了欧洲联盟，后来不断有欧洲国家加入联盟，国际私法的统一被纳入"司法与内务合作"之中，但统一成果仍以国际公约形式呈现。在《阿姆斯特丹条约》和《里斯本条约》生效后，国际私法的统一出现了深刻变化，欧盟在国际私法领域享有直接立法权，可以条例的形式制定统一的国际私法，避开订立条约的谈判、签署、批准等复杂程序。

长期以来，欧洲共同体主要通过订立条约、颁布"指令"（directive）和制定"条例"（regulation）的方式进行国际私法的统一活动。后两种方式是欧洲共同体特有的法律统一方式，有人认为是具有"超国家性"的国际组织的立法方式，因此，有必要特别一提。根据《罗马条约》第 100—102 条，共同体理事会可以根据共同体委员会的建议颁布指令，以实现共同体成员国的法律和行政管理规定的协调和统一。这种指令对有关成员国具有约束力，但是，它不具有直接适用的效力，必须由有关成员国从自己选择的形式和方式来贯彻和实施。而制定条例是欧洲共同体实现私法统一的另一种方法。条例是欧洲共同体法最重要的一个"二级渊源"。根据《罗马条约》第 189 条，共同体制定的这种条例具有普遍适用效力，具有完全约束力，并可在成员国直接适用。而且，根据欧洲共同体法院的判例，这种条例可以产生"直接效力"（direct effect），且优于国内法适用。在促进成员国国际私法统一上，欧洲共同体的指令和条例的功能有所不同：一方面，两者的效力有所不同，前者不具有直接适用的效力；而后者有之。另一方面，前者主要在于促进修改和协调成员国既存的法律制度，使它们趋于统一，并不创立一套独立于成员国的法律制度；而后者则并不修改成员国各自的法律，它要在成员国法律制度之外建立一套欧洲共同体法律制度。

判例是欧洲联盟国际私法的一个重要渊源。由于欧洲联盟的实践没有先例可以遵循，加上各成员国本来就十分重视判例法的作用，判例在欧洲联盟国际私法中占有较为重要的地位。在欧洲法院和成员国法院的司法实践中，判例是判断案件的一种重要依据，尤其是对于基础条约或者共同体立法中没有规定的事项，以及对于条约的解释问题，一旦法院提出系统意见，就成为事实上的原则。

欧洲联盟除在统一和协调成员国实体私法方面作出努力外，还在统一成员国的冲突法和民事诉讼程序法方面做了大量的工作。到目前为止，比较有影响的公约有1968年《关于民商事案件管辖权及判决执行的公约》、1968年《关于相互承认公司和法人团体的公约》和1980年欧洲经济共同体《关于合同之债法律适用的罗马公约》。欧洲联盟在实践中已基本上将原来的国际私法条约转化为条例，比较有影响的条例有《合同之债法律适用条例》（《罗马条例Ⅰ》）、《非合同之债法律适用条例》（《罗马条例Ⅱ》）、《离婚与司法分居法律适用条例》（《罗马条例Ⅲ》）、《关于民商事案件管辖权及判决承认与执行条例》（《布鲁塞尔条例Ⅰ》）及2012年《布鲁塞尔条例Ⅰ（重订本）》、《关于婚姻事项及父母责任事项的管辖权和判决承认与执行条例》（《布鲁塞尔条例Ⅱ》）及修订本《布鲁塞尔条例Ⅱa》等。

10. 美洲国家组织

美洲国家，特别是拉丁美洲国家，素有进行国际私法统一活动的传统。1948年以来，美洲国家组织遵循《波哥大宪章》确立的解决成员国之间的法律问题，促进成员国经济、社会及文化的发展的宗旨，为统一成员国的国际私法进行了长期不懈且卓有成效的努力。1975年，美洲国家组织在巴拿马召开了第一届国际私法会议，一举订立了6个国际私法公约，即《美洲国家间关于代理人国外行使代理权法律制度的公约》《美洲国家间关于汇票、本票和发票法律冲突的公约》《美洲国家间关于支票法律冲突的公约》《美洲国家间关于国外取证的公约》《美洲国家间关于嘱托书的公约》《美洲国家间关于国际商事仲裁的公约》。1979年，美洲国家组织在蒙得维的亚召开第二届国际私法会议，制定了7个国际私法公约和1个附加议定书，即《美洲国家间关于国际私法通则的公约》《美洲国家间关于国际私法上自然人住所的公约》《美洲国家间关于贸易公司法律冲突的公约》《美洲国家间关于支票法律冲突的公约》《美洲国家间关于执行预防措施的公约》《美洲国家间关于外国法证明和查询的公约》《美洲国家间关于外国判决和仲裁裁决域外效力的公约》《美洲国家间关于嘱托书的公约的附加议定书》。1984年，美洲国家组织在玻利维亚召开第三届国际私法会议。这次会议制定了 3 个国际私法公约和 1 个附加议定书，即《美洲国家间关于收养未成年人法律冲突的公约》《美洲国家间关于国际私法中法人身份和能力的公约》《美洲国家间关于在国际范围内实现外国判决域外效力的管辖权公约》和《美洲国家间关于国外取证的公约的附加议定书》。美洲国家组织的上述 18 个公约和附加议定书为美洲地区国际私法的统一提供了一整套规则，使美洲国家组织的统一国际私法自成一体，也极大地推动了世界性的国际私法统一化运动向前发展。这同样表明，美洲国家组织是当今世界上最重要的区域性国际私法统一组织之一。

11. 民间国际私法统一活动

民间的倡议和推动一直是国际私法统一化运动中的重要力量。国际上，不少民间团体、机构或组织，譬如国际法协会（International Law Association）、国际法学会（Institut de Droit International）和国际商会（International Chamber of Commerce，简称 ICC）等，在推动国际私法的统一方面做了大量的工作。国际商会着重于国际商业惯例的整理和编纂，成绩斐然。它先后编纂并修订了《国际贸易术语解释通则》《跟单信用证统一惯例》《托收统一规则》《合同担保统一规则》《见索即付保函统一规则》等。这些惯例和规则实用性很强，在适用上也非常灵活，具有"软法"的性质，即它们只在当事人接受时才对当事人有法律约束力，而且当事人可以根据自己的需要对其进行修改。因此，它们在国际商业实践中影响很大，其中一些惯例和规则，如《国际贸易术语解释通则》《跟单信用证统一惯例》等，得到了广泛的采用。

二、国际私法的展望

对国际私法的展望，是我们对国际私法发展规律的探索、对国际私法发展趋势的预测，也是我们对国际私法未来发展的期待和愿景。21 世纪的国际私法会更加人本化、法治化、法典化、趋同化和现代化。

（一）国际私法的人本化

"天生万物，唯人为贵。"[①] 国际私法的人本化强调国际私法要秉持人本主义的理念，坚持以人为本，肯定和尊重人的价值、人的尊严、人的地位和人的意义。也就是说，国际私法的立法、执法、司法、守法等各个环节都要以人为

---

① 《列子·天瑞》。

目的，以人为根本。国际私法的人本化是国际私法所调整的国际民商事法律关系建立和发展的内在要求，国际民商事法律关系的主体本来就是人和由人组成的社会组织，他们参与其中就是为了开展正常的国际民商事交往活动，实现其交往的目的。而国际私法正是通过调整国际民商事法律关系，解决国际民商事法律冲突，化解国际民商事争议，从而推动建立正常的国际民商事秩序，促进和保障正常的国际民商事交往，它不得不以作为国际私法主体的人为出发点和落脚点。国际私法的人本化要求其更加注重对国际民商事交往中的人权的尊重和保护，更加注重对国际民商事法律关系中弱方当事人的保护，更加注重对内外国当事人平等自由地参与国际民商事交往的保护，更加注重对内外国当事人的合法权益的公平保护。

（二）国际私法的法治化

国际私法的法治化，是指在展望和讨论国际私法的发展时，不仅要关心国际私法法律制度本身的发展，还要关心国际私法法治体系的建立和完善，从立法、执法、司法、守法等各个环节关心国际私法的实施和运行，追求"良法善治"。强调国际私法的法治化，就是从立体、动态和整体的视角来看待国际私法。国际私法不只是一个平面的、静态的、孤立的国际私法规范体系，更是一个立体、动态、完整的国际私法法治运行体系；不仅包括国际私法立法及其形成的法律规范体系，还包括国际私法执法、司法、守法等法律实施环节，包括保证国际私法运行的保障机制、监督机制和法治专门队伍建设，体现了整体、系统、全面的要求。另外，鉴于国际私法的国际性、跨国性、涉外性，强调国际私法的法治化，也是对国际私法运行实施过程中内国法治与外国法治的协调、国内法治与国际法治的互动的展望和呼应。

（三）国际私法的法典化

国际私法的法典化是从国内立法的角度进行的判断。从历史上看，国际私法规范最初散布在民法典中，后来较多的国家采取专编专章的形式在民法典中加以规定。从19世纪末20世纪初开始，以1898年日本《法例》和1918年中国《法律适用条例》的出台为标志，国际私法立法逐渐步入单行立法或者法典化阶段。"二战"后，国际私法立法掀起新高潮。据不完全统计，先后有60多个国家或地区进行了新的国际私法立法，其中有30多个国家或地区制定了国际私法法典或单行法规。特别是奥地利、瑞士、意大利、比利时、土耳其、保加利亚、斯洛文尼亚、北马其顿、委内瑞拉、突尼斯、匈牙利、韩国和中国等具有代表性的国家制定国际私法法典或单行法规,强化了国际私法法典化的基本走向和发展趋势。

(四) 国际私法的趋同化

国际私法的趋同化是从国际层面来分析判断的。当今世界正在发生着深刻复杂的变化。随着经济社会的不断发展、科学技术的飞速进步、交通通信的日益便捷,各国之间的经济、政治、文化、社会交往越来越密切,各国相互联系、相互依存的程度空前加深。人类生活在同一个地球村,人类共同关心并需要共同努力解决的问题越来越多,成为你中有我、我中有你的命运共同体。国际私法的趋同化乃至整个法律的趋同化是这种世界格局影响法律的必然结果,也是国际私法适应世界变化的必然要求。国际私法的趋同化是世界各国国际私法在国际民商事交往中,彼此相互影响、相互借鉴、相互吸纳、相互渗透,从而趋于接近甚至趋于一致的现象。[①] 比如,各国国际私法对"最密切联系原则"的接受大致相同,只是具体规则略有不同。各国国际私法规范趋向接近、一致,是国际私法趋同化的初级形式;各国积极参与国际私法统一活动,力争用自己的国际私法观点、立场、主张影响国际私法的统一,将自己的国际私法观点、立场、主张渗透到国际私法统一规则之中,是国际私法趋同化的中级形式;各国在某一国际私法领域彼此协调、达成共识,订立统一的国际私法条约,是国际私法趋同化的高级形式。

(五) 国际私法的现代化

国际私法的发展必须面向现代化。现代化有器物现代化与精神现代化、硬件现代化与软件现代化之别。器物现代化、硬件现代化的实现相对来说较为容易,难的是人的思想、观念、精神的现代化,难的是文化的现代化,难的是制度的现代化。国际私法的现代化,应该是国际私法理念、价值观、思维方式的现代化,应该是国际私法制度的现代化,应该是国际私法法治体系(包括立法、执法、司法、守法等环节)运行的现代化。当然,国际私法的现代化也包括借助现代科学技术,特别是现代信息技术推进国际私法的学习、研究、教育、传播、运用和实施等。国际私法作为学说已有600多年的历史,近代推行国际私法立法也已有200多年的历史。现在回过头来看,国际私法理论与实践

[①] 李双元、李新天:《当代国际社会法律趋同化的哲学考察》,《武汉大学学报(哲学社会科学版)》1998年第3期。

发展演变的历史,就是国际私法不断现代化的历史。无论是萨维尼倡导的"法律关系本座说"带来的基于法律关系确立冲突规范的"哥白尼革命",还是以法律选择的合理性、灵活性和实用性为导向的"美国冲突法革命",都说明了这一点。国际私法的现代化的核心价值就是要做到"实事求是"和"与时俱进"。

思考题

1. 简述国际私法的调整对象与调整方法。
2. 如何理解国际民商事法律冲突的产生与特点?
3. 各国学者在国际私法范围方面有哪些不同主张?国际私法包含哪些规范?
4. 如何认识国际私法的渊源?
5. 现当代国际私法的发展有哪些特点?

▶ 自测习题

第二章 法律适用理论与法律选择方法

自国际私法产生以来，各国学者围绕一国法院裁判国际民商事案件为什么需要适用外国法进行了不懈的探索，在不同历史时期提出了不同的法律适用理论。有的理论提供了特定的法律选择方法，如法则区别说、法律关系本座说、最密切联系说等；有的学者只提出了具体的法律选择方法，如规则选择方法、分割方法等。一般说来，法律适用理论回答"为什么"，法律选择方法解决"怎么样"，两者既有密切联系，又有明显区别。一般而言，历史上有影响的法律适用理论都提供了法律选择方法，但并不是所有的法律选择方法都有特定的法律适用理论作为基础。

第一节 法律适用理论

在探求一国法院为什么适用外国法的过程中，不同国家的学者在不同历史时期常常从不同的角度和层面概括和提炼理由，他们的基本理论常常与其本国在当时国际关系中的核心利益密切相关。例如，荷兰学者胡伯提出的"国际礼让说"，就是为了满足荷兰资产阶级革命胜利以后既要对外扩张，又要捍卫自己的主权独立、防止周围封建国家干涉的需要。德国学者萨维尼提出的"法律关系本座说"，与德国作为后起的资本主义国家要求重新瓜分国际资源和国际市场的需要密切相关。英国学者戴西提出的"既得权理论"，与英国这个老牌资本主义国家既面临后起资本主义国家（如德国）的威胁，又受到殖民地人民革命的打击，迫切需要维护其海外殖民利益不无关系。现代欧洲国家奉行的"直接适用的法"理论，是为了满足这些国家加强干预国际经济关系的需要。美国的"最密切联系理论"，可以方便美国法院利用美国在国际社会的霸权地位灵活选择其需要适用的法律。下面分别介绍外国和中国学者提出的有影响的法律适用理论。

一、外国的法律适用理论

（一）法则区别说（theory of statutes）

法则区别说出现在 14 世纪意大利北部城市，标志着国际私法理论的诞生，也是人类历史上法律适用理论的最初形态。这个时期的意大利，经济贸易关系的发达、城市共和国的出现和后期注释法学派的兴起使不同城邦间的法则出现冲突，但古代罗马法并没有解决这类法律冲突的规则。巴托鲁斯及其追随者在前人研究的基础上，主张从法则本身的性质入手，把所有法则分为物的法则、人的法则和混合法则。其中，物的法则是属地的，其适用只能而且必须及于制定者领域内的物；人的法则是属人的，它不但适用于制定者领域内的属民，当其属民到了其他主权者领域时，也应适用；混合法则是涉及行为的法则，适用于在法则制定者领域内订立的契约，它既涉及人又涉及物。意大利的法则区别说纠正了以前绝对属地主义的弊端，抓住了法律的域内域外效力这个法律冲突的根本点，首次站在双边的立场上解决法律适用问题，有利于当时跨城邦贸易的发展，促进了处于萌芽状态的资本主义因素的成长，具有进步意义。它创立的一些基本冲突规范，对后世国际私法产生了重大影响，有些规则至今仍为世界各国采用。因此，一些西方学者把巴托鲁斯称为"国际私法之父"。

（二）国际礼让说（comitas gentium）

17世纪初，随着资产阶级革命在荷兰的成功和资本主义经济的发展，特别是国家主权观念的确立，以胡伯为代表的荷兰学者看到：国家之间立法权力的划分并不使国家在处理具体案件中承担适用外国法的责任。因此，胡伯以国家主权原则和国际礼让关系为其理论出发点，对于适用外国法的理由，提出了著名的三原则：（1）任何主权者的法律必须在其境内行使并约束其臣民，但在境外无效；（2）凡居住在其境内的人，无论常住还是临时居住，都视为主权者的臣民；（3）对在外国领域已有效实施的法律，根据礼让，行使主权权力者也应让它在本国境内保持效力，只要这样做不致损害自己的主权权力及臣民的利益。

在上述三项原则中，前两项是属地原则，它们是根据主权者管辖权的划分建立起来的国际公法原则；第三项讨论适用外国法的根据和条件，这是国际私法原则。人们因此称这种理论为国际礼让说。

国际礼让说把国家主权思想引入法则区别说，把适用外国法的问题放在国际关系和国家利益的基础上来考量，体现了法律适用理论的进步。它对国际私法的发展产生了深远影响，有的学者认为它奠定了现代国际私法的基础。但这种理论包含着不可克服的矛盾：一方面要求维护自己的主权；另一方面主张根据国际商业的需求,借用国际礼让,使在本国能有效行使的权利在别的国家也能得到承认。

(三)法律关系本座说(sitz des Rechtsverhältnisses)

作为一个后起的资本主义国家,19世纪的德国要求重新分配国际利益。在此背景下,以萨维尼为代表的德国学者提出了"法律关系本座说"。他从一种普遍主义观点出发,强调存在一个"相互交往的国家的国际法律共同体",认为所适用的法律,应该是国际民商事关系依其本身性质所确定的"本座"所在地的法律。它不讨论法律的域内域外效力问题,而主张平等地看待内外国法律,以达到案件不管在什么地方提起,均能适用同一法律,得到一致判决之目的。他把国际民商事关系分为人、物、债、行为、程序等几大类,并且认为:住所是人的归属之处,所以人的身份能力应以住所为本座;物是可感知的,必然占据一定空间,故物之所在地应为物权关系的本座;债为无体物,不占空间,需要借助某种可见的外观形态予以表现,这种外观形态有债的发生地和债的履行地,但履行地是债实现的场所,更适合表现债的外观形态,应为债的本座;行为方式不论是财产行为还是身份行为,均以行为地为本座;程序问题应以法院地为本座。

萨维尼的"法律关系本座说"开创了一条解决法律冲突、进行法律选择的新路子,在法则区别说统治国际私法理论几百年以后,对国际私法的方法论进行了根本性变革,并在国际礼让说之后,又在新的基础上回归到国际私法的普遍主义,极大地推动了欧洲国际私法立法的发展。但他所说的"国际法律共同体"在那个时代只是一种假设,所坚持的"本座"把复杂的法律关系过于简单化,并没有找到解决法律冲突的正确途径。①

(四)既得权说(doctrine of vested rights)

作为一个在世界上拥有大量殖民地的老牌资本主义国家,英国在19世纪后期面临后起资本主义国家的竞争威胁,同时受到殖民地人民革命的打击。为了维护英国在海外的殖民利益,英国学者戴西提出了既得权说。他在1896年出版的《冲突法》一书中虽以法律的严格属地性为出发点,但又主张,为了保障合法法律关系的稳定性,对于依外国法有效设定的权利,应坚决加以维护。他

---

① 韩德培主编、肖永平主持修订:《国际私法》(第三版),高等教育出版社、北京大学出版社2014年版,第41页。

认为，凡依他国法律有效取得的权利，除非承认与执行这种权利与英国成文法的规定、英国的公共政策和道德原则以及国家主权相冲突，一般都应该被英国法院承认与执行。但判断某种既得权的性质，应该依据产生此种权利的该外国法律。其理论核心是：这种承认与执行根据外国法有效取得的权利的行为，既不是适用外国法，也不是承认外国法律的域外效力，只不过是把外国法作为证明既得权存在的法律事实加以承认，进而保护当事人根据外国法取得的权利。

既得权说显然是为了调和国家主权与适用外国法之间的矛盾而推导出来的。不幸的是，该理论陷入了更大的矛盾，因为一个国家既然应通过其法院承认与执行外国法律创设的权利和义务，逻辑上应负有适用外国法的义务。该理论在20世纪初曾风行一时，直到今天，保护既得权、维护国际民商事关系的稳定，仍然是国际私法的一项重要考量因素。

（五）政府利益分析说（governmental interest analysis approach）

美国学者柯里认为，解决法律冲突的最好方法，就是对"政府利益"进行分析。他直接把法律冲突看成不同国家间的利益冲突，主张把法律冲突分为真实冲突（true conflicts）、虚假冲突（false conflicts）和无冲突（unprovided-for case）。所谓真实冲突，是指在冲突法案件中，相关国家的法律均有适用可能性，而各国都具有适用本国法的政府利益，即其法律所追求的政策均因适用其法律得以增进。所谓虚假冲突，是指冲突法案件所涉国家的法律表面上存在冲突，但有的国家对适用其法律有利益要求，其他相关国家并不存在此种利益要求。所谓无冲突，是指冲突法案件的相关国家对适用本国法律均没有政策需求和利益要求。他发现绝大多数冲突法案件客观上以虚假冲突的形式出现，即只有一个国家具有政府利益。所以，在审理冲突法案件时，如果只有一个国家有政府利益，就应适用这个国家的法律；如果两个国家有政府利益，其中一个是法院地国，无论如何均应适用法院地法，即使外国的利益大于法院地国的利益；如果两个外国都有政府利益，法院地国为无政府利益的第三国，法院可以适用法院地法或者其他应适用的法律。很显然，柯里主张尽可能适用法院地法。因为法院在大多数情况下都会认为本国对适用自己的法律有政府利益，这从根本上动摇了国际私法的根基，等于否定冲突法有存在的必要。

（六）最密切联系说（doctrine of the most significant relationship）

美国学者里斯在主持编纂《第二次冲突法重述》时，通过总结美国法官在司法实践中所使用的"重力中心""最真实联系"等概念,在20世纪60年代提出了最密切联系说。他认为,在选择法律时,哪个地方的法律与案件事实和当事人有最密切联系,就适用哪个地方的法律。该理论不像传统国际私法那样只规定一个连结因素作为选择准据法的依据,而是根据特定领域的具体要求规定了多个连结因素,在充分考虑州际或国际体制的需要、法院地的相关政策、其他利益关系州或国家的相关政策、当事人的合理期望、有关法律的目的及判决结果的确定性、可预见性和一致性等因素以后,结合个案具体情况,灵活选择准据法。最密切联系说是美国多种理论折中的产物,它改变了传统冲突法僵硬、机械的法律选择方式,赋予冲突规范极大的灵活性和实用性,将外国法纳入更普遍的"公正和有效"判断标准,不仅受到美国理论界和司法界重视,也被其他国家和一些国际条约所借鉴。当然,对于成文法国家来说,这种过于灵活的自由裁量权需要受到一定的限制,才能发挥该理论的最大功效。

（七）利益法学（the jurisprudence of interests）

德国学者克格尔认为,从法则区别说到法律关系本座说,国际私法一直是一种概念法学,都是从几个基本概念出发,建立一些体系化的法律条文和法律制度;而从概念法学的体系中可以发展出利益法学,从而建立多样化的连结因素,因为好的法学家在考量法律问题时从来不会忽视其中存在的利益问题。他在探讨、批判其他学者关于国际私法基本原则的基础上,主张国际私法应当考量三种基本利益:政治利益、实体协调利益和最小冲突利益。但仅依靠这三种利益还不能支撑起整个国际私法,他从"冲突法层面的公平"出发,还提出了当事人的利益、交往的利益、制度的利益。所谓当事人的利益,是指当个人关系,如权利能力、行为能力、姓名、婚姻、继承等,受到与其有关的法律支配时,他就拥有利益,这种利益由属人法来保护。所谓交往的利益,就是方便交往的利益,如对法律行为的形式,交往的利益体现在行为缔结地国;"有利于有效原则"也是交往利益的需要。所谓制度的利益,包括判决的内在一致性和外在一致性。前者要实现在同一国家内部判决的一致;后者是为了实现所有国家间判决的一致,避免各国国际私法的差异导致的弊端。当然,如果一个国家实现本国"实体法层面的公平"利益大于实现"冲突法层面的公平"利益,就会采用公共政策条款排除冲突规范的适用。克格尔的利益法学在德国产生了一定的影响,但也受到不少学者的质疑,因为该理论将国际私法的利益分为当事人的利益、交往的利益和制度的利益,不仅在逻辑上没有说服力,在实践中也无法避免重复和矛盾,这样的体系是值得怀疑的。①

(八)**法律直接适用理论**(theory of loi d'application immédiate)

希腊学者弗朗西斯卡基斯在1958年首次提出了"直接适用的法"的概念,并在以后的著作中阐述了他的法律直接适用理论。他认为,随着国家职能的转变及其在经济生活中作用的增强,国家对经济的干预与日俱增。为了使法律在国际民商事交往中更好地维护国家利益和社会利益,国家制定了越来越多的强制性法律规范,用于调整某些特殊的民商事关系。这些具有强制力的法律规范在调整国际民商事关系时,不必援引冲突规范,可直接适用于国际民商事关系。这种能直接适用的法律规范,就是"直接适用的法"。由此可见,这种理论注重的不是国际协调与合作,而是一个国家在国际民商事交往过程中不能放弃和不容减损的核心利益。它给欧洲国际私法注入了一股清新空气,引起许多学者的研究兴趣,推动了欧洲国际私法立法的发展,也受到了中国学者的青睐,中

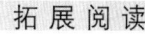

拓展阅读

论中国国际私法中的强制性规范

国《涉外民事关系法律适用法》第4条在中国国际私法立法史上第一次明确规定:"中华人民共和国法律对涉外民事关系有强制性规定的,直接适用该强制性规定。"

二、中国的法律适用理论

中国学者在20世纪80年代一般从实务角度分析中国法院在一定条件下适用外国法的原因。总结不同学者的论述,列举的主要理由是:(1)为了公平有效地调整国际民商事关系,在许多情况下适用外国法是必要的;在有些情况下适用外国法反而对本国或本国当事人有利。(2)从国际民商事纠纷的解决来看,有时必须适用外国法,如对处于外国境内的不动产所有权争议,只能适用该外国法才能有效解决。(3)适用外国法是各国主权和法律相互协调的结果,它受到国际法上对等或互惠原则的支配,一国适用外国法与该外国在同等条件下适用内国法有着内在联系,而适用外国法正是相互尊重主权的结果。(4)一

---

① 杜涛:《利益法学与国际私法的危机和革命——德国国际私法一代宗师格尔哈特·克格尔教授的生平与学说》,《环球法律评论》2007年第6期。

国同意有条件地适用外国法并不违背国家主权原则，而是国家主权的实际运用。①

随着研究的深入，中国学者提出了多种不同的理论学说。

(一) 国际交往互利说

这种理论认为，适用外国法源自各国对外交往的需要，目的是从法律上平等保护内国人和外国人在国际民商事交往中的正当权益。适用外国法是一种特殊的法律现象，产生这种现象的原因不能单从法律本身去寻找，还要从国际社会生活中去理解。由于自然条件不同、经济发展不平衡，各国都有互通有无、彼此交往的需要。为了发展对外交往关系，各国不仅要采取政治上、经济上的措施，更需要法律上的保障，以便在平等互利的基础上发展正常关系。如果一国法院根本不考虑适用外国法，就会在政治、经济、文化上造成不良后果，最终损害本国的核心利益。可以说，一国法院适用外国法，本质上是为了维护自身的核心利益，是基于国际交往互利的需要。②

(二) 适当论

受英国"自体法"或"适当法"理论③ (the proper law doctrine) 的启发，中国学者主张法官应该根据各种法律关系或个案的具体情况，通过考察与案件有关的各种社会因素，确定适用于该法律关系的最合适和最恰当的法律。适当论，就是要遵循适当原则解决法律适用问题。在合同领域，要根据其性质和特点，在综合传统冲突法关于合同法律适用的同一论和分割论、客观论和主观论的基础上，充分考虑合同关系的本质要求和处理合同争议的价值取向，来确定合同应适用的法律。它既肯定当事人意思自治的优先地位，又以颇具适应性的最密切联系原则为补充。同时，随着情势变迁，根据国际合同的特殊需要，不断形成新的合同法律适用原则，以满足合同法律适用对"适当性"的要求。而且，对国际合同的法律调整不应局限于冲突法方法，还应努力寻找其他更适当

---

① 韩德培、李双元：《应该重视对冲突法的研究》，《武汉大学学报（社会科学版）》1983 年第 6 期。
② 余先予主编：《国际法律大辞典》，湖南出版社 1995 年版，第 308—309 页。
③ 韩德培教授最早在《中国大百科全书·法学》中将 proper law 翻译成"自体法"（《中国大百科全书·法学》，中国大百科全书出版社 1984 年版，第 474 页）。中国也有不少学者将它翻译为"适当法"（卢松：《论最密切联系原则——确定性与灵活性间的选择》，中国国际法学会主编：《中国国际法年刊》，法律出版社 1990 年版；吕岩峰：《英国"适当法理论"之研究》，《吉林大学社会科学学报》1992 年第 5 期；等等）。

的方法，如国际统一实体法方法。与此同时，适当论还可以用来解释侵权、物权及其他民商事领域的法律适用问题，但其具体规则各有不同。简言之，适当论的宗旨是探寻和确定适当的法，以公平合理地调整国际民商事关系，有效地维护当事人的正当权益，促进国际民商事交往的发展。①

（三）合理协调论

2014年3月习近平在联合国教科文组织总部演讲时指出："当今世界，人类生活在不同文化、种族、肤色、宗教和不同社会制度所组成的世界里，各国人民形成了你中有我、我中有你的命运共同体。"而要形成人类命运共同体，需要共同价值、共享观念、共同制度的保障，因此需要加强全球治理，推进全球治理体制变革。② 在全球治理体系形成过程中，需要不断推进"全球法治"（global rule of law），一方面是因为以联合国和世界贸易组织为代表的国际组织所制定的全球性法律规则被越来越多的国家所接受；另一方面是因为各国法律开始跨越边界在世界范围内自由流动和传播，被其他国家合理适用。③ 前者主要通过国际公法来实现，后者则要通过国际私法来完成。因此，各国民商法必须具有等价性与互换性。

国际私法中的法律适用问题调整四种关系：国家之间的法律冲突关系、个人之间的利益冲突关系、国家对本国人的管辖关系和外国人对国家的服从关系；涉及三种利益：个人利益、国家利益和社会利益（包括国际社会的整体利益）；联系两条价值主线：冲突法层面的公平和实体法层面的公平。因此，如果片面强调一个方面而忽视其他方面，必然只适合其中部分情况，甚至一小部分情况，但对其他情形会产生不合理的结果。因此，从整体上讲，法律适用理论只能是综合性、协调性的；而对某一具体领域或者具体问题来说，某一因素常常因该领域或者问题的特殊性而被优先考虑，其他因素被暂时放弃，但这种选择也不是固定不变的，要随着国际情势的变化而变化。因此，有说服力的法律适用理论要力争达到不同法律体系之间的协调，包括本国法与外国法的协调、国内法与国际法的协调等；同时在个案中考量相关国家的公共利益、政策

---

① 吕岩峰：《吕岩峰论国际法》，吉林人民出版社2005年版，第226—249页。
② 《习近平在中共中央政治局第二十七次集体学习时强调 推动全球治理体制更加公正更加合理 为我国发展和世界和平创造有利条件》，《人民日报》2015年10月14日，第1版。
③ 高鸿钧、鲁楠、余盛峰编：《法律全球化：中国与世界》，清华大学出版社2014年版，第6—7页。

和国家间的礼让要求,当事人之间的公平,以及公共利益与私人利益之间的平衡。这种适用外国法的理由可以概括为"合理协调论"。

第二节 法律选择方法

法律选择方法是立法机关制定冲突规范和司法机关适用冲突规范所采用的具体方法。它们因依据的法律适用理论不同而不同,不同国家的立法和司法实践也有差异。有的方法可以适用于国际私法的所有领域,如根据法律的性质和法律关系的性质决定法律的选择,有的方法只适用于特定领域,如根据当事人的合意和最密切联系决定法律的选择;有的得到了世界各国的普遍采用,有的只被少数国家采用。值得注意的是,没有一种方法可以解决所有领域的法律适用问题。下面根据这些方法的对应或关联关系分别介绍五组常见的法律选择方法。

一、冲突法方法与实体法方法

从现代国际私法解决法律选择问题的基本思路来看,法律选择方法可分为冲突法方法(conflict of laws approach)与实体法方法(substance law approach)。

(一)冲突法方法

所谓冲突法方法,就是通过制定国内或国际冲突规范来确定不同性质的国际民商事关系应适用何国法律,从而解决民商事法律适用上的冲突,合理确定当事人之间的权利义务关系。根据立法渊源的不同,冲突法方法又可分为:(1)国内冲突法解决方法,即各国通过制定本国的冲突法解决涉外民商事法律冲突。(2)国际统一冲突法方法,即有关国家通过双边或多边国际条约制定统一的冲突法来解决国际民商事法律冲突。有关国家的冲突法如果本身存在差异,就会大大增加解决国际民商事争议的复杂性,也会导致当事人挑选法院,即原告选择对自己有利的法院起诉,从而使被告蒙受不利。通过国际统一冲突法方法,不仅可以避免上述问题,还可以为各国实体法的统一奠定基础。

(二)实体法方法

实体法方法也有两种形式:(1)国际统一实体法方法,是指有关国家通过双边或多边国际条约制定统一的实体法,或者利用国际惯例直接规定国际民商事关系中当事人的权利义务,从而避免或消除法律冲突。(2)内国实体法方法，是指一个国家通过制定直接适用于涉外民商事关系的法律解决涉外民商法律冲突。此处的"实体法"包括"直接适用的法"和专门为涉外民商事关系制定的实体法。其中，"直接适用的法"是为了保障一个国家的政治、经济或社会秩序而必须遵守的法律。这种法律一般由国家的行政机关或公共服务机关实施。弗朗西斯卡基斯认为这种法律是一种半公半私的法律，如外汇管制法、对未成年人的教育扶助法等。法国学者巴蒂福尔认为"直接适用的法"并不是民法，而是行政法。[①] 因此，"直接适用的法"不是笼统的法律制度，而是具体的法律文件或法律规范。这些法律规范对自身的适用范围作了明确规定，可直接调整国际民商事关系，不需要冲突规范的指引。

一个国家专门为涉外民商事关系制定的实体法是否需要冲突规范的指引？学者们对此有不同的看法。有些学者（如法国学者马耶尔）认为，这种法律同样需要冲突规范的指引，不能直接适用。也有少数学者（如苏联学者彼列乞尔斯基）认为，专门为含有涉外因素的民商事关系制定的法律可以直接适用。[②] 其实，一个国家专门为国际民商事关系制定的法律，如果在性质上属于私法，仍然需要冲突规范的指引，它与国内实体法的区别仅在于它更适合调整含有涉外因素的民商事关系。当相关国家都有这样的法律规则时，只有经过冲突规范的指引，其适用才有合理性。即使只有一个国家有这样的专门实体法，也没有充分理由直接适用这种专门实体法，而不适用其他国家的法律。

二、法域选择方法与规则选择方法

根据选择对象的不同，法律选择方法可分为法域选择方法（jurisdiction-selecting approach）与规则选择方法（rules-selecting approach）。

（一）法域选择方法

所谓法域选择方法，就是利用冲突规范选择特定的法域，进而适用该法域的实体法，解决当事人之间的争议。这种方法使法院忽视真正适用于冲突法案件的实体法的内容，可能导致对当事人严重不公平的结果和虚假冲突的发生，带有明显的机械性和僵硬性。

（二）规则选择方法

针对法域选择方法的上述弊端，美国学者卡弗斯主张法院在选择法律时不

[①] 李浩培：《李浩培文选》，法律出版社2000年版，第25—26页。
[②] 李浩培：《李浩培文选》，法律出版社2000年版，第27页。

应该消极被动、无所事事，而应该考虑法律选择会给当事人带来怎样的结果，否则便不能作出明智的判断。这就要求法官必须考察相互冲突的法律规则的具体内容，从取得公正的判决结果出发，抛开传统的冲突法制度，直接选择有关国家的实体法。该方法为法律适用的结果提供了两条标准：一是对当事人公正；二是符合一定的社会目的。为符合这两条标准，法官在决定适用本国法还是外国法之前，要认真审查诉讼案件与当事人之间的关系，仔细比较适用不同法律可能导致的结果，衡量这种结果对当事人是否公正以及是否符合社会的公共政策。因此，这种法律选择方法被称为规则选择方法或结果选择方法（result-selecting approach）。这种方法虽有可取之处，但不可能有超阶级的"公正"，也没有衡量"更好法律规则"的普遍标准，完全抛弃冲突法制度更不切合实际。

三、客观标志方法与主观选择方法

根据法律选择的依据不同，法律选择方法可分为客观标志方法（objective factors approach）与主观选择方法（subjective choice approach）两大类。

（一）客观标志方法

客观标志方法是利用客观连结因素与特定地域的联系来选择所适用的法律。这种连结因素既可以是固定不变的连结因素，包括不动产所在地和涉及过去的行为或事件，如婚姻举行地、合同缔结地、法人登记地、侵权行为发生地等；也可以是可变的连结因素，如国籍、住所、居所、所在地、法人的管理中心地。一般说来，静态连结因素便于确定国际民商事关系应适用的法律；动态连结因素一方面加强了冲突规范的灵活性，另一方面为当事人规避法律提供了可能。因此，各国立法和国际条约中的冲突规范，如有必要，都对连结因素的时间加以限定。例如，中国《涉外民事关系法律适用法》第 31 条规定："法定继承，适用被继承人死亡时经常居所地法律……"这就把连结因素限定在"死亡时"，表明立法者不允许当事人因连结因素的改变而要求改变已设定的权利义务关系。

（二）主观选择方法

主观选择方法是利用当事人之间的合意和最密切联系地来选择所适用的法律，前者由当事人之间的合意决定，后者由法官根据案件的实际情况决定。该方法主要用于确定合同准据法，在其他领域也有扩大适用的趋势。如中国《涉外民事关系法律适用法》第 3 条规定:"当事人依照法律规定可以明示选择涉外民事关系适用的法律。"

四、利益分析方法与功能分析方法

在传统的冲突法框架之外,利益分析方法(interests analysis approach)与功能分析方法(functional analysis approach)是欧美理论界和实务界倡导的两种主要方法。

(一)利益分析方法

利益分析方法是透过法律冲突的表象,分析其背后的利益冲突,然后根据利益冲突的情况决定法律的选择。其实质就是把传统冲突规范中表示空间场所意义的连结因素,变为以利益的有无、大小作为法律选择的标准。如柯里的政府利益分析方法就是看哪一个国家的法律所追求的政策因其法律被适用而有所增进来决定法律的选择。而克格尔的利益法学除考虑属于公共利益的政治利益、实体协调利益和最小冲突利益外,还需要考量更广泛的当事人的利益、交往的利益和制度的利益。但在国际私法中单靠利益分析并不能实现目的,利益法学并不排除法学中的概念和体系,它反对的只是对概念的滥用。

(二)功能分析方法

美国学者冯·迈伦、特劳特曼和温特劳布提出了两种不同的功能分析方法。冯·迈伦和特劳特曼用"相关州"(concerned state)这个概念代替政府利益分析方法中的"利益关系州"(interested state),认为法院应该是"相关州"的法院,一旦确认了"最相关州",就适用该州的法律解决具体的争诉问题。如果法官在真实冲突案件中不能确定"最相关州",法官应根据法律的有效性和发展趋势,考虑法律背后的政策,权衡相冲突的法律的地位,以解决其法律适用问题。因此,冯·迈伦和特劳特曼的功能分析方法要求法院考虑相关州的不同法律,从而确定哪一个州是"最相关州",并适用该州的法律。其具体方法如下:(1)确定和适用"最相关州"的法律。(2)如果不能确定"最相关州",法院应根据法律背后政策的有力程度、有关州坚持该政策的积极程度、具体法律规则执行该政策的有效程度、"更相关州"坚持其政策的相对重要性等因素权衡相关法律的地位。(3)如果上述权衡程序还不能解决法律冲突,就适用"有效控制州"(effective control state)的法律(如不动产所在地法);如果没有"有效控制州",而法院地是"相关州",则适用法院地法。

温特劳布以利益州的政策和一般趋势为基础提出了一个"合理的方法",但他强调不同法律领域考量的因素不同,如对侵权案件要考量法律中非明显趋势的发展、对被告极不公平的防止、过时法律的制止和相关州法的政策范围。

上述功能分析方法都主张把特定的规则和法律制度作为一个整体,通过考察其政策和目的的合理性解决问题。它实质上是政府利益分析方法,只不过强调法律并非一成不变,而是不断发展变化的,因而反对把注意力仅集中于其他州现行法的具体规定上,而要引导法院去考量法律的发展趋势,从而获得更合理的结果。[①]

五、整体适用方法与分割适用方法

根据准据法解决问题的范围,法律选择方法可分为整体适用方法(case-based choice-of-law approach)与分割适用方法(issue-based choice-of-law approach)。

(一) 整体适用方法

整体适用方法是在立法层面对一个法律关系规定一种法律,支配其所有问题;或在司法层面对一个冲突法案件选择一种法律,解决其所有争诉问题。例如,对于合同的法律适用,无论从经济角度还是法律角度看,该方法把合同看成一个整体,其成立、履行、解释等只能由一种法律支配。从当事人的主观愿望来看,他们也不希望将合同分割成若干方面,使他们分别受制于不同的法律。又如,对于法定继承的法律适用问题,不少国家的立法规定,不论遗产分布在几个国家,也不论是动产还是不动产,继承关系均应作为一个整体适用同一冲突规范指定的实体法,即被继承人死亡时的属人法(本国法或住所地法)。而当法院处理一件冲突法案件时,整体适用方法主张只选择一种法律(要么本国法,要么外国法)解决案件涉及的所有问题。这种方法的好处是简单方便,对于法官来说,如果能够用一种简单的方法实现公正的目的,显然不愿意采取较复杂的方法。

(二) 分割适用方法

所谓分割适用方法,就是在立法层面对同类民商事关系进行划分,依其不

---

① 韩德培主编、肖永平主持修订:《国际私法》(第三版),高等教育出版社、北京大学出版社2014年版,第113—114页。

同性质规定不同的法律选择规则，甚至将同一民商事关系的不同方面或环节进行分割，分别确定其应适用的法律；或者在司法层面对同一个案件的不同争诉问题分别确定其应适用的法律。从这个意义上讲，整体适用方法可以称为"以案件为基础的法律选择方法"，分割适用方法可以称为"以问题为基础的法律选择方法"。

这种方法早在意大利法则区别说时代就被采纳。如对合同关系，该理论主张合同的形式和实质有效性适用合同缔结地法，合同的效力适用合同履行地法，而当事人的缔约能力适用当事人的住所地法。"二战"后，随着国际合同关系的复杂化，许多国家出于对弱方当事人正当利益的保护，把雇佣合同、消费合同、技术转让合同单列出来，规定了特殊的冲突规范。电子商务合同也因其特殊性而需要适用独特的法律选择规范。

在司法层面，各国法院一般首先将冲突法案件中的争诉问题分为程序法问题和实体法问题。对程序法问题适用法院地法，这是分割的第一步。而对实体法问题，如果既有财产法问题，又有合同法问题，还有侵权法问题，分割适用方法主张对它们分别适用各自领域的冲突规范寻找准据法，分别对这些问题作出裁判。其结果是，既可能适用同一个国家的实体法解决上述问题，也可能适用不同国家的实体法解决上述问题。即使都是合同争议，如果一个是当事人的缔约能力问题，另一个是合同履行问题，则前者适用当事人的属人法，后者适用合同履行地法，对它们仍然可能适用不同国家的实体法。即使都是合同履行问题，对其中的违约责任问题和履行细节问题，仍有可能适用不同国家的实体法。更进一步假设，即使都是违约责任问题，对是否构成违约和违约金的计算问题还可以分割，进而适用不同国家的实体法。

由此可见，分割适用方法能够使法官根据个案的具体情况，为案件的每个问题选择适当的法律，充分发挥法官的能动性，保证案件能够得到合理的判决。可以肯定，它在国际私法领域具有旺盛的生命力，其适用范围将不断扩大，适用形式也将更加多样。《涉外民事关系法律适用法解释（一）》第11条就明确规定："案件涉及两个或者两个以上的涉外民事关系时，人民法院应当分别确定应当适用的法律。"但是，分割得越细，司法任务就越重，法官就越不愿意或不便采用。因此，分割必须有一定的"度"，也就是说，对分割适用方法予以限制是非常必要的，至

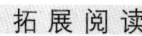

拓 展 阅 读

一份科学运用分割方法解决涉港案件法律适用问题的优秀判决书

少应该满足以下两个条件：(1) 将案件分割后，针对各个子问题选择的法律应限于与案件有客观联系的法律；(2) 分割适用方法应从整体着眼，考虑所适用的法律的特定部分与该法其他规定之间的联系，避免断章取义。

思考题

1. 比较法律关系本座说与法则区别说的主要差别。
2. 比较政府利益分析说与利益法学的异同。
3. 试论最密切联系原则在我国国际私法中的运用。
4. 比较法域选择方法与规则选择方法的根本差别。
5. 你对适用外国法的理由有何看法？

▶ 自测习题

第三章 国际统一实体法理论与方法

国际统一实体法（international uniform substantive law）是随着国际民商事交往的发展而产生和发展起来的。其渊源可以追溯到欧洲中世纪形成的被称为"商人法"（law merchant）的商业惯例，① 这种商人法是商人在特定港口或集市用来调整他们之间的商业交易的惯例。现代意义上的国际统一实体法形成于19世纪末，因为"资本是天生的国际派"；"不断扩大产品销路的需要，驱使资产阶级奔走于全球各地。它必须到处落户，到处开发，到处建立联系"；"资产阶级，由于开拓了世界市场，使一切国家的生产和消费都成为世界性的了"。② 随着工商业的迅速发展，国际民商事交往日益频繁，客观上需要各国尽力消除它们法律之间的冲突，正如列宁在1921年所说："有一种力量比任何一个敌对的政府或阶级的愿望、意志和决定更强大，这种力量就是普遍的、全世界的经济关系。"③ 为了克服传统冲突法利用国内法制度解决国际法律争议的固有弊端，各国积极利用全球性或区域性国际组织缔结国际条约以协调各国国内法之间的冲突。同时，现代商人法的形式更加多样，调整范围不断扩大，已经成为一个自治性、综合性、成文化和系统化的规则体系。国际统一实体法的出现，有助于更好地调整国际民商事关系，是现代国际私法不可或缺的组成部分。

第一节 国际统一实体法理论

要掌握国际统一实体法理论，首先必须理解它的概念、渊源、地位和作用。

一、国际统一实体法的概念

国际统一实体法，是调整平等主体之间的国际民商事关系的统一实体法律

---

① ［英］施米托夫：《国际贸易法文选》，赵秀文选译，中国大百科全书出版社1993年版，第5—8页。
② 《马克思恩格斯选集》第1卷，人民出版社2012年版，第404页。
③ ［苏］隆茨等：《国际私法》，袁振民、刘若文译，中国金融出版社1987年版，第113页。

规范的总和。它由直接规定国际民商事关系当事人之间的权利义务关系的国际统一法律规范组成。①

目前，国际统一实体法的内容和体系尚处于不断发展完善过程中。随着需要调整的国际民商事关系、需要处理的国际民商事问题、需要解决的国际民商事争议逐渐增多，国际统一实体法的内容会越来越丰富，范围会越来越广泛。但现存的国际统一实体法规范大多为商事规范和知识产权规范，如关于民商事主体、国际货物买卖、国际运输、国际保险、国际支付、国际投资、国际技术转让、国际融资、国际工程承包、国际代理等问题的国际统一规范，较少涉及一般民事规范。

二、国际统一实体法的渊源

国际统一实体法的渊源就是国际统一实体法规范的表现形式。其具有以下特征：（1）形态具有多样性。一方面，它存在于多种形式的成文法律文件中，如国际条约、国际裁判、国际标准合同等；另一方面，有些国际统一实体法规范以习惯或惯例这种不成文的形式表现出来。（2）性质具有复杂性。记载国际统一实体法的文献，有些属于法律文件，有些不属于法律文件；有些属于区域性文件，有些属于全球性文件；有些属于官方文件，有些属于民间文件。（3）效力具有不一致性。有的具有强制性效力，有的只有任意性效力，有些渊源的效力要高于其他渊源，如国际条约的效力一般高于国际标准合同的效力。②

尽管有的学者认为国际统一实体法的渊源非常广泛，除国际条约和国际惯例以外，还包括国际组织的文件、国际立法、国际标准合同、国际标准条款、法院判决、公开发表的国际商事仲裁裁决、一般法律原则以及权威法学家的学说等，但其主要渊源是国际条约和国际惯例。

（一）国际条约

作为国际统一实体法渊源的国际条约，是国家之间就统一某一领域的实体法规范缔结的协议。它具有如下特点：（1）这类条约的调整对象是国际实体私法关系，也就是国际民商事关系当事人之间的实体权利义务关系，直接赋予私

---

① 黄进：《论国际统一实体私法》，中国国际私法学会主办：《中国国际私法与比较法年刊1998（创刊号）》，法律出版社1998年版，第3—5页。
② 黄进：《论国际统一实体私法》，中国国际私法学会主办：《中国国际私法与比较法年刊1998（创刊号）》，法律出版社1998年版，第8页。

人实体法上的权利和义务。(2) 这类条约大多规定商事事项，较少涉及一般民事事项，商人自治因此得到了极大尊重。(3) 这类条约通常由相关统一国际私法的专门组织准备和制定，然后由缔约国签署和批准，充分体现了各国民商法共有的一般规则。(4) 这类条约政治性不强，具有较强的法律尤其是私法的专业性。①

这类国际条约可以根据不同的标准加以分类：(1) 根据缔结条约的主体数量，可以将这类条约分为双边条约和多边条约。前者是两个国家为协调统一彼此间的实体规范所缔结的专门条约，如中国与许多国家签订的双边投资保护协定、贸易协定等；后者是指两个以上国家缔结的条约，如《联合国国际货物销售合同公约》等。(2) 根据缔约国的地区分布，可以将这类条约分为全球性国际条约和区域性国际条约。前者如《联合国国际货物多式联运公约》，后者如拉丁美洲国家之间缔结的若干公约。(3) 根据条约是否对第三国开放，可以将这类条约分为开放性条约和非开放性条约。(4) 根据国际条约能否在国内法体系中直接适用，可将它分为自执行条约（self-executing treaty）和非自执行条约（non-self-executing treaty）。前者是指在国内法体系中无须借助国内立法即可实施的国际条约，如中国目前允许民商事类国际条约在国内直接适用；后者是指在一国领域内发生效力之前，要求制定使其能够实施的法令的国际条约。

与其他渊源相比，国际条约作为国际统一实体法的渊源的优点在于其形式的稳定性和内容的固定性，便于人们了解；而且，由于缔约国对国际统一实体法条约负有国际公法上的信守义务，它便于遵守和执行。其缺陷在于它的机械性，因为其起草、签署和批准必须经过严格的程序，那些没有参与条约准备和起草工作的国家往往由于对条约中的部分规定不满又无法修改，只能采取拒绝批准条约的办法，这会影响国际统一实体法发挥应有的作用。

（二）国际惯例

作为国际统一实体法渊源的国际惯例，主要是国际商事惯例，它是国际社会在长期的商业和贸易基础上发展起来的用于解决国际商事问题的实体规则、原则、标准和通行做法的总称。其特点可以概括为：(1) 经过长期反复的实践而形成。早在 11 世纪，地中海沿岸各国的商人团体为了维护自身利益，即开始

---

① 黄进：《论国际统一实体私法》，中国国际私法学会主办：《中国国际私法与比较法年刊1998（创刊号）》，法律出版社1998年版，第9页。

自行制定一些规约,这就是古代商人法。它是商人们长期从事商业活动的习惯做法。这种习惯做法开始只流行于一定的地区和行业,随着国际商业领域和范围的扩大,其影响也越来越大,有的规则发展成现代国际商事惯例的有机组成部分。(2) 被许多国家和地区认可,具有普遍适用性。国际商事惯例一般由地区、行业、国际民间组织或商业团体把国际商业实践中形成的习惯做法归纳成文,给予明确的定义和解释,公布于天下。一旦某个国家认可了国际商事惯例,便意味着该国赋予其任意法地位。(3) 具有确定的内容,针对性强。目前,世界上普遍适用的国际商事惯例基本上都是成文的,大多由某些国际组织或某些国家的商业团体根据商业习惯不断修订,有明确的权利和义务规定,是确定有关当事人的权利与义务,解决他们之间的争议的重要依据。(4) 是任意性而非强制性规则,运用起来比较灵活。与国际条约和国内法中的某些强制性规定不同,国际商事惯例对有关国家及其当事人没有当然的法律约束力。通常情况下,只有当事人在合同中明确约定适用国际惯例时,当事人才受该惯例的约束,该惯例才对该当事人具有法律约束力。(5) 仍处在不断发展演变过程中。随着经济全球化的发展和现代科学技术的不断进步,国际商事惯例的内容和适用范围也在不断扩大,表现形式更加多样化,变化速度也在加快。①

尽管国际商业的各个领域都存在一些惯例,但常用的国际商事惯例主要有:贸易术语方面的《国际贸易术语解释通则》,支付方面的《跟单信用证统一惯例》和《托收统一规则》,运输方面的《多式运输单证规则》《货物运输服务示范规则》《海运单统一规则》和《电子提单规则》,保险方面的《1974年约克—安特卫普规则》,担保方面的《合同担保统一规则》和《支付请求担保统一规则》,以及商事合同方面的《国际商事合同通则》《欧洲合同法通则》《电子签名示范法》《电子商务示范法》和《商事代理示范合同》等。

上述国际商事惯例表现出以下发展趋势:(1) 成文化和系统化进展明显。主要表现为《国际商事合同通则》和《欧洲合同法通则》。前者不仅对合同法的一般问题规定了实体法规则,还对许多具体问题规定了实体法规则,是合同法规则系统化的代表。(2) 法律约束力得到了加强。以前,国际商事惯例只有在当事人选择以后才对他们有法律约束力;现在,仲裁庭越来越多地直接引用

---

① 黄进:《论国际统一实体私法》,中国国际私法学会主办:《中国国际私法与比较法年刊1998(创刊号)》,法律出版社1998年版,第11—13页。

国际商事惯例。以前，主要是仲裁机构适用国际商事惯例；现在，越来越多的国家在国内立法中规定了国际商事惯例的可适用性，国内法院也经常适用国际商事惯例。（3）形成速度明显加快。以前，国际商事惯例的形成需要很长时间的实践积累和总结，有时需要几十年乃至上百年的时间；现在，由于科学技术的飞速发展、国际经济交流不断深化及有关国际机构的积极组织和引导，国际商事惯例可能经过几年或十几年就可形成。这在电子商务领域最为明显，有的国家甚至还没有相关的立法或规则，国际社会关于电子商务的商事惯例就已经形成。

三、国际统一实体法的地位

国际统一实体法在现代国际私法体系中的地位和作用体现在以下三个方面。

（一）是调整国际民商事关系的重要手段

作为调整国际民商事关系的法律部门，国际私法的产生和发展，与国际民商事交往虽日益频繁但相关国家的法律规定不尽相同的事实紧密相连。在历史上，人类经历了一个国家完全按照本国实体法处理涉外民事争议的时期。到13、14世纪，随着地中海沿岸城市国家的兴起，国际民商事交往日益频繁，越来越多的民商事关系涉及不同国家的法律，使人们面临法律适用的冲突，需要选择其中之一来解决交往中发生的争议。传统国际私法从分析国际民商事关系的性质入手，根据法律关系中一些相对较稳定的主客观要素，确定该民商事关系应适用何种法律。因此，这种方法并不直接规定当事人的权利与义务，缺乏明确性和可预见性。它以追求判决结果的一致性为目标论证和设计冲突法制度，通过选择法域来选择应适用的法律，而不论该法域是否存在有关法律，更不问其具体内容如何，具有明显的机械性和盲目性。

国际统一实体法能够直接适用于当事人，告诉当事人应该怎么做，不应该怎么做，能使当事人明白自己的权利与义务，预见自己行为的后果，避免在不同国家的法律中作出选择，因而更加直接、明确、具体和方便。从这个意义上说，国际统一实体法是调整国际民商事关系的重要手段，用国际统一实体法调整国际民商事关系是一种历史的进步。

（二）是解决国际民商事法律冲突的高级方法

国际民商事法律冲突讲的是某种国际民商事关系应适用什么法律的问题，

而冲突规范正是指定某种国际民商事关系应适用何种法律的规范。因此，冲突法是解决国际民商事法律冲突的有效方法。但它只能解决具体民商事关系的法律适用问题，并不能从根本上消除有关国家民商事法律的冲突。国际统一实体法则不同，有关国家可以通过双边或多边国际条约制定统一的实体法，或者利用国际惯例直接规定当事人的权利义务关系，从而避免或消除相关国家间的法律冲突。由于适用国际统一实体法避免了在国际交往中可能发生的法律冲突，有的学者称其为"避免法律冲突的规范"，而冲突规范只是"解决法律冲突的规范"。从这个角度来看，用国际统一实体法解决国际民商事法律冲突比冲突规范前进了一步，或者说国际统一实体法是解决国际民商事法律冲突的高级方法。

（三）是现代国际私法的重要组成部分

随着国际统一实体法在调整国际民商事关系和解决国际民商事法律冲突中的作用不断增强，无论从国际私法本身的发展历史来看，还是从国际统一实体法的调整对象和功能来看，它均已成为现代国际私法不可或缺的重要组成部分。就国际统一实体法与冲突法的关系而言，它们既相互排斥，又互为补充。说它们相互排斥，是针对具体案件的特定争议而言的，即要么适用国际统一实体法，要么适用冲突法。而且，如果争议问题属于国际统一实体法的适用范围，应优先适用国际统一实体法。只有在没有国际统一实体法，或者不能适用国际统一实体法时，才能适用冲突法。说它们互为补充，是针对国际民商事关系的整体而言的，国际统一实体法与冲突法互为补充，缺一不可，都是现代国际私法的重要组成部分。

尽管国际统一实体法是调整国际民商事关系的重要手段，是解决国际民商事法律冲突的高级方法，但并不意味着它可以完全取代冲突法。因为它自身存在如下局限性：（1）国际统一实体法的适用领域有限。如在婚姻、家庭、继承等带有人身性质的法律制度方面，因不同民族和国家的历史传统与风俗习惯不同，尽管国际社会作了很多努力，至今还没有国际统一实体法。（2）一项具体的统一实体法公约通常只适用于某一法律关系的某些方面，对其他方面，仍必须适用冲突法。如《保护工业产权巴黎公约》只规定了有关工业产权保护的一些基本原则和制度，没有提供具体的规则，因而对许多问题必须适用冲突法选择应适用的法律。（3）即使在已经制定并适用国际统一实体法的民商事领域，冲突法仍会起作用。因为统一实体法主要体现为国际条约，而条约原则上只对缔约国有约束力，如果国际民商事关系的一方当事人不是该条约缔约国的法人或自然人，条约不一定能被用来调整当事人之间的权利义务关系，更何况有些统一实体法条约并不排除当事人另行选择法律的权利。而且，国际惯例大多是任意性的，需要当事人选择以后才能适用。因此，国际统一实体法不能取代冲突法。①

值得注意的是，对一个案件中的多个争诉问题，很可能需要分别适用国际统一实体法和冲突法逐一解决。这是现代国际私法规则不断进步，逐步向精细化方向发展的必然要求。

第二节　国际统一实体法方法

由于国际统一实体法的目的、性质、渊源及其具体适用，既不同于任何一门国内法，也不同于国际公法，无法将其他法律部门的方法简单地套用于国际统一实体法，它必须有自己独特的方法，以服务于国际统一实体法的特定目的。一般说来，国际统一实体法方法包括国际统一实体法的制定方法、适用方法和研究方法三个方面；对不同形式的国际统一实体法，其制定方法和适用方法并不相同，但都必须符合一项基本原则，即实现和维护实体法的国际统一。为此，国际统一实体法方法必须符合两个标准：(1) 国际性。这要求国际统一实体法的制定和生成必须能够在国际范围内或地区范围内得到接受和采纳，并在解释和适用国际统一实体法时考虑其与国内法律的差异，不能把国内法的解释和适用方法机械地套用于国际统一实体法。(2) 统一性。由于国际统一实体法的核心目的是实现实体法的国际统一，它不仅需要国际统一的法律规范，更需要这些统一的法律规范在实践中得到统一的适用，要求所有国家能在相同的意义上理解和适用国际统一实体规范。当然，遵守这个原则并不意味着必须机械、死板地解释和适用国际统一实体法，在不破坏其国际性的前提下，法官仍然可以发挥其在解释、适用和完善国际统一实体法方面的创造性。例如，法官可以对国际统一实体法进行目的解释，并可以通过司法判决完善国际统一实体

---

① 肖永平：《法理学视野下的冲突法》，高等教育出版社 2008 年版，第 13—14 页。

法。① 下面重点讨论国际实体法条约和国际商事惯例的适用方法。

一、国际实体法条约的适用方法

根据调整对象的不同，可将国际私法条约分为国际实体法条约、国际冲突法条约和国际程序法条约，它们在国内的适用方法不能一概而论。下面分析国际实体法条约的适用方法。

（一）国际实体法条约的直接适用

所谓直接适用，是指一国司法机关及其他适用法律的专门机关，以条约的规定作为其适用法律的根据，并以适用国内法的方式适用条约的规定。根据中国《宪法》第67、81、89条和《缔结条约程序法》第3条的规定，中国的缔约权主要由国务院行使，全国人民代表大会常务委员会行使立法权，决定同外国缔结的条约和重要协定的批准和废除，中华人民共和国主席根据全国人民代表大会常务委员会的决定，批准和废除同外国缔结的条约和重要协定，这为国际实体法条约在中国的直接适用提供了宪法体制上的便利。

拓展阅读

德国蒂森克虏伯冶金产品有限责任公司与中化国际（新加坡）有限公司国际货物买卖合同纠纷案

当然，在中国国内法中直接适用国际条约通常需要完成一定的法律程序。除批准程序外，通常应以某种行政行为为前提，如在政府公报上予以公布等。中国《缔结条约程序法》规定了条约的公布程序，但没有规定国际条约的"公布"是否属于其在中国直接适用必须完成的法律程序。

尽管中国宪法对国际条约的直接适用没有明文规定，但不少部门法对其作了规定。最早明确规定直接适用国际条约的是1982年《民事诉讼法（试行）》第189条，它规定：中华人民共和国缔结或者参加的国际条约同本法有不同规定的，适用该国际条约的规定。但是，中国声明保留的条款除外。此后，《商标法》《继承法》《民法通则》《民事诉讼法》《合同法》等法律法规②和司法解释都确立了国际实体法条约的直接适用规则。

（二）国际实体法条约的优先适用

当国际条约与国内立法存在冲突时，现代国际法要求"当事国不得以援引

---

① 李双元主编：《中国与国际私法统一化进程》（修订版），武汉大学出版社1998年版，第313—320页。

② 《继承法》《民法通则》《合同法》均已废止，由《民法典》取代。

国内法规定为由而不履行条约",这为一国法院优先适用国际条约奠定了基础,但"履行条约"并不等于一国法院应该优先适用国际条约,因为"履行条约"的方式可以是多样的。国际条约与国内法冲突的解决方式,取决于国内法的具体规定。① 各国解决这种冲突的做法有所不同:有的通过修改国内法或国际条约消除两者之间的冲突;有的适用"解释一致"规则消除国际条约与国内法之间不一致的情况;有的规定国际条约调整的事项不再适用国内法,从而避免国际条约与国内法之间的冲突;有的规定优先适用国际条约。中国主要采取后两种方式:

第一,规定国际条约调整的事项不再适用国内法,从而避免国际条约与国内法发生冲突。如1985年《继承法》第36条第3款曾规定:"中华人民共和国与外国订有条约、协定的,按照条约、协定办理。"这表明有关事项如果属于国际条约的调整范围,就应适用国际条约,不适用有关的中国法律。

第二,规定优先适用国际条约。自20世纪80年代开始,为了适应对外开放的需要,中国在70多部民事和行政管理法律、法规及30多件司法解释中规定了国际条约优先适用规则。当然,它们都含有"中国声明保留的条款除外"或类似的措辞,这符合《维也纳条约法公约》的规定。因为保留是指一国在签署、批准、接受、核准或者加入条约时所作的单方声明,不论具体的措辞或名称如何,只要其目的是将条约的某些规定在对该国的适用上予以排除或改变其法律效果,就构成条约法上的保留。② 因此,保留对保留国的法律效果有两种:一是使保留所涉条款不适用于保留国;二是保留所涉条款虽然适用于保留国,但适用的法律效果发生了变化。也就是说,一国提出保留的目的在于免除或变更该国的某项义务。因此,保留所涉条款不能在保留国与其他缔约国之间得到适用,更不能得到优先适用。

对国际实体法条约来说,如果具体案件中的争诉问题属于某一国际条约的适用范围,不论有没有中国当事人,相对于中国的冲突规范,其中的实体规范都应得到优先直接适用。这是现代国际私法关于直接调整方法和间接调整方法关系理论的必然要求,也是国际社会结构的特殊性使然。因为国际社会由国家组成,国家由个人组成,国家是个人与国际社会联系的纽带,国家处于中心地位,它负责维系国际社会的整体利益、作为一个独立社会和实体的国家利益和

---

① 李浩培:《条约法概论》(第二版),法律出版社2003年版,第324—330页。
② 李浩培:《条约法概论》(第二版),法律出版社2003年版,第125页。

具体案件当事人的利益之间的平衡；国家通过与其他国家的合作维护和促进国际社会的整体利益；通过合理合法的手段认可和保护私人的利益；通过维护国际社会的整体利益和保护私人的利益，建立适合自身存在和发展的外部环境和内部环境，以此增进国家自身的利益。国家间通过国际条约对一些共同关心的民商事法律问题进行规范，减少当事人的交易成本，促进相互间的合作与交往。这既是建立和维护国际社会民商事秩序的需要，也是增加国家和个人福利的需要，反映了上述三个层次利益的一致性。所以，无论从国际社会的整体利益考虑，还是基于国家自身利益考量，或者是为当事人个体利益着想，国家都需要遵守和执行其缔结和参加的国际条约。从表面上看，这是国际条约对缔约国的约束力使然，实质上是任何一个国家追求国际社会利益、国家利益和个人利益最大化的要求。①

（三）当事人选择适用国际实体法条约

国际实体法条约直接适用和优先适用的前提条件是：某一具体案件中的争诉问题属于该国际条约的适用范围，如双方当事人所属国均是该条约的缔约国。如果中国不是某一国际私法条约的缔约国，或者具体案件中的外方当事人所属国或营业地所属国不是条约的缔约国，该条约就不能在中国得到直接适用，更不能优先适用。但是，如果双方当事人在签订合同时，或在发生争议以后，共同选择适用某一条约，只要这种选择符合下列条件，该条约就可以得到适用：（1）当事人的选择是共同的明示选择，具体形式既可以是书面的，也可以是口头的。这强调的是当事人的合意，并且是明确表达出来的共同意思表示。（2）案件的争诉问题属于该国际私法条约调整的范围。即国际私法条约的有关规定可以用来解决具体案件中的有关问题，客观上属于该条约的适用范围。（3）当事人的选择不违反中国法律中的强制性规则和公共秩序。这是各国冲突法限制适用当事人意思自治原则的普遍做法，有些国际条约本身也规定了这个条件。（4）被当事人选择的条约应该是国际统一实体法条约，一般不包括统一程序法条约和统一冲突法条约。因为程序法问题通常涉及国家的公共利益，一般不会赋予当事人自治权；而冲突法规则本身没有相应的确定性，当事人一般不会选择适用。

当事人之所以可以选择适用国际实体法条约，是因为这种情况下的国际条

---

① 肖永平：《法理学视野下的冲突法》，高等教育出版社2008年版，第352页。

约可以被看作相关领域国际惯例的证明。通常，谈起法律选择，人们首先想到的是选择某国的法律。这是自然的，因为正是不同国家法律制度的差异导致了法律选择问题。但如果仅仅把法律选择局限于国内法，这种认识未免落后于时代。《涉外民事关系法律适用法解释（一）》第7条明确规定："当事人在合同中援引尚未对中华人民共和国生效的国际条约的，人民法院可以根据该国际条约的内容确定当事人之间的权利义务，但违反中华人民共和国社会公共利益或中华人民共和国法律、行政法规强制性规定的除外。"在国际统一实体法与各国国内法并存以及同一法律领域中不同统一实体法并存的今天，国际统一实体法也是合同当事人进行法律选择的对象。因为：（1）在合同当事人选择国内法的意见存在分歧、相持不下的情况下，选择国际统一实体法可以使他们找到一条解决问题的新出路。作为协调不同国家利益冲突的产物，国际统一实体法往往使合同当事人易于接受。（2）国际统一实体法，特别是作为国际惯例的统一实体法，也容易被法院所接受，并可以在较大程度上保证在不同国家的法院起诉时，对同一国际合同法律适用的一致和判决的一致。（3）与选择外国的国内法相比，证明国际统一实体法的内容往往比较容易。①

二、国际商事惯例的适用方法

由于对国际商事惯例的范围和作用的认识不同，人们对其性质的认识也有很大差别。有的认为它具有跨国法性质，有的认为它具有非国内法性质，还有的认为它具有重述性质或者规则性质。事实上，即使是狭义上的国际商事惯例也包括多种类型，这些不同种类的商事惯例的性质可能是不同的，其规范效力也有差异。例如，从各国法律抽象出来的一些基本原则，如合同必须遵守原则、不可抗力原则等，可以被认为是《国际法院规约》第38条所谓的"一般法律原则"，构成习惯国际法，其性质当然是"法律"；一些国际商业组织制定的成文惯例，尽管得到了国际商事共同体的普遍认可，但在被国家立法正式认可之前，只具有民间法性质；而罗马国际统一私法协会制定的《国际商事合同通则》更像是重述，可以被视为"软法"；当事人之间的习惯做法可以看成当事人之间的法；标准合同和其他文件中的规则是没有强制力的示范法。不同种类的国际商事惯例都可有效地解决当事人之间的合同争议。而越来越多的国际

---

① 邵景春：《国际合同法律适用论》，北京大学出版社1997年版，第55—56页。

商事惯例得到了国内立法和国际条约的明确认可。一般说来，一旦得到了这样的认可，惯例就具有了国内法或者国际法性质，但在得到这种认可之前，还很难说其具有法律属性。不管怎样，基于国内法、国际条约和相关成文国际商事惯例的规定不同，国际商事惯例分别具有契约性法律效力、代替性法律效力和替补性效力。由于性质和效力不同，其适用条件和方式也不一样。

（一）适用国际商事惯例的条件

国际商事惯例只有符合一定的条件才能被适用，但必须符合哪些条件，现有理论和实践都存在分歧。

1. 当事人协议选择

国际商事惯例得以存在和为人们所遵守的基础是当事人意思自治原则，其适用当然必须经有关当事人协议选择。一般地，只有当事人选择的国际商事惯例才对其具有拘束力。有的学者认为，这是国际商事惯例适用的一个最重要的先决条件。国际商事惯例可以因当事人关于适用该惯例的同意有瑕疵（如因错误或被胁迫、欺诈而同意适用）而无效。不过，这只是一般情况。

拓展阅读
江苏太湖锅炉股份有限公司与卡拉卡托工程有限公司、中国银行股份有限公司无锡分行保函欺诈纠纷案

未经当事人协议选择，国际商事惯例在下列情况下也可能被适用：（1）默示推定适用。1980年《联合国国际货物销售合同公约》第9条第2款规定："除非另有协议，双方当事人应视为已默示地同意对他们的合同或合同的订立适用双方当事人已知道或理应知道的惯例……"据此，即使当事人没有协议选择，只要当事人没有明示排除，仍然可以将国际商事惯例适用于有关当事人的合同关系。（2）依国内法的明确规定而适用。有的国家已将某些国际商事惯例移植到国内法中，使国际商事惯例在这些国家取得了法律的普遍约束力。这样，不论当事人协议选择与否，在这些国家，特定的国际商业交易都必须适用特定的国际商事惯例。

拓展阅读
徐州天业金属资源有限公司与圣克莱蒙特航运股份公司、东京产业株式会社海上货物运输合同纠纷再审案

2. 合理性问题

关于适用国际商事惯例是否必须符合合理性要求，存在两种截然相反的观点。发展中国家以国际商事惯例片面反映了发达国家的经济利益为由，主张国际商事惯例的适用应以其合理性为先决条件。发达国家反对这种主张，认为国际商事惯例都是合理的。这

反映了发达国家和发展中国家扩大和限制国际商事惯例适用的两种不同态度。

3. 法定的适用顺序

除上述条件外，中国《海商法》第 268 条第 2 款、1986 年《民法通则》第 142 条第 3 款对国际商事惯例的适用还有一个限制条件，即中国法律和中国缔结或参加的国际条约对有关事项没有相应的规定。这实际上为国际商事惯例在中国的适用设定了一个先后顺序，即国际条约、国内法、国际商事惯例，只有前两种规范不能适用时，国际商事惯例才有被适用的机会。

(二) 适用国际商事惯例的方式

国际商事惯例的适用方式有以下几种：

1. 当事人明示选择

这种方式是指当事人明示选择特定国际商事惯例作为其国际商事合同的准据法。当事人既可以在合同缔结时，也可以在合同缔结后，甚至可以在发生争议后进行这样的选择。

2. 当事人默示选择

默示选择是在当事人没有明示选择的情况下，依一定事实认定当事人已默示同意对其国际商事合同关系适用特定国际商事惯例。国际商事仲裁实践表明，国际商事交易的当事人对合同法律适用上的沉默，在有些情况下常常被仲裁庭认为当事人默示选择国际商事惯例作为其合同的准据法，如当事人在合同中未明确规定合同准据法、协议将合同提交国际商事仲裁、授权仲裁庭公正裁决他们之间的争议等，这几种情况都表明当事人不愿使其合同关系受制于某一国内法，从而导致国际商事惯例的适用。

3. 裁判者依法适用

这种方式是指法院或仲裁庭根据国内法或国际条约的规定，对当事人之间的国际合同关系直接适用国际商事惯例。它有一定的强制性，只要符合法律规定的条件就应予以适用。在这种情况下，国际商事惯例适用的根据不是当事人的意思表示，而是法律的规定。

4. 仲裁庭直接适用

这种方式是指仲裁庭既不是根据当事人的意思，也不是根据国内法或国际条约的规定，而是根据仲裁规则直接适用国际惯例。法院一般不会采纳这种方法。

5. 裁判者参照适用

这种方式是指不管适用什么样的准据法，都应考虑有关的国际商事惯例。1961年《欧洲国际商事仲裁公约》第7条第1款规定，无论适用当事人指定的法律还是仲裁员自己确定的准据法，仲裁员均应考虑到合同条款和商业惯例。

(三) 国际商事惯例在中国的适用

中国1986年《民法通则》第142条第3款曾规定："中华人民共和国法律和中华人民共和国缔结或者参加的国际条约没有规定的，可以适用国际惯例。"第150条曾规定："依照本章规定适用外国法律或者国际惯例的，不得违背中华人民共和国的社会公共利益。"

对于上述规定中的"国际惯例"究竟是指实体规范国际惯例还是冲突规范国际惯例，或者是两者兼有的问题，中国民法学者普遍认为是实体规范国际惯例；少数国际私法学者认为是冲突规范国际惯例；也有学者认为既包括实体规范国际惯例，也包括冲突规范国际惯例。

1. 中国适用国际商事惯例的方式

第一，当事人明示选择。这种方式是指当事人明示选择特定国际商事惯例作为其国际商事合同的准据法。只要是双方协商一致和明示的，口头方式、书面方式或者其他方式均可。

第二，裁判者依法适用。这种方式是指法院根据国内法或国际条约的规定，适用国际商事惯例解决当事人之间的纠纷。它具有强制性，必须符合中国法律规定的适用条件，即中国法律和中国缔结或参加的国际条约均没有相应的规定。

第三，仲裁庭自主适用。这种方式是指仲裁庭既不是根据当事人的选择，也不是根据国内法或国际条约的规定，而是根据仲裁规则和个案实际情况自主适用国际商事惯例。中国一些仲裁机构在裁判国际商事纠纷时有时采取这种方式。

2. 中国适用国际商事惯例的条件

第一，当事人选择适用的，必须符合中国冲突法关于当事人意思自治原则的限制条件。由于当事人只受其选择的国际商事惯例的拘束，选择适用国际商事惯例的协议可以因当事人的同意有瑕疵而无效，如因错误或被胁迫、欺诈而同意适用等。

第二，裁判者依法适用的，必须符合中国法律规定的先后适用顺序，即国际条约、国内法、国际商事惯例。

第三，仲裁庭自主适用的，多数中国学者主张国际商事惯例的适用应以其合理性为先决条件。

第四，不管采取哪种方式适用国际商事惯例，《民法通则》都曾要求以不违背社会公共利益为条件。当然，中国学者对此条件的必要性有不同认识。本书认为，国际商事惯例是在长期的国际商事交往实践中形成的世界通行做法，它为国际社会普遍接受和采纳，与中国社会公共利益相冲突的概率很小，也没有发现其他国家有类似的立法。而且，依中国法律的规定，除当事人选择以外，只有中国法律和中国缔结或参加的国际条约没有规定时，才可以适用国际商事惯例。对于这条授权性规定，实在没有必要用社会公共利益来排除它的适用。

3. 中国《民法典》实施后的特殊问题

2020年完成编纂的《民法典》已于2021年1月1日起实施，并取代《民法通则》，但该法典没有就国际惯例的适用问题作出明确规定，对此可能有三种不同的解读：一是废止中国民事立法中关于国际惯例的规定；二是留待《涉外民事关系法律适用法》修订解决；三是通过最高人民法院的司法解释明确国际惯例的适用。这给未来中国法院适用国际惯例带来了不确定性，需要区分不同情况作不同处理：

第一，特定情形下可以根据《民法通则》第142条第3款适用国际惯例。在中国《民法典》实施以前产生、变更、终止的涉外民商事关系，如发生争议而提交中国法院解决，中国法官仍然可以根据《民法通则》第142条第3款适用国际惯例。

第二，《民法典》取代《民法通则》以后，对一些特别民商事法律问题，可以根据相应特别法的规定适用国际惯例。《民法典》第11条规定："其他法律对民事关系有特别规定的，依照其规定。"而《涉外民事关系法律适用法解释（一）》第3条规定："涉外民事关系法律适用法与其他法律对同一涉外民事关系法律适用规定不一致的，适用涉外民事关系法律适用法的规定，但《中华人民共和国票据法》《中华人民共和国海商法》《中华人民共和国民用航空法》等商事领域法律的特别规定以及知识产权领域法律的特别规定除外。涉外民事关系法律适用法对涉外民事关系的法律适用没有规定而其他法律有规定的，适用其他法律的规定。"因此，除《民法通则》第142条不能继续适用以外，其他特别法关于国际惯例的规则仍然可以继续适用。

第三，对于国际惯例问题，鉴于《民法典》没有作出明确规定，在《涉外民事关系法律适用法》修改之前，对于一般民事关系，法官可以把《民法典》第 10 条规定的"习惯"解释为包括"国际惯例"，以解决特殊案件中的法律适用难题。①

思考题

1. 你认为国际统一实体法有哪些渊源？
2. 为什么说国际统一实体法是现代国际私法的重要组成部分？
3. 论国际统一实体法条约在中国适用的基本规则。
4. 怎样理解国际商事惯例的性质对其适用规则的影响？
5. 论国际商事惯例的适用方式。

▶ 自测习题

---

① 中国《民法典》第 10 条规定："处理民事纠纷，应当依照法律；法律没有规定的，可以适用习惯，但是不得违背公序良俗。"

第二编 国际民商事法律适用

第四章　冲突规范与准据法的确定

冲突规范（conflict rules）是国际私法的核心规范。不同于实体法规范和程序法规范，它是一种间接规范，在法律规范结构上也具有特殊性，即由范围和系属两部分组成。冲突规范间接调整国际民商事法律关系作用的发挥离不开准据法。准据法是被冲突规范指引用以调整国际民商事法律关系当事人权利与义务、独立于冲突规范的特定实体法。准据法的确定在国际私法中具有重要意义，能否选择并确定适当的准据法，合理解决区际法律冲突、时际法律冲突和人际法律冲突，正确处理好国际民商事法律关系的定性问题、先决问题和反致问题，关系到法律适用的正确与否。

第一节　冲突规范与准据法

一、冲突规范
（一）冲突规范的概念

所谓冲突规范，又称为法律适用规范（rules of application of law）或法律选择规范（choice of law rules），是指由国内法或国际条约规定的，指明某一国际民商事法律关系应适用何种法律的规范。

在国际私法中，存在着大量以下形式的法律规范：人的权利能力适用当事人本国法，不动产所有权适用不动产所在地法，合同方式适用合同缔结地法，侵权关系适用侵权行为地法，等等。对于这类规范，国际私法上称为冲突规范。例如，《涉外民事关系法律适用法》第33条规定："遗嘱效力，适用遗嘱人立遗嘱时或者死亡时经常居所地法律或者国籍国法律。"也就是说，对于涉外遗嘱，可以适用遗嘱人立遗嘱时或者死亡时经常居所地法律或者国籍国法律来确定该遗嘱是否有效以及产生何种法律效果。

冲突规范是一种特殊的法律规范，具有以下几个特点：

第一，冲突规范不同于一般的实体法规范，它是法律适用规范。冲突规范仅指明某种国际民商事法律关系应适用何种实体法律，以期公平合理地处理这种关系，因而它并不直接规定当事人的实体权利与义务。例如，不动产的所有权,适用不动产所在地法。

第二,冲突规范不同于程序法规范,它是法律选择规范。冲突规范指定相冲突的法律中的一种用来调整国际民商事法律关系,不同于以诉讼、仲裁等程序关系为调整对象的程序法规范,它主要规范法院、仲裁机构或者行政机关在处理某一国际民商事案件时如何选择和适用应适用的法律。

第三,冲突规范是一种间接规范而非直接规范,因而缺乏一般法律规范所具有的明确性和预见性。

第四,冲突规范的结构不同于一般的法律规范。一般的法律规范包括三个部分,即规范适用的条件、概括的行为模式和法律后果。其中,行为模式主要有命令、禁止和授权三种,法律后果则包括对合法行为的肯定和对违法行为的制裁两个方面。① 冲突规范作为一种特殊的法律规范,一般没有明确规定法律后果,并没有将规范适用的条件和行为模式明确分开,而是将两者有机地结合在一起,形成了一种独特的结构,即由范围和系属两部分组成。

(二) 冲突规范的结构

1. 范围

范围又称连结对象(object of connection)、起作用的事实(operative facts)、问题的分类(classification of issue)等,是指冲突规范所要调整的民商事法律关系或所要解决的法律问题。通过冲突规范的"范围"可以判断该规范可用于解决哪一类民商事法律关系。例如,《涉外民事关系法律适用法》第 44 条规定:"侵权责任,适用侵权行为地法律,但当事人有共同经常居所地的,适用共同经常居所地法律……"这条冲突规范的范围是"侵权责任",可以看出该规范是用来解决侵权行为的构成以及损害赔偿等责任的法律适用问题的。此外,物权、知识产权、合同、结婚、扶养、法定继承、遗嘱继承等各种各样的国际民商事关系都是有关冲突规范的"范围"。这一部分既可以是法律关系,也可以是法律事实,还可以是法律问题。

拓展阅读

"卡帕玛丽"号轮抵押合同纠纷案

2. 系属

系属规定了冲突规范中"范围"所应适用的法律。它指引法院在处理某一

---

① 张志铭:《法律规范三论》,《中国法学》1990 年第 6 期。

具体国际民商事法律问题时应如何适用法律,或允许当事人或法院在冲突规范规定的范围内选择应适用的法律,又称为"冲突原则"。其语言结构通常表现为"……适用……法律"或"……依……法律"。前述"范围"列举的冲突规范中,"侵权行为地法律"是这条冲突规范的"系属",它指明了该种国际民商事关系应适用的特定法律。"系属"的种类很多,如"不动产所在地法律""卖方住所地法律""婚姻缔结地法律""合同缔结地法律""法院地法律"等。

(三)连结点

1. 连结点的概念

在冲突规范的系属中,连结点(point of contact)是个很重要的部分,又称为"连结因素"(contact factor)、"联系因素"(connecting factor)或"连结根据"(connecting ground),是指冲突规范系属中据以联系和确定应予适用的法律的客观标志部分,是把冲突规范的"范围"与所援引的准据法联系起来的因素、纽带或媒介。例如,关于侵权行为,可供考虑的要素有加害者和受害者的国籍、住所,加害行为地,损害发生地,等等。作为完善的立法,就要选择一个关系最密切的要素作为媒介。当某一要素(如加害行为地)被选为媒介时,它就是连结点。

运用冲突规范解决国际民商事法律冲突的方法,实际上就是选择并确定连结点的方法。国际私法历史发展中出现的诸多理论、学说,也都是围绕着连结点展开的,因此,连结点在国际私法中具有重要意义。从形式上看,连结点是一种把冲突规范中"范围"所指的法律关系与一定的法律联系起来的纽带或媒介。每一条冲突规范必须至少有一个连结点,没有这个连结点,便不能把一定的法律关系和应适用的法律连结起来。从实质上看,这种纽带或媒介反映了该法律关系与一定的法律之间存在内在的实质的联系或隶属关系,它表明某种法律关系应受一定国家法律的约束,应受一定主权者的立法管辖。

2. 连结点的种类

从不同的标准和角度,可将连结点区分为不同的种类。

(1)客观连结点和主观连结点。以是客观存在的标志还是当事人合意为标准,可以将连结点区分为客观连结点和主观连结点。前者是一种客观存在的标志,主要有国籍、住所、居所、物之所在地、法院地、行为地等;后者是指当事人之间的合意,主要指当事人选择适用于合同之债的连结点。最密切联系地的确定,虽然有时也需要借助法官的主观判断,但它本身属于客观连结点,不因法官的主观判断而改变其客观属性。

（2）动态连结点和静态连结点。以可以改变还是固定不变为标准，可以将连结点区分为动态连结点和静态连结点。前者是可以改变的连结点，如国籍、住所、居所、动产所在地等，如"人之能力依其本国法（或住所地法）""继承依被继承人国籍所属国法"。后者是固定不变的连结点，主要是指不动产所在地以及涉及过去的事件或行为地，如婚姻举行地、侵权行为地、合同缔结地、付款地、出票地、背书地、立遗嘱地等。

（3）单纯事实连结点和法律概念连结点。单纯事实连结点主要包括物之所在地和法院地。物之所在地即物的现实所在场所，法院地是指提起和进行国际诉讼的地点，这些连结点通常事实上能够确定。除此之外的连结点均属于法律概念连结点，如国籍、住所、法律行为地等。

3. 连结点的确定

连结点的确定，又称连结点的选择，是指在一个法律关系诸多构成要素当中，应依哪一国的法律来选择、确定一个最能反映"范围"中所要解决的问题的本质，并以与之有最重要联系的要素作为连结点，以指引准据法的选择。由于各国法律对连结点有不同的理解和规定，所以产生了如何确定连结点的问题，这对于准据法的确定具有十分重要的意义，可以说连结点的确定乃冲突规范立法的中心任务。

任何连结点的确定都不是任意的，而是有其客观根据的：（1）一个新的连结点的形成与发展有其客观依据，它与一国的政治、经济，特别是国际民商事活动的发展密切相关。例如，16世纪以前，合同关系同其他法律关系一样，都不允许当事人自由选择准据法。后来，基于商业发展、自由竞争的迫切需要，逐渐产生了当事人意思自治这个新的连结点。（2）一国对某一法律关系的连结点的选择不是一成不变的，是随着客观情况的变化而变化的。例如，早期的法律均未对各种不法行为作具体的分析，而笼统地规定"不法行为之债适用不法行为地法"。实践证明，这种立法技术并不能保证法院在所有情况下都能够选择出最适合于案件的准据法。现代学说已倾向于废除这种做法，进而主张对各种性质不同的不法行为进行区分，根据不同的情况选择不同的连结点，从而指引不同的法律作准据法。（3）一国立法机关对某一法律关系究竟选择哪一要素作为连结点，通常要考虑冲突规范的"范围"所要解决的法律问题的性质与分类，区分不同连结点的含义和作用。有关的连结点必须被各国立法机关经常作为自己行使立法管辖权的根据，必须便于认定、便于适用，并与特定的地域相联系；有关连结点的选择必须符合一国处理国际民商事法律关系的政策。

4. 连结点的软化

20世纪中叶后，随着世界经济一体化趋势的出现，在国际民商事关系日益多样化、内容日益复杂化的条件下，传统冲突规范的过于简单和概括的缺陷逐渐暴露，并暴露出僵化和机械的弱点。为了克服传统冲突规范过于僵化、机械的缺陷，许多国家陆续走上了冲突规范"软化处理"（softening process）的道路。① 在美国出现了"冲突法革命"，该革命以里斯主持编写《第二次冲突法重述》告一段落，最终确立了最密切联系原则的核心地位。在欧洲及其他许多国家则出现了软化冲突规范的立法倾向和理论思潮。对冲突规范的软化处理，关键在于对连结点的软化处理。通过软化连结点、采用开放的连结点、扩展或分割法律关系要素等方式，创造"灵活的冲突规范"，以便有效地解决当代国际私法实践中日益复杂的法律冲突，在越来越多的个案中达到公平和正义的法律适用效果。

（1）采用灵活开放的连结点取代僵化的、封闭的连结点。卡恩·弗罗恩德甚至称之为"当代国际私法发展的一个主要特征"②。实践中，主要是运用当事人的合意和最密切联系地等弹性且开放的连结点改变以往连结点的僵硬性、封闭性，从而使得冲突规范能在复杂多变的国际民商事关系中发挥积极、公正地处理争议的作用。例如，原来的"合同由合同订立地法支配"观念，与国际贸易多集中于某些固定的市场并受该市场习惯约束的情况是完全吻合的。但当合同通过邮件、电报、电话等方式订立时，合同订立地与合同的联系就带有偶然性，合同订立地有时甚至根本无法确定。在当事人不得不在数个国家履行合同时，合同履行地这个连结点的命运亦是如此。此时，"意思自治原则"便应运而生，并得到充分发展。

（2）采用复数可以选择的连结点从而软化连结点，软化冲突规范。这种方法与国际民商事关系法律调整的要求存在内在的联系。例如，2007年土耳其

---

① 李双元、张明杰：《论法律冲突规范的软化处理》，《中国法学》1989年第2期；徐崇利：《冲突规则的回归——美国现代冲突法理论与实践的一大发展趋向》，《法学评论》2000年第5期。

② O. Kahn-Freund, *General Problems of Private International Law*（《国际私法一般问题》），Sijhoff, 1976, p. 260.

《关于国际私法和国际民事诉讼程序法的第 5718 号法律》第 15 条规定:"对于调整夫妻财产关系所适用的法律,夫妻双方可以在他们结婚时的惯常居所地法或他们结婚时的本国法中选择。当事人没有选择的,适用夫妻双方共同的本国法。没有共同本国法的,适用缔结婚姻时夫妻共同惯常居所地法。没有共同惯常居所地法的,则适用土耳其法。"这种方法反映了国际私法发展的价值取向,给特定范围内的国际民商事关系增加连结点,从而增强法律适用的可选择性,是国际私法为克服冲突规范的僵化、机械而出现的发展趋势。这种方法还体现了"与其使之无效,不如使之有效"原则的精神,有复数连结点时,就可选择有效的连结点,从而尽量使国际民商事关系有效成立。

(3) 连结点含义的多样化。"二战"后,一些国家对于诸如住所、侵权行为地等连结点,在不同场合为达到不同目的或使其发挥不同功能而赋予其不同的含义。在美国,早在 1934 年编纂《冲突法重述》时已有人反对对住所不论基于何种目的均下一概括定义的做法,如住所可作为指引离婚管辖、动产继承、遗嘱效力的准据法的连结点,住所必须具备居住事实及久住意思两个条件。但现在美国法院在决定离婚管辖时,对设定住所所要求的住所含义就没有像处理继承那样严格。这是因为不同政治单位之间或不同法域之间人口迁移迅速增加,不能在离婚管辖问题上对设定住所规定得太严格,而在继承问题上则不然。侵权行为地也存在同样问题,不论在大陆法系国家还是在普通法系国家,侵权行为地传统上是确定管辖权及法律选择的连结点,但在适用于法律选择时其含义要广泛一些。在不同场合,根据其不同功能确定不同含义,不仅是妥当的,也是必要的。①

(四) 系属公式

所谓系属公式(formula of attribution),又称"冲突原则",是指在长期的国际私法实践中,一些冲突规范的系属因具有普遍、稳定和典型的性质而被逐渐固定和保留下来,进而把一些解决法律冲突的规则固定化、公式化,使之成为国际上公认的或为大多数国家所采用的处理原则,以便解决同类性质的法律关系的法律适用问题。

常见的系属公式主要有属人法、物之所在地法、行为地法、当事人合意选

---

① 卢峻:《战后国际私法的新发展》,中国国际法学会主编:《中国国际法年刊》(1987),法律出版社 1988 年版,第 9 页。

择的法律、法院（仲裁）地法、国旗国法、最密切联系地法等。

1. 属人法（*lex personalis*，personal law）

属人法表示，要适用作为民商事关系主体的自然人的国籍、住所、经常居所所属国家的法律，是以自然人国籍、住所、经常居所为连结点的系属公式。它通常用来解决自然人权利能力和行为能力、身份、婚姻家庭和动产继承等方面的法律冲突问题。属人法早在13、14世纪就已开始形成。19世纪中叶以来，欧洲大陆法系国家如法国、德国、意大利、西班牙、葡萄牙等，把属人法理解为自然人国籍所属国法；而普通法系国家如英国、美国等，则把属人法理解为自然人住所地法，从而形成属人法的两大派别，即本国法（*lex patriae*）和住所地法（*lex domicilii*）。为了调和两大法系在属人法上的矛盾，现在常常用经常居所地法来代替住所地法或本国法作为属人法。此外，还有所谓"法人属人法"（personal law of a legal person），它一般是指法人的国籍国法，常用来解决法人的成立、解散及权利能力和行为能力等方面的问题。

2. 物之所在地法（*lex rei sitae*，law of the place where thing is located）

物之所在地法表示，要适用作为民商事关系客体的物的所在地国家的法律，是以民商事关系客体——物之所在地为连结点的系属公式。它被作为解决物权法律冲突最基本的原则，如"物权依物之所在地法""不动产所有权适用不动产所在地法"等。

3. 行为地法（*lex loci actus*，law of the place where act occurs）

行为地法表示，要适用法律行为完成地国家的法律，是以法律行为或有法律意义的行为完成地为连结点的系属公式。其来源于古老的"场所支配行为原则"。它经常被用来解决有关法律行为方式的问题及其他一些问题如事实行为、侵权行为问题，也有用来解决行为实质内容问题的。由于法律行为的性质不同，客观上存在着各种各样的法律行为，所以行为地法表示一系列的系属公式，如合同缔结地法、债务履行地法、侵权行为地法、婚姻举行（缔结）地法、立遗嘱地法等。

4. 当事人合意选择的法律（*lex voluntatis*，party autonomy）

这个系属公式表示要适用当事人合意选择的法律，是以当事人的合意选择为连结点的系属公式，通常用来解决合同债务纠纷问题。意思自治原则是由16世纪法则区别说学者杜摩兰首创的，后来为许多资本主义国家所接受，目前为全世界所承认和采用的冲突原则。

5. 法院（仲裁）地法（*lex fori*，law of the court or the tribunal）

它表示要适用审理案件的法院或仲裁机构所在地国家的法律，是以法院或仲裁机构所在地作为连结点的系属公式，一般用来解决诉讼（仲裁）程序问题，也可作为定性的依据，以及指引某些国际民商事法律关系的准据法，如离婚案件适用受理案件的法院所在地法律。

6. 国旗国法（*lex bandi*，law of the flag）

它表示要适用国旗所属国家的法律，是以国旗为连结点的系属公式，常用来解决船舶和飞行器在运输中的一些问题，以船舶挂国旗、飞行器画国徽为标志。

7. 最密切联系地法（law of the place of the most significant relationship）

它表示要适用与国际民商事关系有最密切联系的国家的法律，是以最密切联系的因素为连结点的系属公式。该系属公式最初用来解决合同和侵权的法律冲突问题，目前有适用于其他国际民商事关系的趋势。

(五) 冲突规范的类型

根据冲突规范中"系属"的不同，可以将其区分为不同的种类。所谓"系属"不同，实际上是"连结点"不同，表现在对内国法和外国法的不同"援引"上。一般来说，冲突规范可以分为四种基本类型：单边冲突规范（unilateral conflict rules）、双边冲突规范（bilateral conflict rules）、重叠适用的冲突规范（double rules for regulating the conflict of laws）和选择适用的冲突规范（choice rules for regulating the conflict of laws）。

1. 单边冲突规范

所谓单边冲突规范，又称单方冲突规范，是指"系属"直接指出某国际民商事关系应适用某国法的冲突规范。它既可以明确指出适用内国法，如中国《民法典》第467条第2款规定"在中华人民共和国境内履行的中外合资经营企业合同、中外合作经营企业合同、中外合作勘探开发自然资源合同，适用中华人民共和国法律"；也可以明确规定适用外国法，如《苏俄婚姻家庭及监护法典》第162条第4款规定"外国人在苏联境外按照有关国家的法律结婚，在苏联承认有效"；还可以明确规定适用某一特定国家的法律，如《苏联和比利时、卢森堡经济同盟临时贸易专约》第13条规定"关于苏联驻比利时商务代表处订立或担保的贸易合同的一切争议，如在该合同内设有关于司法管辖或仲裁的专门条款，应受比利时法院的司法管辖，并依比利时法解决"。

单边冲突规范的特点是，其"系属"或者指明适用外国法，或者指明适用内国法。指明适用内国法时，不能适用外国法；指明适用外国法时，不能适用内国法。

2. 双边冲突规范

所谓双边冲突规范，是指"系属"并不直接规定适用内国法或外国法，而只规定一个可推定的系属，法院根据此系属中的连结点，再结合实际情况确定应适用某一个国家的法律的冲突规范。这类冲突规范的连结点是抽象的，具有隐含的双边意义，它指向的法律存在着内国法或外国法两种可能。例如，"合同方式依合同缔结地法"就是一条双边冲突规范，其中的"合同缔结地法"就是一个需要推定的系属：如果合同在内国缔结，就适用内国法；反之，如果合同在外国缔结，就适用外国法。可见，双边冲突规范所指定的准据法既可能是内国法，也可能是外国法，它体现了对内外国法律的平等对待。

双边冲突规范与单边冲突规范既有联系又有区别。双边冲突规范一般回答一个普遍性的问题，因而具有普遍适用性并比较完备；而单边冲突规范一般只规定某一特殊问题应适用特定国家的法律，因而常留下法律适用的缺口留待司法机关补充。从内容上讲，任何一个双边冲突规范都可以分解为两个对立的单边冲突规范，如"侵权行为依侵权行为地法"就可以分解为"在内国发生的侵权行为，依内国法"和"在外国发生的侵权行为，依该外国法"两个单边冲突规范。

3. 重叠适用的冲突规范

所谓重叠适用的冲突规范，是指"系属"中有两个或两个以上的连结点，它们所指引的准据法必须同时适用于某一国际民商事法律关系的冲突规范。它是一种特殊的双边冲突规范。例如，1902年海牙《关于离婚与别居的法律冲突和管辖权冲突公约》第2条规定："离婚之请求，非依夫妇之本国法及法院地法均有离婚原因者，不得为之。"这表明，离婚问题必须同时适用夫妇之本国法和法院地法，只有两者均认定有离婚原因时，才准许当事人离婚。这种冲突规范体现了内国法律限制外国法律适用和严格适用条件的做法。在许多情况下，重叠适用的冲突规范规定的两个应重叠适用的准据法中，有一个往往是法院地法，立法者试图借此维护法院地的公共秩序。

4. 选择适用的冲突规范

所谓选择适用的冲突规范，是指"系属"中有两个或两个以上的连结点，但只选择其中之一来调整有关的国际民商事法律关系的冲突规范。它也是一种特殊的双边冲突规范。根据选择方式的不同，选择适用的冲突规范又可以分为两种：

（1）无条件选择适用的冲突规范。在这种冲突规范的"系属"所指明的几种法律中，法院可以任意或无条件地选择其中之一来调整某一国际民商事法律关系，而不分主次、前后，也不附带任何条件。例如，日本1961年《关于动产遗嘱方式的准据法》规定，可以在行为地法、遗嘱人立遗嘱时或死亡时国籍所属国法、遗嘱人立遗嘱时或死亡时的住所地法、遗嘱人立遗嘱时或死亡时的经常居所地法中任意选择一种。即动产遗嘱的方式，只要符合上述任何一个法律的规定，即为有效。

（2）有条件选择适用的冲突规范。在这种冲突规范的"系属"所指出的几种法律中，法院只能进行有条件的选择，只有在前一种法律无法得到适用或具备了适用后一种法律的条件时，才能选择后一种法律来调整某一国际民商事法律关系。例如，中国《涉外民事关系法律适用法》第41条规定："当事人可以协议选择合同适用的法律。当事人没有选择的，适用履行义务最能体现该合同特征的一方当事人经常居所地法律或者其他与该合同有最密切联系的法律。"这是一条有条件选择适用的冲突规范，它要求法院在处理涉外合同纠纷时，首先应适用当事人选择的法律作为合同的准据法；只有在当事人没有选择法律时，才能适用履行义务最能体现该合同特征的一方当事人经常居所地法律或者其他与该合同有最密切联系的法律。

在现代各国国际私法立法当中，上述四类冲突规范常常交替出现，这不仅涉及立法技术问题，而且具体采用哪一种冲突规范来解决某一国际民商事法律关系的法律适用问题，常常取决于该国的实体政策。如果国家认为某些国际民商事法律关系特别需要依自己的实体法处理，就常采用单边冲突规范；如果国家认为要对某些国际民商事法律关系从严掌握，可采用重叠适用的冲突规范，而且通常要求重叠适用法院地法；如果国家认为某些国际民商事法律关系可以从宽掌握，便可采用双边冲突规范或选择适用的冲突规范。目前，在各国国际私法立法中，双边冲突规范特别是选择适用的冲突规范所占的比重明显增加，这主要是由于它在法律适用方面提供了较大的灵活性，能够适应当今世界频繁而复杂的国际民商事交往的实际需要。

二、准据法

（一）准据法的概念

所谓准据法（*lex cause*，applicable law，proper law），是指按照冲突规范的指引而被援引的具体确定国际民商事法律关系当事人的权利与义务的特定的实体法律。例如，中国《涉外民事关系法律适用法》第36条规定："不动产物权，适用不动产所在地法律。"在这条冲突规范中，不动产所在地国家的实体法，就是有关不动产物权关系的准据法。受理案件的法院适用这条冲突规范时，如确认所涉不动产位于中国并适用中国实体法，则中国有关实体法就是该不动产物权关系的准据法。可见，准据法是国际民商事法律关系具体适用的法律，而不是冲突规范抽象指定的法律。由于冲突规范的直接作用只是确定法律选择，或者说援引准据法，故它并不能直接调整国际民商事法律关系，只有与它所指定的准据法结合起来才能调整这种关系。因此，冲突规范间接调整国际民商事法律关系的作用的发挥离不开准据法。

准据法作为国际私法上的一个特有概念，具有如下特点：

第一，准据法必须是能够具体确定国际民商事法律关系中当事人权利义务关系的实体法。虽经冲突规范的指定或援引，但不能用来直接确定当事人的实体权利与义务的法律，不是准据法。譬如，在反致情况下，经内国冲突规范援引的外国冲突规范，就不是准据法。准据法既可能是内国法，也可能是外国法，还可能是国际条约和国际惯例，但均必须是实体法。

第二，准据法必须是冲突规范指引的实体法。如不是冲突规范指引的某特定实体法，无论是作为统一实体法的国际条约和国际惯例，还是直接适用的国内实体法，均不能称为准据法。

第三，准据法本身不是冲突规范逻辑结构的组成部分，它必须依据冲突规范中的系属并结合有关国际民商事案件的具体情况才能确定。例如，在"婚姻方式依婚姻举行地法"中，"婚姻举行地法"是系属，为了确定某一婚姻方式的准据法，法院需要将该系属中的"婚姻举行地"与该案件中的具体情况结合起来考虑。如果婚姻举行地在中国境内，那么，中国法就是规范该婚姻方式的准据法。

（二）准据法的确定

所谓准据法的确定，是指法院、仲裁庭等裁判组织根据国际私法上冲突规范的援引，选择并确定应予适用的准据法。能否选择并确定适当的准据法，关系到法律适用正确与否，这在司法或仲裁实践中尤为关键。从确定准据法的过程来看，大致可以分为三步：通过"识别"，确定有关国际民商事关系的性质；确定连结点，找出应予适用的冲突规范，从而初步确定何种实体法为准据法；确定了应以某实体法为准据法后，还可能出现一系列特殊的问题需要加以解决，如区际法律冲突、人际法律冲突、时际法律冲突等。

1. 区际法律冲突的解决

当国际私法的冲突规范指定应适用某一外国的法律，但该外国国内法制不统一，具有不同的法域，存在区际法律冲突时，就会出现应适用该外国的哪一个法域的法律作为准据法的问题。

在立法中，有如下几种不同的解决办法：第一种办法即根据该外国的区际私法确定准据法，如无此种规定，则根据最密切联系原则确定准据法。例如，2011年波兰《关于国际私法的法律》第9条规定："准据法所属国有数个法律体系时，则由该国法规定应适用哪一法律体系的法律。无此种规定时，适用与所涉法律关系有最密切联系的法律体系的法律。"这里讲的"该国法"就是指该外国的区际私法。奥地利《关于国际私法的联邦法》（2017年文本）第5条第3款亦有同样规定。第二种办法即以当事人的住所地法、居所地法或所属地方的法律代替其本国法。例如，1898年日本《法例》第27条第3款规定，在适用当事人本国法的场合下，"当事人其国内各地法律不同时，依其所属地方的法律"。第三种办法即采用国际私法的规定确定准据法。例如，1966年《葡萄牙民法典》第20条第2款规定："在外国无区际私法规范时，采用该外国的国际私法。"另外，中国《涉外民事关系法律适用法》第6条规定："涉外民事关系适用外国法律，该国不同区域实施不同法律的，适用与该涉外民事关系有最密切联系区域的法律。"

2. 人际法律冲突的解决

当国际私法中的冲突规范指定适用某一外国法律，但该外国法制不统一，其内部存在两个或两个以上的适用不同法律制度的人员集团，出现人际法律冲突时，就会出现究竟应以对该外国的哪一类人适用的法律为准据法的问题。

在立法中，通常的解决办法是由该外国的人际冲突法或人际私法确定。例如，1966年《葡萄牙民法典》第20条第3款规定："如准据法在地域上形成单一法律秩序，而在该法律秩序内有适用于不同类别的人的不同法制，则必须遵守该法就该法律冲突而作的规定。"如果该外国没有人际冲突法，则适用与案件或当事人有最密切联系的法律。有的国家的有关规定既适用于区际法律冲突情形，也适用于人际法律冲突情形。例如，德国《民法典施行法》（2017年文本）第4条第3款规定："若需适用多种法制并存国家的法律，除非适用本身已有的规定，否则依该国法律确定适用何种法制的法律；如果该国法律并无适用何种法制的规定，适用与案件有最密切联系的法制的法律。"

3. 时际法律冲突的解决

所谓时际法律冲突，是指先后于同一地区施行并涉及相同问题的新旧法律或前后法律规定在时间效力上的冲突。一般来说，新法施行后产生、变更或消灭的法律关系，毫无疑问应由新法调整。而对于新法施行前产生、变更或消灭的法律关系，特别是对于新法施行前产生但在新法施行后仍然存在的法律关系，有时则会出现依新法还是依旧法进行调整的问题。

国际私法上的时际法律冲突有三种情况：一是法院地的冲突规范在国际民商事法律关系发生后发生了变更，需要确定根据什么时候的冲突规范去指定准据法。在此情况下，准据法的确定应根据时际冲突法的一般原则加以解决，即按法律不溯及既往以及后法优于前法或新法优于旧法的原则加以解决。二是法院地的冲突规范未变，但其所指定的实体法发生了改变，需要确定应适用某一法律关系成立时的旧法还是适用已改变了的新法。在此情况下，准据法的确定也应根据时际冲突法的一般原则加以解决。但由于冲突规范指定的实体法可能是内国法，也可能是外国法，所以尤其要注意查明有关实体法本身的时际规定。三是法院地的冲突规范及其所指定的实体法均未发生改变，但有关当事人的国籍或住所，或者动产的所在地等连结点发生了改变，需要确定是适用原来的连结点指引的法律还是适用新的连结点指引的法律。这种情况在国际私法理论上叫作动态冲突（conflicts mobiles）。为了避免这种冲突，实践中最为可取的做法是在立法时对冲突规范中的连结点加以时间上的限制。例如，2007年土耳其《关于国际私法和国际民事诉讼程序法的第5718号法律》第3条规定："除法律另有规定外，当需要依据国籍、住所或惯常居所来决定法律适用时，则以审理案件时的国籍、住所或惯常居所为准。"又如中国《涉外民事关系法律适用法》第37条规定："当事人可以协议选择动产物权适用的法律。当事人没有选择的，适用法律事实发生时动产所在地法律。"

第二节 定 性

一、定性的概念

（一）定性的含义

定性（qualification），也称为识别（characterization）或分类（classification），指法院、仲裁机构或行政机关在适用冲突规范时，依据一定的法律观念，对有关的事实构成或问题作出定性或分类，将其归入特定的法律范畴，以便具体确定应予适用的冲突规范及其所援引的某一准据法，并对有关冲突规范所使用的名词进行解释的认识活动过程。

实际上，在处理纯国内案件时，各国法院也存在对有关案件事实进行定性的过程。法官首先需要找出发生的事实与有关的法律规则之间的本质联系，从而确定它是不是法律问题，是一个什么性质的法律问题，最适合适用哪一类法律规范。在纯国内案件中，法官只依本国法律观念和法律概念进行定性，并不发生定性冲突；而在国际私法案件中，往往会因各国法律观念的不同而产生定性冲突，需要专门研究定性的依据问题。因此，定性是确定国际私法案件准据法时的一个基本问题，也是法院在审理任何国际民商事案件时首先要面临的问题。

国际私法上的定性具有特殊的含义，它是与冲突规范的适用过程紧密相连的，包括相互制约和影响的两个阶段：第一步，对有关的法律事实和问题进行定性，从而确定应予适用的冲突规范，即确定争议问题属于什么类别，是合同关系还是侵权关系，等等；第二步，对冲突规范本身进行定性，即对冲突规范中的"范围""连结点"中的有关法律概念进行解释，例如，对于是不是不动产，各国规定就有所不同。德国学者卡恩和法国学者巴坦相继于1891年和1897年把定性作为国际私法上的独立问题提出来。后来，洛伦岑和贝克特分别于1920年和1934年将之介绍到美国和英国。自此，定性问题在国际私法学界引起了广泛的重视和研究。

（二）定性冲突

定性冲突指的是由于法院地国与有关外国的法律对冲突规范的"范围"中的同一法律概念赋予不同的内涵，或者对同一法律事实作出不同的分类，故采用不同国家的法律观念定性就会导致适用不同的冲突规范和不同的准据法的结果。从法院地国的角度来看，定性冲突就是依内国法定性和依有关外国法定性之间的冲突；而从冲突规范的适用来看，定性冲突又可称为冲突规范之间的冲突。

需要解决定性冲突的通常有以下一些问题：时效和举证责任问题是程序法问题还是实体法问题；配偶一方对已死配偶的财产请求权是配偶权问题还是继承权问题；无单放货是合同不履行还是侵权行为；妻子的扶养请求权应适用夫妻财产法的规定还是夫妻身份法的规定；对于无人继承的动产，财产所在地的国家是依最后法定继承人的资格继承还是依物权法上的先占原则取得动产所有权；禁止配偶间互为赠与的规定是婚姻的一般效力还是夫妻财产法或合同法上的问题；等等。面对上述问题，各国法院必须首先解决定性冲突，才能正确地适用冲突规范，最终正确援引适当的准据法。

定性冲突产生的原因，主要有以下三个：

第一，不同国家对同一事实赋予不同的法律性质，因而可能援引不同的冲突规范，由此得出不同的判决结果。例如，关于未达一定年龄的青年结婚需要父母的同意，法国法把这种事实定性为婚姻能力问题，英国法则视之为婚姻形式问题。按照法国法定性，应援用当事人的属人法来判定其有无结婚能力；而按照英国法定性，则应适用婚姻举行地法来判定其结婚形式是否合法。

第二，不同国家的法律把同一内容的法律问题归入不同的法律部门。例如，对于时效问题，有的国家将其归入程序问题，有的国家将其归入实体问题，导致适用不同的法律：程序问题一般依法院地法，实体问题按其不同性质适用不同的实体法。也就意味着，不同的定性往往会导致适用不同的冲突规范。

第三，由于社会制度或法律历史传统不同，不同国家有时有不同的法律理解、不同的法律概念，或者一国有的法律概念，另外的国家则不存在。例如，各国法律都主张"不动产依不动产所在地法"，但各国对什么是不动产、什么是动产有不同理解，如法国把蜂房看作动产，荷兰则视之为不动产。又如，许多国家都有占有时效制度，而中国只有诉讼时效制度。

二、定性的依据

定性的依据，即应根据什么原则或方法来确定依何国法律进行定性，这是定性的关键。对于定性的依据，各国学者先后提出了法院地法说、准据法说、分析法学与比较法说、个案识别说、中间途径说以及功能定性说等多种学说。

（一）法院地法说

此种主张最早由卡恩和巴坦提出，目前普遍采用这一主张。中国《涉外民事关系法律适用法》第8条明确规定："涉外民事关系的定性，适用法院地法律。"这种主张认为，审理案件的法院按照本国的法律观点来判断法律关系的性质。其理由主要是：首先，冲突规范是按照法院地国家的法律观点和法律语言制定的，同一事实构成和同一概念在冲突规范中，只有该国法律所赋予的一个意义。其次，该做法符合国家主权的要求，可以防止损害法院地国家的立法和司法主权。如依外国法定性，无异于由外国法来决定法院地国冲突规范的适用。最后，依法院地法定性简便易行，不涉及外国法的查明问题。

但反对者认为，如果只依法院地法进行定性，有时会导致错误适用外国法的不合理结果。例如，导致具体案件应适用的外国法没有得到适用，不该适用的外国法却得到了适用。而且，在法院地法中没有关于被定性对象的法律制度时，则无法依法院地法定性。为此，有学者提出依法院地的国际私法进行定性，并称之为"新法院地法说"①。这一主张有一定的合理性，英国学者戚希尔和诺思就认为，国际私法有其不同于内国法的调整对象，定性不能依纯内国法而应依法院地的国际私法。

（二）准据法说

此种主张由法国的德帕涅和德国的沃尔夫倡导。他们认为，应根据适用的冲突规范所援引的某特定国家的实体法（准据法）进行定性，即用于解决争议问题的准据法，同时也应当是解决定性冲突的依据。其理由主要是：首先，准据法是支配具体法律关系的法律，如不依它进行定性，其结果等于准据法没有被适用；其次，适用冲突规范旨在指定准据法，依准据法既可避免因对冲突规范定性不准确而歪曲适用法律，又可防止改变应适用的准据法；最后，因为准据法是与事实构成有密切联系的法律，以事实构成为出发点来解决定性问题，就应采用准据法。

但是，这种主张因自身存在着逻辑矛盾而遭到反驳，在理论和实践中支持者不多。定性是在冲突规范适用过程中产生的一个问题，只有先通过定性来确

---

① O. Kahn-Freund, *General Problems of Private International Law*（《国际私法一般问题》），Sijhoff, 1976, pp. 227–231.

定法律关系的性质，确定应予适用的冲突规范，才能找到应予适用的准据法，从而完成定性的任务。若在定性之前尚未确定冲突规范，又如何得知准据法为何国法？如何采用准据法去定性？

（三）分析法学与比较法说

此种主张由德国的拉贝尔、英国的贝克特等提出。他们认为，在定性的标准上，不能局限于一国的法律，而应从建立在比较法研究基础上的分析法学中得来，即在比较研究的基础上获得普遍适用的共同原则、共同概念，寻找出某种各国都能接受的"普遍性概念"或"一般法律原则"，并依此进行定性。其理由主要是：冲突规范是在若干个法律制度中选择何国法的规范，在认识上具有国际普遍性，因而应在比较法和分析法基础上解决定性的依据问题。这种主张很吸引人，但到目前为止，各国普遍适用的一般法律原则并不多。而且，要真正消除各国法律认识上的分歧，只有彻底改变各国法律本身，这显然是不可能的。更何况这会大大增加法院的负担，使法院感到十分为难。因此，在实践中采用分析法学与比较法说定性的例子并不多。

（四）个案识别说

此种主张由苏联的隆茨和德国的克格尔等提出。他们不主张对定性依据问题采取统一的解决办法，而主张对不同的案件，分别依不同的法律进行定性。其理由主要是：定性问题归根到底是对冲突规范的解释问题，在此问题上，不存在统一的定性问题，因而对此问题的解决，不应采取统一的方法，而应按照案情的具体情况和一国制定冲突规范时所追求的目标，决定依法院地法还是依相关国家的法律进行定性。但是，这种理论遭到匈牙利学者萨瑟的反对。他认为，这种理论是一种相对主义、不可知论，使定性标准成为一种游移不定的东西，不利于定性冲突的解决。

（五）中间途径说

此种主张由加拿大学者法尔肯布里奇提出。他试图在法院地法说和准据法说之间寻求一种折中的中间途径。他主张法院在最后选择准据法之前应当进行一种临时的或初步的定性；对任何有可能得到适用的法律规定，法院都应该从上下文的联系上考虑，从它们的一致结论中决定应当适用的冲突规范和准据法。英国法院在"科恩夫人继承案"中就采用了这种方法。依英国冲突规范，动产继承实质性问题适用死者死亡时住所地法，程序问题适用法院地法。在该案中，母女俩同时死亡，需要推定谁先死。这个问题要么是程序性的，要么是实质性的。处理该案的法官首先依英国《1925年财产法条例》第184条定性，认为推定死亡制度是实质性的而不是程序性的；接着又根据《德国民法典》第20条定性（因母女均为德国公民），认为推定死亡制度也是实质性的而不是程序性的；最后确定应当依英国冲突规范指引，适用德国法来解决。[①] 这种理论只有在有关国家的法律对同一事实定性一致的情况下才有效，如果依有关国家法律对同一事实的定性不能获得一致，仍不能解决问题。

（六）功能定性说

此种主张由德国学者诺伊豪斯提出。他认为上述几种定性方法都是从"法律结构上的定性"着眼的，如用"功能定性"取代"结构定性"，许多定性问题就可解决。所谓"功能定性"，就是按各种制度在法律生活中的功能来定性。例如，对于后死配偶的财产请求权，在国际私法上常用法律结构的定性方式，将之视为"夫妻财产法上的请求权"或"继承法上的请求权"，但它显然忽视了后死配偶财产请求权的目的。因为不论是哪种请求权，其目的都相同，无非是要使后死的配偶得到应有的财产，使之生活不致发生困难。依诺伊豪斯之见，既然两种请求权具有同样的目的、同样的功能，不如将"财产法上的请求权"的行使限制在配偶双方生存时的财产关系上，而在一方死亡时，即应适用"继承法上的请求权"，也就是适用被继承人死亡时的本国法。[②]

综上，对于究竟依什么法律定性不能一概而论。一国法院在处理国际民商事案件时，应从有利于促进国际民商事交往、保护民商事关系的稳定、维护当事人的合法权益、便利案件处理的目的出发，确定定性标准。一般说来，各国法院普遍依法院地法对与案件有关的事实或问题进行定性，但又不能把依法院地法定性作为一种僵硬不变的模式。在下列情况下，应当考虑依与案件有一定联系的有关法律制度来定性：首先，如果有关冲突规范是由国际公约规定的，应以该公约作为定性的依据。当然，公约应该限定其本身的适用范围，并明确某些关键的法律概念。其次，如果应依法院地法定性，而法院地法中没有关于某一法律关系的概念时，就应按照与形成该法律关系具有最密切联系的外国法

[①] R. H. Graveson, *Conflict of Laws*（《冲突法》），7th ed., Sweet & Maxwell, 1974, pp. 55-56.
[②] 施启扬：《国际私法上定性问题的历史发展及其解决方法》，马汉宝主编：《国际私法论文选辑》（上），五南图书出版公司1984年版，第381—383页。

确定它的概念。① 最后，如果案件涉及特殊的或专门的国际民商事法律关系，如动产或不动产的识别，则应根据财产所在地国家的法律规定来确定。

三、实体与程序②

（一）区分实体和程序问题的意义

在国际私法的理论和实践中，程序问题依法院地法是一条确定的原则。它是指一国法院在处理涉外民商事案件时，只适用本国法律的程序规则，而不适用外国法的程序规则。当然，这一原则不排除在特殊情况下，如依外国的特别请求并经法院地国准允而依外国法特别程序规则行事。这一原则的主要根据是内国法官一般不熟悉外国的程序规则，适用外国程序规则审理涉外案件会给法院造成不便，而且对于涉外案件，若同纯国内案件适用不同的程序规则，既是不公正的也是行不通的。③

程序问题依法院地法原则确定会带来另一个国际私法的基本问题，即在国际私法上区分实体问题和程序问题，或者说区分权利（right）问题和救济（remedy）问题。④ 这个问题本属定性或识别范畴，但由于其特殊性，常常被普通法系国家的国际私法学者在其著作中单列加以讨论。当然，这同普通法系国家的法律中实体问题和程序问题界限模糊有关。

区分实体和程序问题在国际私法上有着重要意义。首先，区分两者便于准据法的确定，也就是说便于确定法律适用。在国际私法上，有关诉讼当事人的实体权利可以由外国法支配，即实体问题的法律适用可以在内外国法之中作出选择，但有关程序问题则排他性地受法院地法支配，一般无选择可言。其次，程序领域是任何法律制度中最具技术性的部分，包括许多对外国法官来说难以理解的按不同方式设计的机制，以及难以运作的规则。在一个国家内，涉外诉讼的外国当事人在内国法院进行诉讼，不能享有与国内当事人不同的诉讼地

---

① 刘铁铮：《国际私法上定性问题之研究》，刘铁铮：《国际私法论丛》，三民书局 1984 年版，第 239—249 页。
② 黄进主编：《国际私法》（第二版），法律出版社 2005 年版，第 224—229 页；[英] 威希尔、诺思：《国际私法中的实体与程序问题》，杜焕芳译，梁慧星主编：《民商法论丛》第 42 卷，法律出版社 2009 年版，第 408—451 页。
③ J. H. C. Morris, *The Conflict of Laws*（《冲突法》），4th ed., Sweet & Maxwell, 1993, p. 385.
④ Cheshire & North, *Private International Law*（《国际私法》），13th ed., Oxford University Press, 2004, pp. 67-68.

位,他必须依内国诉讼程序法进行诉讼,这包括既不能根据其本国的程序规则享有其他当事人不享有的优待,也不能被剥夺内国程序法赋予当事人的任何优待。上述程序问题的特殊性也要求在法律适用上将程序问题和实体问题区别开来,以便界定什么问题依法院地法判决方为正当。

(二) 区分实体和程序问题的场合

区分实体和程序问题,可能出现在不同的场合。通常的场合是准据法为外国法,但法院须决定某一内国规则的性质:如果内国规则是程序性的,则该规则应予适用,而不管外国准据法;如果内国规则是非程序性的,则外国准据法应予适用。例如,在英国法院审理的"莱罗克斯诉布朗"(Leroux v. Brown)案①中,原被告在法国达成了一份口头协议,内容是居住在英格兰的被告同意雇用居住在法国的原告,时间不少于1年。该合同按照法国法是有效的且可执行,法国法是该合同受支配的法律。如果这是个英国本地的合同,则虽然有效,但按照《欺诈法》(the Statute of Frauds)无论如何是得不到执行的。原告在英国提起的违约之诉被驳回,因为该法含有一条程序性规则,这对于所有在英国诉讼的当事人均有约束力。

区分实体和程序问题还可能产生于另一种场合。在这种场合下,准据法为外国法确定无疑,但该外国法规则是程序性的还是实体性的则不确定。如果该外国法规则是程序性的,则将被置之不理;如果是实体性的,则应适用。例如,作为原告的一家纽约银行,向被告银行追讨误付至被告账上的200万英镑。此处问题是原告银行是否有权追讨收益?尽管英国法院认为两个有关的法律,即英格兰法和纽约州法,在追讨权法方面没有多大区别,但试问,一位误付金钱的人依纽约州法所享有的追讨该笔金钱的衡平法上的权利是实体法赋予的还是仅仅是程序性的?法院最后认为,原告纽约银行作为信托财产受益人,依纽约州法所享有的衡平法上的利益,具有实体性质。因此,纽约州法律在该案中最终得到适用。②

(三) 区分实体和程序问题的方法

确定什么是实体问题、什么是程序问题,原则上应由法院依其自身的标准决定,或者说主要依法院地法决定。但是,具体操作起来却有不同的主张或

---

① (1852) 12 CB 801; Cheshire & North, *Private International Law*(《国际私法》), 13th ed., Oxford University Press, 2004, pp. 68-69.

② *Chase Manhattan Bank NA v. Israel-British Bank (London) Ltd.* [1981] Ch 105 at 124.

做法。

第一,目的说。这种主张认为,实体问题和程序问题可以在一个地方基于冲突法的目的加以划分,而在别的地方则基于其他目的加以划分。例如,基于有关程序的法规被认为具有溯及力,而有关实体的法规无溯及力这个目的来划分。这并不是说在同一地方不能基于多种目的而划分,只是否认在同一地方必须基于一切目的对两者加以区分。区分实体问题和程序问题以及主张程序问题依法院地法的主要目的,在于排除法院在审理涉外案件时须适用它不熟悉的程序规则所造成的不便。因此,如果适用一条外国规则或不适用一条内国规则,不会造成这种不便的话,就不一定要基于冲突法的目的将这些规则定性为程序规则。①

第二,实质影响案件结果说。这种主张认为,确定什么是实体问题,什么是程序问题,应由法院依其自身的标准决定。就送达、辩论等这类仅影响向法院提出诉讼的方式的问题而言,适用法院地法是合理的。区别实体问题和程序问题的目的,是要界定什么问题由法院依本地法判决方为正当。一般说来,那些会在实质上影响案件结果的所有争议都应被归类为实体问题;而关于诉讼的日常例行规则,即案件中对其结果影响甚小的争议,则应被归类为程序问题,受法院地法支配。理由是这样划分比较方便和符合实际,并能保证司法工作的顺利进行。② 例如,与送达诉讼文书、辩论的充分性、当事人的诉讼能力、诉讼形式等有关的例行问题,显然可归类为程序问题。③

第三,具体问题具体分析说。这种主张认为,很难清晰地对实体问题和程序问题分类,两者之间没有预先设定的分界线。对于什么是实体问题、什么是程序问题,不能凭空划分,也没有一般性答案。尽管必须对两者作出区分,但应当根据法律术语的相关性以及作出区分的目的对两者进行划分。只有在对具体问题及其法律背景和事实情形进行具体分析后,才能对实体和程序问题作出划分,而不同于内国法的国际私法的目的的实现就是有关情形之一。在国际私法上,区分实体问题和程序问题就是为了便利法院。当法院面对一个法律冲突问题时,虽然它有义务适用冲突规范确定的法律,但不能期望引进一切外国法的有关规则。例如,适用外国法中涉及送达、取证和执行判决的方式等问题的

---

① J. H. C. Morris, *The Conflict of Laws*(《冲突法》), 4th ed., Sweet & Maxwell, 1993, pp. 385-386.
② H. H. Kay, *Conflict of Laws*(《冲突法》), 18th ed., West Academic Press, 2004, p. 129.
③ 韩德培、韩健:《美国国际私法(冲突法)导论》,法律出版社1994年版,第237—238页。

规则，不仅不方便，而且不可行。①

（四）区分实体和程序问题的具体问题

在大陆法系国家，实体和程序问题的区分相对来说容易一些，而在普通法系国家，实体和程序问题的区分相对较难。同时，两大法系和不同的国家对实体和程序问题的定性有很大的差别，对同一问题，大陆法系国家认为是实体问题，而普通法系国家则认为是程序问题；甲国认为是实体问题，而乙国则认为是程序问题。因此，有必要讨论区分实体和程序问题的一些具体问题。

1. 时效法规

在大陆法系国家的民法中，时效有取得时效和消灭时效之分。取得时效，又称为占有时效，是指占有他人财产经过一定时间而取得财产所有权的一种时效制度。消灭时效，又称为诉讼时效或请求时效，是指权利人不行使权利，经过一定时间而丧失权利的一种时效制度。取得时效和消灭时效制度在大陆法系民法中均是实体性的。② 在普通法中，传统的时效法规分为两类：一类为阻止原告寻求救济方法；另一类为取消原告的权利。前一类是程序性的，而后一类是实体性的。③ 在英国，关于诉讼时效的英国法，一般被视为程序性的。1984 年以前，英国法一直主张，规定权利不能通过诉讼救济的时效法规是程序性的。这意味着，这类时效问题由英国法即法院地法支配。如果英国法规定时效已过，即使外国的准据法认为诉讼仍可继续，也不得在英国进行诉讼。④ 但英国《1984 年涉外时效期间法》（Foreign Limitation Periods Act 1984）改变了上述做法。该法规定除了公共政策例外外，准据法的时效规则应在英国诉讼中适用，而英国时效规则则不在英国诉讼中适用，除非英国法为准据法或准据法之一。而外国准据法中可适用的规则，就时效而言，既包括程序性规则，也包括实体性规则。这就是说，就英国冲突法而言，所有外国时效期限，不管该外国定性为实体性规则还是程序性规则，英国都定性为实体性规则。

---

① Cheshire & North, *Private International Law*（《国际私法》），13th ed., Oxford University Press, 2004, p. 71.
② 黄进：《中国国际私法》，三联书店（香港）有限公司 1997 年版，第 160—163 页。
③ J. H. C. Morris, *The Conflict of Laws*（《冲突法》），4th ed., Sweet & Maxwell, 1993, p. 386.
④ Cheshire & North, *Private International Law*（《国际私法》），13th ed., Oxford University Press, 2004, p. 73.

2. 证据规则

一般来说，证据问题属程序问题，应受法院地法支配。但是，这并不是说与证据有关的所有问题都属程序问题。从另一个角度来说，准据法确定什么是争执的事实，而法院地法则确定争执的事实怎样加以证明。例如，对于证据可否接受的问题，通常由法院地法决定。因此，如果根据准据法，一个复制的文件是不可接受的证据，但法院地法认为可以接受，则仍可能被接受为证据。又如，在英国法上，对用于解释合同的外部证据和用于增加、更改或否定合同的外部证据是加以区分的。前者的可接受性属于合同的解释问题，具有实体性，由合同的准据法支配；而后者的可接受性属于证据问题，具有程序性，由法院地法支配。一般认为，书面证明要求、证人资格、委托取证和举证责任等证据法问题，应由法院地法支配。

3. 审理方式和救济方法

一国法院对一个涉外案件如何审理，或者说按什么样的具体程序进行审理，无疑是程序性的，应由法院地法决定。至于救济方法，如要求损害赔偿、恢复原状、返还原物、依约履行或者强制执行等，在普通法系国家被视为程序问题，原告只能在法院地法许可的救济方法范围内获得救济。例如，原告在英国提出的一项外国执行请求，只有在这些救济方法为英国法承认的情况下才能实现；甚至原告不能要求这些救济，除非这些救济与外国法对该权利的性质和范围的规定相一致。① 但在大陆法系国家，有些救济方式被视为实体问题。

4. 损害赔偿

损害赔偿问题涉及许多具体问题，如损害赔偿的范围、损害赔偿费的标准和定量、取得损害赔偿的条件、对损害赔偿的限制等。对这些问题，各国有不同的定性。例如，在美国，由于上述问题对诉讼结果有重要影响，通常被识别为实体问题，并受准据法支配。② 但在英国，许多问题必须加以分割。简言之，赔偿的间接性和赔偿的类型区别于赔偿的方式。有关赔偿的间接性规则指明实际产生于侵权行为或违约行为的哪一种损失是可诉的；有关赔偿的方式表示估

拓展阅读

陆红诉美国联合航空公司国际航空旅客运输损害赔偿纠纷案

---

① *Chaplin v. Boys* [1971] AC 356 at 381-382；*Baschet v. London Illustrated Standard* [1900] 1 Ch 73.
② 韩德培、韩健：《美国国际私法（冲突法）导论》，法律出版社1994年版，第248页。

算某种可诉损失赔偿的方法。就赔偿的间接性而言，侵权中的原则不同于合同中的原则；就需要恢复的赔偿或损失的类型而言，两种诉因之间也同样存在差异；而调整赔偿方式的规则在合同和侵权方面是相同的，都要求完全恢复（restitutio in integrum）。因此，在英国，损害赔偿的范围被定性为由准据法支配的实体问题，而损害赔偿费的标准或定量则被定性为由法院地法支配的程序问题。①

5. 优先权

优先权（priorities）即优先受偿问题，出现在不少法律领域。例如，在公司破产和结业清算以及破产财产管理中债权人的请求；在海事诉讼中，海事请求权人对产生海事请求的船舶向船舶所有人等提出的海事请求（即船舶优先权）。各国法律对不同法律领域的优先权有不同的规定，对优先权问题究竟是实体问题还是程序问题也有不同的认识。例如，英国法院认为，海事诉讼中对船舶的请求属程序问题，应由法院地法支配。在中国《海商法》中，海事请求优先权问题为实体问题，应由准据法支配，尽管它规定了船舶优先权适用受理案件的法院所在地法。② 因此，对于优先权问题不能一概视为实体问题，也不能一概视为程序问题。即使在普通法系国家，虽然大多数优先权问题被视为程序问题，主张由法院地法支配，但对于外国土地提出的权利要求的优先次序，仍主张由物之所在地法支配。

第三节　先决问题

一、先决问题的概念

先决问题（preliminary question），又称附随问题（incidental problem），是相对主要问题（principal question）而言的。法院、仲裁机构或行政机关在处理国际民商事案件时，一项主要争议（主要问题）的解决必须以另外一个问题的解决为前提，而这另外一个问题就是先决问题。先决问题是由德国法学家梅尔希奥和文格勒在 1932—1934 年间提出来的。

---

① J. H. C. Morris, *The Conflict of Laws*（《冲突法》），4th ed., Sweet & Maxwell, 1993, pp. 395-396.
② 《海商法》第二章第三节以及第 272 条。

解决某个主要问题前,有时可能需要解决两个或两个以上的先决问题。例如,甲未立遗嘱而死亡,乙主张他作为甲的婚生子享有对甲的财产的继承权,此时,乙是否为婚生子取决于他的父母当时的婚姻是否有效这个先决问题,而他的父母当时的婚姻是否有效又以其父或母以前与第三人所缔结的婚姻是否无效为先决问题,这就需要首先分别解决两个先决问题。当然,这种情况在实践中比较少见。

先决问题在国际民商事案件中具有独立性,因此需要单独考虑其准据法的确定。而且,其准据法的确定影响到主要问题的解决。但是,在实践中,并非所有国际民商事案件都涉及先决问题,与国际民商事案件有关的问题也并不一定都属于先决问题。一般认为,构成先决问题,必须符合以下三个条件:(1)主要问题的准据法,依法院地的冲突规范援引的是外国法;(2)先决问题本身含有涉外因素,具有相对独立性,可作为独立争议向法院提出,并且有相应的冲突规范可以援用;(3)在确定先决问题的准据法时,法院地的冲突规范和解决主要问题的准据法所属国适用于先决问题的冲突规范不同,所援引的准据法不同,判决的结果也将不同。

二、先决问题的解决

先决问题的解决,主要是如何确定其准据法。对此,目前没有统一的做法,大致存在两种对立的主张和三种不同的意见:

首先,梅尔希奥、文格勒、罗伯逊和沃尔夫等认为,先决问题的准据法应适用主要问题准据法所属国家的冲突规范来确定。这种主张强调附随性,并且认为,为了避免可能出现的人为地分割主要问题和先决问题,只有这样做才能求得两者协调一致的判决结果。既然法院地的冲突规范指定了主要问题的准据法,表明该主要问题的先决问题应依该准据法解决,那么,将解决主要问题的准据法所属国的冲突规范指定的法律用于解决先决问题就顺理成章了。英国、加拿大、美国和澳大利亚等国家采用此做法。

其次,拉佩和努斯鲍姆等认为,先决问题的准据法应依法院地的冲突规范来确定。这种观点主要考虑问题的相对独立性,因为主要问题与先决问题是两个独立的问题,应按照先决问题自身的性质,由法院地的冲突规范来指定其准据法。例如,1979年《美洲国家间关于国际私法通则的公约》第8条规定:"由主要问题产生的先决问题,不必一定依适用于主要问题的法律解决。"

最后，为了避免前述两种主张片面强调一方面所带来的问题，还有一些学者，如英国学者莫里斯等认为，对先决问题，不能用一个机械的办法去解决，每一个案件可以根据先决问题是与法院地法还是与主要问题的准据法关系更为密切，谋求个别解决，即要看先决问题的重心究竟偏向哪个方面。

由于先决问题在理论上不统一，各国立法鲜见对先决问题的法律适用进行明确规定，即使偶见，也颇为含糊。例如，1996年《列支敦士登国际私法》第2条只就"决定连结因素的先决问题的确定"作了规定："决定适用于某一特定法律的事实上和法律上的先决问题应由法院确定，除非在某一需要进行法律选择的事件上，根据程序法条款当事人事实上的意愿被认为是真实的。"因此，法官在处理涉及先决问题的案件时，一般不应局限于某种理论，而应根据案件的具体情况判断究竟是适用法院地冲突规范，还是适用外国的冲突规范。

中国现行法律法规尚未对先决问题作出明确规定。但在立法工作方面，曾有一些初步的设想。如2002年《中华人民共和国民法（草案）》第九编"涉外民事关系的法律适用法"第8条曾规定："对于涉外民事争议的先决问题，应当根据该先决问题的自身性质确定其所应当适用的法律。"《涉外民事关系法律适用法解释（一）》第10条规定："涉外民事争议的解决须以另一涉外民事关系的确认为前提时，人民法院应当根据该先决问题自身的性质确定其应当适用的法律。"这一解释进一步明确先决问题应由人民法院依据法院地冲突规范加以确定。同时，该司法解释第11条规定："案件涉及两个或者两个以上的涉外民事关系时，人民法院应当分别确定应当适用的法律。"这一规定采用了法律适用的分割方法，强调法律关系的独立性和自主性，同样可以适用于先决问题和主要问题的法律适用，即分别适用各自应当适用的法律。

第四节 反　　致

一、反致的概念

反致（renvoi）有广义和狭义之分。广义的反致包括直接反致、转致、间接反致和双重反致。这是适用冲突规范过程中产生的一个问题，也是一种限制外国法适用的手段。虽然在17世纪中叶荷兰、瑞士法院已出现过"反致"问题，但是，国际私法学界对"反致"问题产生广泛兴趣和进行深入研究，是从1878年法国最高法院对福尔果继承案的处理开始的。①

（一）反致的类型

1. 直接反致

直接反致（remission），是指对于某一涉外民商事案件，A国法院按照本国的冲突规范本应适用B国法，而B国的冲突规范却指定适用法院地的A国法，A国法院结果适用了本国实体法的法律适用过程。假设一个住所在意大利的英国公民未留遗嘱而死亡，死后留有动产在英格兰。按照英国的冲突法规则，动产继承依被继承人的住所地法（意大利法），但意大利的冲突规范规定动产继承依被继承人的本国法（英国法）。对这笔动产的继承问题，如果英国法院最终依其本国法来处理，即构成直接反致。这种反致在法文中又被称为"一级反致"（renvoi au premier degré）。

2. 转致

转致（transmission），是指对于某一涉外民商事案件，A国法院按照本国的冲突规范本应适用B国法，而B国的冲突规范却指定适用C国法，A国法院因此适用了C国实体法的法律适用过程。例如，一位瑞士公民特鲁福特，在法国有住所，在英国有动产，他有一独生子。特鲁福特死在法国，留下一项遗嘱，将其在英国的全部财产交给其教子。其独生子在英国法院起诉，要求继承这笔遗产。英国冲突法规定，动产继承适用被继承人住所地法，因而指向法国法，而法国冲突规范规定动产继承依被继承人本国法，因而指向瑞士法。最后，英国法院按瑞士实体法的规定（被继承人的子女应继承90%的遗产）判决此案，满足了特鲁福特的独生子的要求。特鲁福特继承案就是从住所地法（法国法）向本国法（瑞士法）转致的案件。这种转致在法文中又被称为"二级反致"（renvoi au second degré）。

---

① 福尔果（Forgo）是1801年出生在巴伐利亚的非婚生子，5岁时随其母去法国，并在那里定居到1859年死亡。他在法国留下一笔动产，但未立遗嘱。福尔果的母亲和妻子都已死亡，又没有子女。其母亲的旁系血亲要求继承。依巴伐利亚法律，他是可以作继承人的。法国法院根据本国的冲突规范，本应适用巴伐利亚法律。但巴伐利亚的冲突规范却规定应适用死者"事实上的住所地法"，因而反致于法国法。据此，法国法院接受这种反致，认为这笔财产依法国民法为无人继承遗产，应收归国库。法国法院适用法律的这个过程，称为反致。

3. 间接反致

间接反致（indirect remission），是指对于某一涉外民商事案件，A 国法院按照本国的冲突规范应适用 B 国法，B 国的冲突规范指定适用 C 国法，而 C 国的冲突规范却指定适用法院地的 A 国法，A 国法院因此适用了本国实体法的法律适用过程。它比直接反致、转致更复杂。例如，一个阿根廷人死在英国，并在英国有住所，而在日本留有不动产，继承人在日本法院要求继承该不动产。按照日本《法例》的规定，不动产继承依被继承人本国法，即阿根廷法，但按照《阿根廷民法典》的规定，应依被继承人最后住所地法，也就是英国法，这就发生了转致。然而按照英国判例法，不动产继承依不动产所在地法，即日本法。最后，日本法院适用了本国实体法。这个适用法律的过程就构成间接反致。

4. 双重反致

双重反致（double renvoi），又称"完全反致"（total renvoi），是指对于某一涉外民商事案件，A 国法院根据本国的冲突规范应适用 B 国法，而根据 B 国的冲突规范却应适用 A 国法。这时，又设想站在 B 国法院的立场，如 B 国是接受反致的国家，则该案应当反致而适用 B 国法；如果 A 国法院因此而适用 B 国实体法来处理该案件，这个法律适用过程即为双重反致。这是英国法院在 1926 年安妮斯勒（Re Annesley）案中首先采用的做法，是英国独有的反致制度。其关键之处在于，法官要假设站在外国法院的立场上，从外国冲突规范开始考虑法律适用问题，故又被称为"外国法院说"。① 当然，在实践中很少发生"双重反致"，一则限于有关外国接受反致；二则英国只在有限的身份或死亡财产处理问题上适用反致。

（二）反致的构成

一般来说，反致问题的产生，必须具备主观条件、法律条件和客观条件三个相互关联的条件。

1. 主观条件

审理涉外民商事案件的法院认为，法院地冲突规范指向的某个外国法，既包括该国实体法，又包括该国冲突法。如果法院地把本国冲突规范所援引的外国法仅理解为该国实体法，依该实体法就可确定双方当事人的权利义务，反致

---

① 肖永平：《评英国冲突法中的"外国法院说"》，《比较法研究》1991 年第 2 期。

问题就不会发生。因此，认为本国冲突规范所援引的外国法是该外国包括实体法和冲突法在内的全部法律制度，是反致问题产生的主观条件。

2. 法律条件

两个或两个以上国家，对同一涉外民商事关系规定了不同的连结点或不同的"冲突原则"，因而规定了不同的冲突规范，彼此存在冲突，如对属人法和侵权行为地有不同的识别。也就是说，不同国家就同一涉外民商事法律关系或法律问题规定的冲突规范的连结点不同，或在连结点表面相同的情况下，各自对连结点有不同的解释。若冲突规范或连结点发生积极冲突，即两个冲突规范援引的准据法都是本国法（实体法），就不会发生反致问题。只有当冲突规范或连结点发生消极冲突，即两个冲突规范援引的准据法都不是本国法（实体法）时，才会发生反致问题。如果仅仅满足上述第一个条件，但相关国家的冲突规范相同、连结点相同、适用的准据法也相同，也不会产生反致问题。因此，相关国家冲突规范发生消极冲突是反致问题产生的法律条件。

3. 客观条件

相关国家的冲突规范之间存在致送关系，是反致问题产生的客观条件。即使相关国家都认为本国冲突规范指定的外国法包括对方国家的冲突法，如无致送关系，反致也无从产生。例如，对于不动产的法定继承，甲国冲突规范规定适用不动产所在地法，而乙国冲突规范规定适用死者的本国法。这时，如乙国公民死在甲国，遗有不动产，并发生诉讼，无论在甲国或乙国提起诉讼，因为发生了连结点的积极冲突，法院都只适用本国实体法，就不会产生反致问题；反之，如甲国公民死后在乙国留有不动产，无论在甲国或乙国提起诉讼，甲乙两国法院都无法根据自己的冲突规范适用本国实体法，在这种情况下，就会产生反致问题。

凡具备上述三个条件，在一国法院处理涉外民商事案件时，就可能出现反致问题。实践中，由于对属人法和侵权行为地法有不同的识别，因而在婚姻、家庭、继承及侵权行为的损害赔偿上容易发生反致问题。例如，人的身份能力依当事人属人法，如两国都把属人法识别为当事人本国法或住所地法，就不会出现反致问题；如两国把属人法分别理解为当事人本国法和住所地法，就会产生反致问题。在反致制度下，法院地冲突规范所援引的那个外国法没有被适用，而最终适用了本国法或对自己有利的外国法，从而限制了法院地冲突规范的效力，也可以说限制了外国法的适用。

二、反致的理论

对于反致问题，理论上存在不同的见解。总的来看，可以分为赞成和反对两种意见。

（一）赞成反致

赞成反致的学者认为，反致应当成为国际私法中的一项制度。其理由主要有：（1）符合尊重国家主权原则的要求。根据外国冲突规范的规定而适用法院地法，尊重了外国的立法主权。外国法既然作了规定，说明该外国放弃了本国的实体法而适用法院地法或第三国法，与该国的主权和立法意旨相一致。（2）有利于达到判决结果的一致性。采用反致，可以避免同一案件因在不同国家的法院处理而作出不同的判决，有利于判决的相互承认与执行。（3）有利于维护和尊重外国法律的完整性。法院地冲突规范援引的外国法，是一种总括性的援引，包括了外国的冲突法和实体法，这是不可分割的整体，因而是合理的。（4）可以扩大内国法的适用范围。直接反致和间接反致可以导致法院地国家法律的适用，有利于维护法院地的公共秩序。

（二）反对反致

反对反致的学者认为，采用反致制度不仅毫无实际意义，而且有碍国际私法的发展和贯彻实施。其理由主要有：（1）只看到外国的主权而忽视了法院地国家的主权。既然法院地国的冲突规范规定适用外国法，就应依据规定去适用外国法，否则就是不尊重本国的主权和立法意旨。（2）在各国都采取反致的情况下，也并不一定能取得判决的一致性。前述福尔果继承案，如果分别在法国和巴伐利亚法院处理，结果就将不同。（3）将出现相互援引、无限循环的现象，永远无法确定准据法。如果被内国冲突规范所援引的外国法也包括冲突规范，就会出现这种互相援引的情况。（4）增加了法官和当事人查明外国法的任务，导致实践中的不便。

本书认为，传统国际私法的一个主要目的是追求判决结果的一致性，这是自萨维尼以来的法学家们梦寐以求的。但是，目前各国冲突规范难免互不相同，彼此歧异，有的国家也不接受反致制度。这就需要一个调和的办法，以求对于同一案件，无论由哪一个国家的法院受理，都将适用同一实体规范，从而得到同一判决结果。承认反致，便是一个比较好的调和方法。当然，利用反致促使判决一致并非在任何情况下都能做到，它还受到一定条件的制约。

三、反致的立法

正是由于理论上的分歧，各国在立法中对反致的态度不一：有的既接受反致，也接受转致；有的只接受反致，不接受转致；有的只在有限的涉外民商事关系上采用反致；有的则根本不采用反致。

（一）关于反致的国内立法

自1896年德国《民法典施行法》第27条①最先规定反致以来，目前各国立法对于反致大致存在着以下三种态度：（1）全部接受反致制度，包括直接反致、转致和间接反致，如奥地利、法国、英国、波兰等国。② 奥地利《关于国际私法的联邦法》（2017年文本）第5条对此规定得最为详细，且各种法律关系都适用反致。但是，英国在合同关系方面不适用反致，美国只在动产继承和离婚方面接受反致。（2）部分接受反致制度，即只接受直接反致，拒绝转致。俄罗斯、匈牙利、日本、泰国等国只规定了直接反致，有的国家还规定了适用反致的例外规则。（3）完全不接受反致制度。荷兰、希腊、意大利等国不接受任何形式的反致。例如，1946年《希腊民法典》第32条规定："在应适用的外国法中，不包括该外国的国际私法规则。"

中国在起草《民法通则》的过程中，由于意见不一，最终没有对反致问题作出明文规定。后来，1988年最高人民法院《民法通则意见》也未规定。2002年《中华人民共和国民法（草案）》第九编"涉外民事关系的法律适用法"第2条曾规定："依照本法规定应当适用的法律是指有关国家的民商事实体法，而非冲突法，但对于自然人的法律地位和身份关系，依照本法规定应当适用某外国法律，而依照该国冲突法又应当适用中华人民共和国法律的，可以适用中华人民共和国法律。"该规定说明，中国原则上不接受任何领域任何形式的反致，但在民事身份领域，中国可以接受直接反致。而《涉外民事关系法律适用法》第9条则一概排除任何反致类型，该条明确规定："涉外民事关系适用的外国法律，不包括该国的法律适用法。"

（二）关于反致的国际立法

在国际立法实践中，目前对反致的态度也可分为赞成和反对两种。一些国

---

① 该条规定："关于行为能力、婚姻、夫妻财产制、离婚及继承，依德国国际私法原应适用某一外国法，如依该外国法应适用德国法时，即依德国法决定。"
② 如2011年波兰《关于国际私法的法律》第4条规定："（1）依本法适用的外国法对波兰法反致时，则适用后者；（2）依本法指定适用的外国法，对另一国法律转致时，则适用后者。"

际公约赞成反致,例如,1902年海牙《婚姻法律冲突公约》第1条规定,缔结婚姻的权利依当事人本国法的规定,但依其本国法规定应适用其他法律者,不在此限;1930年《解决汇票及本票若干法律冲突公约》、1931年《解决支票若干法律冲突公约》等也明确接受直接反致;1955年海牙《关于解决本国法和住所地法冲突的公约》明确规定接受反致和转致。另外一些国际公约明确排除反致制度,例如,1985年海牙《国际货物销售合同法律适用公约》第15条规定:"凡适用依本公约确定的任何国家的法律,是指该国现行有效的法律规则,而不包括国际私法规则。"

思考题

1. 冲突规范在法院处理国际民商事案件时有何作用?冲突规范的软化处理有何意义?
2. 法院在处理国际民商事案件时,如何确定准据法?如何解决区际法律冲突、时际法律冲突和人际法律冲突?
3. 运用国际私法中定性的原理,如何处理涉外合同与涉外侵权竞合的案件?
4. 如何评价中国《涉外民事关系法律适用法》对于反致的排除性立法规定?

▶ 自测习题

第五章 准据法适用的一般问题

解决国际民商事争议的识别或定性问题后,争议解决机构将面临依据冲突规范确定与适用准据法的问题。但若争议解决机构尤其是法院地国家法律法规中存在关于特定国际民商事关系的实体强制性规定,必须首先适用该强制性规定;若相关国际民商事争议仍然以外国法为准据法,还需要解决法律规避存在与否及效力问题、外国法的查明及错误适用问题,以及能否以公共秩序保留制度为依据排除外国法的适用问题。

第一节 强制性规定

一、强制性规定的概念

国际私法上的强制性规定,是指国家为实现重大社会和经济利益而制定的直接适用于涉外民商事法律关系的具有强制力的实体性法律规范。

一般认为,强制性规定源于弗朗西斯卡基斯提出的"直接适用的法"理论。在总结法国司法实践基础上,弗朗西斯卡基斯在1958年发表的《反致理论与国际私法的体系冲突》及之后的系列论文中,明确提出并较为系统地阐释了"直接适用的法"理论。弗朗西斯卡基斯指出,随着国家职能的改变及国家在经济生活中作用的增强,国家对经济生活的干预与日俱增。为了使法律在国际经济和国际民商事交往中更能维护国家及其社会经济利益,国家在这些领域制定了具有强制力的法律规范(实体法),用以规范某些特殊类型的私法法律关系。[①] 弗朗西斯卡基斯所说的这类法律,就是我们今天讲的强制性规定。

强制性规定具有排他性的直接适用的效力。弗朗西斯卡基斯在考察法国司法实践的过程中发现,对这些特殊类型的涉外民商事法律关系,只要涉及上述国家重大社会和经济利益,诸如国际保险、国际金融、反不正当竞争等,法国法院往往会排除冲突法的适用,而直接适用法国具有强制性效力的实体法。弗

---

① Francescakis, "La Theorie du Renvoi et les conflicts de systemes en droit international Privé"(《反致理论与国际私法的体系冲突》), in *Paris*, vol. 9, No. 8, 1958, pp. 11-15;刘仁山:《"直接适用的法"及其在中国大陆之实践》,《法学研究》(台湾)2013年第39期。

朗西斯卡基斯将那些无须援引冲突法而直接适用的强行法或实体法，称为"直接适用的法"。

"直接适用的法"这一现象很早就存在于国际民商事交往中。萨维尼在提出"法律关系本座说"之时就已提及该问题。在1849年《现代罗马法体系》第八卷《法律冲突与法律规则的地域和时间范围》一书中，萨维尼在阐述"法律关系本座说"的同时，还提出了适用法律关系"本座"地法的"绝对强制性法律"（strictly positive law）之例外情形。萨维尼的这一思想，被认为是"直接适用的法"学说之源起。①

弗朗西斯卡基斯明确提出"直接适用的法"绝非偶然，而是与其所处的时代背景相呼应的。伴随着现代福利国家的出现，尤其是20世纪50年代之后，在经济干预主义兴起并不断得以强化的背景下，一些国家为了所谓共同社会和经济利益制定了大量的"绝对强制性法律"，以解决可能影响国家重大社会和经济利益的问题。这些所谓"绝对强制性法律"，不仅适用于本国法律关系，而且扩展适用于涉外法律关系。半个多世纪以来，该理论不仅广为各国司法实践所运用，也逐步为相关国内及国际立法所采纳。

中国自1978年以来，在一些特殊的涉外经济法律关系领域，制定了一系列强制性规定以维护国家重大经济利益，涉及涉外借贷、涉外担保、货物进出口、海上货物运输、涉外合同等方面。但关于这些强制性规定如何适用于相关涉外民商事关系，司法实践中存在不同做法。为此，中国《涉外民事关系法律适用法》首次明确了强制性规定的适用制度，该法第4条规定："中华人民共和国法律对涉外民事关系有强制性规定的，直接适用该强制性规定。"

二、强制性规定的范围与效力

国际私法上的强制性规定具有排他性的直接适用的效力，这与传统国际私法的法律适用思维是有一定出入的。国际私法的对象既然是国际民商事关系，就有必要明确强制性规定的范围及其效力问题。

（一）强制性规定的范围

国际私法所指"强制性规定"，并非一般强制性规定，而是涉及国家在相

---

① F. von Savigny, *A Treatise on the Conflict of Laws*（《论法律冲突》），2nd ed., W. Guthrie transl., 1880, pp. 77-85; Juenger Friedrich K, "General Course on Private International Law"（《国际私法普通课程》），*Rec. des Cours*, 1985, IV, p. 160.

关社会和经济领域极其重大利益的法律。但到底应包括哪些法律,此即强制性规定的范围问题。在该问题上,各国的理论及实践是不尽一致的。

从理论上看,学界尽管认为强制性规定必须与法院地国家重大社会和经济利益相关,但关于强制性规定的构成问题,却存在一定分歧。这种分歧主要表现在两个方面:(1)具体哪些领域的强制性规定事关国家重大社会和经济利益?(2)一个国家在民商事部门法中规定的单边冲突规范所指定的必须适用的实体法,是否属于强制性规定?

从各国实践来看,近年来各国在冲突法领域明确强制性规定适用问题,已呈增长态势,这一点在成文法系国家尤为明显。但各国一般在立法中不对强制性规定进行明确界定,往往将该问题留待法院自由裁量或交由司法实践部门予以规定。因而,在具体实践中,各国在强制性规定的范围问题上的分歧仍然较大。

另外,强制性规定的适用问题,也日益为相关国际立法活动所重视。如海牙国际私法会议、欧盟及美洲国家国际私法专门会议在新近立法活动中,都不同程度地就强制性规定的适用问题作出规定。[①] 尤其是欧盟在立法实践中,将强制性规定分为"普通强制规则"和"超越性的强制规则"。前者是指只能优先于当事人基于意思自治原则选择的准据法而适用的法律;后者则是指事关国家重大的政治、社会和经济组织的安全等公共利益,可以优先于公约指定应适用法律的所有至关重要的法律法规(包括当事人没有选择法律时应被适用的法律)。

强制性规定的范围问题,还涉及法院地国家对强制性规定的渊源的界定。在该问题上,理论及实践上有以下两种认识和做法:

第一,仅指应予直接适用的本国的强制性规定。弗朗西斯卡基斯将"直接适用的法"限于法院地的"直接适用的法"。这也是长期以来相关国家的主要做法,立法上如《意大利国际私法制度改革法》第17条、2007年《马其顿共和国关于国际私法的法律》第14条等,均规定法院地强制性规定具有优先效力。

第二,既包括法院地国家的强制性规定,也包括与案件有联系的相关外国

[①] 海牙《代理法律适用公约》第16条;1980年欧洲经济共同体《关于合同债务的法律适用公约》第7条第1项;1994年《美洲国家间关于国际合同法律适用的公约》第11条第2项。

的强制性规定。从现有司法实践和立法规定来看，有从只承认法院地国的强制性规定扩大到承认外国强制性规定的趋势。戚希尔和诺思认为，"直接适用的法"是指一国的特定国内法，① 在特定情况下也有可能是外国的"直接适用的法"，而不仅限于法院地的"直接适用的法"。这里所涉及的外国的强制性规定，既包括冲突规范所援引的外国准据法所属国的强制性规定，也包括法院地国和准据法所属国之外的第三国的强制性规定，瑞士、白俄罗斯、立陶宛、俄罗斯、土耳其等国的立法实践即如此。

根据中国《涉外民事关系法律适用法》的规定及相关实践，中国司法实践部门也对强制性规定进行了初步界定。《涉外民事关系法律适用法解释（一）》第 8 条规定："有下列情形之一，涉及中华人民共和国社会公共利益、当事人不能通过约定排除适用、无需通过冲突规范指引而直接适用于涉外民事关系的法律、行政法规的规定，人民法院应当认定为涉外民事关系法律适用法第四条规定的强制性规定：（一）涉及劳动者权益保护的；（二）涉及食品或公共卫生安全的；（三）涉及环境安全的；（四）涉及外汇管制等金融安全的；（五）涉及反垄断、反倾销的；（六）应当认定为强制性规定的其他情形。"

（二）强制性规定的效力

强制性规定因涉及国家重大社会和经济利益，尽管应具有排他性的优先适用效力，但就其效力问题而言，仍有以下问题需要明确。

1. 强制性规定的效力性质问题

强制性规定的优先适用效力，究竟属公法性效力还是私法性效力？对此，学界的认识是不同的。

法国学者巴蒂福尔结合联合国国际法院（ICJ）关于博尔案的判决，也倾向认为，瑞典为保护儿童权益而制定的监护法规是具有公法性质的法律而必须予以适用。② 弗朗西斯卡基斯也以博尔案为例，指出"直接适用的法"是"具

---

① "The concept of mandatory rules is a positive one; the concern is to apply a particular domestic rule." James Fawcett & Janeen M. Carruthers, *Cheshire, North & Fawcett: Private International Law*（《戚希尔、诺思、福西特：国际私法》），14th ed., Oxford University Press, 2008, p.151.

② *Boll Case, Netherlands v. Sweden*, Judgment, 28 November, 1958, *I. C. J. Reports 1958*, p.55；[法] 亨利·巴蒂福尔、保罗·拉加德：《国际私法总论》，陈洪武等译，中国对外翻译出版公司 1989 年版，第 33—34 页。

有公法性质的规范或者介于公法和私法之间的灰色区域内的混合规范"[1]。法国学者兰多则认为，强制性规定同时存在于公法领域和私法领域。[2] 中国学者一般认为，作为"公法私法化"的一种表现形式，强制性规定兼具公法和私法性质。[3]

随着国家对经济、社会领域的干预，以及公法私法化与私法公法化趋势，公法与私法之间的界限已有模糊趋势。对于强制性规定而言，其广泛存在于公法领域已无争议。但其是否也存在于私法领域，尽管理论上还有不同见解，部分国家的立法实践却已作出肯定回答。[4]

2. 与公共秩序原则效力的范围分界问题

强制性规定最初往往被归为公共秩序范畴或被混同于公共秩序原则。随着时间的推移，这种做法逐渐得以改变。从"直接适用的法"与"公共秩序原则"既有实践看，二者既有紧密联系又有显著区别。

二者的联系主要体现为：（1）从立法技术上讲，"直接适用的法"是"公共秩序原则"的一种表述方式。从立法的表述方式及适用效果看，"直接适用的法"类似于"公共秩序原则"立法上的"间接排除方式"。（2）"直接适用的法"所追求的目的，通常具有公共秩序属性。

二者的区别主要体现为：（1）根据"公共秩序原则"排除外国法（或外法域法）的适用，是适用法院地冲突规范的结果，即在公共秩序保留制度发生效力之前，法院地的冲突规范已经得以适用，只是因其所指向的外国法的适用（或者该外国法的内容）将与法院地公共秩序相抵触而被排除适用。而"直接适用的法"则是"直接适用"，无须法院地冲突规范的援引。（2）"公共秩序原则"密切关注外国法在案件中适用的结果，只有当外国法适用的结果与公共秩序相抵触时，法院才以公共秩序为由排除外国法的适用。而"直接适用的法"只强调法律的强制适用效力，并不关注外国法在案件中适用的结果。（3）"公共秩序

---

[1] Francescakis, *Anlluaire de l'IIlstitut de droit iøtenaaUonal*（《国际法研究所目录》），vol. 56, 1975, p. 192.

[2] Ole Lando, "The Conflict of Laws of Contracts, General Principles"（《合同冲突法的一般原则》），*Rec. des Cours*, vol. 189, 1985, pp. 394-397.

[3] 黄进、姜茹娇主编：《〈中华人民共和国涉外民事关系法律适用法〉释义与分析》，法律出版社2011年版，第23页。

[4] 如德国《民法典施行法》（1986年文本）第29条第2款、英国1977年《不公正合同条件法》第27条第2款之规定。

原则"通常为一般性原则，其适用范围并无特定限制。从理论上讲，该制度应该适用于国际民商事交流的所有领域，而且，在特定问题上是否适用该制度，法官往往具有宽泛的自由裁量权。而"直接适用的法"的效力仅限于涉及国家重大社会和经济利益的领域。这也决定了两者的适用范围是不可以等同的。

三、强制性规定的直接适用

从既有实践看，各国均规定强制性规定具有直接适用的效力。但应明确的是，强制性规定的直接适用效力，与国际私法中直接调整方法的"直接"是不同的。在功能上，在确定当事人权利义务方面，尽管二者都具有直接性和明确性，但二者适用的条件显然是不同的。前者是指某类强制性法律的直接适用效力；后者是指依据某类民商事实体法（主要指包括国际条约和国际惯例的所谓国际统一实体法）可以直接确定国际民商事法律关系当事人之间的具体权利义务。而这类实体法的适用，要么是冲突规范援引的结果，要么是基于条约法义务。

强制性规定的直接效力还涉及两方面的问题：一是强制性规定的适用条件问题。这里既涉及法院的自由裁量问题，也涉及强制性规定本身能否对特定涉外民商事关系发生效力的问题。二是强制性规定的适用与相关法律适用制度之间的关系问题。

（一）强制性规定的适用条件问题

尽管确立强制性规定适用制度的国家均认可该类制度的效力，但到底哪些属于强制性规定？法院地国家的强制性规定是否均有直接适用效力？法院地以外国家的强制性规定能否以及在何种条件下具有直接适用效力？对这些问题，均有赖于法院的自由裁量。

在早期实践中，各国大多将强制性规定限于法院地国以内。如前述博尔案，就是适用法院地"直接适用的法"的典型案例。国际法院在该案中认为，在同时存在冲突规范和强制性规定的情况下，法院可以优先适用法院地（瑞典）的强制性规定。① 但由于各国立法中一般不对强制性规定作明确界定或者列举，所以，确定法院地国家的某一法律是否属于强制性规定，自然需要法院的自由裁量。在这一过程中，必须考察相关实体法明确的立法意向。一般而

---

① *Boll Case*, *Netherlands v. Sweden*, Judgment, 28 November, 1958, *I. C. J. Reports 1958*, p. 55.

言，立法者会在必须予以直接适用的实体法中表达出该实体法"希望"被直接适用的立法意向，这种立法意向的表达，以明示条款最为直接。如1926年法国《海上劳动法典》第5条第1项规定："本法适用于任何在法国船舶上履行之劳动雇佣合同，不适用于在法国境内订立而在外国船舶上履行之劳动雇佣合同。"该项规定所表达的意愿就是：不管是否为涉外案件，也不论劳动合同缔结地是否在国外以及当事人是否为外国人，只要劳动雇佣合同在法国船舶上履行，《海上劳动法典》就应直接适用。

但如果立法无明示条款表达出该实体法"希望"被直接适用的立法意向，法院可否通过解释确定该实体法具有无须冲突规范的援引而希望被直接适用的立法意向？对于该问题，学界有不同见解。委内瑞拉国际私法学者帕拉-阿朗古伦等人持肯定说；① 而瑞士国际私法学者菲舍尔则持怀疑态度，他甚至认为法律即使有明文规定，法官也并非必然要直接适用该实体法。②

此外，尽管法院优先适用的强制性规定有扩及外国强制性规定的趋势，但各国往往会对此规定严格的适用条件。通常包括：（1）外国"直接适用的法"与案件有密切联系；（2）虑及外国"直接适用的法"本身的性质、目的及其适用结果等；（3）与法院地的法律观念不相抵触等。③

从国际私法中法律适用的基本思维模式来看，借助冲突规则实现涉外民事法律关系的地域化，是确定相关准据法的基本原则，而直接适用法院地实体法仅为例外情形。因此，为避免在司法实践中出现"法院地法至上"倾向，法官必须在法律有明文规定的前提下，才能直接适用法院地的强制性实体法。这里所谓的"法律有明文规定"，既包括国际私法立法中明确规定的法院可直接适用法院地强制性实体法之"概括授权条款"④，也包括相关实体法本身对其排

---

① Parra-Aranguren, Gonzalo, "General Course on Private International Law: Selected Problems"（《国际私法普通课程：问题精选》），*Recueil des Cours*, 1985, vol. II, p. 134; Thomas G. Guedj, "The Theory of the Lois de Police, A Functional Trend in Continental Private International Law—A Comparative Analysis With Modern American Theories"（《警察法理论，大陆国际私法的功能化趋势——现代美国理论的一种比较分析》），*Am. J. Comp. L.*, vol. 39, 1991, p. 665.
② Frank Vischer, "General Course on Private International Law"（《国际私法普通课程》），*Recueil des Cours*, vol. 232, 1992, pp. 158-159.
③ 刘仁山：《"直接适用的法"在我国的适用——兼评〈《涉外民事关系法律适用法》解释（一）〉第10条》，《法商研究》2013年第3期。
④ 如瑞士《关于国际私法的联邦法》（2017年文本）第18条规定："不论本法所指定的法律为何，因其特殊目的而应予以适用的瑞士法律中的强制性规定，应予以保留。"

他性效力的明确规定。这两类规定,是法院在特定情况下适用法院地强制性规定的充分依据。

(二) 强制性规定的适用与相关法律适用制度之间的关系问题

如何处理"直接适用的法"、公共秩序及法律规避制度在适用上的顺序问题,往往是司法实践中无法回避的难题。

对于强制性规定与公共秩序保留制度的关系问题,一般遵循的恰当理念是,如果某一涉外民事法律关系所适用的准据法与法院地重大私法政策相悖,则不宜采用公共秩序保留制度来排除其适用,而应采用"直接适用的法"制度排除其适用。这主要是基于当今世界各国的实体私法具有平等性和互换性(亦称"等价性")的考虑,法院地国不宜单凭本国公共秩序制度干涉某一特定的涉外民事法律关系。而遇有某一涉外民事法律关系适用准据法的结果违背法院地的公法性规范,如违背劳工法中关于工人劳动安全标准、人权法中关于人的尊严之保护等基本价值观念时,适用公共秩序保留制度排除外国法的适用是适当的。

而对于强制性规定与法律规避的关系问题,在司法实践中,若某一特定涉外民事法律关系的当事人规避法院地本应适用的强制性规定,则法院地"直接适用的法"制度本身就可以作为有效工具,确保本应适用的相关强制性规定支配该特定的涉外民事法律关系,这样也就没有必要再援用法律规避制度来排除当事人选择适用的法律之适用了。

无论是公共秩序还是法律规避制度,均依赖于一种假设或推定,即某一准据法若支配特定涉外民事法律关系,将会导致与法院地公序良俗相悖之恶果或者本应适用的法律规范得不到适用之后果;而"直接适用的法"制度则显然是直接依据某一特定实体法规范的政策,而径直适用于涉外民事法律关系的。相较而言,"直接适用的法"制度更具适用上的积极性和目的上的明确性。因此,在涉外民事司法实践中,需要运用相应国际私法制度来排除外国法的适用时,"直接适用的法"制度应该居相对优先适用的序位。

拓展阅读

"直接适用的法"及其在中国大陆之实践

第二节 法律规避

一、法律规避的概念

法律规避（evasion of law），又称法律欺诈，一般是指涉外民商事法律关系的当事人为了实现利己的目的，故意制造某种连结点，以避开本应适用的对其不利的法律，从而使对自己有利的法律得以适用的一种逃法或脱法行为。

由于法院在确定国际民商事案件管辖权、选择应适用的法律以及承认与执行外国判决三个不同阶段，都会遇到当事人的规避行为问题，所以，从广义上讲，法律规避还应包括管辖规避与判决规避。[①] 本节所讲的，仅限于一般意义上的法律规避。

涉外民商事案件准据法的确定，有赖于冲突规范的连结点。而冲突规范的连结点，有些是能随当事人的意思而变更的，如国籍、住所、所在地、行为地等，当事人往往通过改变连结点的方式来达到法律规避的目的。法国最高法院于 1878 年审理的鲍富莱蒙诉比贝斯克（*Bauffremont v. Bibesco*）一案，是法律规避方面的典型案例。[②]

---

① 管辖规避是指当事人为获得程序上或实体上的利益，根据相关国家国际民事管辖权规范，有意地改变、虚构或利用相关国家确立其国际民事管辖权的基础事实，使案件由该当事人认为的对之较为有利的法院或其他当局受理，并逃避原本最具有受理资格的法院或其他当局管辖。判决规避是指当事人在管辖规避的基础上，寻求在某一原本无管辖权的法院取得一个对自己较为有利的判决，以规避或对抗原本有管辖权的法院可能作出的判决。粟烟涛：《冲突法上的法律规避》，北京大学出版社 2008 年版，第 7—13 页。

② 该案原告鲍富莱蒙王子与一比利时女子结婚，该女子因与鲍富莱蒙王子结婚而成为鲍富莱蒙王子的妃子并取得法国国籍。鲍富莱蒙王子的妃子为达到与当时的罗马尼亚王子比贝斯克结婚的目的，于 1874 年在法国取得了"别居"的判决（因当时法国法律只允许别居而不准离婚）后，便只身移居德国并加入德国国籍，之后便在德国法院获得与鲍富莱蒙王子离婚的判决（当时德国法律允许离婚），随后即在柏林与比贝斯克王子结婚，后又以德国公民身份回到法国。鲍富莱蒙王子便向法国法院起诉，要求法院宣告其妻加入德国国籍、离婚及再婚均无效。根据当时法国冲突规范的规定，离婚应适用当事人本国法，即该案应依德国法的规定来确认王子妃在德国与鲍富莱蒙王子的离婚是否有效。但法国最高法院认为，王子妃移居德国并取得德国国籍的目的，在于规避法国关于禁止离婚的规定，即王子妃在德国的离婚及再婚是通过改变国籍这种法律规避手段获得的。这样，法国最高法院便判决王子妃在德国的离婚及再婚均属无效。关于法国最高法院民事庭 1878 年 3 月 18 日的判决，可参见［法］亨利·巴蒂福、保罗·拉加德：《国际私法总论》，陈洪武等译，中国对外翻译出版公司 1989 年版，第 510 页。

二、法律规避的构成

构成法律规避，一般认为，应同时具备以下要件：

第一，从主观上看，当事人有逃避适用某一特定法律的意图。即当事人的避法行为是有目的、有意识的，是在直接故意支配下进行的。

第二，从客观上看，当事人实施了制造或改变一个或几个连结点的行为。其一般表现为改变国籍、住所、行为地、物之所在地等。例如，因为各国关于公司成立的费用以及对公司征收的各种税款高低不一，当事人便到收费较低的国家成立公司，再到公司成立地以外的国家以"外国"公司名义经营，以逃避本国公司成立时应缴纳的大量费用以及每年应缴纳的高额税款。再如在国际海运中，船舶所有人为了少缴船舶登记费用和嗣后获得航运方面的更多便利，便到对船东更优惠的国家登记，船舶取得该国国籍后，便悬挂该国国旗在海上航行，导致在国际远洋运输中普遍存在一些船舶悬挂"方便旗"的现象。从表面上看，这类行为是合法的；但从最终结果看，这类行为实质上是非法的。

第三，从规避的对象上看，被规避的法律应是冲突规范援引的本应适用的强制性或禁止性法律。当然，被规避的法律是否包括外国法在内，各国规定是不一致的。有的国家规定，只有规避本国强制性或禁止性法律时，才构成法律规避；有的国家则规定，无论规避的法律是本国法还是外国法，均构成法律规避。

第四，从结果上看，当事人已达到规避法律的目的。即本应适用于某一法律关系的对当事人不利的法律，未得到适用；而当事人期望适用的、对当事人有利的法律，已得到适用。

三、法律规避的处理

法律规避的处理，即对基于规避行为所导致的法律适用结果效力的认定。法律规避的处理问题，实质上是法律规避的效力问题，是指由于规避行为而适用的对当事人有利的准据法究竟有效还是无效的问题。从前述法律规避的构成要件看，法律规避往往涉及多方面情况。因而，在法律规避的处理上，各国的立法、理论及实践存在较大分歧。从立法现状看，目前明文规定法律规避制度的国家较少。采用法律规避制度的国家可以分为两大类：一类是大陆法系之法国支系国家，另一类为原社会主义国家。前者包括葡萄牙、西班牙、比利时、突尼斯、阿尔及利亚、塞内加尔、加蓬、阿根廷等国家，后者包括南斯拉夫、匈牙利、罗马尼亚、乌兹别克斯坦、吉尔吉斯斯坦、白俄罗斯、阿塞拜疆和乌克兰等国家。从各国的理论与实践来看，主要有三种态度和做法：

第一，规避内国法无效，规避外国法有效。对法律规避的效力问题，有些学者提出了相对无效的主张，即规避内国法无效，规避外国法有效。这种观点也影响到相关国家的实践。法国法院于1922年对佛莱（Ferrai）案①的审理即如此。

第二，规避内国法或外国法一律无效。欧洲大陆的学者多认为，法律规避的目的在于规避本应适用的内国法或外国法，纯属欺诈行为，均应无效。② 匈牙利、比利时、葡萄牙、突尼斯、阿根廷等国的立法以及1979年美洲国家《关于国际私法一般规则的公约》的规定，基本如此。

第三，仅规定规避内国法无效。部分国家在立法中规定规避内国法无效，而对规避外国法的效力则不予规定。这类立法的代表性国家有西班牙、阿尔及利亚、塞内加尔、加蓬、匈牙利等。

此外，与法律规避效力相关的，还有以下两方面的问题：

第一，当事人规避的法律范围问题，即当事人规避的法律是实体法还是冲突法的问题。对此，各国规定也不尽相同。罗马尼亚、乌兹别克斯坦、吉尔吉斯斯坦、白俄罗斯、阿塞拜疆、乌克兰和南斯拉夫等国，均将冲突法包括在法律规避的范围之内，而其他国家则仅限于实体法。

第二，当事人已实施的以规避法律为目的的行为的效力，是否也取决于对法律规避效力的认定问题。如法律规避被认定为无效的，是否必然导致当事人为达到法律规避目的而改变连结点的行为也无效？对此，相关国家的实践是由改变后的连结点所在国法院决定。例如，在鲍富莱蒙诉比贝斯克案中，法国法院最后认为，王子妃取得德国国籍的行为，虽属有意虚设连结因素，但其是否有效，应由德国法院判定，法国法院无权受理。③

---

① 该案中，意大利法律当时只许别居，不准离婚。意大利人佛莱夫妇为规避这一限制，商定由妻子归化为法国人并向法国法院提出离婚请求。对佛莱夫人规避意大利法律行为的效力，法国法院并未予以否认。法院根据法国关于"离婚适用当事人本国法"的规定，作出准予离婚的判决（当时法国已无限制离婚的规定）。See In re Ferrari, Cass. (civ.), July 6, 1922, D. 1922, 1, 131; *Droit international Privé*, Tome I, 1974, pp. 467-468.
② 法国学者采此观点。[德] 马丁·沃尔夫：《国际私法》（第二版）（上），李浩培、汤宗舜译，北京大学出版社2009年版，第166页。
③ 李双元：《国际私法（冲突法篇）》，武汉大学出版社1987年版，第237页。

对法律规避问题，中国学界多数学者的意见是，当事人规避中国法的行为一律无效。对当事人规避外国法的行为效力，则应视具体情况而定：如果当事人规避外国法中某些正当的、合理的规定，应认定为无效；如果规避的是外国法中非正当的规定，则应认定为有效。① 然而，用本国法的标准去判断外国法是否合理、正当，往往会与主权平等原则相违背。所以，恰当的做法应该是规定当事人规避内外国法都一律无效。中国以往司法实践中，对当事人规避中国强制性或禁止性法律的，一律作无效处理。② 中国《涉外民事关系法律适用法》对此虽无明确规定，但《涉外民事关系法律适用法解释（一）》承袭了以往的司法实践，规定规避中国法律、行政法规的强制性规定的，不发生法律适用的效力。③

第三节 外国法的查明

一、外国法查明的概念

外国法的查明（the ascertainment of foreign law），又称外国法的证明（proof of foreign law）或外国法内容的确定，是指一国法院根据本国冲突规范的指定确定某一涉外民商事案件应适用某一外国法时，确定该外国法是否存在及其内容的行为。外国法的查明是法院适用外国法的必经程序。外国法的查明，除主要涉及查明外国法方法外，还涉及法律适用中对外国法的解释、对外国法不能查明时的法律适用，以及外国法适用错误后的救济问题。

外国法查明问题的提出，主要基于两方面的原因：首先，适用外国法不如适用内国法方便。虽然有"法官知法"（jura novit curia）这一古老法谚，但这主要是就法官于本国法而言的。各国法律千差万别，浩如烟海，任何法官都不可能通晓所有国家的法律。从而，当某一涉外民商事案件的准据法为外国法时，法院对该外国法是否存在及其内容的确定，就会面临相当多的困难。其

---

① 韩德培主编：《国际私法》，高等教育出版社、北京大学出版社2000年版，第135页。
② 中国《民法通则意见》（已废止）第194条规定："当事人规避我国强制或者禁止性法律规范的行为，不发生适用外国法律的效力。"
③ 中国《涉外民事关系法律适用法解释（一）》第9条规定："一方当事人故意制造涉外民事关系的连结点，规避中华人民共和国法律、行政法规的强制性规定的，人民法院应认定为不发生适用外国法律的效力。"

次,法院到底应该用哪一种程序来查明外国法的内容,即法院是用确定本国法内容的程序来确定外国法的内容,还是用确定事实的程序来确定外国法的内容,各国间还存在较大差异。英美法系国家根据诉讼法传统,认为外国法的查明属当事人举证或证明的范畴;大陆法系国家则根据"法官知法"的原则,认为外国法的查明属法官履行职责的范畴。这样就产生了对某一涉外民商事案件应适用的外国法的内容,究竟应由当事人负举证责任,还是应由法官依职权主动查明的问题。

二、外国法查明的责任与方法

(一) 外国法查明的责任

外国法查明责任,是指由谁负责查明外国法。这涉及查明外国法的程序问题。从立法及实践看,在查明外国法的程序上,大致有以下三种:

1. 由当事人举证证明

这一实践又被称为"听讯原则"(principle of hearing the parties)。采用这种做法的国家,主要是英美法系国家和西班牙及受其影响的部分拉丁美洲国家。这些国家多采取将外国法作为事实的证明程序,认为外国法是当事人用以证明自己主张的事实,而不是法院应主动适用的法律。因而,被法院地冲突规范所援引的外国法是否存在及其内容如何,应由当事人举证证明,法官并无依职权查明的义务。例如,在加拿大,诉讼当事人若在诉状中以外国成文法作为诉讼请求依据,当事人就应对该成文法的特定内容在诉状中作较确定的说明。[①]

当然,这些传统上采取事实证明程序来查明外国法的国家,晚近也有一些变化。譬如英国传统上一般将外国法看作事实,并采取长久以来实行的由陪审团在诉讼中认定事实的制度,将外国法的内容交由陪审团来认定。但1920年颁布的《司法行政法》规定由法官而不再由陪审团认定外国法这种"事实"问题,取代该法的《1981年最高法院法》第69条第5款再次确认了这一规定。对于由当事人负责查明外国法的一般规则,英国规定了一些例外,包括一般法律原则、已经成为一种共识的外国法、由枢密院进行上诉审的外国法(包括苏

---

① J.-G. Castel, *Canadian Conflict of Laws* (《加拿大冲突法》), 3rd ed., Butterworths Toronto, 1994, pp. 150-153.

格兰、北爱尔兰以及其他英联邦成员国的法律)。① 因此，外国法在英国虽然被看作一个事实问题，但它已是一个特殊类型的事实问题。② 美国传统上往往将外国法甚至本国姊妹州的法律看作事实问题，但目前根据有关成文法的规定，美国法院已有权对州的法律或美国法进行调查，而无须当事人举证。对于外国法，部分州采用了1962年《统一州际和国际诉讼程序法》，准许法院将外国法作为法律问题来对待。1966年生效的《美国联邦民事诉讼规则》也允许法院在确定外国法时考虑包括证言在内的任何有关的资料和来源，而不管该资料是否由当事人提供，或者是否能为证据规则所接受。而且，当事人认为美国法院适用外国法有错误的，还可以上诉。③

2. 由法官依职权查明

这一做法又被称为"调查原则"，是指将外国法的查明纳入法律的证明程序，无须当事人举证。采取这种做法的，主要是德国、意大利、荷兰等欧洲国家，以及秘鲁和乌拉圭等部分拉丁美洲国家。这些国家认为，根据本国冲突规范需要适用外国法的，应如同适用本国法一样，由法官依职权查明外国法。

3. 由法官依职权查明，但当事人也负有协助义务

采取这种做法的主要有法国、瑞士、奥地利、土耳其以及加蓬、塞内加尔等国。这些国家虽然也将外国法作为法律的证明程序，主要采用法官主动查明的方法，但也不排除要求当事人提供证明。当然，这些国家的法院对当事人的举证，既可以确认，也可以限制或拒绝。

此外，从各国的立法与实践来看，对于外国法查明责任的划分，有三种标准：有关经济利益的事项和非经济利益事项、当事人可自由处分的权利争议和当事人不可自由处分的权利争议及法官是否确认外国法的适用。按照这三个标准，在涉及经济利益、当事人可自由处分的权利争议上，更倾向于由当事人举证证明外国法；而涉及非经济利益、当事人不可自由处分的权利争议、需要法官确认外国法的适用时，则更倾向于由法官依职权查明外国法。④

---

① Sofie Geeroms, *Foreign Law in Civil Litigation: A Comparative and Functional Analysis* (《民事诉讼中的外国法：比较与功能分析》), Oxford, 2004, pp. 118-120.
② Lord Collins of Mapesbury, *Dicey, Morris and Collins on the Conflict of Laws* (《戴西、莫里斯和柯林斯论冲突法》), 15th ed., Sweet & Maxwell, 2012, p. 322.
③ 韩德培、韩健：《美国国际私法（冲突法）导论》，法律出版社1994年版，第105—106页。
④ 肖芳：《论外国法的查明——中国法视角下的比较法研究》，北京大学出版社2010年版，第78—79页。

在外国法查明的责任问题上,中国理论界倾向于上述第三种做法。《涉外民事关系法律适用法》明确了查明外国法的职责,建立了以争议解决机构依职权查明外国法为主、当事人协助证明的制度。该法第 10 条规定:"涉外民事关系适用的外国法律,由人民法院、仲裁机构或者行政机关查明。当事人选择适用外国法律的,应当提供该国法律。不能查明外国法律或者该国法律没有规定的,适用中华人民共和国法律。"

(二) 外国法查明的方法

外国法查明的方法,是指在查明外国法过程中,法官或当事人所采用的方式或获取外国法的途径。

一般而言,外国法查明的方法包括法官或当事人直接负责外国法查明,通过专家证人、习惯证明书查明,通过外交或领事途径查明,以及通过专家意见甚至互联网的方式查明等。在某些特定国家,由于法律传统不同,往往只是采用上述方法中的一种或几种。各国还可依据国际条约,或者通过双边或多边条约,以司法协助的方式查明外国法。

除了这些查明外国法的途径,普通法系国家对于外国法的查明,还有更为具体的方法,包括当事人之间的协议(agreement)或者承认(admission)、法院的司法认知(judicial notice)、外国政府批准的法律文件、专家证据(expert evidence)及法庭之友(amicus curiae)等。①

另外,不少国家还通过缔结国际公约或双边条约,建立专门的获取有关外国法资料的国际互助体系,② 相互协助缔约国查明外国法,如 1968 年《关于外国法证明的欧洲公约》(《伦敦公约》)和 1979 年《美洲国家间关于外国法证明和查询的公约》(《蒙特利尔公约》)等。

从中国以往实践看,外国法查明的途径主要有:由当事人提供;由与中国订立司法协助协定的缔约对方的中央机关提供;由中国驻该国的使、领馆提供;由该国驻中国的使、领馆提供;由中外法律专家提供。③ 这些途径中,强调以法院为主导。但对于国际民商事合同争议法律适用中外国法的查明问题,

---

① 韩德培主编、肖永平主持修订:《国际私法》(第三版),高等教育出版社、北京大学出版社 2014 年版,第 153 页。
② [法] 亨利·巴蒂福尔、保罗·拉加德:《国际私法总论》,陈洪武等译,中国对外翻译出版公司 1989 年版,第 459 页。
③ 中国《民法通则意见》(已废止)第 193 条。

如果当事人选择适用法律的,则以当事人提供外国法为主,以法院查明为辅;若人民法院根据最密切联系原则确定合同准据法为外国法的,则以法官依职权查明为主,以当事人协助为辅。

在总结以往实践基础上,中国现在实行的是以争议解决机构查明外国法为主的原则。《涉外民事关系法律适用法》第10条第1款规定:"涉外民事关系适用的外国法律,由人民法院、仲裁机构或者行政机关查明。当事人选择适用外国法律的,应当提供该国法律。"但当事人在相关涉外民商事关系中选择适用法律的,则由当事人负责提供外国法律。目前司法实践中,人民法院还可以通过已对中华人民共和国生效的国际条约规定的途径,由中外法律专家、法律查明服务机构和国际商事专家委员提供,以及听取当事人对外国法的内容及适用的理解和意见等方式来查明外国法。① 伴随着互联网的发展和规范运用,中国法院在实践中也开始尝试通过互联网途径来查明外国法。

三、外国法的解释

外国法的解释,即对冲突规范所指定的外国法及其具体规则的内容和性质作出解释和确认,以便对涉外案件中当事人的具体权利义务关系作出判断。

(一) 外国法解释问题的提出

外国法解释问题的提出,主要有两个原因:(1)法律解释是法律适用的基本问题,法律必须经过解释才能适用。(2)每个国家的法律体系、法律制度、法律传统、法律用语均各有特色,外国法解释存在困难。

---

① 中国《涉外民事关系法律适用法解释(一)》第15条规定:"人民法院通过由当事人提供、已对中华人民共和国生效的国际条约规定的途径、中外法律专家提供等合理途径仍不能获得外国法律的,可以认定为不能查明外国法律。根据涉外民事关系法律适用法第十条第一款的规定,当事人应当提供外国法律,其在人民法院指定的合理期限内无正当理由未提供该外国法律的,可以认定为不能查明外国法律。"第16条规定:"人民法院应当听取各方当事人对应当适用的外国法律的内容及其理解与适用的意见,当事人对该外国法律的内容及其理解与适用均无异议的,人民法院可以予以确认;当事人有异议的,由人民法院审查认定。"2018年《最高人民法院关于设立国际商事法庭若干问题的规定》第8条规定:"国际商事法庭审理案件应当适用域外法律时,可以通过下列途径查明:(一)由当事人提供;(二)由中外法律专家提供;(三)由法律查明服务机构提供;(四)由国际商事专家委员提供;(五)由与我国订立司法协助协定的缔约对方的中央机关提供;(六)由我国驻该国使领馆提供;(七)由该国驻我国使馆提供;(八)其他合理途径。通过上述途径提供的域外法律资料以及专家意见,应当依照法律规定在法庭上出示,并充分听取各方当事人的意见。"

外国法解释与外国法查明是两个相对独立又互为联系的问题。一方面，外国法查明强调获取外国法的程序事项，而外国法解释强调外国法适用过程中对其意义内容的确定。① 另一方面，外国法查明程序中往往会发生外国法的解释问题，因外国法的解释要不同程度地受法院和当事人的影响，致使外国法的查明问题更为复杂。但外国法的解释也对外国法查明提出了更高的要求，即要求查明所有外国法解释所需要的法律规范，而不仅仅是直接影响当事人权利义务的条款本身。

（二）外国法解释的依据问题

对外国法，一般依据准据法所属国家的法律，即依据外国法所属国在立法和实践中的原则和做法进行解释。采取这一做法的较早判例，是常设国际法院1929年的巴西公债案（*Brazilian Loans*）② 和塞尔维亚案（*Serbian Loans*）③。明确规定外国法解释依据的国家如突尼斯、意大利、葡萄牙、奥地利、秘鲁、保加利亚、比利时等，都采此法。

在理论界尤其是大陆法系学者中，多赞同对外国法进行解释应尊重外国法本身④，解释主体应当着眼于外国法体系整体。例如，法国学者认为，必须把外国法当作真正的法律予以适用，如同适用法院地自己的法律来作出判决一样。⑤ 欧盟《外国法适用》报告对此也持赞同态度。⑥ 对于解释外国法必须遵循的原则，可以归纳为以下几点：（1）摒弃本国法制下形成的先见，尊重外国法中的解释原则或规则。（2）尽可能尊重外国的判例，只有在例外情况下才能拒绝判例。（3）采纳对案件有（管辖）权限的外国法的解释。（4）不能随意自行解释，而须从业已存在的几种解释中选择较为合理的一种，且必须在准据法国家不同学派的意见中选择其一。当然，也有一些国家规定，对外国法的解释，以审理案件的法官的意见为准。⑦

---

① 徐鹏：《外国法解释模式研究》，《法学研究》2011年第1期。
② Brazilian Loans，PICJ（Ser. A）No. 15，1929.
③ Serbian Loans，PICJ（Ser. A）No. 15，1929.
④ 涂广建：《澳门国际私法》，社会科学文献出版社、澳门基金会2013年版，第165—166页。
⑤ Martin Wolff, *Private International Law*（《国际私法》），Oxford University Press，1945，p. 218.
⑥ Carlos Esplugues, José Luis Iglesias, Guillermo Palao (eds.), *Application of Foreign Law*（《外国法的适用》），Sellier European Law Publishers，2011，p. 3.
⑦ 如1972年《塞内加尔家庭法典》第850条规定："外国法的含义与范围由主审法官确认。"

英美法系国家对外国法的解释主要依靠专家意见和证言。对抗式的纠纷解决机制，将外国法解释的责任转嫁给具有直接利害关系、对外国法有不同认识的当事人。一般而言，只要专家意见和证言及其他证据不相互矛盾，得出的结论不太荒唐，法院均会接受专家意见和证言。英国学者认为，外国法解释只是公平解决纠纷的手段，裁判结果并不依赖外国法是否得以正确适用。①

中国学界也多认为，对外国法的解释应依外国法所属国家的法律及解释规则，此即所谓的"同一性原则"。中国立法上没有关于外国法解释的规定。在实践中，中国总体上坚持的是由法院主导的原则。即当事人对外国法的内容及理解和适用能取得一致意见的，由法院确认；当事人意见不一致的，则由法院审查认定。② 另外，在对外国法解释过程中，除要求查明直接影响当事人权利义务的条款本身以外，还要求查明解释该特定外国法所需要的其他相关法律规范（包括判例在内）。不能查明解释特定外国法所需要的相关法律规范的，法院可能会认定该特定外国法无法查明。③

四、外国法无法查明与错误适用

（一）外国法无法查明的认定

一般而言，外国法无法查明存在两种情形：一是通过各种途径均无法得到有关国家法律的明确内容；二是虽然查到了该外国法，但该外国法中无涉案情况的相关规定。④

对于外国法无法查明的认定标准问题，理论上一般要求完全查明外国法。但是司法实践中，依据怎样的标准才能认定该外国法无法查明，各国做法不尽

---

① Richard Fentiman, *Foreign Law in English Courts: Pleading, Proof and Choice of Law*（《英国法庭中的外国法：诉答规则、证明与法律选择》），Oxford University Press, 1998, p. 310.
② 中国《涉外民事关系法律适用法解释（一）》第16条规定："人民法院应当听取各方当事人对应当适用的外国法律的内容及其理解与适用的意见，当事人对该外国法律的内容及其理解与适用均无异议的，人民法院可以予以确认；当事人有异议的，由人民法院审查认定。"
③ 如"杭州热联进出口股份有限公司诉吉友船务有限公司海上货物运输合同纠纷案"［厦门海事法院，(2010) 厦海法商初字第353号］和"北京颖泰嘉和生物科技有限公司与美国百瑞德公司居间合同纠纷上诉案"［北京市高级人民法院，(2013) 高民终字第1270号］。
④ 杜涛、陈力：《国际私法》，复旦大学出版社2004年版，第227页。

相同。① 综观各国立法与实践，主要对查明时间与途径进行限定。

1. 限定查明时间

即在立法上规定在合理时间内查明外国法内容。例如，法国法院的法官可以给当事人规定一定期限，使他们证明外国法的内容。② 该期限届满，则可认定为无法查明。但是，大多数国家仅作"合理期限"的规定，具体时间由法院根据案件自由裁量。③

2. 规定查明途径

许多国家的国际私法规定了若干种查明途径。④ 由当事人承担证明外国法的责任的英美法系国家，要求当事人提供充分的证据材料。因此，在当事人拒绝或无法提供充分材料时，也应认定为无法查明。

中国《涉外民事关系法律适用法》实施后，对外国法不能查明这一问题作了明确界定，赋予了法院在当事人提供外国法律情形下指定查明期限的权力，并列举了法院查明外国法的途径。这是在外国法查明问题上，中国司法实践中较为明显的进步。⑤

（二）外国法无法查明时的处理

从各国立法及实践看，对外国法不能查明时的处理，主要有以下做法：

1. 适用内国法

在冲突规范指定的外国法无法查明时适用内国法，这是世界大多数国家的做法。其理由是，在外国法无法查明时，内国法是法官最熟悉的法律。但基于

---

① Carlos Esplugues JoséLuis Iglesias Guillermo Palao, *Application of Foreign Law*（《外国法的适用》），Sellier: European Law Publishers GmbH, Munich. 2011, p.56.
② ［法］亨利·巴蒂福尔、保罗·拉加德：《国际私法总论》，陈洪武等译，中国对外翻译出版公司1989年版，第459页。
③ 如奥地利《关于国际私法的联邦法》（2017年文本）第4条第2款规定："如经充分努力，在适当时期内外国法仍不能查明时，则应适用奥地利法。"《列支敦士登国际私法》第4条第2款规定："如果该外国法经过深入调查在合理期限内仍不能查明，则应适用列支敦士登法律。"
④ 如奥地利《关于国际私法的联邦法》（2017年文本）第4条第1款规定："外国法应由法官依职权查明。"
⑤ 中国《涉外民事关系法律适用法解释（一）》第15条规定："人民法院通过由当事人提供、已对中华人民共和国生效的国际条约规定的途径、中外法律专家提供等合理途径仍不能获得外国法律的，可以认定为不能查明外国法律。根据涉外民事关系法律适用法第十条第一款的规定，当事人应当提供外国法律，其在人民法院指定的合理期限内无正当理由未提供该外国法律的，可以认定为不能查明外国法律。"

各国的立法及实践，此方法又可分为两种：一是直接适用内国法。采用这一做法的代表国家主要有奥地利、土耳其、瑞士、法国、波兰、加蓬以及塞内加尔等国。二是类推适用内国法。这是以英国为代表的普通法系国家的做法。在英国，如果当事人不能对外国法的内容提出相应的证明，或者经举证或抗辩后，法院对外国法内容的证明仍不满意，法院就推定外国法同英国法一样，进而适用英国法处理案件（即使人人都知道外国法与英国法不一样也是如此）。美国法院的做法则是，在当事人不能证明外国法时，即推定美国法与外国法相同，但这种推定仅限于普通法系国家，如英国、加拿大和澳大利亚等国家的法律。

2. 驳回当事人的诉讼请求或抗辩

在冲突规范指定的外国法无法查明时驳回当事人的诉讼请求或抗辩，是德国和美国等少数国家的做法。其理由是，既然当事人据以主张权利的外国法不能被查明，表明当事人的诉求或抗辩缺乏相应的事实依据。如德国《民事诉讼法》第 293 条规定，德国法院依职权查明外国法的内容，但也有权要求当事人双方提供有关外国法的证据。如果负责提供外国法证据的一方不能提供，则法院可以证据不足驳回其诉讼请求或抗辩。在美国，如果外国法不属于普通法系国家法律，则不采用前述推定适用的办法，而以证据不足驳回诉讼请求或抗辩。

3. 其他特殊做法

在冲突规范指定的外国法无法查明时，国家实践中主要有如下特殊做法：（1）适用与本应适用的外国法相近似或类似的法律。① （2）适用一般法理。即外国法无法查明或欠缺有关规定时，应依法理进行裁判。② （3）适用最密切联系地法律。③ （4）适用其他连结因素能确定的法律。④ （5）适用经默示推定的

---

① 德国曾有一判例，该案本应适用《厄瓜多尔民法典》，而法院无从获得该法典，但法院知道《厄瓜多尔民法典》是以《智利民法典》为蓝本制定的，于是法院便以《智利民法典》而不是以法院地法作为该案的处理依据，理由是适用同《厄瓜多尔民法典》近似的《智利民法典》比适用法院地法似乎更接近正确的解决办法。
② 日本大阪法院于昭和四十一年（1966 年）1 月 13 日作出的关于亲子关系不存在的判决确认：母之夫的本国法——朝鲜法不明，依法理裁判。
③ 如朝鲜 1995 年《涉外民事关系法》第 12 条规定。
④ 如 1995 年《意大利国际私法制度改革法》第 14 条第 2 款规定。

当事人选择的法律。① 具体是指，当事人无法提供外国法的，当事人将案件提交法院的行为被推定为同意适用法院地法的默示意思表示。

外国法被中国人民法院认定为不能查明的，中国理论界倾向于适用与中国法律类似的法律或中国相应的法律。中国现行立法明确规定适用中国法律，②这与中国以往的实践相一致。③

（三）外国法适用错误后的救济

在处理涉外民商事案件时，外国法可能会被错误适用，即产生以下两种情况，由此便需要采取相应的救济措施。

1. 适用内国冲突规范的错误

这种情况是指法官在适用内国冲突规范时，依冲突规范的指定，本应适用甲国法律，却适用了乙国法律或法院地法而发生错误；或者本应适用法院地法却适用了外国法而发生错误。从表面上看，这类错误似属适用外国法的错误，但从本质上讲，这类错误应属适用内国法的错误，因为这类错误的发生是从错误适用内国冲突规范开始的。因而，对这类错误的救济，各国在实践中均允许当事人上诉，并予以纠正。

2. 适用外国法的错误

这种情况是指法官在依内国冲突规范的指定适用某一外国法时，对该外国法的内容作了错误的认定（如本应适用外国某一法规的甲项条款却适用了该法的乙项条款；或者对应适用的外国法条款的内容作了错误解释），且据此作出了错误的判决。对这类错误的救济，从各国的理论及实践看，主要有两种不同的做法：

第一，不允许当事人上诉。采用这一做法的国家主要有法国、德国、瑞士、西班牙、比利时、希腊、卢森堡、荷兰等。在这些国家中，有的把对外国法的查明看作对事实的认定，其最高法院只是作为"法律审"的法院，它的工作仅限于审查依据事实得出的法律结论，因而它必须接受下级法院对事实的认定。因此，在这些国家，对适用外国法本身的错误，是不允许上诉到最

---

① *Erie Railroad Co. v. Tompkins*, 304 U. S. 64, 58 S. Ct. 817, 82 L. Ed. 1188, 110. 0. 246（1938）；*Lee v. M/V Gem of Madras*, No. Civ. A. H-05-0631, 2006 WL568545 at 1（S. D. Tex. 2006）.

② 中国《涉外民事关系法律适用法》第10条第2款规定："不能查明外国法律或者该国法律没有规定的，适用中华人民共和国法律。"

③ 中国《民法通则意见》（已废止）第193条规定，在应当以外国法为准据法而人民法院不能查明外国法内容的，适用中华人民共和国法律。

高法院的。而将外国法的查明作为法律证明程序的国家则认为，最高法院的设立，就是为了保证本国法律解释的正确性与一致性，至于对外国法的解释是否正确和一致，则不是内国最高法院而是外国最高法院的职责。因此，在这些国家，外国法被错误适用后，也是不允许当事人上诉的。当然，在某些情况下，这些国家也有例外。如在法国，对外国法的错误解释导致法国的税法不能适用的，法院就可以出于对国库利益的维护而准许当事人提起法律审上诉。①

第二，允许当事人上诉。从诉由上看，这一实践又分为两种情况：一是以奥地利、葡萄牙、芬兰、意大利、波兰、美洲国家以及苏联、东欧为代表的国家认为，外国法的适用是因为内国冲突规范的援引，如果内国冲突规范所援引的外国法被错误适用，则应当与错误适用内国法律同等对待，即视为违反了内国法，应允许当事人上诉并纠正错误。② 二是以英国和美国为代表的普通法系国家，虽然将外国法看作"事实"，但在诉讼程序上实行上诉审制度，对下级法院关于事实的认定和法律的适用问题，上诉审法院有审查职能。因而，若发生了错误适用外国法的情况，当事人是可以上诉的。③

中国对民商事案件实行两审终审制，无事实审和法律审之分。对错误适用外国法的救济问题，中国虽无专门的法律及司法实践方面的规定，但从中国民事诉讼法的指导思想、任务、基本原则和有关的具体规定看，从维护正常的国际民商事秩序着眼，无论发生适用内国冲突规范的错误，还是适用外国法的错误，只要不服一审判决，均允许当事人通过上诉途径获得救济。即使案件已经过二审，如果确有错误，亦可通过审判监督程序加以纠正。

---

① ［法］亨利·巴蒂福尔、保罗·拉加德：《国际私法总论》，陈洪武等译，中国对外翻译出版公司 1989 年版，第 466—467 页；［德］马丁·沃尔夫：《国际私法》（第二版）（上），李浩培、汤宗舜译，北京大学出版社 2009 年版，第 249 页。
② 如 1928 年《布斯塔曼特法典》第 412 条规定。
③ Lord Collins of Mapesbury, *Dicey, Morris and Collins on the Conflict of Laws*（《戴西、莫里斯和柯林斯论冲突法》），15th ed., Sweet & Maxwell, 2012, pp. 318-321.

第四节 公共秩序保留

一、公共秩序保留的概念

公共秩序保留(reservation of public order),简称公共秩序(public order)或公共政策(public policy),是指一国法院依本国冲突规范的指定应适用外国法时,如该外国法的适用(或者该外国法的内容)与法院地国的重大利益、道德的基本观念或法律的基本原则相抵触,便可排除其适用的一种制度。从各国立法上看,该制度通常表述为"公序良俗""公共秩序"以及"国际公共秩序"等。

作为国际私法中的一项基本制度,公共秩序保留制度对外国法的排除作用主要表现在三个方面:(1)冲突规范指定应适用外国法,如果外国法适用结果有碍内国公共秩序,便可排除该外国法的适用。这种情况下,这一制度具有对某些外国法适用的防范或否定作用,或称对消极结果的排除否定作用。(2)以单边冲突规范方式规定内国法必须适用的,也具有对某些外国法适用的防范或否定作用,在这种情况下,这一制度对外国法的适用具有积极的排斥作用。(3)根据内国冲突规范所援引的外国法,其适用将违反国际法的强行性规则、内国所承担的国际义务或国际社会一般认可的正义要求的,也可以适用该外国法将违反国际公共秩序为由拒绝适用。如1966年《消除一切形式种族歧视国际公约》规定,种族歧视的法律应被视为违反国际强行法的法律,因而一国法院就可据以拒绝适用另一国有关种族歧视的规定。这种情况下,一国的公共秩序保留制度具有维护和保障国际公共秩序的作用。

此外,在国际民事诉讼的相关程序中,诸如内国法院确定对某一涉外案件的管辖权时、在对外国判决(包括仲裁裁决)的承认与执行中,公共秩序保留制度往往也会发生作用,甚至法院在决定中止诉讼时也可能考虑外国的公共秩序。[①]

[①] Yeo Tiong Min, "The Role of Public Policy, Overt and Camouflaged, in International Litigation and Arbitration", in Chan Wing Cheong etl. (eds) *Current Legal Issues in International Commercial Litigation* (《当前国际商事诉讼中的法律问题》), National University of Singapore, 1997, pp. 301-403.

二、公共秩序保留的理论

公共秩序保留的概念，可溯源至中世纪意大利的"法则区别说"。巴托鲁斯在"法则区别说"中主张，一个城邦国家对另一城邦国家的所谓的"令人厌恶的法则"（statuta odiosa），如禁止认领非婚生子女、妇女不能成为继承人的法则，可拒绝适用。但对公共秩序保留理论的系统阐述，最先是由"国际礼让说"的倡导者胡伯完成的。胡伯认为，一国出于礼让，可以承认外国法在内国的域外效力，但前提是该外国法的适用不得损害国家主权和内国臣民的利益。

1804年《法国民法典》最早规定了公共秩序制度。该法典第6条规定："个人不得以特别约定违反有关公共秩序和善良风俗的法律。"这一规定最初仅适用于国内契约类案件，后来法国在司法实践中，也将该制度适用于涉外民事案件，即法国冲突规范援引的外国法违反法国公共秩序的，法国法院将拒绝适用。之后，公共秩序作为一项制度，陆续在许多国家立法中得以确立，也引起了各国国际私法学者的普遍关注。但对于什么是公共秩序以及在何种情况下可援引公共秩序，各国学者提出了不同看法。

德国法学家萨维尼认为，任何国家的强行法可分为两类：一类是纯粹为保护个人利益而制定的，如根据年龄或性别对当事人行为能力予以限制的法则。这类法则虽不得因个人约定而排除其适用，但依照涉外民事法律关系的性质，如其"本座"在某一外国，即根据内国冲突规范的指定，该涉外民事法律关系应适用某一外国法时，该类强行法就应让位于该外国法。另一类不仅是为保护个人利益制定的，也是根据道德上的理由或者政治上、国家安全上及国民经济上的公共利益制定的，如宪法、行政法、财政法、税法等。这类法则具有绝对排除外国法适用的效力，对此类法则所支配的某一涉外民事法律关系是否要适用外国法的问题，法院可根本不予考虑。萨维尼认为，前者是国际私法中一种依"本座"适用外国法的法律适用的基本原则；后者则是国际私法基本原则的例外，是一种拒绝适用外国法的特殊情况。

意大利法学家孟西尼在其著名的"孟西尼三原则"中，主张在解决法律选择问题时，应以国籍原则为依据。即对于为个人制定的法律，应通过本国法原则适用于该国所有国民，而不论其位于国内还是位于国外；但对于为公共利益而制定的法律，则必须依公共秩序原则适用于在内国境内的一切人，而不论其是本国国民还是外国人。孟西尼的理论与萨维尼理论的不同之处在于：萨维尼主张公共秩序是国际私法基本原则的一项例外，而孟西尼则认为公共秩序是国际私法的一项基本原则。

　　瑞士法学家布鲁赫则在萨维尼将强行法分为两类的基础上，进一步将公共秩序分为两类，即国内公共秩序（lois d'order public interne）和国际公共秩序（lois d'order public international）。所谓国内公共秩序，即纯属一国范围之内的公共秩序。其仅在调整国内民事法律关系时具有绝对效力，但在发生涉外民事争议并依内国冲突规范的指定应适用外国法时，就不一定具有绝对效力，而一般要让位于外国法。例如，一国关于婚龄的规定，对其本国国民而言具有绝对效力，但在某一涉外婚姻关系中，当该国冲突规范指定该婚姻关系应适用外国法时，它就不一定必须适用了（而可能要适用外国当事人的本国法或婚姻缔结地的外国法）。这类规范就属国内公共秩序法。所谓国际公共秩序，即国际私法意义上的公共秩序，是指在国内对所有民事法律关系（包括涉外民事法律关系）均具有绝对效力的法律，诸如宪法、行政法、财政法、税法及国家安全法等。这类法律所支配的涉外民事法律关系具有绝对排除适用外国法的效力，即使内国冲突规范指定要适用外国法，亦如此。例如，一国关于禁止重婚、禁止一夫多妻和禁止直系亲属间通婚的规定，无论对国内婚姻关系还是对涉外婚姻关系，均有绝对适用的效力，能完全排除外国法的适用。这类规范就是国际公共秩序法。

　　英美学者多将公共秩序称为"公共政策"。除此之外，还有将公共秩序称为"法律政策"（legal policy）、"特殊政策"（distinctive policy）和"法律秩序"（legal order）的。英美学者虽然也多根据本国关于公正与道德的基本观念、法律的禁止性规定和国家利益等给公共政策下定义，但均认为其适用的条件和范围存在差异。美国国际私法奠基人斯托里从"国际礼让"的观点出发，认为一国法律在另一国发生何种效力，完全取决于另一国的态度。因此，一旦外国法的适用将"给自己国家和公民的利益带来损害"或"使主权与平等受到破坏与威胁"，公共秩序保留就负有消除"礼让"所产生的副作用的责任。但斯托里并没有指出适用这一制度应有的限度。英国学者戴西则从"既得权"理论出发，认为对英国来说，只有三种依外国法取得的权利不在保护之列：与英国成文法相抵触的权利、与英国法律政策相抵触的权利和与英国主权利益相抵触的权利。戚希尔则基于"特殊政策"概念，认为只有英国的"特殊政策"才是必须优先于外国法的。这类情况主要有：与英国基本的公平正义观念不相容；与英国的道德观念相抵触；损害英联邦及友好国家的利益；某一外国法侵犯了英国关于人的行动自由的观念。①

以上表明，欧洲大陆学者主要是从法律分类角度来确定什么是公共秩序的，而英美学者则主要从法律关系的性质着手来探讨公共秩序内涵，而且意见相差甚大。这主要是因为公共秩序本身是一个颇具弹性的概念，是一国对于特定时间、特定条件和特定问题中的重大利益或根本利益予以维护或保障的工具，其实质就是要在运用冲突规范这种间接手段调整涉外民事法律关系时，出于维护国家及国民重大利益的考虑，对冲突规范所援引的外国法的适用予以相应限制。因此，人们常将公共秩序保留称为国际私法中适用外国法的"安全阀"。

此外，一些学者将公共政策分为三个层次：（1）国内公共政策（national public policy），包括国内民法上的公共政策和国际私法上的公共政策。（2）共同体公共政策（community public policy），如欧盟、美洲国家组织等制定、颁布的强行性的、体现共同体整体政策和利益的一些法律、规则、条例和指令。（3）国际公共政策（international public policy）。瑞士学者拉利夫称之为"跨国的或真正的国际公共政策"，由自然法的根本原则、普遍的正义原则、国际公法中的强行法和文明国家所接受的一般道德与公共政策组成。②

三、公共秩序保留条款的立法与实践

（一）公共秩序保留条款的立法

1. 公共秩序保留的立法标准

各国立法通常只是概括地规定适用外国法不得违背内国的公共秩序。对于如何适用公共秩序以及采用何种标准，主要有以下两种学说：

第一，主观说。该说认为，法院地国依自己的冲突规范本应适用某一外国法时，如果该外国法本身的规定与法院地国公共秩序相抵触，便可排除其适用，而不问具体案件与适用该外国法的结果如何。它强调了外国法本身的有害性或邪恶性，而不注重法院地国的公共秩序是否因适用该外国法而受到损害。日本、朝鲜和韩国为采此种标准的典型国家。

第二，客观说。该说注重外国法的适用结果客观上是否违反法院地国的公

---

① Cheshire and North, *Private International Law*（《国际私法》），Butterworth-Heinemann, 1987, pp. 134-135.
② 韩德培主编、肖永平主持修订：《国际私法》（第三版），高等教育出版社、北京大学出版社2014年版，第147—148页。

共秩序,又可分为联系说和结果说。联系说认为,外国法是否应排除适用,除了看该外国法适用的结果是否违反法院地国公共秩序外,还要看案件与法院地国有无实质联系。如果有实质联系,则应排除该外国法的适用;如果无实质联系,则不应排除该外国法的适用。结果说并不注重案件是否与法院地国有密切联系,而认为在运用此原则时,不仅要注重外国法规定的内容是否违反法院地国公共秩序,而且要注重外国法的适用结果是否违反法院地国公共秩序。若仅内容违反法院地国公共秩序,不一定妨碍该外国法的适用;只有该外国法的适用结果违反法院地国公共秩序时,才可排除该外国法的适用。奥地利、瑞士、德国、泰国、希腊、埃及等为采这一标准的典型代表。

主观说虽然运用起来比较方便,但因外国法内容违反法院地国公共秩序的情况很少见,各国很少采用。客观说注重案件的实际情况,既能维护法院地国的公共秩序,又能使案件得到公正解决,故被各国实践普遍采用。

2. 公共秩序保留的立法方式

各国关于公共秩序保留的立法方式主要有以下三种:

第一,直接排除方式。这种方式是指在国际私法立法中明确规定,外国法的适用不得违背内国的公共秩序,否则,即排除其适用。如德国《民法典施行法》(2017年文本)第6条规定:"其他国家的法律规范,如果适用会导致与德国法律的根本原则明显不相容的结果,则不予适用。尤其该法律的适用违背基本权利时,不予适用。"这种立法方式的特点在于,对外国法的适用一般予以肯定,但在若干例外情况下则拒绝适用。因此,德国学者通常称这类条款为消极的排斥条款。这种立法方式的优点在于原则性较强,便于法官灵活运用。当然,在实践中也会为法官滥用公共秩序保留提供口实。

第二,间接排除方式。这种方式是指在内国立法中明确规定某些法律具有绝对强行性或必须直接适用,从而间接地排除外国法适用的可能性。最早采用这一立法方式的为《法国民法典》,其第3条第1款规定:"有关警察与公共治安的法律,对于居住在法国境内的居民均有强行力。"这种立法方式的特点在于,对外国法的适用可能性一般予以否定,而特别保留或强制性地将内国法作为案件准据法予以适用。因此,德国学者通常称这类条款为积极的保留条款。这类条款大多以单边冲突规范形式出现,因其具有适用上的主动性而能起到积极防范作用。但实践中,这类法律的适用往往以本身在立法意向上的明确表达或相应的解释为前提。此外,这类积极公共秩序保留条款与国际私法立法中的

"直接适用的法"条款,在效力上具有同一性。当然,在具体适用中,这类法律往往是以"直接适用的法"或者强制性规定的面目出现的。

第三,合并排除方式。这种立法方式是指在同一立法中同时采用直接排除和间接排除两种方式。例如,《意大利民法典》(1978 年文本)第 28 条规定:"刑法、警察法和公共安全法,对在意大利领土上的一切人均有强行力。"其第 31 条又规定:"在任何情况下,外国的法律和法规,一个组织或法人的章程和规定,以及私人间的规定和协议,如果违反公共秩序和善良风俗,在意大利领土上无效。"① 其他如《西班牙民法典》(2012 年文本)第 8 条和第 12 条亦采取合并排除方式。

在总结中国关于公共秩序以往立法②及实践基础上,中国《涉外民事关系法律适用法》第 5 条规定:"外国法律的适用将损害中华人民共和国社会公共利益的,适用中华人民共和国法律。"这表明:(1)中国采取了直接限制的立法方式。(2)对于确定违反公共秩序的标准,中国采取"结果说",有利于适当防止公共秩序的滥用。因为在有些时候,如果仅仅因外国法的规定不符合中国道德的基本观念或法律的基本原则就排除其适用,往往不利于保护弱方当事人的合法权益。而与之相反,如果适用该外国法,不但可以保护当事人的合法权益,事实上也无损于中国的公共利益或公序良俗。(3)中国适用公共秩序保留的对象不再包括国际惯例。(4)明确外国法被排除适用后,适用中国法律。

(二)公共秩序保留条款的实践

在运用公共秩序保留制度排除应适用的外国法时,实践中应注意处理好以

---

① 但该规定已被 1995 年《意大利国际私法制度改革法》第 16 条取代,该条规定:"违反公共政策(公共秩序)的外国法不应予以适用。在此种情况下,准据法应根据同一问题可能提供的其他连结因素来确定。如果没有其他连结因素,则适用意大利法律。"
② 中国《民法通则》(已废止)第 150 条规定:"依照本章规定适用外国法律或者国际惯例的,不得违背中华人民共和国的社会公共利益。"《海商法》第 276 条规定:"依照本章规定适用外国法律或者国际惯例,不得违背中华人民共和国的社会公共利益。"《民用航空法》第 190 条规定:"依照本章规定适用外国法律或者国际惯例,不得违背中华人民共和国的社会公共利益。"2021 年修正的《民事诉讼法》沿袭以往的立法,其第 244 条第 3 款规定:"人民法院认定执行该裁决违背社会公共利益的,裁定不予执行。"第 289 条规定:"人民法院对申请或者请求承认和执行的外国法院作出的发生法律效力的判决、裁定,依照中华人民共和国缔结或者参加的国际条约,或者按照互惠原则进行审查后,认为不违反中华人民共和国法律的基本原则或者国家主权、安全、社会公共利益的,裁定承认其效力,需要执行的,发出执行令,依照本法的有关规定执行。违反中华人民共和国法律的基本原则或者国家主权、安全、社会公共利益的,不予承认和执行。"

下问题：

第一，公共秩序保留的运用不应损害他国主权，且不得与对外国公法的排除混为一谈。这一问题主要涉及两方面内容：

（1）一国法院能否援用公共秩序保留拒绝承认其他主权国家国有化法令的域外效力，拒绝承认外国的诸如刑法、行政法、财政法等公法的域外效力？对此，应当明确的是，国际私法上的公共秩序保留制度的适用，是由于内国通过冲突规范承认了某一外国法的域外效力，但因该外国法的适用会损害内国公共秩序，于是便借助这一制度来限制或排除外国法的适用。根据国家主权原则，任何主权国家对其境内的一切人和事均具有最高管辖权。因而，对于任何国家在其境内的主权行为，只要不与国际法的基本原则相违背，他国就无权干涉并应予以尊重。因此，对于一国在特定时期和特定情况下实行的国有化，他国不应当以公共秩序保留为借口拒绝承认其域外效力。

另外，一国公法只具有域内效力而不具有域外效力，这也是国家主权原则所要求的。而且，严格地讲，国际私法的目的是执行私法的而不是公法的权利要求。国际私法所承认的法律冲突也只是私法方面的法律冲突，其承认外国法的域外效力及排除外国法的适用也仅限于私法范围内，所以排除外国公法的适用与国际私法上排除外国法的适用的基础是不一样的：前者建立在国家主权原则基础之上，建立在公法具有严格域内性基础之上；后者则建立在承认外国法域外效力的基础之上，建立在外国法适用的结果与内国公共秩序相抵触的基础之上。所以，一般情况下没有必要以公共秩序保留作为排除外国公法适用的依据。

（2）一国法院能否援用公共秩序保留拒绝承认未被本国政府承认的某一外国的法律？对于该问题，有两种截然相反的观点：一种观点认为，不应把外交方面的行政权与司法权分割开来。外交问题虽然具有政治性质，但与司法权问题应统一对待，故对未被承认国家的法律，可以借公共秩序保留排除适用。另一种观点则认为，既然国际私法的调整对象是涉外民商事关系，而不是国家间的国事关系，为保护不同国家公民、法人的合法权益，不应借助公共秩序保留排除适用未被承认国家的法律。

第二，能否以公共秩序保留来排除有关国际条约中的冲突法规则的适用？海牙国际私法会议和美洲国家组织国际私法会议新近的统一冲突法条约，都规定有公共秩序保留条款，允许缔约国在认为根据条约的规定适用某一外国法会与本国的公共秩序相抵触时，援用条约规定的这种保留条款来排除适用条约中有关的冲突法规则。例如，1985年《国际货物销售合同法律适用公约》第18条规定："本公约确定适用的法律，只有在其适用明显地与公共政策相抵触时，才可拒绝适用。"其他如1971年《海牙公路交通事故法律适用公约》第10条、1973年《产品责任法律适用公约》第10条、1988年《死者遗产继承法律适用公约》第18条、1979年《美洲国家间关于支票法律冲突的公约》第5条等，都有类似规定。应该说，既然国际条约规定有此种条款，各缔约国法院在特定条件下，是可以根据条约的此种条款排除适用条约中有关的冲突法规则的。在某些具有高度统一法律传统的国家之间，如斯堪的纳维亚国家间的国际私法公约，也存在排除适用某冲突规则的公共秩序保留条款。

与此相关的问题是，能否以公共秩序保留排除国际惯例的适用？中国《民法通则》第150条对此曾作了肯定性规定，以往司法实践中也有以公共秩序保留排除《跟单信用证统一惯例》等国际惯例适用的案例，但理论及实务界对此有不同看法。① 对既有实践，《涉外民事关系法律适用法》未予沿袭，该法第5条也不再规定公共秩序对国际惯例的排除。

第三，依公共秩序保留条款排除应适用的外国法后，能否一律适用法院地法？对这一问题，主要有三种主张：

（1）认为一般应以内国法取代被排除适用的外国法。立法上采纳这一主张的国家，又有两种做法：一是匈牙利、秘鲁、塞内加尔、德国、突尼斯、罗马尼亚、朝鲜、白俄罗斯、哈萨克斯坦、吉尔吉斯斯坦等国家规定，应适用的外国法被排除后，应无条件地适用内国法；二是以奥地利和土耳其为代表的国家，虽然规定此种情况下可以适用内国法，但有一定限制。如2007年土耳其《关于国际私法和国际民事诉讼程序法的第5718号法律》第5条规定："应适用外国法时，如果外国法的规定明显违反土耳其的公共秩序，则不适用该外国法的规定。必要时适用土耳其法律。"该条款并没有规定必须由内国法取代外国法，而是将内国法取代外国法的适用限定在"必要时"。

（2）认为若采纳前一主张，会导致公共秩序保留的滥用。而且，既然内国的冲突规范规定某一涉外民事法律关系应适用外国法，即表明该关系与外国法具有更密切联系，适用外国法更为合理。因而，不能一概以内国法取而代之，

---

① 高晓力：《国际私法上公共政策的运用》，中国民主法制出版社2008年版，第123—126页。

而应依据具体情况妥善处理。所以，赞成这一主张的常见做法是运用分割方法，仅排除适用外国法中适用结果会与内国公共秩序相抵触的部分，而对该外国法的其他有关规定仍然予以适用。1868年英国法院对彼克林诉伊尔夫拉科姆铁路公司案（Pickering v. IlfracombRy Co.）的处理，就是采纳这一主张的典型案例。①

（3）认为应拒绝审理相关案件。其理由是，既然内国冲突法指定某一案件应适用某一外国法，即表明内国认为该案件不能依照其他国家法律来审理。因此，排除适用被指定的外国法，可视同该外国法内容不能查明，拒绝审判也是适宜的。

但从目前来看，根据公共秩序保留排除外国法的适用后无条件适用法院地法的做法，正逐步向有条件适用法院地法的方向发展。② 从部分国家的实践看，这种情况下适用法院地法的条件大致为：法院地冲突规范所援引的外国法中，没有其他与被排除适用的法律"最为相近的法律"；没有与案件具有较密切联系的其他国家或地区的法律；适用法院地法不影响"更有利于行为有效性"法律的适用。采这类实践的目前主要有意大利、阿根廷、比利时、土耳其、俄罗斯、奥地利、葡萄牙、瑞士、列支敦士登、巴拉圭等国家。

另外，公共秩序保留制度近年来还出现了一些新的变化：一方面表现在适用范围上的扩展。如在美国，该制度的适用不仅已扩展到弱者保护如劳动者保护方面，还可以适用于涉外电子合同方面。另一方面表现为部分传统上有违公共秩序的行为，诸如一夫多妻制、同性婚姻和赌博之债等，现在却能得到有限承认。总体来看，在婚姻家庭领域，公共秩序保留制度较少适用。

公共秩序保留制度作为限制外国法适用的一项制度，在传统国际民商事交往中对国家主权的维护发挥了重要作用。但在人类社会已经步入新一轮经济全球化时代的今天，在国际民商事新秩序的构建已经成为人类命运共同体重要内容的背景下，慎用或限制适用公共秩序保留制度，将成为国际民商事交往领域新的

拓展阅读

D银行诉L公司及众担保人融资租赁合同纠纷案

---

① 在该案中，一个应适用德国法且依德国法全部有效的合同，规定有一个与英国公共政策相抵触的条款。英国法院认定该条款无效，并认为在该条款上应排除适用德国法。但对整个合同的有效性问题，英国法院仍然适用的是德国法，而没有适用英国法院地法。
② 沈涓主编：《国际私法学的新发展》，中国社会科学出版社2011年版，第26页。

时代话题,中国也应在为公共秩序保留制度赋予时代内涵方面有所作为。

思考题

1. 如何理解强制性规定的含义?各国关于强制性规定的理论及实践分歧如何?
2. 简述法律规避的含义、构成要件以及中国关于法律规避的实践。
3. 外国法的查明主要涉及哪些理论及实践问题?中国关于外国法查明的制度如何?
4. 试论公共秩序保留在国际私法中的地位和作用。

第六章 民事主体

国际私法的主体，一般是指能够参与国际民商事活动，享有权利和承担义务的自然人和法人。在特定情况下，也包括以特殊身份参与国际民商事活动的国家或国际组织。本章主要阐述国际私法主体的民商事法律地位及法律适用问题。

第一节 外国人的民商事法律地位

一国承认外国人在内国享有相应的民商事法律地位，是外国人作为国际民商事法律主体参与国际民商事活动，成立国际民商事关系的重要前提。因此，有关外国人民商事法律地位的制度，是国际私法的重要组成部分。

一、外国人民商事法律地位的概念

外国人民商事法律地位，又称外国人民商事地位或者外国人地位，是指外国自然人、法人作为民事法律主体参与国际民商事活动时，在东道国依法享有民事权利和承担民事义务的实际状况。对于东道国而言，外国人民商事法律地位涉及"享有权利和行使权利"两方面的问题[①]：（1）外国人在内国是否享有某种权利；（2）外国人享有权利的法律依据，即外国人在内国享有权利的准据法。

通常情况下，外国人（alien 或 foreigner）是指身处一国境内但不具有该国国籍的人。对于一个特定国家而言，凡拥有内国国籍的人均为本国人；凡无内国国籍的人，包括无国籍的人，都是外国人。在国际私法上，还存在外国人范围的界定问题：（1）我们通常所说的外国人仅指外国自然人，但广义上的外国人既包括外国自然人也包括外国法人。因此，在谈及具体民事权利时，又有必要将外国人区别为外国自然人和外国法人。（2）由于各国关于国籍的规定不

---

① ［法］亨利·巴蒂福尔、保罗·拉加德：《国际私法总论》，陈洪武等译，中国对外翻译出版公司1989年版，第213页。

同，无论对于自然人还是法人，在发生国籍冲突的情况下，必须首先根据国籍冲突的解决原则，在确定相关当事人的国籍后，才能确定某人是否为外国人。此外，由于国家和国际组织也可作为特殊主体参与国际民商事活动，因而，外国人民商事地位也涉及国家和国际组织的特殊法律地位问题。

明确外国人民商事法律地位问题，是国家在国际私法国内立法方面的首要任务。一方面，外国人在东道国境内享有相应民商事法律地位，已经由一系列国际法实践认可，并得到《联合国宪章》和相关国际法文件的确认和维护，已成为习惯国际法规则。但这类习惯国际法规则仅仅规定了外国人待遇的最低标准。另一方面，受政治、经济和文化等因素的影响，除双边条约成员国和部分区域性国际组织成员外，各国在外国人地位问题上的差别待遇现状，短期内无法改变。因而，在相关国际法的保护范围之外，包括民商事法律地位内容在内的外国人的地位问题，仍是各国主权范围内决定的事项。

国家有关外国人民商事法律地位的法律规范主要包括：（1）内国有关外国人民商事法律地位的实体性法律规范。关于外国人是否享有某种权利或者在何种范围内享有哪些民商事权利这类问题，应适用内国关于外国人地位的实体法。这类问题也因此成为各国关于外国人民商事法律地位立法的核心内容，一般由两方面的法律法规构成：一是宪法性法律及相关行政性规定；二是具体民商事部门法的规定。此外，内国缔结或加入的相关国际条约，包括原则性规定外国人民商事法律地位的各项基本制度的条约，以及规定外国人在内国具体权利的条约，也是一国关于外国人民商事法律地位规范的当然组成部分。（2）与外国人民商事权利行使有关的各类冲突规范。这类规范包括解决外国人国籍冲突的规定、关于外国自然人和法人民事权利能力和行为能力的冲突规范等。这类规定既渊源于内国立法，也渊源于内国参加或缔结的有关国际条约。

当然，对于外国人中的特殊群体诸如难民和无国籍人的法律地位问题，相关国际条约如《关于难民地位的公约》和《关于无国籍人地位的公约》中，既有实体性规定，也有法律适用方面的规定。公约中的这类规定，是公约成员国确定公约范围内难民和无国籍人民商事法律地位问题的依据。

确定外国人在内国的民商事法律地位问题，虽然是各国主权范围内的事项，但各国必须遵从相关条约法义务及国际惯例。为此，各国实践中形成了一系列关于外国人民商事法律地位的制度，诸如国民待遇、最惠国待遇、优惠待遇、不歧视待遇以及互惠待遇等。这些制度，是各国在立法和相关实践中解决外国人民商事法律地位问题的重要依据。

二、外国人在中国的民商事法律地位

中外民商事交往源远流长。著名的"丝绸之路"、《唐律》关于"化外人"法律适用的规定、《马可·波罗游记》以及明代郑和"七下西洋"，既是中外民商事交往的历史见证，也侧面反映出外国人在古代中国的法律地位。

本书关于外国人在中国的民商事法律地位，主要以1949年为界，分别介绍外国人在旧中国和新中国的民商事法律地位。

（一）外国人在旧中国的民商事法律地位

从明末至鸦片战争前（1518—1840），由于明末倭寇入侵及葡萄牙于1537年占领澳门，明、清王朝对外国人采取极端排外措施，限制或禁止外国人正常的民商事活动。如清政府当时颁布的《防夷五事》《防患夷人章程》，限定外商只能在广州的"商馆""十三行"进行交易，外国人不得向中国人贷款，外商不得雇用中国人，禁止外国人坐轿和外国妇女进入城市或货栈。在这一"闭关锁国"时期，外国人在中国的民商事法律地位是受到严格限制的。

自鸦片战争后到中华人民共和国成立前（1840—1949），随着帝国主义列强在政治、军事、经济、文化领域对中国的全面入侵，晚清政府以及之后的北洋政府和国民政府，被迫签订了许多丧权辱国的不平等条约，在华外国人享有一系列非互惠的、片面的国民待遇、最惠国待遇和优惠待遇，包括美、英、奥、葡、意、比、日、俄等二十多个国家及其国民、企业和其他经济组织，在中国分别享有包括领事裁判权在内的一系列特权。外国人在中国，包括在民商事领域享受系列特权的这一时期，被称为"特权待遇时期"。

（二）外国人在新中国的民商事法律地位

1949年颁布的具有宪法效力的《中国人民政治协商会议共同纲领》，在宣布取消帝国主义国家在华特权的基础上，明确规定中国可在平等和互利原则下与各国政府和人民恢复和发展通商贸易关系，给予外国人居留权并保护其正当合法权益。中国于1954年和1982年颁布的《宪法》、1986年《民法通则》、2017年《民法总则》、2020年《民法典》以及2021年修正的《民事诉讼法》

等一系列法律中,均规定了外国人在中国相应的民商事法律地位,① 成为外国人在中国获得相应民商事法律地位的基础。同时,在中国与外国缔结或参加的一系列多边或双边国际条约中,也分别规定了涉及民商事地位的国民待遇、最惠国待遇、非歧视待遇等制度,作为授予彼此公民、法人民商事法律地位的依据。

根据中国法律和中国缔结或参加的国际条约的规定,外国自然人和法人在中国境内分别享有但不限于如下民商事实体权利:

1. 人格权

外国人的人格权受法律保护。包括:外国公民的人身自由、人格尊严、生命权、身体权、健康权、姓名权、名称权、肖像权、名誉权、荣誉权、隐私权等不可侵犯;外国法人的名称受法律保护;确保外国公民的宗教信仰自由和外国公民与法人的通信自由等。

2. 亲权

外国人可依法缔结婚姻,其婚姻关系及由此产生的家庭关系,诸如涉及外国人的夫妻关系、父母子女关系与其他家庭成员关系,依收养法成立的涉外收养关系和由此产生的抚养关系等,均受中国法律保护。

3. 继承权

对位于中国境内的外国人以及外国人在中国境内的财产的继承问题,除特殊情况外,无论是法定继承,还是遗嘱继承、遗赠以及对无人继承遗产的处理,原则上与对中国人遗产继承的处理相同。

4. 土地使用权

外国人在中国根据有关规定可取得土地使用权,并可以在使用期限内对获得使用权的土地予以转让、出租、抵押,或用于其他经济活动。

5. 知识产权

外国人在中国依法可获得著作权、专利权和商标权,并受法律保护。外国人在中国获得知识产权的依据主要有《著作权法》《著作权法实施条例》《专利

---

① 如中国《宪法》第18条规定:"中华人民共和国允许外国的企业和其他经济组织或者个人依照中华人民共和国法律的规定在中国投资,同中国的企业或者其他经济组织进行各种形式的经济合作。在中国境内的外国企业和其他外国经济组织以及中外合资经营的企业,都必须遵守中华人民共和国的法律。它们的合法的权利和利益受中华人民共和国法律的保护。"第32条第1款规定:"中华人民共和国保护在中国境内的外国人的合法权利和利益,在中国境内的外国人必须遵守中华人民共和国的法律。"

法》《商标法》和中国参加的如《保护文学和艺术作品伯尔尼公约》《保护工业产权巴黎公约》等相关国际条约。

6. 平等就业权

凡居留在中国境内的外国人，除在法律规定的少数行业（如国防、武警、机要人员、引水员、飞行员等）受到限制外，均同中国人一样，有获得工资报酬和劳动保障的权利，在特定企业还可以依法享有特别优惠待遇。

7. 投资权与经营权

我国一直鼓励外国投资者在我国境内投资，并依法保护其在我国境内的投资、收益和其他合法权益[①]，并对外商投资实行准入前国民待遇加负面清单制度。现行负面清单包括"全国一张清单"管理模式的市场准入负面清单、外商投资准入特别管理措施的负面清单、自由贸易试验区外商投资准入特别管理措施的负面清单。[②] 对负面清单之外的外商投资，则给予国民待遇。

根据中国《公司法》及其他有关法律的规定，外国公司可在中国设立分支机构并经营相关业务，如金融业、保险业、民用航空业、专业服务业、零售业和外贸业等。

外国人在中国除了享有上述民商事实体法权利外，还享有同等的诉讼权利和申请仲裁的权利。中国《民事诉讼法》明确规定，外国人、无国籍人、外国企业和组织在人民法院起诉、应诉，同中国公民、法人和其他组织有同等的诉讼权利义务。外国公民、法人及其他组织可以就相关民商事争议在管辖地人民法院提起诉讼或参加诉讼，也可以根据相关仲裁协议，就相关争议选择仲裁。

三、国家和国际组织的特殊法律地位

在特定情况下，国家和国际组织也会参与相应国际民商事活动。但其特殊

[①] 《中外合资经营企业法》《中外合作经营企业法》《外资企业法》《对外合作开采海洋石油资源条例》和《对外合作开采陆上石油资源条例》等法律法规曾规定，在遵守相关的产业政策的前提下，外国人可在中国从事投资活动。这类规定在现行《外商投资法》（第3条、第5条）中再次得到确认。

[②] 《国家发展改革委 商务部关于印发〈市场准入负面清单（2022年版）〉的通知》（发改体改规〔2022〕397号）；国家发展和改革委员会、商务部发布的《外商投资准入特别管理措施（负面清单）（2021年版）》（中华人民共和国国家发展和改革委员会、中华人民共和国商务部令第47号）；国家发展和改革委员会、商务部发布的《自由贸易试验区外商投资准入特别管理措施（负面清单）（2021年版）》（中华人民共和国国家发展和改革委员会、中华人民共和国商务部令第48号）。

身份决定了其特殊的法律地位。

(一) 国家

国家以民事主体身份参与相应国际民商事活动，既是国家履行职能的需要，也是国家职能不断扩张的结果。但国家作为国际法上的主权者，所参与的国际民商事活动，往往由其授权的机关或责任人以国家名义进行，并以国库财产承担涉外民事责任。当然，国家及其财产又往往享有相应的豁免权。

国家作为国际私法的主体参与国际民商事活动，一种情况是对应主体为自然人或法人，另一种情况是对应主体是国家或国际组织。国际私法上所探讨的，主要是前种情形下的问题。在该情形下，尽管双方的法律地位平等，但国家作为国际法上享有主权资格者，必然对相关国际民商事关系的结果产生影响。这种影响的主要表现就是，在发生纠纷的情况下，会遇到一个国家能否在外国法院被诉的问题，即国家豁免（state immunity）问题。

由国家主权原则派生出来的国家豁免原则，一般包括司法管辖豁免（immunity from jurisdiction）和执行豁免（immunity from execution）。所谓司法管辖豁免，是指非经国家同意，一国法院不得受理以另一主权国家为被告或以该国财产为标的的诉讼；所谓执行豁免，是指非经国家明示同意，一国法院不得针对另一国家所有的财产采取诉讼保全措施和强制执行措施。

国家豁免问题的产生，一般基于这样几种情况：(1) 国家在外国直接被诉而主张司法管辖豁免，或在其被诉时虽然明示或默示放弃司法管辖权豁免，但在判决作出前或作出后，国家财产有可能被诉讼保全或强制执行时，国家主张诉讼程序豁免或强制执行豁免；(2) 国家在外国虽未直接被诉，但外国的相关诉讼涉及该国，该国因而主张豁免权；(3) 国家在外国法院主动提起诉讼，如对方当事人提起反诉的范围超出原诉，国家可能会对该反诉主张豁免权。

国家及其财产享有豁免权，已成为国家主权原则的主要内容之一。但各国关于国家豁免的理论和实践却有很大不同，其中，具有代表性的是绝对豁免论（the doctrine of absolute immunity）和限制豁免论（the doctrine of relative or restrictive immunity）。"二战"后，国际法学界又提出废除豁免论（the doctrine of abolishing immunity）和平等豁免论（the doctrine of equal immunity）。从各国及国际社会的实践看，采用限制豁免论的国家有增长态势。2004年第五十九届联大通过的《联合国国家及其财产管辖豁免公约》也采纳了限制豁免论。

中国一直坚持国家及其财产享有豁免权是国际法的基本原则，重视有关国家豁免问题的立法，积极参与相关国际立法活动。1986年《外交特权与豁免条例》对外交豁免问题作了明确规定；2005年《外国中央银行财产司法强制措施豁免法》规定了外国中央银行财产的豁免问题；2021年《民事诉讼法》对享有司法豁免权的外国人、外国组织和国际组织在民事诉讼中的豁免权作了原则性规定。在国家豁免问题的国际立法方面，中国于1980年参加了1969年《国际油污损害民事责任公约》，参与了《联合国国家及其财产管辖豁免公约》立法活动并于2005年9月签署了该公约。

对于中国在国家豁免问题上的立场和实践，可归纳为以下几点：

第一，坚持国家及其财产享有豁免权是国际法上的一项基本原则，反对限制豁免论和废除豁免论。但中国所坚持的绝对豁免论，已经不同于传统意义上的绝对豁免论。如在对外贸易及司法实践中，中国已开始把国家本身的活动与国有公司或企业的活动区别开来，认为国有公司或企业是具有独立法律人格的经济实体，不应享有豁免权。同时，中国赞成通过协商一致的方式来消除各国在国家豁免问题上的分歧。如根据1969年《国际油污损害民事责任公约》第11条规定，中国实际上已经放弃了油污损害发生地的缔约国法院的管辖豁免。

第二，坚持国家豁免问题上的对等原则。外国国家无视中国主权，对中国或中国财产强制行使司法管辖权的，中国保留对该国采取对等措施的权利。

第三，根据国际私法上的特别出庭程序，中国以管辖豁免为由在外国法院出庭对外国法院管辖权提出抗辩的，不得被视为放弃管辖豁免或接受外国法院的管辖。

(二) 国际组织

1. 国际组织作为国际私法主体的特殊性

国际组织即政府间国际组织，是指国际关系发展到一定阶段，主权国家或地区之间为了共同政治、经济、军事、文化或其他利益，通过国际条约规定共同享有的权利和承担的义务，并以这些国际条约为基础而产生的国际性社会组织。国际组织在国际社会中发挥着非常重要的作用。

作为国际关系中的一个实体，国际组织必然要与国家、其他国际组织、自然人和法人发生经济和民事关系。因而，必然会产生国际组织的法律地位问题。国际组织也可以成为国际私法的主体，但无疑是一种特殊主体。首先，国际组织以自身名义参与国际民商事活动。国际组织虽然由各个成员国（团）组成，但它又具有独立法律人格，以自身的财产对外承担民事责任，各成员国（团）对其债务并不负连带责任。① 其次，国际组织参与民商事活动是执行职务和实现其宗旨所必需的。这种职能的依据是成员国缔结的成立该国际组织的国际条约和该国际组织自身的章程。国际组织的民事权利能力与行为能力，必须符合相关国际条约和章程的规定。② 最后，国际组织在参与国际民商事活动时，享有一定的特权和豁免。

2. 国际组织的特权与豁免

国际组织本身不享有主权，所以它并不天然地享有豁免权。国际组织的特权与豁免，最初来源于外交特权和豁免。联合国成立以后，制定了一系列以联合国为中心涉及国际组织法律地位、特权和豁免的公约，确立了政府间国际组织的豁免权。③

由于国际组织不享有主权，关于其特权与豁免的依据，目前有两种不同观点：一种是职能说。这种观点认为，成员国为了使国际组织更好地履行其作为国际组织的职能，完成有关公约及其组织章程规定的宗旨和任务，授予其主权国家才能享有的特权与豁免。另一种是代表说。这种观点认为，成员国是因为国际组织在一定程度上或某些方面代表着成员国的愿望和利益，才授予国际组织特权与豁免的。也有些学者主张应将这两种观点结合起来，目前相对而言，职能说有更多支持者。④

---

① 如1946年《联合国特权及豁免公约》和1947年《联合国专门机构特权及豁免公约》等都确定了联合国及其专门机构的法律人格，规定它们有"缔结契约""取得并处置动产和不动产""从事法律诉讼"的法律行为能力。
② 如《联合国宪章》第104条规定："本组织于每一会员国领土内，应享受于执行其职务及达成其宗旨所必需之法律行为能力。"
③ 如1946年制定的《联合国特权及豁免公约》、1947年与美国签订的关于联合国会址的协定、1954年联合国教科文组织同法国签订的协定，也对国际组织的有关特权与豁免问题作了规定。由联合国国际法委员会起草并于1975年在维也纳外交会议上通过的《维也纳关于国家在其对普遍性国际组织关系上的代表权公约》，对国际组织的法律地位、特权与豁免问题作了较为明确、全面的规范，但该公约目前尚未生效。
④ 如《联合国宪章》第105条和其他国际组织的章程及有关的公约中关于国际组织的特权与豁免的规定，都证明国际组织享有特权与豁免是执行其职务和实现其宗旨所需要的。国际法委员会在制定《维也纳外交关系公约》时也认为，"国际组织的豁免权只能建立在职能的基础上"。

国际组织在国际民商事交往中享有的特权与豁免，主要限于：国际组织的会所、公文档案不受侵犯；国际组织的资产免受搜查、征用、侵夺和其他任何形式的干涉等。

中国目前没有专门的关于国际组织地位的立法。但根据《民法典》及《民事诉讼法》的有关规定，国际组织在中国享有与其他民事主体同等的权利的同时，也享有相应的司法豁免权。其中 1946 年《联合国特权及豁免公约》、1965 年《关于解决国家与他国国民之间的投资争端的公约》等国际条约中有关国际组织司法豁免权的规定，是人民法院在确定国际组织民事诉讼地位时的重要依据。

第二节　自然人权利能力与行为能力

自然人权利能力与行为能力问题，往往是各国民事立法必须规定的。各国对自然人权利能力和行为能力的法律规定不同，就会产生自然人权利能力与行为能力的法律冲突问题。而自然人权利能力和行为能力的确定，往往与自然人的国籍、住所与经常居所密切相关。本节主要探讨自然人国籍、住所和经常居所的确定，以及自然人权利能力与行为能力的法律适用问题。

一、自然人的国籍、住所与经常居所

自然人的身份、能力、婚姻、家庭、继承等方面的法律冲突问题，适用其属人法，这已成为一项准据法原则。但各国在传统上多以国籍和住所作为这一系属公式的连结点，并形成了以英美法系国家为代表的住所地主义和以大陆法系国家为代表的本国法主义。为调和属人法问题上住所地主义与本国法主义的对立，20 世纪初以来，海牙国际私法会议逐步引入了"经常居所"（habitual residence）这一连结点，不仅使经常居所成为海牙国际私法条约中属人法的主要连结点，还影响到许多国家的立法及实践。

（一）国籍

1. 国籍的含义

国籍（nationality）是指一个人作为某一特定国家的成员而隶属于该国的一种法律上的身份。国际私法涉及自然人国籍问题，主要是为了确定自然人与特

定国家法律上的固定联系,从而明确属人法的连结点,作为解决法律适用问题和行使国际民商事管辖权的依据。这与国际公法上所涉及的国籍问题是不同的。

国籍原则是伴随民族国家的形成和民族主义观念的兴起而确立的。国籍成为自然人属人法的重要连结点,一是源于1804年《法国民法典》,该法典首次明确规定,解决自然人身份和能力问题应以当事人本国法为依据;二是源于孟西尼的理论,孟西尼提出国籍是国际法的基础,主张对自然人的身份和能力问题适用其本国法,是尊重民族和国家主权的需要。

2. 国籍冲突的解决

国籍问题一般涉及国家主权及重要利益。各主权国家有权基于国内法决定谁是其国民;自然人是否具备某一国家的国籍,也必须依据相关国家的法律确定。① 各国在国籍取得、国籍丧失问题上所坚持的原则以及法律规定不同,就会导致自然人国籍的积极冲突和消极冲突。

(1) 国籍积极冲突的解决。国籍的积极冲突,是指自然人具有两个或两个以上国家的国籍。从各国解决国籍积极冲突的情况看,主要有以下原则和方法:

第一,当事人具有两个或两个以上国家的国籍,其中有一个是内国国籍(或法院地国籍)的,则以内国国籍为当事人国籍。② 此即"内国国籍优先原则",这也是大多数国家解决内国国籍与外国国籍冲突的做法。

第二,当事人具有的两个或两个以上国家国籍均为外国国籍的,各国采取的原则有:一是后国籍优先原则。即若当事人所拥有的外国国籍在取得时间上有先后之别,则以后取得的国籍为其国籍。③ 二是住所或者经常居所地国籍优先原则。即当事人所拥有的外国国籍的国家中,有一国系当事人住所或经常居所地国的,该国即其国籍国。④ 三是最密切联系国优先原则,又称"实际国籍优先原则"。即在当事人所拥有的外国国籍的国家中,以与当事人有最密切联

---

① 1930年海牙《关于国籍法冲突若干问题的公约》第1条规定:"一般国家依照其本国法律决定谁是其国民。此项法律如符合国际公约、国际惯例以及一般承认的关于国籍的法律原则,其他国家应予承认。"第2条规定:"关于某人是否具有某一特定国家国籍的问题,应依照该国的法律予以确定。"
② 如瑞士《关于国际私法的联邦法》(2017年文本)第23条第1款、葡萄牙《国籍法》第27条的规定。
③ 如1938年泰国《法律冲突法》第6条第1款规定。
④ 如1999年《斯洛文尼亚共和国关于国际私法与国际诉讼的法律》第10条第2款规定。

系的国家为其国籍国。① 实施该原则过程中，一般综合考虑多方面的因素，诸如当事人的出生地、住所或经常居所、行使政治权利或从事相关活动的国家以及当事人内心的倾向等。② 采取这一实践的，多为晚近的国际私法立法。

对国籍积极冲突的解决，中国沿袭并发展了以往司法实践，③ 现行《涉外民事关系法律适用法》采取的是以经常居所地国籍优先为主，以实际国籍或最密切联系地国籍为辅的原则。④ 即对于自然人国籍的积极冲突，不管是内国国籍与外国国籍之间的冲突，还是外国国籍之间的冲突，首先以经常居所地国籍为其国籍；当事人无经常居所的，以与当事人有最密切联系的国家为其国籍国。

（2）国籍消极冲突的解决。国籍的消极冲突，是指当事人不具有任何国家的国籍。自然人自出生始即无国籍，或者原本有国籍，但因身份变更或政治原因而无国籍，或者国籍无法查明的，均会导致国籍的消极冲突。

对国籍消极冲突的解决，各国实践及相关条约法的实践基本一致。通常以当事人住所地国法为国籍国法；⑤ 无住所的，则以当事人居所地国法（或经常居所地国法）为国籍国法。⑥ 当事人既无住所也无居所（包括经常居所），且需要适用当事人本国法的，则以法院地法为其本国法。⑦

对于无国籍人，中国司法实践及理论界基本上是以住所和经常居所地国法为当事人的属人法的，⑧ 这一点也为现行立法所采纳。⑨

---

① 如1996年《列支敦士登国际私法》第10条第1项规定。
② 如瑞士《关于国际私法的联邦法》（2017年文本）第23条规定。
③ 如中国《民法通则意见》（已废止）第182条规定："有双重或多重国籍的外国人，以其有住所或者与其有最密切联系的国家的法律为其本国法。"
④ 中国《涉外民事关系法律适用法》第19条规定："依照本法适用国籍国法律，自然人具有两个以上国籍的，适用有经常居所的国籍国法律；在所有国籍国均无经常居所的，适用与其有最密切联系的国籍国法律。……"
⑤ 1954年《关于无国籍人地位的公约》第12条规定："无国籍人的个人身份，应受其住所地国家的法律支配；无住所的，则受其居所地国家的法律支配。"
⑥ 如2006年日本《法律适用通则法》第38条第2项规定、2001年《韩国国际私法》第3条第2款规定。
⑦ 如2007年土耳其《关于国际私法和国际民事诉讼程序法的第5718号法律》第4条第1款规定："对于无国籍人和难民，适用住所地法；若无住所，适用惯常居所地法；若无惯常居所，适用该人在起诉时的所在地国法。"
⑧ 中国《民法通则意见》（已废止）第181条规定："无国籍人的民事行为能力，一般适用其定居国法律；如未定居的，适用其住所地国法律。"
⑨ 中国《涉外民事关系法律适用法》第19条规定："依照本法适用国籍国法律，自然人具有两个以上国籍的，适用有经常居所的国籍国法律；在所有国籍国均无经常居所的，适用与其有最密切联系的国籍国法律。自然人无国籍或者国籍不明的，适用其经常居所地法律。"

(二) 住所

1. 住所的含义

从现有理论及实践看,对住所难以有一个较为一致的定义。但一般而言,住所是指一个人以久居之意居住的处所。在国际私法上,住所与国籍的功能一样,用于确定自然人与特定国家或法域之间的法律联系,解决法律适用问题和管辖依据问题。① 此外,在美国、英国、加拿大等复合法域国家,住所还是区分内国人与外国人的重要依据。

住所作为属人法的连结点,历史远比国籍悠久。巴托鲁斯在其"法则区别说"中就将住所作为"人法"(statuta personalia)适用的连结点,② 并得到达让特莱、胡伯的赞同。萨维尼在"法律关系本座说"中也明确"人的身份应该由其住所地法律决定"③。在《法国民法典》问世之前,属人法一般是指当事人的住所地法。直至当今,普通法系国家仍然坚持这一传统。而在成文法系国家,住所也已成为当事人属人法的补充性连结点,同时,住所还是解决当事人国籍冲突的重要依据。

2. 住所冲突的解决

住所的上述意义已引起各国或地区的高度认识。但由于各国在住所取得、变更或丧失等问题上的规定存在较大差异,导致住所和国籍一样,也存在积极冲突和消极冲突。为此,要确定住所地法的适用,或者明确相关诉讼的管辖依据,必须首先解决住所的冲突问题。

第一,住所积极冲突的解决。住所的积极冲突,是指当事人同时在不同国家(或法域)拥有两个或两个以上住所的状态。对住所积极冲突的解决,各国实践主要如下:(1)国籍国住所优先。在当事人所拥有的两个或两个以上住所中,若其中一个住所位于当事人国籍国,则该国籍国内的住所为当事人的住所。④ (2)前住所或者后住所优先。当事人获得两个或两个以上住所,时间

---

① [德] 弗里德里希·卡尔·冯·萨维尼:《法律冲突与法律规则的地域和时间范围》,李双元等译,法律出版社1999年版,第32页;韩德培、韩健:《美国国际私法(冲突法)导论》,法律出版社1994年版,第5页。

② 巴托鲁斯认为,无论自然人身处何地,"人法"有跟随人之所至的效力,而"人法"应适用于在该主权国家内有原籍或者有住所的人。Bartolus, *Bartolus on the Conflict of Laws*(《巴托鲁斯论冲突法》), Joseph Henry Beale trans., Harvard University Press, 1914.

③ [德] 弗里德里希·卡尔·冯·萨维尼:《法律冲突与法律规则的地域和时间范围》,李双元等译,法律出版社1999年版,第78页。

④ 如1999年《斯洛文尼亚共和国关于国际私法与国际诉讼的法律》第10条第2款规定。

上有先后之分的，有的国家采前住所优先原则，① 有的采后住所优先原则。②（3）居所地优先。当事人在两个或两个以上国家均拥有住所，而在其中一个国家有居所的，则以居所地国为其住所地国；当事人在两个以上国家均有居所的，则以现时居所地国为其住所地国。③ （4）法院地住所优先。当事人拥有两个或两个以上住所，其中一个位于法院地国（或法院地管辖区域）内的，以该法院地住所为当事人的住所。④

此外，还有少数国家采用意思自治原则，即当事人有多个住所的，由该当事人根据自己的意愿选择其中一个住所地法律作为其属人法。另有少数国家根据法律关系的性质和该法律关系所应适用的法律来确定住所。这一实践主要来自涉外继承领域。⑤

对住所积极冲突的解决，中国以往实践主要采取的是最密切联系原则，即以与涉外民事关系有最密切联系的住所为当事人的住所。⑥

第二，住所消极冲突的解决。住所的消极冲突，是指当事人在特定时期内在任何国家（或法域）均住所不明或没有住所的状态。这种情况既可能是由各国法律规定不同引起的，也可能是由有关国家对事实问题的认定引起的。

对住所消极冲突的解决，各国通常以自然人居所或经常居所为住所。如瑞士《关于国际私法的联邦法》（2017年文本）第20条规定："……当事人没有住所的，依其习惯居所。……"

有必要说明的是，为解决住所的消极冲突问题，以英国为代表的部分普通法系国家，通常将住所分为原始住所（domicile of origin）、选择住所（domicile of choice）和依附住所（domicile of dependency）三类。⑦ 所谓原始住所，是指

---

① 1971年美国《第二次冲突法重述》第20条规定：当一个有能力设定选择住所者有一个以上之居住地方时，其住所为最初居住的地方，除非第二个居住的地方是其主要的家。
② 日本《法例》（1898年文本）第28条第2款规定，倘若两个以上的住所均为外国住所，以最后住所地法为其属人法。但是，2006年日本《法律适用通则法》第39条引入了经常居所地作为补充。
③ 如1979年《美洲国家间关于国际私法上自然人住所的公约》第6条规定。
④ 如《俄罗斯联邦民法典》（2014年文本）第1195条第3款规定。
⑤ 韩德培主编、肖永平主持修订：《国际私法》（第三版），高等教育出版社、北京大学出版社2014年版，第64页。
⑥ 中国《民法通则意见》（已废止）第183条规定："……当事人有几个住所的，以与产生纠纷的民事关系最密切联系的住所为住所。"
⑦ J. H. C. Morris, *The Conflict of Laws*（《冲突法》）, 7th ed., Sweet & Maxwell, 2009, pp. 33-49.

自然人因出生而获得的住所；所谓选择住所，是指有相应行为能力的当事人根据其居住的事实和久居的意图所确立的住所；所谓依附住所，又称法定住所（domicile of operation of law），一般是指未成年人及精神病人等依据法律规定而取得的住所，未成年人以其法定代理人的住所为住所，被监护人以其监护人的住所为住所。这样分类的效果就是，在特定情况下，三类住所相互间具有替补效力。诸如，某一当事人的选择住所如果不存在的话，其原始住所自动恢复；当事人行为能力若受到限制，以其依附住所为其住所。

从中国以往实践看，对于住所的消极冲突问题，中国采取的是以经常居所地为住所地的原则。①

（三）经常居所

1. 经常居所的含义

经常居所，又称惯常居所，一般来讲，是指自然人基于特定目的在特定地域持续一定时间居住的处所。从现有理论及实践看，各国对经常居所尚无一致或者确切的定义。但衡量自然人是否在某地获得经常居所，应考虑以下两方面因素：一是当事人在特定地域居住的意图；二是当事人在特定地域居住的时间和事实。② 这也正是经常居所与住所和居所既有区别又有联系的方面。

经常居所作为属人法连结点，是在海牙国际私法会议倡导与推动下，相关国家和国际组织逐步接受与实践的结果。自1902年海牙《未成年人监护公约》将经常居所作为属人法连结点（国籍）的补充开始，到1955年海牙《关于解决本国法和住所地法冲突的公约》将经常居所作为调和本国法原则和住所地法原则的工具，再到1956年海牙《抚养儿童义务法律适用公约》将经常居所作为解决涉外儿童抚养问题法律适用的首要连结点，经常居所已经成为海牙国际私法会议有关婚姻、家庭关系系列公约中的主要连结点。这一过程实质上反映出，在自然人流动性不断增强的情势下，经常居所作为调和属人法中本国法和住所地法冲突的折中产物，也在不断地得到各国认可和采纳。

---

① 中国《民法通则意见》（已废止）第183条规定："当事人的住所不明或者不能确定的，以其经常居住地为住所。……"

② 刘仁山：《现时利益重心地是惯常居所地法原则的价值导向》，《法学研究》2013年第3期。

与住所和国籍一样,经常居所也用来确定特定民事法律关系主体与某一法域的客观联系,从而解决属人法的适用问题。但经常居所本身还面临一系列理论及实践问题,各国立法及条约法上往往并无明确界定。尽管经常居所在海牙国际私法会议公约体系中有着非常重要的地位,但迄今为止,所有海牙公约均未对其作出明确规定。即使在有相关判例规则可供援引的部分普通法系国家,法官对判例规则的遵守也仅仅是原则性的,侧重考虑的因素往往因个案而异。亦即对经常居所的界定,一般依赖于法官的自由裁量。

2. 经常居所的确定问题

对于经常居所是否如国籍和住所那样也存在积极冲突和消极冲突,目前还有不同认识。① 本书主要涉及经常居所的确定问题。尽管经常居所的确定以法官的自由裁量权为前提,但实践表明,法官的自由裁量权应受相应规则的限制。

第一,以当事人居住的意图和居住的事实作为主要衡量因素。普通法系国家关于经常居所的规则,源于英国斯卡曼法官在 *Shah and Others v. Barnet LBC* 一案中确立的"斯卡曼规则",即确定当事人经常居所要考虑两方面的条件:一是居住的意图;二是居住的时间和事实。② 所谓居住的意图,是指当事人基于特定原因在某一地域虽未永久居住却有长期居住的意思;所谓居住的事实,是指当事人在某一地域持续且经常性地居住。当然,在具体司法实践中,法官在权衡这两方面要件时,侧重点往往又有所不同。成文法系国家如瑞士、匈牙利及比利时等国家的实践,也基本反映了上述两方面的要求。

第二,坚持儿童利益最大化原则。对未成年人经常居所的确定问题,目前主要有两种做法:一是以未成年人之监护人的经常居所为准;二是将未成年人经常居所作为一个独立问题对待。二者的共同点在于:一般要考虑未成年人对环境的适应、父母的共同意图以及父母对环境的适应等因素。当然,各国实践表明,对这些因素,往往又依个案而各有侧重。但这两种做法以及具体实践中对相关因素的侧重,都是基于对《联合国儿童权利公约》所确立的儿童利益最大化原则的遵守。

---

① Lord Collins of Mapesbury, *Dicey, Morris and Collins on the Conflict of Laws*(《戴西、莫里斯和柯林斯论冲突法》), 15th ed., Sweet & Maxwell, 2012, pp. 183-184.

② P. Stone, "The Concept of Habitual Residence in Private International Law"(《国际私法上经常居所的概念》), *Anglo-Am. L. Rev.*, 29 (2000), p. 347.

拓展阅读

现时利益重心地是惯常居所地法原则的价值导向

各国实践对上述规则的基本遵守，本质上是对当事人现时利益重心地的遵从。在出现多个经常居所的特殊情况下，如当事人因工作需要往返多个地方且主观上均视为生活中心的，则应适当考虑当事人在当地的"社会融入"（social integration）情况。① 在经常居所不明情况下，也有国家直接规定以居所地为经常居所地的。②

3. 中国的立法与实践

在中国以往实践的基础上，《涉外民事关系法律适用法》广泛采纳了经常居所为属人法的连结点。在一部分涉外民事法律关系中，经常居所是作为唯一连结点或首要连结点出现的；③ 在另一部分涉外民事关系中，经常居所则是作为选择性连结点出现的。④ 总体看来，在《涉外民事关系法律适用法》中，经常居所地法已完全取代了住所地法，并部分取代了国籍国法。《涉外民事关系法律适用法》确立了以经常居所为主、以国籍为辅的自然人属人法原则。

但《涉外民事关系法律适用法》同样也没有对经常居所作出明确界定。因而，对经常居所的界定，事关《涉外民事关系法律适用法》的实施效果。为此，《涉外民事关系法律适用法解释（一）》第13条规定："自然人在涉外民事关系产生或者变更、终止时已经连续居住一年以上且作为其生活中心的地方，人民法院可以认定为涉外民事关系法律适用法规定的自然人的经常居所地，但就医、劳务派遣、公务等情形除外。"

---

① 杜涛：《国际私法原理》，复旦大学出版社2014年版，第130页。
② 如2006年日本《法律适用通则法》第39条规定："应依当事人经常居所地法，其经常居所不明时，依其居所地法。"中国《涉外民事关系法律适用法》第20条也规定："依照本法适用经常居所地法律，自然人经常居所地不明的，适用其现在居所地法律。"
③ 诸如有关自然人权利能力与行为能力、自然人的宣告失踪与死亡、人格权的内容、收养关系、法定继承以及媒体方式侵犯人格权等条文，是以经常居所为唯一连结点的。具体参见中国《涉外民事关系法律适用法》第11条、第12条、第13条、第15条、第28条、第31条和第46条。
④ 这里又分有序选择性连结点和无序选择性连结点。诸如民事主体领域的自然人国籍冲突的处理、婚姻家庭领域结婚条件、夫妻人身关系、父母子女人身财产关系及债权领域的消费者合同、产品责任、不当得利和无因管理等条文中，经常居所是有序选择性连结点，具体参见中国《涉外民事关系法律适用法》第19条、第21条、第23条、第25条、第42条、第45条和第47条。对结婚手续、协议离婚、扶养关系、监护、遗嘱方式、遗嘱效力、当事人无选择时合同准据法之确定，经常居所是无序选择性连结点，具体参见中国《涉外民事关系法律适用法》第22条、第26条、第29条、第30条、第32条、第33条、第41条。

二、自然人权利能力的法律适用

自然人权利能力，是指自然人享有民事权利和承担民事义务的资格。自然人权利能力始于出生、终于死亡，虽然是各国均认可的基本原则，但由于各国对出生和死亡的理解或规定存在差异，仍会导致自然人权利能力的冲突，由此产生了自然人权利能力的法律适用问题。

（一）自然人权利能力的法律冲突

具体而言，自然人权利能力法律冲突表现在以下两个方面：

1. 各国对"出生"的理解或规定存在差异

在出生问题上，有出生完成说、存活说、露出说、独立呼吸说等。由此也表明，在自然人权利能力开始的时间问题上，可能会产生法律冲突。

2. 各国对"死亡"的规定存在差异

死亡分为生理死亡和宣告死亡两种。各国对于宣告失踪或宣告死亡在立法上存在较大差异，而且对于宣告失踪或者宣告死亡的法律适用的规定，也有所不同。例如，日本规定日本人宣告失踪适用日本法，而德国《民法典施行法》（2017年文本）第9条规定："死亡宣告、死亡和死亡时间的确定以及推定存活和推定死亡，适用失踪人在最后有消息获知其尚存活之时国籍国法。如果失踪人在该时间是外国人，则在存在正当利益的前提下，可以依照德国法律对其宣告死亡。"由此，一个日本人在德国被宣告失踪时，就可能产生适用日本法和德国法的法律冲突问题。

（二）自然人权利能力的法律适用问题的解决

对自然人权利能力的法律适用问题的解决，主要有如下实践：

1. 适用有关法律关系准据法所属国法律

这一做法的理由是，权利能力是特定的人在特定涉外民事法律关系中能否享有权利和承担义务的能力问题。

2. 适用法院地法

这一做法的理由是，自然人的权利能力关系到法院地国法律的基本原则，关系到法院地国的重大公共利益。

3. 适用当事人的属人法

这一做法为绝大多数国家所公认。但大陆法系国家的属人法一般指国籍国法，英美法系国家的属人法一般指住所地法。这一做法的理由是，权利能力是自然人的基本属性，而这种属性是由一国社会、经济、政治、伦理、历史等方面决定的,因而只能依据其属人法来判定。

此外,从晚近实践看,对于自然人权利能力法律适用问题的解决,也有引入政府利益原则的。如美国路易斯安那州《民法典》第3519条规定:"自然人的身份以及该身份的影响及效力,适用一旦其法律不被适用于该特定争议,则其政策将受到最严重损害的州的法律。"

中国《涉外民事关系法律适用法》第11条规定:"自然人的民事权利能力,适用经常居所地法律。"需要指出的是,国际私法上所讲的自然人权利能力的法律冲突问题,主要是宣告失踪或者宣告死亡方面存在的法律冲突。因此,《涉外民事关系法律适用法》对于宣告失踪或宣告死亡的准据法之确定,与自然人民事权利能力的准据法之规定一致。该法第13条规定:"宣告失踪或者宣告死亡,适用自然人经常居所地法律。"

三、自然人行为能力的法律适用

自然人行为能力,是指法律所确认的自然人通过自己的行为从事民事活动,享有民事权利和承担民事义务的能力。各国关于自然人行为能力的法律规定不同,就会导致自然人行为能力的法律适用冲突。

(一)自然人行为能力的法律冲突

各国立法上一般要求,自然人行为能力的取得,应以达到一定年龄和具备健全认知能力为条件。但在自然人成年年龄问题上,各国立法存在较大差异。如德国、英国、法国为18周岁;瑞士、日本为20周岁;泰国为21周岁;意大利为22周岁;荷兰为23周岁;奥地利为24周岁;丹麦、西班牙、智利为25周岁。而在认知能力及效力问题上,诸如何谓精神病患者以及精神病患者是否具备承担相应法律责任的能力,因酗酒和处于迷幻剂刺激状态下的自然人是否应承担民事责任等问题,各国立法同样存在差异。另外,为保护虽达到成年年龄但由于先天或者后天原因能力低下的人的利益,部分国家还规定了禁治产制度,但这些国家关于宣告禁治产的原因和法律效力的规定,同样存在较大差异。各国立法在这两方面的差异,必然导致自然人行为能力法律适用的冲突。

中国《民法典》规定,18周岁以上的自然人为成年人。不满18周岁的自然人为未成年人。但16周岁以上的未成年人,以自己的劳动收入为主要生活来源的,视为完全民事行为能力人。8周岁以上的未成年人为限制民事行为能力人。不满8周岁的未成年人和不能辨认自己行为的成年人,为无民事行为能力人。同时,《民法典》还就不同行为能力人的认知能力及效力问题,作出了明确规定。①

(二) 自然人行为能力的法律适用问题的解决

自然人行为能力的法律冲突,一般依当事人属人法解决,即适用当事人的本国法或者住所地法。这是自巴托鲁斯提出法则区别说以来,各国采取的主要准据法原则。

但在当事人行为地国家法律与当事人本国或住所地国家法律规定存在较大差异情况下,民事法律行为地国家若严格坚持适用属人法,可能会损害内国利益。为此,各国在立法上往往对适用属人法规定了以下例外:(1) 依属人法无行为能力而依行为地法有行为能力的,以行为地法为准。瑞士《关于国际私法的联邦法》(2017年文本)第36条为典型代表。此外,德国、日本等国家的法律中都有类似的规定。(2) 对于有关婚姻家庭、继承及不动产的行为能力,适用婚姻家庭、继承、不动产所在地法。德国《民法典施行法》第12条即这一例外的典型示例。此外,波兰、日本等国也有类似规定。

对于自然人民事行为能力的法律适用问题,中国以往实践中,基本上以行为地法为主,以住所地法(或居所地法)为例外。② 但目前采取的是以属人法为主,以行为地法为例外。中国《涉外民事关系法律适用法》第12条规定:"自然人的民事行为能力,适用经常居所地法律。自然人从事民事活动,依照经常居所地法律为无民事行为能力,依照行为地法律为有民事行为能力的,适用行为地法律,但涉及婚姻家庭、继承的除外。"

第三节 法人权利能力与行为能力

法人是指依照法定程序成立,有自己的名称、机构、场所及财产或经费,具有民事权利能力和民事行为能力,依法独立享有民事权利和承担民事义务的

---

① 中国《民法典》第17—24条。
② 中国《民法通则意见》(已废止)第179条规定:"定居国外的我国公民的民事行为能力,如其行为是在我国境内所为,适用我国法律;在定居国所为,可以适用其定居国法律。"第180条规定:"外国人在我国领域内进行民事活动,如依其本国法律为无民事行为能力,而依我国法律为有民事行为能力,应当认定为有民事行为能力。"第181条规定:"无国籍人的民事行为能力,一般适用其定居国法律;如未定居的,适用其住所地国法律。"

组织。自 1896 年《德国民法典》首次确立法人民事主体地位以来，法人在国内乃至国际民商事活动中的民事主体地位逐步得到确认。外国法人作为国际私法主体，主要涉及法人的国籍与住所、外国法人的认可以及法人权利能力和行为能力的法律适用等问题。

一、法人的国籍与住所

法人和自然人一样，也有国籍与住所问题。这既是判定法人是内国法人还是外国法人的依据，也是确定外国法人在内国享有何种民商事法律地位和解决法人属人法适用问题的前提。

（一）国籍

在国际私法上，法人国籍的法律意义与自然人基本相同。法人的国籍，是内国区分在其境内参与民商事活动的法人是外国法人还是内国法人的依据，是内国决定给予外国法人何种待遇的依据，也是法人属人法适用的依据。在法人的设立地与管理中心地分属不同国家时，就会产生法人的国籍冲突问题，即产生有双重国籍的法人或无国籍的法人。产生这种冲突的原因，主要在于各国对于法人国籍有不同规定。

1. 法人国籍的确定

从各国理论和实践看，确定法人国籍的标准，主要有以下几种：

第一，登记地标准。即以法人成立地（登记地）国作为法人的国籍国。采该标准的国家以英国、美国和俄罗斯为代表。采这种标准的理由是，法人是基于特定目的创设的拟制人格，只有经过成立地国家的批准才能成为法律上的主体。这一标准的优点是法人注册登记地容易确定。但该标准的主要缺陷在于，各国关于设立法人的条件和程序宽严不一，如果法人的登记设立地和法人的营业地或管理中心地分别位于不同国家或地区，就可能会产生法律规避问题。

一般而言，法人登记地国相关机构在受理和审核设立法人的申请时，依据的是本国法即登记地国家法律。但也有人主张，法人的国籍可以依据登记地国法之外的法律，即所谓法人国籍的准据法标准。英美法学者及少数大陆法学者持这一主张的理由在于，法人都是依一定国家法律的规定并基于该国明示或默示认可成立的。这一标准的前提是，法人登记地国家允许申请人选择法人设立的准据法，因而，该标准实质上是广义的登记地标准。该标准的适用较为简便，当事人不仅可以选择在对设立法人限制较少的国家申请登记，还可以选择更为宽松的成立法人的准据法,并将法人住所或营业所设立于外国,以达到逃避纳税等目的。因而,该标准同样有法人登记地标准的缺陷。同时,对法人营业地国家而言,若采用此标准判断法人国籍,在外国法人实际上被内国股东控制的情况下,对内国不一定有利。

第二,住所地标准。即将法人的住所地国作为法人的国籍国。由于在法人住所问题上,又有法人管理中心地标准和法人的主营业地标准,法人的国籍国也因此有法人的管理中心地国家和法人的主营业所所在地国家。采这种标准的理由是,法人是独立实体,对法人国籍的确定,也应依据与自然人住所地相当的因素。这一标准的缺陷是,如果判断法人住所的标准过于宽松,法人就可能比较随意地选定住所,从而产生法人自定国籍的现象。此外,跨国公司的经营中心,往往分散于全球不同国家和地区,根据这一标准,会使这种跨国公司国籍的确定更为困难。

第三,成员国籍标准。又称资本控制标准,即以法人成员的国籍为法人的国籍。采这种标准的理由是,法人成员的国籍与该法人所服务的国家往往是一致的。这一标准的缺陷是在具体实施中存在较多困难,诸如法人的国籍是依法人组成成员的人数,还是依法人组成成员的出资额来确定;若法人是发行无记名股票的股份有限公司,股东国籍将无从判定;控制法人资本的股东处于经常变动之中,法人的国籍也会随之变化而难以确定。

第四,实际控制标准。即以法人的实际控制国为法人的国籍国。这种透过表象看本质来确定法人国籍的做法,在战争时期对于敌国法人的定性具有重要意义。如1916—1925年间,瑞典就曾通过有关立法,禁止在瑞典组成而实际上为外国所操纵的公司取得瑞典的土地与矿藏。该标准的理论是,判定一个法人在战时是否具有"敌"性,应该与该法人的国籍区别开来,有时需要看资本的实际控制者,有时则需要看资本的实际管理者。[1]

第五,复合标准。即结合法人的住所地和设立地两项标准来判断法人国籍。这一主张及实践,是"二战"后伴随着法人在国际经济交往中作用的日益增强而产生的。采这一标准的代表国家主要是日本。[2] 在国际法院的相关实践

---

[1] [德]马丁·沃尔夫:《国际私法》(第二版)(下),李浩培、汤宗舜译,北京大学出版社2009年版,第341—342页。

[2] 如日本一般采取设立地标准,但要取得日本内国法人的资格,除依日本法成立外,尚须在日本设有住所。

中也有体现。①

同自然人国籍冲突的产生一样,法人国籍的冲突也是因各国关于法人国籍取得标准不一而产生的。但与自然人国籍冲突的解决不一样的是,法人国籍冲突的解决(或者国籍的确定),尚无诸如解决自然人国籍冲突的一般性原则或做法,各国一般依据本国(即相关外国法人涉及的东道国)关于法人国籍的标准予以解决。

2. 中国关于法人国籍的确定

对于法人的国籍问题,中国立法上并没有明确规定。中国《公司法》仅原则性地就外国公司作了规定,② 但未明确确定外国公司国籍的具体标准。中国以往司法实践中,主要有三方面做法:一是法人以其登记地国法为其本国法;二是法人的民事行为能力适用其登记地国法;三是外国法人在中国的民事行为能力重叠适用其登记地国法和中国法。

根据中国已有司法实践及《公司法》《涉外民事关系法律适用法》的精神,中国对于法人国籍的态度,可以归纳为三点:(1)外国公司在中国境内设立的分支机构不具有中国法人资格,在中国境内设立的外国公司的分支机构必须明确其国籍。③(2)对外国法人国籍的确定,中国目前主要采用登记地标准。现行《公司法》第191条规定:"本法所称外国公司是指依照外国法律在中国境外设立的公司。"(3)对中国境内外商投资企业法人国籍的确定,中国同样采用登记地标准。根据中国《外商投资法》第2条规定,外商投资企业,是指全部或者部分由外国投资者投资,依照中国法律在中国境内经登记注册设立的企业。

(二)住所

法人住所的法律含义与自然人住所基本一致。法人住所也是确定法人与某一特定国家(或法域)之间法律联系的工具或纽带。法人住所既是法人属人法适用的依据,也是相关国际民商事管辖的依据。

---

① 国际法院1970年在 *Barcelona Traction, Light and Power Company, Limited* 案的判决中就指出,可以对公司行使外交保护权的国家,只能限于依该国法成立并在该国注册有主营业地(或主事务所)的国家。See *Belgium v. Spain*, ICJ Reports, 1970, p. 4.
② 中国《公司法》第191条规定:"本法所称外国公司是指依照外国法律在中国境外设立的公司。"这种原则性规定"外国公司"的做法,沿袭的是1993年《公司法》以来的规定。
③ 中国《公司法》第194条、第195条。

1. 法人住所的确定

由于各国规定不同，法人住所也同样存在冲突。从各国理论及实践看，主要有以下标准：

第一，管理中心地标准。或称主事务所所在地标准，即以法人的管理中心地或主事务所所在地为法人的住所地。采这种标准的理由是，法人的管理中心是法人的首脑机构，它决定该法人活动的方针政策并监督其施行。采取该标准的代表国家主要有法国、德国和日本等。该标准的缺陷在于，主事务所所在地或管理中心所在地多由法人自行决定，法人往往很容易通过改变主事务所所在地或管理中心所在地的方式达到自我决定住所的效果。

第二，营业中心地标准。即以法人实际从事营业活动的所在地为法人的住所。采这种标准的理由是，作为独立实体，法人以自己的资本进行营业活动的地方，是该法人实现其经营目的之地，因而与法人的生存和发展有密切关系。采该标准的代表国家有罗马尼亚、韩国、埃及、波兰等。该标准的优点是，法人的营业中心地不易随意改变，在一定程度上能确保法人住所的稳定性。但如果法人的营业活动分布广泛，难以确定某个单一的营业中心地；或者某些特殊类型的法人，其营业中心地常常发生转移，以该标准确定法人的住所未免有一定困难。

第三，法人章程之规定标准。即以法人登记时在其章程中所记载的住所为法人的住所；法人章程未规定的，一般以主事务所所在地为法人的住所。[①] 采这种标准的理由是，法人在登记时一般应在其章程中指明其住所。以该标准确定法人的住所比较方便、明确，但实践中，法人事实上的住所地（如管理中心地或营业中心地）往往与章程的记载并不一致。

同自然人住所冲突的产生一样，法人住所冲突的产生，也是因为各国关于法人住所的标准不一。但与自然人住所冲突的解决不一样的是，法人住所冲突的解决（或者住所的确定）尚无诸如解决自然人住所冲突的一般性原则或做法，各国一般依据本国（即相关外国法人涉及的东道国）关于法人住所的标准予以解决。

---

① 如瑞士《关于国际私法的联邦法》（2017年文本）第150条第3款规定："公司的所在地依公司章程或合同的规定确定，章程或合同没有作出规定的，只要第三者能够承认，便可以将公司的管理中心地视为公司的所在地。"

2. 中国关于法人住所的确定

中国关于法人住所的确定，一直采取管理中心地标准。1993年《公司法》第10条规定："公司以其主要办事机构所在地为住所。"《民法典》第63条也规定："法人以其主要办事机构所在地为住所。依法需要办理法人登记的，应当将主要办事机构所在地登记为住所。"中国现行《公司法》第10条也有相同规定。

二、外国法人的认可

外国法人的认可，是指内国对外国法人的民商事主体资格及其在内国从事民商事活动的认可。它涉及两方面的问题：一是外国法人依相关外国法律是否已有效成立；二是依外国法律已有效成立的外国法人，是否可以被内国承认为法人并在内国从事相应民商事活动。前者涉及外国法人是否存在的事实，一般依该外国法人的属人法来确定；后者则涉及内国的法律和利益问题，即内国在法律上是否承认其法人资格并允许其活动的问题，如外国法人能否在内国参与民商事活动、其参与民商事活动的范围及权利以及对外国法人的监督等，一般依据内国的有关规定来处理。因此，外国法人要在内国进行民商事活动，必须同时符合其属人法和内国对外国法人的有关规定。

（一）外国法人的认可方式

1. 依据国际立法认可

这种认可方式又称相互认可，是指有关国家通过缔结国际条约，相互认可对方国家的法人。如1956年海牙《关于承认外国公司、社团和财团的法律人格的公约》第1条规定："凡公司、社团和财团按照缔约国法律在其国内履行登记或公告手续并设有法定所在地而取得法律人格的，其他缔约国当然应予承认……" 1968年布鲁塞尔《关于相互承认公司和法人团体的公约》也有类似规定。

2. 依据国内立法认可

即内国在其法律中规定认可外国法人的程序和条件。具体又有三种方式：（1）特别认可程序。即内国对于外国法人通过特别的登记或批准程序予以认可。这种程序有利于控制外国法人在内国的活动，但逐个认可的程序繁琐，也不便于国际经济贸易活动的进行。（2）概括认可程序。又称相互认可程序，即条约或有互惠关系的当事国之间,内国对某一特定外国的法人,概括地加以认可。①(3)一般认可程序。即内国对于外国特定种类的法人,不问其属于何国,一般均予以认可。据此,外国法人只要依内国法的规定办理了必要的登记或注册手续,即可取得在内国活动的权利。这种程序往往适用于对一般商业法人的认可。②

对于外国法人的认可,许多国家并非单一地采取上述某种方式,往往一方面根据有关国际公约对缔约国的法人进行认可,另一方面又在国内法中规定外国法人的认可方式和条件。而且,国家往往会根据特定时期的对外贸易政策选择特定的认可程序。

(二) 中国对外国法人的认可

关于对外国法人的认可问题,中国现行立法并无统一的和专门的规定。从现有规定看,中国对外国法人认可制度主要如下:

1. 认可条件

外国法人要在中国获得认可,需具备以下条件:(1)在中国设立登记营业,取得法人资格;(2)在中国境内有与其所从事经营活动相适应的资金;(3)有法定代表人或代理人;(4)在中国政府允许的范围内和指定地点从事营业活动。③ 此外,外国法人到中国的活动属于高水平贸易和投资的,可以享受中国的自由化便利政策,中国也将全面实行准入前国民待遇加负面清单管理制度。

2. 认可方式

外国法人在中国境内从事民商事活动,主要有三种方式:(1)临时来华进行经贸活动;(2)在中国进行直接投资,设立中外合资经营企业、中外合作经营企业、外资企业等;(3)在中国开展连续的经营生产活动,以外国公司名义在中国设立分公司等分支机构。针对不同情形,中国对外国法人主要有以下认

---

① 如法国 1957 年曾制定一项法律,承认凡经比利时政府许可而成立的法人,均可在法国行使权利;对在有互惠关系的国家成立的法人,也应予以承认。前述 1956 年海牙公约及 1968 年布鲁塞尔公约即概括认可的依据。
② 如《日本民法典》第 36 条第 1 项规定:"外国法人除两国的行政区及商事公司外,不认许其成立。但依法律或条约被认许者,不在此限。"
③ 中国现行《公司法》第 193 条规定:"外国公司在中国境内设立分支机构,必须在中国境内指定负责该分支机构的代表人或者代理人,并向该分支机构拨付与其所从事的经营活动相适应的资金。对外国公司分支机构的经营资金需要规定最低限额的,由国务院另行规定。"

可方式：(1) 对来中国进行货物买卖的外国法人，无须政府审批程序，采用一般认可程序。(2) 对外国法人的分支机构采取特别认可程序。外国法人来华设立分支机构的，必须先获得批准，在履行登记手续之后，才能以外国法人驻中国分支机构的名义在中国境内从事民商事经营活动。[①] 外国法人在中国境内设立的分支机构，并不具有中国法人资格，外国公司对其分支机构在中国境内进行的经营活动承担民事责任。(3) 根据中国有关立法规定，在中国进行直接投资的外商投资企业均为中国法人，故不存在认可问题。

三、法人权利能力和行为能力的法律适用

法人的权利能力，是法人所具有的参与民商事活动，取得民商事权利和承担民商事义务的资格；法人的行为能力，是法人通过自身的行为取得民商事权利并承担民商事义务的资格。与自然人相比，法人的权利能力和行为能力是同时产生、同时终止的，两者在范围上也是一致的。正因为如此，有必要将两者的法律冲突问题结合起来加以讨论。

（一）法人权利能力和行为能力的法律冲突

各国立法关于法人权利能力和行为能力的规定有很大差异。有的国家如法国、意大利等承认无限责任公司是法人；有的国家如德国、瑞士等的规定则相反。有的国家如德国认为登记是公司成立的要件，公司未经登记不得成立；有的国家如日本则认为登记并非公司成立的要件，仅为对抗第三人的要件。有的国家规定法人除自己决定或因破产解散外，还可因违背善良风俗而被解散；有的国家则对后者不加规定。有的国家如比利时、法国等认为有限责任公司不能向公众发行债券；有的国家如德国则无此方面的禁止规定。有的国家如英国认为权限外的行为无效；有的国家如德国则无此限制。这些差异，都不可避免地会导致法人权利能力和行为能力的法律冲突。

[①] 法人的分支机构是法人的组成部分，是经法人授权并办理登记，在法人设置的某一特定区域完成法人部分职能的业务活动机构。1980 年中国国务院《关于管理外国企业常驻代表机构的暂行规定》第 2 条规定："外国企业确有需要在中国设立常驻代表机构的，必须提出申请，经过批准，办理登记手续。未经批准、登记的，不得开展常驻业务活动。"中国《公司法》第十一章专章规定外国法人的分支机构问题。《公司法》第 192 条规定："外国公司在中国境内设立分支机构，必须向中国主管机关提出申请，并提交其公司章程、所属国的公司登记证书等有关文件，经批准后，向公司登记机关依法办理登记，领取营业执照。外国公司分支机构的审批办法由国务院另行规定。"

（二）法人权利能力和行为能力的法律适用

对于法人权利能力和行为能力问题，一般适用法人属人法，即适用法人的国籍国或住所地国的法律。

外国法人在内国的活动范围，往往要受内国法的支配和制约，外国法人只能在内国法许可的范围内从事民商事活动。即外国法人在内国从事活动，其在内国的权利能力、行为能力的范围，必须重叠适用法人本国法和东道国法。

一般来说，法人属人法的适用范围主要为：（1）法人的成立和法人的性质；（2）法人的权利能力；（3）法人的内部体制和对外关系；（4）法人的解散；（5）法人合并或分立后对前法人债务的继承。

对于法人权利能力和行为能力问题，中国采取的也是法人属人法原则。但中国的属人法原则，依序包括登记地法律、主营业地法律（或经常居所地法律）。《涉外民事关系法律适用法》第14条规定："法人及其分支机构的民事权利能力、民事行为能力、组织机构、股东权利义务等事项，适用登记地法律。法人的主营业地与登记地不一致的，可以适用主营业地法律。法人的经常居所地，为其主营业地。"这一规定是对中国以往实践的总结。①

拓展阅读

新加坡中华环保科技集团有限公司与大拇指环保科技集团（福建）有限公司股东出资纠纷案

思考题

1. 外国人在中国的民商事法律地位的现状如何？
2. 国家及其财产豁免权包括哪些内容？对国家豁免的几种主要理论，你有何认识？中国关于国家豁免的立法和司法实践有哪些？
3. 中国《涉外民事关系法律适用法》采用经常居所作为自然人属人法连结点，与国籍和住所相比，其有哪些优点？
4. 如何看待确定法人国籍的现有标准？

---

① 中国《民法通则意见》（已废止）第184条规定："外国法人以其注册登记地国家的法律为其本国法，法人的民事行为能力依其本国法确定。外国法人在我国领域内进行的民事活动，必须符合我国的法律规定。"第185条规定："当事人有二个以上营业所的，应以与产生纠纷的民事关系有最密切联系的营业所为准；当事人没有营业所的，以其住所或者经常居住地为准。"

5. 如何看待中国关于外国法人认可的现有实践?

自测习题

第七章 婚姻家庭

婚姻家庭制度反映了各国的社会经济制度、历史文化传统、宗教信仰和风俗习惯等。在婚姻家庭领域,各国立法与实践存在较大差异,一直以来就是冲突规范发挥作用的重要领域。在涉外婚姻家庭问题上,当事人的属人法具有重要的意义。随着社会的发展进步,各国实体法中保护妇女、儿童利益及有利于离婚等政策对冲突规范的影响很大,涉外婚姻家庭领域的法律适用出现了尊重男女平等、儿童最佳利益及有利于离婚等新的发展趋势,意思自治原则、最密切联系原则和有利原则在涉外婚姻家庭领域的运用有所扩大。中国《涉外民事关系法律适用法》专设第三章,以10条的篇幅规定了涉外婚姻家庭的法律选择规则。[①] 本章分别讨论结婚、夫妻关系、离婚、父母子女关系、收养、扶养与监护的法律适用问题。

第一节 结 婚

结婚是男女双方根据法律规定的程序和条件结成夫妻的一种法律行为。结婚只有符合法律规定的实质要件和形式要件,才能够有效成立。在不同国家,对于结婚的能力、条件和形式有不同的法律规定,有些国家允许多配偶婚姻,基本上没有统一实体法规范。法院在不同情形下可能需要决定某一涉外婚姻的有效性,如婚姻无效、司法分居、离婚、扶养、继承财产、移民和重婚等,婚姻有效对这些问题的解决至关重要。在结婚的法律适用上,目前出现了有利于婚姻成立的立法倾向。

一、结婚实质要件的法律适用

结婚的实质要件包括婚姻当事人必须具备的要件和必须排除的要件。前者一般指双方当事人必须达到法定婚龄、双方当事人自愿结婚等。后者一般指双

[①] 郭玉军:《涉外民事关系法律适用法中的婚姻家庭法律选择规则》,《政法论坛》2011年第3期。

方当事人不在禁止结婚的血亲之内、没有不能结婚的疾病或生理缺陷、不存在另外的婚姻关系等。

关于结婚实质要件的准据法主要有以下几种：

（一）婚姻举行地法（*lex loci celebrationis*）

结婚的实质要件依婚姻举行地法。也就是说，如果结婚符合婚姻举行地法有关结婚实质要件的规定，该婚姻就是有效的婚姻，它在任何地方都是有效成立的婚姻；如果结婚不符合婚姻举行地法有关结婚实质要件的规定，该婚姻就是无效的婚姻，它在任何地方都是无效的婚姻。赞成这一原则的理由有：结婚是一种契约关系或法律行为，根据"场所支配行为"原则，其成立的实质要件应该适用婚姻举行地的法律；应该将当事人依婚姻举行地法结成的婚姻视为一种既得权，根据"既得权保护说"，这种婚姻应该得到其他国家的承认和保护；婚姻的有效成立与否关系到举行地国家的善良风俗和公共秩序，所以必须适用举行地法；结婚的实质要件适用婚姻举行地法简便易行。适用婚姻举行地法是一条古老但目前仍流行的原则。无论以传统的还是现代的法律选择方法为视角，婚姻的有效性适用婚姻举行地法都是合理的，因为结婚在当事人之间创设身份关系，所以其有效性就应该由身份创设地的婚姻举行地法决定。这一规则的实际效果就是使婚姻有效，尽管有时尽量使婚姻有效的考虑被过分地强调了，但这样的规则有利于确保当事人的合理期望，保证法律关系的稳定，特别是由于子女和财产问题，稳定在这一领域特别重要，避免了婚姻的合法性因所在地不同而不同的可怕后果。当然该一般原则也有例外，例如，在美国，如果某些被禁止的结合如此侵犯公共道德以至被认为是令人厌恶和违背"自然法"的，就排除适用婚姻举行地法这个一般原则。

采用婚姻举行地法原则的国家和地区包括大多数的拉丁美洲国家，如阿根廷、巴拉圭、危地马拉、秘鲁、哥斯达黎加、墨西哥等，以及美国的许多州。

近年来，随着同性婚姻（注册伴侣关系）在一些国家和地区得到法律上的认可，同性婚姻的承认问题在国际私法中日渐凸显其重要性。在不承认同性婚姻合法性的国家，即使按照举行地法同性婚姻是合法的，也很有可能得不到承认。一些国家立法对同性婚姻的法律适用作出了明确规定，原则上适用注册地或举行地法律。①

（二）当事人的属人法（lex patriae）

由于结婚与当事人的身份地位（如是否成年、是否神智健全、是否已婚等）有密切关系，许多国家对有关结婚实质要件的问题适用当事人的属人法，符合当事人属人法的婚姻即为有效婚姻，否则为无效婚姻。采用当事人属人法的国家又分为采用本国法和采用住所地法两种。如果双方当事人属人法相同，适用当事人属人法自然简便容易。如果双方当事人的属人法不同，就要解决如何适用当事人属人法的问题。在这种情况下，主要有以下几种做法：（1）适用夫的本国法。目前此种做法已落伍于时代，被许多国家摒弃。（2）分别适用双方当事人各自的属人法。即只要结婚分别符合双方当事人各自属人法规定的实质要件，该婚姻就是有效婚姻。例如，2006 年日本《法律适用通则法》第 24 条第 1 款规定，婚姻成立的实质要件适用夫妻双方各自的本国法。波兰、奥地利和秘鲁等国也采用此种规定。（3）重叠适用双方当事人的属人法。即婚姻只有在满足双方当事人的属人法所要求的实质要件时，才被认为是有效的婚姻。2017 年匈牙利《关于国际私法的第 28 号法律》第 26 条第 1 款就是如此规定的。

（三）混合制

婚姻的成立涉及婚姻举行地法和当事人双方的属人法。所谓混合制，是指关于婚姻成立的实质要件，或以婚姻举行地法为主，但在一定条件下也可以适用当事人的属人法；或以当事人的属人法为主，但在一定条件下也可以适用婚姻举行地法。前者可以瑞士《关于国际私法的联邦法》（2017 年文本）为例。根据该法第 44、45 条的规定，在瑞士结婚的实质要件由瑞士法律支配；外国人之间结婚不符合瑞士法律规定的要件，但满足当事人一方本国法规定的要件的，也可以结婚；在外国有效缔结的婚姻，瑞士承认其是有效的；如果当事人任何一方为瑞士人或双方在瑞士有住所，对其在国外缔结的婚姻予以承认，但在国外结婚显然有意规避瑞士有关婚姻无效的法律规定的，则不予承认。后者可以 2017 年的匈牙利《关于国际私法的第 28 号法律》为例。该法第 26 条以适用当事人的属人法为主，但同时规定如果外国人"依匈牙利法缔结婚姻有不可

---

① 如德国《民法典施行法》（2017 年文本）第 17b 条、奥地利《关于国际私法的联邦法》（2017 年文本）第 27a 条。

逾越的障碍时,则不能在匈牙利结婚",也即外国人若在匈牙利结婚,就必须符合婚姻举行地法——匈牙利法关于某些要件的规定。

混合制考虑了在不同的情况下适用不同的准据法,避免了单纯适用婚姻举行地法或当事人属人法的不足。由于其比较灵活和切实可行,已为越来越多的国家所接受。

英国将婚姻有效性的法律适用区分为婚姻形式、当事人的结婚能力、当事人同意和生理缺陷几个方面,分别确定应适用的法律。如关于婚姻形式,一般适用婚姻举行地法,但也有一些例外。关于当事人的结婚能力,实践和理论上则存在两种对立的法律选择规则,即双重或婚前住所地标准和打算的婚姻之家所在地法。这两种主张与一些已决案件的判决在一定程度上是一致的,但目前一般认为双重或婚前住所地标准是正确的,当然也有一些法官明显赞成后一标准。关于当事人的同意,适用当事人的属人法,也即住所地法。如果双方当事人住所地法不同,有学者主张应适用被主张缺乏同意的当事人的住所地法。关于生理缺陷,到目前为止,英国法上尚无明确的规则,法院的做法也存在分歧,有人建议适用申请人的住所地法。[1]

二、结婚形式要件的法律适用

结婚的实质要件是婚姻成立的基本条件,但是婚姻的成立还需要一定的形式要件。目前有关缔结婚姻的方式主要有民事登记方式和宗教方式。根据民事登记方式,缔结婚姻的双方当事人必须到法律指定的机关办理登记手续,取得一定的证件后,婚姻才有效成立。世界上的许多国家包括中国在内都采取民事登记方式。宗教方式要求缔结婚姻的双方当事人根据自己信仰的宗教的规定,举行一定的宗教仪式后,婚姻才有效成立。目前,除极少数国家外,大部分国家已不再将依宗教方式结婚视为婚姻成立的必要条件。在许多国家,当事人在进行民事登记的同时也举行宗教婚礼,在举行宗教婚礼时,也办理民事登记。此外,一些国家或地区承认"普通法婚姻",即双方以夫妻名义共同生活的,[2]即使他们从未举行正式结婚仪式或者进行婚姻登记,其婚姻效力也与传统婚姻

---

[1] J. G. Collier, *Conflict of Law*(《冲突法》), 3th ed., Cambridge University Press, 2004, pp. 295-312.
[2] 普通法婚姻一般需要满足三个条件:一是双方同居;二是双方曾经同意结婚;三是在公众面前显示双方已经结婚。

一样。

对于结婚形式要件的法律适用,根据"场所支配行为"原则,世界上许多国家长期以来都适用婚姻举行地法,即只要结婚的方式符合婚姻举行地法的要求,即为有效的婚姻。但是单纯适用婚姻举行地法,有时会出现"跛脚婚姻"(limping marriage)。为了避免发生这种情况,有些国家除了规定结婚的形式要件适用婚姻举行地法外,还规定本国公民在国外结婚也必须遵守本国法规定的方式,或者规定在内国结婚的外国人,如果遵守了他们的本国法对婚姻方式的要求,亦为有效。这种立法以婚姻举行地法为主,同时兼采当事人属人法。例如日本《法律适用通则法》第 24 条第 2 款规定,关于婚姻的方式,原则上适用婚姻举行地法。接着第 3 款又进一步规定,符合当事人一方的本国法规定的方式,亦为有效。但如果婚姻在日本举行,当事人一方为日本人时,则不在此限,即此种情况下适用日本法。据此规定,外国人之间在日本结婚或外国人和日本人之间在国外结婚,如果符合当事人一方的本国法,也是有效的。这种立法方式,明显地表现了广泛地承认婚姻效力,① 以防止发生"跛脚婚姻"的倾向。

中国在《涉外民事关系法律适用法》生效前,处理涉外结婚的法律规定主要有 1983 年 8 月 26 日发布的《中国公民同外国人办理婚姻登记的几项规定》、1983 年 12 月 27 日发布的《关于驻外使领馆处理华侨婚姻问题的若干规定》、1983 年 12 月 9 日发布的《民政部关于办理婚姻登记中几个涉外问题处理意见的批复》和 1986 年 4 月 12 日通过的《民法通则》。这些规定涉及以下内容:中国人和外国人在中国境内结婚;外国人之间在中国境内结婚;中国人和外国人在中国境外结婚;中国人之间在中国境外结婚。

中国《民法通则》第 147 条曾规定,中国公民和外国人结婚适用婚姻缔结地法。因此,中国公民和外国人在中国境内结婚,适用中国法,中国公民和外国人在中国境外结婚适用婚姻举行地国家的法律。该规定没有区别结婚的实质要件和形式要件,可以理解为既适用于实质要件也适用于形式要件。

《涉外民事关系法律适用法》明确区分结婚条件和结婚手续并分别作出规定,弥补了原《民法通则》相关规定的不足。根据《涉外民事关系法律适用

---

① 1991 年美国路易斯安那州《民法典》第 3520 条未区分形式要件和实质要件,规定只要符合婚姻缔结地法或者夫妻双方当事人最初住所地法的婚姻,即为有效婚姻。

法》第 21 条的规定，结婚条件，适用当事人共同经常居所地法律；没有共同经常居所地的，适用共同国籍国法律；没有共同国籍，在一方当事人经常居所地或者国籍国缔结婚姻的，适用婚姻缔结地法律。而且，该法第 2 条第 2 款规定，不存在第 21 条指定的法律时，应按照最密切联系原则确定应适用的法律。该法第 22 条规定，结婚手续，符合婚姻缔结地法律、一方当事人经常居所地法律或者国籍国法律的，均为有效。①

关于涉外婚姻登记，根据《民政部关于办理婚姻登记中几个涉外问题处理意见的批复》的规定，对于男女双方都是来华工作的外国人，或是一方为来华工作的外国人，另一方为临时来华的外国人，要求在中国办理结婚登记的，只要他们具备《中国公民同外国人办理婚姻登记的几项规定》（已废止）所要求的证件，符合中国《民法典》的规定，就可办理结婚登记。但为了保证中国婚姻登记的有效性，使中国的婚姻登记在当事人本国或第三国有效，可以让婚姻当事人提供其本国法律准许在国外办理结婚登记的规定。外国双方当事人可以按宗教仪式结婚，但要使其婚姻在中国具有法律效力，就必须按中国法律规定到婚姻登记机关进行登记。

此外，在涉外婚姻领域，领事婚姻值得关注。领事婚姻是指在驻在国不反对的情况下，一国驻国外的领事或外交代表为本国侨民依照本国法律规定的方式，办理结婚手续，从而成立婚姻的制度。领事婚姻问题的实质是，驻在国是否承认外国人之间在其内国依当事人本国法举行的婚姻。关于这一问题，各国的做法不完全相同。有些国家是明确承认领事婚姻的；而有的国家在领事婚姻问题上则要求实行对等原则，即：如果驻在国同意派遣国领事为其侨民办理结婚手续，则领事婚姻在驻在国和派遣国及第三国都是有效婚姻；如果驻在国不承认领事婚姻，则派遣国使馆所办理的领事婚姻在派遣国本国有效，在驻在国无效，在结婚的形式要件适用婚姻举行地法的第三国，其婚姻也是无效的。在条约或互惠的基础上，中国承认具有相同国籍的外国人双方在其本国驻华使领馆成立的婚姻有效。同时，我国驻外使领馆领事官员可根据我国法律规定并在接受国法律无禁止之规定前提下，为当地具备条件的中国公民办理结婚和离婚登记。

---

① 在中国，结婚手续专指办理登记手续，而在各国的实践中，结婚的形式有登记、宗教仪式、事实上以夫妻名义同居等。如果在立法上使用"手续"一词，该条规定就无法判断以其他方式结婚的婚姻形式是否有效，从而留下立法上的漏洞，可将"结婚手续"修改为"结婚形式"。

第二节 夫妻关系

夫妻关系是合法有效的婚姻所产生的特定男女之间的一种法律关系,包括夫妻人身关系(婚姻的一般效力)和夫妻财产关系(夫妻财产制)。实践中,涉外夫妻关系争议常涉及夫妻财产制,而不同国家在约定财产制与法定财产制、分别财产制与共同财产制方面的立法存在差异。对于夫妻财产制的法律适用,除采用传统的意思自治原则和属人法原则外,最密切联系原则也开始得到重视。

一、夫妻人身关系的法律适用

夫妻人身关系包括姓氏权、同居义务、忠贞及扶助义务、住所决定权、从事职业和社会活动的权利、夫妻之间的代理权等方面内容。对于这些问题,由于各国政治、经济、社会风俗、历史传统和宗教信仰不同,常有不同的法律规定。为了解决法律适用上的冲突,大致有以下几种主张:

(一)当事人的属人法

一些欧洲国家适用当事人的本国法,而拉丁美洲一些国家,如乌拉圭、秘鲁和巴西等,适用当事人的住所地法。在早期立法中,适用当事人的本国法以适用夫的本国法为多见。目前,关于夫妻人身关系,适用夫妻双方共同属人法的趋势有所增加。[①] 另外,近年来有一种放弃本国法而采用惯常居所地法的倾向。[②]

(二)法院地法或行为地法

由于夫妻人身关系有时关系到法院地或行为地的公共秩序和善良风俗,因此也有人主张夫妻人身关系的某些方面应该适用法院地法或行为地法。例如,在英国,夫妻人身关系一般适用夫妻的住所地法,但关于丈夫是否可以对妻子

[①] 例如,日本《法例》(1898年文本)第14条规定婚姻的效力适用夫的本国法。1989年修改后,第14条规定,关于婚姻的效力,如果夫妻双方具有相同的国籍,依其共同本国法;无共同本国法时,如夫妻具有共同惯常居所地,则依共同惯常居所地法;既无共同国籍也无共同惯常居所地时,适用与夫妻有最密切联系的地方的法律。
[②] 1996年《列支敦士登国际私法》第19条规定,婚姻效力适用夫妻双方惯常居所地法,如无,则适用双方最后惯常居住地法,只要一方当事人持续居住在此地即可。

施加压力,以及一方对他方的扶养义务如何等问题,则适用法院地法。国际公约中也有类似的做法。①

二、夫妻财产关系的法律适用

夫妻财产关系,是指具有合法婚姻关系的男女双方对家庭财产的权利义务,主要包括婚姻对双方当事人的婚前财产发生什么效力,婚姻存续期间所获财产的归属,以及夫妻对财产的管理、处分和债务承担等方面内容。婚姻终止,如离婚或一方死亡,会对夫妻财产权利产生影响。

(一)意思自治原则

由于一些国家的立法和判例将婚姻关系视为一种特殊的契约关系,因此在夫妻财产关系的法律适用问题上,它们也主张适用意思自治原则。采用这种原则的国家有美国、英国、法国、德国、日本、瑞士、波兰和奥地利等。按奥地利和日本的法律,如果夫妻双方对夫妻财产关系无明示协议,就适用支配婚姻人身效力的或婚姻效力的准据法。② 在英国和美国,如当事人对财产关系无协议,法官也无法推定财产关系的准据法,法院将适用物权的冲突法原则,即动产适用当事人住所地法,不动产适用不动产所在地法。

1978年《关于婚姻财产制的海牙公约》、2016年欧盟《关于婚姻财产制事项的管辖权、法律适用以及判决的承认与执行的第2016/1103号条例》也规定了有限制的意思自治原则。

(二)属人法原则

一些国家在夫妻财产关系上排除适用意思自治原则,直接规定夫妻财产关系应适用何国法律。例如,2005年《阿尔及利亚民法典》第12条规定,婚姻的人身与财产效力,以结婚时丈夫的本国法为准。

---

① 如1905年《关于婚姻效力的海牙公约》第1条规定,"关于夫妻身份上的权利义务,依其本国法定之",但"前项权利义务的行使非依行为地法所认可的方式,不得为之"。
② 奥地利《关于国际私法的联邦法》(2017年文本)第19条规定,夫妻财产,依当事人明示选择的法律,无选择的法律时,依结婚时支配婚姻的人身效力的法律。2006年日本《法律适用通则法》第26条第1款规定了夫妻财产关系准用第25条关于婚姻效力的准据法,但如果夫妻以署名、附日期的书面协议选择法律时,则夫妻财产关系适用该法。当事人可以选择的法律是夫妻一方国籍所属国法、夫妻一方惯常居所地法及关于不动产的夫妻财产关系的不动产所在地法。奥地利法对当事人的选择范围未作明确规定,而日本法对当事人的选择范围作了明确的规定。

（三）最密切联系原则

有些国家对于夫妻财产关系规定，当事人不存在共同本国法和共同住所地法时，可以适用最密切联系原则。例如，1992 年《罗马尼亚关于调整国际私法关系的第 105 号法律》[①] 第 20 条曾规定，当事人不存在共同本国法和共同住所地法时，可以适用最密切联系原则。2011 年波兰《关于国际私法的法律》第 51 条亦有同样规定。

在中国，《涉外民事关系法律适用法》首次对涉外夫妻人身关系和财产关系的法律适用作出规定。根据第 23 条规定，夫妻人身关系，适用共同经常居所地法律；没有共同经常居所地的，适用共同国籍国法律。根据第 24 条规定，夫妻财产关系，当事人可以协议选择适用一方当事人经常居所地法律、国籍国法律或者主要财产所在地法律。当事人没有选择的，适用共同经常居所地法律；没有共同经常居所地的，适用共同国籍国法律。该条区分当事人是否选择准据法作出规定，在中国立法中首次将意思自治原则延伸适用于涉外婚姻家庭领域的夫妻财产关系，具有重要意义。当不存在第 23、24 条指定的法律时，根据第 2 条第 2 款规定，应按照最密切联系原则确定夫妻人身关系和财产关系应适用的法律。此外，第 24 条的规定应考虑不动产的特殊性，并应增加保护第三人利益的内容。从中国有关涉外夫妻财产制审判实践看，第 24 条的规定虽然能够满足大多数案件的需要，但仍存在无法厘清夫妻财产冲突规范与离婚冲突规范和不动产物权冲突规范适用边界的问题。[②]

拓展阅读

万宁石梅湾大酒店有限公司、海南麟和工程咨询有限公司与惠州市撒克逊物业管理有限公司、凯斯·达比、卢胜苏股权转让纠纷上诉案

第三节 离 婚

离婚的方式主要有非诉讼（或非对抗的）离婚和诉讼离婚。有些国家既允许当事人到法院办理离婚，也允许当事人到非司法机关（在中国为婚姻登记机

---

① 该法现已废止，被 2009 年颁布、2011 年生效的《罗马尼亚民法典》取代。
② 宋连斌、陈曦：《〈涉外民事关系法律适用法〉第 24 条的司法应用——基于 48 份公开裁判文书的分析》，《国际法研究》2018 年第 1 期。

关）办理离婚。而在多数国家，离婚必须通过法院程序，即使双方达成离婚协议，离婚协议也须经法院程序确认，方为有效。关于诉讼离婚法律适用，国际上出现了采用有利于离婚、意思自治原则等做法。

一、协议离婚的法律适用

近年来，国际上调解离婚和合作离婚（collaborative divorce）增多。在美国一些州，当事人所达成的调解离婚协议和合作离婚协议仍须经法院确认。在一些国家，如葡萄牙和中国，离婚协议可以经非司法机关确认。目前，国际上鲜有国家立法对协议离婚的法律适用作出规定。

在中国，当事人可以采用协议离婚或者诉讼离婚的方式解除婚姻关系。根据 2003 年《婚姻登记条例》第 10 条规定，中国公民同外国人在中国内地自愿离婚的，内地居民同香港居民、澳门居民、台湾居民、华侨在中国内地自愿离婚的，男女双方应当共同到内地居民常住户口所在地的婚姻登记机关办理离婚登记。而对协议离婚的法律适用，《涉外民事关系法律适用法》第 26 条明确规定，协议离婚，当事人可以协议选择适用一方当事人经常居所地法律或者国籍国法律。当事人没有选择的，适用共同经常居所地法律；没有共同经常居所地的，适用共同国籍国法律；没有共同国籍的，适用办理离婚手续机构所在地法律。

二、诉讼离婚的法律适用

（一）法院地法

美国、英国、爱尔兰、瑞典、芬兰、丹麦、塞浦路斯和拉脱维亚等国家在离婚的法律适用问题上采用法院地法。这些国家的法院一旦确定自己对离婚案件有管辖权，一般就只适用法院地法。但苏格兰和瑞典的法律规定在一定条件下会考虑外国法。①

以英美为例，由于英美法院主要以婚姻当事人的住所或惯常居所为行使管辖权的依据，所以法院地法通常就是婚姻当事人的住所地法或惯常居所地法。适用法院地法的主要理论依据是，离婚涉及一国的公共秩序和善良风俗，所以

---

① COMMISSION STAFF WORKING PAPER Annex to the Green Paper on Applicable Law and Jurisdiction in Divorce Matters, Brussels, 14.3.2005, SEC（2005）331, p.8.

法院应该适用自己的法律。但适用法院地法可能会促使当事人寻找对自己有利的法院去起诉，从而产生挑选法院的现象。

(二) 属人法

主张离婚适用属人法的根据主要是：离婚是消灭既存婚姻关系的一种法律行为，与人的身份有密切关系，所以应当适用当事人的属人法；离婚应与婚姻成立的准据法一致，既然婚姻的成立适用属人法，离婚也应适用属人法。过去离婚适用当事人的属人法多适用丈夫的本国法，这种做法已不符合男女平等时代的要求。目前不少欧洲国家[①]以及日本都规定了多个连结因素，并依据一定的顺序选择适用，如首先适用当事人共同本国法或最后的共同本国法，只要一方当事人仍具有该国国籍；如无共同本国法就适用共同惯常居所地法，只要一方当事人仍居住在该国；如也无共同惯常居所地法，则适用最后的共同惯常居所地法或共同住所地法或法院地法等。

按 2006 年日本《法律适用通则法》第 27 条的规定，如果当事人有共同本国法，适用当事人共同本国法；如无共同本国法而有共同惯常居所地法，适用共同惯常居所地法；如果既无共同本国法也无共同惯常居所地法，适用与夫妇有最密切关系地的法律。但是，离婚当事人一方为在日本有惯常居所的日本人的，适用日本法。

(三) 当事人有限制地选择离婚准据法

德国、荷兰、西班牙和比利时在一定条件下允许当事人有限制地选择离婚准据法。例如，根据德国法，在当事人无共同国籍并且双方当事人均不是共同居所地国的国民或者双方居住在不同国家时才可以选择离婚的准据法。荷兰法允许当事人在当事人的共同本国法和法院地法（荷兰法）中进行选择。2003 年修改的《西班牙民法典》规定，如果配偶一方为西班牙人或惯常居所在西班牙，则允许外国当事人选择适用西班牙法（法院地法）。2004 年比利时《国际私法典》规定，离婚当事人可以选择配偶一方的本国法或比利时法（法院地法），未做选择时则适用当事人的惯常居所地法。[②]《罗马条例Ⅲ》第 5 条规定，当事人离婚或司法分居时可以协议选择以下法律：(1) 达成协议时的共同

---

① 包括奥地利、比利时、爱沙尼亚、德国、希腊、匈牙利、意大利、立陶宛、卢森堡、荷兰、西班牙、捷克、波兰、葡萄牙、斯洛伐克和斯洛文尼亚等。

② Commission Staff Working Paper: Annex to the Green Paper on Applicable Law and Jurisdiction in Divorce Matters, Brussels, 14.3.2005, SEC (2005) 331, p.7.

惯常居所地法律；（2）最后共同惯常居所地法律，且达成协议时配偶一方仍在那里居住；（3）达成协议时配偶一方的国籍国法律；（4）法院地法律。意思自治原则在涉外离婚领域的运用进一步扩大。

（四）单边法律选择规则

法国是采纳单边法律选择规则的国家。法国法只规定了在什么情况下离婚适用法国法。按照法国法，在离婚当事人均为法国人或住所都在法国或没有任何外国法院对该离婚请求有管辖权时，就适用法国法。①

美国有的州区分离婚所涉不同问题分别确定准据法，如路易斯安那州区分离婚的理由和离婚的效力，分别规定应该适用的法律：准予离婚或分居的理由适用法院地法；而对离婚的效力则适用比较损害理论，即适用对于特定争议如果其法律不被适用将受到最严重损害的国家的法律。②

此外，有些国家存在司法分居制度。③ 对于司法分居的准据法，一般依据有关离婚的冲突规则加以确定。

而对于婚姻无效问题，欧洲国家一般区分形式问题和结婚能力采用不同的冲突规则。形式问题一般依据婚姻缔结地法，而结婚能力依据当事人的本国法。在英国，支配婚姻无效的法律也就是支配结婚的形式、当事人结婚能力、当事人的同意和生理缺陷的法律。

值得注意的是，有关离婚的准据法呈现如下发展趋势：

第一，许多立法中出现了有利于离婚的趋势。通常会采取附条件或有选择顺序的冲突规范形式。例如，规定如果指定的前一顺序的准据法不准离婚或离婚条件非常严格或会造成基于性别的不平等，就不适用该法，转而适用法院地法。④

---

① Commission Staff Working Paper: Annex to the Green Paper on applicable law and jurisdiction in divorce matters, Brussels, 14.3.2005, SEC (2005) 331, p.8.
② 具体参见1991年美国路易斯安那州《民法典》第3521、3522条规定。
③ 存在司法分居制度的国家主要有法国、爱尔兰、卢森堡、荷兰、葡萄牙、英国、意大利、比利时、丹麦、西班牙、立陶宛、波兰、马耳他，不存在司法分居制度的国家主要有德国、奥地利、希腊、芬兰、瑞典、捷克、爱沙尼亚、拉脱维亚、斯洛伐克、斯洛文尼亚、塞浦路斯、匈牙利等。
④ 2012年捷克《关于国际私法的法律》第50条、《罗马条例Ⅲ》第10条的规定都反映了有利于离婚的倾向。

第二，允许当事人选择离婚的准据法。① 如德国、荷兰、西班牙和比利时等国。

第三，采纳多个连结因素，试图在离婚当事人和离婚准据法间建立"最密切联系"。②《罗马条例Ⅲ》第 8 条规定，当事人没有选择准据法时，按如下顺序确定离婚和司法分居应适用的法律：（1）法院受案时的配偶共同惯常居所地法律；（2）没有共同惯常居所地时，则适用最后共同惯常居所地法律，条件是此共同惯常居所消灭时间距法院受案时不超过 1 年，且配偶一方在法院受案时仍在该国居住；（3）没有最后共同惯常居所的，若法院受案时有共同国籍国法律，适用该法；（4）若无共同国籍国，适用法院地法律。作为第 5 条和第 8 条的补充，第 10 条规定，如果第 5 条和第 8 条指向的准据法不允许离婚或者会造成双方在离婚和分居方面基于性别的不平等，适用法院地法。

中国《民法通则》第 147 条曾规定，中外公民离婚适用受理案件的法院所在地法律。如果中国法院为受理案件的法院，中国法院就只适用中国法。该条只适用于中外公民离婚，留有法律适用上的空白。③ 根据《涉外民事关系法律适用法》第 27 条规定，诉讼离婚适用法院地法律。

第四节　父母子女关系

父母子女关系又称亲子关系，指父母和子女之间的法律关系，包括人身关系和财产关系两个方面。父母子女关系分为生父母子女关系（包括父母与婚生子女关系和父母与非婚生子女关系）和养父母子女关系。近年来，国际上非常重视对儿童权利的保护，在父母子女关系法律适用上也出现了儿童最佳利益原则和有利原则，国际儿童诱拐问题亦引起了国际社会的高度关注。

---

① Commission Staff Working Paper: Annex to the Green Paper on applicable law and jurisdiction in divorce matters, Brussels, 14.3.2005, SEC (2005) 331, p.7.
② Commission Staff Working Paper: Annex to the Green Paper on applicable law and jurisdiction in divorce matters, Brussels, 14.3.2005, SEC (2005) 331, p.8.
③ 根据中国《民法通则意见》（已废止）第 188 条的规定，中国法院受理的涉外离婚案件、离婚以及因离婚而引起的财产分割，适用中国法律；认定其婚姻是否有效，适用婚姻缔结地法律。

一、父母子女关系确认的法律适用

父母子女关系的确认对子女的姓名、住所、国籍、抚养和继承等问题具有重要意义。关于父母子女关系成立的准据法，主要有以下几种主张：

(一) 父母属人法

在主张适用父母属人法的国家中又可以分为：

1. 生母之夫的本国法

这种立法多为早期的一些冲突法规所采用。此处的生母之夫的本国法实际上是指子女生父的本国法，因为生母之夫不一定就是子女的生父，生硬地适用生母之夫的本国法未免有些牵强，也有的国家明确规定适用生父的本国法。①

2. 生父的住所地法

英国有些学者和判例主张适用生父的住所地法来决定子女是否为婚生子女。丹麦也采用生父住所地法作准据法。

3. 父母的共同属人法

有的国家规定，子女婚生的要件及因此而发生的争议，依该子女出生时配偶共同的属人法，如子女出生前婚姻已经解除，依解除时配偶共同的属人法。配偶属人法不同时，依其中更有利于子女为婚生的法律。②

4. 分别适用父母各自的属人法

美国1934年《冲突法重述》采用此说。即由父的住所地法决定父与子女的婚生关系，由母的住所地法决定母与子女的婚生关系。

5. 父母一方的本国法

例如，2006年日本《法律适用通则法》第28条规定，根据子女出生时夫妇一方的属人法，子女为婚生子女时，即视为婚生子女。生父于子女出生前死亡的，生父死亡时的本国法为前面所指的属人法。

(二) 子女属人法

晚近一些国际私法立法，从保护子女利益出发，相继采用子女的属人法为准据法。③ 采用子女属人法为准据法的目的是保护子女的利益，但以子女的属

---

① 1896年德国《民法典施行法》第18条、1938年泰国《法律冲突法》第29条、1946年《希腊民法典》第17条、2004年《卡塔尔民法典》第19条等都有类似的规定。
② 2007年斯洛伐克《关于国际私法与国际民事诉讼规则的法律》第23条。
③ 2011年波兰《关于国际私法的法律》第55条、2012年捷克《关于国际私法的法律》第54条。

人法为准据法并不一定总对确认子女的婚生地位有利。实际上,子女的利益只能通过冲突规范直接指向对子女最有利的法律加以保护,也就是说,冲突法对子女的保护是受限制的,因为即使适用了子女的属人法也不能完全保证该法律的实体规定将对子女有利。

(三) 支配婚姻效力的法律

在一些国家,子女是否婚生由支配父母婚姻效力的法律决定。① 英国的判例也曾采用这种做法,并且认为,如果根据支配婚姻效力的法律,父母的婚姻为无效婚姻,那么这种婚姻中出生的子女为非婚生子女。

适用支配婚姻效力的法律并不意味着如果婚姻无效,子女即为非婚生子女。子女是否婚生由支配婚姻效力的冲突规则指向的实体法决定。只有该法以有效婚姻作为婚生的前提条件时,才发生类似英国判例的结果。

(四) 对子女婚生更为有利的法律

由于适用子女属人法也不见得对子女就是有利的,故近来有更加明确规定适用对子女更为有利的法律的。② 1991年加拿大《魁北克民法典》第3091条明确规定,亲子关系的成立,适用子女住所地法或本国法或者在子女出生时父母一方的住所地法或本国法中最有利于子女的法律。这些立法都反映了儿童最佳利益原则。

非婚生子女可以通过一定的方式准正(legitimation)。准正的方式主要有以下几种:

1. 父母事后婚姻(subsequent marriage)

即如果非婚生子女的父母事后结婚,非婚生子女可取得婚生子女的地位。在有些国家,事后婚姻是使非婚生子女准正的唯一的方式。另有些国家规定,仅有父母的事后结婚行为并不能使非婚生子女准正,还要求父母有某些认领行为,如在登记官面前明确或正式地承认该子女为其后代。如果父母的事后婚姻为无效婚姻,子女的准正就可能受到影响。目前有利于认定婚生的趋势占主导地位。

2. 认领(acknowledgement of paternity)

一些国家的法律规定生父对非婚生子女的认领可以使子女获得婚生子女的

---

① 1972年《塞内加尔家庭法典》第844条。
② 如2012年捷克《关于国际私法的法律》第54条、1992年《罗马尼亚关于调整国际私法关系的第105号法律》(已废止)第28条。

资格。但在有些国家，被认领的非婚生子女并不能完全取得婚生的地位。认领只赋予被认领的非婚生子女有限的权利。

3. 国家行为

这种准正方式主要是通过确认亲子关系的诉讼，由法院作出判决。子女在父母一方死亡、父母不能事后结婚或生父不愿认领的情况下，可由国家行为（法院判决）宣布准正。

有些国家并没有分别规定各种准正方式的准据法，只是笼统地规定了准正适用的法律，如土耳其、希腊、斯洛文尼亚①。有些国家专门规定了父母事后婚姻、认领及国家行为准正所适用的法律。主要有以下几种做法：

1. 父母事后婚姻准正的准据法

（1）父母住所地法。即父母事后结婚时的住所地法决定基于该事后婚姻而获得的准正。英国和美国即如此。

（2）父母本国法。有的国家规定，通过事后婚姻进行准正适用准正时父母的本国法，如双方国籍不同，适用有利于准正的父母一方的本国法。②

（3）子女属人法。有的国家规定子女的出身适用该子女国籍国法或惯常居所地国法律。③ 也有的国家规定，在准正是否应取得子女或其监护人同意方面，适用子女属人法。

2. 认领的准据法

认领的准据法分为形式要件准据法和实质要件准据法。认领的形式在各国还是有些差别的，但一般只要认领符合认领行为发生地的要求也就足够了。

认领的实质要件准据法有以下几种：

（1）父母属人法。认领子女的父母的住所地法或本国法常被用来决定有关认领的问题，如泰国及美国一些州的规定。

（2）子女属人法。如有的国家规定，子女的认领依认领时子女所属国法。④ 秘鲁和匈牙利等国也有相似的规定。

（3）适用生父或生母或子女的属人法。如在瑞士，对子女的认领，可以依

---

① 1999年《斯洛文尼亚共和国关于国际私法与国际诉讼的法律》第45条。
② 1996年《列支敦士登国际私法》第23条。
③ 2012年捷克《关于国际私法的法律》第54条、德国《民法典施行法》（2017年文本）第19条。
④ 2011年波兰《关于国际私法的法律》第55条。

子女的惯常居所地法、本国法以及生父母一方的住所地法或本国法。①

3. 国家行为准正的准据法

在法规中专门规定国家行为准正的准据法不是很多，一般主要依据父母住所地法或父母本国法，或依据准正国家的法律。晚近立法出现了适用子女属人法和有利于准正的做法。②

二、父母子女权利义务关系的法律适用

父母子女权利义务关系，包括父母对未成年子女的人身与财产两方面进行照顾的权利与义务。具体说来，父母子女权利义务关系包括：父母确保未成年子女的衣食住行及其教育的责任；如果未成年子女拥有个人财产，对其财产进行管理的责任；在法律上代表未成年子女的权利。当父母双亡或无力或无权照顾其未成年子女时，可以为其指定监护人。监护人可以是未成年人的某一亲属、第三人或某一机构。父母子女权利义务的法律适用规则主要有：一是适用父母属人法。如规定，父母子女间的法律关系，依父亲的国籍国法。③ 二是适用子女属人法。现在一些国家的立法与实践主张子女的属人法应得到适用，理由是现代法律应为子女的幸福和利益考虑，如捷克、波兰、匈牙利、瑞士和日本等国。

中国《涉外民事关系法律适用法》第25条首次对父母子女关系作出了规定。根据该条规定，父母子女人身、财产关系，适用共同经常居所地法律；没有共同经常居所地的，适用一方当事人经常居所地法律或者国籍国法律中有利于保护弱者权益的法律。该规定体现了中国立法保护弱者的价值取向。但该规定并未明确子女身份确认的法律适用。对于父母子女关系的成立，一些国家和地区的立法有单独规定，中国现有规定，从广义上解释，可以用于判断父母子女关系是否成立。

---

① 瑞士《关于国际私法的联邦法》（2017年文本）第72条。
② 奥地利《关于国际私法的联邦法》（2017年文本）第25条、2006年日本《法律适用通则法》第30条、1995年《意大利国际私法制度改革法》第35条、2011年《立陶宛共和国民法典》第一编第二章第1.31条。
③ 2004年《卡塔尔民法典》第20条。

第五节 收 养

关于收养的法律适用，有的国家只笼统地规定收养应适用的法律，如瑞士和波兰等；有的国家则区分收养成立、收养效力和收养解除或终止等几个方面，分别规定每一个方面应适用的法律，如日本、南斯拉夫、奥地利、匈牙利、意大利和罗马尼亚等。但在作这种区分的国家中，有的仅对收养的成立和效力的法律适用问题作了区分，如土耳其；有的则仅区分收养的成立和收养的终止，并规定两者适用相同的准据法，如日本。为保证儿童的最佳利益和基本权利，防止拐骗、贩卖儿童行为，近年来国际社会十分重视通过国际条约加强跨国收养合作。

拓展阅读
周某、周某某与吴某某法定继承纠纷案

一、收养成立的法律适用

收养成立的法律适用包括形式要件的法律适用和实质要件的法律适用。对收养成立的形式要件，如是否须经当事人申请、是否须经公证或登记，大多主张适用收养成立地法。关于收养的实质要件的准据法的立法与实践有以下几种：

（一）法院地法

以英美为例。在英国，收养成立要件的法律选择并不重要，英国法院首先关心的是管辖权的问题。如果英国法院对涉外收养有管辖权，一般就只适用英国国内法来决定收养是否成立。美国1971年《第二次冲突法重述》认为，法院应该适用本地法决定是否准许收养。

（二）收养人属人法

收养的成立对收养人的权利义务影响较大，因此有些国家采用收养人的属人法作准据法。另外，这种立法还有一个主要的考虑，是养亲和养子女的生活中心一般是收养人的本国，收养符合收养人本国法规定的法定条件是必要的。日本《法例》原本采用收养人和被收养人各自本国法主义，但基于上述考虑以及根据欧洲一些国家的立法动向，在1989年修订时转而适用收养时收养人本国法,《法律适用通则法》第31条对此保持不变。另外，采用这种做法的国家通常在一些特定问题，如收养是否需经养子女、养子女的法定代理人或有关国家机关同意上，采用被收养人的本国法。

（三）分别适用收养人和被收养人各自的属人法

这种立法的理由是收养不仅影响收养人的权利与义务，也影响被收养人的权利与义务。另外，这种立法还考虑了收养在国外的承认问题。如土耳其法律规定，收养的能力和条件依收养时当事人各自的本国法。[①]

（四）重叠适用收养人和被收养人属人法

如根据奥地利《关于国际私法的联邦法》，收养及终止收养关系的要件同时适用收养人各自的属人法及被收养人的属人法。[②]

（五）被收养人的属人法

完全以被收养人属人法为准据法的国家并不多见，很多国家只是在某些问题（如收养同意问题）上适用被收养人属人法。

二、收养效力的法律适用

收养的效力涉及收养对养子女与养父母的法律效力和收养对子女与生父母的法律效力。关于收养效力的法律适用，主要有以下四种做法。

（一）收养人的属人法

如规定收养的效力适用收养人的属人法。如果是夫妻双方共同收养，则适用支配其婚姻人身法律效力的法律，但在夫妻一方死亡后，应适用另一方的属人法。[③]

（二）分别适用收养人和被收养人属人法

1928年《布斯塔曼特法典》第74条区分不同的关系规定收养的效力：就收养人的遗产而言，依收养人的属人法调整；涉及一些关于人身权利如姓氏、被收养人对其原来家庭所保留的权利义务的，依被收养人的属人法调整。

（三）收养人和被收养人共同属人法

有的国家适用设立收养时收养人与被收养人的共同国籍国法；如果收养人与被收养人的国籍不同，则适用其共同住所地国法；如收养人与被收养人的国

[①] 2007年土耳其《关于国际私法和国际民事诉讼程序法的第5718号法律》第18条。
[②] 奥地利《关于国际私法的联邦法》（2017年文本）第26条。
[③] 奥地利《关于国际私法的联邦法》（2017年文本）第26条。

籍不同,住所又不在同一国,适用被收养人的国籍国法。①

(四) 被收养人属人法

如前所述,在收养人与被收养人无共同属人法时,适用被收养人国籍国法。②

三、收养终止的法律适用

关于收养终止的法律适用主要有两种做法:一是采用与收养成立相同的准据法,如奥地利和意大利等;二是采用与收养效力相同的准据法,如匈牙利和罗马尼亚等。

关于涉外收养,中国 1991 年《收养法》(已废止)第 20 条第 1 款曾规定:"外国人依照本法可以在中华人民共和国收养子女。"根据该规定,外国人在中国收养子女应受中国法律支配。此后,中国 1993 年颁布的《外国人在中华人民共和国收养子女实施办法》(已废止)第 3 条进一步规定,外国人在华收养子女应符合《收养法》的规定,并不得违背收养人经常居住地国的法律。这表明,对于外国人在华收养子女,中国要求重叠适用中国收养法和收养人经常居住地国的法律。1998 年《收养法》第 21 条对原第 20 条的规定进行了修改,但根据该条规定,外国人在华收养子女仍应重叠适用中国法和其所在国的法律。1999 年民政部颁布的《外国人在中华人民共和国收养子女登记办法》第 3 条除了规定外国人在华收养子女重叠适用中国法和其所在国的法律外,还规定因收养人所在国法律的规定与中国法律的规定不一致而产生的问题,由两国政府有关部门协商处理。《民法典》第 1109 条规定,外国人依法可以在中华人民共和国收养子女。外国人在中华人民共和国收养子女,应当经其所在国主管机关依照该国法律审查同意。收养人应当提供由其所在国有权机构出具的有关其年龄、婚姻、职业、财产、健康、有无受过刑事处罚等状况的证明材料,并与送养人签订书面协议,亲自向省、自治区、直辖市人民政府民政部门登记。前款规定的证明材料应当经收养人所在国外交机关或者外交机关授权的机构认证,并经中华人民共和国驻该国使领馆认证,但是国家另有规定的除外。

与其他国家有关收养的立法相比,中国有关涉外收养的法律规定并不完

---

① 1999 年《斯洛文尼亚共和国关于国际私法与国际诉讼的法律》第 47 条。
② 2012 年捷克《关于国际私法的法律》第 62 条。

善：一是冲突规范对适用主体作了特定的限制，即只适用于外国人在华收养子女，而对于其他几种涉外收养情况的法律适用未能作出规定，如中国人在境外收养子女或外国人在境外收养子女等。二是从保护中国儿童出发，要求重叠适用中国法和收养人所在地国法是有必要的，但是否在所有问题上都要采用重叠主义，值得深思。而且，对于收养人所在国法律的规定与中国法律的规定不一致所产生的问题，由两国政府有关部门协商处理的规定不具有可操作性。可以考虑像多数国家一样，原则上采用收养人属人法，而在某些问题上采用被收养人属人法，从而既有利于收养的成立，又不至于损害被收养人的利益。三是上述规定并未区分收养的成立、效力和终止，而从字面来看，似乎只是在规定收养成立的要件。2010 年《涉外民事关系法律适用法》对此作了更详细、合理的规定。该法第 28 条规定，收养的条件和手续，适用收养人和被收养人经常居所地法律。收养的效力，适用收养时收养人经常居所地法律。收养关系的解除，适用收养时被收养人经常居所地法律或者法院地法律。不过该规定在细节上仍存在一定问题，如该条在收养效力和解除的问题上均明确了时间因素，即采用收养时的法律，而对收养条件和手续的法律适用未规定时间点。理论上讲，可能会发生解除收养时才需要判断收养是否成立的问题。此外，当事人的经常居所地在此期间也很有可能发生变化，若无时间点的限制，在实践中就可能发生选法结果不一致的情况。当然从法理上看，法官推定适用收养时的法律更合理。关于收养解除适用"收养时被收养人经常居所地法律或者法院地法律"的规定，并未规定选择的标准，实践中如果一个法律规定可以解除收养关系，另一个法律规定不可以解除收养关系，可能会导致选法结果因法官而异。

另外，2005 年 4 月 27 日中国批准加入 1993 年《收养公约》时声明：(1) 中华人民共和国民政部为中华人民共和国履行《收养公约》赋予职责的中央机关。(2)《收养公约》第 15 条至第 21 条规定的中央机关职能由中华人民共和国政府委托的收养组织——中国收养中心履行；只有在收养国政府或政府委托的组织履行了有关中央机关职能的情况下，该国公民才能收养惯常居住在中华人民共和国的中国儿童。(3) 中华人民共和国涉外收养证明的出具机关为被收养人常住户口所在地的省、自治区、直辖市人民政府民政部门，其出具的收养登记证为收养证明。(4) 中华人民共和国没有义务承认根据《收养公约》第 39 条第 2 款所达成的协议而进行的收养。该公约已于 2006 年 1 月 1 日对中国内地以及香港特别行政区和澳门特别行政区生效。该公约对跨国收养的要件、程序、收养的承认与效力等进行了规定。

第六节　扶养与监护

关于扶养的法律适用,从保护扶养权利人的角度出发,国际上出现了适用有利于扶养权利人获得扶养费的做法。目前中国已经以有利原则取代了最密切联系原则。监护制度是为保护受监护人的利益设置的,各国立法大都以被监护人的属人法作为有关监护问题的准据法,但也有适用法院地法的。中国有关涉外监护法律适用的规定也采用了有利原则,体现了保护弱者的价值取向。

一、扶养的法律适用

一般认为扶养具有以下法律特征:(1)扶养只在法律规定的一定的亲属间成立,是一种法律上的义务。法律规定以外的亲属或其他人之间则不具有法律上的扶养义务。(2)扶养关系只发生于一方有接受扶养的必要,而另一方有扶养能力的一定亲属之间。

扶养可分为配偶之间的扶养、亲子之间的扶养和其他亲属之间的扶养。对于扶养关系的法律适用,有的国家区分不同的扶养关系分别作了规定,如匈牙利;有的国家则只笼统地规定了扶养关系适用何种法律,如卡塔尔。

一些国家(如瑞士和日本)是 1973 年海牙《扶养义务法律适用公约》的缔约国。瑞士在其国际私法中对扶养义务的准据法未作具体规定,而指出有关扶养义务的问题直接适用或类推适用该公约的规定,其内容与公约的规定一一对应。日本为了与该公约的规定相适应,于 1986 年颁布施行了《关于扶养义务准据法的法律》,有关扶养义务准据法的问题适用该法的规定。该法的规定与公约的内容是一致的。

对于扶养关系的法律适用,有些国家认为扶养义务是扶养制度的基础和本体,从而主张适用扶养义务人的属人法,如卡塔尔①;有些国家则从扶养制度是为扶养权利人的利益设置的角度出发,认为应该适用扶养权利人的属人法,如保加利亚。

---

① 2004 年《卡塔尔民法典》第 21 条。

适用扶养权利人的属人法是晚近立法的趋势，一些原本采用扶养义务人属人法的国家在新法中已转而采用扶养权利人的属人法，而且属人法的连结点多采用扶养权利人的惯常居所地，如土耳其。① 此外，有关扶养准据法的规定也比以前更为详细，并比较明显地体现了对弱方当事人的保护。例如，1973年海牙《扶养义务法律适用公约》就作了如下规定：根据公约的规定，首先扶养义务由扶养权利人惯常居所地法决定。如果扶养权利人的惯常居所地有变化，则自变化发生时起扶养义务应该由该新的惯常居所地法支配。如果根据该法扶养权利人不能从扶养义务人处获得扶养，则依扶养权利人和扶养义务人的共同本国法。如果无共同本国法或依共同本国法也不能从扶养义务人处获得扶养，依受理机关的国内法。这种立法方式考虑到了适用扶养权利人的属人法并不一定能实现保护扶养权利人利益的目的，因为有时也许正是与扶养义务有关的其他法律为扶养权利人提供了更多的受保护的机会。

中国《民法通则》第148条曾参考有关国家的立法和实践，对有关扶养义务的准据法规定适用最密切联系原则，即适用与被扶养人有最密切联系国家的法律。以最密切联系取代传统的硬性连结点，使选择法律的灵活性大大增强了。按最高人民法院的司法解释，此处的扶养关系包括父母子女之间的扶养关系、夫妻之间的扶养关系和其他有关人员之间的扶养关系，扶养人和被扶养人的国籍、住所以及供养被扶养人的财产所在地均可视为与被扶养人有最密切的联系。《涉外民事关系法律适用法》第29条采用有利原则规定：扶养，适用一方当事人经常居所地法律、国籍国法律或者主要财产所在地法律中有利于保护被扶养人权益的法律。较之《民法通则》规定的最密切联系原则，本条规定进一步明确允许法官在多个法律中选择适用对扶养权利人有利的法律，与国际社会对扶养法律适用的立法取向基本一致。但所采用的立法技术有所不同，中国的规定使法官具有较大的自由裁量权，存在是否具有可操作性的问题。

二、监护的法律适用

监护（guardianship）是未成年人或禁治产人在无父母或父母不能行使亲权的情况下，为保护其人身和财产利益而设置的一种法律制度。

---

① 2007年土耳其《关于国际私法和国际民事诉讼程序法的第5718号法律》第19条。

（一）被监护人的属人法

日本、土耳其等国不仅规定了监护应适用被监护人的属人法，对在内国有住所或居所的外国人或无国籍人，或对在内国有财产的外国人的监护问题也作了规定。如日本《法律适用通则法》第35条第1款规定，监护、保佐或辅助等（统称监护等）适用被监护人的本国法。第2款规定，在日本有住所或居所的外国人，依其本国法有监护原因而无人监护的，或在日本被宣告禁治产的，其监护依日本法。这种立法考虑到了在内国的外国人的人身或财产也可能需要设立监护的情况，体现了监护制度保护被监护人利益的宗旨。另外，有的国家在涉及监护人接受担任监护人及实施监护义务方面，单独作了规定，并不适用被监护人的属人法，而适用监护人的本国法。① 这种规定是比较合理的。

（二）法院地法

以英国为例。英国在监护问题上仍首先从管辖权入手。一般情况下，如果英国法院对某一涉及监护的案件有管辖权，② 它便只适用英国法。此外，英国法中有一条重要原则经常适用于有关监护人的问题，即首先考虑被监护人利益的原则。

在中国，《民法通则意见》第190条曾规定，监护的设立、变更和终止适用被监护人的本国法律。但被监护人在中国境内有住所的，适用中国的法律。《涉外民事关系法律适用法》第30条首次从立法上对涉外监护的法律适用问题作了规定。该条放弃原司法解释中的做法，采用了有利原则。根据该规定，监护适用一方当事人经常居所地法律或者国籍国法律中有利于保护被监护人权益的法律。该规定同样体现了保护弱者的立法政策，但在可操作性上也存在问题。

国际层面上，保护儿童权利的重要公约有1996年海牙《关于父母责任和保护儿童措施的管辖权、法律适用、承认、执行和合作公约》。实践中，与父母子女权利义务有关的一个重要问题是国际儿童诱拐（international child abduction），即儿童被非法（违反监护权）带至其惯常居所地以外的国家或被滞留在

---

① 2012年捷克《关于国际私法的法律》第29条。
② 对于监护案件，各国一般以住所地、居所地或国籍为依据行使管辖权。英国法院可在下面三种情况下行使管辖权：（1）未成年人在英国，即使他的住所在国外并且在英国也无财产；（2）未成年人是英国国民，即使他不在英国；（3）未成年人在英国有惯常居所，即使他是外国国民并且不在英国，也不妨碍英国法院为其指定监护人。

外国。儿童诱拐可分为被陌生人诱拐和被父母诱拐。父母诱拐儿童多发生于父母分居、开始离婚程序时或离婚后探望儿童结束后。国际儿童诱拐可引发严重问题。由于各国立法的差异，一国有关机关作出的监护令在另一国可能不被承认；在有些国家，诱拐自己的子女也可能构成刑事犯罪，而有些国家则不这样认为。1980年《海牙国际性非法诱拐儿童民事事项公约》为安全返还儿童、抑制国际儿童诱拐的发生起到了一定的作用。目前该公约不适用于中国内地，但该公约因英国和葡萄牙两国的延伸适用声明而在中国对香港和澳门恢复行使主权前适用于香港、澳门。中国对香港、澳门恢复行使主权后，中国中央政府声明该公约继续适用于香港特别行政区和澳门特别行政区。

思考题

1. 涉外婚姻家庭领域的法律适用有何特点？
2. 中国对涉外结婚、离婚、夫妻财产制的法律适用有何规定？
3. 中国对涉外父母子女关系的法律适用有何规定？
4. 中国对涉外收养、扶养和监护的法律适用有何规定？
5. 国际上有关婚姻家庭关系的法律适用有何新发展？

▶ 自测习题

第八章 继 承

涉外继承（succession）在国际私法上的特点主要有：（1）涉外继承的法律冲突问题是通过国际条约或国内法中的冲突规范援引某一关于继承的实体法律加以解决的，因为国际上还没有关于继承问题的统一实体规范。（2）涉外继承案件的管辖权问题，对涉外继承案件处理的结果关系重大。所以，一些国家从保护本国当事人或位于本国境内的财产利益出发，对涉外继承案件规定由本国法院专属管辖。（3）在涉外继承的法律适用问题上，各国一般分别或合并采取被继承人属人法和遗产所在地法。近年来，被继承人经常居所地法、意思自治原则和最密切联系原则得到越来越多的适用。中国《涉外民事关系法律适用法》专设第四章，以5条的篇幅规定了有关法定继承、遗嘱方式、遗嘱效力、遗产管理和无人继承遗产的法律适用。

第一节 法定继承

法定继承也称无遗嘱继承。在继承人范围、顺序、应继承份额等方面如何确定涉外继承的准据法，目前世界上并无统一的原则。但从各国国际私法立法和司法实践以及国际条约的规定来看，传统上适用于涉外法定继承的主要有被继承人的本国法、被继承人的住所地法和遗产所在地法。有的只采取其中之一，有的则采取其中的两个；有的将被继承人的本国法和遗产所在地法组合在一起，有的则将被继承人的住所地法和遗产所在地法组合在一起。

一、区别制与同一制

根据是否将遗产中的动产和不动产区别开来分别确定涉外继承的法律适用，在实践中又有"区别制"（scission system）和"同一制"（unitary system）之分。

（一）区别制和同一制的含义

区别制，也称为分割制，是指在涉外继承中，将遗产区分为动产和不动产，对动产和不动产分别适用不同的冲突规范所指向的实体法，即动产适用被继承人的属人法，不动产适用物之所在地法。区别制在 19 世纪已成为居主导地位的涉外继承法律适用原则，即使到现在仍为英美法系国家以及若干大陆法系国家所采用。采用区别制的国家和地区主要有英国、美国、保加利亚、俄罗斯和加拿大魁北克省等。例如，根据英国法，不动产适用不动产所在地法，动产适用死者最后（死亡时）的住所地法。中国也采用区别制。

同一制，也称为单一制，是指不管遗产是动产还是不动产，继承关系均作为一个整体适用同一冲突规范所指向的实体法，即被继承人死亡时的属人法（本国法或住所地法）。同一制以罗马法中的总括继承（即基于亲属关系对财产和身份的继承）为理论依据，在 19 世纪后期逐渐取得优势。采用同一制的国家目前已为数不少。其中，采用被继承人本国法的国家有意大利、日本、德国、西班牙、葡萄牙、希腊、土耳其和列支敦士登等；采用被继承人住所地法的国家有委内瑞拉等。

同一制在一些国际立法上得到了支持和肯定。比如，1928 年《布斯塔曼特法典》、1988 年海牙《死者遗产继承法律适用公约》（未生效，以下简称《海牙继承公约》）和 2012 年欧盟通过的《关于继承问题的管辖权、法律适用、判决的承认与执行和公文书的接受与执行以及创建欧洲继承证书的第 650/2012 号条例》（以下简称《欧盟继承条例》）都采用了同一制。《海牙继承公约》第 3 条规定，首先，继承受死者死亡时有惯常居所且为其国民的那个国家的法律支配；其次，继承也受死者死亡时有惯常居所不少于 5 年的那个国家的法律支配。但在例外情况下，如果死者死亡时明显与他的国籍所属国有更密切联系的，则适用那个国家的法律；在其他情况下，继承受死者死亡时的本国法支配，除非死者死亡时明显与另一国家有更密切的联系（在此情况下，适用另一国的法律）。该规定采用了惯常居所地这个连结点，同时体现了使被指定的准据法与继承关系有较密切联系的立法取向。《欧盟继承条例》第 21、22 条规定了继承适用被继承人死亡时惯常居所地国法，允许选择适用被继承人国籍国法。在继承法律适用问题上采用了同一制和有限制的意思自治。

（二）区别制和同一制的利弊

区别制和同一制的利弊不能简单地一概而论。继承制度具有财产法和身份法的双重性质。一般来说，强调继承的财产法性质的国家采用的是区别制，强调继承的身份法性质的国家采用的是同一制。

根据法则区别说，因为动产多是随人所至，所以动产继承被归入"人法"

范畴，适用死者的属人法；由于不动产价值大，通常与所在地国利益相关，所以不动产继承被归入"物法"范畴，适用物之所在地法。区别制在其形成初期曾迎合了当时封建统治者的需要，为许多国家所采用，在当今仍有很大的市场。这一方面是由于不动产与所在地国关系密切，维护财产所在地国的公共利益是现代采用区别制的一个重要考虑；另一方面也因为适用不动产所在地法既有利于案件的审理，又有利于判决的执行。但是，采用区别制也有一个缺陷，就是在实际运用中，如果遗产分布在两个或两个以上的国家，遗产继承就要受两个或两个以上的国家的法律支配，使继承关系复杂化，在法律适用上可能会碰到诸多麻烦和困难。

采用同一制可以避免区别制的上述缺陷，因为按同一制，无论遗产分布在几个国家，也无论遗产是动产还是不动产，遗产继承都只受被继承人属人法支配。法律适用简单方便，这是同一制的明显优点。但同一制也有一个缺陷，即如果死者属人法与财产所在地法不同，会发生一定的困难，特别是财产所在地的国际私法采用区别制时，根据属人法作出的判决有可能在不动产所在地国无法得到承认与执行。

同一制和区别制的根本分歧在于不动产继承的法律适用问题。为了协调两者间的对立，有些国家（如日本）在继承问题上接受反致。但也有学者认为，肯定广泛的反致将破坏继承同一制的原则，只能在不违背继承同一制原则的限度内接受反致。例如，如果被继承人的本国法对继承问题也采用同一制，并指定适用被继承人的最后住所地法，可以接受反致；如果被继承人的本国法不采用同一制而采用区别制，即不应接受反致，因为如果接受反致会使继承上的同一制变为实际上的区别制。反致制度可以使财产所在地法得到考虑，加上公共秩序保留制度也可以使财产所在地法得到考虑，这样可以在一定程度上调解同一制和区别制的矛盾。《欧盟继承条例》第34条也规定在满足一定条件下接受反致。

二、法定继承的法律适用

关于涉外法定继承的法律适用，在同一制和区别制的基础上主要有以下几种不同做法：(1) 适用被继承人死亡时的本国法，如德国、意大利和列支敦士登。(2) 适用被继承人死亡时的住所地法，如秘鲁。(3) 动产适用被继承人死亡时的住所地法，不动产适用不动产所在地法，如英国、加拿大魁北克省和俄罗斯。(4) 动产适用被继承人死亡时本国法，不动产适用物之所在地法，如罗马尼亚。(5) 动产适用被继承人死亡时的惯常居所地法，不动产适用不动产所在地法，如比利时。特别应指出的是，近年来，意思自治原则在继承领域的适用范围得到扩大。关于继承的法律适用，一些国家或地区的法律明确规定，当事人可以指定支配其遗产继承的法律，如比利时、德国、意大利、罗马尼亚、加拿大魁北克省和美国路易斯安那州等。

在涉外继承的法律适用方面，中国立法一直采用区别制。原《继承法》第36条第1、2款规定:"中国公民继承在中华人民共和国境外的遗产或者继承在中华人民共和国境内的外国人的遗产，动产适用被继承人住所地法律，不动产适用不动产所在地法律。外国人继承在中华人民共和国境内的遗产或者继承在中华人民共和国境外的中国公民的遗产，动产适用被继承人住所地法律，不动产适用不动产所在地法律。"原《民法通则》第149条进一步明确规定:"遗产的法定继承，动产适用被继承人死亡时住所地法律，不动产适用不动产所在地法律。"《涉外民事关系法律适用法》继续采用区别制，该法第31条规定:"法定继承，适用被继承人死亡时经常居所地法律，但不动产法定继承，适用不动产所在地法律。"相较以前规定，《涉外民事关系法律适用法》中动产继承连结点由被继承人住所地变为经常居所地。

第二节 遗嘱继承

遗嘱是遗嘱人在生前对其财产进行处分并于死后发生法律效力的单方法律行为。在国际私法上，对遗嘱问题的处理必须区分可以根据遗嘱为何种行为（即遗嘱的实质内容）和遗嘱本身（即作为一种意思表示形式的遗嘱本身）的问题。

作为遗嘱的实质内容问题，可以根据遗嘱为何种行为及行为范围应由何法决定呢？要使某一事项依遗嘱进行，该事项的准据法必须承认该事项可以依遗嘱进行。而且，如果该事项的准据法允许依遗嘱进行，那么在何种范围内可以依遗嘱进行的问题也应由该事项的准据法决定。例如，用遗嘱变更法定继承关系的，是否可以变更以及在什么范围内可以变更的问题都应由继承的准据法决定。比利时《国际私法典》第80条明确规定继承的准据法适用于遗嘱的实质有效性问题。也有人主张有关遗嘱实质内容的问题不一定适用继承的准据法，遗嘱的实质内容问题主要由作为该实质内容法律关系的准据法决定，而该准据法因遗嘱的实质内容问题的不同而有所不同，故在国际私法上无法予以统一规定。例如，死亡时最后住所在爱尔兰共和国的人，用遗嘱将动产置于信托下，根据被继承人最后住所地法爱尔兰共和国法，该信托因违反禁止永远不得转让规则（rule against perpetuities）而无效。但是，如果动产位于爱尔兰共和国境外的某国，而且受托人准备在该国管理信托财产，并且根据该国法律该信托有效，英国学者戚希尔和诺思认为，应适用遗产管理地法而不是被继承人最后住所地法，因此该信托是有效的。一些英国判例也支持这种观点。

一、遗嘱成立、撤销与解释的法律适用

一个遗嘱要有效成立，必须符合一定的实质要件和形式要件。一份有效的遗嘱的成立要件包括遗嘱人必须有完全民事行为能力、遗嘱人所立的遗嘱必须是其真实意思表示、遗嘱人对遗嘱所处分的财产必须有处分权以及遗嘱内容和形式要合法。

（一）立遗嘱能力的法律适用

遗嘱人具备通过遗嘱处分其财产的能力，是遗嘱有效成立的实质要件。各国关于遗嘱能力的规定存在着差异：首先，一些国家采用被继承人立遗嘱的能力与行为能力一致的做法，另一些国家则采用立遗嘱的能力与行为能力不一致的做法。其次，关于无遗嘱能力人的规定，各国也有所不同。一些国家除规定未成年人或精神病患者无遗嘱能力外，还规定被宣告为无行为能力或限制行为能力的浪费人等也不具有遗嘱能力。

关于立遗嘱能力问题的法律冲突，一般认为应由当事人的属人法解决。其中，一些国家采用被继承人的本国法，如日本和土耳其等；另一些国家和地区采用被继承人的住所地法或惯常居所地法，如俄罗斯、加拿大魁北克省、美国路易斯安那州。瑞士《关于国际私法的联邦法》（2017年文本）采用多种选择性连结点确定遗嘱能力的准据法，该法第94条规定，根据遗嘱人的住所地法、惯常居所地法或本国法，遗嘱人有立遗嘱能力的，即认为其具有立遗嘱的能力。

还有一些国家主张区分动产和不动产继承分别确定立遗嘱能力的准据法。如在英国，一般认为，对动产立遗嘱的能力由被继承人的住所地法决定，对在

本国境内的不动产立遗嘱的能力适用不动产所在地法。英国学者戚希尔和诺思认为，对不动产立遗嘱的能力应由不动产所在地法决定，至少当不动产位于英国时。英国学者莫里斯认为，尽管没有关于对不动产立遗嘱能力的权威判例，原则上对不动产立遗嘱的能力应该适用不动产所在地法。

在适用当事人属人法时，如果立遗嘱时与死亡时属人法不一致，即当事人的本国法或住所地法发生改变的，应该依何时的属人法？对于这一问题，在立法实践上，不少国家规定适用被继承人立遗嘱时的属人法，采取了不变更主义，如日本、土耳其等国。这样规定的理由是，一项法律行为既已有效完成，就不应因以后属人法的改变而变为无效。同样，一项原本无效的法律行为也不能因事后属人法的改变而变为有效。而美国一些州对遗嘱人处理动产的能力采用遗嘱人死亡时的住所地法。学者中也有主张适用遗嘱人死亡时的属人法的，但多数学者主张适用立遗嘱时的属人法。例如，英国学者莫里斯即属后一类学者，他认为，如果一遗嘱人在 18 岁立下遗嘱时的住所在英国，死亡时的住所在一规定未满 21 岁不具有遗嘱能力的国家，该遗嘱是有效的。

（二）遗嘱方式的法律适用

在遗嘱方式上，各国的规定也存在着差异。一般说来，英美法系国家无公证遗嘱形式，法国、日本、德国和瑞士等国无有关代书遗嘱的规定，而除中国和韩国外，其他国家均无关于录音录像遗嘱的规定。

对遗嘱方式的有效性问题，一些国家不区分动产与不动产，统一规定应适用的法律，有些国家则区分动产与不动产，分别规定应适用的法律。前一类国家一般以属人法和行为地法为准据法，其具体做法又可分为：（1）首先依遗嘱人的属人法，属人法不认为其遗嘱方式有效，但遗嘱人立遗嘱时所在地法认为其方式有效的，则依该法。（2）在遗嘱人属人法和立遗嘱时所在地法中，只要有一个国家的法律认为遗嘱方式为有效，即承认其为有效。采取这种做法的国家在很大程度上受到海牙国际私法会议 1961 年制定的《遗嘱处分方式法律冲突公约》的影响。该公约第 1 条明确规定，遗嘱处分在方式上符合下列法律的即为有效：（1）遗嘱人立遗嘱时所在地法；（2）遗嘱人立遗嘱时或死亡时的国籍国法；（3）遗嘱人立遗嘱时或死亡时的住所地法；（4）遗嘱人立遗嘱时或死亡时的惯常居所地法；（5）在涉及不动产时财产所在地法。而且，该公约还规定，

拓展阅读

吕珍怡、吕洁明与梁伟音、吕某1继承纠纷上诉案

它不妨碍缔约国现有的或将来制定的其他法律所确定的遗嘱方式之有效性。因此，在这种立法下，遗嘱无效的可能性非常小。目前，普遍的观点是对遗嘱方式的准据法采取放宽灵活的态度，1961年《遗嘱处分方式法律冲突公约》集中地反映了这种趋势。现在已有许多国家批准了该公约，有的国家则在国内立法中反映了该公约的有关内容或者直接规定遗嘱及其撤回的形式适用该公约的规定。[1]

在美国，处分土地的遗嘱方式必须符合土地所在地的法律。但在土地分布于几个以上的国家或州时，适用该冲突规则就很不方便。目前，成文法已经修改了传统的规则。根据《美国统一遗嘱检验法典》的规定，一项书面遗嘱如果符合遗嘱订立地法、遗嘱人立遗嘱时或死亡时的住所地法、居所地法或国籍国法，视为有效。该法的规定与英国《1963年遗嘱法》的规定基本相似。关于动产遗嘱方式，美国大部分州与英国和加拿大一样，规定只要符合遗嘱订立地法、遗嘱人立遗嘱时或死亡时的住所地法，即为有效。

英国和美国等国的国内成文法及海牙国际私法公约在有关遗嘱方式的冲突规范中不仅采用了"死亡时"这一时间因素，而且采用了"立遗嘱时"这一时间因素。该时间因素的介入使可供适用的法律的范围更加广泛和确定。

中国《涉外民事关系法律适用法》第32条规定："遗嘱方式，符合遗嘱人立遗嘱时或者死亡时经常居所地法律、国籍国法律或者遗嘱行为地法律的，遗嘱均为成立。"这是中国立法首次就遗嘱方式的法律适用作出规定，符合有利于遗嘱成立的国际趋势。

（三）遗嘱撤回的法律适用

一个有效成立的遗嘱可能会因遗嘱人后来的遗嘱、行为（如焚毁或撕毁）或事后发生的事件（如结婚、离婚或子女的出生）而被撤回。

对于遗嘱撤回的准据法，有的国家无特别规定，有的国家作了明确规定。例如，2006年日本《法律适用通则法》第37条第2款规定，遗嘱的取消依取消时遗嘱人的本国法。2004年比利时《国际私法典》第83条规定，遗嘱及其撤回的形式由1961年《遗嘱处分方式法律冲突公约》指定的法律支配。罗马尼亚法律也规定遗嘱的成立、变更和撤回适用相同的冲突规则。

---

[1] 如英国《1963年遗嘱法》、日本1964年《关于遗嘱方式准据法》、2004年比利时《国际私法典》。

在英国法中，遗嘱撤回的准据法分为三种情况：（1）对于新遗嘱是否全部或部分废除旧遗嘱的问题，特别是后一遗嘱遗嘱人的立遗嘱能力与遗嘱方式问题，取决于后一遗嘱是否有效成立。英国《1963年遗嘱法》第2条第1款（c）项规定，撤回某一遗嘱或某一遗嘱条文，如果其作成符合前一遗嘱或前一条文被撤回所应遵守的法律，得视为恰当作成。（2）对于其他撤回遗嘱的方式，如销毁、焚毁等，不动产遗嘱撤回的准据法为不动产所在地法，动产遗嘱撤回的准据法为遗嘱人的住所地法。遗嘱人住所地在撤回遗嘱时和死亡时不同的，一般认为应该依撤回时的住所地法。（3）遗嘱因事后结婚被撤回。按英国法的规定，结婚使以前的遗嘱被撤回。而其他许多国家并无此种制度。如果发生法律冲突，该事项则适用遗嘱人婚姻住所地法。当然，如果婚姻无效，并不发生遗嘱被撤回的后果。

在美国法中，对于动产遗嘱撤回的效力，法院一般适用决定动产遗嘱其他问题的住所地法。在遗嘱人以正式文件撤回遗嘱时，通常采用支持遗嘱人所要进行的处分的法律。撤回遗嘱的方法有许多，有时可能会产生复杂的问题。例如，遗嘱人在撤回遗嘱时与死亡时住所地不一致，而且两地法律对同一撤回方式有不同的规定，如一地法律认为在签名上划线足以使遗嘱被撤回，而另一地法律则认为这种非正式的方式不具备使遗嘱被撤回的效力时，以何地法律为准？传统的观点主张适用遗嘱人死亡时的住所地法。但也有人建议，考虑该问题的方法应该和考虑有效订立的遗嘱一样，如果某一法规规定有关遗嘱订立的问题适用订立时的住所地法或订立地法，则即便是非正式的撤回也应该受到同等的对待，即适用撤回时住所地法或撤回地法。通过销毁遗嘱行为撤回遗嘱的效力也适用同样的规则。另外，在美国，遗嘱还可能因结婚、子女出生、离婚而被撤回。因离婚而产生遗嘱撤回问题的，一般适用离婚时的住所地法。因结婚或子女出生而产生遗嘱撤回问题的，遗嘱人死亡时的住所地法被认为是最合适的法律。例如，在立遗嘱后出生的子女不止一个，出生地也不限于一地时，基于统一性的需要，有必要指定适用一个法律。关于不动产遗嘱撤回的效力，通常适用不动产所在地法。

(四) 遗嘱解释的法律适用

对遗嘱的解释，因各国法律观念不同，也会产生法律冲突。在立法上，许多国家并没有对遗嘱解释单独规定可适用的法律，在这种情况下，一般认为遗嘱解释应受遗嘱实质要件准据法的支配。有些国家对遗嘱解释的法律适用作出了专门规定，其中关于遗嘱的解释一般首先适用遗嘱人选择的法律；如无选择，有的采用最密切联系原则，有的适用住所地法，有的则区分动产和不动产分别确定应适用的法律。

2004年比利时《国际私法典》第84条规定，遗嘱及其撤回的解释由遗嘱人根据第79条（继承准据法的选择）选择的法律支配。选择必须是明示的或从遗嘱及其撤回中确定地显示出来。没有选择的，由与遗嘱或撤回有最密切联系的国家的法律支配。如无相反证据，推定遗嘱人立遗嘱或撤回遗嘱行为时的惯常居所地为有最密切联系的国家。1991年美国路易斯安那州《民法典》第3531条规定，遗嘱的解释适用遗嘱人选择的法律或其在立遗嘱时显然意欲适用的法律，无此明示或默示选择的，则依照遗嘱人立遗嘱时的住所地法律。

在英国法中，遗嘱使用的语言使遗嘱人的意思表示不确定、含糊不清或模棱两可，或者遗嘱中未能规定某些事项的，就会发生选择法律的问题。解释的结果因被选择的法律不同可能会大相径庭。确定遗嘱解释的准据法也分为动产遗嘱解释的准据法和不动产遗嘱解释的准据法。确定动产遗嘱解释的准据法的规则是，遗嘱的解释依遗嘱人意欲适用的法律，如果遗嘱人没有相反的意思表示，准据法通常为遗嘱人立遗嘱时的住所地法，因为对一般人来说立遗嘱时的住所地法是其立遗嘱时最熟悉的法律。对于不动产遗嘱的解释，也依遗嘱人意欲适用的法律，如果遗嘱人没有相反的意思表示，该法一般也是立遗嘱时的住所地法。不过，如果依立遗嘱时的住所地法的解释而产生的利益不能为不动产所在地法允许或承认的，不动产所在地法优先。

二、遗嘱效力的法律适用

对于遗嘱效力的法律适用，有的国家没有明确规定，有的国家不区分成立与效力等而适用同一冲突规则。如2006年日本《法律适用通则法》第37条第1款规定，遗嘱的成立与效力，适用其成立时遗嘱人本国法。原奥地利《关于国际私法的联邦法》第30条以"遗嘱的效力"为标题，规定遗嘱、遗赠协议或放弃继承协议，当事人的立遗嘱能力，以及生效的其他要件依照被继承人行为时的属人法。但如果依照该法为无效，而依照被继承人死亡时的属人法为有效的，则适用后者。遗嘱的撤回和取消也适用上述规定。该规定体现了对于有关遗嘱问题尽量适用同一法律的倾向。

中国《涉外民事关系法律适用法》第 33 条规定，遗嘱效力适用遗嘱人立遗嘱时或者死亡时经常居所地法律或者国籍国法律。这一规定在实践中可能会遇到两个困难：一是"遗嘱效力"的含义如何？关于遗嘱的法律适用，中国目前只规定了遗嘱方式和遗嘱效力的法律适用，并未明确单独规定立遗嘱能力、遗嘱撤回、遗嘱解释等方面的法律适用。有学者认为"遗嘱效力"指遗嘱成立的实质要件。也有学者认为此处的所谓"遗嘱效力"其实是指遗嘱的"有效性"，包括与遗嘱生效有关的事项，如遗嘱人的立遗嘱能力、遗嘱的内容、遗嘱解释以及遗嘱撤回等。由于第 32 条已经规定了遗嘱方式的法律适用，那么有关遗嘱继承的所有实质性问题，应尽可能地通过第 33 条解决。至于立遗嘱能力，也应适用第 33 条，不宜适用第 12 条的规定，因第 12 条仅指向遗嘱人经常居所地法。这样既可实现"遗嘱效力"法律适用的统一，又有利于遗嘱有效。① 二是第 33 条作为无条件的选择性双边冲突规范，未提供选择的标准，在可供选择的法律发生冲突时，会导致选法结果不具有可预见性。

拓展阅读

严某某与姚某某、王某某、展某、陈某某遗赠纠纷上诉案

第三节　无人继承遗产

无人继承遗产，指继承开始后，在法定期限内，没有人通过继承或遗赠受领的被继承人的遗产。对于无人继承遗产，各国法律一般均规定归属国库或其他公共团体。由于各国对国家取得无人继承遗产的依据有不同的认识，在解决无人继承遗产的归属时有可能发生法律冲突。解决此种法律冲突主要有适用被继承人属人法、适用财产所在地法和适用继承准据法等做法。

一、无人继承遗产归属的理论

对于国家或公共团体以什么资格取得无人继承遗产，有两种不同的主张：一为无主物先占说，主张根据国家领土主权，国家将无人继承遗产视为无主物，依据先占权而取得无人继承遗产；二为法定继承人说，主张国家作为最终

---

① 　向在胜：《海峡两岸涉外继承法律适用法之比较研究》，《台湾研究集刊》2012 年第 5 期。

的法定继承人取得无人继承遗产。持前一主张者主要包括英国、美国大部分州、多数拉丁美洲国家、日本、法国和奥地利等。持后一主张者主要包括德国、意大利、西班牙、瑞典和瑞士等。基于上述不同认识,在解决无人继承遗产的归属时有可能发生法律冲突。例如,一德国人在英国死亡并留有一笔无人继承的动产,该动产应归属何国呢?按德国立法,该动产应由德国继承取得;而依英国的规定,该动产应由英国先占取得。

二、无人继承遗产归属的法律适用

对无人继承遗产归属问题的法律适用,有的国家没有专门的规定,有的国家有专门规定。主要有以下几种做法:一是适用财产所在地法,如英国、黑山共和国;二是适用继承的准据法,如罗马尼亚;三是采用单边冲突规则,仅规定位于本国的遗产归本国所有,如意大利、捷克、卡塔尔、保加利亚、土耳其。晚近一些国家立法较多采取第三种做法。

另外,有些国家在继承人不存在时,不是将遗产立即收归国库,而是允许与被继承人有特别关系的人(如共同生活者、对被继承人进行服侍照料的人、未办结婚登记的妻子及事实上的养子等)取得部分或全部遗产。在这种情况下,准据法又如何确定呢?日本学者的观点是这种问题与继承问题不同,不应适用继承的准据法。他们认为,可以考虑适用特别关系人的住所地法、被继承人的住所地法,或者将该问题视为与无人继承遗产问题相关的一个问题,适用财产所在地法。在一起被继承人为韩国人的继承案件中,被继承人在日本留有遗产,依被继承人本国法即韩国法无继承人继承其遗产,但该韩国人有一位多年来对他进行帮助的事实上的日本妻子。由于在韩国法中,不存在与被继承人有特别关系的人分得遗产的制度,故他的事实上的日本妻子不能得到任何遗产,遗产应收归国库。但是,审理此案的日本仙台家庭法院认为,适用韩国这样的法律违反日本的公序良俗,便排除了韩国法的适用,适用了遗产所在地法(也即法院地法)。依据《日本民法典》第958条第3款的规定,法院将遗产分给了被继承人的事实上的日本妻子。

关于涉外无人继承遗产归属的法律适用问题,无论是中国以前的《继承法》《民法通则》还是现行《民法典》均未明确规定。不过,1988年《民法通则意见》第191条曾作过解释性规定:"在我国境内死亡的外国人,遗留在我国境内的财产如果无人继承又无人受遗赠的,依照我国法律处理,两国缔结或者参加的国际条约另有规定的除外。"这就是说，外国人在中国境内的无人继承遗产依中国法即遗产所在地法处理。《涉外民事关系法律适用法》第35条首次明确规定，无人继承遗产的归属，适用被继承人死亡时遗产所在地法律。而中国《民法典》第1160条规定："无人继承又无人受遗赠的遗产，归国家所有，用于公益事业；死者生前是集体所有制组织成员的，归所在集体所有制组织所有。"这条规定表明，在中国境内的无人继承又无人受遗赠的遗产，要么由国家取得，要么由集体所有制组织取得。

第四节 遗产管理

在涉外继承中，一个非常重要的问题，就是死者的遗产如何转移给继承人。首先必须区分遗产的转移和对死者债务的责任。关于遗产的转移主要有两个问题：一是遗产是直接转移给继承人，还是通过中间人以间接的方式转移？二是继承人在被继承人死后是立即获得遗产所有权，还是推迟一段时间才能获得所有权？关于遗产转移有三种不同的解决方式，即以法国为代表的直接立即的转移、以奥地利为代表的直接推后的转移和以英国为代表的间接推后的转移。关于对死者的债务责任，也可分为三种责任方式，即以法国为代表的倾向于无限责任、以德国为代表的倾向于有限责任和以英国为代表的严格有限责任。确定遗产管理应适用的法律对继承遗产具有重要意义。

一、遗产管理的理论

在一些国家，如英国，遗产并不是首先直接转移给继承人或受遗赠者，而是首先归属遗嘱指定的或由法院任命的遗产管理人，由其清算管理，偿还债务之后才将遗产交给继承人或受遗赠者。这些国家明确区分遗产管理与遗产分配。遗产管理发生于遗产分配之前，包括收集到期债权以及其他经营事项，如推迟销售遗产、使用遗产支付未成年人抚养费等，继承人继承的是净资产。在这种继承财产转移制度中，遗产首先转移给个人代表，个人代表由法院在遗嘱检验程序中任命，他可能是死者遗嘱中指定的遗嘱执行人，也可能是无指定时由法官从家庭成员中任命的遗产管理人。遗嘱执行人或遗产管理人作为受托人管理继承事务，清偿债务。继承人有权要求遗嘱执行人或遗产管理人将清算后的资产转移给自己。

二、遗产管理的法律适用

关于遗产管理的法律适用，有的国家和地区没有特别规定，有的国家和地区则有明确规定。后者可分为两种做法：

第一，适用遗产管理地法。如英国法中遗产管理的准据法原则上也是遗产管理地法。根据英国的实践，遗产管理依授权遗产管理人取得管理权限的国家的法律，如果遗产管理人从英国法院获得遗产管理证书，英国法院将适用英国法（法院地法）。而在 1932 年之前，只有当遗产在英国时，英国法院才会颁发遗产管理证书，因此，该法通常为遗产所在地法。但现在即使没有遗产在英国，英国法院也可以颁发遗产管理证书，不过通常限于遗产所在地国要求英国法院颁发涉及住所在英国或具有英国国籍的人的遗产管理证书。在美国，遗产管理依指定遗嘱执行人或选任遗产管理人的国家或州的法律。对检验遗嘱及指定遗嘱执行人或选任遗产管理人有管辖权的法院为死者死亡时的住所地法院，或者死者死亡时或指定遗嘱执行人或选任遗产管理人时的遗产所在地法院。

第二，适用继承的准据法。这是一些大陆法系国家的做法。2004 年比利时《国际私法典》第 82 条规定，遗产管理适用继承准据法，但在一定条件下考虑适用遗产所在地法。通常是，在有无继承人处于不明确的状态时，由法院选任遗产管理人，该管理人在管理清算债务、向受遗赠者转移遗赠财产的同时，搜索继承人。在日本，一般认为，对于继承人不明的遗产的管理清算，归根结底属于继承中的确定遗产以及继承人的一个过程，搜索继承人的方法、公告的程序和期间、继承人丧失继承权的要件等，都是与确定继承人有关的问题，所以应该由继承准据法确定。但同时，这些问题又带有程序问题的性质，在必要时由法院地法对继承准据法加以修正或调整的情况也为数不少。遗产管理人的选任是遗产管理必不可少的事项，选任的要件及权限由继承的准据法——被继承人本国法决定。关于遗产管理，在日本也有不依继承准据法而依遗产管理地法的主张。在根据被继承人的本国法继承人不明，或者虽然继承人明确，但无法到遗产所在地对遗产进行管理或管理有困难时，根据日本《法例》第 6 条和第 10 条规定的精神，作为遗产所在地的日本法院，可依据遗产所在地法即日本法任命遗产管理人。

中国《涉外民事关系法律适用法》第 34 条规定，遗产管理等事项，适用遗产所在地法律。

思考题

1. 中国对涉外法定继承关系的法律适用有何规定？
2. 中国对涉外遗嘱的法律适用有何规定？
3. 中国对涉外无人继承遗产的法律适用有何规定？
4. 中国对涉外遗产管理的法律适用有何规定？
5. 国际上有关涉外继承关系法律适用有何新发展？

▶ 自测习题

第九章 物　　权

　　国际私法中的物权是指涉外物权，它是民法中的物权在国际范围的延伸。各国物权法与其本国的社会制度、经济制度、历史传统、发展程度等紧密联系，受地理环境、经济结构乃至意识形态的影响，具有较强的国家性、民族性、地域性和法定性。物权固有的法定性导致各国物权法之间往往有明显的差异，致使涉外物权领域充斥法律冲突，需要适用冲突规范加以解决。

第一节　不动产物权与动产物权

一、不动产物权的法律适用
（一）不动产物权法律适用的理论、立法及实践

　　12世纪末的注释法学派学者开始关注财产法律适用问题，模糊地提出物权冲突应依物之所在地法的观点，这是物权冲突适用物之所在地法思想的孕育期。14世纪，意大利后期注释法学派学者巴托鲁斯在思考"外邦人在内邦有座房子，他想增加此房高度，应依据何处的法则"这个命题时，明确提出了"物本身产生的权利的问题，应遵循物之所在地的习惯或法则"的冲突规则，[①]奠定了物权冲突适用物之所在地法规则的理论基础。巴托鲁斯物权冲突适用物之所在地法的思想得到了广泛的推崇和赞同，经过数百年的演进和发展，形成了当今世界各国公认的不动产物权适用物之所在地法规则。

　　几百年来，各国学者从理论上对不动产物权适用物之所在地法规则进行了论证。德国学者沃尔夫认为，不动产物权适用物之所在地法的理由有如下几点：（1）不动产具备不可动性，是一国领土的一部分；（2）不动产与所在地国有永久的和密切的联系，因而一切关于不动产的权利的重心自然也就存在于该国；（3）不动产适用属人法会引起混乱，如有关土地的法律会随着所有权的变更而变更，所有权及其所附随的权利义务也会因为所有权人的国籍或住所的变

[①] Bartolus, *Bartolus on the Conflict of Law*（《巴托鲁斯论法律冲突》），Joseph Henry Beale Trans., Cambridge Harvard University Press, 1914, p.29.

更而变更，不动产物权适用属人法是不适宜的。① 中国台湾地区学者陆东亚认为不动产物权适用物之所在地法的理由有三：（1）一国对其领土内之人及物有绝对管辖权，外国法不得在内国适用，尤其对于土地及其定着物，外国法绝对不能适用；（2）当事人既然将不动产设置于特定领域内，即默示该不动产愿受该不动产所在地法之管辖；（3）物权，非依该物之所在地法，不得实际行使。关于物权之取得、丧失或变更，若不依所在地法则势必依属人法，而依属人法则易滋错误，故为谋交易上安全起见，亦以采取所在地法为宜。②

各国近现代立法毫无例外地接受不动产物权依物之所在地法规则，并以法律形式作出了明确规定。各国立法在规定不动产物权依物之所在地法时，采用了两种模式：第一种模式以 1756 年《巴伐利亚法典》为代表，采用绝对物之所在地法规则，拒绝"动产随人"原则，对物不做动产与不动产、有体财产与无体财产之区分，主张一概适用物之所在地法。巴伐利亚这种立法方式对部分国家产生了影响，这些国家依巴伐利亚立法模式规定了不动产物权的法律适用。1938 年泰国《法律冲突法》第 16 条第 1 款规定："动产及不动产，依物之所在地法。"《意大利民法典》（1978 年文本）第 22 条规定："占有权、所有权与其他动产及不动产财产权利，均适用动产及不动产所在地的法律。"第二种模式以 1804 年《法国民法典》为代表，区分动产与不动产，分别规定应适用的法律。《法国民法典》第 3 条第 2 款规定："不动产，即使属于外国人所有，仍适用法国法律。"法国这种单边主义的立法方式受到很多国家的追随，1811 年《奥地利民法典》、1865 年《意大利民法典》等都如此规定。法国不动产物权立法模式至今仍为一些国家所仿效，如在国际私法立法史上有里程碑意义的瑞士《关于国际私法的联邦法》（2017 年文本）第 99 条第 1 款规定："不动产物权适用不动产所在地国家的法律。"

国际条约是国家协调意志的体现。国际社会缔结的物权方面的国际条约都承认不动产物权适用物之所在地法规则。国际条约关于不动产物权法律适用的规定也分为两种模式：第一种模式是不做动产与不动产之区分，一概适用物之所在地法。1940 年签订于蒙得维的亚的《关于国际民法的公约》第 26 条规定："财产，不论其种类，凡有关其质量、占有、绝对或相对的不可转让性，以及

---

① ［德］马丁·沃尔夫：《国际私法》，李浩培、汤宗舜译，法律出版社 1988 年版，第 720 页。
② 陆东亚：《国际私法》（第六版），正中书局 1979 年版，第 194—195 页。

一切法律关系的物权性质问题,都专属由财产所在地的法律支配。"1928 年《布斯塔曼特法典》第 105 条规定,一切财产皆依其所在地法律。第二种模式是区分动产与不动产,分别规定法律适用规则。1951 年《荷兰、比利时、卢森堡关于国际私法统一法的公约》第 16 条规定:"有体财产上的物权按此项财产所在地国家的法律规定,此项财产的不动产或动产的性质也按该法规定。"

不动产物权冲突适用不动产所在地法解决是一般的法律适用规则,但在实践中也存在适用上的例外。例如,关于夫妻离婚财产中的不动产分割。大陆法系国家多认为夫妻财产是基于身份关系发生的财产关系,与身份密切相关,故将其作为夫妻财产制的内容直接规定在亲属法之中,即婚姻当事人之间的不涉及第三人的物权关系,不适用财产法,而由亲属法调整。

(二) 中国有关不动产物权法律适用的规定

中国立法未对不动产与动产进行明确的界定,《民法通则意见》第 186 条曾规定"土地、附着于土地的建筑物及其他定着物、建筑物的固定附属设备为不动产",动产的界定阙如。在理论上,将不动产以外的财产推定为动产。中国学者一般认为,不动产是指依自然性质或法律规定不可移动的土地、土地定着物、与土地尚未脱离的土地生成物、因自然或者人力添附于土地并且不能分离的其他物。不动产可以分为两部分:一部分是具有自然资源性质的土地、森林、山岭、草原、荒地、滩涂、矿藏、水流、海域、空域等;另一部分是具有定着物性质的不动产。定着物成为不动产须具备两个条件:一是继续附着于土地,移动会损害其价值或功能;二是具有独立的经济目的,不被认为是土地的一部分。定着物包括:各种建筑物,如道路、房屋、桥梁、电视塔、地下排水设施等;生长在土地上的各类植物,如树木、农作物、花草等。需要说明的是,植物的果实在被采摘、收割之前,树木在被砍伐之前,都是地上的定着物,属于不动产,一旦被采摘、收割、砍伐,脱离了土地,则属于动产。

拓展阅读

胡志敏与铂隆凯特有限公司所有权确认纠纷上诉案

中国对于不动产物权的法律适用也采取不动产所在地法规则。《民法通则》第 144 条曾规定:"不动产的所有权,适用不动产所在地法律。"《民法通则意见》第 186 条曾对《民法通则》第 144 条的规定进行了扩张解释,规定"不动产的所有权、买卖、租赁、抵押、使用等民事关系,均应适用不动产所在地法律"。

《涉外民事关系法律适用法》在《民法通则》的基础上对不动产物权法律

适用进行了完善，除延续了不动产所有权适用物之所在地法的立场外，对物权法律适用也进行了扩张。该法第36条规定，"不动产物权，适用不动产所在地法律"。比较《民法通则》第144条与《涉外民事关系法律适用法》第36条的规定，可以看出，后者比前者的调整范围要宽泛得多。《民法通则》第144条规定的是"不动产的所有权"适用不动产所在地法律，所有权只是物权的一部分，在民法中被称为"自物权"；而《涉外民事关系法律适用法》第36条规定的是"不动产物权"适用物之所在地法律，物权包括自物权、他物权，他物权包括用益物权和担保物权。

二、动产物权的法律适用

（一）动产物权法律适用的发展变化

动产物权的法律适用与不动产物权的法律适用是同时产生的，但其发展过程不同。不动产物权一直适用不动产所在地法律，动产物权则经历了分割制、同一制和多元化的演变。目前动产物权法律适用处于一种多元化的状态。

从12世纪末到19世纪，物权法律适用呈现分割制状态，不动产物权适用物之所在地法律，动产物权适用当事人住所地法律。在这一历史时期，动产物权之所以适用当事人住所地法律，是因为当时的生产力不发达，生产率不高，涉外民事关系的数量不多且相对简单，涉及的动产种类、数量不多，主要是日常用品和生活必需品，其经济价值与重要性都远不及不动产。在理论上，学者们对动产物权适用当事人住所地法律的阐释是"动产随人"（*mobilia personam sequuntur*）、"动产附骨"（*mobilia ossibus inhaerent*）、"动产无场所"（personalty has no locality），动产位于何地纯系偶然，通常随人之去处而定。在国际经济交往和跨国人员往来尚不频繁的时代，动产物权适用当事人住所地法律有其客观性、必然性和可行性。

从19世纪末到20世纪下叶，物权法律适用由分割制走向同一制，动产物权不再适用当事人住所地法律，转而适用物之所在地法律。之所以出现这样的变化，是因为这一历史时期资本主义经济获得了前所未有的发展，国际民事交往迅猛增加，与动产物权有关的涉外民事关系日益复杂，动产在经济生活中的地位和作用越来越突出，动产所在地已不再仅限于动产所有人的住所地，而是位于多个国家。数额庞大的动产对所在地国家社会经济秩序的稳定有着不容忽视的作用，动产所在地国家对内国法律支配位于其境内的动产物权关系有着强烈的需求。

在理论上，学者们也展开了对"动产随人"的批判，认为动产物权适用当事人住所地法律已不适应发展变化了的社会关系，不合理、不公正之处日益突出：（1）主权国家有对位于本国境内的物行使管辖权，对发生在本国境内的涉外物权纠纷依据本国法律行使审判权的权力；（2）动产物权关系中当事人的住所、经常居所地不再是固定的，会时常发生变化，一方当事人往往难以知晓另一方当事人住所、经常居所地的变化；（3）一方当事人不了解另一方当事人住所、经常居所地物权法的具体内容；（4）双方当事人住所、经常居所地不相同时，适用一方当事人住所、经常居所地法律不利于另一方当事人对有关法律行为后果的合理预见，也不好确定适用其中哪一方当事人的住所、经常居所地法律比较合适。

基于上述原因，19世纪末，世界各国的立法相继修改，动产物权不再适用当事人住所地法律，转而适用动产所在地法律。1940年《关于国际民法的公约》、1928年《布斯塔曼特法典》等区域性国际条约明确规定，一切财产，不论其种类如何，均依其所在地法律。许多国家的国内立法也明确规定动产物权适用动产所在地法律。例如，日本《法例》（1999年文本）第10条规定："关于动产与不动产物权以及其他应登记的物权，依其标的物所在地法律。"

随着社会的发展、经济的繁荣、互联网的普及、交换方式的变化以及新的物权形态的出现，涉外动产物权的法律适用愈趋复杂。特别是意思自治原则在私权领域的强力渗透并被引入物权领域，使涉外动产物权法律适用发生了革命性的变化。尽管多数国家依然坚守物权适用物之所在地法原则，但物之所在地法原则的适用已经进入相对时期，涉外物权法律适用的多元化时代已经到来。

（二）物之所在地的确定

"动产物权适用物之所在地法律"规则适用的前提是确定物之所在地。有体动产所在地的确定相对容易、简单，一般以有体动产所在的地方为物之所在地。因不同的物具有不同性质或特点，物之所在地的确定在难易程度上也有所不同。当动产处于运动状态时，其所在地的确定就相对困难，各国对处于运动状态的物之所在地多单独作出规定。无体物、权利在不少国家已成为物权（或财产权）或准物权的客体。在这些国家中，有的国家规定物之所在地法律适用于以无体物、权利为客体的物权（或财产权）或准物权关系，有的国家单独规定了无体物、权利的法律适用。

各国对有体动产所在地的确定多有规定,但规定的方式不尽相同。一些国家的立法从时间上限定动产所在地,如 1948 年《埃及民法典》第 18 条规定,占有权、所有权以及其他物权,不动产适用不动产所在地法,动产适用导致取得或丧失占有权、所有权或其他物权的原因发生时的该动产所在地法。对于处在移动状态的有体动产,一些国家在立法中直接规定物之所在地,如 2014 年《俄罗斯联邦民法典》第 1206 条第 2 款规定:"所有权和其他物权根据法律行为产生和终止。如果该法律行为是对正在运输途中的财产实施的,则依照该财产启运地国的法律确定,但法律有不同规定的除外。"更多国家的立法以运输目的地为物之所在地,如 1984 年《秘鲁民法典》第 2089 条规定,运送中的有体动产以运送的最后目的地为该物之所在地。

对于无体动产、权利的所在地,国际条约和国内立法也有规定。1928 年《布斯塔曼特法典》第 107—109 条规定:"债权的所在地决定于清偿地,未规定清偿地者决定于债务人住所地。""工业产权、著作权以及法律所授予并准许进行某种活动的一切其他经济性的类似权利,均以其正式登记地为其所在地。""特许权以其依法取得地为其所在地。" 总体说来,明确规定无体动产、权利所在地的立法并不多见,这是因为无体动产、权利有其特殊性和复杂性,较难确定其合适的所在地。一些学者从理论上对无体动产、权利的所在地进行了探讨,如英国学者戴西和莫里斯结合英国的实践在其所著《论冲突法》一书中就对权利财产的所在地作了确定:权利作为财产,其所在地通常被视为该财产能得到追索或执行的地方;债(指非判决之债)的所在地为债务人住所地;盖印契约之债的所在地为该契约本身所在地;判决之债的所在地为判决存档地;票据、债券以及其他通过交付而转让的证券,其所在地为票据、债券或其他证券的现实所在地;公司股票的所在地为依公司成立地法律能对股票做有效处分地,如股票转让登记地(股票须经登记才可有效转让时)或股票通常所在地(股票通过交付即可转让时);根据契约或侵权行为产生的诉讼求偿权,其所在地为可提起该诉讼的地方;对死者财产的权益,其所在地为遗产管理人居所地,在不实行遗产管理制度的情况下为死者住所地;信托权益的所在地为信托财产所在地或受托人居所地;合伙份额的所在地为合伙业务经营地,在多个国家经营合伙业务时则为合伙组织的总部所在地;商誉的所在地为享有该商誉的商店所

拓展阅读

兴业银行股份有限公司龙岩分行诉福建泰德视讯数码科技有限公司等票据纠纷案

在地;专利权和商标权的所在地为依该权利据以产生的法律能对其进行有效转让的地方。

(三) 物权关系适用物之所在地法的理论依据

各国学者对涉外物权适用物之所在地法调整的依据进行了深入的理论探讨,提出了不同的观点。

1. 领土主权说

法国学者马兰、德国学者齐特尔曼等人认为国家拥有领土主权,一国对其领域内的物享有绝对的支配权,物权关系适用物之所在地国的法律是国家主权在物权关系方面的体现。

2. 法律关系本座说

也称为"自愿受制说",这一学说由德国学者萨维尼提出并倡导。萨维尼从普遍主义——国际主义的立场出发,论证了物权关系的本座应是该物的物之所在地,任何人取得、占有、使用或处分物的权利,均必须依赖于该物之所在地并自愿受制于该地所施行的法律。

3. 利益需要说或实际需要说

法国学者皮耶、德国学者冯·巴尔主张物法是为集体利益制定的,是一种"对世义务",必须具有普遍性与属地性。不动产或动产物权如不依物之所在地法,那么物权的取得或占有都将陷于不确定状态,全人类的利益将因此而受到损害。如果不动产或动产不依其所在地法,那么物权的移转将颇为混乱;而物之所在地法,易为人们知晓,为了使动产物权的移转更加明确,必须承认符合物之所在地法的动产物权行为即为有效。因此涉外物权法律冲突的解决适用物之所在地法是维护社会利益的需要。

4. 物权性质说

奥地利学者翁格尔认为物权是对物的物质上的支配,是对于物的直接的和法律上的权利;这种支配是由法律设定和保障的,这种权利也只能在物之所在地成立。因此,物权应适用物之所在地法。

5. 方便和控制说

戴西认为,动产的所有权适用动产所在地法是基于便利和适宜这样明显的理由,主张对物权的最后救济只有采取其所在地法允许的方式才有可能,而物之所在地的国家对于物享有绝对的控制权,它自己就可以对其赋予有效的权利,它的法院也方便地拥有对物的管辖权,其他任何规则都不可能如此有效。

6. 客观依据说

中国学者一般认为，物权关系依物之所在地法是由物权关系本身的性质和特点决定的：（1）从表面上看，物权关系是人对物的关系。而从本质来说，物权关系同其他民事关系一样，是人与人之间的社会关系，是一种最基本的体现所有制的法律关系。各国从维护本国利益出发，总是希望以本国的法律来调整和支配与位于本国境内的物有关的物权关系。（2）物权关系也是一种人对物的直接利用和支配的权利关系，权利人要最圆满地实现其权利，谋取经济上的利益，只有适用标的物所在地的法律才最为可能。（3）物权关系的标的是物，标的物在物权关系中居于核心地位。物权首先表现为人对标的物的权利，标的物只有置于其所在地的法律控制之下，物权才能得到最有力的保障。（4）物权具有排他性，权利人对于标的物无须借助他人行为的直接支配权。对于物权受到的侵害，或者权利人行使物权所产生的优先权、追及权和物上请求权，或者其他人对标的物提出的请求，也只有在适用标的物所在地法律的情况下才能作出有效的处理。（5）对处于一国的物适用其他国家的法律，在技术上也有许多困难，会使物权关系变得更为复杂，影响国际物权关系的稳定。①

物之所在地法律被广泛用于对涉外物权关系的调整，原因是多方面的。例如对权利人来说，要圆满实现其对物的直接利用的权利，保护该权利不受侵害，适用物之所在地法律通常最为有效；对其他人来说，要保证法律关系的稳定和商品流转的安全，使其正当利益得到合理保护，适用物之所在地法律更为便利可靠。从对涉外物权关系的调整来看，对标的物尤其是不动产位于某一国境内的物权关系适用另一国法律，不但操作不便，实际效果也难以保证。而从物之所在地国来看，其总是希望本国法律能够支配与位于本国之物有关的权利关系，以维护其主权、利益和经济秩序，并有利于对外民事交往的稳定与发展。

（四）物之所在地法的适用范围

综合各国的立法及司法实践，物之所在地法主要用于解决以下几个方面的问题：（1）动产与不动产的区分。各国法律关于动产与不动产划分的具体规定

---

① 韩德培主编：《国际私法》，武汉大学出版社1983年版，第121—122页；李双元：《国际私法（冲突法篇）》（修订版），武汉大学出版社2001年版，第442页；黄进主编：《国际私法》（第二版），法律出版社2005年版，第267—268页。

不同，判定某物属于动产还是不动产一般依据物之所在地法律规定的标准。(2) 物权客体的范围。各国法律规定的物权客体的范围不同，物权客体的范围依物之所在地法律确定。(3) 物权的种类和内容。各国关于物权种类和内容的规定不完全相同，何种民事权利可以成为涉外物权，其具体内容如何，依所涉之物之所在地法律解决。(4) 物权取得、转移、变更和消灭的条件。物权变动及引起物权变动的法律行为是否有效，受物之所在地法律支配。(5) 物权的保护。物权保护方法依物之所在地法律确定。

(五) 物之所在地法的适用例外

某些涉外物权关系因具有特殊性，适用物之所在地法律不合理或者不可能，故排除物之所在地法的适用。具体包括：

1. 运送途中之物的物权关系

运送途中之物，因其所在地不断改变而不易确定，即使能够确定运送途中之物的所在地，往往也因为此物与该地仅有偶然或瞬间联系而使物之所在地法律适用起来不合理。当运输工具处于公海或公空时，对其承载之物适用物之所在地法律则成为不可能。因此，各国规定运送途中之物的物权关系适用其起运时所有人本国法或者货物目的地国家的法律。

运送途中之物的物权关系并非完全不适用物之所在地法律，该物被强制出售，被暂存、贮藏，或被抵押的，仍适用物之所在地法律。

2. 船舶、飞行器等运输工具的物权关系

船舶、飞行器等运输工具，经常处于运动状态，不宜适用物之所在地法律，许多国家规定适用旗国法或登记地国的法律。

3. 法人消灭之后的财产归属

法人基于自行终止、被其所属国解散、被宣告破产等原因消灭的，其财产归属适用该法人的属人法。内国将在其境内活动的外国法人取缔的，其财产归属适用物之所在地法。

4. 与身份关系密切的财产关系

对死者遗产继承和夫妻财产关系，各国多规定适用属人法。一些国家区分动产与不动产，动产适用属人法，不动产依物之所在地法。

5. 位于无主土地或无主空间之物的物权关系

南极、公海、月球、外层空间等地方，不属任何国家法律管辖范围，一般做法是：有国际条约的，适用国际条约；没有国际条约的，适用占有人或先占者的属人法。

（六）中国有关动产物权法律适用的规定

《涉外民事关系法律适用法》对一般涉外动产物权的法律适用作出了规定，此前《民法通则》以及最高人民法院的司法解释中都没有涉及一般涉外动产物权的法律适用问题，只有《海商法》《民用航空法》对船舶、民用航空器两类特殊运输工具的物权作了特别规定。关于动产物权法律适用，《涉外民事关系法律适用法》在第37条规定了"当事人可以协议选择动产物权适用的法律"，把当事人意思自治原则引入物权领域，反映了物权法律适用的重大变化。《涉外民事关系法律适用法》第37条还规定，当事人没有选择的，适用法律事实发生时动产所在地法律。该规定表明物之所在地法律仍然是动产物权法律适用的重要规则，只是不像许多国家将其作为动产物权法律适用的唯一规则，而是作为意思自治原则的补充。

中国把意思自治原则作为一般性法律适用规则引入动产物权领域，是充分考虑动产的种类繁多、动产物权的变动常常与以契约为基础的商事交易交织且交易条件和方式多种多样等作出的安排，在"物权债权化"与"债权物权化"成为社会商品流转的普遍现象的当下，物权与债权相互影响、相互渗透、相互转

拓展阅读

邓某、莫某离婚后财产纠纷案

化、相互混同，物权在流转中越来越多地体现出债权特征，特别是动产物权的法律适用不再恪守物之所在地法规则，呈现出多元化的局面，奠定了意思自治原则进入动产物权领域的基础。

《涉外民事关系法律适用法》第38条规定："当事人可以协议选择运输中动产物权发生变更适用的法律。当事人没有选择的，适用运输目的地法律。"对于在途货物物权的法律适用，有的国家规定适用运输目的地法律，有的国家规定适用起运地法律，有的国家规定适用当事人选择的法律，这样规定的主要原因在于在途货物物权适用物之所在地法律不合适或者根本不可能（如途经公海时）。该条的适用范围，仅限于"运输中动产物权发生变更"，仅指运输状态下的动产发生物权变动的情况，不包括动产的其他物权问题。

第二节 船舶物权与民用航空器物权

船舶、民用航空器的物理属性为动产,但因其价值巨大,各国在法律属性上都认定其为不动产或者准不动产,规定要在有关部门登记备案,采用不动产管理方式进行管理。船舶物权、民用航空器物权的法律适用有特殊性,有自成体系的规则。

一、船舶物权的法律适用

(一) 国际上关于船舶物权的法律适用

船舶物权是指以船舶为法律关系客体的物权,可分为船舶所有权、船舶抵押权、船舶优先权、船舶留置权。船舶物权法律适用规则,有的国家规定在海商法中,有的国家规定在国际私法中。有的国家采取统一制,即船舶物权统一适用船旗国法。例如,德国《民法典施行法》(2017年文本)第45条第1款规定:"对空中、水上和轨道运输工具的权利,适用其来源国法律。即……(2)对于水上运输工具为其注册登记国,否则为船籍港或者国籍地所在国;……"1998年《吉尔吉斯共和国民法典》第1195条规定:"交通工具与其他需要在国家登记机关注册的财产之物权,由该交通工具与财产注册地国法支配。"有的国家采取分割制,分别规定了船舶所有权、船舶优先权、船舶抵押权、船舶留置权的法律适用。从各国立法来看,采用分割制的国家比采取统一制的国家少一些。

船舶所有权是指船舶所有人依法对其船舶享有占有、使用、收益和处分的权利。对船舶所有权,各国普遍适用船旗国法。船舶所有权适用船旗国法的理论依据有:(1) 人格拟制说。认为船舶是具有人格的物,有国籍、船名、住所,属人性超越属地性,因而应适用属人法,即船旗国法。(2) 领土假定说。认为船舶具有不动产的法律属性,被看作本国领土的延伸,船舶不论位于何处,都应当受本国法支配,即适用船旗国法。[1] 关于船舶所有权的法律适用,也有人主张适用船舶所在地法、与船舶有最密切联系地法等。

---

[1] 赵相林、杜新丽等:《国际民商事关系法律适用法立法原理》,人民法院出版社2006年版,第271页。

船舶抵押权是指不转移船舶所有权，抵押权人享有的占有、变卖、申请法院强制拍卖抵押船舶，以实现其权利的权利。各国的船舶抵押权制度差异明显，船舶抵押权法律冲突极为复杂，法律适用呈现多样性。从各国立法来看，规定适用船旗国法、法院地法、物之所在地法（船舶停泊地法律）、债权担保合同准据法、重叠适用船旗国法和债权担保合同准据法，以及船舶抵押权的成立及性质适用船旗国法、船舶抵押权的效力适用法院地法的国家并存。各国虽然对船舶抵押权的法律适用作了不同规定，但整体看来，规定适用船旗国法的国家居多。2001 年《韩国国际私法》第 60 条第 1 款规定，船舶的所有权及抵押权、船舶的海上留置权及其他有关船舶的物权适用船旗国法。《保加利亚海商法》第 10 条第 1 款规定，船舶抵押权适用船旗国法；第 2 款规定，船舶抵押权契约订立方式适用契约订立地法。

关于光船租赁以前或者光船租赁期间的法律适用，各国多无单独规定，一般适用船旗国法。光船租赁以前或光船租赁期间适用船旗国法对出租人不利，这是因为各国船舶登记制度都规定船舶租赁要临时注销船舶原国籍，租赁人需重新进行租赁船舶登记，临时取得新的国籍，光船租赁后适用新船旗国法律，依据原船舶登记国法设置的抵押关系的有效性、合法性都可能面临挑战。为了维护出租人的合法权益，一些国家规定光船租赁以前或者光船租赁期间适用原船舶登记国法。

船舶优先权是以船舶为标的，以担保特定债权的实现为目的，通过司法程序扣留以至出卖船舶，使债权人就船舶变卖所得价款依法定顺序优先受偿的权利。[①] 船舶优先权的法律适用十分复杂，其原因是，对船舶优先权的性质，各国立法作了不同的规定，学者们在理论上有不同的认识，司法实践作了不同的认定。对船舶优先权，有的国家规定为债权，有的国家规定为债权担保；有的国家认为是程序性权利，有的国家认为是实体性权利。对船舶优先权性质的不同认识导致法律适用的差异。

船舶留置权是指造船人、修船人依据造船合同、修船合同，在另一方当事人未履行合同义务时，留置所修造并占有的船舶，依法以该船舶折价或者以变卖该船舶的价款优先受偿的权利。船舶留置权的法律适用，有同一制和分割制之分。采用同一制的国家主张船舶留置权适用船旗国法；采用分割制的国家将

---

① 吴焕宁主编：《海商法学》（第二版），法律出版社 1996 年版，第 308 页。

船舶留置权分割为不同方面，分别适用船旗国法、被留置船舶所在地法、当事人所约定适用的法、法院地法、最密切联系地法等。

（二）中国关于船舶物权的法律适用

中国《海商法》规定了船舶物权的法律适用。《涉外民事关系法律适用法》未将船舶物权的法律适用纳入其中。《涉外民事关系法律适用法》第2条第1款规定："……其他法律对涉外民事关系法律适用另有特别规定的，依照其规定。"据此，《海商法》关于船舶物权法律适用的规定是调整涉外船舶物权关系现行有效的法律。

中国《海商法》关于船舶物权法律适用的规定与多数国家关于船舶物权法律适用的规定大体相同或相近。中国船舶物权的法律适用采用分割制，分别规定了船舶所有权、船舶抵押权、船舶优先权的法律适用，船舶留置权的法律适用阙如。《海商法》第270条规定："船舶所有权的取得、转让和消灭，适用船旗国法律。"第271条规定："船舶抵押权适用船旗国法律。船舶在光船租赁以前或者光船租赁期间，设立船舶抵押权的，适用原船舶登记国的法律。"第272条规定："船舶优先权，适用受理案件的法院所在地法律。"上述规定所涉及的几个关键词，在《海商法》中有专门解释。该法第7条规定："船舶所有权，是指船舶所有人依法对其船舶享有占有、使用、收益和处分的权利。"第11条规定："船舶抵押权，是指抵押权人对于抵押人提供的作为债务担保的船舶，在抵押人不履行债务时，可以依法拍卖，从卖得的价款中优先受偿的权利。"第21条规定："船舶优先权，是指海事请求人依照本法第二十二条的规定，向船舶所有人、光船承租人、船舶经营人提出海事请求，对产生该海事请求的船舶具有优先受偿的权利。"

二、民用航空器物权的法律适用

（一）国际上关于民用航空器物权的法律适用

航空器包括飞机、飞艇、气球及其他任何借空气之反作用力，得以飞行于大气中之器物。民用航空器是指非用于执行军事、海关、警察飞行任务的航空器。

民用航空器物权是指以民用航空器为法律关系客体的物权，可分为民用航空器所有权、民用航空器优先权、民用航空器抵押权、民用航空器留置权。对于民用航空器物权法律适用规则，有的国家规定在民用航空法中，有的国家规定在国际私法中。对于民用航空器物权的法律适用,有的国家采取同一制,即民用航空器物权统一适用登记国法。例如,2007年土耳其《关于国际私法和国际民事诉讼程序法的第5718号法律》第22条规定:"1. 涉及航空运输工具、海上运输工具以及有轨运输工具的物权,适用其来源国法。2. 涉及航空运输工具、海上运输工具以及有轨运输工具的物权,其来源国系指这些运输工具的注册登记地;海上运输工具无注册登记地的,其来源国系指船籍港;有轨运输工具的来源国系指其发证许可地。"有的国家采取分割制,分别规定民用航空器所有权、民用航空器优先权、民用航空器抵押权、民用航空器留置权的法律适用。中国就是采用分割制规定民用航空器法律适用的国家之一。从各国立法来看,对民用航空器物权法律适用采用统一制的国家为多数。

民用航空器所有权是指民用航空器所有人依法对其民用航空器享有的占有、使用、收益和处分的权利。对民用航空器所有权,各国普遍适用民用航空器注册地国法。民用航空器抵押权是指不转移民用航空器所有权,抵押权人占有、变卖、申请法院强制拍卖抵押民用航空器以实现其权利的权利。各国的民用航空器抵押权制度存在差异,法律冲突极为复杂,法律适用呈现多样性。从各国立法来看,有的国家允许当事人基于意思自治选择法律,没有选择的则依据最密切联系原则确定应适用的法律;有的国家规定适用注册登记地法律;还有的国家规定适用法院地法、物之所在地法(民用航空器停泊地法律)、重叠适用注册登记地法律和债权担保合同准据法。

民用航空器优先权是以民用航空器为标的,以担保特定债权的实现为目的,通过司法程序扣留以至出卖民用航空器,使债权人得以就民用航空器变卖所得价款依法定顺序优先受偿的权利。有关民用航空器优先权的法律适用,各国的规定不同,其原因是,对民用航空器优先权的性质各国立法作了不同的规定,学者们在理论上有不同的认识,司法实践也作了不同的认定。对民用航空器优先权,有的国家规定为债权,有的国家规定为债权担保;有的国家认为是程序性权利,有的国家认为是实体性权利。对民用航空器优先权性质的不同认识导致了法律适用的差异。对于民用航空器优先权的法律适用,有的国家规定适用法院地法律,有的国家规定适用民用航空器注册登记地法律。

民用航空器留置权是指民用航空器制造者、修理人依据合同在另一方当事人未履行合同义务时，留置所生产、修造并占有的民用航空器，依法将该航空器折价或者以变卖该航空器的价款优先受偿的权利。对于民用航空器留置权的法律适用，各国的规定不同，主要有民用航空器留置地法、当事人约定适用的法、法院地法、最密切联系地法等。

民用航空器国际融资租赁是各国普遍采用的发展本国航空业的一种措施。民用航空器国际融资租赁是以合同为基础实现的，意思自治原则适用于民用航空器国际融资租赁合同。当事人意思自治缺位情形下依据最密切联系原则确定准据法的做法也被各国普遍采纳。除此之外，民用航空器登记地法可等同于民用航空器的本国法或国籍国法得到适用，而且民用航空器登记地法与案件有较密切联系，有利于案件的合理解决，能够通过对民用航空器所属国之推定信赖实现最大程度的判决结果一致性。实践中，承租人主要营业地法也是可选择的准据法之一，这是因为民用航空器物权并不以民用航空器本身的登记地为连结纽带，而是从使用民用航空器的承租人着眼，以其所在地法为民用航空器物权的准据法。

（二）中国关于民用航空器物权的法律适用

中国《民用航空法》将民用航空器物权分为所有权、抵押权和优先权。此外，中国《民法典》规定的留置权也适用于民用航空器。

有关民用航空器物权的法律适用，《民用航空法》第185条规定："民用航空器所有权的取得、转让和消灭，适用民用航空器国籍登记国法律。"第186条规定："民用航空器抵押权适用民用航空器国籍登记国法律。"第187条规定："民用航空器优先权适用受理案件的法院所在地法律。"

《民用航空法》没有规定民用航空器的留置权，也未规定民用航空器留置权的法律适用。《民法典》第447条第1款规定："债务人不履行到期债务，债权人可以留置已经合法占有的债务人的动产，并有权就该动产优先受偿。"根据该规定，在中国，民用航空器是可以留置的。行使民用航空器留置权的是根据合同占有他人民用航空器的债权人，主要为民用航空器建造人、民用航空器修理人、机场、民用航空器保管人等。民用航空器留置可适用当事人选择的法律、最密切联系地法或者民用航空器留置地法。

中国民用航空器融资租赁市场活跃，民用航空器租赁可以适用当事人协商选择的法律、民用航空器登记地法（即民用航空器国籍国法）。

第三节 有价证券与权利质权

动产可以分为有体动产和无体动产，无体动产又称作无形财产。对于无形财产的范围，无论在理论上还是实践中，都存在分歧。这种分歧对无形财产法律适用有着直接的影响。

一、有价证券的法律适用

有价证券是无形财产的一种表现形式，涵盖范围广泛。有价证券依其所表现的财产权利的不同可分为商品证券、货币证券、资本证券及衍生品证券。商品证券包括提货单、提单、运货单、仓库栈单等；货币证券包括各种汇票、支票和本票等；资本证券包括股票、债券等；衍生品证券包括基金证券、可转换证券等。有价证券的主要形式是资本证券，狭义的有价证券仅指资本证券。实践中，直接将资本证券称为有价证券或者证券。

有价证券为德国学者创立的称谓，始用于德国旧商法。一些大陆法系国家借鉴、移植了德国的立法，建立了有价证券制度。英美法系国家未采用有价证券制度，《美国统一商法典》仅规定了投资证券制度。当下的立法趋势是将有价证券改变为金融商品（亦称为金融工具）。金融商品是指在信用活动中产生的能够证明资产交易、期限、价格，对于债权债务双方权利义务具有法律约束力的"书面文件"。

有价证券持有方式有直接持有和多层中介名义持有两种方式。直接持有是传统的证券持有方式，是指投资者直接与发行人发生法律联系，持有人以自己的名义直接占有不记名证券，或是被记录于证券持有人名册中。证券的直接持有交易通常表现为纸介证券凭证的实际或者拟制交付。直接持有方式下的涉外证券物权法律冲突，适用物之所在地法。多层中介名义持有是指发行人和投资者之间没有直接的关系，由一个或多个中介机构居间，中介机构与投资者共同形成多个持有层次，实际投资者间接持有证券。在多层中介名义持有方式下，证券的登记、持有、转让和抵押等都通过位于不同国家的中间人的电子账户完成。多层中介名义持有方式提高了证券交易的效率和风险控制能力，有利于防范和化解金融市场风险。2002年海牙国际私法会议通过的《关于经由中间人持有的证券的某些权利的法律适用公约》对多层中介名义持有方式下跨国证券交易的法律适用作出了规定：准据法是账户协议明确约定的国家和其法律支配账户协议的国家的现行有效的法律；账户协议明确规定上述所有问题的准据法是另一国的法律的，则为该另一国的法律；当事人没有约定的，适用开立证券账户时现行有效的法律。

有价证券的权利有两种：一种是证券持有人对证券本身的权利，即证券所有权和其他物权；另一种是证券承载的权利，即证券内容所体现的权利，也就是证券持有人依照证券上的记载而享有或行使的权利。证券本身的所有权、占有权等物权，应当适用证券的物权准据法，一般为证券所在地法；证券内容所体现的权利，一般适用证券权利准据法，即支配相关的证券法律关系的准据法。证券权利准据法决定某一书面凭证是不是有价证券、是何种有价证券以及如何实现有价证券的权利。

关于有价证券的发行、转移、丧失和变更的法律适用，各国作了不同的法律规定。

1. 发行地法或营业机构所在地法

1928年《布斯塔曼特法典》第250条规定，关于股票和债券在缔约一国内的发行、公告的方式、保证、各代理处或分处经理人对第三人的责任，均依属地法。

2. 证券所在地法

2001年《韩国国际私法》第21条规定，涉及无记名证券的权利的取得、丧失和变更，适用作为其原因的行为或事实完成当时该无记名证券所在地的法律。

3. 证券交易所所在地法

1996年《列支敦士登国际私法》第43条规定，交易所业务及在市场缔结的合同适用交易所或市场所在地国法律。

4. 证券交易地法

2009年颁布、2011年生效的《罗马尼亚民法典》第七卷"国际私法"第2622条第2款（b）项规定，可转让有价证券的转让条件和效力适用证券交易地法律。

中国《涉外民事关系法律适用法》第39条对有价证券的法律适用作了规定："有价证券，适用有价证券权利实现地法律或者其他与该有价证券有最密切联系的法律。"据此，法官可以选择适用有价证券权利实现地法律或者最密切联系地的法律。

二、权利质权的法律适用

权利质权是指债的法律关系当事人协商一致以债务人或第三人所享有的可出质权利为标的设立的担保债权实现的担保物权。权利质权的法律特征有：（1）必须是财产权。（2）必须是可以转让的财产权。权利质权设定的对象必须是可以转让的财产性权利，对于法律规定的不可转让的财产性权利，不可以设定权利质权。如果设定权利质权的标的是不可转让的财产，那么在出质人不能履行债务时，质权人仍然无法通过质权实现其债权，质权设定的目的也就无法实现。不可转让的财产性权利主要有三种：一是根据财产性质属于不可转让的财产性权利。这类权利包括基于扶养、抚养、赡养和继承等人身关系产生的给付请求权，基于劳动报酬、退休金、养老金、抚恤金、安置费等劳动关系产生的给付请求权，以及基于人寿保险、人身损害赔偿金等与人的身份有关的法律关系产生的给付请求权。二是法律明确禁止转让的财产性权利，如医疗保险金请求权。三是当事人特约不得转让的财产权，如特别约定不得转让的债权。（3）必须是不违背质权性质的财产权。质权是动产质权，不动产原则上不能设定质权。中国《民法典》第440条规定："债务人或者第三人有权处分的下列权利可以出质：（一）汇票、本票、支票；（二）债券、存款单；（三）仓单、提单；（四）可以转让的基金份额、股权；（五）可以转让的注册商标专用权、专利权、著作权等知识产权中的财产权；（六）现有的以及将有的应收账款；（七）法律、行政法规规定可以出质的其他财产权利。"中国法律规定的权利质权是在无形财产上设定的权利。

权利质权是无形财产的一种特殊形式。很多国家未将权利质权从无形财产中分离出来，从而单独规定权利质权的法律适用，而是通过规定无形财产的法律适用，一并解决有价证券、权利质权的法律适用问题。2005年《阿尔及利亚民法典》第17a条第1款规定："无形财产，依致使取得或者丧失占有、所有权或者其他物权的事件发生时该财产的所在地法。"中国将无形财产中的有价证券和权利质权进行了区分，分别规定了不同的法律适用规则。《涉外民事关系法律适用法》第40条规定："权利质权，适用质权设立地法律。"

思考题

1. 试述物权法律适用的演变。
2. 试析物权适用物之所在地法的理论依据。
3. 如何评价中国关于动产物权法律适用的规定?

▶ 自测习题

第十章 合 同

合同是国际私法中最复杂的领域,也是国际私法中最活跃、发展变化最迅速的领域。古今中外的国际私法专业人士对国际合同及其法律适用问题都极为重视,既进行了许多争论,也达成了许多共识,从而形成了国际合同法的基本原理和基本制度。合同涉及的国际私法问题,主要是国际合同或涉外合同的法律适用问题。本章阐述了合同法律适用的理论和方法,讨论了合同法律适用的一般规则,探讨了劳动合同、消费合同、投资合同等特殊合同法律适用的特殊规则,评介了中国涉外合同法律适用的相关立法和司法实践。

第一节 一 般 原 理

合同,是当事人之间设立、变更或终止债权债务关系的协议。国际私法中的合同是指跨国合同,或称国际合同,对一个国家而言,也叫涉外合同,是与两个或两个以上的国家存在着实质性联系的合同。

国际合同与国内民商法中的合同的根本区别在于它具有国际性。但是,对于如何判断其"国际性",从而确定一项合同是否为国际合同,人们有着不同的看法。1994年《国际商事合同通则》(以下简称《通则》)在"引言"的注释中首先就"国际合同"问题写道:"一份合同的国际性可以用很多不同的标准来确定。在国内和国际立法中,有的以当事人的营业地或惯常居所地在不同的国家为标准,而有的则采用更为基本的标准,如合同'与一个以上的国家有重要联系''涉及不同国家之间法律的选择'或'影响国际贸易的利益'。《通则》并未明确规定这些标准,只是设想要对'国际'合同这一概念给予尽可能广义的解释,以便最终排除根本不含国际因素的情形,如合同中所有相关的因素只与一个国家有关。"《通则》的这种处理方法是可以理解的,因为它的"目标是要制定一套可以在世界范围内适用的均衡的规则体系,而不论它们被适用的国家的法律传统和政治经济条件如何"①。

一、合同法律适用的理论与方法

（一）合同法律适用理论

合同是国际民商事交往中经常使用的主要的法律手段，其权利、义务和责任对双方当事人乃至第三人的利益以及社会公共利益都有着重要影响。国际合同的准据法对合同关系中有关各方的权利、义务和责任的确定有着决定性的意义，因而围绕着国际合同应该适用什么法律、应该怎样确定国际合同所适用的法律等问题，人们在理论和实践上一直进行着争论和探索，并且形成了"同一论""分割论""客观论""主观论""适当论"等诸多见解和主张。

1. "同一论"

"同一论"，一方面，对同一项合同的各个方面的问题主张适用同一法律加以调整；另一方面，对不同种类或不同性质的合同主张采用相同的单一的法律适用标准。这种主张的理由主要是，一项合同无论从经济意义还是从法律意义来看都应是一个整体，因而其成立、履行、解释和解除等都应受一项法律支配。对于不同种类和不同性质的合同，也有人主张适用同样的冲突规则，因为不论什么合同都是当事人之间的一种合意，是当事人共同意志的产物。

2. "分割论"

"分割论"，一方面主张对同一项合同的各个方面的问题应分别适用不同的法律；另一方面，对不同种类或不同性质的合同主张采用不同的法律适用标准。这种主张的理由主要是，合同的不同问题有着不同的特性，而不同种类或不同性质的合同也有着不同的特点。早在法则区别说时代，巴托鲁斯就主张对合同的不同问题适用不同的法律，如对合同的形式及实质有效性，适用缔约地法；对当事人的能力，适用当事人住所地法（即当事人原属城邦的法则）；等等。后来，许多国家的理论和实践都接受了这种分割的方法，只是其具体的做法存在着差异。1987年瑞士《关于国际私法的联邦法》对合同的法律适用也采取分割

拓展阅读

王桂生与香港中成集团有限公司、浙江中成实业有限公司等股权转让纠纷案

---

① 对外贸易经济合作部条约法律司编译：《国际统一私法协会国际商事合同通则（中英文对照）》，法律出版社1996年版，"引言"第2页。

的方法作出了详细具体的规定，对当事人的缔约能力、合同的实质内容、合同的订立以及代理合同等分别确定了应适用的法律。至于不同种类和不同性质的合同，也已经有越来越多的国家在立法中加以区别，采用不同的冲突规范确定其准据法。尤其随着国家对国际经济活动干预的不断加强以及合同种类和合同性质日益呈现出复杂的情况，那种对一切合同都采用一个冲突规范的做法越来越受到强烈的冲击。

3. "客观论"

"客观论"主张以某种固定的场所因素作为连结点确定合同准据法。它最早为巴托鲁斯所提倡并首先表现为合同缔结地法。巴氏认为，按照合同的性质，合同缔结时发生的权利问题应依合同缔结地法确定。19世纪的德国学者萨维尼则提出了另外一种见解。他认为，合同债务关系的本座是履行地，因为合同当事人的期望集中于债的履行，因此，合同应适用其履行地法。这也属于"客观论"的主张，它对德国法院有着巨大而深远的影响。这种主张的理由主要是，合同缔结地或履行地比较明确，因而缔结地法或履行地法也比较确定，并易于为当事人所预见和遵守，这对于交易的安全和稳定乃至国际经济的发展是有利的。

4. "主观论"

"主观论"主张根据当事人双方的意思来确定合同准据法，即所谓的"当事人意思自治"理论。一般认为，这一主张是由16世纪的法国学者杜摩兰正式提出来的。后来，德国学者萨维尼、意大利学者孟西尼、英国学者戴西和美国学者斯托里都接受了这一主张，并从各自的立场进行了阐发。可以说，自19世纪中叶以后，在合同法律适用领域，"主观论"逐渐取得了主导地位。1865年《意大利民法典》最早以立法的形式明确接受了当事人意思自治并把它作为合同法律适用的首要原则。此后，这一原则几乎被所有国家的立法或判例所接受，也普遍被有关合同法律适用的国际公约和国际裁决采纳。这种主张的理由主要是，合同既然是当事人按照自己的意志为自己创设某种权利义务的协议，当事人便有权协商确定支配他们之间合同关系的法律。当事人在缔结合同时即自行决定其合同应适用的法律，使合同的法律适用有了可预见性和确定性，这样就便于在履行合同的过程中遵守该项法律，从而确保交易的安全和国际贸易的顺利进行。

5. "适当论"

"适当论"主张根据国际合同关系的性质和特点，遵循"适当"的原则来解决合同的法律适用问题。具体说来，在合同法律适用问题上，它既肯定当事人意思自治原则的优先地位，又以颇具适应性的最密切联系原则作为补充；同时认为，随着情势变迁，应社会和经济现实的要求，基于所调整的国际合同关系及国际合同问题的特殊性，以及人们认识的深化和观念的改变，还应不断探索和形成新的法律适用原则，以不断满足在合同法律适用问题上对"适当性"的要求。而且，"适当论"认为，对国际合同关系的法律调整不应仅仅局限于冲突法方法，还应努力去寻找其他更适当的方法。目前，统一私法便是这种更适当的方法。

"适当论"是在对上述"同一论"和"分割论"、"客观论"和"主观论"的意见加以评析整合的基础上，充分考虑合同关系的本质要求和处理合同问题的价值取向，提出的合同法律适用理论。在"适当论"者看来，"同一论"和"分割论"都有其存在的客观依据，"客观论"和"主观论"之间也不是截然对立的。从合同本身来看，它既是一个整体，也可以被分割为不同方面。例如，合同至少可以分割为与合同订立有关的问题和与合同效力有关的问题两大方面，这两大方面又可以平行分割为若干问题，如缔约人的能力、合同形式、合同成立的时间和地点、合同的内容和效力等。然而，这些问题又都是构成合同这个统一体的各个要素，对于合同来说，它们缺一不可。所以，"同一论"和"分割论"都是以合同本身的这种特殊性为基础的。就"客观论"和"主观论"而言，分析两者的意见，也不难从中发现一些调和的因素。最突出的例证是，萨维尼作为"客观论"者，虽然主张合同适用履行地法，但其理由则是合同当事人的"期望"集中于合同的履行。他显然也在关心当事人的内心期待或主观意志，这样，他后来接受主观论便不足为奇了。因此，对待"同一论"和"分割论"、"客观论"和"主观论"及其相互关系，应采取辩证的态度，取其所长，避其所短，加以统筹协调、综合运用，这也是"适当论"所追求的效果。事实上，晚近有关合同法律适用的国内立法和国际条约大都采取这种做法。①

---

① 吕岩峰：《"适当论"：国际合同法律适用理论的归结与扬弃》，《法制与社会发展》1999年第5期。

（二）合同法律适用方法

国际合同的法律适用经历了漫长而复杂的演变过程，而且，这种过程现在仍在继续。到目前为止，合同法律适用的历史发展大致经历了三个阶段，这三个阶段是以合同法律适用的三种基本方法为主要特征的。

第一个阶段是主要以缔约地等单纯的空间连结因素来确定合同准据法的阶段。这一阶段主要受客观论的指导，尤其是受巴托鲁斯的影响。由于其具有确定性和可预见性等明显的优点，符合一定时期内国际经济贸易活动的需要，因此，从法则区别说产生后直到16世纪当事人意思自治说出现，合同法律适用一直处于这一阶段。并且，后来又经过了萨维尼的履行地法的补充和发展，该阶段直到19世纪中叶才告终结。

第二个阶段是以当事人意思自治说为指导，根据当事人的主观意图来确定合同准据法的阶段。随着商品经济的发展和国际交往的加强，特别是资本主义因素的日益增长，国际合同关系日益复杂，人们对合同的认识也逐渐加深，缔约地法原则呆板僵硬的弊端也逐渐暴露出来，因而，符合实践需要与合同关系本质的当事人意思自治说应运而生，这是16世纪法国学者杜摩兰的不朽贡献。只是到了19世纪中叶以后，当事人意思自治原则才真正取得了主导地位，现在，它已经成为确定合同准据法的首要原则。

第三个阶段是以当事人意思自治原则为主、以最密切联系原则为辅，两者有机结合确定合同准据法的阶段。这一阶段以英国学者戴西和莫里斯所创立的"合同适当法理论"为指导。该理论在肯定当事人意思自治原则的优先地位的同时，以最密切联系原则为补充，从而使得对合同准据法的确定更具灵活性和合理性，并在更高层次上实现了合同法律适用的"主观论"和"客观论"的结合。可以认为，合同准据法的确定由此进入了比较成熟的状态。这一阶段是从20世纪中叶开始的，也正是在这个时期，英国合同适当法的现代论最终形成。① 此外，在这个阶段，用于调整国际合同关系的统一私法大量涌现，成为合同法律适用发展史上不容忽视的重要现象。尤其是"二战"以后，由于国际局势相对稳定，世界经济迅速发展，科学技术突飞猛进，国际民商事交往的规模和程度获得了惊人的拓展。这种情况，既要求促进调整国际合同的统一私法的进步，又为这种进步准备了条件。其表现主要有二：一是许多全球性或区域

---

① 吕岩峰：《英国"适当法理论"之研究》，《吉林大学社会科学学报》1992年第5期。

性的国际组织积极从事国际合同统一私法的编纂或修订活动，并出现了一些专门从事包括合同法在内的私法国际统一工作的国际组织；二是经过这些国际组织的努力，有关调整国际合同的实体性国际条约和国际惯例得以制定和编纂，典型如《联合国海上货物运输公约》《联合国国际货物销售合同公约》以及国际商会的《国际贸易术语解释通则》、国际统一私法协会的《国际商事合同通则》等。这些国际合同统一私法直接明确地规定了合同当事人的权利和义务，为调整国际合同关系提供了一种新的切实有效的方法，是国际合同法律适用历史发展的必然结果。

二、合同法律适用的一般规则

（一）合同准据法的确定

合同准据法是指适用于合同的成立和效力的法律。合同的成立和效力问题既有着丰富的内容，又涉及复杂的方面。合同成立是当事人之间产生权利义务的前提。一般说来，当事人一方发出要约，另一方表示承诺，合同即告成立。但是，合同成立的时间和地点则是需要首先解决的基本问题。在当事人双方同处一地的场合，固然可以依据"场所支配行为"原则适用缔约地法，但在隔地签约的场合，不仅可能由于双方所在国对这个问题的规定不同而导致分歧，而且对于缔约地的确定也很困难。例如，英美法系国家一般认为，承诺人只要把表示承诺的函电发出，合同即告成立，承诺发出的时间和地点即为合同成立的时间和地点，此即发信主义；大陆法系国家则认为，只有要约人收到了表示承诺的函电，合同方告成立，承诺到达的时间和地点为合同成立的时间和地点，此即收信主义。因此，人们一般主张，合同的成立也应以合同准据法为依据。不过，此时的合同准据法是假定的或想象的，因为合同是否成立尚存疑问。合同的效力，是指合同对当事人权利义务及责任的决定性影响。它包括当事人之间根据合同所享有的权利和所承担的义务的内容和范围、当事人未履行合同义务应承担的责任和债权人可以采取的救济方法等。因此，合同的效力涉及两方面问题：一方面是合同当事人在订立合同时期望或愿意发生的效果；另一方面是不履行合同时当事人所应承担的法律后果。这些问题都应受合同准据法支配。合同一经成立即产生效力。合同的无效和撤销及其后果问题，与合同的效力密切相关，因而也应适用合同准据法。合同的解释，既涉及文字语义方面的问题，又涉及法律效力方面的问题。前者属于事实问题，一般认为应依文字所属国法来解释；后者属于法律问题，关系到当事人权利义务的性质和内容，一般应适用合同准据法，但这并不意味着对合同中的一切法律术语都要用合同准据法中的相应术语的含义来解释，而要运用合同准据法中的解释规则来解决解释中遇到的问题。合同的消灭是指合同权利义务关系的终止。因此，对合同消灭问题一般应适用合同准据法。但是合同消灭的方式是多种多样的，所涉及的问题也是多种多样的，所以，合同准据法的适用并不是绝对的。

合同准据法的确定是国际合同法律适用的核心问题。目前主要有以下几项原则：

1. 当事人意思自治原则

当事人意思自治原则，是指根据合同当事人双方共同的意思表示来确定合同准据法的一项法律适用原则。它是由16世纪的法国学者杜摩兰提出来的，目前是解决合同法律适用问题的首要原则。

（1）当事人意思自治的限制。早在当事人意思自治的观念产生之时，杜摩兰就指出，那些具有强制性的习惯，是不能依当事人的意图被排除适用的。在后来的发展过程中，对当事人意思自治的限制，不仅成为人们的共识，而且成为各国的普遍实践。[①] 这主要表现在以下几个方面：

第一，强制性规则。一般说来，强制性规则，又称"直接适用的法"或"警察法"，是指那些不允许当事人通过协议加以贬损或毁弃的法律规则。其特点是，不需要经过冲突规范的援引或当事人的选择便可直接予以适用，并且其所调整的法律关系必须予以适用。

当事人不能通过选择法律排除原应适用于合同的强制性规则的效力，也不能选择与原应适用的强制性规则相违背的法律，这可以说是杜摩兰创设的"祖训"，并为后来的萨维尼等学者所承袭。各国立法大多对此作出了明确规定。20世纪70年代以来，强制性规则较多地被用于保护消费者、受雇人等弱势当事人利益的场合。

第二，公共秩序保留。运用公共秩序保留制度限制当事人意思自治是各国的通行做法。它要求当事人所选择的法律在内容或适用的结果上不得违反有关国家的公共秩序，否则便不予适用。公共秩序保留虽因公共秩序的内容难以把

[①] 吕岩峰：《当事人意思自治原则内涵探析——再论当事人意思自治原则》，《吉林大学社会科学学报》1998年第1期。

握而在适用上颇有不便，但它确实是维护有关国家的基本利益和基本政策的有力工具，因而为各国立法和判例所普遍采纳。

第三，实际联系。当事人可否选择任何国家的法律而不论该法律是否与合同存在某种联系，这是一个有争议的问题。有人主张，法律选择以当事人的合意为转移，此外不应受任何限制。这种观点起初在英国最为流行，其出发点在于扩大英国法的适用范围。但后来，为了防止当事人规避英国法律，也开始主张当事人的选择应在与合同存在某种联系的法律的范围内进行。美国是很重视实际联系的限制的。根据美国《第二次冲突法重述》第187条第2款，只有在所选择的法律与当事人或交易有"实质性联系"（substantial relationship）或其他"合理依据"（reasonable basis）的前提下，当事人的选择才会得到确认。从现代各国的立法和判例来看，多数国家都主张当事人的法律选择应限定在与合同有实际联系的法律的范围之内。

第四，特殊合同。尽管当事人意思自治原则已经被普遍接受，但在某些特殊的合同领域，仍然必须针对其特殊性，遵从某种政策导向，确定特殊的冲突原则，以便实现对这些特殊合同的适当调整。这意味着，在这些特殊的合同领域，当事人意思自治原则未必是法律适用的首要原则，有时甚至是被排除适用的。例如，有关不动产的合同，一般都规定适用不动产所在地国家的法律；关于消费者合同和雇佣合同，一般都规定当事人选择法律的结果不得违反特定法律中所包含的保护消费者或受雇者的强行性规定。

（2）当事人意思自治原则的运用。这主要表现在以下几个方面：

第一，当事人选择法律的时间。关于当事人选择法律的时间，一般认为既可以在订立合同当时选择，也可以在订立合同之后选择。新近的国际公约和国内立法都表明，多数国家反对对当事人选择法律的时间加以限制，而允许当事人在合同订立后选择法律，甚至可以改变原来的选择。不过，无论在理论上还是在实践中，人们都主张，当事人在缔约后选择法律或者变更其选择的法律，均不得使合同归于无效或使第三人的利益受到损害。但是，也有人主张当事人只能在缔约时选择法律，并且一经选择即不得变更，如需变更，则必须订立新的合同。

第二，当事人选择法律的方式。当事人选择法律的方式主要有明示和默示两种。前者是指当事人通过语言文字明确表达出来选择法律的意图；后者是指通过合同的具体情况表现出来当事人选择法律的意图。对于明示选择，因其意思表达明确清楚而为采用当事人意思自治原则的国家普遍接受。但对默示选择，因其不易确定，各国有着不同的态度。少数国家，如土耳其、尼日利亚、秘鲁、中国等不承认默示选择。多数国家和有关的国际公约则承认默示选择，如英国、德国、法国、奥地利、瑞士等国及 1980 年欧洲经济共同体《关于合同债务的法律适用公约》、1985 年《国际货物销售合同法律适用公约》等。

当事人默示选择的法律须经过法院或仲裁机构的推定才能确认。一般说来，用作推定的依据的主要有如下几种情况：合同中关于诉讼或仲裁地点的条款；合同使用的文字；合同中的特殊术语；合同的格式；合同或其争议的性质；合同的有效性；等等。在不同的国家，推定默示选择的依据是有差异的。

第三，当事人所选择法律的性质。当事人所选择的法律应是一国的实体法，而不包括该国的冲突法。这一点为多数国家的立法和有关的国际公约所确认。因此，在采用当事人意思自治原则的场合，反致制度是被排除的。当事人意思自治的本意就是由当事人自己选择调整他们之间合同关系的法律，从而使他们之间的权利义务状况具有可预见性和确定性，使他们的合法利益得到他们所期待的法律的保护。如果把冲突法也包括在当事人所选择的法律的范围内，无疑会严重妨碍这一目标的实现。所以，当事人选择的法律只应是实体法。

2. 客观标志原则

所谓客观标志原则，是指根据与合同有着某种联系的客观因素来确定最适合解决合同的成立和效力问题的法律的一项法律适用原则。在当今世界，大多数国家都是把客观标志原则作为对当事人意思自治原则的补充而加以运用的。前述合同法律适用的"客观论"，就是这一法律适用原则的理论依据。持有这种主张的人认为，合同关系是与一定的场所相联系的，而合同关系最集中地被定位（或称被"地域化"或"场所化"，localized）的地方，则是合同的自然场所（natural seat），合同的成立和效力问题便应受该地的法律支配。

但是，人们对于合同的自然场所的认识是很不相同的。从各国的立法和司法实践来看，根据客观标志原则确定的合同准据法主要是指：合同缔结地法；合同履行地法；当事人的共同本国法；当事人住所地法；物之所在地法；旗国法或登记地法。

综观各国实践，依据客观标志原则确定合同准据法大致有两种模式：(1) 规定统一标志,对各种合同采用同一冲突规则;(2)区别不同情况或合同的不同性质和种类,分别确定不同的标志和不同的冲突规则。不过,对于有关不动产、船舶和飞机等运输工具的合同,往往都单独规定特殊的冲突规则。

3. 最密切联系原则

最早运用最密切联系原则的是合同领域。但是,即使在这个领域,人们对于最密切联系原则的理解也是不一致的。一般认为,所谓最密切联系原则,是指以同某种法律关系有着最密切联系为根据来确定该法律关系的准据法的一项法律适用原则。按照最密切联系原则,合同应适用的法律应是合同在经济意义或其他社会意义上集中定位的国家的法律,该国的法律即与合同有着最密切联系的法律。

运用最密切联系原则的关键是确定"最密切联系地",这也是在理论上和实践中都颇为棘手的问题。在理论上,有的学者主张,应依据"数量标准"确定最密切联系地,即在与合同有关的诸种因素中,如果有较多的因素集中于某地,那么该地即合同的最密切联系地。另有学者则主张,应依据"质量标准"确定最密切联系地,即在各种联系因素中,对于解决特定问题有着最重要意义的因素的所属地为最密切联系地。本书认为,依据质量标准确定最密切联系地较符合最密切联系原则的本意。但对这个标准的具体把握仍然是一个复杂的问题。在实践中,后来的国际私法立法或司法实践大都采用"特征履行方法"来确定双务合同的最密切联系地。奥地利、德国、瑞士和中国等国如此,1980年欧洲经济共同体《关于合同债务的法律适用公约》、1985年《国际货物销售合同法律适用公约》等国际公约也如此。

4. 特征履行方法

特征履行方法来源于瑞士学者施尼策尔创立的"特征履行说"(doctrine of characteristic performance)。他认为,在双务合同中,当事人双方各须向对方履行义务,其中一方的义务通常是交付物品、提供劳务等,而另一方的义务则通常是支付金钱。在这两种履行中,交付物品、提供劳务等非金钱履行为特征履行,因为它们体现了该合同的特征。合同准据法应是承担特征履行义务的一方当事人的住所地法或惯常居所地法;如果该当事人有营业所,则应是其营业所所在地法。[①]

[①] 李浩培:《合同准据法的历史发展》,《李浩培文选》,法律出版社2000年版,第210页。

特征履行方法也是对当事人意思自治原则的一种补充，解决在当事人没有选择法律的情况下如何确定合同准据法的问题。不过，在实际运用中，它往往是确定客观标志和最密切联系地的一种方法。

在立法上，对特征履行方法的规定主要有两种方式：（1）在当事人没有选择法律的情况下，把合同按其性质和种类加以划分，根据特征履行方法分别确定各种合同应适用的法律。这种方式可以视为确定客观标志的一种方法。（2）在当事人没有选择法律的情况下，根据最密切联系原则确定合同准据法，并依特征履行方法确定最密切联系地。

特征履行方法正在被越来越多的立法和司法实践所采用。但对这种方法本身，仍然存在着一些争议。首先，对于如何确定合同一方的履行为特征履行，有人主张凡非支付金钱、价款的一方当事人的履行均为特征履行；另有人则主张应从社会的、经济的和法律的角度进行综合判断，以最具实质意义的履行为特征履行。其次，在解决了何方的履行为特征履行的问题之后，还须明了究竟应以何种场所因素连结准据法的问题。对此，有人主张以特征履行方的住所地或惯常居所地为连结因素；也有人主张以特征履行方的营业所或管理中心所在地为连结因素；还有人主张以特征履行的行为地为连结因素。上述各种主张都有其合理性，各国的立法和司法实践做法不一。

5. 合同适当法（the proper law of the contract）

对于英国国际私法中所特有的 proper law 这个术语，韩德培教授译为"自体法"，李双元教授译为"特有法"，本书把它译为"适当法"。① 在英国，合同适当法经历了以当事人意思自治原则为内容的"主观论"时期和以强调最密切联系原则为特征的"客观论"时期，目前正处于以当事人意思自治原则为主、以最密切联系原则为辅的"现代论"时期。根据《戴西和莫里斯论冲突法》第 10 版第 145 条规则的阐述，"合同适当法"是指当事人意欲适用于合同的法律；在当事人的意思没有表达出来，也不能从情况中推定出来的场合，是指与交易有最密切和最真实联系的法律。显而易见，合同适当法汲取了合同法律适用历史发展过程中的全部精华并且使之有机结合，它所确立的合同法律适用原则，既符合合同关系的本质属性，又符合国际经济生活的客观情况，因而在国际社会有着广泛的影响，被许多国际国内立法所采纳。

---

① 吕岩峰：《英国"适当法理论"之研究》，《吉林大学社会科学学报》1992 年第 5 期。

(二) 合同形式与缔约能力的法律适用

合同形式与缔约能力是合同关系中两个具有相对独立性的问题。在采用分割论解决合同法律适用问题的时候，通常就是将合同形式、合同当事人的缔约能力、合同的成立与效力等三个方面分割开来，分别确定不同的法律适用原则。

1. 合同形式

合同形式是当事人订立合同的意思表示的方式，它决定着合同的形式有效性问题。各国法律对合同形式都有一定的要求，合同只有符合法定的要求，在形式上才具有效力。合同形式基本上可以分为口头形式与书面形式两种。根据法律规定或当事人约定，有些合同需要鉴证、公证、登记或批准，这些合同属于特殊形式的书面合同。由于各国法律对合同形式的规定不同，并且对相同合同形式的具体要求也不同，所以在跨国合同关系中就会发生合同形式效力的法律冲突问题。

就传统而言，根据"场所支配行为"原则，各国理论和实践大都赞成以行为地法作为解决行为方式问题的准据法，因而在合同形式问题上，主张依据缔约地法。这种制度来源于罗马时代。当时商品经济尚不发达，人们最关心的是交易的安全，而不是交易的迅捷，并且合同的种类很少，因而可以要求所有合同都采取一定的形式，即缔约地法所规定的形式。后来，随着商品经济的发展及其在全球范围的膨胀，加上交通通信的发达、合同种类的增多，商品交易的迅捷与简便成为人们关心的问题，因而对合同形式方面的要求也趋于宽缓。反映在法律适用问题上，就是不再拘泥于缔约地法，也可以采用其他法律适用原则，并且往往采用选择适用的冲突规范作出规定，以尽量使合同在形式上具有合法效力。目前，比较普遍的做法是采取选择适用合同准据法或缔约地法的原则。

2. 缔约能力

缔约能力，是指合同当事人订立和履行合同的行为能力。各国法律通常都规定，未成年人和禁治产人没有缔约能力或只有受限制的缔约能力。由于各国法律确定成年年龄和禁治产人的标准不同，在涉外合同当事人的缔约能力问题上便会发生法律冲突。对缔约能力法律冲突的解决，一般采取以下原则：

第一，当事人属人法。属人法是支配当事人能力的一般原则，也是解决合同当事人缔约能力法律冲突的基本原则。早在14世纪，巴托鲁斯就提出缔约能力依当事人所属城邦的法律。后来，缔约能力依当事人属人法原则在国际私法理论和实践上得到了普遍承认。其理由主要在于，人的能力原本是由其属人法规定的。但是，在商业交易领域，当属人法与行为地法对当事人能力的规定不一致的时候，完全依据属人法来确定当事人的缔约能力有时会严重影响交易的安全，甚至会使缔约地的善意当事人蒙受损失。

第二，当事人属人法或合同缔结地法。最早把这一主张规定在成文法中的是1794年《普鲁士邦一般法典》。该法典规定，如果一个外国人在普鲁士缔结合同，而且标的物位于普鲁士，只要其依住所地法或缔约地法有缔约能力，就应该认为其有缔约能力。以后，许多国家的立法都采纳了这种主张，并逐渐成为国际社会的普遍实践。

第三，合同准据法或当事人属人法。近年来，在理论和实践上也有主张对缔约能力适用合同准据法或当事人属人法的，这主要是英美国家的做法。1971年美国《第二次冲突法重述》第198条即如此规定。戴西和莫里斯也认为，个人订立合同的能力，受与该合同有最密切联系的法律或者他的住所及居所地法律支配。① 不过，在这里，当事人属人法的地位显然有所下降。而戚希尔和诺思则力主适用合同准据法，但他们认为这应以合同准据法与合同有着重要联系为条件。②

此外，应予提及的是，许多国家对有关不动产的合同主张依据不动产所在地法确定当事人的缔约能力，如1938年泰国《法律冲突法》第10条第2款规定："对于不动产的法律行为的能力，依不动产所在地法。"

三、中国涉外合同法律适用的一般规定

在中国涉外法律法规体系中，有关涉外合同的立法和司法解释是最为领先、最为活跃和最为完备的。自从20世纪80年代以来，关于涉外合同的法律适用经历了频繁的立改废，由个别条款到单行法规，由专门立法到统一立法，蔚为大观，从一个侧面反映了中国改革开放和法制建设的进程。③ 根据《涉外民事关系法律适用法》和《涉外民事关系法律适用法解释（一）》，可以归纳

---

① ［英］J. H. C. 莫里斯主编：《戴西和莫里斯论冲突法》（下），李双元等译，中国大百科全书出版社1988年版，第1140页。
② 李双元：《国际私法（冲突法篇）》，武汉大学出版社1987年版，第369—370页。
③ 吕岩峰主编：《国际私法学教程》（第二版），吉林大学出版社2014年版，第181—189页。

出中国涉外合同法律适用的一般规定。

《涉外民事关系法律适用法》第 41 条规定:"当事人可以协议选择合同适用的法律。当事人没有选择的,适用履行义务最能体现该合同特征的一方当事人经常居所地法律或者其他与该合同有最密切联系的法律。"根据这一条的规定,涉外合同应依据当事人意思自治原则、特征履行方法以及最密切联系原则解决法律适用问题。《涉外民事关系法律适用法解释(一)》对《涉外民事关系法律适用法》的一般性问题作出了解释,其规定也适用于涉外合同法律适用的有关问题。

(一) 当事人意思自治原则的适用

同大多数国家一样,中国也把当事人意思自治原则作为合同法律适用的首要原则,但在对这一原则的具体运用上,中国又有着自己的特点。

1. 法律选择的方式

《涉外民事关系法律适用法》第 41 条规定的"可以协议选择"表明该法只承认明示选择,这与该法第 3 条的一般规定是一致的。"协议"既可以是书面的,也可以是口头的。司法实践中存在一种特殊情况,即当事人并没有以书面或者口头等明确的方式对适用法律作出选择,但在诉讼过程中,各方当事人均援引相同国家的法律且均未对法律适用问题提出异议。为此,《涉外民事关系法律适用法解释(一)》第 6 条第 2 款规定:"各方当事人援引相同国家的法律且未提出法律适用异议的,人民法院可以认定当事人已经就涉外民事关系适用的法律做出了选择。"

2. 法律选择的时间

《涉外民事关系法律适用法解释(一)》第 6 条第 1 款规定:"当事人在一审法庭辩论终结前协议选择或者变更选择适用的法律的,人民法院应予准许。"实践中,当事人对于应适用的法律往往要经过辩论才能达成共识,因而对法律选择的时间作这样宽松的规定既尊重了当事人的权利,也有利于案件的审理。

3. 法律选择的限制

从根本上来说,当事人选择法律的权利来源于法律的授予或允准,在法律没有授权的场合,当事人是不能径行选择适用的法律的,这是对法律选择的根本性限制。因此,《涉外民事关系法律适用法》第 3 条规定,当事人"依照法律规定"可以明示选择涉外民事关系适用的法律。《涉外民事关系法律适用法解释(一)》第 4 条又以反证的方式对此作出明确阐释:"中华人民共和国法律没有明确规定当事人可以选择涉外民事关系适用的法律，当事人选择适用法律的，人民法院应认定该选择无效。"① 根据《民法典》第 467 条第 2 款的规定，在中华人民共和国境内履行的中外合资经营企业合同、中外合作经营企业合同、中外合作勘探开发自然资源合同，适用中华人民共和国法律。根据《涉外民事关系法律适用法》第 42 条和第 43 条的规定，消费合同、劳动合同也不适用当事人意思自治原则。②

4. 法律选择的范围

关于当事人选择法律的范围，分歧主要集中在所选择的法律是否应当与系争的涉外民事关系"有实际联系"这个问题上。中国相关立法对此都没有明确规定，但在司法实践中却经常遇到这个问题。因此，《涉外民事关系法律适用法解释（一）》第 5 条规定："一方当事人以双方协议选择的法律与系争的涉外民事关系没有实际联系为由主张选择无效的，人民法院不予支持。"这意味着中国不要求所选择的法律与系争的涉外民事关系"有实际联系"。

此外，根据该司法解释第 7 条的规定，当事人在合同中援引尚未对中华人民共和国生效的国际条约的，人民法院可以根据该国际条约的内容确定当事人之间的权利义务，但违反中华人民共和国社会公共利益或中华人民共和国法律、行政法规强制性规定的除外。

（二）最密切联系原则的适用

中国《海商法》第 269 条、《民用航空法》第 188 条都有这样的规定：当事人没有选择的，适用与合同有最密切联系的国家的法律。《涉外民事关系法

---

① 按照《民法通则》（已废止）和《合同法》（已废止）的规定，涉外合同属于当事人可以选择适用的法律的涉外民事关系，但同时又规定"法律另有规定的除外"。这表明对某些特殊合同，中国法律可以直接规定其适用的法律，而不允许当事人自己选择合同适用的法律，从而排除了当事人的意思自治，这是对法律选择的另一种限制。

② 2007 年《最高人民法院关于审理涉外民事或商事合同纠纷案件法律适用若干问题的规定》（已废止）第 8 条规定，中外合资经营企业、中外合作经营企业、外商独资企业股份转让合同，外国自然人、法人或者其他组织承包经营在中华人民共和国领域内设立的中外合资经营企业、中外合作经营企业的合同，外国自然人、法人或者其他组织购买中华人民共和国领域内的非外商投资企业股东的股权的合同，外国自然人、法人或者其他组织认购中华人民共和国领域内的非外商投资有限责任公司或者股份有限公司增资的合同，外国自然人、法人或者其他组织购买中华人民共和国领域内的非外商投资企业资产的合同，应适用中华人民共和国法律。2014 年修订的《外资企业法实施细则》（已废止）第 81 条规定，外资企业与其他公司、企业或者经济组织以及个人签订合同，适用中国《合同法》。1987 年《中国银行对外商投资企业贷款办法》（已废止）第 25 条规定，外商投资企业和中国银行所签订的借款合同及附件等法律文件也应当适用中国法律，但如果中国银行同意，也可以适用外国的法律。

律适用法》第 41 条则规定，当事人没有选择的，适用履行义务最能体现合同特征的一方当事人经常居所地法律或者其他与该合同有最密切联系的法律。这实质上是以立法的形式确认了以"特征履行"作为确定最密切联系地的基本标准。《涉外民事关系法律适用法》的这种规定也是对以往司法实践有关经验的总结、提炼和吸收。2007 年《最高人民法院关于审理涉外民事或商事合同纠纷案件法律适用若干问题的规定》（已废止）第 5 条第 2 款曾经明确规定："人民法院根据最密切联系原则确定合同争议应适用的法律时，应根据合同的特殊性质，以及某一方当事人履行的义务最能体现合同的本质特性等因素，确定与合同有最密切联系的国家或者地区的法律作为合同的准据法。"该司法解释还参考原《合同法》规定的合同类型列举了 17 类合同的最密切联系地法律：（1）买卖合同，适用合同订立时卖方住所地法；如果合同是在买方住所地谈判并订立的，或者合同明确规定卖方须在买方住所地履行交货义务的，适用买方住所地法。（2）来料加工、来件装配以及其他各种加工承揽合同，适用加工承揽人住所地法。（3）成套设备供应合同，适用设备安装地法。（4）不动产买卖、租赁或者抵押合同，适用不动产所在地法。（5）动产租赁合同，适用出租人住所地法。（6）动产质押合同，适用质权人住所地法。（7）借款合同，适用贷款人住所地法。（8）保险合同，适用保险人住所地法。（9）融资租赁合同，适用承租人住所地法。（10）建设工程合同，适用建设工程所在地法。（11）仓储、保管合同，适用仓储、保管人住所地法。（12）保证合同，适用保证人住所地法。（13）委托合同，适用受托人住所地法。（14）债券的发行、销售和转让合同，分别适用债券发行地法、债券销售地法和债券转让地法。（15）拍卖合同，适用拍卖举行地法。（16）行纪合同，适用行纪人住所地法。（17）居间合同，适用居间人住所地法。在作出上述列举后，该司法解释又明确指出："如果上述合同明显与另一国家或者地区有更密切联系的，适用该另一国家或者地区的法律。"《涉外民事关系法律适用法》采用"特征履行方"的"经常居所地"而非"住所地"作为最密切联系地，更能反映国际民商事活动的现实需求，也更符合"最密切联系地"的实际。

中国《民法通则》（已废止）第 145 条和《合同法》（已废止）第 126 条规定，当事人协议选择的或者人民法院按照最密切联系原则确定的法律是被用来处理合同争议的。合同争议一般应理解为包括合同的订立、合同的效力、合同的履行、合同的变更和转让、合同的终止以及违约责任等方面的争议。① 关于合同形式和当事人缔约能力问题，不适用上述原则。根据有关规定，中国的涉外合同应当采用书面形式。依据《涉外民事关系法律适用法》第 12 条的规定，当事人的缔约能力应适用当事人经常居所地法律，但依照缔约地法律为有缔约能力的，也可以适用缔约地法律。

第二节　特殊规则

国际合同的种类繁多，前述合同法律适用的一般规则，在多数场合对多数合同都是适用的，但是，也有个别合同，由于其自身的特点，不宜简单地适用一般规则。例如，劳动合同、消费合同在法律适用上往往渗透着保护弱方当事人利益的政策考量；投资合同并非单纯的当事人之间的合意，还需要经过国家政府的审查批准方可订立，因而这三种合同的法律适用都有某种特殊性。

一、劳动合同的法律适用

在涉外民商事领域，劳动合同与劳务合同并无明确严格的区分，其实际表现也复杂多样，一般是指以一方提供劳务、另一方支付报酬为主要内容的含有涉外因素的合同。

（一）劳动合同的法律适用原则

1. 当事人意思自治原则的限制适用

劳动合同的双方当事人在经济和社会地位上是不平等的，受雇者往往处于弱势，不能自由地表达自己的真实意思，因此各国在劳动合同的法律适用上大都对当事人意思自治原则加以限制。这种限制，主要表现为要求双方当事人选择适用的法律不得违反受雇者惯常工作地或雇主营业所所在地国家的法律中保护劳动者切身利益的强制性规定。例如，1986 年德国《民法典施行法》原第 30 条第 1 款规定："在雇佣合同中，当事人选择法律时不得取消原应适用于雇佣合同的法律中保护雇员的强制性规定。" 1991 年加拿大《魁北克民法典》原第

---

① 2007 年《最高人民法院关于审理涉外民事或商事合同纠纷案件法律适用若干问题的规定》（已废止）第 2 条。

3118 条第 1 款规定:"劳动合同当事人选择的准据法不得剥夺劳动者惯常完成工作地国强制性法律对其提供的保护,即使劳动者以某种临时身份被派往他国时亦应如此;如果劳动者通常并不仅在一国内完成其工作,则代之以雇方住所地或营业机构所在地国法。"斯洛文尼亚、保加利亚、土耳其等国晚近的国际私法立法也有类似规定。2008 年《罗马条例Ⅰ》第 8 条第 1 款规定,个人雇佣合同依当事人所选择的法律,但是这种法律选择的结果不得剥夺未进行法律选择时"应适用的法律中那些不得通过协议加以减损的强制性条款给雇员提供的保护"。

2. 最密切联系原则

在当事人没有作出法律选择时,通常依据最密切联系原则确定劳动合同应当适用的法律。例如,2005 年保加利亚《关于国际私法的法典》第 96 条第 2、3、4 款规定:"2. 未选择法律时,劳务合同依劳动者或者职员惯常从事劳动所在地国法,即使其暂时被派往另一国亦然。3. 如果劳动者或者职员并非总在同一个国家从事劳动,则适用雇主的惯常居所地国法或者主要事务所所在地国法。4. 在第 2 款和第 3 款所指情形下,如果总体情况表明,劳务合同与另一国有更密切联系,则适用该另一国法律。"1992 年《罗马尼亚关于调整国际私法关系的第 105 号法律》第 102 条曾规定:"若当事人没有其他协议,则适用于劳务合同的法律应是:(a)雇员根据合同惯常从事工作地国家的法律,即使他被暂时派往另一国;(b)如果根据工作性质雇员须在不同国家工作,则为招收雇员的企业营业所所在国法律;如果合同与另一国有更为密切的联系,则适用该另一国法律。"《罗马条例Ⅰ》第 8 条第 4 款规定:"如果整体情况表明,合同与本条第 2 款或第 3 款所指国家之外的另一国有更密切联系,则适用该另一国的法律。"这些规定表明,在当事人没有选择法律的情况下,应依最密切联系原则确定劳动合同的准据法,其中所谓的"惯常从事工作地国家的法律""雇主的惯常居所地国法"等,其实是立法者认定的最密切联系地法;而且规定在整体情况表明合同与另一国家有更加密切联系的场合,应适用该另一国家的法律,这种"兜底条款"更明确地揭示了立法者的本意。

3. 劳动者惯常工作地国家的法律

许多国家主张劳动合同适用劳动者惯常工作地国家的法律,因为它通常被认为是对劳动者有利的法律。原 1979 年匈牙利《关于国际私法的第 13 号法令》第 51 条第 1 款规定:"除法规另有规定外,劳动关系适用劳动所在地法。"

奥地利《关于国际私法的联邦法》原第 44 条第 1 款规定："雇佣契约依受雇人通常进行其工作的地点的国家的法律；受雇人如被派往他国工作地点，仍受该法支配。"瑞士《关于国际私法的联邦法》（2017 年文本）第 121 条第 1 款规定："劳动合同，适用劳动者通常进行劳动地方的国家的法律。"《罗马条例Ⅰ》第 8 条第 2 款也有类似内容，并且进一步规定，如果无惯常工作地国家，则由雇员为履行合同从事惯常工作的出发地国法律支配。雇员暂时性地受雇于另一国的，不得认为惯常工作地国家发生了变化。

4. 雇主的属人法或营业所所在国法律

原 1979 年匈牙利《关于国际私法的第 13 号法令》第 52 条第 1、2 款规定："根据劳动合同，如需在几个国家从事工作，劳动关系应适用雇主的属人法；如果匈牙利雇主的受雇人被派往国外或者长期在国外工作，其劳动关系应适用匈牙利法。"瑞士《关于国际私法的联邦法》（2017 年文本）第 121 条第 2 款规定："如果劳动者惯常在多个国家完成其工作，则劳动合同适用雇主的营业所所在国法律，或者雇主无营业所时，适用其住所地或惯常居所地国家的法律。"《罗马条例Ⅰ》第 8 条第 3 款规定："如果依照第 2 款不能确定应适用的法律，则合同由聘用该雇员的营业所所在地国法支配。"这样确定准据法，也是出于在相应情形下保护劳动者或雇员权益的考虑。但是，在经济全球化的背景下，加之跨国公司经营活动的特点，雇主的属人法和营业所的确定有着不同的标准，因而以之作为劳动合同准据法的连结点未必适当。

（二）中国立法关于涉外劳动合同法律适用的规定

中国《涉外民事关系法律适用法》第 43 条规定："劳动合同，适用劳动者工作地法律；难以确定劳动者工作地的，适用用人单位主营业地法律。劳务派遣，可以适用劳务派出地法律。"劳动合同是指用人单位与劳动者之间签订的由劳动者提供劳务，由用人单位支付劳动报酬的合同。中国在劳动合同的法律适用上排除了当事人意思自治原则，直接规定适用劳动者工作地法律，体现了保护弱方当事人权益的立场。在无法确定劳动者的工作地的情况下，适用用人单位主营业地法律，这与国际社会的一般实践是一致的。劳务派遣是劳务输出的一种主要方式，它通常通过不同国家的公司、企业之间签订劳务派遣合同来实现。对于劳务派遣合同，中国立法规定可以适用劳务派出地法律，这意味着，劳务派遣合同既可以与一般的劳动合同一样适用劳动者工作地法律或者用人单位主营业地法律，也可以适用劳务派出地法律，即劳务输出国法律。但是，对于劳动合同和劳务派遣，中国不适用当事人意思自治原则。

二、消费合同的法律适用

消费合同，以消费者为一方当事人，并以保护消费者合法权益为主旨，因此也被称为"消费者合同"。对于消费合同的界定，以如何理解"消费"和"消费者"为前提，对此，理论上和实践中都有着不同的主张。① 本书认为，消费合同是指消费者为购买用于其个人或家庭日常消费而非用于其职业、企业或商业活动的商品、服务或为此获得信贷而与经营者签订的合同。许多国家对消费合同的概念都通过立法予以明确。例如，《立陶宛共和国民法典》（2011年文本）第1.39条第1款规定："本条或者其他条款规定的消费合同，系指自然人（消费者）与商品或服务出售方（提供者）之间不是以消费者的职业或营业活动为目的，即以满足消费者个人、家庭需要或者家务需要为目的而缔结的有关交付商品或者提供服务的合同。"根据瑞士《关于国际私法的联邦法》（2017年文本）第120条第1款的规定，消费合同是指基于专供消费者个人或家庭使用，与其职业或商务活动无关的日常消费给付所形成的合同。在有关国际公约中也有关于消费合同的界定。根据1980年欧洲经济共同体《关于合同债务的法律适用公约》第5条第1款规定，消费合同是指"以向个人（消费者）提供货物或劳务为目的的合同，而此项货物或劳务系可被认为非供其用于行业或职业用途者，或为上述目的而提供信贷的合同"。

（一）消费合同的法律适用原则

1. 当事人意思自治原则的限制适用

消费合同也可以适用当事人意思自治原则，但是出于保护消费者权益的考虑，各国大都对消费合同有限制地适用当事人意思自治原则。这种限制主要表现在：

第一，将当事人意思自治原则排除于消费合同法律适用之外。如瑞士《关于国际私法的联邦法》（2017年文本）第120条规定，消费合同不允许当事人自行选择所适用的法律。

第二，要求所选择的法律不得违背原应适用的法律中有关保护消费者权益的强制性规定。例如，2014年《俄罗斯联邦民法典》第1212条第1款规定：

---

① 李双元等编著：《中国国际私法通论》，法律出版社1996年版，第376—378页。

"对合同准据法所做的选择不得剥夺该自然人（消费者）住所地国法中的强制性规范为其权利所提供的保护。"《罗马条例Ⅰ》第6条第2款规定："……当事人可根据第3条规定选择应适用的法律。但此种选择的结果，不得剥夺未选择法律时依照第1款本应适用的法律中不能通过协议加以减损的强制性条款给予消费者提供的保护。"

第三，将准据法的选择权直接赋予消费者一方，并设定选择范围。例如，1999年生效的《哈萨克斯坦共和国民法典》第1118条规定："发生在消费者身上的与货物或服务的买卖有关的损害赔偿请求权，适用消费者选择的以下法律：（1）消费者住所所在地国法律；（2）产品生产者或服务提供者住所或居所地国法律；（3）消费者获得产品或服务所在地国法律。"

2. 消费者惯常居所地国法律

有些国家规定，在当事人未作法律选择时应适用消费者惯常居所地国法律。2005年保加利亚《关于国际私法的法典》第95条第3款规定："未选择准据法时，在第2款所指情况下订立的合同，适用消费者的惯常居所地国法。"《罗马条例Ⅰ》第6条第1款规定："在不影响第5条及第7条规定的情况下，自然人非出于商业或职业活动目的（消费者）而与从事商业或职业活动的另一方（专业营销人员）订立的合同，依消费者的惯常居所地国法，如果该专业营销人员：（a）在消费者的惯常居所地国从事其商业或职业活动；（b）通过某种手段，将此种活动指向了该国或者包括该国在内的多个国家，并且合同处于该活动范围之列。"有的国家规定，对消费合同不适用当事人意思自治原则，直接适用消费者惯常居所地国法律。瑞士即属于此类国家。

（二）中国立法关于涉外消费合同法律适用的规定

中国《涉外民事关系法律适用法》第42条规定："消费者合同，适用消费者经常居所地法律；消费者选择适用商品、服务提供地法律或者经营者在消费者经常居所地没有从事相关经营活动的，适用商品、服务提供地法律。"根据这一规定，中国对消费合同通常适用消费者经常居所地法律，但是，如果消费者选择适用商品、服务提供地法律，或者经营者在消费者经常居所地没有从事相关经营活动的，则适用商品、服务提供地法律。可以认为，中国立法中的"经常居所地"和其他国家立法中的"惯常居所地"的含义是相同的。中国立法在追求保护消费者合法权益的

拓展阅读

乌海市蒙港投资有限公司、内蒙古双欣能源化工有限公司等投资合同纠纷上诉案

同时，也注意平衡消费者和经营者之间的关系，寻求双方意志和利益的共同点，无论是在消费者选择的情况下适用商品、服务提供地法律，还是在经营者在消费者经常居所地没有从事相关经营活动的情况下适用商品、服务提供地法律，都体现了这种价值取向——这是一种适当而和谐的取向。

三、投资合同的法律适用

国际投资，按照投资方式可以分为直接投资和间接投资；按照投资主体可以分为私人投资和非私人投资。这里主要介绍国际私人直接投资合同的法律适用问题。

（一）国际私人直接投资合同的法律适用

国际私人直接投资合同是具有不同国籍或营业所在不同国家的当事人之间，为建立投资关系，就相互间的权利、义务达成的协议。国际私人直接投资合同虽属于私法性质的契约，在法律适用上却不同于一般的合同。

国际私人直接投资合同通常要依据东道国国内法订立，经东道国政府审查批准，并在东道国境内履行，与东道国的经济利益、社会发展乃至国家安全都有着十分密切的关系。因此，对于国际私人直接投资合同，各国普遍的做法是适用接受投资的东道国的法律。1999年《白俄罗斯共和国民法典》第1126条规定："成立具有外方参股的法人合同，适用该法人的成立地国法。"

（二）中国立法关于涉外私人直接投资合同法律适用的规定

中国立法对涉外私人直接投资合同的法律适用问题，采取与国际社会普遍实践一致的做法，即主张适用东道国法律，不适用当事人意思自治原则。《民法典》第467条第2款规定："在中华人民共和国境内履行的中外合资经营企业合同、中外合作经营企业合同、中外合作勘探开发自然资源合同，适用中华人民共和国法律。"这一款内容表明，在中国境内履行的外商投资企业合同适用中国法律，而不适用当事人意思自治原则，也可以认为体现了最密切联系原则的精神。

思考题

1. 怎样认识国际合同的国际性？
2. 如何评价国际合同法律适用的理论分歧？

3. 如何理解合同法律适用中当事人意思自治原则和最密切联系原则及其相互关系?
4. 如何解决特殊合同的法律适用问题?

▶ 自测习题

第十一章 侵　　权

　　自 20 世纪初始，随着科学技术的进步和运输工具的发达，不同国家间的交流日益频繁，各种类型的跨国侵权案件也与日俱增。传统的法律适用理论及规则在实践中显得机械和呆板，缺乏适度的灵活性，无法满足实质公正的要求。早在 20 世纪 30 年代，美国国际私法学界就以侵权领域作为突破口，掀起了对传统国际私法规则进行全面改革的运动（或称革命）。因此可以说，侵权法律适用问题成了当代国际私法学界最热衷研究的重要课题之一。党的十八届四中全会要求强化涉外法律服务工作，维护我国公民、法人在海外及外国公民、法人在我国的正当权益；党的十九大要求推动形成全面开放的新格局，中外交往也将会发展到新的阶段。因此，在新形势下，涉外侵权问题将会得到越来越多的重视。通过对本章的学习，应重点掌握一般侵权法律适用理论和规则及其新发展，以及中国法律的一般规定和特殊侵权领域的特别规定。

第一节　一般原理

一、侵权法律适用的理论与方法

　　与其他法律领域一样，侵权法律适用也随着历史的发展而不断进步和完善。就法律适用的理论和方法而言，其发展历程大致可以分为以下三个阶段。

　　（一）传统理论："侵权行为地法说"与"法院地法说"的博弈

　　就涉外侵权法律适用而言，早在 13 世纪时，巴托鲁斯在创设"法则区别说"时就主张，作为一种法律行为，侵权行为应受"场所"支配，即受侵权行为地法支配。此后，侵权适用"侵权行为地法说"成为世界各国普遍接受的一种确定涉外侵权准据法的无可撼动的最基本理论。在多数学者看来，之所以要适用侵权行为地法，是因为：首先，此种债的发生是基于法律的权威，而非债权债务人的意思，法律要求行为人应当预见其行为的后果；其次，规定行为人承担责任，旨在保证每个人的权利平衡，而此种平衡被打破，恰好是责任人在行为地的侵权行为所致；再次，行为地的公共秩序也要求依当地法律追究行为人的责任;最后,适用侵权行为地法也易于查明事实的性质和确定法律上的责任。① 英美法系学者多依据"既得权说"或者"国际礼让说"论证适用侵权行为地法的合理性。②

然而,在19世纪中期,以德国国际私法学者韦希特尔为代表的一些学者提出了"法院地法说",试图挑战"侵权行为地法说"的权威。他们总结出所谓的"三项指导原则":法院地法明确规定了准据法的,法院必须遵循之;若无明确规定,法官在面对法律冲突问题时应当分析法院地法,依其"精神",确定是否必须被解释为应当适用,即使该案含有涉外因素;若经上述分析后,准据法仍有异议,法官则应当按照有利于法院地法的方式加以解决。③ 现代国际私法多边主义奠基人萨维尼在其1849年出版的《现代罗马法体系》第八卷中也从分析法律关系入手,认为侵权行为的责任与犯罪责任非常接近,而且侵权法律责任跟法院地的公共秩序有密切关系,因此侵权关系的本座在法院地,只宜适用法院地法。④

尽管"法院地法说"产生了一定影响,但由于其体现了过于保守的法律属地主义思想,且在实践中存在容易诱导原告挑选法院等弊端,一直为多数国家和学者所诟病。因此,在与"侵权行为地法说"的博弈中,"法院地法说"未能占得先机。长期以来,涉外侵权法律适用领域一直波澜不惊。过去,涉外侵权案件的法律选择问题显然被认为是无足轻重的:斯托里几乎没有谈及这一问题,萨维尼也不愿在侵权领域耗费时间。⑤ 故此,"侵权行为地法说"一直占主导地位。⑥

---

① [法] 亨利·巴迪福:《国际私法各论》,曾陈明汝译述,正中书局1979年版,第255页。转自李双元等:《中国国际私法通论》(第三版),法律出版社2007年版,第397页。
② 美国学者比尔编撰的《冲突法重述》第1288条规定,除非依某一法律,原告享有侵权所指诉因,否则,他不可能寻求侵权损害赔偿;只有侵权发生地的法律才能授予这一诉因。这一地点系损害事件发生地,该地法律因而应适用之。转引自 [美] 弗里德里希·K. 荣格:《法律选择与涉外司法(特别版)》,霍政欣、徐妮娜译,北京大学出版社2007年版,第117页。
③ [美] 弗里德里希·K. 荣格:《法律选择与涉外司法(特别版)》,霍政欣、徐妮娜译,北京大学出版社2007年版,第44页。
④ 马汉宝主编:《国际私法论文选辑》(上),五南图书出版公司1984年版,第73页。转引自李双元等:《中国国际私法通论》(第三版),法律出版社2007年版,第400页。
⑤ [美] 弗里德里希·K. 荣格:《法律选择与涉外司法(特别版)》,霍政欣、徐妮娜译,北京大学出版社2007年版,第65页。
⑥ 柯泽东:《国际私法新境界——国际私法专论》,元照出版公司2006年版,第187页。

（二）美国冲突法革命：对传统理论的扬弃

"侵权行为地法说"之所以受到多数国家和学者的青睐，主要是因为它具有简便性、稳定性和可预见性以及能有效避免挑选法院的优点。但是，进入 20 世纪以后，尤其是 20 世纪后半叶至今，随着科学技术的进步和经济的发展，经济全球化浪潮日渐高涨，体现出一股不可阻挡的趋势，跨国侵权不仅在数量上急剧增加，且呈现越来越复杂的趋势。传统的这种以寻找侵权行为地的方式选择准据法的方法在现代条件下凸显出机械、僵硬、盲目、偶然乃至不能保障个案公正等诸多弊端。自 20 世纪 40、50 年代始，受兴起的社会法学思潮的影响，以美国为代表的国际私法学界和司法界掀起了一场以批判传统理论（方法）、创立和实践新理论为主要内容的冲突法革命（或称变革）。法学家们纷纷撰文批判传统，创立新说，在不到半个世纪的时间里，就创立了种种所谓追求更加"现代的""功能化的""尊重国家利益的""保障个案公正的"和"灵活的"等新理论或方法。这些理论或方法试图通过分析法律背后的政策或相关法律公正与否来决定所要适用的法律。一时间，这些新方法似乎成了"灵丹妙药"，被认为不需要规则的帮助，甚至无须借助司法判例便能解决所有问题。[①] 与此同时，传统的"侵权行为地法说"似乎成为一种"恶魔"被打入"冷宫"。

然而短暂的实践之后，无论是法学家还是司法实践者都意识到，"新"并不等于进步，[②] 变革有时也可以把我们领向歧途：新理论（方法）过于抽象的公平正义概念使法官不知所措，造成司法极度混乱；过度灵活、标准不一的特点导致法律关系及其结果不确定；法院地法倾向使我们仿佛又回到了法律属地主义时代；等等。有学者认为，如同传统理论因过分强调稳定性和可预见性而失去灵活性和适应性，新理论由于过分追求灵活性和适应性致使法律所要求的稳定性和可预见性荡然无存。据资料显示，虽然美国联邦最高法院已明确抛弃传统理论，但在侵权领域仍有 10 个州坚持传统方法。[③] 天秤之上，稳定性和灵活性孰轻孰重，如何在二者中取得平衡，无疑是当代法学家面临的

---

① 李双元：《法律趋同化问题的哲学考察及其他》，湖南人民出版社 2006 年版，第 389 页。
② Phaedon John Kozyris, "Rome Ⅱ: Tort Conflicts on the Right Track! A Postscript to Symeonides' Missed Opportunity"（《罗马条例Ⅱ：侵权冲突在正确轨道上！西蒙尼德斯〈遗失的机遇〉后记》），56 *Am. J. Comp. L* 471 (2008).
③ Symeonides, "Choice of Law in the American Courts in 2003, Seventeenth Annual Survey"（《2003 年美国法院法律选择第 17 次年度调查》），52 *Am. J. Comp. L* 9 (2007).

最大挑战。①

（三）现代理论与方法：对传统理论进行软化处理

面对美国的这场革命，世界各国始终保持着冷静和谨慎的态度，传统理论已深深扎根于世界各国理念和实践之中。② 在它们看来，冲突法的根本仍在于选择哪一国的私法适用于跨国侵权纠纷，案件与相关国家之间的联系仍是选择法律的基础和根据。③ 但同时也意识到传统理论的固有缺陷，因此它们在坚守传统的"侵权行为地法说"这一基本理论的同时，对之进行了适当改良，亦即对传统规则进行了适当的软化处理。

1987年瑞士《关于国际私法的联邦法》仍坚持涉外侵权适用侵权行为实施地法，但同时又做了如下灵活处理：（1）侵权结果发生于另一国家，并且加害人应当预见结果发生的，则适用该另一国法律；（2）首次将当事人意思自治原则引入侵权领域，即允许当事人协议选择法院地法；（3）当事人双方在同一国家有惯常居所的，则适用他们共同惯常居所地法；（4）更有特点的是，如果侵权行为侵害当事人之间业已存在的法律关系，则应适用调整该法律关系的法律。另外，案件与瑞士《关于国际私法的联邦法》指定的法律之间的联系并不密切，而明显地与另一法律有更密切的联系的，可作为例外，不适用该法指定的法律。换言之，此种情形下，可以适用该具有更加密切联系的法律。此后，德国、法国等国家也都做了类似的改良。

几乎与美国冲突法革命同时，英国学者莫里斯于1951年在《哈佛法律评论》上发表《论侵权行为自体法》一文，提出了"侵权行为自体法说"，试图对传统规则进行改造。他将侵权行为地法、法院地法和当事人属人法加以糅合，主张建立一套更加广泛且富有弹性的规则，以供法院选择一个更加合适的法律——与侵权及其后果有最重要联系的法律。④ 这一理论在司法实践中的表现就是英国上议院审理的"博伊斯诉查普林"（*Boys v. Chaplin*）案。⑤ 在该案中，法官无意改变传统方法，而认为双方当事人均为英国公民，应当确认本案

---

① 陈隆修、许兆庆、林恩玮：《国际私法：选法理论之回顾与展望》，台湾财产法暨经济法研究协会2007年版，第81页。
② 赵相林主编：《国际私法》，中国政法大学出版社2005年版，第53页。
③ Alan Reed, "The Anglo-American Revolution in Tort Choice of Law Principles"（《英美侵权行为法律选择原则革命》），18 *Ariz. J Intl. & Camp Law* 867 (2001).
④ 肖永平：《英国的侵权行为自体法理论及其影响》，《外国法译评》1993年第4期。
⑤ A.C. 356 (1971).

侵权行为自体法为英国法，故应适用英国法。实际上，英国对传统规则进行的最具革命性质的改革要属英国《1995年国际私法（杂项规定）》。针对侵权行为，该规定采一般规则与替代规则相结合的方式，对传统规则进行改良。①

更值得一提的是，欧盟委员会在评估和总结美国现代方法和欧洲国家的立法经验基础上，于2007年通过了《罗马条例Ⅱ》。该条例将以与行为有关的连结点为主、与当事人有关的连结点为辅的做法作为法律选择的基本方法。该条例第4条第1款规定，除另有规定外，因侵权或不法行为产生的非契约义务适用损害发生地法律，而不论导致损害发生的行为发生于何国。可见，传统的侵权行为地法仍然作为一般规则被条例采纳。但该条例同时规定，如果双方当事人与同一国家存在联系（如国籍、住所或经常居所），则该连结点将优先适用。此外，该条例还规定了两个例外条款：（1）如果所有情形表明案件明显与另一个国家有着更加密切联系，则法院应适用该另一国家的法律；（2）允许当事人在侵权发生之后协商选择解决纠纷的法律。

综上，目前多数国家在侵权法律选择方面没有抛弃传统方法和理论，而通过以传统方法为基本规则，由一些新型的规则予以补充的方法给法律选择规则注入灵活性因素，以期在"稳定性、可预见性"和"灵活性、个案公正性"之间取得平衡。这些新型规则就是共同属人法、最密切联系原则、意思自治原则。

二、侵权法律适用的一般规则

如上文所述，美国冲突法革命批判的锋芒直指涉外侵权领域，自此各国理论界和实务界纷纷在涉外侵权法律适用领域进行了大量创新和尝试，对传统侵权行为地法进行了修正。自近代意义上的冲突法诞生至今，纵观各时期涉外侵权法律适用法的规定，可以概括为以下几种法律适用规则。

（一）侵权行为地法（lex loci delicti）

侵权行为适用侵权行为地法，这一系属公式在早期冲突法学者心中如同"不动产适用不动产所在地法"一样被奉为圭臬。早在巴托鲁斯时代，"侵权行为适用侵权行为地法"原则就得到了学者们广泛的认可。"场所支配行为"

---

① 李双元、欧福永、熊之才编：《国际私法教学参考资料选编》（上册），北京大学出版社2002年版，第406页。

(*locus regit actum doctrine*) 萌芽于中世纪宗教法学，在法则区别说时代，形成了合同履行地法、婚姻缔结地法以及侵权行为地法。

然而，随着现代科技、通信及交通技术的发展，侵权行为地法原则也凸显其不足：首先，一味地适用侵权行为地法显得过于机械、呆板和僵硬，很难保障案件公平和公正；其次，侵权行为地本身带有很大的偶然性，一味适用侵权行为地法不尽合理；最后，关于何为侵权行为地，各国认识并不一致，导致法律冲突不能被完全解决。对于侵权行为地的认定，各国的做法不同，大致有以下三种做法：(1) 以侵权行为实施地为侵权行为地。例如，《意大利民法典》(1978年文本) 第25条第2款规定，非合同之债，适用引起该非合同债的事实发生地法。(2) 以侵权结果发生地为侵权行为地。例如，2007年《罗马条例Ⅱ》第4条规定，除非本条例另行规定，由侵权或过失不法行为产生的非合同义务所适用的法律应当为损害发生地法律，而不管引起损害的事件发生在何国，也不管该事件的间接后果发生在任何一个或几个国家。(3) 侵权行为实施地和侵权结果发生地均可作为侵权行为地，由原告或者法院选择决定。

(二) 法院地法 (*lex fori*)

如前所述，侵权行为适用法院地法最早由德国国际私法学者韦希特尔提出，后得到萨维尼的支持。由于该规则存在固有缺陷，目前采取该规则的国家已为数不多。如果说法院地法规则在国际私法上仍发挥作用的话，那么一般采用重叠适用侵权行为地法和法院地法的混合做法。

在早期，受荷兰学派的影响，英国法院一直秉承主权优位理念，对发生在英国境内的侵权行为都适用英国法，即便涉案当事人为外国人亦如此。[1] 针对发生于英国境外的侵权行为，1870年菲利普斯诉埃尔 (*Phillips v. Eyre*) 案则确立了两项规则：(1) 该行为依英国法是可追诉 (actionable) 行为；(2) 依行为发生地法，该行为一定是不正当 (not justifiable) 的行为。[2] 这就是所谓的"双重可诉原则"。英国的这一做法后来为许多国家效仿。例如，中国《民法通则》第146条第2款曾规定，中华人民共和国法律不认为在中华人民共和国领域外发生的行为是侵权行为的，不作为侵权行为处理。又如，日本《法例》(1898年文本) 第11条规定，因无因管理、不当得利或侵权行为发生的债权的

---

[1] [英] J. H. C. 莫里斯主编：《戴西和莫里斯论冲突法》(下)，李双元等译，中国大百科全书出版社1998年版，第1372—1374页。

[2] J. G. Collier, *Conflict of Laws* (《冲突法》), 3rd ed., Cambridge University Press, 2001, p. 222.

成立及效力,依其原因事实发生地的法律。前款规定,不适用于在外国发生的事实依日本法律不为侵权的情形。另外在有些国家,在确定损害赔偿时,法院地法也同样发挥作用。比如,根据德国《民法典施行法》(2017年文本)第40条第3款,对于发生在国外的侵权行为,不得对德国公民提起比德国法律规定更高的赔偿要求。也就是说,加害人是外国人时,其损害赔偿适用侵权行为地法;但如果加害人为德国人,其损害赔偿不应超出德国法即法院地法规定的限额。

(三) 共同属人法

所谓共同属人法,是指如果当事人具有相同国籍,或者在同一个国家具有住所或者惯常居所,那么他们的国籍国法或住所地法或惯常居所地法即为他们的共同属人法。在各国立法例中,共同属人法在多数情况下是作为侵权行为地法的补充发挥作用的。例如,原1979年匈牙利《关于国际私法的第13号法令》第32条第3款规定,如果侵权行为人和受害人的住所在同一个国家,适用该国法。

由上述分析可知,学者们对侵权行为地法的抨击集中在适用侵权行为地法的合理性上。侵权行为地具有一定的偶然性,在一些案件中适用侵权行为地法可能带来不公正的结果。相反,当事人的共同国籍国、共同住所地国或者共同惯常居所地国一般与当事人有着更真实的联系;另外,侵权案件主要涉及经济赔偿,而赔偿额与一个国家的经济水平密切相关,采用共同属人法更能被当事人接受。因此,作为侵权行为地法的补充,共同属人法的存在具有一定的合理性。

(四) 最密切联系地法

侵权适用最密切联系地法源自莫里斯的"侵权行为自体法说"。莫里斯认为,与合同自体法不同,侵权行为自体法不存在当事人对准据法的选择,强调依据最密切联系原则确定侵权行为的准据法。从司法实践角度,美国1963年审理的"贝科克诉杰克逊"(*Babcock v. Jackson*)案可以说是采用最密切联系原则的具有里程碑意义的案例。该案中,富德法官判决认为,虽然侵权行为地在加拿大安大略省,但双方当事人均为纽约州居民,涉案汽车也在纽约州注册和购买保险,且纽约州既是旅行的出发地也是目的地,所有情形表明,本案与纽约州联系最为密切,故本案适用侵权行为地法——安大略省法律显然不妥,而应当适用纽约州法律。美国《第二次冲突法重述》(以下简称《重述》)的撰稿人里斯教授吸取了法院判例的思想，综合了各种学说，将最密切联系原则写入《重述》，并把它作为一项基本的法律选择原则贯穿整个《重述》①。就涉外侵权领域而言，《重述》第 145 条规定，当事人在侵权行为上的权利义务，适用与该事件及当事人有最密切联系的法律。在确定准据法时，应考虑以下连结因素：（1）损害发生地；（2）加害行为实施地；（3）当事人的住所、居所、国籍、公司成立地和营业地；（4）当事人之间有联系时其联系最集中的地方。在确定最密切联系地时，应重点考虑的不是连结点的多寡，而是其重要程度。

除美国外，最密切联系原则在其他许多国家新近立法中均有重要反映。原 1982 年《土耳其国际私法和国际诉讼程序法》第 25 条规定："非合同性的侵权行为之债，适用侵权行为实施地的法律。当侵权行为的实施地与侵权损害结果发生地位于不同国家时，适用损害结果发生地的法律。因侵权行为而产生的法律关系与他国有更密切联系的，则适用该国的法律。"奥地利《关于国际私法的联邦法》（2017 年文本）第 48 条第 2 款规定，如果当事人对于非契约损害赔偿权未选择准据法，则依构成此种损害的行为发生地国家的法律。但若所涉及的人均与另外一国家的法律有更密切联系，适用该国家的法律。《罗马条例Ⅱ》也有类似的规定。

（五）当事人选择法

当事人选择法规则即我们通常所说的意思自治原则，指涉外侵权关系当事人可以通过协商一致自由选择支配其侵权关系的法律。意思自治原则是私法理念的核心，它在本质上界定了私法与公法的区别："私法最重要的特点莫过于人自治或其自我发展的权利，它的核心是尊重当事人的自主意思。"② 所谓意思自治，是指人的意志可以依其自身的法则为自己创设权利义务，当事人的意志不仅是当事人权利义务的渊源，还是其发生的根据。③

当事人选择法规则或当事人意思自治原则原本是合同领域确定准据法的基石。但是在非合同领域，直到 20 世纪 30 年代，才有学者开始考虑应当允许当事人意思自治。此后，这一观点得到了大多数学者的支持。如瑞士国际私法学

---

① 肖永平、任明艳：《最密切联系原则对传统冲突规范的突破及"硬化"处理》，《河南司法警官职业学院学报》2003 年第 3 期。
② ［德］罗伯特·霍恩等：《德国民商法导论》，楚建译，中国大百科全书出版社 1996 年版，第 90 页。
③ 吕岩峰：《当事人意思自治论纲》，中国国际私法学会主办：《中国国际私法与比较法年刊》（第 2 卷），法律出版社 1999 年版，第 49 页。

家菲舍尔教授指出,在私法领域,如果当事人能通过协商自由地解决他们之间的纠纷,那么我们很难看出当事人不能享有选择准据法的自由。① 这些理论在各国立法和实践中,表现为意思自治原则在非合同领域的扩展。

长期以来,受古老的"场所支配行为"原则的影响,在侵权领域,对意思自治原则采取排斥的态度。人们在传统上认为侵权行为涉及侵权地的重大公共利益,其赔偿范围、种类、免责条件都是强制性的,因此侵权行为只能受侵权行为地法调整。但是随着国际民商事法律关系的复杂化和新的特殊侵权大量出现,侵权行为地法这一古老的规则越来越体现出其在适用中的局限性。因此,从 20 世纪下半叶开始,有越来越多的国家接受当事人选择法规则。

不过,从不同国家的法律规定看,各国对待这一规则的态度不尽一致。有些国家对当事人选择法律的权利加以适当限制,即只能选择法院地法。例如,瑞士《关于国际私法的联邦法》(2017 年文本)第 132 条明确指出,侵权行为发生后,当事人可以随时协商选择适用法院地法律。1998 年《突尼斯国际私法》第 71 条也规定,造成损害的原因事实发生之后,当事人可以协议选择适用法院地法,只要案件尚处于初审阶段。也有些国家则采取完全开放的政策,比如德国《民法典施行法》(2017 年文本)规定,非契约债权关系发生后,当事人可以选择应适用的法律。② 中国《涉外民事关系法律适用法》第 44 条也规定,侵权行为发生后,当事人协议选择适用法律的,按照其协议。在侵权领域允许当事人自行选择可以说是对传统的侵权法律适用规则的突破,为侵权行为的法律适用注入了新的活力。

三、中国涉外侵权法律适用的一般规定

拓展阅读
杨祖鋆、钱凤琴
生命权、健康权、身体权纠纷再审审查与审判监督案

如上文所述,现代涉外侵权法律适用一般规则均努力体现法律的灵活性和明确性的统一,在实质正义和冲突正义之间寻求一种平衡。现代各国涉外侵权立法均以此为宗旨,中国也不例外。

《涉外民事关系法律适用法》作为一项旨在明确

---

① 林文学、金永军:《论选择准据法中的意思自治原则》,《政法学习》1995 年第 1 期。
② See Jacob Dolinger, "Evolution of Principles for Resolving Conflicts in the Field of Contracts and Torts"(《合同与侵权领域冲突解决原则的演变》),*Recuil Descours*, vol. 283, 2000, p. 489.

涉外民事关系的法律适用的单行法,凭借其特有的开放性,充分借鉴和吸收了各国国际私法立法的先进经验和国际私法理论研究的最新成果,大大加速了中国涉外法律适用法现代化进程。该法中涉及涉外侵权法律适用一般规则的是第44条:"侵权责任,适用侵权行为地法律,但当事人有共同经常居所地的,适用共同经常居所地法律。侵权行为发生后,当事人协议选择适用法律的,按照其协议。"可以看出,中国涉外侵权法律适用一般规则糅合了侵权行为地法、共同属人法、当事人意思自治等规则或原则,努力在法律的明确性和灵活性中寻求平衡。

根据《涉外民事关系法律适用法》第44条,作为一般规则,涉外侵权适用侵权行为地法。关于如何适用侵权行为地法,参照以往的司法实践,侵权行为地法律包括侵权行为实施地法律和侵权结果发生地法律。两者不一致的,人民法院可以选择适用。作为侵权行为地法的例外情况,当事人有共同经常居所地的,则适用共同经常居所地法律。这样规定和目前各国主流做法并无二致。

前述《涉外民事关系法律适用法》第44条首次将意思自治原则引入中国涉外侵权法律适用领域。从该条最后一句可以看出:(1)当事人在选法的时间上是受限制的,即只能在侵权行为发生后才可以选择法律;(2)与一些国家法律授权受害者单方面选择法律的做法不同,该条要求受害者与行为人必须就法律适用问题达成一致;(3)该条没有就当事人可选择法律的范围作出限定,也就是说当事人可以随意选择任何第三国的法律;(4)当事人选择的法律适用于其侵权案件的所有方面,而不限于赔偿方面。

该条的确彰显了这部法律的开放性,但是这种做法也引起了争议:首先,一般而言,作为对立的双方,在侵权行为发生后,侵权行为当事人是很难就侵权行为应当适用的法律达成一致意见的,因此这样规定的实际意义能有多大尚待观察。其次,该条就当事人选法的范围和当事人所选择法律的调整范围没有任何限制,这种做法的合理性也是存疑的。比较各国在侵权领域引入意思自治的立法例,可以发现,各国均在引入意思自治原则的同时,又对其进行一定的限制。例如,一些国家引入意思自治原则的目的在于便利当事人诉讼以及扩大其本国法的适用,因此规定当事人的选择仅限于法院地法,如瑞士《关于国际私法的联邦法》(2017年文本)第132条就明确地指出,侵权行为发生后,当事人可以随时协商选择适用法院地法律。又如,从维护受害人角度考虑,很多国家立法授予受害人单方法律选择权，如《意大利国际私法制度改革法》第62条规定，受害方可以要求适用导致损害的行为发生地法律。再如，从保护第三人角度，德国《民法典施行法》（2017年文本）第42条规定，非合同之债据以产生的事件发生后，当事人可以选择应适用的法律，第三人的权利不受影响。本书认为，任何一项立法的背后均应当有一种利益和价值的考量，因此，该条授予当事人如此开放的意思自治的做法，其合理性和立法考量还有待在实践中进一步检验。

第二节 特殊规则

一、人格侵权的法律适用

人格权是社会个体生存和发展的基础，是整个法律体系中的一种基础性权利。人格权是指以主体依法固有的人格利益为客体，以维护和实现人格平等、人格尊严、人身自由为目标的权利。从人格权的性质来看，依一般的民法理论，人格权兼有自然权利和法定权利属性。综观各国的人格权立法，可以发现各国立法中的人格权有一共性，即所谓的人格权法定主义。因此，不难想象，受制于各国的发展水平和法律文化，各国法律中保护的人格权内容必然存在着巨大的差异。

对于涉外人格侵权的法律适用问题，各个国家和地区存在如下做法：

第一，直接适用一般侵权法律适用规则。这种情况大多因为这些国家没有就涉外人格侵权法律适用问题作出具体的规定。

第二，仅就人格权中的一项，即姓名权进行规定，对于人格权中的其他内容，如无特别规定，仍然适用一般侵权法律适用规则。例如，《俄罗斯联邦民法典》第1198条规定，自然人姓名权的使用和保护，适用该自然人的属人法，但本法典和其他法律另有规定的除外。奥地利《关于国际私法的联邦法》（2017年文本）第13条规定，人之姓名的使用，适用其当时的属人法，而不论其基于何种原因取得该姓名；姓名之保护，依侵权行为发生地法。瑞士《关于国际私法的联邦法》（2017年文本）第37条规定，当事人在瑞士有住所的，他的姓名问题适用瑞士法律。当事人在某一外国有住所的，他的姓名问题适用该国国际私法所指向的法律。在瑞士境内没有住所的瑞士人，也可以要求依瑞士法律调整其姓名问题。1996年《列支敦士登国际私法》第14条规定，自然人姓名的取得，适用其国籍国法；自然人姓名权的保护，适用侵权行为实施地法。

第三，仅规定媒体侵犯人格权的法律适用问题，如无特别规定，[①] 其他情况下侵犯人格权仍然适用一般侵权法律适用规则。例如，瑞士《关于国际私法的联邦法》（2017年文本）第139条第1款规定，因利用传播媒介，尤其是通过报刊、广播、电视或其他大众传播工具侵犯人格权而提出的损害赔偿请求，根据受害人的选择适用：（1）受害人的惯常居所地国家的法律；（2）加害人的主要营业机构所在地或惯常居所地国家的法律；（3）侵权结果发生地国家的法律。1992年《罗马尼亚关于调整国际私法关系的第105号法律》第112条曾规定，对于通过大众传媒进行的人身侵害，要求赔偿的权利适用受害人选择的以下法律：（1）受害人住所地或惯常居所地法律；（2）侵害结果发生地法律；（3）侵害人住所或者惯常居所地或其营业所所在地法律。美国《第二次冲突法重述》也有类似的规定。

第四，将涉外人格侵权法律适用问题分为人格权的内容和人格权的保护两个方面，分别进行规定。中国即采用此种立法例。《涉外民事关系法律适用法》第15条规定，人格权的内容，适用权利人经常居所地法律。而对于网络中人格权的保护问题，该法第46条规定，通过网络或者采用其他方式侵害姓名权、肖像权、名誉权、隐私权等人格权的，适用被侵权人经常居所地法律。原1979年匈牙利《关于国际私法的第13号法令》第10条规定，人的身份能力、行为能力、个人身份和人格权适用其属人法；因人格权受到侵犯而产生的请求权，适用损害发生地法，但如果匈牙利法律对受害人更有利，则适用匈牙利法。

第五，将涉外人格侵权的法律适用问题概括规定为适用该自然人的属人法。中国澳门特别行政区《民法典》第26（1）条规定，对于人格权之存在、保护以及对其行使时所施加之限制，适用其属人法。

二、网络侵权的法律适用

网络的全球性及其完全建立在虚拟的基础之上的特点，致使网络环境下的

[①] 瑞士《关于国际私法的联邦法》（2017年文本）对人格权中的姓名权单独作了规定，据此可以得出结论：在瑞士，除了姓名权、大众媒体侵犯姓名权以外，涉外人格侵权适用一般侵权的规定。

侵权行为对传统侵权行为的法律适用带来了巨大的挑战。在网络环境中，侵权行为地成为一个不确定的连结点，当事人的国籍、住所等连结点也不再具有实质意义，致使传统冲突法规则所追求的涉外民事关系与其准据法的地域联系不复存在或者不那么重要，这就决定了涉外网络侵权的法律适用具有特殊性。

在实践中，各国主要通过以下几种方法确定涉外网络侵权的法律适用问题：

第一，涉外网络侵权仍然适用一般侵权法律适用规则，但需对传统侵权行为地进行重新界定。由于网络环境具有虚拟性，很难从物理上将侵权行为地在网络环境中确定下来，因此有些国家在司法实践中试图重新界定侵权行为地，以便对网络侵权行为地确定具体操作标准。例如，中国《最高人民法院关于审理侵害信息网络传播权民事纠纷案件适用法律若干问题的规定》第15条规定："侵害信息网络传播权民事纠纷案件由侵权行为地或者被告住所地人民法院管辖。侵权行为地包括实施被诉侵权行为的网络服务器、计算机终端等设备所在地。侵权行为地和被告住所地均难以确定或者在境外的，原告发现侵权内容的计算机终端等设备所在地可以视为侵权行为地。"由此可以看出，在中国，涉及信息网络传播权侵权的案件，侵权行为地为实施被诉侵权行为的网络服务器、计算机终端等设备所在地。

第二，另辟蹊径，对涉外网络侵权单独规定符合其特点、易于确定的连结点。例如，中国《涉外民事关系法律适用法》第46条规定，通过网络或者采用其他方式侵害姓名权、肖像权、隐私权、名誉权等人格权的，适用被侵权人经常居所地法律。可以看出，从保护受害者和连结点易于确定的角度出发，在中国，涉外网络侵害人格权的，适用被侵权人经常居所地法律。

第三，利用符合网络特点的具有弹性、开放性的法律适用规则解决涉外网络的侵权问题，如单方意思自治原则、最密切联系原则等。例如，《罗马尼亚关于调整国际私法关系的第105号法律》第112条曾规定，对于通过大众传媒进行的人身侵害，要求赔偿的权利适用受害人选择的以下法律：（1）受害人住所地或惯常居所地法律；（2）侵害结果发生地法；（3）侵害人住所或者惯常居所地或其营业所所在地法律。事实上，在将最密切联系原则作为侵权法律适用规则的例外规定的立法中，在审理涉外网络侵权案件时，法院完全可以基于最密切联系原则综合考虑法院地法、受害人的属人法、行为人的属人法等，以便最后确定涉外网络侵权的法律适用问题。例如，1982年原《土耳其国际私法和国际诉讼程序法》第 25 条规定，非合同性的侵权行为之债，适用侵权行为实施地法律。当侵权行为实施地与损害结果发生地位于不同国家时，适用损害结果发生地法律。侵权行为产生的法律关系与他国有更为密切联系的，适用该国的法律。

三、产品责任的法律适用

产品责任（product liability）作为一种特殊的侵权行为之债，是指有瑕疵的产品，或没有正确说明用途或者使用方法的产品，致消费者或者使用者人身或财产损害的，产品的制造者或者销售者所应负的赔偿责任。"二战"以来，随着科技的进步、生产技术的革新，人们购买的商品的技术含量越来越高，这直接导致生产者或者销售者与消费者之间在信息的获取和经济地位方面的差距越来越大，各国开始在产品责任领域进行单独立法，以维护消费者的合法权益。因此，相对于传统的侵权领域，涉外产品责任法律规定具有更强的属地性，这也就造成了涉外产品责任领域的法律冲突更为严重。

综观各国的国内法，对于涉外产品责任，从保护受害人角度，多适用受害人所在地法律。例如，比利时《国际私法典》第 99 条第 2 款规定，生产商、进口商或供货商的产品责任适用损害结果发生时受害人惯常居所地国家的法律。

为提高涉外产品责任法律适用的灵活性，一些国家对冲突规范进行软化处理，在法律适用法中重叠或者选择适用多个连结点。例如，瑞士《关于国际私法的联邦法》（2017 年文本）第 135 条规定，因产品存在瑕疵或者缺陷而提出的索赔适用：（1）被告主要营业机构所在地或惯常居所地国家的法律；（2）取得产品的国家的法律，除非被告能够证明该产品通过商业渠道进入该国并未经过他的同意。因产品存在瑕疵或者缺陷而提起的诉讼适用外国法，而在瑞士提出补偿请求的，只能根据瑞士法律的规定处理。可以看出，在瑞士，涉外产品责任适用被告主要营业机构所在地、惯常居所地或者取得产品的国家的法律，而对于补偿请求，则只能适用瑞士法。中国《涉外民事关系法律适用法》第 45 条规定，产品责任，适用被侵权人经常居所地法律；被侵权人选择适用侵权人主营业地法律、损害发生地法律，或者侵权人在被侵权人经常居所地没有从事相关经营活动的，适用侵权人主营业地法律或者损害发生地法律。

为了统一涉外产品责任的法律适用问题，国际社会进行了积极的尝试，主要包括海牙国际私法会议1973年制定的《产品责任法律适用公约》和欧盟2007年颁布的《罗马条例Ⅱ》，这些统一冲突法规范影响了很多国家的涉外产品责任法律适用立法。

1973年《产品责任法律适用公约》对于涉外产品责任法律适用问题规定得颇有特色，该公约第4—7条规定了一系列法律适用顺序：

第一适用顺序。公约第5条规定，产品责任适用的法律首先应是直接遭受损害的人的惯常居所地国家的国内法，如果该国同时又是被请求承担责任的人的主营业地，或者直接遭受损害的人取得产品的地方。

第二适用顺序。按照公约第4条，在第一顺序不能满足时，应当适用侵害地国家的国内法，如果该国同时又是直接遭受损害的人的惯常居所地、被请求承担责任人的主营业地或者直接遭受损害的人取得产品的地方。

第三适用顺序。如果第4、5条两条均不适用，原告可以请求适用侵害地国家的国内法。

第四适用顺序。如果原告未请求适用侵害地国家的国内法，则应适用被请求承担责任的人的主营业地国家的国内法。

公约同时考虑到了对生产者、经营者的保护。公约第7条规定，如果被请求承担责任的人证明他不能合理地预见产品或他的同类产品会经商业渠道在该国销售，则第4、5、7条规定的侵害地国和直接遭受损害的人惯常居所地国的法律均不适用。

对于产品责任法律适用问题，《罗马条例Ⅱ》第5条规定，因产品造成的损害而产生的非合同义务所适用的法律应当是：（1）损害发生时，遭受损害的人的惯常居所地法，条件是产品在该国市场上销售；如果此项条件不具备，则为（2）遭受损害的人得到产品的地点所在国法律，条件是产品在该国市场上销售；如果此项条件不具备，则为（3）损害发生地国法律，条件是产品在该国市场上销售。但是被指负有责任的人无法合理地预见到该类产品或同类产品会在其法律将予适用的上述（1）（2）（3）国家的市场上销售的，则应适用该被指负有责任的人的惯常居所地国法律。

四、污染侵权的法律适用

环境问题无国界，在一国境内发生的环境污染事件，其影响可能会超越国界，甚至波及全球。所谓跨国污染侵权，根据1982年国际法协会在蒙特利尔通过的《适用于跨国界污染的国际法规则》的规定，是指污染的全部或局部的物质来源于一国领土，而对另一国的领土产生了有害后果。依据 2001 年 11 月联合国通过的《预防危险活动的越境损害的条款草案》第 2 条（b）（c）可知，越境损害是指起源于某一国的危险活动对起源国以外的国家领土内或其管辖或控制下的其他地方造成的对人、财产或环境的损害，而不论当事国是否有共同的边界。对于跨国污染侵权问题，本节解决的并非国家责任问题，而是受害人直接在一国法院起诉跨国污染侵权的相关责任方而涉及的法律适用问题。

拓展阅读

刘占宽、康菲石油中国有限公司海上、通海水域污染损害责任纠纷再审审查与审判监督案

基于环境污染事件的全球性，国际社会在跨国污染侵权方面进行了大量的合作，形成了一系列统一实体法公约，这些条约构成了解决跨国污染侵权问题的主要法律，包括 1969 年《国际油污损害民事责任公约》、1971 年《设立油污损害赔偿基金国际公约》、1996 年《国际海上运输有害有毒物质污染损害赔偿责任公约》、1999 年《关于危险废物越境转移及其处置所造成损害的责任与赔偿问题的巴塞尔议定书》、1993 年欧盟《关于危险活动的洛加诺公约》等。

从国内法角度，一些国家将跨界污染侵权问题归入一般侵权法律适用中，适用一般侵权法律适用规则。例如，根据中国《涉外民事关系法律适用法》第 44 条，侵权责任，适用侵权行为地法律，但当事人有共同经常居所地的，适用共同经常居所地法律。侵权行为发生后，当事人协议选择适用法律的，按照其协议。由此可知，在中国，跨界污染侵权问题适用侵权行为地法，当事人有共同经常居所地的，适用共同经常居所地法律。在跨界污染侵权行为发生后，当事人就法律适用问题达成一致的，当事人选择的法律优先。也有一些国家将跨界污染侵权问题划入特殊侵权领域，单独就其法律适用问题进行规定。例如，比利时《国际私法典》第 99 条第 2 款规定，环境污染造成的人身或财产损害适用损害发生地或者可能发生地的法律。因此可知，在比利时，涉外环境污染侵权问题适用损害发生地法或者可能发生地法。

五、航空侵权的法律适用

随着科技的进步和经济的发展，全球化浪潮席卷全球，航空运输因其快捷和便利的特点，在国际运输中发挥着越来越大的作用，涉及航空侵权的案件也随之不断增多。所谓国际航空运输，根据《华沙公约》及《海牙议定书》和

《蒙特利尔公约》的规定，是指根据各当事人签订的合同约定，无论在运输中有无间断或转运，始发地和目的地在两个缔约国的领土内，或者始发地和目的地虽在一个缔约国的领土内，但在另一个缔约国甚至非缔约国领土内有一个约定的经停地点的航空运输。航空侵权行为主要包括以下三种类型：（1）发生在航空器内的侵权行为，比如旅客之间发生的殴打、侮辱、诽谤等；（2）航空器碰撞或航空器与其他物体碰撞所发生的侵权行为；（3）航空器事故致旅客死亡或者物品损毁的侵权行为。

（一）发生在航空器内的侵权行为

对于发生在国际运输中航空器内的侵权行为，比如旅客之间发生的殴打、侮辱、诽谤等，主要适用航空器登记国法。一方面，由于航空器只是以极快的速度飞跃一国领空，发生在该航空器内的侵权行为与地面所属国无关；另一方面，航空器登记国法能够提供明确的连结点，尤其在因航空器速度较快或者因侵权发生在公海以及无主土地上而无法确定侵权行为地时。例如，1982年《南斯拉夫法律冲突法》第29条规定，如果造成损害赔偿之债的事件发生在轮船上、公海上或航空器上，则轮船所属国法律或航空器登记国法律应视为造成损害赔偿之债的事实发生地法。

（二）航空器碰撞或者航空器与其他物体碰撞所发生的侵权行为

国际运输中航空器碰撞或者航空器与其他物体碰撞所发生的侵权行为案件较为少见。依据传统的冲突规则，如果航空器具有相同登记国，则可以适用它们的共同登记国法；如果碰撞发生在一国领空且各方不属于相同登记国，一般适用航空器碰撞地法；如果碰撞发生在公海或者无主土地上空，则可以适用法院地法。另外，出于保护受害一方利益考虑，一般主张适用被碰撞或者受害一方的航空器登记国法。《布斯塔曼特法典》第289—294条确立了以下法律适用原则：（1）在领海或领空内发生的意外碰撞事件，如碰撞各方属于同一国旗，适用该国的法律；如碰撞各方不属于同一国旗，则适用当地法律。（2）在公海或其上空发生的意外或有过失的碰撞事件，如碰撞各方属于同一国旗，适用该国法律；如碰撞各方不属于同一国旗，且碰撞出于过失，则该碰撞事件应由被撞飞机的旗帜所属国家的法律调整。①

---

① 朱子勤：《论国际航空侵权行为的法律适用》，《行政与法（吉林省行政学院学报）》2006年第12期。

在美国冲突法革命的影响下,通过利益分析等单边主义方法确定准据法也被运用到航空器碰撞案件中。例如,在 1965 年特拉蒙塔纳案中,该案的受害人是一个居住在美国马里兰州的居民,他在乘坐一架美国海军的飞机时,飞机在巴西上空被一家巴西航空公司的飞机碰撞,致其死亡。由于巴西航空法确定的赔偿额远低于美国法规定的赔偿额,原被告双方就本案应适用的法律产生了争执。根据传统的冲突规则,在被碰撞一方没有过失的情况下,应当适用被碰撞一方的法律,即美国法。但是美国哥伦比亚特区巡回上诉法院却适用了巴西法,理由是巴西是最关心此案赔偿问题的国家,它的航空法是为了保护它年幼的航空运输事业而订立的,考虑到相关利益因素,应当适用巴西航空法。①

(三)航空器事故致旅客死亡或者物品损毁的侵权行为

由于目前存在普遍适用的《华沙公约》和《蒙特利尔公约》,因此对于此种侵权行为,各国主要通过统一实体法进行调整。

六、道路交通事故侵权的法律适用

对于涉外道路交通事故侵权的法律适用问题,各国很少规定专门的法律适用规范,在实践中大多按照一般侵权法律适用的规定办理,中国也是如此。对于涉外道路交通事故侵权的法律适用问题,根据中国《涉外民事关系法律适用法》第 44 条的规定,侵权责任,适用侵权行为地法,但当事人有共同经常居所地的,适用共同经常居所地法。

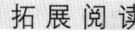

苏伊士运河堵船或损失百亿美元 天价索赔谁"买单"?

侵权行为发生后,当事人协议选择适用法律的,按照其协议。但是随着国际公路运输的发展,涉外道路交通事故侵权的法律适用问题也开始引起重视,出现了专门的规定。例如,1998 年《突尼斯国际私法》第 73 条规定,公路交通事故责任由事故发生地法支配。受害人可请求适用损害发生地法。但是当事人各方为同一国家居民,且有关车辆均在该国登记的,应适用该国法律。

对于涉外道路交通事故侵权的法律适用,国际社会也进行了统一立法的尝试。1968 年第十一届海牙国际私法会议通过了《海牙公路交通事故法律适用公

---

① C. M. V. Clarkson, J. Hill, *Jaffey on the Conflict of Laws*(《贾菲论冲突法》), Butterworths, 1997. 转引自赵相林主编:《国际私法》(第二版),中国政法大学出版社 2010 年版,第 326 页。

约》，1971年5月4日开放签署，1975年6月开始生效。这为很多国家的立法提供了参考，很多国家加入这一公约或者在立法中规定直接适用这一公约。例如瑞士《关于国际私法的联邦法》（2017年文本）第134条规定，因交通运输事故提出的索赔，适用1971年《海牙公路交通事故法律适用公约》的规定。比利时《国际私法典》也有同样的规定。

《海牙公路交通事故法律适用公约》规定，涉外交通事故侵权一般适用事故发生地国家的国内法，但是下列情况例外：只有一辆车涉及事故，且该车又非在事故发生地国内登记的，则登记国的国内法可予以适用，如果有两个或两个以上的受害者，则应分别确定其应适用的法律；有两辆或两辆以上的车涉及事故，且所有的车辆都在同一个国家登记的，适用该登记国的法律；有一个或几个人涉及事故，而在事故发生时，其人在车辆之外可能负有责任的，只有在所有这些人均在车辆登记国内设有惯常居所时，才能适用该登记国的法律，即使这些人同时又是事故受害者亦同。

思考题

1. 论侵权法律适用法的新发展。
2. 论侵权行为地法在涉外侵权法律适用法领域的适用。
3. 论涉外人格侵权的法律适用。
4. 论涉外网络侵权法律适用及其特点。

▶ 自测习题

第十二章 知识产权

知识产权作为一种无形财产权（intangible property），具有地域性。知识产权法因不具有域外效力而不存在产生法律冲突的可能，因此，传统国际私法一般不讨论知识产权的法律适用问题。然而随着知识产权领域国际公约的订立等情况的出现，传统观点逐渐得以修正，涉外知识产权的法律冲突和法律适用问题开始进入人们的视野。

第一节 知识产权的确权与效力

法律实践中围绕知识产权的确权与效力的争议经常发生。在涉外知识产权的确权与效力案件中，法律适用不仅是一个前置性的国际私法问题，更是一个最终将实质性影响案件结果的因素。

一、知识产权确权与效力的界定

知识产权确权与效力，是指有权机关根据法律的规定确认知识产权权利的存在及其效力。它既包括对权利的审查与授予，也包括授予之后对权利效力的再次确认，如权利授予之后的撤销或宣告无效等。从广义的角度看，完整的知识产权确权与效力体系，除确认权利的存在及其效力外，还应确认知识产权的权利归属。"权利的存在及其效力"是"权利归属"的前提，只有在权利存在且有效的情况下，讨论权利归属才具有实际意义。

知识产权的确权，按确权机关划分，可以分为行政确权和司法确权两类。一般而言，对于非自动产生的知识产权，如专利权和商标权，它们的授予权归属特定的行政部门。而在权利的撤销或宣告无效方面，各国的做法具有一定的差异性。有的法域对此仍然采取行政确权的模式，有的法域则采取司法确权的模式，还有的法域采取先行政确权再司法确权的模式。中国法律目前采取的专利无效制度就属于第三种模式。理论上讲，行政机关在开展涉外知识产权确权与效力认定时，是可能涉及法律适用问题的，但依传统国际私法的研究内容，更多的法律适用问题仍然集中在司法程序。因此，本节仅重点讨论司法确权，即法院通过行使司法权作出的知识产权确权与效力。

由于知识产权确权与效力涉及一国知识产权实体法，具体包括知识产权的取得、效力、范围、期限、终止等，故法律适用对知识产权的确权与效力至关重要。

二、知识产权确权与效力的法律适用

为调整涉外知识产权确权与效力问题的法律冲突，国际上采取的法律适用原则主要有以下几种：[①]

第一，权利原始取得地法。1992年《罗马尼亚关于调整国际私法关系的第105号法律》第60条曾规定："知识产品著作权的成立、内容和消灭适用作品以出版、演出、展览、广播或其他方式首次公开发表的国家的法律。"此类立法例背后的法理在于将知识产权视为自然权利，当该权利在一国取得后，它在其他国家也应得到承认。在此理论基础之上，知识产权确权与效力应适用权利的本源国法，即权利原始取得地法。[②]

第二，被请求保护地法。《保护文学和艺术作品伯尔尼公约》《世界版权公约》及众多国家均采取该主张。例如，《俄罗斯联邦民法典》第1132条第1款规定："知识产权，适用该权利被请求保护地国法。"《立陶宛共和国民法典》第一卷第一编第二章第八节第1.53条第1款规定："知识产权及其保护，适用据以请求保护该权利的国家的法律。"2017年匈牙利《关于国际私法的第28号法律》第48条也规定："著作权的成立、内容、终止和行使，依被请求保护所在地国的法律。"作为较常见的立法例，它的理论基础在于知识产权的地域性。由于知识产权的授予与否要看一国国内法的规定，因此当产生法律冲突时，仍应回到该地的法律，即被请求保护地法。[③] 另外，在实践中要注意把握"被请求保护地"与"法院地"的区别。在知识产权确权与效力上，被请求保护地主要指知识产权的申请国、授予国等权利要求地，而非诉讼意义上的法院地。[④]

第三，行为地法。奥地利《关于国际私法的联邦法》（2017年文本）第34条规定："无形财产权的创立、内容和消灭，依使用行为或侵权行为发生地国家的法律。"采取这种做法的国家还有意大利和列支敦士登。在确权与效力阶段

[①] 李双元等：《中国国际私法通论》（第三版），法律出版社2007年版，第271—273页。
[②] 李旺：《国际私法》（第三版），法律出版社2011年版，第146页。
[③] 刘想树主编：《国际私法》，法律出版社2011年版，第159页。
[④] 王承志：《论涉外知识产权审判中的法律适用问题》，《法学评论》2012年第1期。

适用行为地法的国家并不多见。

第四，综合适用两个或两个以上国家的法律。1984 年《秘鲁民法典》第 2309 条规定，对知识产权的存在和效力，若不能适用国际条约或特别法的规定，应适用权利登记地法律；承认和实施这些权利的条件，由当地法确定。而"当地法"既可能是被请求保护国的法律，也可能是使用行为地或侵权行为地的法律。这种立法例同样较为少见，其理论基础为"分割法"，主要考虑到知识产权法律关系的复杂性，而对连结点进行"软化"处理。然而该理论忽视了知识产权实体法律适用作为一个整体，本身是否具有可分性的问题。

中国《涉外民事关系法律适用法》第 48 条规定："知识产权的归属和内容，适用被请求保护地法律。"这样规定是基于以下考量：首先，基于知识产权保护的独立性原则。针对自动产生权利的知识产权和非自动产生权利的知识产权，被请求保护地分别指被请求保护的权利地和注册地或者登记地。其次，由于知识产权具有一定的复杂性，不同类型的知识产权在产生模式、效力、范围上存在较大差异，故连结点的选择需要尽量涵盖上述因素，采取被请求保护地总体可以起到这样的效果。最后，涉外知识产权法律适用受国际公约影响，连结点的设计需要考虑有关公约的内容，被请求保护地法较好地反映了有关国际公约的要求。应予指出的是，对于中国《涉外民事关系法律适用法》第 48 条的规定应采取广义的解释。考虑到立法前后的内在逻辑，即第 49 条和第 50 条为特别法条，而第 48 条为一般法条，在所调整的法律关系上，第 48 条应指除知识产权"转让与许可使用"和"侵权"以外的一切涉外知识产权法律关系。①

第二节　知识产权的转让与许可使用

知识产权的价值在"知识产权转让"与"知识产权许可使用"过程中得到体现。知识产权交易可能涉及全世界的不特定群体，其交易所涉标的额可能十分巨大。法律适用对于涉外知识产权转让与许可使用合同的重要性显而易见。

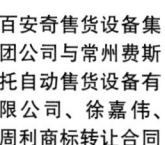

拓展阅读

百安奇售货设备集团公司与常州费斯托自动售货设备有限公司、徐嘉伟、周利商标转让合同纠纷案

---

① 万鄂湘主编：《〈中华人民共和国涉外民事关系法律适用法〉条文理解与适用》，中国法制出版社 2011 年版，第 346—350 页。

一、知识产权转让与许可使用的界定

由于知识产权具有财产权属性,因此它的使用权和所有权也可以像其他财产权那样通过买卖、赠与、继承等方式转移。① 知识产权的利用主要体现在"知识产权转让"与"知识产权许可使用"这两个方面。"知识产权转让"指的是知识产权的出让主体根据有关法律规定将权利出让给受让主体的法律行为。一经转让,知识产权项下的财产权部分,就只为受让主体所享有。如同动产买卖,所有权将随买卖而发生根本性的转移。"知识产权许可使用"是指合法拥有知识产权者(许可人),将其知识产权许可给他人(被许可人)实施、使用的行为,包括独占许可、排他许可和普通许可等模式。② 可见,"知识产权许可使用"与"知识产权转让"最本质的区别在于前者并不涉及知识产权的转移。

本节重点讨论依合同开展"知识产权转让"与"知识产权许可使用"的情形。涉外"知识产权转让"与"知识产权许可使用"因涉及合同法律关系,故会存在法律冲突。同时,由于知识产权往往涉及敏感技术,故一国基于国家安全、技术储备等因素的考虑,在涉外转让和许可使用合同的法律适用上会规定一些限制(包括公法上的限制)。例如,禁止或者限制特定技术领域知识产权的进出口;对知识产权转让、许可使用合同的形式和效力附加一定的条件等。③ 这使得知识产权转让与许可使用的法律适用有一定的特殊性。

二、知识产权转让与许可使用的法律适用

为调整涉外知识产权转让与许可使用的法律冲突,国际上采取的法律适用规则主要有以下几种:

第一,直接适用的法。即相关国家的法律直接规定本法域内的知识产权转让与许可使用应直接适用指定的法律且主要为本国法。例如,《墨西哥技术转让法》规定:"凡在墨西哥领土内产生效果的国际技术转让合同,应适用墨西哥法律和墨西哥参加的国际条约。"以上法律规定所产生的实际效果相当于直接

---

① 朱榄叶、刘晓红主编:《知识产权法律冲突与解决问题研究》,法律出版社 2004 年版,第 221 页。
② 王迁:《知识产权法教程》(第二版),中国人民大学出版社 2009 年版,第 457 页。
③ 万鄂湘主编:《〈中华人民共和国涉外民事关系法律适用法〉条文理解与适用》,中国法制出版社 2011 年版,第 352—353 页。

适用的法，即直接适用内国法。该做法的主要理由在于一国希望严格监管技术的进出口。

第二，附条件地允许意思自治。就知识产权领域纯粹的合同关系，如合同成立、合同义务、合同解释、支付方式、争议解决等事宜，一国立法通常是允许意思自治的。然而，涉及权利许可使用和转让方面的合同关系，则会受到一定的限制。其中部分限制来源于公法，如美国的《知识产权许可反托拉斯指南》就对知识产权许可协议的意思自治附加了竞争法上的限制。

第三，最密切联系原则。2004 年比利时《国际私法典》第 93 条第 2 款规定，知识活动在合同关系的范围内进行的，除有相反证明外，推定有最密切联系的国家是合同关系准据法所属国家。这种立法例的主要考虑在于增强法律适用的灵活性，确保法律适用结果的合理性。

中国《涉外民事关系法律适用法》第 49 条规定："当事人可以协议选择知识产权转让和许可使用适用的法律。当事人没有选择的，适用本法对合同的有关规定。"第 41 条规定："当事人可以协议选择合同适用的法律。当事人没有选择的，适用履行义务最能体现该合同特征的一方当事人经常居所地法律或者其他与该合同有最密切联系的法律。"可以看出，中国的立法对知识产权转让和许可使用问题采取意思自治原则和最密切联系原则。首先，当事人可以通过意思自治以协议选择的方式排除适用最密切联系原则，但是意思自治并非不受限制，它要受到诸如《对外贸易法》《技术进出口管理条例》等公法的限制；其次，在适用最密切联系原则确定准据法时，鉴于知识产权转让与许可使用自身的复杂性，运用特征履行方法确定最密切联系地并非易事，故需要作个案判断。[1]

第三节　知识产权的侵权

有权利即有救济。知识产权侵权制度的构建，既体现了知识产权的专有性，又反映了法律对于权利侵害的救济。相较一般民事侵权，知识产权侵权既

---

[1] 万鄂湘主编：《〈中华人民共和国涉外民事关系法律适用法〉条文理解与适用》，中国法制出版社 2011 年版，第 352—354 页。

有相同之处，也有特别之处。这些异同还反映在涉外知识产权侵权的法律适用上。

一、知识产权侵权的界定

拓展阅读
二〇二〇年中国知识产权保护状况

知识产权侵权是指非法侵害他人知识产权的行为。① 知识产权侵权同一般侵权具有同质性，两者均是对民事权利和法益的侵犯。知识产权侵权具体包括著作权侵权、专利权侵权、商标权侵权等类型。从知识产权法律关系的角度看，知识产权侵权与知识产权的确权与效力联系紧密。只有确认知识产权存在，明确知识产权归属后，才可以判断侵权与否。例如，若原告的商标权被撤销，被告自不存在侵权的可能。

涉外知识产权侵权同样可能引发法律冲突，各国知识产权侵权法律体系存在较大差异是其重要原因。这大致反映在以下几个方面：

第一，知识产权侵权的客体存在差异。例如，有些国家的商标注册不以标识的可视为前提，有些则相反；声音商标、气味商标在有些国家是具有可商标性的；有些国家对于"克隆"技术予以专利保护，有些国家则拒绝该领域的专利保护请求。这与各国的法律政策、社会伦理观念等有关。不同国家对著作权保护期限的规定不同，如中国规定的是作者生前加死后50年，而欧美则为作者生前加死后70年，保护期限的不同将对著作权客体侵权的认定产生影响。

第二，知识产权侵权的构成要件不同。如法国采取过错、损害、因果关系这三个要件；德国采取违法性、侵犯权利、错意这三个要件；除成文法之外，英美法还于判例中形成了一系列细化的判断标准。这种差异背后体现的是各国侵权法在理论体系、立法例等方面的不同。

第三，知识产权侵权的阻却事由不同。例如，在商标合理使用领域，有些国家的司法实践将"混淆"作为合理使用的构成要件，如欧盟的 *BMW* 案。② 根据该标准，若存在"混淆"的情形，商标合理使用抗辩便无法构成。而有些国家的标准则没有那么严苛，如美国联邦最高法院在 KP 公司案中指出，存在

---

① 韩德培主编：《国际私法新论》，武汉大学出版社2003年版，第225页。
② ECJ 23 Feb. 1999, Case C-63/97（*BMW v. Deenik*）

"混淆"并不当然妨碍商标合理使用的构成。① 可见,此类差异将实质性地影响到知识产权侵权的认定。

第四,知识产权侵权的后果不同。如有的国家承认惩罚性赔偿,有的国家则以完全赔偿为原则。在赔偿数额上,各国一方面存在有无限额和限额高低之分;另一方面还存在赔偿额限制规则的不同。如英美法采取的是"可预见性规则",即损害赔偿以侵权人可预见为限,其对于超出合理预见的损害不用承担赔偿责任。而部分大陆法系国家则采"充分因果关系规则",即承担损害赔偿责任的主要依据是侵权行为与特定损害有足够的关联,若关联不足,有关方是不用承担赔偿责任的。

二、知识产权侵权的法律适用

各国在知识产权侵权的法律适用上,多采取侵权行为地法。例如,奥地利《关于国际私法的联邦法》(2017年文本)第34条规定:"无形财产权的创立、内容和消灭,依使用行为或侵权行为发生地国家的法律。"该立法例主要受到一般侵权法律适用的影响。侵权行为地法是场所支配行为原则的具体化,自13世纪的法则区别说以来,即为欧洲各国普遍采用。究其理论基础,学界存在不同的解读。有观点认为这是侵权行为地与侵权行为具有天然联系所致;也有观点认为,采侵权行为地法,是尊重行为地国主权和公共利益的体现;更有观点认为,之所以采侵权行为地法,是因为侵权行为地为既得权利之地。② 鉴于知识产权侵权与一般侵权存在交集,因此侵权行为地法同样具有可适用性。

但知识产权载体的跨境使得知识产权侵权行为地呈现不稳定的状态。由于广义的知识产权侵权行为地既包括侵权行为发生地,也包括侵权结果发生地,因此该连结点可能导致多地的法律适用。尤其随着互联网的发展,网络知识产权侵权让侵权行为地的不足更加明显。一方面,网络知识产权侵权的遍在性和远距性,会使侵权行为地呈现复数形式。例如,侵权作品随着网络可以在全世界传播,侵权行为地理论上可以过百。另一方面,侵权行为地本是建立在物理场所之上的,故侵权行为地本身未必适用于互联网,因为后者具有虚拟性。有鉴于此,在制定和完善知识产权侵权冲突规范时,有必要想办法弥补侵权行为

---

① *KP Permanent Make-Up, Inc. v. Lasting Impression I, Inc.* 543 U. S. 111 (2004).
② 韩德培主编:《国际私法新论》,武汉大学出版社2003年版,第228页。

地的不足。其中一个存在争论的主张是意思自治原则。持否定意见的理由在于，各国在制定知识产权侵权法律体系时是有特定政策考量的，一旦允许意思自治，将可能背离特定的政策考量。例如，原本在侵权行为地不作侵权认定的，却可能通过意思自治而改变该结论。《罗马条例Ⅱ》第8条第3款采纳了这个意见，并明确规定知识产权侵权领域不允许协议选择准据法。持肯定意见的，主要是出于缓解法律适用困难和明确法律适用规则的考虑。[①]

中国《涉外民事关系法律适用法》第50条规定："知识产权的侵权责任，适用被请求保护地法律，当事人也可以在侵权行为发生后协议选择适用法院地法律。"可见，中国立法采取了"被请求保护地法律"与"有限意思自治"相结合的模式。依上下文一致的解释，"被请求保护地"指的是被请求权利的保护地。中国之所以没有采用侵权行为地，主要是为了避免后者可能带来的不确定性，即存在多个侵权行为发生地和侵权结果发生地。同时，这也是遵守相关国际公约的体现。而中国之所以采取"有限意思自治"，则是出于平衡的考虑：一方面，采取意思自治有利于确定知识产权侵权的法律适用，避免同时产生多重准据法的困境；另一方面，对意思自治作时间和内容上的限定，是为了避免一国知识产权政策的落空。

尽管中国立法希望以折中的方式协调知识产权侵权领域的法律冲突，但具体实践效果还有待考察。一方面，一旦争议产生后，当事人达成法律选择合意的可能性有限，这无疑会抵消规则设计之初本欲实现的有益功能；[②] 另一方面，由于知识产权侵权和知识产权确权与效力在法律适用上联系密切，采取"分割法"，恐导致法律适用的自洽性问题，有"张冠李戴"之嫌。例如，若知识产权确权与效力适用被请求保护地法，而侵权行为发生后合意适用法院地法，很可能会产生矛盾和不兼容问题。对此，有待进一步的理论研究和实践总结。

思考题

1. 如何解释知识产权的确权与效力？

---

① 万鄂湘主编：《〈中华人民共和国涉外民事关系法律适用法〉条文理解与适用》，中国法制出版社2011年版，第357页。

② 刘想树主编：《国际私法》，法律出版社2011年版，第160页。

2. 试析涉外知识产权转让与许可使用在法律适用上的特殊性。
3. 试析侵权行为地法在网络知识产权侵权法律适用中的局限性。

▶ 自测习题

第十三章　其他民商事关系

随着经济全球化进程的推进，国际民商事关系的内容空前宽泛和复杂，调整现代国际民商事关系的法律除了对传统的国际贸易、海商、保险等民商事活动进行规制外，诸如国际投融资、票据、代理、信托、破产等领域亦需要相应的规则介入和调整。与一般民商事关系相比，这些特定领域的民商事关系很难用传统的债权、物权二分法进行界定，属于包容了合同、侵权、物权和其他财产关系在内的综合性关系，在法律适用上需要特殊的专门规则进行调整。除了有限的国际条约外，世界各国对该等特殊民商事关系多通过冲突法进行间接调整。

第一节　代　　理

代理是指代理人以被代理人（也称本人或委托人）的名义，在代理权限内向第三人为或者受领意思表示，其效力直接及于被代理人的一种制度。国际私法调整的代理关系，是具有涉外因素的国际代理，即在这种代理关系中，本人、代理人和第三人中至少有两人具有不同国家的国籍；或者他们的住所或营业所处在不同国家；或者代理人接受本人的委托，在另一国家领域内实施代理行为；或者代理人以自己或本人的名义与第三人成立涉外民事关系。国际代理领域的法律冲突集中于代理内部关系和代理外部关系两个方面。

一、代理内部关系的法律适用

代理内部关系是指代理人与被代理人之间基于合同而成立的委托关系。涉及的主要内容包括代理关系的成立、约定代理人的报酬或佣金、代理权限的范围、代理关系的终止等。就其本质而言，这种代理内部关系实为一种委托合同关系，在法律适用上与其他类型的合同并无二致，因而应当遵循确定合同准据法的一般规则，即首先适用当事人协议选择的法律。不过，在当事人没有选择法律或法律选择无效时如何适用，学理上则存在分歧，主要有以下几类观点。

(一) 适用代理关系成立地法

依据既得权说，内国法院应当承认依据外国法所取得的权利，但权利是否存在，须依据其取得地法来判断，因此戴西与莫里斯将合同缔结地法称为代理合同自体法，即代理内部关系适用代理关系成立地法。

(二) 适用代理行为地法

委托合同的目的，是由代理人以被代理人的名义向第三人从事一定的法律行为，适用代理人实施代理行为的所在地法显然更为合理。奥地利《关于国际私法的联邦法》(2017 年文本) 第 49 条规定，当事人没有进行法律选择时，适用代理人按委托人意旨向第三人行事的国家的法律。①

(三) 适用与代理合同有最密切联系的法律

20 世纪中叶以来，最密切联系原则开始被各国冲突法立法广泛运用于各领域。英美法系由于判例法色彩浓厚，通常赋予法官自由裁量权，在具体个案审理过程中确定与纠纷有最密切联系的法律。如美国《第二次冲突法重述》第 291 条规定："代理人与被代理人之间的权利义务关系，可适用依据第 6 条原则所确定的与当事人及其交易有最重要关系的州的本地法关于该特定问题的规定。"其中第 6 条是考察最密切联系时所要依据的法律适用原则。

(四) 将代理人或被代理人的惯常居所地法与营业所所在地法结合

海牙《代理法律适用公约》顺应国际趋势，在第 6 条明确规定了代理内部关系在当事人没有做法律选择时适用惯常居所地法或者营业所所在地法。该公约在准据法的确定上主要采用以下两种方法：

1. 意思自治原则

公约允许当事人自行选择准据法。关于选择法律的方式，公约第 5 条第 2 款规定，当事人的选择可以是明示的，也可以是默示的。不过，这种默示必须是能够依合同条款或案件情况中的合理根据推导出来的。如果从合同条款和案件情况中分别推导出不同法律，就不能认为有"合理的根据"。

2. 当事人没有选择法律时准据法的确定

按照公约第 6 条规定，当事人没有选择法律的，内部关系则适用代理关系成立时代理人营业所所在地法律，没有营业所的适用其惯常居所地法。如果代理人在本人营业所所在地或惯常居所地实施主要代理活动，则应适用该地法

---

① 许光耀、孙建：《国际私法》，对外经济贸易大学出版社 2013 年版，第 131 页。

律。代理人有一个以上营业所的,应适用与代理关系有最密切联系的营业所所在地法。公约之所以以代理关系成立时代理人营业所所在地或惯常居所地作为准据法的连结因素,是因为:首先,该准据法符合当事人的正当期望,也为当事人所预见,不会随连结因素的变动而变化,亦即代理人不能通过改变营业所所在地来改变准据法;其次,代理人营业所所在地法一般是代理关系特征性义务履行方履行其义务的所在国法律;再次,适用代理人营业所所在地法对于起"中枢作用"的代理人更加公正,因为代理人总是处在代理关系的核心位置;最后,这样做符合适用强制性规则如保护代理人特别规则的要求。

二、代理外部关系的法律适用

代理外部关系是指被代理人与第三人的关系。其核心问题是代理人与第三人所为的法律行为对被代理人是否有拘束力。对国际代理外部关系准据法的确定,各国确立了以下法律适用规则。

(一) 适用被代理人住所地法或代理内部关系的准据法

这一方法在19世纪后期为各国所普遍采用,其显然倾向于保护被代理人的利益。有学者认为,既然代理的作用在于扩张和补充被代理人的法律行为能力,而行为能力适用当事人的属人法,代理关系自然也适用被代理人的属人法。实践中,卢森堡最高法院还采用被多数学者赞成的调整代理内部关系的准据法来调整被代理人与第三人之间的关系。[①]

(二) 适用主合同准据法

此种法律适用规则的着眼点在于保护第三人的利益,因为主合同的准据法,或为代理人与第三人依意思自治选择的法律,或为合同准据法,或为合同履行地法,对第三人而言,都具有充分的可预见性。实践中,英法两国就采用这一规则。

(三) 适用代理行为地法

这一做法也被认为倾向于保护第三人的利益。因为代理与行为地的实际联系最多,第三人较为容易了解和接受。1971年美国《第二次冲突法重述》第292条规定:"如果被代理人曾授权代理人在某地为代理行为,或导致第三人有理由相信代理人有此授权,则一般也适用代理人代理行为地法来判定被代理人

---

① 刘铁铮:《国际私法论丛》,三民书局1984年版,第234页。

是否应该对代理人负责。"

（四）混合适用代理人营业所所在地法、代理人惯常居所地法、代理人行为地法等法律

由于单纯采用被代理人住所地法或主合同准据法等作为代理外部关系的准据法，都过于偏重对一方当事人的保护而忽视他方利益，所以为了平衡各方当事人的利益，海牙《代理法律适用公约》作了明确规定，即被代理人与第三人的关系，应以适用代理人作出代理行为时营业所所在地的法律为原则，在特定条件下兼采代理人行为地国家的法律。依该公约第 11 条第 2 款规定，代理人行为地法在下列四种情况下适用：(1) 本人在该国境内设有营业所，或虽无营业所但设有惯常居所，而且代理人以本人名义进行活动；(2) 第三人在该国境内设有营业所，或虽无营业所但设有惯常居所；(3) 代理人在交易所或拍卖行进行活动；(4) 代理人没有营业所。另外，按照该公约第 15 条之规定，这种混合制度也适用于代理人与第三人因代理人行使代理权、超越代理权或无权代理所产生的关系。这种以多种连结点为基础确立的准据法能兼顾各方当事人的利益，增强法律适用的灵活性和可预见性。

中国《涉外民事关系法律适用法》第 16 条规定："代理适用代理行为地法律，但被代理人与代理人的民事关系，适用代理关系发生地法律。当事人可以协议选择委托代理适用的法律。"从本条规定的表述来看，其适用范围广泛，将委托代理、法定代理、指定代理等均囊括在内。依据第 1 款，代理外部关系，如代理权、代理行为、代理人或被代理人与第三人的关系等，均适用代理行为实施地法律；至于被代理人与代理人之间的民事关系，因属于代理的内部关系，适用代理关系发生地法律。第 2 款同时规定，委托代理情形下，被代理人与代理人也可以约定代理关系发生地法律以外的准据法，从而使意思自治原则的适用效力优先于行为地法。

第二节 票 据

票据是出票人依法签发的，由自己无条件支付或委托他人无条件支付一定金额的有价证券。涉外票据是指出票、背书、承兑、保证、付款等行为中，既有发生在中国境内的票据行为，又有发生在中国境外的票据行为的票据。与其

他商事关系相比，涉外票据关系的法律适用具有一定的特殊性：（1）基于保护正当持票人的权利、保护票据流通性和交易安全性的需要，各国票据法在票据冲突规范的设定上多采纳客观、确定的连结点；（2）基于发挥票据的商业作用和适应统一性的需要，票据法律适用具有严格的强制性特征，通常不适用当事人意思自治原则；（3）票据关系的复杂性决定了不宜由单一的准据法来解决同一票据项下多个法律适用问题，而应采用分割法。

一、票据签发的法律适用

汇票、本票的出票，又称票据签发，指发票人做成票据并将它交付与人的一种票据行为；支票的出票是发票人实施的以委托银行向受款人支付一定金额为目的的票据行为。① 关于票据签发的法律适用，主要集中于两方面问题。

（一）票据行为能力的准据法

票据行为是指以发生票据权利义务关系为目的依照票据法实施的法律行为。票据行为的有效性很大程度上取决于票据行为人的能力。对于票据行为能力的法律冲突，国际上主要通过当事人的属人法解决。但考虑到大陆法系与英美法系对属人法的连结点各有侧重，需要对此作适当的补充。由于行为地法易于查明和确定，有利于克服属人法带来的滞延交易的弊端，于是被引入票据当事人行为能力的准据法体系中来。

1930年《解决汇票及本票若干法律冲突公约》第2条在规定票据当事人的行为能力由其本国法决定的同时，采取了一种较为折中的方式，即当事人承担票据义务的能力，原则上由其本国法决定；但依其本国法为无行为能力或限制行为能力而依行为地法为完全行为能力者，则适用行为地法。

对票据行为能力的法律适用，也有国家坚持选择适用主义，即在多个法律中选择适用认为当事人有行为能力的法律。② 中国《票据法》第96条规定："票据债务人的民事行为能力，适用其本国法律。票据债务人的民事行为能力，依照其本国法律为无民事行为能力或者为限制民事行为能力而依照行为地法律为完全民事行为能力的，适用行为地法律。"

（二）票据行为方式的准据法

出票行为是创造票据的原始行为，被称为基本票据行为，其余票据行为被

---

① 谢怀栻：《票据法概论》（增订版），法律出版社2006年版，第252页。
② 杜新丽、宣增益主编：《国际私法》（第五版），中国政法大学出版社2017年版，第299页。

称为附属票据行为。票据行为的有效与否取决于其本身是否具备法定的方式和要件。行为方式适用行为地法这一原则源于"场所支配行为"原则，票据的行为方式亦然。票据的出票、背书、承兑、参加承兑、保证以及付款等行为有效与否取决于其是否遵守了行为地法。中国《票据法》第97条规定："汇票、本票出票时的记载事项，适用出票地法律。支票出票时的记载事项，适用出票地法律，经当事人协议，也可以适用付款地法律。"

二、票据流转的法律适用

票据流转的最终目的是得到支付，这是票据当事人关心的重点。1930年《解决汇票及本票若干法律冲突公约》规定，汇票承兑人的债务和本票出票人的债务都由票据支付地的法律确定，其他当事人的债务如出票人或背书人的债务则由签名地的法律确定。这一原则适用的是调整合同的规则，将票据关系视为合同关系，票据支付地与债务履行地是一致的。① 中国《票据法》第98条规定："票据的背书、承兑、付款和保证行为，适用行为地法律。"这意味着票据流转过程中的背书、承兑、付款、保证等行为，适用行为地法确定其效力。具体而言，即分别适用背书签署地法、承兑地法、支付地法、保证地法。

三、票据追索的法律适用

追索权是指票据不获承兑或付款时，持票人对其前手请求偿还的权利。行使追索权必须满足三个条件：一是必须在规定期限内向付款人为承兑或付款的提示；二是必须在规定的期限内向出票人和所有的背书人发出退票通知；三是必须在规定的期限内作成拒绝证书。持票人不在规定期限内行使或保全票据权利的，将丧失对其前手的追索权。关于票据追索权期限的法律适用，《日内瓦统一票据法公约》作出了不同的规定。《日内瓦统一票据法公约》规定，关于追索权的期限，适用票据成立地法或出票地法。中国《票据法》第99条规定："票据追索权的行使期限，适用出票地法律。"

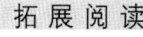

拓展阅读

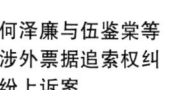

何泽廉与伍鉴棠等涉外票据追索权纠纷上诉案

---

① 宋航、肖永平：《论涉外票据的法律适用——兼评〈票据法〉第五章》，《现代法学》1996年第6期。

中国《涉外民事关系法律适用法》吸纳了经常居所地这一连结点，涉外票据法律适用规范对此变化应作出适当反映。再如，中国现行《票据法》不接受反致和转致，这和《涉外民事关系法律适用法》相一致，而两个日内瓦票据冲突法公约均规定票据当事人的能力适用其本国法，但允许接受反致和转致。

第三节　海　事

海事关系是指海上运输关系和船舶关系等以船舶为中心的法律关系，包括船舶物权关系、船员关系、海上货物运输合同关系、海上旅客运输合同关系、船舶租用合同关系、船舶碰撞、海难救助、共同海损、海事赔偿责任限制以及海上保险合同等法律关系。蓬勃发展的航海贸易促进了海事法律的统一化，但并非所有海事领域都有国际公约和国际惯例存在，海事关系的法律冲突在所难免，必须借助一系列特殊的法律适用规则进行调整，尤其是关于船舶碰撞、共同海损理算以及海事赔偿责任限制准据法的确定。

一、船舶碰撞的法律适用

船舶碰撞是海事侵权的常见形态，是指船舶在海上或者在与海相通的可航水域发生接触造成损害的事故。关于船舶碰撞的法律适用，各国立法一般根据不同情况分别规定所应适用的法律。

拓展阅读
月光之路企业有限公司等与远东海产品开放型控股公司等船舶抵押合同纠纷上诉案

（一）船舶碰撞发生于一国领海之内

船舶碰撞发生于一国领海之内的，各国一般规定适用碰撞地法律，即领海国法律。例如，2001 年《韩国国际私法》第九章第 61 条第 1 款规定："有关发生在开放港口、河流及领海的船舶碰撞的责任，适用碰撞地法。"美国、德国均采用此种主张。

（二）船舶碰撞发生于公海之上

船舶碰撞发生于公海之上的，各国一般规定，如果碰撞船舶属于同一国籍，适用船旗国法；如果碰撞船舶国籍不同，或适用加害船舶国籍国法，或适用被害船舶国籍国法，或适用法院地法，或由当事船舶选择所适用的法律。

关于船舶碰撞，最重要的国际公约是 1977 年《统一船舶碰撞中有关民事管辖权、法律选择、判决的承认和执行方面若干规则的国际公约》。该公约第 4 条规定，除当事人另有协议外，碰撞在一国内水或领海内发生时，适用该国法律；如碰撞发生在领海以外的水域，则适用受理案件法院所在地的法律，但如有关的船舶都在同一国登记或由它出具证件，或即使没有登记或由它出具证件，但都属同一国家所有，则不管碰撞在何处发生，都适用该国法律。

海事国际公约的存在充分表明各国对减少海事法律冲突的愿望和要求，对协调各国相互之间的利益具有重要意义。中国也加入了部分海事海商统一法条约。中国《海商法》明确了相关国际条约与国际惯例在中国的法律适用中的地位，第 268 条规定："中华人民共和国缔结或者参加的国际条约同本法有不同规定的，适用国际条约的规定；但是，中华人民共和国声明保留的条款除外。中华人民共和国法律和中华人民共和国缔结或者参加的国际条约没有规定的，可以适用国际惯例。"

中国《海商法》第 273 条规定："船舶碰撞的损害赔偿，适用侵权行为地法律。船舶在公海上发生碰撞的损害赔偿，适用受理案件的法院所在地法律。同一国籍的船舶，不论碰撞发生于何地，碰撞船舶之间的损害赔偿适用船旗国法律。"在法律适用上，需要综合考虑船舶碰撞的侵权行为地与船舶国籍两个因素。依据该条规定，中国法院在确定船舶碰撞的准据法时，首先需判断碰撞双方的船籍国。如果同一国籍的船舶发生碰撞，则无论侵权行为地为何处，均适用碰撞船舶共同的船旗国法。如果不同国籍的船舶发生碰撞，则需进一步确定侵权行为地，即确定碰撞发生地位于哪一海域：如在公海上发生碰撞，则适用法院地法；如在非公海水域发生碰撞，则适用侵权行为地法。

二、共同海损理算的法律适用

共同海损，是指在同一海上航程中，当船舶、货物和其他财产遭遇共同危险时，为了共同安全，有意、合理地采取措施所直接造成的特殊牺牲及支付的特殊费用，由各受益方按比例分摊的法律制度。共同海损发生后，应当进行海损理算，根据事实确定实际损失范围和各项损失的分摊。有关共同海损理算的法律适用，通常允许当事人通过意思自治原则选择共同海损理算适用的准据法。例如，1940 年《国际通商航行法条约》第 16 条第 1 款规定："关于载运的货物的海损，按租船合同或运输合同可适用的法律确定。"此外，船旗国法、理算地法在共同海损法律适用中也具有重要意义，例如，《阿根廷航海法》第

607 条规定:"理算国的法律适用于理算。"德国法则规定,有关共同海损事宜适用共同海损理算地法。①

中国《海商法》关于海损理算有两个基本条款。第 203 条规定:"共同海损理算,适用合同约定的理算规则;合同未约定的,适用本章的规定。"第 274 条规定:"共同海损理算,适用理算地法律。"前者体现法律适用中的意思自治原则,后者采用理算地作为连结点。按冲突法的一般原理,应首先适用前者,只有在不存在当事人的法律选择时,才适用后者。

三、海事赔偿责任限制的法律适用

海事赔偿责任限制制度是指发生重大海损事故时,对事故负有责任的船舶所有人、救助人或其他人对海事赔偿请求人的赔偿请求依法申请限制在一定额度内的法律制度。该制度使作为债务人的责任人得到了一定程度的保护,是海商法中特有的赔偿制度,也是海事法特有的制度。但各国海事赔偿责任限制制度的表现形式不同,有的表现为"委付制度",如法国;有的表现为"执行制度",如德国;有的表现为"金额制度",如英国;有的则采用"并用制度",如美国。此外,各国法律及有关国际公约关于海事赔偿责任限制制度的内容规定也不尽相同,其法律冲突叠加,需要依据专门的冲突规范确定准据法。

国际社会关于海事赔偿责任限制的法律适用主要有适用法院地法、适用侵权行为地法、适用船旗国法、适用最密切联系原则几种立法模式。中国《海商法》第 275 条规定:"海事赔偿责任限制,适用受理案件的法院所在地法律。"

第四节 信托与破产

一、信托的法律适用

信托,是指委托人基于对受托人的信任,将财产权委托给受托人,由受托人按委托人的意愿以自己的名义,为受益人的利益或者特定目的进行管理或者处分的行为。作为一种特殊的财产管理制度与法律行为,信托与银行、保险、

---

① 韩德培主编、肖永平主持修订:《国际私法》(第三版),高等教育出版社、北京大学出版社 2014 年版,第 277 页。

证券共同构成了现代金融体系。① 信托基于信任而产生，涉及三方主体：委托人、受托人以及受益人。而三方主体又产生了三方面的法律关系：委托人与受托人之间的法律关系；受托人与受益人之间的法律关系；受托人与第三人之间的法律关系。在这三方面关系中，受托人与受益人之间的法律关系是信托的主要法律关系。

（一）信托法律适用的一般原则

1. 意思自治原则

在涉外信托法律适用中，大部分大陆法系国家的生前明示信托的设立依据本身就是契约，因而信托准据法应参照合同法律适用的原理，优先适用信托设立人即委托人选择的法律。例如，海牙《关于信托的法律适用及其承认的公约》第6条规定，信托适用财产转移人即委托人指定的法律。这种指定必须载于设立信托或证明信托的书面文件上，可以是明示的，也可以是默示的，必要时应根据案件情况对其予以解释。

2. 独立性原则

信托是独立形态的权利组合，这种组合不能单纯归入债权或物权关系，而是有关委托人、受托人和受益人之间基于信托财产和财产管理产生的一种动态法律关系，对其法律适用应单独确定。

3. 分类分割原则

信托种类繁多，设立方式多样，可由委托人于生前明示设立，也可以通过遗嘱设立（遗嘱信托），还有基于法律的直接规定而设立的法定信托、依法院的推定或拟制而设立的信托等。信托类型的复杂性决定了信托的法律适用基于信托种类不同而有所不同。此外，同一种类信托中存在不同性质的事项，有着不同的法律关系，这些均需要采用分割方式分门别类地设定不同的法律适用规则。

（二）信托法律适用的具体规则

1. 英美法系国家关于信托关系的法律适用

现代信托制度源于英国，而英国早期的信托大多是有关土地财产的信托。土地是一种主要的不动产，对于涉外的不动产权利事项，物之所在地法也当然地被用来支配信托的实质效力。20世纪中叶以后，随着商品经济的蓬勃发展，

---

① 齐湘泉：《〈涉外民事关系法律适用法〉原理与精要》，法律出版社2011年版，第171页。

生产、贸易及金融的高度发达使财富形式日趋多元化，信托制度以其特有的灵活性不断更新，从而使涉外信托关系的法律适用在连结点选择上趋向多元化。信托的法律适用逐步发展为允许当事人选择欲使信托受其支配的法律，在当事人无此明示选择且不能依情况认定当事人选择的意向时，再考虑适用与信托有最密切联系的法律。

2. 大陆法系国家关于信托关系的法律适用

大陆法系国家对起源于英美法的信托制度并非全盘接受，而是以其固有的理念重新诠释了信托的法律关系，在信托关系的法律适用上依赖于对信托性质的不同认识。关于动产信托中的生前信托，大陆法系国家的主流做法是将信托识别为合同制度，信托准据法可以由当事人自己选择，在当事人没有选择时应当适用与信托关系具有最密切联系的法律。关于遗嘱信托，欧洲国家将其识别为继承关系，适用有关继承的准据法。

（三）信托法律适用的发展和海牙公约对信托法律适用的统一

随着跨国信托法律关系的日益发展，海牙国际私法会议在1985年通过了《关于信托的法律适用及其承认的公约》。公约的目的并不在于将信托观念输入非信托国家的国内法之中，也不在于消除两大法系间的信托法律冲突，而在于确立能够同时为信托国家和非信托国家采纳的确定信托准据法的共同的冲突规则。

对于信托关系的法律适用，公约首先规定了当事人意思自治原则，即信托必须适用当事人选择的法律（包括明示选择和默示选择）。信托设立人选择法律的范围相当广泛，被选择的法律不必一定与信托具有客观的联系（公约第6条），但如果当事人选择国家的法律中不存在信托制度，则其选择无效（公约第13条）。如果当事人没有选择信托的准据法，或者其选择无效，根据最密切联系原则，应当适用与该信托具有最密切联系的国家的法律，可参照以下几个连结点来确定：设立人指定的信托事务进行地；信托财产所在地；受托人住所地和营业地；信托的目的地和信托实现地（公约第7条）。对信托关系的准据法适用分割原则进行选择，同一信托关系中的不同事项，特别是有关信托事务的事项，可以由不同的准据法调整（公约第9条），如关于信托事务的事项可以适用信托事务进行地法。公约对准据法的选择充分反映了现代信托法律适用的新趋势，例如，公约充分尊重当事人的意思自治，并辅之以最密切联系原则，完全体现了信托关系法律适用的最新发展。

(四) 中国关于信托的法律适用

中国信托制度的立法起步较晚但发展较快。1979年中国国际信托投资公司宣告成立,办理国际信托投资和金融业务。① 此后,各地信托投资公司陆续成立,信托机构遍布中国大中城市。中国于2001年通过了《信托法》,2007年中国银监会颁布了《信托公司管理办法》和《信托公司集合资金信托计划管理办法》(2009年修订)。中国信托的特别法——2012年修订的《证券投资基金法》已于2013年开始施行,并于2015年再次进行了修正。一个较为完善的信托法律制度体系正在逐步形成。

随着中国融入经济全球化的步伐逐渐加快,有关涉外信托的法律纷争的解决以及涉外信托当事人权利、义务的确定,也在推动着信托法律适用问题的研究和立法。《涉外民事关系法律适用法》第17条规定:"当事人可以协议选择信托适用的法律。当事人没有选择的,适用信托财产所在地法律或者信托关系发生地法律。"

从现行立法看,中国借鉴了《关于信托的法律适用及其承认的公约》的做法,认定信托关系本质上是一种合同关系,受当事人意思自治原则支配,适用当事人选择的法律。当事人没有选择信托适用的法律的,立法没有笼统地规定适用最密切联系原则确定准据法,而是直接规定适用信托财产所在地法律或信托关系发生地法律。

二、破产的法律适用

国际破产,也称跨境破产,对一国而言,是指含有涉外因素的破产。例如,债权人或债务人涉及两个或两个以上国家或地区,或者破产财产位于两个或两个以上的国家或地区。在跨境破产法领域,破产的法律适用问题往往被立法所忽视,司法实践面对跨境破产案件也通常以法院选择直接替代法律选择。② 但是,缺乏法律适用规则的指引不但会使涉案当事人陷入无法预期破产法律后果的泥潭,还会影响到跨境破产案件公平、有效的审理。基于此,有必要对破产的法律适用问题从不同方面分别审视。

(一) 破产当事人能力的法律适用

破产当事人能力包括申请人即债权人的能力和破产债务人的能力。有效的

---

① 齐湘泉主编:《国际私法》,中央广播电视大学出版社2013年版,第254页。
② 张玲:《论我国破产法律适用立法的完善》,《法律适用》2006年第8期。

破产申请必须有合格的破产申请人。对于哪些债权人可以成为适格的破产申请人，各国法律规定有所不同。确定债权人是否为合格的国际破产申请人，一般适用受理破产申请的法院地法。对于外国债权人能否在内国法院提出破产申请的问题，一般实行国民待遇原则。债务人具有破产能力，也是法院开始破产程序的一个条件。债务人是否具有破产能力直接关系到其能否被法院宣告破产，国际破产解决这一问题时基本适用法院地法。

（二）破产形式要件的法律适用

破产形式要件主要是指破产程序。破产程序是指债务人不能清偿债务时，由法院依破产法的规定，强制处理债务人的财产并将它公平地偿付给各债权人的一种法定程序。英美法系国家多采取破产程序受理开始主义，即以法院受理破产申请为破产程序开始的标志，而不论法院是否宣告破产人破产。大陆法系国家多采取破产程序宣告开始主义，即以法院宣告债务人破产为破产程序开始的唯一标志，没有破产宣告就没有破产程序。

依据国际私法的一般规则，程序问题适用法院地法，所以破产程序的法律适用也应依法院地法，即破产开始地法或者破产宣告地法。破产程序的启动涉及执行问题，而执行问题又涉及许多特殊技术问题，故应依最密切联系原则适用执行地法，在涉外破产案件中即适用破产宣告地的法律。

（三）破产实质要件的法律适用

就破产的实质要件而言，英美法系国家传统上多采取列举方式对破产原因作出规定，而大陆法系国家多采取概括方式作出规定。随着社会经济生活的日趋复杂，破产法已经无法将所有破产原因全部予以列举，因此，一些原来采列举方式的国家，如美国，现在已趋向于改用概括方式，仅对破产原因作原则性规定，而不列举具体的破产行为。

（四）破产财团的法律适用

破产财团是指在破产程序中，当债务人被依法宣告破产时，为公平清偿所有破产债权而由破产管理人组织起来的破产人全部财产的集合。破产财团是破产宣告后继续进行破产程序的基础，也是破产债权人得以通过破产程序获得清偿的保证。

对于破产财团的法律冲突，一般分以下几方面：破产财团的范围，适用破产宣告国法即法院地法；破产财团中的动产与不动产的识别，适用财产所在地法；债权人对破产财团的物权（取回权和别除权），适用物之所在地法，即取回权适用破产宣告时应取回的财产所在地国的法律，别除权适用对破产财团设定担保的物之所在地或留置物所在地国的法律；债务人对抗债权人的抵销权和否认权，适用破产宣告国的法律。

（五）破产债权的法律适用

破产债权是指基于破产宣告前的原因成立、依破产程序申报并被确认的、可以从破产财团中受到清偿的无财产担保债权，以及放弃优先受偿权的有财产担保的债权。破产债权的法律冲突体现在破产债权的范围、确立以及清偿顺序等方面。

对于涉外破产债权的法律适用，国际社会多主张适用破产宣告国的法律，1933 年北欧的《破产法公约》、1995 年欧盟的《关于破产程序的公约》及 2015 年《欧盟破产程序条例（重订本）》作了类似规定。但同时，也有不少国家主张适用破产宣告时的财产所在地法确定破产债权的清偿事宜。

（六）破产管理的法律适用

破产程序的进行，主要以破产管理人执行其职务，即进行破产财产的管理为核心内容。从总体上看，破产管理的内容包括破产管理人的任命、债权申报的方式、债权人会议的权利、投票方式以及对破产财产的占有、清查、估计、变卖和分配等方面。

对于破产管理事项的法律适用，一般主张依据管理地法，即法院地法。但对于破产管理中的实体问题，则有必要区分不同情况，分别适用法院地法或适用原法律关系的准据法。例如，受外国法支配的债务的有效性、破产管理人支配的财产的范围和变价等问题，就应依财产自身的准据法；对土地的权利，依土地所在国法；破产人的合同关系，依原合同的准据法。

中国《企业破产法》第 5 条规定："依照本法开始的破产程序，对债务人在中华人民共和国领域外的财产发生效力。对外国法院作出的发生法律效力的破产案件的判决、裁定，涉及债务人在中华人民共和国领域内的财产，申请或者请求人民法院承认和执行的，人民法院依照中华人民共和国缔结或者参加的国际条约，或者按照互惠原则进行审查，认为不违反中华人民共和国法律的基本原则，不损害国家主权、安全和社会公共利益，不损害中华人民共和国领域内债权人的合法权益的，裁定承认和执行。"这一条款主要从涉外破产域外效力以及外国破产域内效力的角度规定了对外国破产程序的承认和执行问题，但是对涉外破产案件尚没有规定清晰的法律适用规则。

第五节　不当得利与无因管理

一、不当得利的法律适用

不当得利是指没有法律上的原因而取得利益，并致他人受损害的事实。不当得利发端于罗马法，经过漫长的演变，到近代得到大陆法系各国的普遍承认，成为与合同、侵权并立的一项重要制度。不当得利在中国民法上的概念随从大陆法。中国《民法典》第985条规定，得利人没有法律根据取得不当利益的，受损失的人可以请求得利人返还取得的利益。与其他民事法律制度相比，不当得利制度最为突出的特点是其在各国法制上的巨大差异，故被称为"比较法上千变万化的精灵"。① 自19世纪以来，各国立法确立了如下法律适用规则。

（一）法院地法

有学者主张，不当得利之债应适用法院地法。他们认为不当得利事关正义与内国公序，故应适用法院地国的法律。但适用法院地法有诸多弊端，最主要的是将鼓励当事人挑选法院。此外，适用法院地法还有降低判决结果的可预见性和一致性等缺点。

（二）属人法

有学者提出涉外不当得利案件应由当事人的共同属人法决定，如果当事人的属人法不同，则适用被告之属人法。原因在于：首先，不当得利之债为被告的法定债务，所以应由被告的属人法确定；其次，当事人有适用其属人法的期望。实际情况往往是当事人有时并不知晓对方的属人法，并且属人法与不当得利之债相比，前者侧重身份关系，后者侧重财产关系，二者往往并无必然的实质性联系，单纯适用属人法有失公允。

（三）不当得利发生地法

受"场所支配行为"这一古老法律原则和"既得权"理论的共同影响，不少学者提出，不当得利之债应适用不当得利发生地法，该规则已被不少国家的立法采纳。但各国对不当得利发生地有以下三种不同的理解：

---

① 霍政欣：《不当得利的国际私法问题》，武汉大学出版社2006年版，第1页。

1. 不当得利起因行为发生地

美国《第二次冲突法重述》第 221 条将"获取利益之起因行为发生地"列举为确定不当得利准据法的连结点之一。有一些学者则直接主张将不当得利起因行为发生地法作为不当得利之债的准据法。① 客观而论，在不当得利当事人之间不曾存在法律关系且利益发生地无法确定，或利益发生地与不当得利之债无关联时，不当得利起因行为发生地具有一定的价值。但是确定不当得利起因行为发生地并非易事。因为在实践中造成不当得利之债的行为往往被忽略，事后很难查明。同时，在相关起因行为不止一个的情况下，如何取舍又是一大难题。因此，不当得利起因行为发生地并非理想的连结点。

2. 损害发生地

一些学者主张不当得利应适用损害发生地法。不当得利与侵权具有共性，即两者都是法定而非意定之债，因此其适用的准据法也应具有类推性。既然侵权行为通常适用损害发生地法，不当得利也应如此。然而，尽管不当得利与侵权具有某些相似之处，但如前所述，不当得利法与侵权法的功能与原则完全不同。所以，单独适用损害发生地法会与不当得利法的本旨相背离。此外，随着国际民商事纠纷的日益复杂化和多样化，损害发生地的确定也愈加困难。因此，不能单独地将损害发生地法作为不当得利的准据法。

3. 利益发生地

在不当得利适用发生地法的各种主张中，利益发生地法所受支持最多。有学者认为，利益发生地法应普遍适用于各种不当得利之债；也有学者认为，利益发生地法只有在某些情况下才能适用。美国《第二次冲突法重述》第 221 条第 2 款也把利益发生地作为连结点之一，并在其评述中进一步指出，在当事人不存在法律关系的情况下，利益发生地是最为重要的连结点。②

(四) 物之所在地法

当不当得利涉及不动产产权，或因不动产交易而产生，且无其他法律与之有更密切联系时，适用物之所在地法是一条被广泛接受的规则。美国《第二次冲突法重述》把与获取之利益有实质联系的有体物，如土地或动产，在利益获取时的所在地列为需考虑的连结点之一。而其评述进一步强调，在一般情况

---

① Wolff, *Private International Law*（《国际私法》），2nd ed., Clarendon Press, 1950, pp. 500-501.
② American Law Institute, *Comment on Restatement (Second) of the Conflict of Laws*（《第二次冲突法重述评论》），Oxford University Press, 1971, p. 732.

下，若有体物为土地，物之所在地则具有更重大的意义。① 此外，适用物之所在地法可以有效解决识别不同带来的问题。

（五）合同准据法

实践中，大量的不当得利之债发生在曾存在合同关系的当事人之间。尤其是在合同被撤销或宣告无效后，当事人之间经常会发生不当得利的返还问题。针对这种情况，很多学者提出，如果不当得利的产生与合同有关，则应适用合同的准据法。如果不当得利当事人之间曾存在合同关系，且不当得利起因于该合同，适用合同的准据法是适宜的。而且，此处合同的准据法应该理解为通常意义上的合同准据法，包括当事人明示或默示选择的法律。

二、无因管理的法律适用

无因管理是指无法律上的义务而为他人管理其事务。其实质上属于事实行为，为债的发生原因之一。中国《民法典》第979条第1款规定："管理人没有法定的或者约定的义务，为避免他人利益受损失而管理他人事务的，可以请求受益人偿还因管理事务而支出的必要费用；管理人因管理事务受到损失的，可以请求受益人给予适当补偿。"对无因管理的法律适用主要有如下几种。

（一）准用委任合同准据法

《瑞士债法典》将无因管理规定于第二编"各种合同"中，因此，无因管理在瑞士民法中并不被视为独立的债之发生原因，至少从立法的体例安排上看，立法者倾向于把无因管理看作无因事务管理人与本人之间的一种事实上的委任合同关系。在瑞士《关于国际私法的联邦法》的立法体例下，如遇有涉外无因管理案件，将其定性为委任合同案件，准用委任合同之准据法即可。

（二）事务管理地法

世界上有很多国家和地区将事务管理地法作为无因管理的准据法，如法国、西班牙、日本、泰国和中国台湾地区等。所以，现在主流观点认为，无因管理或由事务管理地法排他性调整，或由其原则性调整。② 采用事务管理地法

---

① American Law Institute, *Comment on Restatement（Second）of the Conflict of Laws*（《第二次冲突法重述评论》），Oxford University Press，1971，p. 733.

② K. Zweigert & D. Müller-Gindullis，"Quasi Contract"，in K. Liptsen（ed.），*International Encyclopedia of Comparative Law Volume Ⅲ：Private International Law*（《国际比较法百科全书第三卷：国际私法》），1974，p. 19.

的理由是，无因管理是事实行为，而非法律行为，与合同不同，不能适用当事人意思自治原则。

（三）弹性准据法

自20世纪70年代以来，最密切联系原则在各国国内立法、司法实践和国际条约中得到了广泛运用，成为当代国际私法的一项重要原则。在此背景下，越来越多的国际私法立法开始将最密切联系原则运用到无因管理的法律适用中。目前代表性的做法有以下三种：

第一，将事务管理地法与最密切联系原则相结合。如1978年奥地利《关于国际私法的联邦法》将最密切联系原则作为基本原则，该法原第47条规定："无因管理依此种管理行为完成地的法律；但是，如与另一法律义务或关系有密切联系，则类推适用第45条的规定。"原第45条规定："法律行为，其效力系因既存之义务而生者，依该义务所应适用之法律。"

第二，以最密切联系为原则，兼采当事人共同属人法与事务管理地法，如英国。缘于英美等国在实体法上并没有无因管理制度，晚近理论多倾向于将无因管理人要求本人偿还其为管理所支出费用的请求权，纳入返还请求权中。因此，在冲突法上，传统上也认为无因管理应适用返还请求权的法律适用规则。不过，英国在《罗马条例Ⅱ》颁布后，已确立了用于确定无因管理之债的法律适用规则，体现在《戴西和莫里斯论冲突法》中的第258条规则。[①]

第三，采用完全弹性的准据法。如美国《第二次冲突法重述》主张在确定返还请求权的准据法时，彻底抛弃传统的法律适用规则，而采用"个案分析法"。这一方式固然灵活，但缺乏法律适用的可预见性和稳定性。

中国《涉外民事关系法律适用法》合并规定了不当得利与无因管理的法律适用问题。其第47条规定："不当得利、无因管理，适用当事人协议选择适用的法律。当事人没有选择的，适用当事人共同经常居所地法律；没有共同经常居所地的，适用不当得利、无因管理发生地法律。"这一条规定填补了中国立法空白，具有积极意义，但仍存在明显不足：（1）本条将不当得利与无因管理两类性质不同的法律关系合并规定，与两者为性质不同的法律关系不相契合，在体例上并不科学；（2）不当得利发生地包括不当得利起因行为发生地、损害

---

① Lawrence Collins (el. ed.), *Dicey, Morris and Collins on The Conflict of Laws*（《戴西、莫里斯和柯林斯论冲突法》），15th ed., Sweet & Maxwell, 2012, p. 2328.

发生地与利益发生地，上述规定未对不当得利发生地的具体含义作出解释，这会导致在司法实践中，法官的自由裁量权过大；（3）本条未体现当代许多国家国际私法立法与理论所采纳的最密切联系原则。

思考题

1. 1992年海牙《代理法律适用公约》对代理内部关系和代理外部关系的法律适用是如何规定的？
2. 中国现行立法对船舶碰撞的法律适用是如何规定的？
3. 请比较1985年海牙《关于信托的法律适用及其承认的公约》和中国《涉外民事关系法律适用法》关于信托法律适用的规定。
4. 简述国际破产法律适用中关于破产要件、破产财团、破产债权、破产管理的一般规则。
5. 《涉外民事关系法律适用法》关于无因管理和不当得利的规定有哪些优缺点？

▶ 自测习题

第三编 | 国际民商事争议解决

第十四章 国际民商事争议及其解决机制

随着跨国交往的日益频繁，国际民商事争议也越来越多。为鼓励国际民商事交往，维护各国公民的合法权益，各国都很重视国际民商事争议的解决，致力于构建国际民商事争议解决机制，初步形成了一个包括国内机制和国际机制的开放性动态体系。

第一节 国际民商事争议概述

一、国际民商事争议的概念

人类社会的形成和发展，就是人与人之间的交往由简入繁的过程。有交往就会有争议。在社会学意义上，争议也称纠纷、分歧、争端，是指特定主体之间基于利益冲突而产生的对抗行为。争议的发生，意味着一定范围内的均衡状态或秩序被打破。可以说，争议不仅是个体之间的行为，也是一种社会现象。事实上，特定社会特定历史时期的争议解决机制，一定程度上反映了该社会的治理能力和协调程度。

拓展阅读

西门子国际贸易（上海）有限公司诉上海黄金置地有限公司申请承认和执行外国仲裁裁决案

国际民商事争议产生于国际民商事交往。所谓国际民商事交往，是指国际私法主体，主要是不同国家的自然人、法人和其他社会组织，在人身关系和财产关系方面进行的跨国交往。在此过程中，各方当事人需要获取的利益并不完全相同，不同国家的文化传统、法律观念、价值观念乃至语言、交流方式也有差异，有关国家不尽相同的政治、经济、文化、法律背景也会对当事人的利益造成影响。这些因素都可能导致当事人对同一问题产生不同认识，从而形成对抗，其中需要由法律予以调整、以权利义务为内容的部分，就构成国际民商事争议。

因此，国际民商事争议可以被定义为国际私法主体之间在跨国交往中发生的涉及人身关系和财产关系的权利与义务纠纷。它具有如下特点：

(一) 它是一种国际性争议

这里的"国际",是指超越一国国境,具有跨国性。从一国的角度看,就是具有涉外因素。在国际私法上,如何界定"国际"的内涵,做法不尽一致。比如,1980年《联合国国际货物销售合同公约》第1条是这样规定国际货物销售合同的:"本公约适用于营业地在不同国家的当事人之间所订立的货物销售合同:(1) 如果这些国家是缔约国;或(2) 如果国际私法规则导致适用某一缔约国的法律。"而1985年《国际商事仲裁示范法》第1条对国际仲裁的确定,除了考虑当事人的营业地、仲裁地以外,还要考虑履行商事关系的大部分义务的任何地点或与争议标的关系最密切地,并且有以当事人的意思表示作为标准的倾向。同为联合国国际贸易法委员会制定的示范法,2002年通过的《联合国国际贸易法委员会国际商事调解示范法》(以下简称《国际商事调解示范法》)第1条规定的国际调解为:交付调解之协议的当事各方在缔结协议时,他们的营业地点位于不同的国家;或下列国家之一与当事各方营业地点所在国不同:(1) 履行商事关系的实质性义务部分所在国;(2) 与争议事项有最密切联系的国家。同时,当事人的同意也构成判断国际调解的标准或适用该示范法的依据。由此可见,"国际"的内涵和外延在不同情形下具有较大差异。

中国国际私法通说认为,对于民商事法律关系的涉外性或国际性应作广义理解,即只要民商事法律关系的主体、客体或内容至少有一个与中国内地之外的法域相联系,就是涉外或国际民事关系。司法实践亦采这一说法。① 此外,也有观点认为,如果解决民商事争议的机构和地点在一个以上的国家或法域,也应被视为具有国际因素。②

(二) 它是一种民商事性质的国际争议

国际民商事争议是当事人在从事国际民商事活动中发生的权利义务纠纷,不直接涉及有关国家的政治、军事、外交关系,其解决一般无须当事人所属国

---

① 韩德培主编:《国际私法新论》,武汉大学出版社1997年版,第3—4页;李双元等编著:《中国国际私法通论》,法律出版社1996年版,第1—3页;黄进:《中国国际私法》,三联书店(香港)有限公司1997年版,第3—4页;中国《涉外民事关系法律适用法解释(一)》第1条、《最高人民法院关于适用〈中华人民共和国民事诉讼法〉的解释》(以下简称《民诉法解释》)第520条等。
② 韩德培、肖永平编著:《国际私法学》,人民法院出版社、中国社会科学出版社2004年版,第263页。

行使外交保护权。国际民商事争议的内容涉及的是国际私法主体的人身关系和财产关系,从实体到程序,当事人均依法享有充分的处分权和自治权。

(三)它是一种广义的民商事争议

由于各国对"民商事"的理解有所不同,在立法体例与人们的法律意识中,有所谓"民商合一"与"民商分立"之别。国际私法上,"民事""民商事""商事"三个术语的使用并未严格区分,事实上也无法给出一个各国都认可的定义。因此,国际私法上所谓的民商事关系包括人身关系和财产关系,意指平等主体之间的物权关系、债权关系、人格权和身份权关系、知识产权关系、婚姻家庭和继承关系、公司法关系、票据关系、海商法关系、破产法关系等,甚至包括劳动关系,显然超越了各国民法所指的民商事关系。因此,国际民商事争议是一种广义的民商事争议,不可与国内民法上的民事争议、商事争议相提并论。

二、国际民商事争议的类型

国际民商事争议的类型,对其解决方式有一定影响。比如,各国一般规定,只有当事人可自由处分的财产权益纠纷才可提交仲裁,而人身关系引起的争议,不能通过仲裁解决。

从不同角度,依据不同标准,对国际民商事争议可以进行不同的分类。

首先,根据争议的主体,国际民商事争议可以分为个人(自然人和法人及其他社团组织)之间的争议、国家或政府间国际组织和个人之间的争议、国家之间的争议、国际组织之间的争议、国家与国际组织之间的争议。其中,前一种争议较为普遍,后四种争议比较少见,只有在特定情况下才有可能发生。国际民商事争议的主体都是平等的,但为了维护国家主权,或者为了保障国际组织顺利实现其宗旨和目的,国家及国际组织参与国际民商事交往时享有豁免权。争议主体的不同,对争议解决方式及法律适用等都有影响。

其次,根据争议的起因,国际民商事争议可分为契约性争议和非契约性争议。前者基于合同产生,后者的产生与当事人的意思表示无关,如侵权纠纷。争议起因不同,也可能导致争议解决方式、管辖权、法律适用等不同,争议解决程序的价值取向也可能有所不同。

再次,根据法律关系的性质,国际民商事争议还可分为继承争议、扶养争议、合同争议、破产争议、票据争议、海事海商争议等。争议的性质不同必然对争议的解决产生影响，当事人在争议解决程序中的权利义务也会有所差异。

最后，根据争议解决方式，国际民商事争议还可以分为在线争议和离线争议。

第二节　国际民商事争议解决机制

一、国际民商事争议解决机制的概念及类型

国际民商事争议解决机制可分为国内机制和国际机制。前者虽为主权范畴的事项，但有关国家不可能不考虑国际社会的一般做法。因此，二者之间的界线是相对的，而且是互动的。从历史上看，国际民商事争议的解决过去倚重国内机制，但现在国际机制已不可或缺，二者互不取代、相辅相成。一个国家要想发展，就不可能自绝于世界，就不能不在重视国内机制的同时重视国际机制，就像一个健康的人需要双手或双脚一样。在国内机制中，诉讼是龙头，仲裁已被广为接受，其他争议解决方式也越来越多地得到应用。在立法上，各国都有自己的诉讼法和仲裁法，一般不反对协商和解、调解等方式，个别国家还单独制定了调解法（如印度1996年《仲裁与调解法》）或者替代性争议解决法（如美国1998年《替代性争议解决法》）。而在国际机制中，目前国际商事仲裁的国际性强于国际民事诉讼，国际商事调解还处于起步阶段。当然，这里的国际民事诉讼仍由一国法院依其国内法进行，但受制于法院所在国家承担的国际义务。基于民商事关系的特性，无论是国内机制还是国际机制，当事人都享有越来越充分的自主权。而且，国际民商事争议解决机制是开放性的，无论是国内机制还是国际机制，均不排除当事人创造新方法，也不排除国际社会共同接受更多的方法。一个明显的例子是在线争议解决方法。由于互联网技术的成熟与勃兴，已有的国际民商事争议解决方法与网络联姻，形成了在线争议解决方法（Online Dispute Resolution，简称ODR）。当然，从本质上看，ODR既可以运用已有的国际民商事争议解决方法解决网络空间的争议，也可使非网络争议，即物理空间发生的争议借助网络得到便捷的解决。ODR是技术上的革命，也可能带来方法论上的革命。

因此，所谓国际民商事争议解决机制，系指由国际社会用于解决国际民商事争议的各种方式组成的动态系统。由于国际民商事交往的主体、方式、利益

以及人们的价值观，乃至国际民商事争议的类型，都呈现出多元化特点，就必然要求多元的纠纷解决方式，主要包括协商、调解、仲裁、诉讼和其他形式的替代性争议解决方式（Alternative Dispute Resolution，简称 ADR）。由于本书第十五章和第十六章分别专门讨论国际民事诉讼和国际商事仲裁问题，本节重点介绍替代性争议解决方式，特别是协商、调解的基本法律问题。

二、替代性争议解决方式

从诉讼的角度可以将国际民商事争议解决方式分为诉讼和替代诉讼的争议解决方式，后者就是所谓的 ADR。因此，ADR 是民事诉讼制度以外的非诉讼纠纷解决方式的总称。

ADR 发轫于 20 世纪 60 年代的美国，其兴起并非因为法院有什么过错，而是因为当事人和律师意识到通过诉讼解决法律纠纷变得昂贵、费时、不保密。法院面对"诉讼爆炸"亦感人力、财力难以为继，鼓励 ADR 以疏减讼源遂成为自然而然的选择。ADR 是个集合概念，迄今尚没有一个公认的定义。在中国学者的著作中，ADR 的中文译名也很不一致。大体说来，广义说认为，ADR 指各种非诉讼争议解决方式，这也是 ADR 的字面含义。狭义说则认为，ADR 指除仲裁以外的各种非诉讼争议解决方式。由于仲裁已高度制度化，其诉讼化倾向十分明显，与 ADR 的其他方式存在本质区别，因此，ADR 不包括仲裁为大势所趋。事实上，一些赞成 ADR 包括仲裁的学者，在归纳 ADR 的特点时与仲裁多有抵牾。

（一）替代性争议解决方式的种类

由于 ADR 是一个综合性概念，人类在解决纠纷方面的想象力有多丰富，ADR 便有多少具体方法。这些方法在各国有所不同，按不同的标准亦可作不同的分类。

第一，根据 ADR 的主持机关，它可分为：（1）法院附设 ADR；（2）国家行政机关、准行政机关所设或附设 ADR；（3）民间团体或组织 ADR；（4）律师主持的专业咨询或法律援助性质的 ADR；（5）国际组织所设的纠纷解决机构的 ADR。

第二，根据 ADR 启动程序的必要条件，它可分为：（1）合意 ADR，即双方当事人合意决定通过 ADR 解决纠纷；（2）半强制 ADR，即 ADR 机构或组织根据一方当事人的申请就可处理纠纷；（3）强制 ADR，即根据法律规定或法院的决定，把 ADR 设定为解决某些类型的纠纷的前置条件，如离婚、劳动争议等。

第三，根据 ADR 处理结果的效力，它可分为：(1) 有约束力或终局性的 ADR；(2) 无约束力或非终局性的 ADR，即当事人在纠纷解决的合意未达成时可直接转入诉讼程序，或在达成协议后的一定期限内仍可以提起诉讼。

第四，根据 ADR 机构在纠纷解决过程中的作用，它可分为：(1) 中立性 ADR，主要为当事人提供对话的渠道；(2) 指导性 ADR，能够为当事人提供最接近判决的意见。

(二) 替代性争议解决方式的特点

虽然 ADR 种类繁多，但它们都具备下列特点：

1. 自愿性

自愿性也称合意性、选择性或自治性，在 ADR 中占有重要地位。ADR 程序及其采用的形式一般出于当事人的自愿，甚至争议解决的结果是否有强制性也取决于当事人。假如 ADR 程序成功，很可能是双赢的结果；假如没有成功，所失去的只是时间及不多的费用。

2. 非正式性

ADR 既不像诉讼需要国家权力和法院的介入，一切以诉讼法为依归；也不像仲裁那样注重最低限度的正当程序要求。恰恰相反，ADR 的程序极为灵活，甚至很难讲它有什么必需的正式程序，当事人之间也不必处于对抗地位。比如，ADR 没有严格的证据规则，没有现代诉讼和仲裁中常有的对抗制以及保证程序正常进行的规则。正是因为这种非正式性，当事人可以灵活处理争议的问题，如不必通过昂贵的手段举证，不必进行冗长的质证和辩论，从而节省了费用与时间。对于解决争议的法律程序而言，非正式性不是一个优点，但由于 ADR 的结果多半是当事人自愿达成并接受的，所以非正式性不仅没有侵犯自然公正，反而成为灵活、效率的代名词。

3. 复合性

在 ADR 过程中，只要当事人愿意，各种方法均可相互融合，互为补充。ADR 程序和诉讼程序、仲裁程序也是共通的。如美国公众援助中心（Center of Public Resources，简称 CPR）提供的 ADR 示范程序中的二步争议解决程序（调解/微型审判—仲裁/诉讼）和三步争议解决程序（谈判—调解/微型审判—

仲裁/诉讼）便很好地反映了 ADR 各种机制的共融性。① 中国的一些仲裁机构也采用了类似方法，如在武汉仲裁委员会，当事人可以先请求调解中心进行调解，如调解失败，再进入仲裁程序；当事人也可以边进行仲裁程序，边由独立的调解员进行调解，调解成功则由仲裁庭依调解协议的内容作出和解裁决，如调解不成功，则径由仲裁庭作出裁决。ADR 的这种复合性有助于当事人提高解决争议的效率。

4. 保密性

ADR 的进行一般不对外界公开，有助于当事人放弃对抗，营造和谐气氛，在小范围内平和地解决争议，保护当事人的商业秘密。同时，保密性还意味着当事人在 ADR 程序中的所作所为以及 ADR 主持人（如调解员）的言行，都不得在以后的诉讼、仲裁或其他程序中用作证据，ADR 主持人也没有相应的作证义务。

5. 前瞻性

当事人之间存在持续性的关系时，ADR 的选用可能特别有效。这在商业纠纷的解决方面尤其重要。出于对他们之间商业关系的考虑，当事人既要对目前的争议作出安排，又要着眼于将来，通过诉讼可能难以达到该目的。而通过 ADR 达成一个新协议，不一定要对现存争议定性，但互有让步、各有受益则有可能。可以说，ADR 不一定给当事人一个"说法"，却可以做到"结束过去向前看"。

6. 结果的非强制性

ADR 各种方法是当事人的合意选择，因为没有公共权力的参与或公共权力对争议解决过程影响不深，结果通常没有强制性。但这也不是绝对的，从《国际商事调解示范法》及一些国家的国内法看，在一定条件下，通过 ADR 达成的解决方案也可能具有拘束力。如《国际商事调解示范法》第 14 条规定，如当事各方达成解决争议的协议，则该协议具有拘束力和可执行性。再如，按照中国《人民调解法》第 31—33 条的规定，经人民调解委员会调解达成的调解协议，具有法律约束力，当事人应当按照约定履行。人民调解委员会应当对调解协议的履行情况进行监督，督促当事人履行约定的义务。经人民调解委员会

---

① 郭玉军：《替代性纠纷解决机制在中国的现状及未来发展趋势》，中国国际私法学会、武汉大学国际私法研究所主办：《中国国际私法与比较法年刊》（第 6 卷），法律出版社 2003 年版。

调解达成调解协议后,当事人之间就调解协议的履行或者调解协议的内容发生争议的,一方当事人可以向人民法院提起诉讼。经人民调解委员会调解达成调解协议后,双方当事人认为有必要的,可以自调解协议生效之日起 30 日内共同向人民法院申请司法确认,人民法院应当及时对调解协议进行审查,依法确认调解协议的效力。人民法院依法确认调解协议有效,一方当事人拒绝履行或者未全部履行的,对方当事人可以向人民法院申请强制执行。人民法院依法确认调解协议无效的,当事人可以通过人民调解方式变更原调解协议或者达成新的调解协议,也可以向人民法院提起诉讼。但一般而言,通过 ADR 达成的争议解决方案不具有强制性。

(三) ADR 与诉讼的关系

如果我们把 ADR 理解为诉讼以外的所有纠纷解决方式,正确理解诉讼与 ADR 的关系就是我们运用诉讼与其他纠纷解决方式的基础。对于诉讼与 ADR 的关系,可以从两个方面来说明。

第一,相对于诉讼程序,ADR 有克服诉讼的固有弊端,弥补诉讼的不足,分担诉讼的压力,有效解决纠纷的功能。尽管通过诉讼解决纠纷是实现社会正义的最后手段,是法治社会不可或缺的保障,但通过诉讼解决民商事纠纷存在一系列固有的矛盾,如法律规则与社会规范的矛盾、程序公正与实体公正的矛盾、法律真实与客观真实的矛盾、公平与效益的矛盾、案件所涉权利义务关系的简单与纠纷背后社会关系的复杂之间的矛盾等。这些矛盾在很大程度上限制了诉讼作为纠纷解决手段的功能与效果,使诉讼成为一种高成本的救济保障体系。此外,随着社会的发展与变化,纠纷的急剧增加和复杂化使得诉讼的功能性障碍愈显突出。就纠纷的总量与法院的纠纷解决能力来说,很多国家已经到了超负荷状态。在这种情况下,法院不仅无力应付诉讼的巨大压力,其迟延与高费用也会导致日常纠纷解决的不畅并危及司法权威。可以说,在今天,ADR 就是作为有效限制诉讼的副作用、弥补诉讼缺陷的重要手段而被各国大力推行的。

第二,在解决民商事纠纷中,ADR 具有诉讼所不具备的功能优势。具体说来,ADR 的优势可以概括为:(1)能够充分发挥作为中立调解人的专家的意见在纠纷解决中的积极作用;(2)以妥协而不是对抗的方式解决纠纷,有利于维护需要长久维系的商业关系和人际关系,乃至维护共同体的凝聚力和社会稳定;(3)当事人有更多的机会和可能参加纠纷的解决;(4)其程序有利于保守个人隐私和商业秘密；（5）对于新的技术和社会问题，在法律规范相对滞后的情况下，能够提供一种适应社会和技术发展的灵活的纠纷解决程序；（6）有利于当事人根据自主和自律原则选择适用的规范，如地方惯例、行业习惯和标准等，解决纠纷；（7）经过当事人理性的协商和妥协，可以得到双赢的结果。①

总之，ADR 的合理运用是对诉讼机制的最大补救和补充。各种 ADR 通过自身的特点与优势，在纠纷解决方面对诉讼制度补偏救弊、分担压力，起着补充作用。它有利于减少纠纷解决的成本与代价，节约司法资源，以更有效地调整人际关系和社会关系。

三、协商

协商（negotiation）是一种旨在相互说服的交流或对话过程。其实质是双方的交易活动，目的是预防潜在纠纷或达成解决纠纷的协议。由当事人自行谈判达成的协议，性质上相当于契约或对原有契约的变更，对当事人具有约束力。与其他纠纷解决方式相比，协商具有以下特点：（1）它不是特定的制度，而是一种手段，在其他纠纷解决方式中也可以使用，因而具有较大的灵活性。（2）它在形式和程序上比较随意，具有通俗性和民间性。它通常以民间习惯或当事人约定的方式进行，甚至可以在请客吃饭、电话交谈中完成。（3）它通常不需要第三者介入，具有很高的自治性。即使有时有第三者参与，或由第三者促成，因该第三者并不是以权威的调解者身份出现的，通常也只起协助作用或作为一方当事人的代理人。

协商必须具备一定的条件，遵守一些基本原则，其达成的和解协议的效力亦值得注意。下面分别述之。

（一）协商的必要条件

协商必须具备一定的条件，才存在成功的可能，在方法和策略方面的努力才能奏效。否则，可能会浪费时间，劳而无功，并增加纠纷解决的成本。这些基本条件包括：

第一，当事人具有通过谈判解决纠纷的愿望或诚意。纠纷发生后，双方能否坐在一起谈判，是有无愿望和诚意的首要表现。此外，当事人耐心听取对方的理由和主张、尊重对方的权利与尊严、对对方抱有最基本的信任、遵守谈判

---

① 范愉：《非诉讼纠纷解决机制研究》，中国人民大学出版社 2000 年版，第 35—45 页。

规则等,都是具有诚意的表现。当事人双方的诚意是谈判的最基本条件,如果发现对方毫无诚意,又无法改变其态度,应果断退出谈判,以免浪费时间。

第二,当事人具有谈判和权衡的理性或能力。作为一种交易活动,协商的双方应对自己的利益和理由以及对方的优势和弱点作出合理判断,从而使讨价还价在可能达成一致的限度内进行。过高估计自己的优势而提出不切实际的要求,不能在适当的时机作出妥协从而使谈判陷入僵局,斤斤计较细节而失去在主要问题上达成协议的机会,以及轻率地让步使自己遭受重大损失,都是谈判的大忌。

第三,当事人作出妥协具有现实可能性。如果实际交易的数额或其他合理要求明显超出义务人的实际偿付能力,而权利人又不可能作出更大的让步的,谈判只能终止,因为即使达成协议也无法履行。

(二) 协商的原则

协商是民商事主体自主行使其处分权的活动,它必须遵循以下原则:

1. 自愿原则

自愿是协商的前提,任何一方都有权拒绝协商和终止协商,任何一方都不得强迫对方同自己和解。当然,如果法律或合同明确规定当事人发生争议后应首先协商和解的,当事人就有义务首先进行协商,但即使在这种情况下,当事人也没有义务一定要通过协商达成和解协议,解决争议。

2. 平等原则

平等是和解的基础。由于国际民商事关系的当事人本来就是平等的,当事人发生争议后理应在平等的基础上进行协商。因为只有坚持平等原则,协商才能充分,利益才能平衡,公平合理的争议解决协议才能达成。

3. 合法原则

合法是和解的基本要求。和解在任意法范围内有一定的灵活性,当事人不必严格按照任意性实体法作出决定。但和解仍然应根据有关法律要求进行,和解的事项和协商达成的和解协议,必须符合有关法律规定,尤其不得违反法律的基本原则和强制性规定。

4. 公平合理原则

公平合理是和解的最高目标。它不仅要求当事人充分协商,均衡利益,意思表示达成一致,而且要求实力较强一方充分尊重实力较弱一方的意见,照顾后者利益,达成实质上公平合理的争议解决协议。

(三) 国际民商事和解协议的效力

当事人通过协商达成协议以后,一般会制作和解协议书,将他们达成的协议用书面形式确定下来。

在诉讼外的国际民商事和解中,当事人在和解协议书上签字盖章,即发生实体法上取得或者放弃国际民商事权利的效力。有关当事人依据和解协议书履行义务以后,不仅可以彻底解决他们之间的争议,还可以完全消除其原有的国际民商事法律关系。

在诉讼中的国际民商事和解中,由于当事人事先将他们之间的争议诉诸法院,为了维护法律的尊严和司法程序的严肃性,各国法律一般都规定:当事人通过充分协商达成和解协议的,应提请受诉法院审查批准;受诉法院依法对和解协议进行审查,认为符合法律规定的,予以确认、批准,并终结全部或者部分诉讼程序。

四、调解

国际商事调解在近几十年来逐步得到国际社会的广泛认同。所谓国际商事调解,是指在国际商事交往中,各方当事人在发生争议后,共同选择第三方作为调解人(调解员),由调解人通过说服、劝导等方式,使当事人之间的争议在自愿的基础上得到解决。国际商事调解既可在某一机构进行,也可以由当事人直接授权个人进行,前者为机构调解,后者为临时调解。

关于国际商事调解的定义,主要分歧在于如何理解"国际"和"商事"。无论在学理上还是实务中,因对其外延难以作出明确的界定,一般都赞成对它们作广义的理解。如1980年《联合国国际贸易法委员会调解规则》第1条规定的适用范围是"当事人间因合同关系或关于合同关系,或者因其他法律关系或关于其他法律关系而发生争议"。

实践中,conciliation 和 mediation 都可以译成"调解"。在英国和一些欧洲国家,conciliation 类似于国际法上的斡旋,调解员的作用在于不偏不倚地对双方当事人进行劝导、说服,召集当事人进行协商,目的在于促成当事人达成和解。而 mediation 类似于国际法上的调停,调解员更为积极,他主持当事人的协商,提出建议作为双方谈判的基础,从而促成当事人达成和解。除非特别说明,这两个词经常混用,并不作严格的区分。

(一) 调解的特点

与其他纠纷解决方式相比,国际商事调解具有以下特点:

第一,它是在中立第三方的参与下进行的纠纷解决活动。担任调解人的可以是社会组织、专门机构或者个人。但无论是个人还是集体,都是作为中立第三方而不是裁判者参加调解的。一些国家允许法官担任调解人,但作为调解人的法官与作为裁判者的法官,在功能和地位上是有严格区别的。

第二,调解以当事人的自愿为前提。国际商事调解是一种"私行为",具有民间性。当事人参与调解,正是在法律范围内处分自己的民事权利。当事人是否选择调解、选择哪一个调解机构或调解员、调解的内容和程序以及调解协议的达成,都以当事人自愿为准。

第三,调解协议本身的达成与生效没有国家强制性,但其效力能够得到法律的保障。调解协议属于当事人的自治性权利处分行为,本质上是一种契约,其达成首先基于双方当事人的承认和自愿接受。这种约定一般不能剥夺当事人的诉权。因此,一旦当事人对协议表示拒绝,原则上可以不受限制地提起或转入诉讼程序。由于没有强制性的约束,当事人容易没有顾虑地同意调解,增加纠纷的解决概率。

第四,调解具有程序的便利性与处理的灵活性和合理性。与诉讼程序相比,调解不需要严格的程序。即使是法院附设的调解,法官也可以不着制服,不在法院进行调解,使当事人之间的对立情绪在和谐的氛围中化解。调解一般是保密的,当事人无须顾忌暴露商业秘密和个人隐私。调解程序是非正式的,即使当事人实力较弱也不至于影响调解结果,有利于当事人本人参与纠纷解决。调解程序在当事人主张和事实的证明责任、适用规范以及运作方式上都具有很大的灵活性。这些特点有利于当事人根据自身的利益和条件充分地进行协商,达成符合实际的、能为双方所接受的协议。[①]

(二) 调解的原则

国际商事调解应该遵循自愿原则、平等原则、合法原则和公平合理原则。

1. 自愿原则

调解的进行与协议的达成都是当事人自愿的,即使是强制调解,也不能强

[①] 韩德培、肖永平编著:《国际私法学》,人民法院出版社、中国社会科学出版社 2004 年版,第 268 页。

制当事人达成或接受调解结果。如果调解失败,当事人无法达成和解,应根据当事人的意思立即转入诉讼程序,不得阻碍。自愿原则保证了调解的合意性质,符合当事人主义的精神和处分原则,也是调解协议的正当性及其效力的根据所在。

2. 平等原则

调解必须平等保护当事人的实体权利。在调解与诉讼程序分离的情况下,当事人在调解中作出的陈述与妥协不具有约束力,不能在以后的诉讼中采用,以避免影响诉讼的公正性。

3. 合法原则

调解应该以合法和不违反公序良俗为原则。调解一般允许适用多种社会规范,也允许当事人进行较大的自由处分,但调解协议内容应符合法律的基本原则,不得违反法律的强制性和禁止性规定。

4. 公平合理原则

调解在程序上应保证最基本的公平。例如,必须保证双方当事人在调解程序中完全平等,避免由于当事人地位和实力不平衡导致的压制和解;调解人的地位身份应符合公平中立原则,不得是一方当事人的利益关系人和亲属,不得偏袒一方;调解不得在当事人不知情或有重大误解的情况下,以欺骗手段诱使其达成和解;等等。

如果调解成功,调解协议一般由当事人自愿履行,无须强制执行。调解不成功或者调解协议未得到履行的,不影响当事人采用其他方式解决相关争议。

(三) 调解的进行

国际商事调解的进行除依当事人的协议外,并无定式。《联合国国际贸易法委员会调解规则》《国际商会友好争议解决规则》及《国际商事调解示范法》都可为例予以说明,限于篇幅,以下仅依《国际商事调解示范法》,从制度层面阐述如何进行国际商事调解。

2002年11月联合国大会第五十七届会议通过的《国际商事调解示范法》是该组织致力于国际商事争议解决机制的又一重大成果,全文共14条。基于该示范法,一个完整的调解程序的主要环节及注意事项如下:

1. 调解的开始

对于已发生的争议,调解程序自当事人同意进入该程序之日起开始。一方当事人邀请另一方当事人进入调解程序,自发出邀请之日起30日内或在邀请中确定的期限内未收到答复的，可视为对方拒绝调解邀请。

2. 调解员的人数及委任

除非当事人另有约定，调解员应为1人。当事人应尽力达成委任调解员的协议，在委任调解员时，当事人可求助于机构或个人，要求后者推荐或直接指定合适的调解员。后者在推荐或指定调解员时，应尽可能委任公正和独立的调解员，并适时考虑委任与当事人不同国籍的调解员的适宜性。

就可能被委任为调解员之事进行交涉时，待任调解员应披露可能对其公正性或独立性引起正当怀疑的任何情形。调解员在接受委任以及调解过程中，应向当事人披露此种情形。

3. 调解的进行

当事人可自由地约定调解的方式。如未达成此种协议，调解员在考虑案件的情形、当事人可能表达的愿望以及快速解决争议的基础上，可按其认为适当的方式进行调解。但在任何情况下，调解员应公平地对待全体当事人。

在调解的任何阶段，调解员可提出解决争议的建议，可共同或单独与当事人会晤或联系。调解员可以将一方当事人提供的信息向其他当事人披露，但一方当事人以保密为条件向调解员提供的信息除外。

4. 调解的结束

在下列情形下，调解应该结束：（1）当事人签订调解协议；（2）经商当事人，调解员宣告不必继续进行调解；（3）当事人通知调解员结束调解程序；（4）一方当事人通知其他当事人和调解员（如已委任）结束调解程序。

5. 保密

除非当事人另有协议，或者法律要求或为实施或执行调解协议而作出披露，与调解程序有关的任何信息均应保密。

6. 调解与其他程序的关系

调解程序的当事人、调解员及任何第三人（包括调解程序的有关管理者），不得在仲裁、司法或类似程序中将下列情形作为依据或当作证据：（1）当事人邀请开始调解程序或愿意参加调解程序的事实；（2）为使争议得到解决，一方当事人在调解程序中表达的观点或建议；（3）一方当事人在调解过程中所作声明或承认；（4）调解员提出的建议；（5）一方当事人表示愿意接受调解员建议的和解方案的事实；（6）仅为达成调解协议而准备的文件。仲裁庭、法院或其他有权政府机构不应命令披露前述信息，违反规定而提交此等信息的，应视为不可接受的证据，但法律另有规定或者为实施或执行调解协议的除外。

除非当事人另有约定，调解员不得在调解程序所针对的争议或同一法律关系所引起的争议中担任仲裁员。

如当事人对于已经发生或将来发生的争议已同意进行调解，明确承诺不在特定时限内或特定事件发生后方开始仲裁或司法程序，则仲裁庭或法院应赋予此种承诺法律效力，直到符合作出承诺的条件出现，除非一方当事人依其意见认为系为保护其权利所必需。开始此种程序本身不得被视为放弃提交调解或结束调解程序。

7. 调解协议的可执行性

如果当事人达成解决争议的协议，则调解协议具有拘束力并可强制执行。这是示范法对传统调解的一个最大的突破。不过，各国在采用示范法时，可自行决定执行的方法或规定。

(四)《新加坡调解公约》与国际商事调解协议的执行

联合国大会于2018年12月20日通过的《联合国关于调解所产生的国际和解协议公约》（以下简称《新加坡调解公约》），于2019年8月7日在新加坡开放供各国签署，并于2020年9月12日生效。《新加坡调解公约》不仅有利于促进国际商事调解，而且建立了一套直接执行经调解产生的国际商事调解协议的机制。根据该公约规定，单纯的国内商事调解不适用公约，仅国际商事纠纷各方当事人通过调解达成的书面调解协议，可以向缔约国主管机关申请执行。仅在下列情形下，主管机构可基于被申请执行一方的请求拒绝准予救济：

第一，调解协议一方当事人处于某种无行为能力状况。

第二，所寻求依赖的调解协议：（1）根据当事人有效约定的适用于调解协议的法律，或者没有约定时主管机关认为应予适用的法律，属于无效、失效或者无法履行的；（2）调解协议不具约束力或者不是终局的，或者随后被修改的。

第三，调解协议中的义务已经履行，或者内容不明确、无法理解的。

第四，准予救济将有悖调解协议条款。

第五，调解员严重违反适用于调解员或者调解的准则，若非此种违反，该当事人本不会订立调解协议。

第六，调解员未向各方当事人披露可能对调解员公正性或者独立性产生正当怀疑的情形，并且此种未予披露对一方当事人有实质性影响或者不当影响，若非此种未予披露，该当事人本不会订立调解协议。

此外，缔约国主管机关在下列情形下也可依职权拒绝准予救济：（1）准予救济将违反本国的公共政策；（2）根据本国法律，争议事项无法以调解方式解决。

《新加坡调解公约》将进一步健全国际商事争议解决机制，促进国际商事调解制度的发展，进而便利全球商事交易。

第三节 国际民商事司法与行政合作

一、国际民商事司法与行政合作的概念

国际民商事司法与行政合作是指一国司法和行政机关基于另一国司法和行政机关或当事人的请求，根据国际条约或互惠原则，就一定的跨国民商事诉讼程序、特定的跨国民商事实体事项和跨国民商事司法交流等活动在司法与行政层面开展国际合作的机制。

首先，国际民商事司法与行政合作是一种司法与行政相结合的合作。司法与行政是指以辅助国家司法权的行使为目的的行政事务，司法与行政工作在各国司法体系和法制建设中占有重要地位。① 从技术上讲，国家权力分工是当今世界各国普遍的做法，只不过权力分工的具体形式不同而已。② 司法同行政一样，都是执行法律的活动，都可归为执行活动，都可使国家的法律得到具体落实。通过国际范围内的司法与行政合作，可使合作国家的司法与行政事务得到及时解决，使合作国家的当事人利益得到有效实现。

其次，国际民商事司法与行政合作是私法领域的司法与行政合作，区别于刑事、税务、海关等公法领域的司法与行政合作。例如，跨国犯罪的增多和国家交往范围的扩大，使得国际刑事司法合作在国家对外活动中的重要性愈益突出，主要涉及引渡、刑事司法文书的送达、刑事调查取证（如赃款、赃物的扣押和移交）、被判刑人的移管等。虽然两者均为司法与行政合作，但两者合作领域的性质不同：民商事领域的合作属于私法性质，而刑事、税务、海关等领

---

① 梁德超主编：《司法行政两个体系理论与实践》，法律出版社1997年版，第1页。
② 宋炉安：《论行政审判权》，罗豪才主编：《行政法论丛》（第1卷），法律出版社1998年版。

域的合作属于公法性质；前者主要着眼于私人利益，后者主要着眼于国家利益。

最后，国际民商事司法与行政合作是国际范围内的民商事司法与行政合作，区别于一国范围内的区际民商事司法与行政合作。在多法域国家，如联邦制的美国和单一制的英国，存在州际、区际等法域间的民商事司法与行政合作；"一国两制"下的中国也存在四个法域间的民商事司法与行政合作。但两者存在以下区别：前者发生于国与国之间，涉及主权因素，而后者则产生于一国内部的不同法域之间，无关主权因素；前者的法律渊源主要是国际法规范，少数情况下在国内法规定的基础上依据互惠原则，而后者的法律渊源主要是国内法规范，少量可参照国际法规范；前者体现一国的对外政策，以平等互利、互相合作为目标，后者则体现一国的对内政策，以各法域的共同发展为目标。

二、国际民商事司法与行政合作的发展

"二战"后，随着国家间相互依赖性的增强和人类跨国活动的扩展，一些全球性问题需要各国合作解决。传统的国际私法规则不可能解决所有的难题。为克服不同国家的司法障碍，协调不同国家的司法差异，国际民商事司法与行政合作机制应运而生，它是在国际私法统一化进程中逐渐形成和发展的。①

海牙国际私法会议是全球从事国际民商事司法与行政合作的代表，在国际合作立法和实践方面取得了良好的成效。1961年海牙《未成年人保护的管辖权和法律适用公约》最早规定国家间司法与行政合作机制，但该公约的合作机制尚处于萌芽阶段。1965年《送达公约》正式建立中央机关的合作模式。1980年《海牙国际性非法诱拐儿童民事事项公约》进一步扩展了各缔约国中央机关之间的合作责任，形成了中央机关的工作网络机制。诸多海牙公约的运作表明，国家间的合作是实施公约的关键。通过司法与行政合作条款的安排，各国中央机关或主管机关合作采取各种司法或行政措施，避免管辖权冲突和法律适用冲突，注重个案合作和解决。

目前，国际民商事司法与行政合作的发展呈现出以下趋势：

---

① 汪金兰：《统一国际私法的新机制——海牙国际私法会议的司法与行政合作》，《法学评论》2002年第3期。

第一,合作立法专门化、集中化。合作立法专门化,主要表现在民商事诉讼程序领域的司法与行政合作从早期用一揽子解决的方法合并规定在一个统一的国际公约中,发展到分别立法,专门立法,如 1980 年《国际司法救助公约》。合作立法集中化,主要表现在民商事实体争议领域的司法与行政合作集中到一章加以规定,与法律适用、管辖权、判决的承认与执行相并列,突出采用司法与行政合作机制解决公约事项的重要性,如 1996 年海牙《关于父母责任和保护儿童措施的管辖权、法律适用、承认、执行和合作公约》。

第二,合作程度不断深化。国际民商事司法与行政合作的精神不仅体现在越来越多的国际公约和条约中,而且通过司法实践,其合作程度不断深化。最明显的例子就是跨国儿童收养的安排、国际诱拐儿童的返还、破产财产的共同管理等。海牙国际私法会议将司法与行政合作作为工作重点之一,事先作出合理安排和规划,定期跟踪检查和开展问卷调查研究,并多次举行特别会议,对已有司法与行政合作类型公约的实施情况进行检查,对未来的公约加入司法与行政合作条款的可行性进行研讨。

第三,合作领域扩大化。国际民商事司法与行政合作的范围随着国际社会生活实际需要的日益增加而逐渐扩大。传统上主要是在诉讼程序中的合作,如送达、取证、外国法资料的获取、司法救助、公文书的认证等,现在已扩大到实体争议的解决,尽管目前还主要限于家庭法、儿童保护等传统民事领域,如家庭扶养、儿童诱拐、成年人保护等。商事领域也呈现出合作的可能,如跨国破产财产的共同管理等。

第四,合作方法多样化。中央机关的建立是最早也是最有效的合作模式,各国依据相关国际公约、条约的规定建立的中央机关为当事人及其律师和法院提供直接的帮助。通过与法律执行组织、社会服务组织以及非营利性组织之间的合作,中央机关的建立和运作也促进了相关公约目标的实现。此外,还出现了合作标准的统一、司法的直接交流、案件的集中管理、法律情报的交换等多种方法。其中,合作标准的统一主要是在合作过程中对合作请求、申请、证明等方面的格式加以统一和规范。

三、国际民商事司法与行政合作的方法

国际民商事司法与行政合作已经在不同领域形成了许多合作方法。首先是建立中央机关合作模式,统一合作标准、提供法律情报也渐次成为独特的合作

方法，而共同管理跨界案件则是司法与行政合作的高峰。

（一）建立中央机关合作模式

中央机关是指各国根据有关国际条约或公约设立的负责跨国民商事司法与行政合作工作的行政机关。其任务不是设计公约案文，而是在提出个案请求协助之前，使有效的程序各就各位，负责接收申请并确保其执行。[①] 因此，中央机关具有改善条约在特定案件中的日常运作，执行一定条约的功能。例如，1956年联合国《关于向国外追索扶养费的公约》较早建立了执行一定条约功能的"转送机构"和"接收机构"，但当时并没有要求这些机构必须是中央级的。海牙国际私法会议后将其发展成带有特定条约功能的中央级政府机关，这种模式最早应用于1965年《送达公约》和1970年《取证公约》中，但仅限于接受请求。晚近的许多海牙公约，诸如1980年《国际司法救助公约》和1993年《收养公约》采用修改后双向的中央机关模式，承担提出和接受请求两方面职责。

当然，每一成员国根据公约指定的中央机关不尽相同，这取决于各国国内法的规定。在联邦制国家或拥有多个自治领土单位的国家，还往往指定多个中央机关。同时，现代中央机关的功能已趋于多样化，不仅作为传递请求的途径，还具有直接处理申请、促进相互合作、教育普通公众等多重功能。中央机关机制在实践中取得了重大成功，方便了域外送达的请求、域外取证的进行、司法救助的申请、被拐儿童的返还、扶养费的追索等，从而促进了国际民商事司法与行政合作活动的顺利开展。然而，各国履行公约义务的差异、中央机关自身的发展等因素，也使得中央机关在实践中存在一些需要改进的地方。中央机关的作用不应仅限于特定案件的处理，还应努力改善相互之间的合作，为各国政府加强这方面的改革提供指导。在大多数国家，它们还可以协助处理涉及非公约成员国的案件。

（二）统一合作标准

统一合作标准是指在国际民商事司法与行政合作过程中对合作请求、申请、证明等方面的格式予以统一和规范，并在语言方面作统一要求，以便加快程序的处理。实践中，许多国际民商事司法与行政合作公约都附有一定的格

[①] Carol S. Bruch, "The Central Authority's Role under the Hague Child Abduction Convention: A Friend in Deed"（《〈海牙国际性非法诱拐儿童民事事项公约〉下中央机关的功能：真正的朋友》），*Fam. L. Q.*, vol. 28, 1994-1995, p. 37.

式，或建议采用一定的格式，避免各缔约国因采用的标准不一、格式不同、语言相异而产生不必要的麻烦。如在域外送达过程中，文件非以受送达人本国语言作成或未附有译本的，受送达人可以拒绝接受。同时，采用相同的标准格式，还能便利当事人和各国司法或行政机关提出请求或申请，提高司法与行政合作的效率。除了依据公约本身的规定或建议采用标准格式之外，有的在实践中采用标准格式主要是出于习惯。例如，美国联邦法和州法均未规定请求书的形式要求，但在实践中，美国州与州之间送达文书和调查取证，无一例外地要求统一采用类似于其他国际公约提供的标准格式或示范格式，这种要求是习惯的产物。①

按照法律约束力，统一合作标准主要包括强制性标准和示范性标准两种类型。强制性标准是指各国司法或行政机关及有关当事人必须按照一定的格式及其内容和语言等方面的要求，制作相应的请求书、申请书、通知书、管理证书、认证证书等文书。例如，1965年《送达公约》第3条规定，根据请求国法律，主管机关或司法官员应向被请求国的中央机关递交一份符合本公约附件格式的请求书。第6条规定，被请求国中央机关或被请求国为此目的而指定的任何机关应依照本公约附件格式拟制证明书。另外，公约第5条还要求请求书中的内容摘要依照公约的附件格式拟制。示范性标准主要是在未缔结有关国际公约的情况下，各国司法或行政机关及有关当事人根据实践中的习惯性做法加以遵循的标准，或者虽然缔结有国际公约，但相应国际公约对此没有作出硬性要求的，根据有关机构的建议而采用的格式，这些习惯性做法或建议性格式均不具有强制性。例如，1970年《取证公约》第1条规定，在民事或商事方面，一个缔约国的司法机关可以根据其法律规定，通过请求书要求另一个缔约国的司法机关调取证据或为其他司法行为。但公约本身没有规定应依何种格式制作请求书。

（三）提供法律情报

提供法律情报也是国际民商事司法与行政合作实践中的一种方法。在涉外民商事案件中，不仅存在因依本国的冲突规范适用外国法而产生的外国法查明问题，还存在司法与行政合作过程中一般的法律信息交流和交换问题。许多国

---

① Bruno A. Ristau, *International Judicial Assistance: Civil and Commercial*（《国际司法协助：民事和商事》），International Law Institute, 1984, pp. 106-107.

际民商事司法合作条约或公约均对此作了规定,这不仅有助于查明外国法,而且有助于各国司法或行政机关及时掌握涉案国家的法律状况及司法实践,为具体案件的处理提供情报信息。一般来说,各国对于"法律情报"的范围尽量作广义解释,即不仅指立法机关制定的成文法或司法机关形成的判例法,还包括其他对法院审判实践有指导意义或参考价值的文件资料,甚至法学出版物。所提供的法律不以现行有效的法律为限,过去曾经施行过的法律也在请求提供之列。①

从中国与外国缔结的司法协助条约来看,除了个别条约,② 均未专门规定拒绝提供法律情报的条款。一般规定提供法律情报的范围包括各自国家现行的或者过去实施的法律、法规及其在司法实践中的适用情况。其中的"司法实践",在中国一般指最高审判机关就法院在审判过程中如何具体应用法律的问题所作的司法解释和某些具有指导意义的典型案例。③ 在部分条约中,还规定可以要求相互提供有关法院判决的副本、法学出版物等。前者如《中华人民共和国和法兰西共和国关于民事、商事司法协助的协定》(以下简称《中法司法协助协定》)第 27 条规定:"一、缔约一方应当根据请求向另一方提供关于本国现行的或者过去施行的法律的情报,以及关于本国民事、商事方面司法实践的情报。二、两国主管机关可以在民事和商事诉讼方面,通过双方中央机关相互要求提供情况,并可相互免费提供有关法院裁决的副本。"后者如《中华人民共和国和波兰人民共和国关于民事和刑事司法协助的协定》第 26 条规定:"缔约双方应根据请求,按照本协定第六条第一款规定的途径相互提供本国有关的法律和司法实践的情报,交换法学出版物。"

(四)共同管理跨界案件

国际民商事司法与行政合作的高峰是共同管理跨界案件,甚至是两个国家的司法或行政机关对某一事项共同作出决定,这是国内案件管理的司法改革运动在国际社会的反映。一般来说,非司法机关和准司法机关如税务机关等在公法领域的行动,不存在在司法机关合作看来构成重大障碍的问题。相反,法院

---

① 徐宏:《国际民事司法协助》(第二版),武汉大学出版社 1996 年版,第 112 页。
② 《中华人民共和国和比利时王国关于民事司法协助的协定》第 14 条第 3 款规定:"如请求的内容影响到被请求一方的利益,或者被请求一方认为如作出答复可能有损其主权或安全,可以拒绝答复。"
③ 费宗祎、唐承元主编:《中国司法协助的理论与实践》,人民法院出版社 1992 年版,第 147 页。

只能从程序的某一参加人处获知有关信息，且只能以所有其他参加人都可采用的方法行事。因此，一旦克服了传统上非司法机关和准司法机关合作的不情愿，两个以上的机关组织对跨界案件的共同管理将不再成为问题。例如，公诉机关在追诉犯罪嫌疑人方面达成协议，规定同时在不同国家开展协调搜查。同样，不同国家的反垄断行政机关合作在多个国家内进行类似的协调检查，也已成为可能。

即使在私法领域，如跨国破产的管理、临时措施的协调、集体事故的处理和儿童的国际保护等诸多领域，类似于共同管理案件的做法也已取得成功，且有扩大化的趋势。在跨国破产案件方面，共同管理比较突出，可以说各国法院的合作是处理跨国破产案件的关键所在。① 联合国国际贸易法委员会 1997 年《跨国界破产示范法》的目的之一即在于提供处理跨国破产案件的有效机制，促进本国与外国法院及其他主管机关之间涉及跨国破产案件的合作，公平而有效地实施跨国破产管理，切实保护所有债权人和其他有关当事人的利益。世界经济交往的高度发达及跨界诉讼活动的大量发生，使得跨界临时司法保护也得到了发展。例如，在监护案件中，可以采取临时措施。② 为了使临时措施背景下的救济方法适应合作的需要，又发展出法官或法院之间相互合作的方法。当然，这种发展必须在有关临时措施已被纳入相应的执行程序体系的背景下作出解释，对这些临时措施的协调也就成为必要。③ 在跨国儿童收养方面，最理想的跨界合作形式是两国主管当局共同作出裁决。1993 年《收养公约》已经接近这种理想。该公约规定主管机关与有关收养机关参与跨国收养并承担相应的责任和义务，同时还协调两国有关主管机关的法律行为。更确切地说，对跨国收养的安排，两国负有共同责任。④

---

① 石静遐：《跨国破产的法律问题研究》，武汉大学出版社 1999 年版，第 17 页。
② 中华人民共和国司法部司法协助局编译：《国际司法协助条约集》，法律出版社 1990 年版，第 244 页。
③ P. Schlosser, "Protective Measures in Various European Countries", in Goldsmith (ed.), International Dispute Resolution: The Regulation of Forum Selection (《国际争议解决：选择法院的规制》), Transnational Publishers, 1997, pp. 134–136.
④ J. H. A. Van Loon, "The Hague Conventions on Private International Law", in F. G. Jacobs and S. Roberts (eds.), The Effect of Treaties in Domestic Law (《条约在国内法的效力》), Sweet & Maxwell, 1987, p. 221.

思考题

1. 试述国际民商事争议的特点。
2. 如何理解国际民商事争议解决机制？
3. ADR 的特点是什么？
4. 如何理解国际商事调解？
5. 海牙国际私法会议倡导司法与行政合作的意义何在？目前在哪些领域取得了哪些进展？

▶ 自测习题

第十五章　国际民事诉讼

国际民事诉讼是最为重要的国际民商事争议的法律解决机制。因为国际民商事争议的法律解决直接影响到国际民商事关系的调整，所以，在世界各国传统的国际私法理论和实践中，一般都把国际民事诉讼作为国际私法的重要组成部分。其中主要涉及国际民事诉讼中相关当事人的诉讼地位、国际民事诉讼管辖权的确定、国际民事司法协助特别是外国法院判决的承认与执行等问题。

第一节　国际民事诉讼概述

由于国际民事诉讼作为一种法律解决机制，具有从程序上和实体上彻底解决当事人之间相关国际民商事争议的效果，因此，对于其中所涉及的概念、当事人的诉讼法律地位以及诉讼期间与诉讼保全等影响当事人诉讼程序权利的问题，各国立法和司法实践有着明确而又不同的规定。

一、国际民事诉讼的概念

国际民事诉讼，是指含有国际因素的民事诉讼。也就是说，在有关的民事诉讼中涉及两个或两个以上国家的人和事，或同两个或两个以上的国家存在着不同程度的联系。例如：（1）民事诉讼主体中含有居住在不同国家或具有不同国家国籍的法人和自然人；（2）民事诉讼的客体是发生于受诉法院国以外的民商事法律行为，或者有关的诉讼标的物处于受诉法院国境外；（3）民事诉讼的某一环节或行为需要在受诉法院国境外进行，如诉讼或非诉讼文书需要送达到受诉法院国境外，或需要从受诉法院国境外获取某一与案件有关的证据材料，或有关受诉法院的判决需要得到其他国家法院的承认，或需要其他国家的法院协助执行；（4）在有关的民事诉讼中需要考虑两个或两个以上国家民事诉讼法律规范的有关规定，如各有关国家民事诉讼法中有关案件管辖权的规定，或有关自然人、法人、国家及国际组织的民事诉讼地位的规定；（5）国际民事诉讼除了要保护受诉法院国国家和国民的利益以外，还得保护其他有关国家及其国民的合法权益。

二、国际民事诉讼当事人的地位

国际民事诉讼当事人的地位问题主要涉及非法院国当事人，即外国个人、外国国家及相关国际组织的民事诉讼地位问题。

（一）外国个人的国际民事诉讼地位

外国个人的国际民事诉讼地位是指外国个人（包括外国自然人和法人）在某一国境内享有什么样的诉讼权利，承担什么样的诉讼义务，并能在多大程度上通过自己的行为行使诉讼权利、承担诉讼义务，即具有什么样的诉讼权利能力和诉讼行为能力。外国个人在一国境内具有一定的民事诉讼地位是开始和进行国际民事诉讼程序的前提条件，规范外国个人的民事诉讼地位是国际民事诉讼法的重要内容。对此问题，各国的国际民事诉讼立法和相关国际条约都作了明确的规定。而且，在有关的国际民事诉讼立法中，世界各国一般都基于一定的条件给予外国个人一定的民事诉讼地位。其内容主要包括如下方面：

1. 原则上给予外国个人国民待遇

世界各国的民事诉讼立法和各有关的国际条约在规范外国个人的民事诉讼地位时都明确规定外国人享有与本国国民同等的民事诉讼权利，承担同等的民事诉讼义务。如中国《民事诉讼法》第 5 条第 1 款就明确规定了这一原则。不过，由于世界各国的传统文化、政治制度以及社会经济利益不同，诉讼法律制度也存在差异，各国的诉讼立法为了保证内国国民在国外也能得到所在国的国民待遇，一般都在给予外国人国民待遇时，要求以对等互惠为条件。如中国《民事诉讼法》第 5 条第 2 款规定了这一对等原则。

2. 一般依属人法确定外国人的民事诉讼行为能力

诉讼行为能力是决定一个人的诉讼地位的重要因素，它直接影响着诉讼权利的行使。对于外国人能否或能在多大程度上以自己的行为有效地行使诉讼权利和承担诉讼义务的问题，各国的诉讼立法都普遍承认外国人的诉讼行为能力依其属人法。如大陆法系国家中的德国、日本等国民事诉讼法都规定外国人的民事诉讼行为能力依其本国法，英美法系国家也原则上依据住所地法来裁定外国人的民事诉讼行为能力问题。只是为了求得民商事法律关系的稳定，保护善意的对方当事人特别是本国国民的合法权益，各国在规定依属人法确定外国人民事诉讼行为能力的同时，作为补充，都规定依法院地法外国人具有民事诉讼行为能力的，视为有诉讼行为能力。如《日本民事诉讼法》第 51 条规定，外国人依据其本国法律没有诉讼能力，但依据日本法律有诉讼行为能力的，视为有诉讼行为能力。虽然中国现行的民事诉讼立法没有对外国人的民事诉讼地位问题作出明确的规定，但本书认为，根据中国有关立法的精神，原则上应该依外国人的属人法来确定其诉讼行为能力。而且，有关外国人依其属人法没有诉讼行为能力，而依中国民事诉讼法具有该项能力的，其在中国境内应该视为有诉讼行为能力，该有关外国人不能以其本国法或住所地法的相反规定对抗对方当事人。

3. 一般对外国人的诉讼代理问题作了特别规定

诉讼代理是指诉讼代理人基于当事人或其法定代理人的授权以当事人的名义代为实施诉讼行为，而直接对当事人发生法律效力的行为。国际民事诉讼程序中的外国当事人是否有权委托诉讼代理人，以及可以委托什么样的人作为诉讼代理人代为实施诉讼行为，以实现或保护其民事诉讼权利和民事实体权利的问题，都由各国立法机关作为外国人民事诉讼地位问题中的重要内容规定在内国的国际民事诉讼立法中。综观世界各国的诉讼立法，诉讼代理制度已为国际社会所普遍接受，各国立法都允许国际民事诉讼程序中的外国当事人委托诉讼代理人代为进行诉讼活动。至于外国当事人可以委托什么样的人作为诉讼代理人以及诉讼代理人的法定权限如何的问题，各国立法的规定各不相同。但一般都规定应由内国律师担任诉讼代理人。这一方面考虑到律师较其他人更为熟悉法律和司法程序，内国律师较外国律师更为精通法院地的法律，从而能更好地保护当事人的合法权益，也能使司法程序得到更为顺利的实施；另一方面考虑到允许外国律师出席内国法院参与诉讼，将有损内国的司法主权。关于诉讼代理人的法定权限问题，采用律师诉讼主义国家的立法规定，律师可以基于授权实施所有的诉讼行为，行使任何诉讼权利，而无须当事人出席法庭参与诉讼。而采用当事人诉讼主义国家的立法则规定，不管当事人或其法定代理人是否委托诉讼代理人，他们都必须亲自出庭参与诉讼。此外，在国际社会的司法实践中，还存在一种领事代理制度，即一个国家的驻外领事，可以依据有关国家的立法和有关国际条约的规定，在其管辖范围内的驻在国法院，依职权代表其派遣国国民（包括法人）参与有关的诉讼程序，以保护有关自然人或法人在驻在国的合法权益。①

中国《民事诉讼法》第270条规定："外国人、无国籍人、外国企业和组织

---

① 谢石松：《国际民商事纠纷的法律解决程序》，广东人民出版社1996年版，第238页。

在人民法院起诉、应诉，需要委托律师代理诉讼的，必须委托中华人民共和国的律师。"该法第271条进一步规定："在中华人民共和国领域内没有住所的外国人、无国籍人、外国企业和组织委托中华人民共和国律师或者其他人代理诉讼，从中华人民共和国领域外寄交或者托交的授权委托书，应当经所在国公证机关证明，并经中华人民共和国驻该国使领馆认证，或者履行中华人民共和国与该所在国订立的有关条约中规定的证明手续后，才具有效力。"外国人在中国法院参与诉讼，可以亲自进行，也有权通过一定的程序委托律师或其他公民代为进行。中国《民诉法解释》也在第526条中明确规定，涉外民事诉讼中的外籍当事人，可以委托本国人为诉讼代理人，也可以委托本国律师以非律师身份担任诉讼代理人。根据这两个条款的规定，考虑到中国的诉讼主权，外国人不能委托外国律师以律师身份在中国法院代为进行诉讼活动。此外，中国也是《维也纳领事关系公约》的缔约国，外国人所属国的领事可以依据该公约的有关规定和中国同有关国家签订的双边领事条约的规定，在中国法院代理其派遣国国民（包括法人）的诉讼行为，以保护其派遣国国民（包括法人）的合法权益。

4. 一般对外国人规定了诉讼费用担保制度

国际民事诉讼中的诉讼费用担保制度是指审理国际民商事案件的法院依据其内国诉讼立法的规定，要求作为原告的外国人在起诉时提供以后可能判决由他负担的诉讼费用的担保。需要明确的是，这里所谈的诉讼费用不包括案件受理费，而只包括当事人、证人、鉴定人、翻译人员的旅差费、出庭费及其他诉讼费用。案件受理费具有国家税收或行政规费的性质，应该上缴国库。现代世界各国办理民商事案件，均需收取一定的案件受理费，其立法理由是民事诉讼以解决私人权益纠纷为目的，应采取有偿原则，凡提起民事诉讼就应以一定的费用补偿国库开支。在现代国际社会的各法律体系中，除少数国家不要求原告提供诉讼费用担保以外，其他各国的法律都在不同程度上对外国原告规定了该项义务。

（二）外国国家的国际民事诉讼地位

外国国家及其财产原则上享有司法豁免权。司法豁免权是国家主权原则在国际民事诉讼领域的具体体现，是指一个国家及其财产非经该国明确同意不得在另一个国家的法院被诉，或其财产不得被另一个国家扣押或强制执行。根据各国学者的一般理解和国际社会的立法和司法实践，国家及其财产所享有的司法豁免权一般包括两方面内容，即管辖豁免与执行豁免。但也有学者把司法豁免权的内容细分为如下三个方面：

1. 管辖豁免

管辖豁免是指非经某一外国国家明确同意，任何国家的法院都不得受理以该外国国家为被告或以该外国国家的财产为诉讼标的的案件。不过，依据国际社会的一般做法，一国法院可以受理外国国家作为原告所提起的诉讼；而且，该国法院也有权对该诉讼中的被告提起的同本案直接有关的反诉进行审理。

2. 诉讼程序豁免

诉讼程序豁免是指外国国家即使明确同意放弃司法管辖豁免权而作为被告在一国法院被提起诉讼，也仍然享有诉讼程序上的豁免权，即在征得它的明确同意之前，不得强迫它出庭作证或提供证据以及实施其他诉讼行为，也不得对它的财产采取诉讼保全等诉讼程序上的强制措施。

3. 强制执行豁免

国家对每项豁免权的放弃都以明示的形式进行，而且具有严格的针对性。所以，即使作为一方当事人参与了某一诉讼程序的外国国家败诉，非经该外国国家明确同意，也不得根据有关法院的判决对它的财产实行强制执行。

目前，世界各国一般都是通过外交途径，根据互惠对等和平等协商的原则商讨司法豁免权问题，以确定有关外国国家的民事诉讼地位的。而且，除非存在相反的条约规定，国际社会的做法一般都是原则上给予或承认外国国家的司法豁免权。关于外国国家在中国法院享有什么样的民事诉讼地位，即外国国家是否享有司法豁免权以及享有什么程度的司法豁免权的问题，中国《民事诉讼法》只是在第268条规定，对享有司法豁免权的外国人和外国组织提起的民事诉讼，人民法院得根据中华人民共和国法律和中国缔结或者参加的国际条约的规定办理。

(三) 国际组织的国际民事诉讼地位

国际组织是指世界各国基于一定的目的，以一定的协议形式设立的各种实体。这里探讨的国际组织是严格意义上的国际组织，不包括民间的国际团体。关于某一国际组织在多大程度上享有权利（包括民事诉讼权利）和承担义务（包括民事诉讼义务）的问题，一般都由该组织的各成员在建立该有关组织的基本文件或其他有关的条约中明确加以规定。就目前国际社会的立法和司法实践来看，国际组织一般都基于一定的国际条约在有关国家的法院诉讼程序中享有绝对豁免权。如《联合国宪章》第 105 条明确规定，联合国组织在各成员国境内享有达成其宗旨所必需的特权与豁免，联合国各会员国的代表及联合国的职员也同样享有独立行使本组织的职务所必需的特权与豁免。① 而且，1946 年 2 月第一届联合国大会通过的《联合国特权及豁免公约》更是进一步明确规定，联合国组织享有对一切法律诉讼的完全豁免权。②

至于国际组织在中国法院的民事诉讼地位问题，根据中国《民事诉讼法》第 268 条的规定，应该依据中国的有关法律及中国缔结或者参加的国际条约的规定来确定。中国目前已经参加了一些有关的国际条约，如《联合国特权及豁免公约》《关于解决国家与他国国民之间的投资争端的公约》等。这些国际条约中有关国际组织的司法豁免权的规定是中国法院在确定有关国际组织的国际民事诉讼地位时的重要法律依据。至于其他没有条约依据的国际组织的国际民事诉讼地位问题，则只能通过外交途径处理。

第二节　国际民事诉讼管辖权

国际民事诉讼管辖权是一国法院审理和裁判国际民商事案件的前提，直接影响案件的判决结果，进而直接影响当事人的合法权益，是一国法院开始国际民事诉讼程序时首先必须确定的问题。

一、国际民事诉讼管辖权的概念

国际民事诉讼管辖权是指一国法院或具有审判权的其他司法机关受理、审判具有国际因素的民商事案件的权限。国际民事诉讼管辖权问题是国际民事诉讼法领域特有的现象，它所涉及和要解决的是针对某一特定的国际民商事案件，究竟哪一个国家的法院具有管辖权的问题。至于在确定了某一特定的国际民商事案件由哪一个国家的法院管辖以后，该案件应由该有关国家的哪一类法院或哪个地方的法院来审理的问题，则是一个国内管辖权的问题，完全属于该有关国家内国民事诉讼法所涉及的内容，而不是国际民事诉讼管

---

① 王铁崖、田如萱编：《国际法资料选编》，法律出版社 1982 年版，第 844 页。
② 梁西：《现代国际组织》，武汉大学出版社 1984 年版，第 85 页。

辖权所要探讨的范畴。① 为了区分这两种管辖权，英国学者将国际民事诉讼法中的这种管辖权称为"国际管辖权"（international jurisdiction），而将内国民事诉讼法领域的管辖权称为"国内管辖权"（local jurisdiction）。法国学者则将前者称为"一般管辖权"或"国际管辖权"，将后者称为"特别管辖权"或"国内管辖权"。②

就某一具体国家（如中国）来说，国际民事诉讼管辖权主要涉及两方面问题：一是就某一特定的国际民商事案件，中国法院有没有管辖权的问题；二是有关的外国法院对某一特定的国际民商事案件有没有管辖权的问题。虽然这两个方面的问题都属于一般管辖权或者国际管辖权的范畴，但二者还是存在很大差异的：前者是指中国法院依据中国国际民事诉讼立法中的有关规定确定对某一具体的国际民商事案件是否具有管辖权，有的学者把它称为"直接的一般管辖权"；后者则是指外国的国际民事诉讼程序在中国领域内有没有效力的问题，也就是说，外国法院的判决能否在中国境内得到承认与执行的问题。世界各国的诉讼立法一般都以作出有关判决的外国法院有无管辖权作为确定是否承认与执行其判决的要件。而且在确定该有关外国法院有无管辖权时，一般都以被请求承认与执行国的立法，而不是以该有关外国法院所属国的有关立法为依据。所以，学者们把后一种管辖权称为"间接的一般管辖权"。③ 本书所要探讨的是"直接的一般管辖权"问题。

二、国际民事诉讼管辖权的确定

世界各国的国际民事诉讼立法都对国际民商事案件的诉讼管辖权问题作了非常严格而又各不相同的规定。各国的立法机关在进行国际民事诉讼管辖权的立法时，一般都根据有关国家设立国际民事诉讼管辖权的目的、有关国际民商

---

① 如《最高人民法院关于设立国际商事法庭若干问题的规定》第 2 条规定："国际商事法庭受理下列案件：（一）当事人依照民事诉讼法第三十四条的规定协议选择最高人民法院管辖且标的额为人民币 3 亿元以上的第一审国际商事案件；（二）高级人民法院对其所管辖的第一审国际商事案件，认为需要由最高人民法院审理并获准许的；（三）在全国有重大影响的第一审国际商事案件；（四）依照本规定第十四条申请仲裁保全、申请撤销或者执行国际商事仲裁裁决的；（五）最高人民法院认为应当由国际商事法庭审理的其他国际商事案件。"该规定就属于国内民事诉讼法涉及的内容。
② Martin Wolff, *Private International Law*（《国际私法》），Oxford University Press, 1945, p. 52.
③ Martin Wolff, *Private International Law*（《国际私法》），Oxford University Press, 1945, p. 53.

事案件与有关国家之间的某种联系以及有关国际民商事案件与该有关国家及其国民的根本利益的联系程度，依据一定的原则来规范国际民商事案件的诉讼管辖权问题，以确保有关国际民商事法律争议得到公正顺利的解决。

(一) 确定国际民事诉讼管辖权的一般原则

综观目前国际社会的诉讼立法和司法实践，不管是大陆法系国家还是英美法系国家，主要依据如下几个原则确定国际民商事案件的诉讼管辖权问题。

1. 属地管辖原则

属地管辖原则，又称地域管辖原则，主张以有关国际民商事案件中的案件事实和当事人双方与有关国家的地域联系作为确定法院国际管辖权的标准；强调一国法院基于其国家领土主权原则，对其所属国领域内的一切人和物以及法律事件和行为具有管辖权限。属地管辖原则是国家主权原则特别是国家领土主权原则在国际民事诉讼管辖权问题上的具体体现。它侧重于有关法律事件或法律行为的地域性质或属地性质，侧重于有关案件及其中的双方当事人与有关国家的地域联系，强调一国法院对于涉及其所属国境内的一切人和物以及法律事件和行为的案件都具有受理、审判的权限。即在有关的国际民商事案件中，强调有关当事人特别是被告方当事人的住所地、惯常居所地、居所地甚至所在地，有关诉讼标的物所在地，被告财产所在地，有关的法律事实——包括法律行为和法律事件发生地（如合同签订地、合同履行地、侵权行为发生地、不当得利发生地、无因管理发生地、自然人失踪地）等有关地方所属国家的法院具有国际管辖权。

2. 属人管辖原则

属人管辖原则主张以有关国际民商事案件中的双方当事人与有关国家的法律联系作为确定法院国际管辖权的标准，强调一国法院对其本国国民具有管辖权限。属人管辖原则同样是国家主权原则在国际民事诉讼管辖权问题上的具体体现，它侧重于有关诉讼当事人的国籍，强调一国法院对于涉及其本国国民的国际民商事案件都具有受理、审判的权限。即强调在国际民商事案件中，有关诉讼当事人的国籍所属国家的法院具有国际管辖权。

3. 专属管辖原则

专属管辖原则主张以有关国际民商事案件与有关国家的联系程度作为确定法院国际管辖权的标准，强调一国法院对与其本国国家及其国民的根本利益具有密切联系的国际民商事案件具有专属管辖权限。专属管辖原则是国家主权原则在国际民事诉讼管辖权问题上的突出表现。它侧重于有关国际民商事案件与有关国家及其国民的根本利益的联系程度,强调一国法院对于那些与本国及本国国民的根本利益密切相关的民商事案件,如涉及国家公共政策或与有关国家重要的政治或经济问题联系密切的民商事案件,无条件地享有国际管辖权,从而排除其他国家法院对该国际民商事案件的管辖。

4. 协议管辖原则

协议管辖原则,与专属管辖原则一样,也主张以有关国际民商事案件与有关国家的联系程度作为确定法院国际管辖权的标准。所不同的是,协议管辖原则强调那些对有关国家及其国民的根本利益影响不大的国际民商事案件,可以基于有关诉讼当事人双方的合意选择来确定管辖法院。协议管辖原则是意思自治原则在国际民事诉讼管辖权问题上的具体表现,它允许有关案件的双方当事人基于意思自治原则,通过协议选择有关国家的法院作为管辖法院。协议管辖原则是目前国际社会普遍承认和采用的一项研究国际民事诉讼管辖权的原则,世界各国的立法和司法实践都在不同程度上对这一原则作了确认。

(二) 各主要法系国家确定国际民事诉讼管辖权的实践

由于国际民事诉讼管辖权的确定和行使直接涉及对国家主权、国家利益及当事人利益的保护,而各国的政治经济利益又不尽相同,所以,迄今为止,国际社会还没有形成一种统一的国际民事诉讼管辖权制度。国际社会在这一问题上的普遍实践,仍然是由世界各国根据其确定和行使国际管辖权所追求的基本目的,来确定内国法院对特定的国际民商事案件是否具有国际管辖权的,从而形成了各种不同的国际民事诉讼管辖权制度。

1. 英国、美国等国的实践

英国和美国一般都区分对人诉讼和对物诉讼,再根据"有效控制原则"分别确定内国法院对这两类诉讼是否具有管辖权。在对人诉讼中,只要有关案件的被告在送达传票时处于内国境内,且有关传票能有效地送达给该被告,内国法院就对该有关案件具有管辖权。至于该被告的国籍如何、其住所或居所何在、有关案件事实发生在哪里都无关紧要。对有关法人提起的诉讼,只要该有关法人在内国注册或有商业活动,内国法院对该法人就具有管辖权。对于当事人是否处于内国境内的问题,英国法律规定,当事人在英国短暂停留就可以证明其处于英国境内,只要在飞机场内对过境的有关当事人进行了送达,英国法院对该有关当事人就享有管辖权。美国法院甚至有判决认为只要在飞机飞越法院所属州的上空时于飞机内将有关传票送达给了被告，该州法院对该有关被告就享有管辖权。而在对物诉讼中，只要有关财产处于内国境内或有关被告的住所处于内国境内，内国法院就对有关案件具有管辖权。值得一提的是，英美法把有关身份行为的诉讼，如有关婚姻的效力、离婚以及婚生子女的确认、认领等问题的诉讼都识别为对物诉讼，规定无论有关当事人是否正处于法院地，住所地法院都具有管辖权。此外，英美法还规定内国法院有权对自愿服从其管辖的有关当事人行使管辖权，同时也对当事人通过协议选择管辖法院的制度持肯定的态度。

2. 法国、意大利等国的实践

法国一般都是依据有关当事人的国籍来确定一国法院的管辖权的，明确规定内国法院对有关内国国民的诉讼具有管辖权，而不管有关内国国民在诉讼中处于原告还是被告的地位，即使有关诉讼与内国毫无联系也不例外。而且，对于至少当事人一方是内国国民的案件，一般都由内国法院管辖。与此相对应，对于外国人之间的案件，这些国家的立法和司法实践一般也都原则上排除内国法院的管辖权。此外，意大利、比利时、荷兰、卢森堡、西班牙、葡萄牙等国的法律都不同程度地承认了当事人协议选择管辖法院的权利。

3. 德国、奥地利、日本等国的实践

德国的法律和仿效德国法的奥地利、日本等国的法律在有关国际民事诉讼管辖权的问题上与以法国为代表的拉丁法系国家的法律形成鲜明的对比，它们以根据被告的住所来确定国际民事诉讼管辖权为原则，以根据国籍确定国际民事诉讼管辖权为例外。一般都规定除不动产物权或所有权案件、继承案件、租赁案件、再审案件、特定的婚姻案件、禁治产案件、某些有关执行和破产的案件由内国法院专属管辖以外，其他案件都依被告住所地确定国际民事诉讼管辖权，只有关婚姻案件和各种涉及身份地位的案件才由当事人的国籍国法院管辖。此外，这些国家的立法都在一个相当广泛的范围内尊重当事人的意思表示，规定在不与内国专属管辖权规范相抵触的前提下，当事人双方可以自由地选择内国法院或外国法院管辖。

（三）有关国际民事诉讼管辖权的国际立法

由于世界各国对国际民事诉讼管辖权问题作了各不相同的规定，不可避免地会产生各有关国家法院对某一国际民商事案件行使管辖权的冲突。为了解决这种管辖权的冲突，国际社会缔结了许多国际条约，以规定各缔约国法院行使国际民事诉讼管辖权的原则和依据。这些国际条约，基于缔约国数量的不同可分为多边条约和双边条约；基于内容上的差异可分为只规定了某类民事诉讼管辖权的专门性国际公约和比较全面地规定了民事诉讼管辖权的普遍性国际公约。

专门性国际公约主要有1952年在布鲁塞尔签订的《关于船舶碰撞中民事管辖权方面某些规定的国际公约》、1958年在海牙签订的《国际有体动产买卖协议管辖权公约》、1965年在海牙签订的《收养管辖权、法律适用和判决承认公约》、1969年在布鲁塞尔签订的《国际油污损害民事责任公约》、1977年在里约热内卢签署的《统一船舶碰撞中有关民事管辖权、法律选择、判决的承认和执行方面若干规则的国际公约》等。

有关国际民事诉讼管辖权的普遍性国际公约，在当今国际社会基于多方面的原因为数极少，目前只有1928年在哈瓦那签订的《布斯塔曼特法典》、1965年在海牙签订的《选择法院公约》、1968年在布鲁塞尔签订的《关于民商事案件管辖权及判决执行的公约》和2005年在海牙签订的《选择法院协议公约》(2015年生效)[①]比较全面地对各种民商事案件的国际管辖权作了规定。

(四) 中国关于国际民事诉讼管辖权的规定

中国涉及国际民事诉讼管辖权的有关法律规定包括国际立法和国内立法及相关司法解释。就国际立法来说，中国参加的有关国际条约为数极少，到目前为止，只有1953年加入的《国际铁路货物联运协定》（订于1951年）、1958年加入的《统一国际航空运输某些规则的公约》（订于1929年）和1980年加入的《国际油污损害民事责任公约》（订于1969年）等几个专门性的国际公约。

[①] 2005年海牙《选择法院协议公约》是一项全球性的涉及民商事管辖权和判决承认与执行的国际公约，由海牙国际私法会议起草，于2005年6月通过，并于2015年10月1日生效。公约规定了三条基本原则：(1) 当事人选择的法院具有管辖权并且应当受理案件；(2) 当事人选择的法院以外的法院应当拒绝行使管辖权；(3) 当事人选择的法院作出的判决应当得到承认与执行。同时，公约也规定了7项拒绝承认与执行的理由，包括：(1) 法院选择协议无效和不能生效；(2) 一方当事人缺乏签订该协议的能力；(3) 向被告进行诉讼文书等的通知未满足相关条件；(4) 通过程序上的欺诈获得判决；(5) 承认或执行有悖请求国公共政策；(6) 判决与被请求国就相同当事人间争议所作判决冲突；(7) 判决与较早前第三国就相同当事人间相同诉因所作判决冲突，且后者满足在被请求国得到承认或执行的条件。此外，公约明确排除了一些特定事项的适用：(1) 涉及身份关系的家事法事项；(2) 双方非处于平等地位的事项，如雇佣合同、劳务合同等；(3) 已有相关国际公约规范的事项，如运输合同、共同海损、海洋污染、核损害责任等；(4) 有行政法因素的事项，如反托拉斯、法人效力、不动产物权、需注册登记的知识产权有效性及侵权等。

就国内立法来说,中国《民事诉讼法》除在第二章就民事诉讼管辖权问题作了一般规定以外,还特别在第四编第二十四章就国际民事诉讼程序中的管辖权问题作了一些特别的规定。综观中国现行有关立法及最高人民法院所作的司法解释,中国有关国际民事诉讼管辖权的规定可大致归纳为如下几个方面。

1. 一般管辖

按照中国《民事诉讼法》第 22 条和《民诉法解释》有关条款的规定,国际民商事案件中一般管辖权的确定以地域管辖为原则,且一般都以被告住所地作为确定管辖权的标准。自然人为被告时,只要在中国设有住所或经常居所,不管其国籍如何,其住所地或经常居住地人民法院均享有管辖权。法人为被告时,

拓展阅读

株式会社海眼综合建筑师事务所、金诚国际集团有限公司、江阴金晟大酒店有限公司担保追偿权纠纷案

该法人的住所地人民法院具有管辖权。自然人的住所地是指其户籍所在地,其经常居住地是指其离开住所地至起诉时已连续居住 1 年以上的地方;而法人的住所地是指法人的主要营业地或者主要办事机构所在地。国际民商事案件中被告一方的住所地或经常居住地在中国境内时,中国相关人民法院就有权管辖该国际民商事案件。

2. 特殊管辖

除了上述以被告所在地为标准确定的一般管辖权以外,在被告不在中国境内的情况下,中国诉讼立法还根据有关国际民商事案件的不同性质规定了一些特殊的管辖原则。如中国《民事诉讼法》第 272 条规定:"因合同纠纷或者其他财产权益纠纷,对在中华人民共和国领域内没有住所的被告提起的诉讼,如果合同在中华人民共和国领域内签订或者履行,或者诉讼标的物在中华人民共和国领域内,或者被告在中华人民共和国领域内有可供扣押的财产,或者被告在中华人民共和国领域内设有代表机构,可以由合同签订地、合同履行地、诉讼标的物所在地、可供扣押财产所在地、侵权行为地或者代表机构住所地人民法院管辖。"中国《民事诉讼法》第 23 条规定,对不在中华人民共和国领域内居住的人提起的有关身份关系的诉讼,由原告住所地或者经常居住地人民法院管辖。根据中国《民诉法解释》,在国内结婚并定居国外的华侨,如定居国法院以离婚诉讼须由婚姻缔结地法院管辖为由不予受理,当事人向人民法院提出离婚诉讼的,由婚姻缔结地或

拓展阅读

英力士美国有限公司与中国石油化工股份有限公司上海石油化工研究院、顾军民侵害技术秘密纠纷案

者一方在国内的最后居住地人民法院管辖；在国外结婚并定居国外的华侨，如定居国法院以离婚诉讼须由国籍所属国法院管辖为由不予受理，当事人向人民法院提出离婚诉讼的，由一方原住所地或者在国内的最后居住地人民法院管辖；中国公民一方居住在国外，一方居住在国内，不论哪一方向人民法院提起离婚诉讼，国内一方住所地人民法院都有权管辖；国外一方在居住国法院起诉，国内一方向人民法院起诉的，受诉人民法院有权管辖；中国公民双方在国外但未定居，一方向人民法院起诉离婚的，应由原告或者被告原住所地人民法院管辖；已经离婚的中国公民，双方均定居国外，仅就国内财产分割提起诉讼的，由主要财产所在地人民法院管辖。此外，中国《民事诉讼法》第24—33条还规定了一些特殊的民商事案件可以由被告住所地或者其他有关地方的人民法院管辖。本书认为，如果民商事案件中含有国际因素，而且被告也不在中国境内，有关地方的人民法院同样对该国际民商事案件具有管辖权。

3. 专属管辖

为切实保护中国国家和国民的根本利益，中国《民事诉讼法》也在第34条和第273条明确规定了应由中国法院专属管辖的案件。其内容主要包括四个方面，即：(1) 因不动产纠纷提起的诉讼，应由不动产所在地的中国法院专属管辖；(2) 因港口作业中发生纠纷提起的诉讼，应由港口所在地的中国法院专属管辖；(3) 因继承遗产纠纷提起的诉讼，应由被继承人死亡时住所地或者主要遗产所在地的中国法院专属管辖；(4) 因在中华人民共和国履行中外合资经营企业合同、中外合作经营企业合同、中外合作勘探开发自然资源合同发生纠纷提起的诉讼，应由中国法院专属管辖。此外，考虑到民商事案件的特殊性质及确立中国法院专属管辖权的原则和精神，本书认为，其他民商事案件中如果含有国际因素，同样应确定由中国法院专属管辖。例如，在有关内国专利权和其他受类似保护的权利如商标权、著作权的案件中，基于这些权利的地域性限制，有必要规定中国法院的专属管辖权；在因登记而发生的有关诉讼中，基于有关法律关系的特殊性，同样有规定专属管辖权的必要。

4. 协议管辖

中国《民事诉讼法》第35条和《民诉法解释》第529条对协议管辖也作了肯定的规定：合同或者其他财产权益纠纷的当事人可以书面协议选择被告住所地、合同履行地、合同签订地、原告住所地、标的物所在地等与争议有实际联系的地点的中外法院管辖，但不得违反中国《民事诉讼法》对级别管辖和专属管辖的规定。

5. 平行管辖

基于平行管辖①原则，根据中国《民诉法解释》第 531 条的规定，中国承认中国法院和外国法院的平行管辖权，一方当事人向外国法院起诉，而另一方当事人向中国法院起诉的，人民法院可予受理。判决后，外国法院申请或者当事人请求中国法院承认和执行外国法院对本案作出的判决、裁定的，不予准许，但双方共同缔结或者参加的国际条约另有规定的除外。

6. 拒绝管辖

基于不方便法院原则②，根据中国《民诉法解释》第 530 条的规定，对符合该条规定的 6 种情形的案件，中国法院可以拒绝管辖，裁定驳回原告的起诉，并告知其向更方便的外国法院提起诉讼。

拓展阅读

住友银行有限公司与新华房地产有限公司贷款合同纠纷管辖权异议案

（五）国际民事诉讼管辖权的冲突及其解决

各国有关立法的差异是国际民事诉讼管辖权发生冲突的直接原因。当今的国际社会，除了世界各国一致承认外国国家、外国国家元首和外交代表以及国际组织及其官员享有司法豁免权以外，还没有世界各国普遍接受和适用的国际条约来统一规范各国法院对国际民事诉讼管辖权的行使。即使某些国家之间缔结了一些多边或者双边条约以便统一规范行使国际管辖权，这些条约也由于其数量及其适用范围上的限制而未能构成具有普遍意义的国际法规范。也就是说，目前国际上对各国在国际民商事案件管辖权方面的立法和司法实践未加任何限制，而由各国自由决定对哪些国际民商事案件行使管辖权。所以，世界各国一般都根据自己国家的社会、政治和经济等方面的利益，从有利于自己国家及其国民进行国际民事诉讼活动的角度出发，依据本国的法制原则和法制观念

---

① 平行管辖，是指两个或两个以上国家法院在同一时间基于其各自所属国家的诉讼立法对同一个民事诉讼案件进行的管辖。具体参见李双元、谢石松：《国际民事诉讼法概论》，武汉大学出版社 1990 年版，第 166 页。

② 不方便法院原则，又称不方便管辖原则，是指在基于平行管辖原则确定各有关国家法院对某一国际民事诉讼案件同时具有管辖权的情况下，受诉法院基于该案件的审理将给法院及相关当事人带来不便，并影响有关国际民事法律争议的迅速解决而拒绝行使诉讼管辖权的原则。具体参见李双元、谢石松：《国际民事诉讼法概论》（第二版），武汉大学出版社 2001 年版，第 314—331 页。

来规范国际民商事案件的诉讼管辖权问题。从而，在世界范围内形成了各种不同的国际民事诉讼管辖权制度。采取不同类型的国际民事诉讼管辖权制度的国家对于国际民事诉讼管辖权的规定存在很大差异；即使在实行同一类型的国际民事诉讼管辖权制度的不同国家之间，其有关国际民事诉讼管辖权的规定也不尽相同。而一旦发生国际民商事案件，各有关国家的法院往往依据其内国法中有关国际民事诉讼管辖权的规定来裁定其对该国际民商事案件有无诉讼管辖权。世界各国有关国际民事诉讼管辖权方面的立法的差异，势必导致各有关国家之间发生严重的国际民事诉讼管辖权冲突。

各国立法上有关管辖依据规定的不同是国际民事诉讼管辖权发生冲突的间接原因。世界各国的民事诉讼立法一般都规定内国法院基于一定法律事实的存在和发生对有关国际民商事案件行使诉讼管辖权。就整体而言，英美法系国家的立法都是基于"有效控制原则"，依对人诉讼中的被告处于本国境内，能收到有关传票，或对物诉讼中的标的物处于本国境内的法律事实来确定本国法院的国际民事诉讼管辖权的。而以法国为代表的拉丁法系各国主要以有关诉讼当事人具有内国国籍这样一个事实作为内国法院对有关国际民商事案件行使诉讼管辖权的根据。其他大陆法系国家，如德国、奥地利、葡萄牙、瑞士和斯堪的纳维亚各国的立法，则一般依被告一方在内国设有住所或习惯居所，或有关诉讼标的物在内国境内的事实，确定内国法院对有关国际民商事案件的诉讼管辖权。由此可见，世界各国确定内国法院国际民事诉讼管辖权所依据的法律事实，即各国诉讼立法中的管辖权依据存在明显的不同。

坚持国际协调原则是解决国际民事诉讼管辖权冲突的有效途径。坚持国际协调原则解决国际民事诉讼管辖权冲突，是指世界各国在进行确定国际民事诉讼管辖权的立法和司法活动时，都应该考虑其他国家的有关立法和司法实践，考虑国际社会在这一领域的一般做法，从而达到尽量避免和消除国际民事诉讼管辖权冲突的目的。

就立法方面来说，立法者在进行有关方面的国内立法时，首先，应尽量减少专属管辖权方面的规定，只在内国公共政策和最重大利益方面规定内国法院享有专属管辖权。其次，为了避免和消除国际管辖权的积极冲突，应考虑国际社会的一般做法，尽量使自己的管辖权规范能得到绝大多数国家的承认；而为了避免和消除国际管辖权的消极冲突，应尽量采用双边冲突规范规定国际民商事案件的诉讼管辖权，并应在考虑了世界各国的有关规定后，在一些容易发生消极冲突的环节规定一些补救性的条款。最后，考虑到由当事人通过协议选择管辖法院的做法是在具体案件中协调有关国家管辖权规范、消除有关国家之间国际管辖权冲突的最有效途径，应在立法上尽量扩大允许当事人协议选择管辖法院的范围。与此同时，还要求世界各国积极参与国际立法，通过国际社会的共同努力和合作，达到避免和消除管辖权冲突的目的。世界各国基于国际合作和国际交往的需要，根据互谅互让的精神，在平等协商的前提下通过一些统一国际民事诉讼管辖权规范的国际条约，是从根本上避免和消除国际民事诉讼管辖权冲突的最有效途径。

而就司法方面来说，坚持国际协调原则以避免和消除国际民事诉讼管辖权的冲突，要求各国法院基于内国的有关立法，首先，在司法上充分保证各有关当事人通过协议选择管辖法院的权利，只要有关协议不与内国专属管辖权规范相抵触，就应该赋予并承认这一协议的绝对效力，从而排除其他任何形式的管辖权。其次，在有关外国法院依据其所属国法律具有管辖权，而且该外国法院的管辖权又不与内国法院的专属管辖权相冲突的前提下，内国法院应承认该外国法院正在进行或已经终结的诉讼程序的法律效力，拒绝对就同一案件提起的诉讼进行审理，从而从司法上避免和消除国际民事诉讼管辖权的积极冲突。最后，在某一案件的当事人在有关国家之间找不到合适的管辖法院的情况下，为了消除这种国际民事诉讼管辖权的消极冲突，有关国家的内国法院就应该依据有关案件与内国的某种联系扩大内国法院的管辖权范围，受理并审理有关的诉讼。

第三节　国际民事司法协助

因为国际民事诉讼的跨国性，在国际民事诉讼程序中经常会遇到域外送达、域外取证及外国法院判决或者外国仲裁裁决的承认与执行等国际民事司法协助问题。

一、国际民事司法协助的概念

国际民事司法协助是指在国际民事诉讼领域，一国法院接受另一国法院的请求，代为履行某些诉讼行为，如送达诉讼文书、传询证人、提取证据以及承认与执行外国法院判决和外国仲裁裁决等。这种司法协助既包括诉讼文书的送达和证据的提取,也包括外国法院判决和外国仲裁裁决的承认与执行。尽管仲裁不是严格意义上的司法行为,但各国仲裁立法都规定仲裁裁决的强制执行需通过法院按照司法程序来实现,所以将外国仲裁裁决的承认与执行问题也包括在司法协助的范围之内。

关于司法协助的概念,无论在国际法学界,还是在国际社会的有关立法和司法实践中,都存在着各种不同的理解,主要有广义和狭义两种观点。狭义的观点认为司法协助仅仅包括协助送达诉讼文书、传询证人和收集证据。按照德国法学界的传统观念,司法协助只包括送达诉讼文书和收集证据两项内容。日本法学界所理解的司法协助也只包括送达文书和调查取证。[①] 中国国际私法学界也有不少学者持这种狭义的观点。而且,一些国家的立法也反映了这一观点。此外,就国际社会有关司法实践中一般接受的意义来看,在民商事案件方面,司法协助的概念也被限制在一个狭义的范围内,除非在有关国家之间存在一个现行的特别条约,否则一般都排除了法院判决和仲裁裁决的承认与执行。

广义的司法协助的观点认为,除了送达诉讼文书、传询证人、收集证据以外,司法协助还包括外国法院判决和仲裁裁决的承认与执行。大陆法系国家的学者大多采取这种主张。法国的一些学者甚至把免除外国人诉讼费用或外国人诉讼费用担保、证明外国法律等也包括在司法协助之内。他们对司法协助的理解几乎包括了诉讼方面的各种国际合作。美国学者认为,司法协助涉及的是诸如在国外收集证据、送达传票、执行外国判决以及法院对外国当事人可能给予的法律帮助(如对贫困当事人在律师代理费以及其他方面提供帮助、提供诉讼费用担保)等许多不同的问题。在中国,也有学者持广义的司法协助的观点。[②] 从世界各国的立法和司法实践来看,现在许多国家都开始适用广义的司法协助。一些原来持狭义观点的国家也改变态度,把外国法院判决的承认与执行列入司法协助的内容。中国《民事诉讼法》第四编第二十七章专章规定了国际民事司法协助的问题,把相互承认与执行外国法院判决和仲裁裁决作为其主要内容。中国在1987年以后同法国等各有关国家签订的司法协助协定也明确规定国

---

① 日本国际法学会编:《国际法辞典》,外交学院国际法教研室总校订,世界知识出版社1985年版,第243页。
② 韩德培主编:《国际私法》(修订本),武汉大学出版社1989年版,第433页。

际民事司法协助的范围包括承认与执行已经确定的民事、商事判决以及仲裁裁决。

外国法院判决及外国仲裁裁决的承认与执行是一种重要的司法行为。法院判决的承认与执行是诉讼程序的归宿,是司法程序的目的所在;如果某一法院的判决得不到承认与执行,其有关的诉讼程序就失去了实际意义;而且法院判决的承认与执行也是一个国家行使国家主权的一种重要表现,在未征得有关国家同意的情况下不得在该国境内执行法院判决,否则就构成了对该国主权的侵犯。事实上,诉讼文书的送达、证据的收集等司法行为都可以在特定的条件下通过司法协助以外的方式(如领事送达、英美法系国家司法实践中的"特派员"送达和取证等)实施,但没有任何一个外国法院的判决不是在有关国家法院的司法协助下得到外国的承认与执行的。所以,外国法院判决及仲裁裁决的承认与执行理应作为国际民事司法协助的主要内容。况且,既然持狭义观点的学者也把国际民事司法协助定义为一国法院接受另一国法院的委托,代为履行一定的司法行为,就不应该把外国法院判决和外国仲裁裁决的承认与执行这一重要的司法行为排除在外。

二、域外送达

国际民事诉讼中的域外送达是指一国司法机关依据有关国家的国内立法或国际条约的规定将诉讼和非诉讼文书送交给居住在国外的诉讼当事人或其他诉讼参与人的行为。送达诉讼和非诉讼文书是一种很重要的司法行为,是一国的司法机关代表国家行使国家司法主权的一种表现,因此它具有严格的属地性。一方面,一国的司法机关在未征得有关国家同意的情况下不能在该国境内向任何人(包括本国国民)实施送达诉讼和非诉讼文书的行为;另一方面,内国也不承认外国司法机关在没有法律规定和条约依据的情况下在国内实施的诉讼和非诉讼文书的送达行为。

(一)域外直接送达

在国际民事诉讼中,基于有关国家的国内立法和司法实践以及有关国际条约的规定,受诉法院可以通过一定的方式,如委托其本国的有关机关,特别是本国的驻外代表机关,将有关的诉讼和非诉讼文书直接送达处于受诉法院所属国以外的有关诉讼当事人和其他诉讼参与人。综观目前国际社会在这方面的立法和司法实践,这种直接送达方式主要包括如下内容:

1. 外交代表或领事送达

外交代表或领事送达是指一国法院将需要在国外送达的诉讼和非诉讼文书委托给内国驻有关国家的外交代表或领事代为送达。这是国际社会普遍承认和采用的一种方式。许多国家的国内立法和国家间签订的有关条约都对这种送达方式作了明确的规定。

2. 邮寄送达

邮寄送达是一国法院直接将诉讼和非诉讼文书邮寄给国外的诉讼当事人或其他诉讼参与人。对于这种送达方式,各国立法和司法实践所持的态度不尽相同。如1954年《民事诉讼程序公约》第6条和1965年《送达公约》第10条都规定内国法院有权通过邮局直接将诉讼和非诉讼文书寄给在外国的有关人员。包括美国、法国在内的多数国家在批准或加入这两个条约时都认可了这一规定,但也有一些国家明确表示反对。

3. 个人送达

个人送达是指一国法院将诉讼和非诉讼文书交给具有一定身份的个人代为送达。这里的"个人"可能是有关当事人的诉讼代理人,也可能是当事人选定的人,或与当事人关系密切的人。这种送达方式一般为英美法系各国所承认和采用。

4. 公告送达

公告送达是指将需要送达的诉讼和非诉讼文书的内容用张贴公告、登报和广播的方法告知有关当事人或其他诉讼参与人,自公告之日起经过一定的时间即视为送达。许多国家的民事诉讼立法规定在一定的条件下可适用公告送达的方式。

5. 按当事人协商的方式送达

按当事人协商的方式送达是指法院依据双方当事人协商的方法将有关诉讼文书或非诉讼文书送达给有关当事人或其他诉讼参与人。这是英美法系国家采用的一种送达方式。根据《美国联邦民事诉讼规则》与《美国法典》第九十七章第1608条的规定,对外国国家的代理人或代理处,或对外国国家或外国的政治实体的送达,可以依诉讼双方当事人特别协商的办法进行。甚至规定合同当事人可以在其合同中规定接受送达的方式。不过,由于这种方式完全不考虑送达地国家的程序法规定,很难在现实社会中得到实施。

(二) 域外间接送达

域外间接送达是指一国法院在审理国际民商事案件时通过国际司法协助的方式进行的送达，即一国法院在受理某一国际民商事案件以后及审理该案件时，将需要送达到国外的诉讼和非诉讼文书委托有关国家的司法机关或其他有关机构代为送交给居住在该国境内的诉讼当事人或其他诉讼参与人的行为，包括国际司法委托和国际司法协助两个部分。即一方面必须由受诉法院依法向有关外国的司法机关或其他有关机构进行委托，即提出司法协助的请求；另一方面必须由被请求国的司法机关或其他有关机构依法给予司法协助，向该被请求国境内的有关当事人或其他诉讼参与人送达有关的诉讼和非诉讼文书。

1. 请求的提出

因为一国法院的诉讼和非诉讼文书需要通过其他国家的司法机关或其他有关机构送达给有关当事人或其他诉讼参与人，所以，请求国法院或有该项权限的其他机构应依据其内国诉讼立法和有关国际条约的规定提出请求书，以书面形式向外国法院或其他机构提出请求。这里必须明确的是，同承认与执行外国法院判决和外国仲裁裁决不同，多数国家的立法和司法实践都规定，提出请求的机构只能是请求国的法院或其他有此权力的机构，其他官方机构或社会组织都不能直接向外国司法机关提出提供司法协助以送达有关诉讼文书的请求。诉讼当事人一般也只能向所在国法院提出申请，再由该受诉法院按规定的方式提出司法协助请求书。司法协助请求书应该具备一定的形式要件，各国间所签订的国际司法协助条约都对此作了不同程度的规定，有些国际条约还专门附有请求书的格式，如1965年《送达公约》就附有向国外送达诉讼和非诉讼文书的请求书格式。

2. 请求书及有关文书的传递

根据各国民事诉讼立法和各国间缔结的国际条约的规定，一国法院为请求外国法院协助送达诉讼和非诉讼文书而作成的请求书，连同所需送达的诉讼和非诉讼文书，应依有关国家的诉讼立法及有关国际条约规定的程序和方式送交该国法院。如果违反有关国家关于司法协助请求书及所需送达文书的传递程序，就可能遭到有关国家的拒绝。至于具体的程序和方式如何，即有关国家间将通过什么样的途径递交有关请求书和所需送达的诉讼以及非诉讼文书，各国立法和有关国际条约的规定不尽相同。综合起来，当今国际社会主要存在如下几种途径：（1）通过外交途径；（2）通过领事途径；（3）通过司法部递交；

(4）通过中心机构递交；（5）有关国家的法院之间直接递交。

3. 请求的执行及执行情况的通知

关于一国法院制作的司法协助请求书连同需要在国外送达的诉讼和非诉讼文书通过上述各种途径传递给被请求国主管机关（绝大多数情况下就是被请求国的主管法院）以后，应按照怎样的方式进行送达的问题，根据各国的诉讼立法和各有关的国际条约的规定，以及目前国际社会的司法实践，大致可分为如下三种类型：一是由被请求国法院按照本国法律对于送达国内类似性质的文书所规定的方式和程序送达；二是按请求国所要求的特殊方式和程序将有关诉讼和非诉讼文书送达给有关当事人或其他诉讼参与人，只是这种特殊的方式和程序不得与被请求国的法律相冲突；三是由被请求国法院依本国法律的规定进行一般性送达，完全以有关当事人或其他诉讼参与人自愿接受为条件。一般说来，一国法院或其他有权机构接受外国机构的委托，代为实施一定的送达行为以后，不管该送达行为的执行情况如何，都需要通过某种途径用适当的方式通知该外国的请求机构。各国民事诉讼法、各有关国际条约的一般规定以及国际社会实践都采用送达回证或者由有关机构出具送达证明的形式。

4. 请求的拒绝

因为外国诉讼和非诉讼文书在内国境内的送达涉及内国的司法主权问题，所以，基于国家主权及其他方面的考虑，世界各国都毫不例外地在其国内立法和它们参与缔结的国际条约中规定了拒绝履行某些送达诉讼和非诉讼文书的委托的条件。至于有关法院或有关机构具体可以基于什么样的条件拒绝送达外国法院委托送达的诉讼和非诉讼文书，各国立法及各有关的国际条约作了各不相同的规定。

三、域外取证

国际民事诉讼中的域外取证是指受诉法院国的有关机构或人员为进行有关的国际民事诉讼程序而在法院国境外提取诉讼证据的行为。根据目前国际社会的普遍实践，证据调查作为行使国家司法主权的一种表现，如果没有有关国家明示或默示的同意是不能在该国领域内实施的，否则就侵犯了该国的领土主权。即使有关证人有义务前往受诉法院作证，如果未经有关国家的同意，也同样不能强制要求该证人作证，不能在有关国家境内实施取证行为，更不能采取强制措施。至于应通过何种途径、按照什么样的方式和程序获取处于国外的证据,各国诉讼立法和有关的国际条约的规定各不相同。考察各国立法和有关国际条约的规定及各国的司法实践,大致可分为直接和间接两种域外取证途径。

(一) 域外直接取证

域外直接取证是指受诉法院依据其所属国家与有关国家之间存在的条约关系或互惠关系以及该有关国家的国内诉讼立法直接派员提取诉讼证据的行为。主要包括以下方式:

1. 外交和领事人员取证

外交和领事人员取证是国际社会普遍承认和使用的方式,世界各国的民事诉讼立法和各国间缔结的条约特别是司法协助条约都对此作了明确的规定。

2. 当事人或诉讼代理人自行取证

当事人或诉讼代理人自行取证的方式主要存在于一些普通法国家,特别是美国。1970年《取证公约》第23条规定,缔约国在签署、批准或加入时可以声明不执行普通法国家"审判前取证"的程序。这种"审判前取证"的程序就是由诉讼当事人或其诉讼代理人直接进行的。

3. 特派员取证

特派员取证是指有关法院在审理涉外民商事案件时委派专门的官员去有关外国境内提取证据的行为。根据1970年《取证公约》第17条的规定,在民事或商事方面,被合法地指定为特派员的人员,如果得到证据调查地国家指定的主管机关的概括许可或对特定案件的个别许可,并遵守主管机关许可时所规定的条件,可以在各缔约国境内不受约束地进行有关另一缔约国法院所受理的诉讼的取证行为。这一取证方式主要为英美法系国家采用。大陆法系国家一般都认为这种方式有损一国的司法主权,所以在适用时采取了极为谨慎的态度。

(二) 域外间接取证

域外间接取证是指受诉法院依据其所属国与有关国家之间存在的条约关系或互惠关系以及有关国家的国内立法,委托该有关国家的法院或其他有权机构代为提取处于该有关国家境内的有关诉讼证据的行为。也就是说,国际民事诉讼中的域外间接取证是通过国际司法委托和国际司法协助的途径进行的域外取证行为。其具体的取证程序包括如下方面:

1. 请求的提出

世界各国的诉讼立法和各有关的国际条约都明确规定,请求国法院或有该项权限的其他机构在需要请求外国法院或其他有关机构代为取证时，像国际司法协助中的域外送达一样，应首先以书面形式向外国法院或其他有关机构提出请求。域外取证请求书应该具备一定的形式，包含一定的内容。有些国际司法协助条约还在附件中专门规定了格式请求书，要求制作的请求书的格式应与条约附件中的示范样本相符。①

2. 请求书的传递

综观各国立法和司法实践以及各有关的国际司法协助条约，当前国际社会主要采用中心机构传递、法院间直接传递、外交途径传递、领事传递等途径传递域外取证请求书。

3. 取证行为的实施和证据的移交及执行情况的通知

取证请求书通过某种特定的途径传递给被请求机构以后，随之而来的就是取证行为的实施问题，即被请求机构应依据哪个国家的法律，按照什么方式和程序协助请求机构提取有关证据。综观各国立法和有关国际司法协助条约的规定以及各国的司法实践，基本上可分为两种类型：一种类型是由被请求机构依据本国的法律规定，按照内国法规定的取证方式和程序进行取证；另一种类型是依据请求国要求的特殊方式和程序协助请求机构实施取证行为，但这种特殊方式和程序的适用应以不与被请求国法律相冲突为限。这两种类型的取证方式和程序，都获得了各国立法和司法实践以及各有关国际条约的普遍承认。一般说来，被请求机构接受请求机构的请求，依据本国法律的规定，按照一定的方式和程序协助请求机构执行完调查取证的行为以后，不管其结果如何，都应该通过某种途径将执行情况通知请求机构，并将已经提取的有关证据移交给该请求机构。各国立法，特别是各有关的国际条约都对此作了明确的规定；如果有关请求书的一部分或全部没有得到执行，被请求机构应毫不延迟地将这一情况及相关理由通知请求机构。

4. 请求的拒绝

被请求国法院收到请求国法院或其他有关机构提出的取证请求书后，可以基于一定的理由拒绝执行该请求，并将拒绝执行的理由及取证请求书退回请求机构。至于被请求国法院具体可以依据哪些理由拒绝执行有关请求的问题，各国立法及各有关国际条约的规定各不相同。而为国际社会所公认的一条理由是

---

① 谢石松：《国际民商事纠纷的法律解决程序》，广东人民出版社1996年版，第375页。

"被请求国认为在其境内执行取证请求危害其主权或安全"或"执行取证请求显然违背其公共秩序"。

第四节 外国法院判决的承认与执行

一般说来,一国法院在国际民事诉讼中依法作出的有效判决的承认与执行问题,涉及在内国法院的承认与执行和在外国法院的承认与执行这两个方面。但由于世界各国对于内国法院在国际民事诉讼中依法作出的有效判决在内国的承认与执行问题,作了与内国法院在国内民事诉讼中依法作出的有效判决在内国的承认与执行问题完全相同的规定;而且,目前国际社会的有关国际立法和国内立法都就内国法院判决在外国的承认与执行,特别是就外国法院判决在内国的承认与执行,作了极为明确而又严格且各不相同的规定,所以,本节只从外国法院判决在内国的承认与执行这一角度来探讨和介绍国际民事诉讼中法院判决的承认与执行这一问题。

海牙国际私法会议自1999年开始起草,历经整整20年,至第二十二届外交大会于2019年7月2日最终宣告完成的《承认与执行外国民商事判决公约》(Convention on the Recognition and Enforcement of Foreign Judgments in Civil or Commercial Matters),包括范围和定义、承认与执行、一般条款、最后条款4章共32条,已经得到包括中国在内的海牙国际私法会议成员的确认,并开放供各国签署,一经生效,将成为当今国际社会在承认与执行外国法院判决方面最新也是最具影响力的国际公约。公约只适用于民商事事项,不适用于税收、关税及其他行政事项;而且,公约还列举了不适用公约的相关事项,包括自然人的身份和法律能力、遗嘱和继承、客运和货运、隐私、反垄断及竞争(特定情形除外)等。此外,公约还明确规定,除可能存在违反被请求国公共政策的情形外,在承认与执行外国法院判决的过程中,被请求国法院不应对案件进行实体审查。同时,公约也明确规定了7种可以拒绝承认与执行外国判决的情形,包括:(1)送达导致被告方当事人的程序权利受损;(2)判决通过欺诈获得;(3)违反被请求国的公共政策;(4)原判决国法院对争议案件无管辖权;(5)与被请求国已经就相同当事人争议所作出的判决相冲突;(6)与之前已经满足被请求国承认与执行条件的第三国法院就相同当事人相同争议所作出的判决相冲突；（7）被请求国法院正在审理先于请求国法院受理，且与被请求国有紧密联系的相同当事人相同争议的案件。

一、承认与执行外国法院判决的概念

承认与执行外国法院判决，是指一国法院依据其内国立法或有关的国际条约承认有关外国法院的民商事判决在内国的域外效力，并在必要时依法予以强制执行。一般说来，任何国家法院的判决都是由一国司法机关代表其主权国家针对特定的法律争议作出的，原则上只能在判决国境内生效，而没有域外效力，这早已为国际社会所公认。只是作为例外，世界各国才基于各种各样的考虑，在一定的条件下相互承认外国法院判决在内国具有与内国法院判决同等的法律效力，并在必要时按内国的有关规定予以强制执行。因此，如果没有有关国家的明确承认，外国法院的判决在该国领域内就没有任何法律效力。外国的任何机关或个人都不能在该国领域内强制执行其所属国法院作出的任何判决，否则，就构成对该国国家主权的侵犯。而且，法院判决的承认与执行作为一国司法机关代表其国家行使司法主权的一种重要形式，只能由有关国家的法院来实施。所以，根据各国立法的普遍规定，外国法院判决的承认与执行一律由承认与执行地国家的法院来协助进行。

承认与执行外国法院判决是两个既有联系又相互区别的法律行为。一般说来，承认外国法院判决是执行外国法院判决的前提条件；执行外国法院判决是承认外国法院判决的必然结果。不过，虽然承认是执行外国法院判决的前提，但在某些案件中执行并不是承认外国法院判决的必然结果。因为，一方面，有些已经得到一国法院承认的外国法院判决可能由于某种原因而无法获得强制执行；另一方面，除给付判决以外的外国民商事判决只发生承认问题，如一个单纯允许当事人离婚而不涉及任何财产或其他经济问题的判决就无须执行。承认与执行外国法院判决是一种重要的司法行为，是外国的国际民事诉讼程序在内国的继续，是整个国际民事诉讼程序的归宿，是有关司法程序的实质所在。如果某一外国法院判决得不到内国法院的承认与执行，不仅会使诉讼各方当事人以前的民商事法律争议无法获得最终解决，有关当事人的合法权益得不到切实保护，还会给各方当事人带来诉讼费用方面的损失。所以，承认与执行外国法院判决在国际民事诉讼法中具有极为重要的意义。

二、承认与执行外国法院判决的条件

由于世界各国在社会政治制度和经济制度方面的不同、在社会组织特别是司法组织方面的差异、在法律意识上的不一致，再加上各国在经济领域的利益冲突，以及随之而来的对外国法院司法行为的不信任等，所有国家的国内立法和它们参与缔结的有关国际条约，在规定内国法院需承认与执行外国法院判决的同时，都毫不例外地规定了承认与执行外国法院判决应遵循的各种各样的条件。至于这些条件的具体内容，各国立法及各有关的国际条约的规定不尽相同，很难统一。综观各国立法及各有关国际条约的规定，大致可以概括为如下几个方面。

（一）原判决国法院具有合格的管辖权

原判决国法院必须具有合格的管辖权，这是国际社会公认的一条承认与执行外国法院判决的条件。同时，原判决国法院是否对有关案件具有合格的管辖权也是承认与执行外国法院判决时争论最多的一个问题。而关于一国法院在什么样的情况下对有关案件具有管辖权，即什么是法院的管辖权依据的问题，各国立法的规定存在很大的差异，各有关国际条约的规定也不尽相同。而且，大多数国家的诉讼立法都严格规定，原判决国法院的管辖权应该依承认与执行地国家的内国立法来确定。如德国《民事诉讼法》第328条第1款第1项规定，依德国法律，该外国法院所属国家的法院无管辖权时，外国法院的判决得不到承认。《中法司法协助协定》第22条第1项也明确规定，在"按照被请求一方法律有关管辖权的规则，裁决是由无管辖权的法院作出的"时，"不予承认和执行"。①

（二）有关的诉讼程序具有必要的公正性

一国法院的判决应经过一定的诉讼程序才能作出并生效。在通常情况下，外国法院所作的判决既然已经生效，就没有必要再对该外国法院审理有关案件并作出判决时所进行的诉讼程序的公正性进行审查。但各国立法及有关的国际条约基于对败诉一方当事人的保护，往往规定内国法院在承认与执行外国法院判决时，应对有关外国法院判决所依赖的诉讼程序的特定方面，更确切地说，对败诉一方当事人是否适当地行使了辩护权的问题进行审查。如果发现有关诉

---

① 《中华人民共和国最高人民法院和新加坡共和国最高法院关于承认与执行商事案件金钱判决的指导备忘录》第9条也规定，新加坡法院必须是经中国法院根据中国法律裁定对争议事项具有司法管辖权的法院。

讼程序中败诉的一方当事人基于除其本身失误以外的原因未能适当地行使辩护权，就认为该有关的诉讼程序不具备应有的公正性，内国法院就可以据此拒绝承认与执行该外国法院判决。关于这一问题，中国同一些国家签订的双边司法协助协定中作了明确的规定，如《中法司法协助协定》第 22 条第 4 项规定，在"败诉一方当事人未经合法传唤，因而没有出庭参加诉讼"的情况下作出的裁决，"不予以承认和执行"。

(三) 有关外国法院判决是确定的判决

在内国境内寻求获得承认与执行的外国法院判决应该具有一定的效力。但对于有关外国法院判决应具备什么样的效力才能得到内国法院承认与执行的问题，各国立法的规定不尽相同。在国际民事诉讼中，对于"确定的判决"，应该定义为由一国法院或有审判权的其他机关按照其内国法所规定的程序，对诉讼案件中的程序问题和实体问题所作的具有约束力且已经发生法律效力的判决。至于应依哪一个国家的法律来认定有关外国法院判决是否为确定判决的问题，大多数国家的学者都倾向于主张依有关外国法院所属国的立法来认定。事实上，也只能由该外国法院所属国的法律来认定有关判决是否已经发生法律效力，从而确定是否对当事人具有确定性。如《中法司法协助协定》第 22 条第 3 项明确规定，根据作出裁决一方的法律，该裁决尚未确定或不具有执行力的，不予承认和执行。①

(四) 有关外国法院判决是合法的判决

请求承认与执行的外国法院判决必须合法。也就是说，有关的外国法院判决是基于合法手段获取的。大多数国家的立法或司法实践都强调，运用欺诈手段获得的外国法院判决不能在内国境内得到承认与执行。至于应适用哪一个国家的法律来认定是否欺诈行为的问题，世界各国的立法一般都没有作出明确的规定。不过，大多数国家的法院都基于内国法来认定。如美国法院通常都基于美国法对欺诈行为所下的定义去审查外国法院判决，只有在原判决国立法规定的有关欺诈的范围比美国法所规定的范围更广时，才考虑适用该外国法的规定。

---

① 《中华人民共和国最高人民法院和新加坡共和国最高法院关于承认与执行商事案件金钱判决的指导备忘录》第 7 条也规定，在中华人民共和国法院申请承认与执行的新加坡法院判决必须是终局性和确定性的判决。当该判决的终局性和确定性存在争议时，应当根据中国法律确定。有待上诉或者处于上诉过程中的判决不是终局性和确定性的判决。

(五) 有关外国法院判决不与其他有关的法院判决相抵触

这一条件强调，只有在有关的外国法院判决不与内国法院就同一当事人之间的同一争议所作的判决相抵触，或不与内国法院已经承认的第三国法院就同一当事人之间的同一争议所作的判决相冲突时，内国法院才可以在满足其他有关条件的情况下承认与执行该外国法院的判决。这也是各国立法和司法实践普遍接受的一个条件。如英国1982年《民事管辖权和判决法》第27条第3款和第5款规定，如果有关外国法院的判决，与承认国法院就同一当事人之间同一争议所作出的判决相冲突，或与某一第三国法院就同一当事人之间相同诉因的案件所作的更早的判决相抵触，而且该第三国法院的判决在被请求国已满足请求承认所需的所有条件，英国法院可以拒绝承认该外国法院的判决。中国《民诉法解释》第531条规定，中国法院和外国法院都有管辖权的案件，一方当事人向外国法院起诉，而另一方当事人向中国法院起诉的，中国法院可予受理。判决后，外国法院申请或者当事人请求中国法院承认与执行外国法院对本案作出的判决、裁定的，不予准许；但双方共同缔结或者参加的国际条约另有规定的除外。《中法司法协助协定》第22条第6项规定，被请求国法院已经就相同当事人之间的同一诉讼作出确定的判决，或被请求国法院已经承认了某一第三国法院就相同当事人之间的同一案件所作出的确定判决时，应拒绝承认与执行有关的外国法院判决。

(六) 原判决国法院适用了适当的准据法

某些国家的诉讼立法和司法实践要求把有关外国法院适用依内国国际私法中的冲突规范可适用的实体法作为承认与执行外国法院判决的条件。中国同有关国家签订的司法协助协定对此作了明确的规定，如《中法司法协助协定》第22条第2项规定，在自然人的身份或能力方面，请求一方法院没有适用按照被请求一方国际私法规则应适用的法律时，可以拒绝承认与执行请求法院所作出的有关判决，但其所适用的法律可以得到相同结果的除外。很显然，这一规定要求有关外国法院在自然人的身份和能力方面适用了依内国的国际私法规范所确定的准据法或其所适用的有关准据法不与依内国的国际私法规范所确定的准据法相冲突。不过，这种条件并非被普遍采用的条件。

(七) 有关国家之间存在互惠关系

这一条件强调，在有关国家之间没有缔结或参加涉及承认与执行外国法院判决的国际条约的情况下，内国法院可以基于互惠原则承认与执行有关的外国法院判决。① 同时，如果原判决法院所属国拒绝给予互惠待遇，内国法院也可据此拒绝承认与执行有关的外国法院判决。从目前国际社会的实践来看，除允许内国法院对外国法院判决进行实质性审查的国家和只允许内国法院基于有关国际条约承认与执行外国法院判决的国家以外，其他国家的诉讼立法一般都在不同程度上规定了内国法院可以基于互惠原则承认与执行外国法院判决或允许内国法院在不存在互惠关系的情况下拒绝承认与执行有关的外国法院判决。中国《民事诉讼法》第 288 条和第 289 条规定，中国法院对于有关当事人或者外国法院请求执行的已经发生法律效力的外国法院判决、裁定，应当按照互惠原则进行审查，认为不违反中国法律的基本原则或中国国家主权、安全及社会公共利益的，裁定承认其效力，需要执行的，发出执行令，并按照本法规定的程序执行。《民诉法解释》第 542 条规定，当事人向中国有管辖权的法院申请承认和执行外国法院作出的发生法律效力的判决、裁定的，如果该法院所在国与中国没有缔结或者共同参加国际条约，也没有互惠关系的，裁定驳回申请，但当事人向中国法院申请承认外国法院作出的发生法律效力的离婚判决的除外。不过，本书认为，从便利外国法院判决的承认与执行、促进国际民商事交往的顺利开展这一角度出发，在确定中国同有关国家之间是否存在互惠关系时，应该采取积极的态度。只要该外国的立法也规定互惠关系的存在是承认与执行外国法院判决的一个条件，其他承认与执行条件同中国立法又不发生明显的冲突，就应该推定彼此之间存在互惠关系。此外，即使没有这种互惠规定，只要该外国的立法或司法实践不反对基于互惠原则相互承认与执行外国法院判决，又不存在这方面相反的先例，且两国立法中承认与执行外国法院判决的条件又比较相近，也应该推定互惠关系的存在。

（八）外国法院判决的承认与执行不违反内国的公共秩序

外国法院判决的承认与执行不能与内国的公共秩序相抵触，是国际社会公认的一个条件，各国立法及有关的国际条约都毫不例外地对此作了明确的规定。值得注意的是，虽然大多数国家的立法都规定，如果有关外国法院判决的承认与执行将有损内国的公共秩序，内国法院应拒绝承认与执行该项外国法院

---

① 如《中华人民共和国最高人民法院和新加坡共和国最高法院关于承认与执行商事案件金钱判决的指导备忘录》第 6 条规定，目前两国尚无有关一方判决可在另一方法院承认与执行的条约。在此情况下，根据中国《民事诉讼法》的规定，中国法院可以在互惠基础上，根据申请人的申请，承认与执行新加坡法院的判决。

判决，但也有个别国家的立法，把外国法院判决本身不违背内国的公共秩序作为承认与执行有关外国法院判决的条件。如《日本民事诉讼法》第 200 条第 3 款规定的承认与执行外国法院判决的条件之一是，外国法院的判决不违背日本的公共秩序和善良风俗。关于这一问题，本书认为，恰当的做法应该强调承认与执行有关外国法院判决的结果，而不是有关外国法院判决本身的内容不与内国的公共秩序相抵触。因为各国在规定这一条件时，只是为了保护本国的重大利益，维护本国的基本政策、道德与法律的基本观念和基本原则，使它们不至于因为外国法院判决在内国的承认与执行而受到威胁和动摇。

三、承认与执行外国法院判决的程序

根据各个国家有关国际民事诉讼法律制度的规定，外国法院判决要在内国境内获得承认与执行，都必须经过严格的国际司法协助程序。

（一）承认与执行请求的提出

外国法院的判决需要在内国境内发生法律效力时，必须向内国有关法院提出承认与执行该有关外国法院判决的请求，这是世界各国立法和司法实践的普遍要求。至于提出请求的行为应由谁来实施，各国的立法并不统一，多数国家的法律规定应由利害关系人实施，也有一些国家的法律规定外国法院和有关的利害关系人都可以向内国法院提出请求。此外，个别国家的诉讼立法要求承认与执行外国法院判决时应该由有关的外国法院提交请求书。在这一问题上，中国《民事诉讼法》第 288 条规定："外国法院作出的发生法律效力的判决、裁定，需要中华人民共和国人民法院承认和执行的，可以由当事人直接向中华人民共和国有管辖权的中级人民法院申请承认和执行，也可以由外国法院依照该国与中华人民共和国缔结或者参加的国际条约的规定，或者按照互惠原则，请求人民法院承认和执行。"

关于提出请求的期限问题，各国立法的规定不统一。有些国家根本就没有对这一期限作出明确的规定，即使在作了规定的各个国家之间，其时间的长短也不一致。中国《民事诉讼法》只在第三编"执行程序"中的第 246 条规定了申请执行的期间为 2 年，但对于外国法院判决的承认与执行问题却未作任何规定。发生这种情况时，法院应该根据中国《民事诉讼法》第 266 条的规定（"本编没有规定的，适用本法其他有关规定"）适用该法第 246 条的规定。《民诉法解释》第 545 条解决了这一问题，规定当事人申请承认与执行外国法院作

出的发生法律效力的判决、裁定的期间，适用中国《民事诉讼法》第246条的规定。

此外，根据各国立法和各有关国际条约的规定以及国际社会的司法实践，请求承认与执行外国法院判决时必须附上与此有关的各种文件或其副本，否则，其请求就很难得到有关国家法院的执行。而且，各国立法和各有关的国际条约以及国际社会的司法实践都要求，请求人提交的请求书及有关文件一般需要用被请求国的官方文字写成，或附上用该国文字翻译的经核证无误的译本，甚至还有一些国家的立法要求上述请求书及有关文书必须经过公证和认证。

（二）承认与执行外国法院判决的具体程序

请求承认与执行外国法院判决的一方当事人或其他利害关系人根据各有关国家的国内立法或有关国际条约向内国有管辖权的法院提出承认与执行请求以后，有关的内国法院应按照什么样的程序来承认与执行该外国法院判决的问题，完全是一个国内法上的问题，因为有关程序完全是由承认与执行国法院所属国的国内立法规定的，各个国家的法院也是完全按照内国诉讼法所规定的程序来承认与执行有关的外国法院判决的，而不像在实施协助外国法院代为送达或取证等诉讼行为时那样，在不与内国诉讼立法中有关规定相抵触的情况下，可以遵循有关外国法院要求的特别程序或方式。至于一国法院在承认与执行外国法院判决时，具体应遵循什么样的程序，各国诉讼立法的规定不尽相同，大致可以分为如下几种。

1. 以法国、德国和俄罗斯为代表所采用的执行令程序

在这种程序中，有关的内国法院受理了当事人或其他利害关系人提出的承认与执行某一外国法院判决的请求以后，先对该有关外国法院判决进行审查，如果符合内国法规定的有关条件，即由该内国法院作出一个裁定，并发给执行令，赋予该外国法院判决与内国法院判决同等的效力，并按照执行本国法院判决的程序予以执行。

2. 以英国、美国为代表所采用的登记程序和重新审理程序

英国法院目前主要根据原判决法院所属国的不同分别采用登记程序或重新审理程序来决定是否承认与执行有关的外国法院判决。根据英国1868年的《判决延伸法》、1920年的《司法管理法》、1933年的《（相互执行）外国判决法》、1982年的《民事管辖权和判决法》，1968年欧洲共同体国家在布鲁塞尔签订的《关于民商事案件管辖权及判决执行的公约》，以及英国同法国、比利

时等国签订的司法协助条约的规定，有管辖权的英国法院对于英联邦国家和欧共体/欧盟各国法院作出的判决适用登记程序。即英国法院在收到有关利害关系人提交的执行申请书以后，一般只要查明有关外国法院判决符合英国法律所规定的条件，就可予以登记并交付执行。而对于不属于上述法律或条约规定的国家的法院判决，英国法院则适用判例法确定的重新审理程序。即英国法院不直接执行这些国家的法院作出的民商事判决，而只是把它作为可以向英国法院重新起诉的根据，英国法院经过对有关案件的重新审理，确定有关外国法院判决与英国的有关立法不相抵触时，作出一个与该外国法院判决内容相同的判决，然后由英国法院按照英国法规定的执行程序予以执行。这样，根据英国法官的理解，英国法院执行的就是本国法院的判决，而不再是外国法院的判决。

美国法院一般都区分金钱判决和非金钱判决而采取不同的态度。对于金钱判决，大多数州的立法和司法实践都遵循英国法传统中的重新审理程序，要求有关利害关系人在美国法院提起一个新的诉讼，由美国法院作出一个新判决，然后由该美国法院按法院所在州法律规定的程序予以执行。请求承认与执行外国法院判决的当事人或其他利害关系人既可以有关的外国法院判决为依据提起一个要求偿付债务的诉讼，也可以原来诉讼中的诉因为依据重新提起诉讼。在前一种情况下，请求人应向法院提供所有能证实有关判决的文件。美国法院在审查了所有文件及有关的情况以后，认为不违反美国现行法律规定的，即作出一个责令债务人偿付有关债务的判决，并交付执行。在后一种情况下，则完全由美国法院重新审理有关案件，并作出判决，交付执行。

3. 中国关于承认与执行外国法院判决的程序

根据中国《民事诉讼法》第288条"外国法院作出的发生法律效力的判决、裁定，需要中华人民共和国人民法院承认和执行的，可以由当事人直接向中华人民共和国有管辖权的中级人民法院申请承认和执行，也可以由外国法院依照该国与中华人民共和国缔结或者参加的国际条约的规定，或者按照互惠原则，请求人民法院承认和执行"、第289条"人民法院对申请或者请求承认和执行的外国法院作出的发生法律效力的判决、裁定，依照中华人民共和国缔结或者参加的国际条约，或者按照互惠原则进行审查后，认为不违反中华人民共和国法律的基本原则或者国家主权、安全、社会公共利益的，裁定承认其效力，需要执行的，发出执行令，依照本法的有关规定执行。违反中华人民共和国法律的基本原则或者国家主权、安全、社会公共利益的，不予承认和执行"和《民诉法解释》第541条、第542条、第544条、第545条、第546条，以及其他相关法律法规的规定，在承认与执行外国法院判决的具体程序方面，中国法院目前采用的是类似于上述法、德等国所采用的执行令程序。中国法院在收到有关承认与执行外国法院判决的书面请求以后，应当依据中国现行的民事诉讼立法的有关规定进行审查，认为不违反中国法律的基本原则或者国家主权、安全、社会公共利益的，裁定承认其效力；需要执行的，发给执行令，由执行机关依照中国民事诉讼立法的有关规定予以强制执行。

思考题

1. 外国个人在一国法院一般具有什么样的国际民事诉讼地位？
2. 国际社会一般会基于哪些原则来确定国际民事诉讼管辖权？
3. 中国现行法律制度对国际民事诉讼管辖权作了哪些规定？
4. 国际民事司法协助的含义及其内容如何？
5. 承认与执行外国法院判决一般应该具备哪些条件？

▶ 自测习题

第十六章　国际商事仲裁

随着国际交往的日趋频繁，"二战"后，古老的国际商事仲裁焕发出新的活力，成为商业界最受青睐的争议解决方式，并得到最为普遍的国际认同。早在国际联盟时代，就有日内瓦1923年《仲裁条款议定书》和1927年《关于执行外国仲裁裁决的公约》问世。联合国成立之后，1958年《承认及执行外国仲裁裁决公约》（《纽约公约》）和1985年《国际商事仲裁示范法》是当代最重要的国际商事仲裁成果。国内法方面，绝大多数国家制定了仲裁法，且不断更新，对国际商事仲裁的支持程度已成为衡量各国商业环境的重要指标。

第一节　国际商事仲裁的概念和性质

一、国际商事仲裁的概念

所谓国际商事仲裁，简称国际仲裁，系指含有国际因素或涉外因素的商事仲裁。由于其解决的争议多发生于国际经济、贸易领域，故又称为国际经济贸易仲裁。相对于一国而言，国际商事仲裁可以称为涉外仲裁。通常情况下，人们并不严格地区别这两个范畴，分歧主要在于如何理解"国际"或者"涉外"和"商事"的含义。

长期以来，对于什么是"涉外"、什么是"国际"，莫衷一是。在理论和实践中，目前国际上尚无被普遍接受的概念。不过，一般认为应对"涉外"和"国际"作广义的解释。国际上，认定国际仲裁的标准大致可分为三种类型[①]：（1）以实质性连结因素为认定标准。如英国、瑞典、瑞士以及一些阿拉伯国家在认定仲裁的国际性时，仲裁地点和当事人的国籍是重要的根据。当事人是个人的，除国籍外，还要考虑其惯常居所地；当事人是法人的，则并不简单地以该法人的注册或登记地为依据，还要考虑其管理中心所在地。（2）以争议的国际性质为认定标准。这方面最典型的是法国的做法。《法国民事诉讼法典》第

---

① Nigel Blackaby, Constantine Partasides, et al., *Redfern and Hunter on International Arbitration*（《雷德芬和亨特论国际仲裁》），Oxford University Press, 2009, pp. 8-12.

1492条规定，牵涉国际商务利益的仲裁是国际仲裁。①（3）示范法的标准。针对以上两种标准的分歧，1985年《国际商事仲裁示范法》对国际仲裁作了更为广义的界定。其第1条第3款将国际仲裁扩及对营业地在不同国家的当事人之间的争议的仲裁、仲裁地和当事各方的营业地位于不同国家的仲裁、主要义务履行地和当事各方的营业地位于不同国家的仲裁、与争议标的关系最密切的地点和当事各方营业地位于不同国家的仲裁、当事各方明确同意仲裁标的与一个以上国家有关的仲裁。显然，按照当事人的合意来确定什么是国际仲裁的倾向，大大丰富了"涉外"或"国际"的内涵。可以说，该《示范法》的规定反映了涉外仲裁或国际商事仲裁实践对"涉外"或"国际"含义有扩大解释的趋势。

无论在大陆法系国家还是英美法系国家，"商事"的含义都具有重要意义。在法国，只有关于商事问题的仲裁协议才是有效的；在美国，只有海事或商事合同中的仲裁协议才是有效的。② 然而，尽管1923年《仲裁条款议定书》和1958年《纽约公约》都有所谓的"商事"保留条款，这一国际经济交往中的常用词却没有公认的定义。③《国际商事仲裁示范法》对"商事"所作的广义解释是：它包括契约性或非契约性的一切商事关系所引起的种种事情。商事性质的关系包括但不限于下列交易：供应或交换货物或服务的任何贸易交易；销售协议；商事代表或代理；代理；租赁；建造工厂；咨询；工程；许可证；投资；筹资；银行；保险；开发协议或特许；合营和其他形式的工业或商业合作；货物或旅客的航空、海上、铁路或公路的载运。④ 一般说来，多数国家认为"商事"的含义具有不确定性，同时应尽可能地作广义解释。

中国法学界虽然广泛使用"国际商事仲裁"这一术语，但立法、司法实践中却罕有采用。中国最高人民法院在其发布的《关于涉外民商事案件诉讼管辖若干问题的规定》中，使用了"涉外民商事案件""国际仲裁裁决"的提法。中国《仲裁法》第65条使用的是"涉外经济贸易、运输和海事中发生的纠纷的仲裁"。概言之，关于"涉外"，中国国际私法通说及司法实践都认为，对于民商事法律关系的涉外或国际性应作广义理解，即其主体、客体或内容这三个

---

① 罗结珍译：《法国新民事诉讼法典》，中国法制出版社1999年版，第316页。
② 《法国商法典》第631条、《美国仲裁法》第2条。
③ 《仲裁条款议定书》和《纽约公约》第1条。
④ 宋连斌、林一飞译编：《国际商事仲裁新资料选编》，武汉出版社2001年版，第463页。

因素中至少有一个与中国内地之外的法域相联系,司法实践亦采用这一说法。至于"商事",中国1986年加入《纽约公约》时作了商事保留,即中国仅对按照中国法律属于契约性或非契约性商事法律关系的涉外法律关系所引起的争议适用该公约。在中国的司法实践中,所谓"契约性或非契约性商事法律关系",具体是指基于合同、侵权或者根据有关法律规定而产生的经济上的权利义务关系,如货物买卖、财产租赁、工程承包、加工承揽、技术转让、合资经营、合作经营、勘探开发自然资源、保险、信贷、劳务、代理、咨询服务和海上、民航、铁路、公路的客货运输以及产品责任、环境污染、海上事故和所有权争议等,但不包括外国投资者与东道国政府之间的争端。① 可见,中国对"商事"的官方释义基本上与《国际商事仲裁示范法》的解释相同,在某些方面还有所扩充。

国际商事仲裁从不同角度可分为不同类型,其中,常提及的有价值的分类是临时仲裁和机构仲裁。所谓临时仲裁,亦称为特别仲裁、临时性仲裁,是指在事先并不存在仲裁组织的情况下,当事人根据仲裁协议,将争议交给临时组成的仲裁庭进行审理并作出裁决的仲裁。临时仲裁中,仲裁结束,仲裁庭即自行解散。机构仲裁也称为制度性仲裁、常设仲裁,是当事人根据仲裁协议,将他们之间的纠纷提交给某一常设仲裁机构并在其管理下进行的仲裁。这两类仲裁各有短长:临时仲裁的优点在于当事人享有较大的自主权,仲裁程序也有相当的灵活性,仿佛量体裁衣,能最大限度地给当事人提供便利;机构仲裁要向当事人收取管理和服务费用,临时仲裁则可省却这笔开支。但临时仲裁因缺乏固定的管理机构和仲裁规则,仲裁的进行完全依赖当事人的合作,常会导致争议久拖不决;而机构仲裁在吸收临时仲裁尊重当事人自主权和仲裁程序灵活之优点的基础上,有固定的庭审场所、仲裁规则及仲裁员名册,有较完整的行政管理机构和办事制度,有利于争议得到快捷、公正的解决。当然,机构仲裁的高度制度化、司法化倾向有时也会导致其染上程序拖沓、僵硬等诉讼中的痼疾,如同购买成衣,虽很方便,但当事人只能被动适应,在某些方面可能令人感到不便。尽管如此,机构仲裁的优势仍是显而易见的,因此其在当今仲裁领域占主导地位,临时仲裁作为现代仲裁制度的原初形态已处于边缘地位,一些

---

① 1987年《最高人民法院关于执行我国加入的〈承认及执行外国仲裁裁决公约〉的通知》第2条。

国家如中国不存在临时仲裁。

目前,国际商事仲裁机构既有国别性的,也有区域性的。一些政府间和非政府间国际组织也设有仲裁机构。历史悠久、较为知名的国际商事仲裁机构主要有①伦敦国际仲裁院、瑞士苏黎世商会仲裁院、斯德哥尔摩商会仲裁院、国际商会仲裁院、美国仲裁协会、日本商事仲裁协会、解决投资争端国际中心、香港国际仲裁中心、新加坡国际仲裁中心、世界知识产权组织仲裁与调解中心等。这些机构的仲裁规则是国际商事仲裁制度的重要内容。

在中国,两个历史最久的涉外仲裁机构是中国国际经济贸易仲裁委员会与中国海事仲裁委员会,现都附属于中国国际贸易促进委员会(即中国国际商会)。

二、国际商事仲裁的性质

国际商事仲裁的性质是国际商事仲裁法学的一个基本理论问题,对仲裁实践也有极其重要的影响。概括起来,主要有以下四种学说②:

(一) 司法权论

司法权论认为,国家对在其管辖范围内进行的所有仲裁都具有监督和管理的权力。虽然仲裁源于当事人之间的协议,但在仲裁协议的效力、仲裁员的权力、仲裁员的审理行为以及仲裁裁决的执行方面,其权威性都取决于有关国家的法律。同时,这种学说还认为,裁判权是一种国家主权,只有国家才能行使这种权力,如果没有仲裁地国的授权,仲裁员就不能行使通常只能由法官行使的权力。如果法律允许当事人提交仲裁,则仲裁员就像法官一样,从本国法律中取得裁判权。因此,仲裁员类似于法官,而仲裁裁决则与法院判决相同。在仲裁实践中,奉行此说的国家主要有德国、奥地利、意大利和埃及等。

司法权论有两个差异较大的派别。一派被称为判决论,认为仲裁员的任务是判案,其所作的裁决是行使司法权的产物。另一派则进一步认为仲裁员的权威来源于其履行职责地的国家。其中,一些学者认为这是仲裁员代行判案职责的必然结果,被称为代表论;另一些学者则认为仲裁员所享有的每一权利或权力无疑由国内法赋予或来源于国内法体系,被称为国内法论。

---

① 关于国际商事仲裁机构较为详细的介绍,参阅黄进、宋连斌、徐前权:《仲裁法学》(2002年修订版),中国政法大学出版社2002年版,第三章第五节。
② 宋连斌:《国际商事仲裁管辖权研究》,法律出版社2000年版,第11页。

（二）契约论

契约论认为，仲裁员不是从法律或司法当局获得仲裁权，而是从当事人那里获取此项权力。整个仲裁都是基于当事人的意志创立的，它具有完全自愿的特征，当事人不仅有权自主选择仲裁机构和地点，也有权选择仲裁规则和准据法，而且有权选择仲裁员。在仲裁实践中，奉行此说的国家有法国、荷兰和斯堪的那维亚半岛的各个国家等。

契约论的传统观点认为，裁决是仲裁员作为当事人的代理人所订立或完成的合同，因而仲裁被认为具有合同性质。这一派的学者认为，裁决是与其紧密相连的仲裁协议的产物并与它组成同一个合同体，从而有着契约性，离开仲裁协议，裁决什么也不是，只是一张废纸。确切地说，裁决是当事人假仲裁员之手制定的约束自己的协议，其以当事人的意志为基础。同时，仲裁员不是法官，不行使任何国家权力，也不享有属地管辖权，其权力的唯一依据是当事人无须国家干预的那部分意志。传统的契约论对仲裁的发展有极大的影响，如英国早期认为仲裁员的权力在裁决作出前可随时撤回，因为代理权就没有不可撤回的。这种情况一直延续到1854年。受英国影响，美国直到1925年《美国仲裁法》颁布后才改变了这一立场。法国曾对外国判决怀有敌意，契约论的采用使外国裁决区别于外国判决而更容易得到执行。但是，仲裁员毕竟不能成为当事人的代理人，若仲裁员是当事人的代理人，仲裁与和解将无法区分。而且，仲裁员公正地裁决纠纷，肯定不可能总是符合各方当事人的意愿或利益，代理说对此无法作出解释。现代各国仲裁法规定仲裁员的权力不可撤回，这与代理显然也不一样。传统的契约论难以自圆其说。

20世纪的契约论者对传统观点进行了扬弃。他们认为仲裁法属于私法或债法而非民事诉讼法范畴，本质上仍是私法，具有合同法性质，仲裁协议和裁决的效力均属于合同约束力的范畴，即"合同必须信守"。与传统契约论最大的区别在于，现代契约论摒弃了仲裁员是当事人的代理人的观点，认为仲裁本质上是私人机制，当事人的合意是仲裁的基础，当订立作为主合同一部分的仲裁协议时，当事人便确立了他们认为更具优越性的有关仲裁的各项权利，裁决是合同关系的直接后果。仲裁员是私人，并不比别的私人多享有权力，他也不是当事人的代理人，而像一个法官，其任务是决定当事人的权利、义务，目的在于改变后者的法律地位。仲裁协议是自成一类的合同，适用于它的规范既要考虑调整合同的一般原理，也要考虑仲裁员发挥功用的特别性质；当事人采用仲裁程序，只要不违背公共政策（即对当事人的权利的终局决定是以公正的方式取得的）即可，从这个意义上讲，仲裁协议与别的合同一样可被强制执行，只要其没有超出法律许可的范围即可；仲裁协议是当事人完成的，仲裁裁决是仲裁员完成的，而仲裁员的指定则是当事人和仲裁员共同完成的，对裁决的执行或履行仅仅是当事人信守彼此将遵守仲裁员作出的裁决的承诺，只要裁决合乎其应适用的法律即可。

（三）混合论

混合论试图兼采司法权论和契约论的长处，在现代仲裁理论上较有影响。这派学者赞同仲裁员的职能是判案的论点，又调和了有关仲裁员不代表国家的观点，认为：(1) 仲裁裁决介于判决和合同之间，仲裁员不履行公共职能，但裁决也明显不是合同，当事人通过协议创造并固定了仲裁管辖权。(2) 仲裁的有效性来源于仲裁协议，但在适用诉讼法时又有司法权的性质。事实上，仲裁协议等同于排除司法权条款，国内法院的判决权因而被仲裁员取代。相应地，仲裁协议的效力本质上取决于私法，但仲裁程序一旦开始，诉讼法的强行规范便有更深远的影响，被用来排除法院的管辖权及解决仲裁过程中的一些问题。(3) 当事人的协议发挥作用直至裁决被执行，仲裁的程序、裁决的形式和内容强烈地依赖于当事人的协议。(4) 当公共政策被违背时，仲裁地可能有控制仲裁的法律上的利益，而仲裁协议签订地则没有。不难看出，按照混合论，仲裁需要并依赖于司法因素和契约因素，这两种因素至少在仲裁中是相互协调且不可分割的：一方面，仲裁源于私人契约；另一方面，仲裁又不能超越于法律制度之外，仲裁协议的有效性和仲裁裁决的可执行性最终取决于有关法院的裁定。因此，仲裁兼有司法性和契约性。混合论者的观点不无道理，但区分仲裁的契约因素和司法因素的说法遭到批评，被认为导致了法律适用的复杂性，而且实际上，这两种对立的因素也无法调和。后继的混合论者缓和了仲裁的契约性和司法性的分野，认为仲裁开始偏重于契约性，之后则司法性占上风；仲裁是自由的司法制度，仲裁员的工作是司法性的，但其权力则基于当事人的协议。

（四）自治论

在否定上述三种学说的基础上，晚近的一些学者认为，为求得仲裁应有的发展，应同时对它施以必要的限制，人们应该认识到仲裁的性质既非契约性、司法性，也非混合性，而是自治性的。仲裁是法律秩序的诸多机制之一，研究的重点应该放在其目的和作用上。仲裁法应以满足当事人的愿望为目标，其功能是发展商人法。尽管还应保留最低限度的公共政策作为限制，但完全的当事人意思自治是仲裁充分发展所必需的。这就是自治论的主要观点。

上述学说，侧重点各异，尽管各有可取之处，但也不同程度地存在着片面性。司法权论把仲裁和国家权力联系起来，却夸大了这种联系，并将其绝对化；契约论虽然提出了仲裁权来源于当事人的意愿，但未能作出科学的论证；混合论从折中的角度出发，将仲裁性质一分为二，这种理论貌似公允，实则模糊，并未从整体上说明仲裁的性质；自治论企图跳出上述学说的框框，通过考察仲裁的目的和作用来明确其性质，但它脱离了社会或者把社会理想化了。仲裁制度赖以建立的基础是当事人的自由意志，因为是否将纠纷提交仲裁、提交哪个仲裁机构仲裁、仲裁庭如何组成、按何种规则进行仲裁，甚至适用何种法律，都出于当事人之间的自愿协议，而不需要国家或者他人的强迫。至于国家法律赋予仲裁协议和仲裁裁决的强制效力，只不过是国家出于其利益和秩序的考虑，对当事人的这种自由意志的确认、尊重与支持，只要这种自由意志本身是合法的和有效的即可。所以，与其将仲裁的性质简单地理解为司法性、契约性或自治性，不如全面地将其视为兼具契约性、自治性、民间性和准司法性的一种争议解决方式。这种综合理解应更符合仲裁制度的发展历史及其本身的特质。①

第二节　国际商事仲裁协议

一、国际商事仲裁协议概述

（一）国际商事仲裁协议的概念与特征

国际商事仲裁协议，或称涉外仲裁协议，是指双方当事人将他们之间业已发生或者将来可能发生的涉外争议交付仲裁解决的一种书面约定。国际商事仲裁协议具有如下特点：

第一，国际商事仲裁协议是仲裁庭或仲裁机构受理双方当事人争议的依据。也就是说，仲裁庭或仲裁机构受理国际性仲裁案件的权力来自当事人的仲

---

① 黄进、宋连斌、徐前权：《仲裁法学》，中国政法大学出版社2008年版，第12页。

裁协议。因此，仲裁庭或仲裁机构只能受理当事人根据仲裁协议所提交的案件，不能受理没有仲裁协议的任何案件。

拓展阅读

六盘水恒鼎实业有限公司诉张洪兴采矿权转让纠纷案

第二，国际商事仲裁协议具有排除任何法院对有关争议行使管辖权的效力。双方当事人一旦达成仲裁协议，就应受仲裁协议的约束，如果发生争议，应提交仲裁解决，而不得向法院提起诉讼。如果一方当事人不遵守仲裁协议的约定，向法院提起诉讼，则争议的另一方可以根据仲裁协议要求法院拒绝受理案件，法院亦应依照双方当事人订立的仲裁协议停止诉讼程序。

第三，国际商事仲裁协议有相对的独立性。关于仲裁协议的独立性问题，见下文有关论述。

第四，国际商事仲裁协议一般采书面形式，要么是在合同中订明的仲裁条款，要么是以其他方式达成的提交仲裁的书面协议。国际商事仲裁领域最著名的两份文件——《纽约公约》与《国际商事仲裁示范法》，都要求仲裁协议具备书面形式。

（二）国际商事仲裁协议的分类

国际商事仲裁协议大致分为三类：

1. 仲裁条款

仲裁条款是在争议发生之前，双方当事人在合同中订立的将有关合同争议交付仲裁的条款。这是目前国际商事仲裁协议普遍采用的一种形式。常设仲裁机构一般都拟定有自己的示范仲裁条款，推荐给当事人在订立合同时采用。

2. 单独的仲裁协议书

仲裁协议书是在争议发生之前或发生之后由当事人订立的、表示同意将争议交付仲裁的一种专门的协议。

3. 其他形式的仲裁协议

当事人在往来函电及其他有关文件中达成的将争议交付仲裁的特别约定，如通过信件、电传、电报、传真或其他电子传送系统达成的将争议交付仲裁的协议，即属这类仲裁协议。

（三）国际商事仲裁协议的内容

现在，各国有关仲裁立法和各常设仲裁机构的规则，都原则上承认当事人可以自由商定仲裁协议的内容，但同时也都在不同程度上对之有所限制。如仲裁协议的内容不得违反一国公共秩序，不得把一国法律规定的不属于仲裁管辖的事项提交仲裁，不得在协议中约定将已提交仲裁的案件再向法院起诉等。仲裁协议的内容不违反仲裁地国或其他有关国家的禁止性规定是仲裁协议生效的前提之一。一般来讲，仲裁协议的主要内容可以包括如下几方面：（1）仲裁地点。（2）仲裁组织形式。如双方同意由临时仲裁庭进行仲裁的，应在仲裁协议中写明其组成；如双方同意提交某一常设仲裁机构仲裁的，应在仲裁协议中写明仲裁机构的名称。（3）提交仲裁的事项。（4）仲裁适用的法律。（5）裁决的效力。一般的仲裁协议都这样规定："仲裁裁决是终局的，对双方均有约束力。"按照中国《仲裁法》，仲裁协议应当具备请求仲裁的意思表示、仲裁事项、选定的仲裁委员会三要素。而在很多国家，如英国，当事人只要依照法定形式表达了仲裁意愿，仲裁协议就可成立。

二、国际商事仲裁协议的独立性

在国际商事仲裁中，根据各国普遍采纳的管辖权原则，仲裁庭有权对当事人的管辖权异议作出决定，这就当然包括仲裁庭有权认定仲裁协议的效力。按照中国《仲裁法》，当事人对仲裁协议效力有异议的，可以请求仲裁委员会作出决定或请求法院裁定；一方请求仲裁委员会决定，另一方请求法院裁定的，由法院作出裁定。无论是仲裁庭还是仲裁机构、法院，在决定仲裁协议的效力时，均需要遵循仲裁协议独立性原则。

仲裁协议独立性原则是当代各国仲裁法都接受的原则。这一原则主要是针对仲裁条款而言的，因此也被称为仲裁条款独立性原则或仲裁条款自治。按照这一原则，仲裁协议的效力独立于主合同。它意味着仲裁协议的某种无因性，即对于仲裁协议是否有效应单独判断，其不受主合同效力的影响。独立性并非意味着仲裁条款在文本上独立于主合同。换言之，虽然在文本构成上，主合同和仲裁条款在同一个合同中，但在效力判断上，仲裁条款和主合同则被视为两个独立的合同。

在中国，1994年修订的《中国国际经济贸易仲裁委员会仲裁规则》（2014年进行了第七次修订）第5条最早规定了这一原则。《仲裁法》亦规定，仲裁协议独立存在，合同的变更、解除、终止或者无效，不影响仲裁协议的效力。以下两个相距近10年的案例，可以看出中国司法实践的逐步变化。

在中国技术进出口总公司（简称中技公司）诉瑞士工业资源公司（简称

IRC公司）钢材买卖合同案①中，中技公司以受欺骗为由对IRC公司提起侵权之诉。IRC公司提出合同中订有仲裁条款，法院没有管辖权，但遭驳回。受案的上海市中级人民法院认为，IRC公司采取一系列欺诈手段，利用合同形式侵吞了中技公司的货款，已构成侵权，而不再是合同争议，因此不能适用仲裁条款。终审的上海市高级人民法院判称，IRC公司在无钢材的情况下，谎称货物已备妥，诱使中技公司签订合同修改协议书，又伪造全套单据骗取货款。IRC公司利用合同形式诈骗，已超出合同履行的范畴，双方的纠纷已非有关合同权利义务的争议，而是侵权损害赔偿纠纷，故中技公司有权向法院起诉，而不受仲裁条款的约束。

而在江苏省物资集团轻工纺织总公司（简称轻纺公司）诉（香港）裕亿集团有限公司（简称裕亿公司）、（加拿大）太子发展有限公司（简称太子公司）侵权损害赔偿案②中，轻纺公司分别与裕亿公司和太子公司签订普通旧电机销售合同，但货物到港后，轻纺公司经商检确定，卖方所交货物为各类废结构件、废钢管等，遂以侵权为由提起诉讼。裕亿公司及太子公司提出本案应提交仲裁。江苏省高级人民法院认为，本案是因欺诈引起的侵权损害赔偿纠纷，虽然销售合同中订有仲裁条款，但由于被告利用合同进行欺诈，已超出履行合同的范围，构成侵权。当事人之间的纠纷已非合同争议，而是侵权损害赔偿纠纷，因此双方当事人不受仲裁条款的约束。终审的最高人民法院认为，根据《仲裁法》，仲裁委员会有权受理侵权纠纷，而且江苏省高级人民法院未经实体审理即认定存在欺诈，在程序上也是不合法的，因此，本案应提交仲裁，法院对本案无管辖权。

由此可见，法院在第一个案例中以主合同无效为由，否定了仲裁条款的效力。但在第二个案例中，最高人民法院依据仲裁协议独立性原则，确认了仲裁条款的效力。此外，在合同转让或者债权转让的情况下，仲裁协议独立性原则是否构成仲裁条款自动转移的障碍，最高人民法院通过案例也表明了自己的立场。

例如，在武汉中苑科教公司诉香港龙海（集团）有限公司确认仲裁条款

---

① 最高人民法院公报编辑部编：《最高人民法院公报典型案例全集（1985.1—1999.2）》，警官教育出版社1999年版，第464页。
② 最高人民法院公报编辑部编：《最高人民法院公报典型案例全集（1985.1—1999.2）》，警官教育出版社1999年版，第575页。

效力案①中，香港龙海（集团）有限公司（简称龙海公司）于 1993 年 2 月与武汉东湖新技术开发区进出口公司（简称东湖公司）签订"金龙科技发展有限公司合营合同"，双方约定在中国武汉合资建立金龙科技发展有限公司。该合同规定，与合同有关的一切争议应提交中国国际经济贸易仲裁委员会仲裁。同年 12 月，武汉中苑科教公司（简称中苑公司）与东湖公司签订协议，东湖公司将其在合资公司的全部股权转让给中苑公司。中苑公司还与龙海公司签订了一份"协议书"，规定由中苑公司替代东湖公司作为合资公司的中方，合资公司名称亦改为武汉金龙高科技有限公司，新的合资公司承担原合资公司的债权债务。"协议书"还对原合资公司章程和合资合同中的投资额、注册资本、经营范围作了修改，但未对原合资合同中的仲裁条款进行约定。中苑公司与龙海公司以该"协议书"和原合资合同、章程办理了变更审批手续，工商行政管理部门审批备案的合同也是龙海公司与东湖公司签订的合资合同和龙海公司与中苑公司签订的"协议书"。后双方因履行上述合同和协议书发生争议，龙海公司申请仲裁，而中苑公司向武汉市中级人民法院（简称武汉中院）申请确认仲裁条款无效。武汉中院认为，中苑公司与龙海公司签订的"协议书"是对龙海公司与东湖公司之间的合资合同的认可和部分更改，该协议书并未明确规定仲裁条款，由于仲裁条款具有相对独立性，并根据《纽约公约》的有关规定，原合同中的仲裁条款对该合同的受让人无法律效力。最高人民法院不赞同这一裁定，并指令湖北省高级人民法院按审判监督程序予以纠正。

在这个案例中，武汉中院的问题在于没有正确理解仲裁协议独立性的含义。根据法院查明的案情，中苑公司取代东湖公司成为合资公司新的中方股东，合资公司亦更名为武汉金龙高科技有限公司，该公司的合同基础由两部分构成：一是中苑公司与龙海公司签订的"协议书"；二是龙海公司与东湖公司签订的合资合同中未被"协议书"变更或剔除的部分，包括仲裁条款。因"协议书"只部分变更了原合资合同，意味着原合资合同中未变更的部分已被受让人中苑公司接受，该部分内容和"协议书"合二为一，相互补充，形成新的合资合同；而二者中的任一部分，单独都不能成为一份完整的合资合同。这一结论，可从当事各方办理合资合同变更的审批手续及在工商行政管理部门备案的

---

① 湖北省武汉市中级人民法院（1997）武经终字第 0277 号民事裁定书。有关该案例的评述，参见宋连斌：《合同转让对仲裁条款效力的影响——评武汉中苑科教公司诉香港龙海（集团）有限公司确认仲裁条款效力案》，《中国对外贸易/中国仲裁》2001 年第 12 期。

情况得到佐证。根据当时的《中外合资经营企业法》，合资合同的生效及变更必须得到政府批准，经批准后的合资合同文本才是正式文本，才可以提交有关政府部门备案。中苑公司和龙海公司以"协议书"和原合资合同、章程办理了变更审批手续，并在工商行政管理部门备案。这一过程表明，双方清楚地知道新的合资合同的文本构成及内容，新的合资合同包含了"协议书"没有提及的仲裁条款及原合资合同的其他条款。龙海公司申请仲裁有合法依据，符合双方当事人的真正意愿。武汉中院认为"协议书"未明确提及仲裁条款，原合资合同中的仲裁条款即对该合同的受让人无法律效力，其结论与其认定的新的合资合同成立的事实是自相矛盾的。

新近的司法实践中，最高人民法院将仲裁协议独立性原则更推进一步，即除非当事人另有明确约定，当事人为主合同选择的准据法不是仲裁协议的准据法；在当事人没有作出选择时，主合同的准据法不必然是仲裁协议的准据法，后者需独立确定准据法。最高人民法院在恒基伟业集团有限公司、北京北大青鸟有限责任公司与广晟投资发展有限公司、香港青鸟科技发展有限公司借款担保合同纠纷案中认为，当事人可以在合同中约定仲裁条款的准据法，但其约定必须是明确而不产生歧义的，合同中约定的适用于解决合同争议的准据法，不能用来判定合同中的仲裁条款的效力。① 也就是说，仲裁协议的独立性也体现在其准据法的确定上，其效力更进一步独立于主合同。

第三节　国际商事仲裁的法律适用

一、仲裁协议的法律适用

如何确定仲裁协议的准据法，很多国家的法律没有明文规定或有关规定极为简单，在仲裁实践中，主要参照其他民商事合同准据法的确定方式。这是因为，仲裁协议也是合同的一种，无须也不可能为它确立一套完全不同于其他合同的独特的法律适用准则。

无论是形式要件还是实质要件，关于认定仲裁协议效力的准据法，国际上都有不同的理解和做法。概括起来，确定仲裁协议准据法的方式主要如下：

---

① 《中华人民共和国最高人民法院公报》2008 年第 1 期。

（一）依当事人选择的法律

现代各国在处理涉外合同的法律适用问题时，都采用当事人意思自治原则。仲裁协议既然是合同，当事人当然有权选择其准据法。对这一做法，理论和实务中基本上没有什么分歧。实践中，当事人单独约定仲裁协议准据法的情况较为少见，单为仲裁条款约定准据法更是罕见，所以，当事人意思自治原则在这方面的作用主要是理论上的。

（二）依最密切联系原则确定的法律

在确定一般民商事合同准据法时，最密切联系原则与当事人意思自治原则同样被广泛采纳。最密切联系原则理论上亦可用以确定仲裁协议的准据法，但实践中一般都是直接适用仲裁地或裁决地法，只有在仲裁地或裁决地法无法确定的情况下才依各种客观标志确定仲裁协议的准据法。这些客观标志涉及缔约地、争议标的所在地以及当事人的住所、国籍、惯常居所、营业地等。实际上，履行仲裁协议的场所在仲裁地，因此，仲裁地法就是与仲裁协议有最密切联系的法律，通行的做法只不过是简化了衡量各种连结因素与仲裁协议关联程度的过程。

（三）依仲裁地或裁决地的法律

当事人未明示选择仲裁协议的准据法的，国际上通常以仲裁地或裁决地法作为仲裁协议的准据法。

除此之外，在国际商事仲裁实践中，与20世纪60年代以来的国际商事仲裁非仲裁地化（亦称非本地化、非国内化）现象相对应，在仲裁协议准据法的确定上，一些仲裁机构摒弃仲裁地法，依仲裁庭认为合适的法（包括冲突法和程序法）或依超越各国内法体系的跨国法律观念（如一般法律原则、国际商事惯例等）确定仲裁协议的效力，也有司法判例采用同样的做法。在当事人没有选择法律时，意大利、奥地利适用缔约地法，《欧洲国际商事仲裁公约》也有此类规定；瑞典在一方当事人是瑞典居民的情况下可适用瑞典法。

为了体现支持仲裁的国际趋势，判断仲裁协议效力时，尽量使其有效的原则也得到广泛认同。即法律为仲裁协议规定多个可能适用的法，只要符合其中之一，仲裁协议即为有效。如依《最高人民法院关于适用〈中华人民共和国仲裁法〉若干问题的解释》第16条、《涉外民事关系法律适用法》第18条、《涉外民事关系法律适用法解释（一）》第12条的规定，仲裁协议适用当事人选择的法；如当事人没有选择法律，但确定了仲裁地或仲裁机构，可以相应地适用仲裁地或仲裁机构所在地法律；如仲裁地、仲裁机构也不能确定，则适用法院地法律。据此，一个涉外仲裁协议更容易被认定为有效。

二、仲裁程序的法律适用

关于仲裁程序法，在国际上，当事人原则上也可以选择确定。这和国际民事诉讼中程序问题一律适用法院地法的做法很不相同。但实践中，当事人选择仲裁程序法的并不多见。在当事人未作明示选择的情况下，一般应由仲裁庭确定仲裁应适用的程序法。仲裁庭可能依据各种因素推定当事人的选择，通常适用仲裁地的仲裁法。而且，仲裁程序无论适用哪个国家的法律，都不能违背仲裁地的强制性规范。

20世纪中叶，由于人们认为仲裁法主要是对仲裁进行控制，所以一些学者主张，仲裁应摆脱仲裁地法律的控制，实现仲裁程序的完全自治。这种主张被称为非本地化或非国内化仲裁。随着20世纪80年代法国、荷兰及瑞士等国修订仲裁法，特别是90年代以来，由于各国竞相改善本国的仲裁立法，支持仲裁成为国际潮流，所谓的非本地化又有向仲裁地主义回归的趋势。中国《仲裁法》并未规定当事人或仲裁庭可决定适用其他国家仲裁程序法或不适用任何仲裁法。中国内地的涉外仲裁实践中，尚无适用外法域仲裁法的实例。

至于涉外仲裁或国际商事仲裁所适用的程序规则，即仲裁规则，一般来说，当事人也可以自主选择。但是，有的常设仲裁机构要求由其仲裁的案件适用自己的程序规则。例如，《中国国际经济贸易仲裁委员会仲裁规则》（1995年10月1日起施行文本）第7条规定："凡当事人同意将争议提交仲裁委员会仲裁的，均视为同意按照本仲裁规则进行仲裁。"1998年之后，如该机构同意，当事人也可以选择适用其他的仲裁规则。值得注意的是，仲裁规则不是法律，本质上是当事人制定或选择的契约性文件，不能和仲裁法等同。国际商事仲裁程序的进行可以不适用任何特定国家的仲裁法，但不可能没有仲裁规则。在一个机构仲裁但不适用该机构的仲裁规则，不是非本地化仲裁。

三、仲裁实体问题的法律适用

国际商事仲裁适用的实体法一般由当事人选择确定，如当事人未作选择，国际上较普遍的做法是适用仲裁庭认为适当的法律规则。这和国际民事诉讼中实体问题的法律适用有相同之处，但差别也是非常明显的，即仲裁员的自由裁量权远远大于法官，前者可适用的法律也更为广义。按照中国的仲裁实践，如当事人未选择争议应适用的实体法，则适用仲裁地的冲突规范来确定应适用的法律，或者直接适用与争议有最密切联系的实体法。此外，国际商事仲裁中的一个惯常做法是，对于涉及合同纠纷的仲裁，仲裁庭还应当依照有效的合同条款进行裁决，在所有情况下，均应参考国际惯例或相关的行业惯例，并考虑公平合理原则。

国际商事仲裁实践中，经当事人明示授权，仲裁庭可以友好仲裁员的身份，依公允及善良原则作出裁决；也有少数国家规定，只要当事人没有明确反对仲裁庭进行友好仲裁，仲裁庭即可充任友好仲裁员。中国《仲裁法》对友好仲裁未作规定。

第四节　国际商事仲裁裁决的撤销

一、撤销仲裁裁决概述

（一）撤销仲裁裁决的概念

作为一裁终局原则的例外，几乎各国法律都允许当事人基于一定的理由对最终的仲裁裁决提出异议。其中，允许当事人申请撤销仲裁裁决是最常见的救济手段。而且，近50年来，国际上越来越多的国家规定申请撤销是当事人对仲裁裁决唯一的追诉，这已成为国际性的立法动向，1985年《国际商事仲裁示范法》第34条即有力的例证。在中国的涉外仲裁中，当事人也可以申请管辖法院撤销仲裁裁决。应予注意的是，一国法院只能撤销内国仲裁裁决，对外国仲裁裁决或非内国仲裁裁决，则不能采取撤销的监督措施。

所谓撤销仲裁裁决，是指对于符合法律规定的仲裁裁决，经当事人提出申请，管辖法院在审查核实后裁定撤销的行为。这一概念包括以下四个方面的含义：（1）撤销仲裁裁决是管辖法院的行为，仲裁机构无权撤销已作出的仲裁裁决。根据中国《仲裁法》，有权撤销仲裁裁决的法院，是仲裁委员会所在地的中级人民法院。（2）法院无权主动撤销仲裁裁决，它只能根据当事人提出的撤销仲裁裁决的申请，经审查后作出决定。（3）法院撤销仲裁裁决的权力是有限的，也就是说，仲裁裁决只有具备法律规定的可予撤销的事由，且依法不能补救时，才可被撤销。（4）对于当事人提出的申请，法院必须审查并核实其理由，只有符合法定情形，才能撤销仲裁裁决。

（二）申请撤销仲裁裁决之诉的性质

关于申请撤销仲裁裁决之诉的性质，理论上主要有三种主张[①]：（1）给付之诉说。持这种观点的学者认为，仲裁裁决是由仲裁员而非法院作出的，法院不得撤销。原告提起撤销之诉，是在请求法院命令对方不得主张仲裁裁决的效力。因而，申请撤销仲裁裁决之诉属于给付之诉。（2）确认之诉说。该说认为当事人订立仲裁协议的目的，在于取得有效的仲裁裁决。仲裁员作出的裁决如有瑕疵，便对当事人无拘束力。当事人对此存有争执，向法院提起撤销之诉的，虽名为撤销，实为确认仲裁裁决对当事人没有拘束力。所以，申请撤销仲裁裁决之诉为确认之诉。（3）形成之诉说。这种观点认为，形成之诉乃原告主张依照法院的判决创设、变更、消灭法律关系或其他事项的诉讼。对申请撤销仲裁裁决而言，如原告的主张有理，法院将仲裁裁决予以撤销，体现的是法院的判决或裁定消灭仲裁裁决的效力，其性质属形成之诉。

（三）设置仲裁裁决撤销制度的意义

设置仲裁裁决撤销这一监督机制，对于确保仲裁裁决的合法性和公正性，具有非常重要的意义：

第一，有利于维护当事人的合法权益。当事人在协商一致的基础上，本着对仲裁制度的信任，将自己的争议提交仲裁解决，仲裁庭只有公正、及时、正确地作出仲裁裁决，才能顺利地解决当事人之间的纠纷，从而维护当事人的合法权益。如果仲裁员滥用仲裁权，甚至作出了偏向某一方当事人的裁决，相应地就侵犯了另一方当事人的合法权益。仲裁法规定当事人有权申请撤销仲裁裁决，一方面确立了法院对仲裁的监督权；另一方面也为当事人提供了一条有效的主动寻求救济的途径，这种手段对于胜诉方而言尤为重要。因为一般而言，败诉方若对仲裁裁决不服，可以在对方当事人申请强制执行时，请求人民法院不予执行仲裁裁决；但胜诉方如果不服仲裁裁决，则不能这么做，假如没有撤销程序，它便无可救济。比如，申请人要求被申请人赔偿人民币100万元，而仲裁庭裁决只赔偿人民币50万元。若申请人不服，且能提出证明裁决不当的证据，只能通过申请撤销仲裁裁决获得救济。

---

① 赵健：《国际商事仲裁的司法监督》，法律出版社2000年版，第235—236页。

第二，督促仲裁员公正仲裁。仲裁员在仲裁中如果不遵守有关法律和仲裁规则的规定，不公正行事，甚至枉法裁判，所作出的裁决就会因一方当事人提出申请而遭到法院的撤销。这样，该仲裁员在社会上的声誉和公正形象就会受到极大的影响，必然会减少其被再次选定为仲裁员的机会，情节严重的会被仲裁委员会除名，甚至受到法律追究。所以，设置申请撤销仲裁裁决的程序，有利于督促仲裁机构加强对仲裁员的管理，有利于督促仲裁员珍惜声誉，正确行使权力。

第三，基于上述内容也不难看出，设立仲裁裁决撤销程序，也有利于完善仲裁监督机制，从而增强民众选择仲裁的信心。

二、撤销仲裁裁决的条件与程序

(一) 撤销仲裁裁决的条件

仲裁庭作出有强制执行效力的裁决后，无论胜诉方还是败诉方，仲裁当事人均可依法申请法院撤销仲裁裁决。按照中国《仲裁法》第70条，当事人提出证据证明涉外仲裁裁决有《民事诉讼法》第258条第1款①规定的情形之一的，经人民法院组成合议庭审查核实，裁定撤销。中国《民事诉讼法》第281条第1款规定的情形是：(1) 当事人没有在合同中订立仲裁条款或者事后没有达成书面仲裁协议；(2) 被申请人没有得到指定仲裁员或者进行仲裁程序的通知，或者由于其他不属于被申请人负责的原因未能陈述意见；(3) 仲裁庭的组成或者仲裁的程序与仲裁规则不符；(4) 裁决的事项不属于仲裁协议的范围或者仲裁机构无权仲裁。

以上四种情形，涉及的都是程序事项，和撤销非涉外的国内裁决的理由明显不同。可见，对国际商事仲裁的监督范围，中国的立法和《国际商事仲裁示范法》所代表的国际上弱化法院干预的趋势是一致的。

(二) 撤销仲裁裁决的程序

中国《仲裁法》关于撤销仲裁裁决的规定较为原则，经过司法解释的补充，有关撤销仲裁裁决的程序大致如下：

1. 撤销程序的当事人

仲裁的申请人和被申请人均可提起撤销裁决的程序。但在法院的撤销程序

---

① 即2021年《民事诉讼法》第281条第1款。

中，早期一些法院曾只列申请人，而无对方当事人，个别法院甚至还通知仲裁机构作为被申请人或第三人参与撤销程序。这些做法都是不正确的。申请撤销仲裁裁决涉及仲裁当事人之间可争诉的权利，因此，提起撤销程序的为申请人，其在仲裁中的对方当事人即撤销程序的被申请人，仲裁委员会不是撤销程序的当事人。中国最高人民法院亦明确，一方当事人向人民法院申请撤销仲裁裁决的，人民法院在审理时，应当列对方当事人为被申请人。

2. 管辖的法院

在中国，当事人申请撤销仲裁裁决，应向仲裁机构所在地有管辖权的中级人民法院提出。法院接受当事人的申请后，应当组成合议庭审查，不能采用独任审理方式及适用简易程序。

3. 申请期限及作出裁定的期限

根据中国《仲裁法》第 59 条的规定，当事人申请撤销仲裁裁决，应当自收到裁决书之日起 6 个月内提出。人民法院在收到撤销裁决的申请后，如拟撤销裁决或将裁决发回仲裁庭重审的，应在受理后 30 日内报其所属的高级人民法院。该高级人民法院如同意撤销裁决或通知仲裁庭重新仲裁的，应在 15 日内报最高人民法院。根据中国《仲裁法》第 60 条的规定，人民法院应当在受理撤销裁决申请之日起 2 个月内作出撤销裁决或者驳回申请的裁定。人民法院就此作出的裁定，属终审裁定。

三、重新仲裁

法院受理当事人撤销仲裁裁决的申请后，认为可以由仲裁庭重新仲裁的，可以通知仲裁庭在一定期限内重新仲裁，并裁定中止撤销程序。仲裁庭拒绝重新仲裁的，法院应当裁定恢复撤销程序。发回仲裁庭重新仲裁是 1994 年中国《仲裁法》的新规定，此前的 1991 年《民事诉讼法》未作此项规定。这一规定在未减损法院对仲裁的监督力度的前提下，尽可能让仲裁庭弥补缺陷，而不轻易撤销一项裁决，体现了支持仲裁的政策。这样做，既尊重了仲裁程序的效力，节省了司法资源，也不让当事人为解决相同的争议重复付出，从全社会的角度讲，降低了处理争议的成本。有些国家的仲裁法比中国更重视重新仲裁。如英国《1996 年仲裁法》第 68 条规定，除非认为发回仲裁庭重新仲裁是不合适的，法院不得行使全部或部分撤销仲裁裁决的权力。

关于重新仲裁，理论界和实务界分歧较多。从司法实务的角度看，以下几点宜予以明确:(1)重新仲裁的范围。申请撤销仲裁裁决之诉可被认为是形成之诉,在法院最终决定撤销该裁决前,该裁决仍应有效。鉴于此,重新仲裁的范围应仅限于法院通知的范围,而不是对原裁决进行全面审查。(2)重新仲裁的仲裁庭。顾名思义,发回重新仲裁应指由原仲裁庭重新仲裁。重新仲裁之所以无须另组仲裁庭,是因为仲裁庭的组成方式和仲裁员原本就是由当事人直接或间接选定的,体现了当事人的自由意志。由原仲裁庭重新仲裁,既尊重了当事人的意愿,也给仲裁庭一个自我纠正错误的机会,从而有利于作出公正的裁决。如果需要更换仲裁庭,则不仅仅是重新仲裁的问题,整个仲裁程序必须全面展开。(3)重新仲裁的费用。重新仲裁的目的在于弥补仲裁庭的失误,因此当事人无须重复缴纳仲裁费。但重新仲裁中,如果仲裁庭需要采取新的必要措施以查明案情,只要原仲裁程序没有进行此类行动,有关费用应由当事人承担。(4)重新仲裁的期限。仲裁庭如同意重新仲裁,一般情况下应多久完成重新仲裁?中国《仲裁法》规定在"一定期限内",较为含糊。法官在行使此项自由裁量权时,应充分考虑到案件的具体情形。

至于发回重新仲裁的标准,《仲裁法》规定的"认为可以由仲裁庭重新仲裁"虽然是一个主观标准,意味着法官需要行使自由裁量权,但也有其客观基础。一般来讲,对于仲裁协议不存在或无效、失效,仲裁庭组成违反正当程序,仲裁员有索贿受贿、徇私舞弊、枉法裁决行为以及裁决违反社会公共利益等情形,因缺乏当事人的仲裁合意,或者原仲裁庭没有适当进行仲裁的基础,法院不应将案件发回仲裁庭重新仲裁。按照中国最高人民法院的司法解释[①],如仲裁裁决所依据的证据是伪造的或对方当事人隐瞒了足以影响公正裁决的证据,法院可以通知仲裁庭重新仲裁。

此外,当事人依据下列理由申请撤销裁决的,理论上也可能构成重新仲裁的基础:(1)仲裁的程序违反法定程序的。这主要是指仲裁过程存在某些程序瑕疵,但尚不致仲裁失去存在的基础,可以由仲裁庭进行弥补的,重新作出裁决。比如,某项证据因疏忽未经当事人质证,法院完全可以让仲裁庭重新开庭,以便当事人质证。(2)仲裁庭超越权限或裁决中有漏裁事项。对于仲裁庭超越权限作出的裁决,即实务中所谓的超裁,法院通常可以直接撤销超出仲裁庭权限的那部分裁决,但如认为不必自行撤销超出仲裁庭权限的部分裁决,则

---

① 《最高人民法院关于适用〈中华人民共和国仲裁法〉若干问题的解释》第21条。

可让仲裁庭自行弥补。对于当事人已提出仲裁请求但仲裁庭在裁决书中遗漏的事项，即实务中所谓的漏裁，法院应通知仲裁庭重新仲裁。前述情况，或者主要不是仲裁庭的过错，或者即使仲裁庭有过错，也容易改正。只有在这几种情况下，仲裁庭在重新仲裁时，才有可能准确地发现和完全地纠正上次仲裁中出现的错误，严格按仲裁协议、当事人仲裁请求的范围、仲裁法和仲裁规则进行仲裁并作出公正的裁决。

另外，尚应注意的是，在中国，对法院重新仲裁的通知是否采纳，由仲裁庭决定。仲裁庭既可决定重新仲裁，也可拒绝重新仲裁。不论出于何种考虑，仲裁庭拒绝重新仲裁的，法院应当裁定恢复撤销程序，依法作出其他处理。如仲裁庭决定重新仲裁，对于重新仲裁裁决不服的，当事人还可在重新仲裁裁决书送达之日起 6 个月内，依《仲裁法》第 58 条的规定向法院申请撤销仲裁裁决。

如果法院认为申请撤销仲裁裁决的理由成立，或者仲裁庭拒绝按法院的要求重新仲裁，法院在履行"报核制度"后，裁定撤销仲裁裁决。需要指出的是，如果当事人申请撤销仲裁裁决的理由只是部分成立，且仲裁裁决的内容是可划分的，法院应只撤销部分仲裁裁决。对于已撤销的全部或部分裁决所涉争议事项，当事人可以直接向管辖法院起诉，也可以按照重新达成的仲裁协议申请仲裁。

第五节　国际商事仲裁裁决的执行

仲裁裁决作出后，理应由当事人自觉履行。但在实际生活中，当事人特别是败诉的当事人，有时并不自觉履行仲裁裁决。由于仲裁机构本身没有强制执行仲裁裁决的能力，一旦一方当事人不自觉履行仲裁裁决，另一方当事人就需要请求有关的国内法院强制执行。国内法院执行国际商事仲裁裁决有两种情况：一是执行本国的涉外仲裁裁决；二是执行外国的仲裁裁决。下文将分别叙述。

一、本国涉外仲裁裁决的执行

按照中国《民事诉讼法》和《仲裁法》的有关规定，对中国的涉外仲裁裁决，一方当事人不履行的，对方当事人可以申请被申请人住所地或财产所在地的中级人民法院执行。申请人向人民法院申请执行中国涉外仲裁裁决的，须提出书面申请，并附裁决书正本。如申请人为外国当事人，其申请书须用中文提出。申请执行的期限为 2 年。

对中国涉外仲裁裁决，被申请人提出证据证明仲裁裁决有下列情形之一的，经人民法院组成合议庭审查核实，裁定不予执行：(1) 当事人在合同中没有订立仲裁条款或者事后没有达成书面仲裁协议的；(2) 被申请人没有得到指定仲裁员或者进行仲裁程序的通知，或者由于其他不属于被申请人的原因未能陈述意见的；(3) 仲裁庭的组成或者仲裁程序与仲裁规则不符的；(4) 裁决的事项不属于仲裁协议的范围或者仲裁机构无权仲裁的。

此外，若一方当事人申请执行仲裁裁决，另一方当事人申请撤销仲裁裁决，人民法院应当裁定中止执行。人民法院裁定撤销仲裁裁决的，应当裁定终结执行；撤销仲裁裁决的申请被裁定驳回的，人民法院应当裁定恢复执行。仲裁裁决被人民法院裁定不予执行的，当事人可以根据双方达成的书面仲裁协议重新申请仲裁，也可以向人民法院起诉。

依照中国《民事诉讼法》第 287 条第 2 款和《仲裁法》第 72 条的规定，对于中国涉外仲裁机构作出的发生法律效力的仲裁裁决①，当事人请求执行的，如果被执行人或者其财产不在中国领域内，应当由当事人直接向有管辖权的外国法院申请承认与执行。由于中国已加入《纽约公约》，当事人可依照公约规定直接到其他有关缔约国申请承认与执行中国涉外仲裁机构作出的裁决。

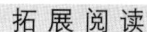
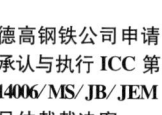

拓展阅读

德高钢铁公司申请承认与执行 ICC 第 14006/MS/JB/JEM 号仲裁裁决案

二、外国仲裁裁决的承认与执行

理论上，执行本国仲裁裁决手续比较简单；而执行外国仲裁裁决，往往受到某些限制，其手续也比较复杂，各国规定不一。对于外国仲裁裁决，还存在

---

① 对于无涉外因素或国际因素的仲裁裁决，在特殊情况下，如被执行人移居国外或被执行人在中国内地没有财产而在境外有可供执行的财产，当事人也可以向有关外国法院申请承认与执行仲裁裁决。易言之，在执行方面，无论是涉外仲裁裁决还是非涉外仲裁裁决，无论是涉外仲裁机构作出的裁决还是非涉外仲裁机构作出的裁决，都有可能需要向外法域申请承认与执行。从这个角度看，《仲裁法》和《民事诉讼法》均将可能向外国申请承认与执行的仲裁裁决限定为涉外仲裁裁决，是不妥的。

所谓的承认问题，即内国法院是否认可外国仲裁裁决的效力。承认一项外国裁决不一定必然导致执行该裁决；但执行一项外国裁决的前提是内国法院承认该项裁决的效力。

国际上承认与执行外国仲裁裁决的制度有国际法制度和国内法制度两种。前者是根据国际公约建立起来的制度，后者是各个国家法律规定的制度。为了统一各国承认与执行外国仲裁裁决的制度，国际上曾先后缔结了三个有关承认与执行外国仲裁裁决的国际公约：国际联盟1923年主持制定的《仲裁条款议定书》、1927年主持制定的《关于执行外国仲裁裁决的公约》以及1958年在联合国主持下订立的《纽约公约》。现在，1958年《纽约公约》实际上已取代了前两个公约，成为目前国际上关于承认与执行外国仲裁裁决的最主要的公约。

中国于1986年12月2日由第六届全国人民代表大会常务委员会第十八次会议决定加入1958年《纽约公约》。该公约已于1987年4月22日对中国生效。中国在加入该公约时作了互惠保留和商事保留声明。也就是说，中国只承认与执行来自缔约国且所解决的争议依中国法律属于商事关系的仲裁裁决。

1958年《纽约公约》的主要规定如下：

第一，外国仲裁裁决是指在一个国家的领土内作成，而在另一个国家请求承认与执行的裁决。被请求承认与执行的国家不认为是本国裁决的仲裁裁决，也是外国仲裁裁决。

第二，缔约国相互承认仲裁裁决具约束力，并应依照执行地的程序规则予以执行。在承认与执行其他缔约国的仲裁裁决时，不应规定实质上比承认与执行本国的仲裁裁决更繁的条件或更高的费用。

第三，申请承认与执行仲裁裁决的一方当事人，应该提供原裁决的正本或经过适当证明的副本，以及仲裁协议的正本或经过适当证明的副本。必要时应附具译本。

第四，该公约第5条规定了拒绝承认与执行外国仲裁裁决的条件。按照该条第1款规定，凡外国仲裁裁决有下列情况之一者，被请求执行的国家的主管机关可依被执行人的请求，拒绝承认与执行：（1）签订仲裁协议的当事人，根据对他们适用的法律，存在某种无行为能力的情况，或者根据仲裁协议所选定的准据法（未选定准据法的，依据裁决地法），该仲裁协议无效；（2）被执行人未接到关于指派仲裁员或关于仲裁程序的适当通知，或者由于其他情况未能对案件进行申辩；（3）裁决所处理的事项非为交付仲裁事项，或者不包括在仲裁协议规定之内，或者超出仲裁协议范围；（4）仲裁庭的组成或仲裁程序同当事人间的协议不符，或者当事人间没有这种协议时同进行仲裁的国家的法律不符；（5）裁决对当事人还没有拘束力，或者裁决已经被作出裁决的国家或据其法律作出裁决的国家的主管机关撤销或停止执行。

按照该条第2款规定，被请求承认与执行仲裁裁决地所在国家的主管机关查明有下列情况之一者，也可以拒绝承认与执行：（1）争执的事项，依照这个国家的法律，不可以仲裁方法解决者；（2）承认与执行该项裁决将与这个国家的公共秩序抵触者。

按照中国《民事诉讼法》第290条的规定及司法实践，国外仲裁机构的裁决，包括临时裁决，需要中国法院承认与执行的，应当由当事人直接向被执行人住所地或者其财产所在地的中级人民法院申请，人民法院应当依照中国缔结或者参加的国际条约，或者按照互惠原则办理。中国加入《纽约公约》时，作了两项保留声明：（1）中国只在互惠的基础上对在另一缔约国领土内作出的仲裁裁决的承认与执行适用该公约；（2）中国只对根据中国法律认为属于契约性和非契约性商事法律关系所引起的争议适用该公约。对于符合上述两个条件的外国仲裁裁决，当事人可依照《纽约公约》的规定直接向中国有管辖权的人民法院申请承认与执行，且先承认后执行，即承认是必经的独立程序。对于在非缔约国领土内作出的仲裁裁决，需要中国法院承认与执行的，只能按互惠原则办理。中国有管辖权的法院接到一方当事人的申请后，应对申请承认与执行的仲裁裁决进行审查，认为不违反中国缔结或参加的条约的有关规定或中国《民事诉讼法》的有关规定的，应当裁定承认其效力，并依照中国《民事诉讼法》规定的程序执行；否则，裁定驳回申请，拒绝承认与执行。如果当事人向中国有管辖权的法院申请承认与执行外国仲裁机构作出的发生法律效力的裁决，但该仲裁机构所在国与中国没有缔结或共同参加有关国际条约，也没有互惠关系的，当事人可以仲裁裁决为依据向法院起诉，由有管辖权的法院作出判决后，予以执行。

值得注意的是，按照中国最高人民法院的司法解释，同在认定国际商事仲裁协议效力或撤销中国涉外仲裁裁决时需要履行"报核制度"一样，法院如决定不予执行本国的涉外仲裁裁决，或者决定拒绝承认与执行外国仲裁裁决，在作出裁定前也需要报请所属辖区高级人民法院同意。如高级人民法院同意下级法院的裁定，还须向最高人民法院报告。未经最高人民法院同意，不得作出前述裁定。

思考题

1. 如何理解国际商事仲裁的概念？
2. 如何确定仲裁协议的准据法？
3. 试述申请撤销仲裁裁决与不予执行仲裁裁决的区别与联系。
4. 试述外国仲裁裁决在中国的承认与执行。
5. 试论国际商事争议的可仲裁性。

▶ 自测习题

第四编 | 区际民商事法律问题

第十七章 区际民商事法律冲突

探究国际私法的发展历史,我们可以看到,区际法律冲突问题的存在正是国际私法形成的起源和基础。就理论体系而言,区际冲突法与国际私法存在密切联系,至今二者仍然在不断地相互渗透和影响。但基于调整对象的特殊性,对区际冲突法的专门研究仍具有重要理论意义。同时,区际法律冲突问题的解决也具有强烈的现实意义。这是因为世界上存在诸多多法域国家,这些国家内部的区际法律冲突有待解决。坚持"一国两制"和推进祖国统一,是新时代坚持和发展中国特色社会主义的基本方略。中国政府对香港、澳门恢复行使主权以来,"一国两制"的实践取得举世公认的成功。事实证明,"一国两制"是解决历史遗留的香港、澳门问题的最佳方案,也是香港、澳门保持长期繁荣稳定的最佳制度。在"一国两制"的方针指导下,香港、澳门回归祖国后,香港、澳门的法律基本不变,不同于内地的法律制度,因而形成了内地、香港、澳门等法域,彼此间法律体系各异,规则内容差别甚大,在相互交往中区际法律冲突的问题尤为突出。党的十九大报告明确指出,保持香港、澳门长期繁荣稳定,必须全面准确贯彻"一国两制"、"港人治港"、"澳人治澳"、高度自治的方针,严格依照宪法和基本法办事,完善与基本法实施相关的制度和机制。要支持香港、澳门融入国家发展大局,以粤港澳大湾区建设、粤港澳合作、泛珠三角区域合作等为重点,全面推进内地同香港、澳门互利合作。同时,要在坚持体现一个中国原则的"九二共识"的前提下加强大陆与台湾地区交流合作,必须继续坚持"和平统一、一国两制"方针,推动两岸关系和平发展,推进祖国和平统一进程。因此,随着中国内地(大陆)与港澳台地区经贸往来越发频繁,区际法律冲突及其解决越来越重要。除了要掌握区际法律冲突及其解决的基础理论外,更应深入掌握当前中国区际法律冲突的情况及其制度安排。

第一节 区际法律冲突概述

区际法律冲突问题由来已久,依然是现代社会多法域国家中存在的实际问题。区际法律冲突有着自身的特点,因而在解决途径上存在着不同于国际法律冲突的问题。

一、法域与区际法律冲突

区际法律冲突是存在多种法律制度的"复合法域"或"多法域"国家具有的特殊现象。因此，要理解区际法律冲突的定义，首先需要了解"法域"这一概念。

（一）法域

法域（law district）是指适用独特法律制度的特定范围。从广义上看，这种特定范围并不局限于地理概念，也可以包括时间以及人口。[①] 具体而言，将独特法律制度与一定空间范围相联系的是属地性法域，例如，适用不同法律制度的美国各州，或中国、美国、法国等主权国家，均可以被界定为独立的法域，甚至如欧盟这种以欧盟法系相联系的地区，也可以构成比主权国家更大单位的法域；而将独特法律制度与一定时间相联系的是属时性法域，如中国1985年颁布的《涉外经济合同法》发生效力的时间范围；将独特法律制度与一定人口相联系的则是属人性法域，如军法只约束特定的军人人群。

然而，就区际法律冲突问题而言，法域则一定是属地性法域，且是在一个主权国家之内适用独特法律制度的空间范围。因此，区际法律冲突意义上的法域主要具有如下特征：

第一，法律制度具有特殊性。所谓特殊性，是指对于同一民商事法律问题，各法域的规定有所不同，且形成各自的法律体系。在区际法律冲突中，虽然各法域同属一国，在法律意识和价值观等方面存在相似之处，但是法域之间的法律制度还是有所区别的，这种区别在采用联邦制的一些国家必然发生，例如美国得克萨斯等州禁止堂/表兄妹结婚，但是纽约等州则肯定这种婚姻的合法性；该种法律制度的差异性还体现在一些采单一制的国家中，如中国、英国等。法律制度的特殊性是形成法域的根本原因。

第二，是一国之内的非主权单位区域。在区际法律冲突中，法域是一个主权国家之内的一个区域。因此，一方面，该法域以空间要素为基础进行划定，是属地性法域；另一方面，这些法域虽然在法律制度上存在独特性，但仍在一

[①] 丁伟主编：《国际私法学》（第三版），上海人民出版社、北京大学出版社2013年版，第569页。

国领土之内,是主权国家的内在组成部分,如澳大利亚的新南威尔士、昆士兰等法域,美国的纽约州、加利福尼亚州等。这是区际法律冲突意义上的法域与国家的本质区别。

第三,法律体制具有相对独立性。法域不仅要存在立法上的特殊性,在法律制度上也要具有相对独立性,即各法域拥有独立的立法系统和独立的司法制度,且各法域间的法律制度地位是平等的。这种法律体制的独立性是形成法律特殊性的直接原因。当然,各法域会受到中央立法的制约,在一定程度上受制于中央立法。

(二) 区际法律冲突

所谓区际法律冲突(interregional conflict of laws),是指在一个多法域国家,因其内部各法域之间的民商事法律规定不同而引起的法律适用冲突。简言之,区际法律冲突是一个国家内部不同法域之间的法律冲突。[1]

从上述对区际法律冲突概念的诠释中可以看出,区际法律冲突具有以下特征:

第一,区际法律冲突是一个主权国家内部的法律冲突。区际法律冲突不能被简单地解释为不同法域之间的法律冲突,因为一旦某一法律冲突超越一国领土范围,如美国纽约州和中国香港特别行政区的法律冲突,则已构成国际法律冲突;只有诸如美国纽约州和加利福尼亚州的法律冲突,由于发生在一国之内,才是区际法律冲突。这也是区际法律冲突与国际法律冲突的根本界限。

第二,区际法律冲突是一国之内不同法域之间的法律冲突。如上所述,这种法域之间的冲突是一种属地性法律冲突,是由各法域的立法特殊性和法律制度的相对独立性等造成的。而产生这种一国之内各地区法律制度不统一的原因有很多,主要包括国家的联合与合并、国家的复活、国家的兼并、国家领土的割让、国家领土的回归、分裂国家的统一、国家的殖民统治以及领土的租借和托管等。[2]

第三,区际法律冲突是民商事法律冲突。也就是说,区际法律冲突是一种私法方面的冲突。各法域虽然可能在刑法、行政法、财政法、程序法等公法范

---

[1] 韩德培主编、肖永平主持修订:《国际私法》(第三版),高等教育出版社、北京大学出版社2014年版,第319页。
[2] 韩德培主编、肖永平主持修订:《国际私法》(第三版),高等教育出版社、北京大学出版社2014年版,第323页。

畴存在立法差异，但是从历史角度来看，各法域往往从较为严格的属地主义出发，基本不承认这些法律的域外效力，因而这种法律冲突只是一种隐存的冲突。① 而民商事法律则不同，其域外效力获得广泛的承认，因此在法律冲突的形成上有着理论和实践的双重基础，这才是我们所要解决的区际法律冲突。

第四，区际法律冲突是法域之间的横向冲突。一国之内的各法域是平等的，因而其法律制度也是平等的，在这种平等的法律制度之间产生的冲突就是横向冲突。与其相对的则是纵向冲突，如中央和地方之间的法律冲突，联邦国家立法和各州、各省立法之间的冲突，它们是上下级法律之间的冲突，因而并非区际法律冲突。②

根据上述区际法律冲突的特征，更完整地说，区际法律冲突是一个主权国家领土范围内不同法域的民商事法律之间的横向冲突。

二、区际法律冲突的解决

区际法律冲突难免给多法域国家的民商事活动带来不便，因此，多法域国家在其立法或司法实践中，设置了解决区际法律冲突的路径。总体而言，解决路径主要包括两大方面：一是制定统一实体法，二是制定区际冲突法。③

（一）统一实体法的解决路径

所谓统一实体法的解决路径，是指在多法域国家制定统一的民商事实体法，并直接将此实体法适用于跨法域的民商事法律关系，从而避免法律选择的问题。这显然是解决区际法律冲突、调整各法域立法差异的最直接、最彻底的方式。多法域国家也确有采取统一实体法避免法律冲突的实践，总体而言，这些国家所采用的具体方式主要有以下几种：

拓展阅读
试论解决区际法律冲突的途径

1. 制定全国统一的实体法解决区际法律冲突

由中央立法机关制定普遍适用于全国的统一实体法无疑是彻底消除多法域国家内部法律冲突的方式。从历史上看，瑞士是这一做法的典型代表。作为联

---

① 韩德培主编、肖永平主持修订：《国际私法》（第三版），高等教育出版社、北京大学出版社2014年版，第323—324页。
② 黄进：《区际冲突法研究》，学林出版社1991年版，第55页。
③ 黄进：《试论解决区际法律冲突的途径》，《法学评论》1988年第1期。

邦制国家，瑞士各法域原本有着各自的法律制度，因而易引发区际法律冲突问题。不过，随着1912年《瑞士民法典》的出台，瑞士的民商事法律制度基本实现了全面统一。① 此外，还有一些国家只在某一方面出台全国统一适用的实体法，以实现小范围立法的统一。例如，加拿大在20世纪60年代颁布了《离婚法》，从而统一了加拿大各省的离婚制度，② 这也不失为一种有效可行的方式。

2. 制定适用于部分法域的实体法解决区际法律冲突

适用于部分法域的实体法通常也是由中央立法机关制定的，但其并不普遍适用于国内的所有法域，而仅在部分法域适用，以部分消除法律冲突。例如，英国1948年的《公司法》及1968年的《收养法》只适用于英格兰和苏格兰，对北爱尔兰、海峡群岛以及马恩岛三个法域并不适用。③

3. 发挥"示范法"效应以引导各法域立法的趋同化

在一些国家，可能由于宪法限制中央立法权进而保障各州立法的自由，无法直接采用制定统一实体法的方式解决区际法律冲突。但是，这些国家可以通过一些官方、半官方或者民间组织的推动，制定一些具有示范性质的法律或文件，从而引导各法域立法的统一。例如，美国法学会编纂的《合同法重述》《侵权法重述》等成果，虽然并不具有法律效力，但是在很大程度上促进了美国相关领域法律的统一，在实践中发挥着重要作用。

4. 最高法院判决统一区际法律冲突

在一些多法域国家，最高法院的判决也是统一实体法的重要渊源，这在英美法系国家表现得尤为明显。例如，美国、加拿大和澳大利亚都在各法域之上有着共同的最高法院，且最高法院的判决都必须为下级法院所遵守，这也在事实上推动了各法域实体法的统一。

5. 将一个法域的实体法扩大适用于其他法域

这种情况多出现在基于国家的兼并、国家领土的割让、国家领土的回归或国家的殖民统治等原因形成的多法域国家内。例如，在第一次世界大战后，原属于法国的阿尔萨斯和洛林地区由德国归还法国，起初它们仍适用德国法，但是1924年法国颁布法律，将民法和商法适用于阿尔萨斯和洛林地区，从而消除

---

① 张潇剑：《国际私法论》（第二版），北京大学出版社2008年版，第441页。
② 丁伟主编：《国际私法学》（第三版），上海人民出版社、北京大学出版社2013年版，第573页。
③ 刘仁山主编：《国际私法》（最新版），中国法制出版社2012年版，第464页。

了之前的法律冲突问题。①

上述几种做法，从效果上比较，制定全国统一实体法效果最佳，毕竟其他几种方式存在适用范围有限或效力不完全确定等缺陷。但是，由于各国法律环境和历史观念存在差异，片面强调制定全国统一实体法并不现实和明智。因此，相关国家根据自身情况采取措施，尽可能地实现和推动实体法的实质统一更为可行。

（二）区际冲突法的解决路径

除统一实体法解决路径外，制定区际冲突法规则，采用间接调整方式也是解决区际法律冲突问题的重要路径。

1. 区际冲突法的概念和特点

区际冲突法（interregional conflicts law），也称为区际私法、准国际私法或州际冲突法等，是指用于解决一个主权国家内部具有独特法律制度的不同地区之间的民商事法律冲突的法律适用法。具体而言，区际冲突法有三大特征：

第一，区际冲突法是国内法。与国际私法的性质存在争议不同，区际冲突法是国内法这一观点为各学派所认同，这是由区际冲突法的根本任务决定的。区际冲突法调整的是国内各法域间的民商事法律冲突，其仅能由一国中央或各法域立法机关制定，且仅在该国境内生效和实施，因此无论从其立法目的和效力还是从立法主体来看，区际冲突法都不具有"国际性"。

第二，区际冲突法是民商事法律适用法。区际冲突法的核心是通过指明一国内部不同法域的民商事关系应该适用何种法律来解决区际法律冲突问题。它并不直接规定跨法域民商事法律关系当事人的实体权利与义务，也不直接确定民事诉讼主体之间的诉讼权利与义务，因此，区际冲突法不是民商事实体法，也当然不同于民事程序法，而是民商事法律适用法。当然，区际冲突法作为一个法律部门，其研究也会涉及民商事案件管辖权以及司法协助等问题，但区际冲突法的本体无疑是冲突规范，因而其法律适用法的属性不应受到影响。

第三，区际冲突法与国际私法既有联系又有区别。其联系主要表现为：（1）国际私法是在区际冲突法的基础上发展而来的，二者的调整方式、基本制度和规范结构等都相同或具有相似性；（2）国际私法与区际冲突法的调整对象都是民商事法律关系，二者均以解决民商事法律冲突问题为目的；（3）国际私

---

① 张潇剑：《国际私法论》（第二版），北京大学出版社2008年版，第443页。

法的适用可能有赖于区际冲突法,即在国际民商事案件中,如冲突规范指向多法域国家的法律,则可能需要借由该国的区际冲突法决定适用该国内部哪一法域的实体法作为准据法。但同时,区际冲突法与国际私法也有着明显的区别:(1)二者的调整对象不完全相同。区际冲突法调整的是一国之内的跨法域民商事法律关系,而国际私法则针对国际民商事法律关系。(2)二者的法律渊源不同。区际冲突法的渊源仅限于国内法,而国际私法的渊源则包含国际条约、国际惯例等。① (3)二者在具体制度上可能存在差异。例如,国际私法中常用的"国籍"这一属人连结点就不能在区际冲突法中发挥效用;而"公共秩序保留制度"在区际冲突法和国际私法中适用的范围和情形也有较大区别。

2. 区际冲突法的立法方式

在采取区际冲突法路径解决区际法律冲突时,各国立法方式也呈现出多样化。

第一,从主体上说,主要有国家制定和各法域分别制定两种方式。

(1)由国家制定全国统一的区际冲突法。这种做法比较简洁便利,是区际冲突法路径下可预见性较高的立法方式。波兰于1926年颁布的《全国统一区际私法》是典型代表之一,其全面解决了一国内部的区际法律冲突问题。而有的国家则只在部分法律领域制定了统一的区际冲突法,如南斯拉夫1979年的《统一解决关于民事地位、家庭关系及继承方面法律冲突与管辖权冲突的条例》。②

(2)由各法域分别制定自己的区际冲突法。以英国为代表的部分国家采用此种做法。例如,英格兰法域和苏格兰法域都有自己的冲突法,且两者的内容有所差异。再如,美国也没有联邦一级的"美国冲突法",而是由各州分别制定各自的冲突法。这种做法可能是遵从宪法下联邦和州立法权限划分的结果,但从实际操作的角度看,其可能进一步带来冲突规范的法律冲突和法律适用问题,导致更多的不确定性,因此这些国家可能通过官方或非官方的方式对各法域区际冲突法的制定加以指引,以求达到更大程度上的统一。例如,由美国法学会主持制定的《冲突法重述》虽然并不具有法律效力,但是其对各州的立法有着重要的引导作用,在事实上促进了各州之间冲突规范的趋同化。

---

① 黄进:《区际冲突法研究》,学林出版社1991年版,第122页。
② 刘仁山主编:《国际私法》(最新版),中国法制出版社2012年版,第463页。

第二，从内容上说，区际冲突法的制定方式主要有以下三种：

（1）专门制定区际私法以解决区际法律冲突。前述波兰的《全国统一区际私法》就是仅用于解决国内区际法律冲突的专门法，南斯拉夫和苏联都曾采取此种立法方式。此外，瑞士也曾于1981年6月颁布《关于州际法和适用于在瑞士居住的外国人和居住在国外的瑞士公民的法律的联邦法》，其中州际法规定的正是区际法律冲突的解决问题。① 中国法学界主流观点较为认同该种模式，认为区际法律关系是一国之内不同法域之间的法律关系，不同于一国与外国国家之间的关系，从法律上应该将国际法律冲突与区际法律冲突区别开来，分别制定相应的法律予以解决。②

（2）类推适用国际私法以解决区际冲突。西班牙是实行这一制度的典型国家。由于历史原因和民族、宗教等各种因素，西班牙一直存在着多个法域，《西班牙民法典》（1974年文本）第16条规定，适用解决国际法律冲突的法律规则解决区际法律冲突。当然，对区际冲突中的个别特殊问题需要作出另外规定。③ 采取这种做法的原因在于，从规范内容、法律结构和基本制度等方面看，区际和国际的冲突规范没有太大的差别，因此没有必要完全另起炉灶制定不同的规则，类推适用便能够满足实践的需要。

（3）不区分区际冲突法与国际私法，以相同的规则对两大问题加以解决。英美是采用此种做法的典型代表，其认为冲突法调整的就是不同法域之间的问题，而不问此冲突到底属于主权国家之间的，还是一主权国内部各法域之间的。④ 究其根源，英美法系认为，从冲突法意义上说，国内几个法域之间的关系与本国和外国之间的关系并没有实质性差异，因此虽然适用规则的结果相类似，但这种做法与前述类推适用的前提并不完全一样。对于该种方法，中国学者多持否定意见，英美国家采取该种模式是其历史传统和现实需要使然。

综上所述，各多法域国家在解决区际法律冲突问题上的方式并不完全一致，但总体而言，不外乎通过制定统一实体法和制定区际冲突法两种路径解决。统一实体法固然能够更为彻底地解决法律冲突的问题，但是要将其运用于

---

① 刘仁山主编：《国际私法》（最新版），中国法制出版社2012年版，第463页。
② 黄进主编：《中国的区际法律问题研究》，法律出版社2001年版，第63页。
③ 郭玉军、徐锦堂：《中国区际法律冲突解决路径探析（下）》，《时代法学》2008年第2期。
④ 沈涓：《中国区际冲突法研究》，中国政法大学出版社1999年版，第72页。

多法域国家的所有领域并非易事，因此区际冲突法同样有着十分重要的地位。同时，从这些多法域国家的实践可以看出，实体法和区际冲突法的统一已成为目前的发展趋势。

第二节 "一国两制"与中国区际法律冲突

中国作为一个多法域国家，存在着十分特殊且复杂的区际法律冲突。随着海峡两岸及内地与港澳地区民商事交往的日益频繁，中国区际法律冲突的解决日益成为完善中国法律体系的重要课题。特别值得提出的是，2014年10月召开的党的十八届四中全会通过了《中共中央关于全面推进依法治国若干重大问题的决定》（以下简称《决定》）。作为中国全面推进依法治国基本方略的纲领性文件，该《决定》明确指出：依法保障"一国两制"实践和推进祖国统一。《决定》不仅再次重申了中国实行"一国两制"的方针，也为处理中国区际法律冲突问题进一步奠定了政治和法律基础。

一、中国区际法律冲突的产生

"一国两制"的提出使得中国区际法律冲突从理论走向现实。"一国两制"这一政治构想是在党的十一届三中全会后逐渐形成的。为顺利恢复行使对香港、澳门地区的主权和解决台湾问题、实现祖国完全统一，中央在考虑了港澳台地区的历史和现状后，提出在上述地区不实行社会主义制度和政策，保持原有的资本主义制度和生活方式。在对香港、澳门相继恢复行使主权后，"一国两制"的构想通过《香港特别行政区基本法》和《澳门特别行政区基本法》的颁布得以实现。由此，中国呈现出"一国两制四法域"的局面，成为一个多法域国家。

而在此之前，虽然中国各地方在一定程度上有权制定地方性法规，少数民族地区也可以根据自己的具体情况在一定程度上制定变通和补充的规定，但是这种法律上的差异，如上海和新疆部分立法的不同，并非区际法律冲突意义上的法律冲突，各地方的立法权限也并不使其成为独立的法域。理由主要有二：（1）在"一国两制"方针提出以前，中国没有中央立法权和地方立法权的双向限制，即虽然地方享有一定程度的立法权，但是并没有中央立法不能涉足的领域，地方立法应当遵照并符合中央立法的规定，这就不可能产生独特的法律制度体系，各地的立法差异因而并无本质区别；(2) 少数民族特别立法与中央立法差异的根本属性是属人法法律冲突，如《新疆维吾尔自治区执行〈中华人民共和国婚姻法〉的补充规定》等，虽然在考虑少数民族风俗习惯后作出了变通规定，但是其仅适用于自治区内的少数民族，这事实上形成的是属人性法域，并非区际法律冲突所要解决的问题。

因此，中国区际法律冲突特指根据"一国两制"方针，中国内地（大陆）与恢复行使主权后的香港、澳门以及实现国家统一后的台湾地区这些不同法域之间的民商事法律冲突。[①] 具体而言，根据法律冲突的基本理论，中国区际法律冲突产生的原因主要包括以下三点：

第一，各法域赋予外法域人民事权利，具有平等的民商事法律地位，这是区际法律冲突产生的客观基础。民商事法律地位是指自然人、法人和非法人组织依据法律享有民商事权利和承担民商事义务的状况。为保证国内的正常民商事交往，各法域立法当然应当赋予其他法域民商事主体在本法域内相对平等的民商事法律地位。从中国的情况来看，内地和香港、澳门民商事主体在对方区域内的民商事法律地位是受宪法和有关法律保障的；而对于台湾地区，中国则在两岸关系解冻后通过诸如《国务院关于鼓励台湾同胞投资的规定》以及《台湾同胞投资保护法》等重新确认了台湾同胞在大陆的民商事法律地位，台湾地区方面也在1992年通过"台湾地区与大陆地区人民关系条例"肯定了大陆民事主体在台湾地区享有的民商事法律地位。[②]

第二，各法域的立法互有差异，这是区际法律冲突产生的根本原因。根据"一国两制"原则，在中华人民共和国内，国家的主体坚持社会主义制度，而香港、澳门和台湾保持原有的资本主义制度，社会制度的本质差异导致了各法域在立法上不可能完全相同。再从具体法律制度来看，对香港和澳门恢复行使主权之后，一方面其原有法律基本不变；另一方面，除外交、国防事务和国家安全外，港、澳特别行政区享有高度的自治权，其中便包括立法权和独立的司法权及终审权。香港长期受到英国殖民统治，其在法律体系上承继了英美法系的法律原则、基本框架和具体规则；而澳门的法律体系则长期受到葡萄牙法律

---

① 丁伟主编：《国际私法学》（第三版），上海人民出版社、北京大学出版社2013年版，第589页。
② 赵相林主编：《中国国际私法立法问题研究》，中国政法大学出版社2002年版，第570页。

的影响，这就导致了中国各法域间立法的固有差异，且立法权和独立的司法权及终审权的保障更使得这种差异将长期持续下去。而在两岸统一之后，台湾地区也将受益于"一国两制"制度，保留其本身的法律体系。由此可见，中国各法域间的法律冲突问题是切实存在的。

第三，各法域都在一定程度上承认其他法域法律在本法域内的效力，这是发生区际法律冲突的直接原因。内地与香港、澳门地区之间彼此承认对方法律在自己域内仍然有效力，这一点在中国的宪法以及两个特别行政区的基本法中都有所规定。而就大陆和台湾地区的关系而言，《最高人民法院关于审理涉台民商事案件法律适用问题的规定》确认，除非违反国家法律的基本原则或者社会公共利益，根据法律和司法解释中选择适用法律的规则，确定适用台湾地区民事法律的，人民法院予以适用。而台湾地区也在"台湾地区与大陆地区人民关系条例"中规定，特定的涉及两岸之间的民商事案件，可以由台湾地区法院直接适用大陆法律。据此，各法域法律的域外效力都是于法有据的。

综上，中国的区际法律冲突是基于特定历史条件产生的客观现象，其产生原因即在于对香港和澳门恢复行使主权以及两岸将来的统一。

二、中国区际法律冲突的特点

随着"一国两制"构想被付诸实践，中国出现了前所未有的"一个国家，两种制度，三个法系，四个法域"的复杂局面，与世界上其他多法域国家相比，中国的区际法律冲突存在着鲜明的特点。

（一）各法域间社会制度的冲突

在其他多法域国家，包括美国、英国、加拿大、澳大利亚以及苏联等国，其各法域的社会制度都是一致的，或者是资本主义制度下的法律冲突，或者是社会主义制度下的法律冲突。但是中国的情况则完全不同，香港、澳门和台湾之间的法律冲突是资本主义制度下各法域的法律冲突，而内地与港澳、大陆与台湾法域之间的冲突则是社会主义制度下法域与资本主义制度下法域的冲突，这种"一国两制"的法律冲突在其他国家未曾有过。

（二）各法域间法系的冲突

从其他多法域国家的情况来看，各法域通常属于同一法系，例如，美国加利福尼亚州和纽约州立法虽有差异，但同属于普通法系；英国的英格兰、威尔士和北爱尔兰的情况也是如此；加拿大《魁北克民法典》虽源于《法国民法典》，属于大陆法系，但它在许多方面仍受盛行于加拿大其他各法域的普通法传统的影响。① 但中国的情况显然不同，各法域呈现多样化的法系渊源：中国香港承继的是普通法系；中国澳门实施的葡萄牙法属于大陆法系；中国台湾"法律"受日本和德国影响颇深，因此一般也被认为属于大陆法系；而自新中国成立以来，内地（大陆）逐步形成以宪法为核心的中国特色社会主义法律体系。由此可见，中国各法域间的法律冲突还表现为各法系间的冲突。

(三) 单一制国家内部的区际法律冲突

一般而言，多法域国家通常是联邦制国家，因强调中央和地方分权而导致多法域的产生。但是中国的区际法律冲突则是在单一制国家内部形成的。根据《香港特别行政区基本法》和《澳门特别行政区基本法》，虽然香港、澳门特别行政区享有高度自治权，但其仍然是直辖于中央人民政府的地方行政区域，特别行政区同中央人民政府的关系实质上仍是地方同中央的关系，"一国两制"并没有改变中国的国家结构形式。这在一定程度上至少避免了中国的区际法律冲突演变成为国际法律冲突。②

(四) 不限于各法域本地法的冲突

通常情况下，多法域国家内各法域虽然有制定其本地法的权力，但是并没有独立加入国际条约的地位，因而其法律冲突一般限于本地法之间的冲突。但是，根据《香港特别行政区基本法》和《澳门特别行政区基本法》，香港特别行政区和澳门特别行政区可以分别以"中国香港"和"中国澳门"的名义，在经济、贸易、金融、航运、通信、旅游、文化、体育等领域单独同世界各国、各地区及有关组织保持和发展关系，并签订和履行有关协议；中华人民共和国缔结的国际条约并不一定适用于香港特别行政区和澳门特别行政区，同时香港特别行政区和澳门特别行政区也可以在上述范围内参加中华人民共和国未签订的国际条约。因此，中国的区际法律冲突并不限于本地法的冲突，还有可能涉及国际条约适用的冲突问题，这便导致中国区际法律冲突呈现冲突上的多元性特点。

(五) 各法域的法律体系具有较高的独立性

在"一国两制"原则的引领下，中国各法域间的法律体系的独立性比大多

---

① 刘仁山主编：《国际私法》（最新版），中国法制出版社2012年版，第466页。
② 韩德培主编、肖永平主持修订：《国际私法》（第三版），高等教育出版社、北京大学出版社2014年版，第344页。

数多法域国家都要高。这主要表现在两大方面:(1)在立法上,各特别行政区立法权的来源主要是宪法和特别行政区基本法。在此基础上,除有关外交、国防和国家安全方面事项以外,特别行政区对其他事项享有立法权,且其制定的民商事法律与中央立法机关制定的法律处于平等的地位。(2)在民商事司法上,内地及各特别行政区都有自己的终审法院,且在各法域之上没有共同的最高司法机关,这与美国、加拿大和澳大利亚等大多数多法域国家的实践也显然不同。

综上可见,中国的区际法律冲突情况是较为复杂的,且与其他多法域国家的实践有着较大的差异。有学者因此总结道,中国的区际法律冲突除了不存在主权国家间的法律冲突以外,与国际法律冲突几乎没有多大差别[1],这也体现出解决中国区际法律冲突问题的重要性和艰巨性。

三、中国区际法律冲突的解决

中国区际法律冲突的产生背景和特点表明,它是极其复杂和独特的,因而解决中国区际法律冲突也有着极高的难度。因此,在借鉴其他国家解决区际法律冲突先进做法的同时,要注意结合中国的实际国情,找到真正适合解决中国区际法律冲突的方法。对此,首先需要明确解决中国区际法律冲突的原则,只有在正确的原则指引下,才能结合中国目前的实践情况合理规划解决中国区际法律冲突的蓝图,为长期的努力指明方向。

(一)解决中国区际法律冲突的原则

中国区际法律冲突的解决主要需遵循以下三大原则:

1. "一国两制"原则

"一国两制"是中国共产党领导人民实现祖国和平统一的一项重要制度,是中国特色社会主义的一个伟大创举,是中国对香港、澳门恢复行使主权以后所采取的基本制度,也是中国政府在台湾问题上的主要方针。党的十九大报告指出,针对香港和澳门,要确保"一国两制"方针不会变、不动摇,确保"一国两制"实践不变形、不走样。针对台湾问题,则必须坚持一个中国原则,坚持"九二共识",推进祖国统一。而从法律层面,党的十八届四中全会《决定》

---

[1] 韩德培:《论我国的区际法律冲突问题——我国国际私法研究中的一个新课题》,《中国法学》1988年第6期。

早已明确了依法保障"一国两制"实践和推进祖国统一的重要性。《决定》明确指出：坚持宪法的最高法律地位和最高法律效力，全面准确贯彻"一国两制"、"港人治港"、"澳人治澳"、高度自治的方针，严格依照宪法和基本法办事，完善与基本法实施相关的制度和机制，依法行使中央权力，依法保障高度自治，支持特别行政区行政长官和政府依法施政，保障内地与香港、澳门经贸关系发展和各领域交流合作，防范和反对外部势力干预港澳事务，保持香港、澳门长期繁荣稳定。在处理与台湾关系的问题上，《决定》指出：运用法治方式巩固和深化两岸关系和平发展，完善涉台法律法规，依法规范和保障两岸人民关系、推进两岸交流合作。运用法律手段捍卫一个中国原则，反对"台独"，增进维护一个中国框架的共同认知，推进祖国和平统一。可见，"一国两制"原则是中国政府对于香港、澳门和台湾问题长期坚持并继续推行的方针。因此，在解决区际法律冲突这一问题上，同样需要对"一国两制"原则加以把握：一方面，"一国"是前提，香港、澳门和台湾都是中国不可分割的组成部分，国家主权是统一的；另一方面，"两制"是重要原则，各法域反映不同性质的法律制度彼此独立存在，各自适用于其区域。因此，根据"一国两制"原则，在解决中国区际法律冲突这一问题时，既不能违背主权统一的原则，又要尊重各法域的决定权，促进交流、共同协商。

2. 平等互利原则

在"一国两制"的基础上，中国区际法律冲突的解决也应当遵循平等互利原则。这就提出了至少两个层面的要求：（1）内地（大陆）、香港、澳门和台湾地区的民商事法律在法律位阶上处于平等地位，同时四法域在有关区际法律冲突解决的对话和沟通中也应当处于平等地位；（2）来自内地（大陆）、香港、澳门和台湾地区的民商事主体在各法域应当得到平等对待，享有平等的法律地位和权利义务，这也是解决区际法律冲突的指导原则之一。①

3. 保障和促进各法域间正常的民商事交往原则

解决中国的区际法律冲突，其核心目的在于保障正常民商事交往的顺利进行。为此，在对区际法律冲突问题进行立法时，一方面要考虑到法律的可预见性和稳定性，另一方面也要注重立法的可行性和实践效率。只有兼顾两方面，才能真正有效保障民商事主体的权利。

---

① 黄进：《区际冲突法研究》，学林出版社1991年版，第237页。

（二）解决中国区际法律冲突的现状

从中国现状来看，已存在解决区际法律冲突的立法和实践。

1. 统一实体法途径

统一实体法途径是解决区际法律冲突最为彻底的一种方式，系指通过统一中国各法域的民商事实体法，完全避免法律冲突的产生。但是，中国目前并不具备统一各法域民商事实体法的条件。这主要是因为，一方面，内地（大陆）、香港、澳门和台湾四大法域的立法差异极大，且这种差异可能源自社会制度或法系理念冲突，因而难以协调融合；另一方面，"一国两制"保证了各法域在民商事问题上的平等立法权，并不存在超越各法域之上的中央立法权。此外，各法域的独立终审制和独立司法权，也是导致实体法难以统一的原因。因此，中国目前尚不存在统一各法域内实体法的实践。

然而，这并不意味着排除了实体法统一的可能性。各法域共同参加国际条约就能够在一定范围内促成实体法的统一，尤其是在贸易、知识产权和运输等领域。例如，四大法域都是WTO组织成员，因而需共同遵守WTO法律制度；《保护工业产权巴黎公约》和《保护文学和艺术作品伯尔尼公约》均适用于中国内地、香港和澳门；香港和澳门都适用《统一提单的若干法律规则的国际公约》等。这些国际条约的适用和影响力的扩张都有利于中国各法域之间实体法的实质统一。当然，统一实体法还远未成为解决中国区际法律冲突问题的主要途径，仍需要经历一个较为漫长的渐进发展过程。

2. 区际冲突法途径

目前，中国各法域间的法律冲突主要通过区际冲突法的途径加以解决，且内地（大陆）、香港、澳门和台湾地区各法域分别制定各自的区际冲突法，这也是目前较为现实可行的一种方式。

第一，从实践来看，对于内地与香港特别行政区、澳门特别行政区之间的区际法律冲突，《涉外民事关系法律适用法解释（一）》明确规定，涉及香港特别行政区、澳门特别行政区的民事关系的法律适用问题，参照适用本规定。对于大陆与台湾地区之间的法律冲突问题，最高人民法院也同样通过司法解释

拓展阅读

海峡两岸仲裁裁决相互认可与执行制度之检视与修正

的方式，在《关于审理涉台民商事案件法律适用问题的规定》中指出，人民法院审理涉台民商事案件，应当适用法律和司法解释的有关规定。这里的法

律和司法解释即中国涉外民商事关系的法律适用法，因而包括《涉外民事关系法律适用法》以及部分单行法规中的相关规定。由此可见，中国在区际冲突法的制定上采取的是类推适用国际私法的方式，这一做法比较符合中国的实际，也简便易行。但也有学者认为，区际法律冲突的解决与国际法律冲突的解决还是有很大不同的，因此这一方法只适宜在短时期内作为一种过渡办法来使用。①

第二，从香港和澳门的做法来看，其都不对国际和区际法律冲突的解决加以区分，一律适用国际私法规则解决区际民商事法律冲突。受英国法的影响，香港的立法认为，冲突法上的"涉外因素"和"外国国家"同样意味着一个非香港因素、非香港的国家或地区，"国家"一词并不是指宪法或公法意义上的国家，而只是一个法域的代名词。② 而澳门则在其《民法典》的"非本地居民之权利及法律冲突"一章中规定了冲突法规则，且该规则适用于所有"非澳门地区"的民商事主体，因而也是一种法域导向的立法模式，当然既可用于解决国际法律冲突，也可用于解决区际法律冲突。

第三，从台湾地区的立法来看，其所采用的模式比较特别，采取对港澳的法律冲突和大陆的法律冲突分别立法的方式。中国台湾地区采用台湾"涉外民事法律适用法"处理其与其他国家之间的法律冲突问题；1992年7月公布了"台湾地区与大陆地区人民关系条例"，专门解决台湾与大陆的法律冲突问题；在中国对香港恢复行使主权之前，台湾又于1997年4月通过了"香港澳门关系条例"，特别解决台湾与香港和澳门之间的法律冲突问题。因此，中国台湾地区的区际冲突法不仅与国际私法规则相独立，更在区际冲突法内部针对不同地区形成了两套不同的体系，使得中国区际冲突法的现状更为复杂。有学者认为，台湾地区这种做法的效果并不好，它带来了冲突法之间的冲突，不仅不能促进区际民商事交往，反而阻碍了台湾地区同祖国大陆和港澳之间的民商事交往。③

随着各法域之间民商事交往越加频繁，区际法律冲突问题将日益频现，现有的区际冲突法规则无法更为高效、便捷和稳定地解决民商事主体之间的争议。因此，中国需要有所规划，通过海峡两岸及港澳地区的交流与合作，不断

---

① 张潇剑：《国际私法论》（第二版），北京大学出版社2008年版，第453页。
② 张学仁主编：《香港法概论》（修订版），武汉大学出版社1996年版，第619页。
③ 赵相林主编：《中国国际私法立法问题研究》，中国政法大学出版社2002年版，第578页。

凝聚共识，从而更为有效地解决区际法律冲突问题。

3. 签订区际协议的途径

此处的区际协议特指在中国存在区际法律冲突的四法域之间，就某些法律领域签订双边协议以实现法律的统一。在统一实体法途径无法实现而区际冲突法途径又不理想的情况下，中国相关法域之间已开始通过在实体法、民商事诉讼及商事仲裁法领域签订区际协议，进而解决区际法律冲突。

在实体法领域，具有代表性的区际协议当数内地与香港、澳门两个特别行政区分别订立的《内地与香港关于建立更紧密经贸关系的安排》（香港官方英文名称：Mainland and Hong Kong Closer Economic Partnership Arrangement，缩写CEPA）及《内地与澳门关于建立更紧密经贸关系的安排》（澳门官方英文名称：Mainland and Macao Closer Economic Partnership Arrangement，缩写CEPA）。这是中国商务部先后于2003年6月29日及10月17日与香港及澳门两个特别行政区政府签订的特别协议。从其内容和本质上看，CEPA是一项自由贸易安排，旨在建立内地与香港及澳门之间的自由贸易区，促进相互间贸易、投资的增长。CEPA不仅符合WTO的有关规则，也反映了"一国两制"的优越性。从国际私法的角度看，CEPA是内地与香港、澳门在贸易自由化等方面的区际协议，它能起到统一部分实体法的效果。

在民商事诉讼和商事仲裁领域，最高人民法院与香港特别行政区和澳门特别行政区分别签署了一系列名为"安排"的类似区际协议，包括《关于内地与香港特别行政区法院相互委托送达民商事司法文书的安排》《关于内地与香港特别行政区相互执行仲裁裁决的安排》《关于内地与澳门特别行政区法院就民商事案件相互委托送达司法文书和调取证据的安排》《内地与澳门特别行政区关于相互认可和执行民商事判决的安排》和《关于内地与澳门特别行政区相互认可和执行仲裁裁决的安排》等。这些以"安排"冠名的法律文件是中国对香港和澳门恢复行使主权后，内地与香港和澳门特别行政区在司法协助领域签署的一系列重要文件，是两地司法协助法律制度的重要组成部分，是一个主权国家内不同法域间的司法安排。

这种通过签订区际协议解决区际法律冲突的做法是突破传统模式的一种新的探索。这些区际协议不仅在实体法、民商事诉讼及商事仲裁领域发挥了积极的作用，还在协调中国区际法律冲突方面扮演着重要角色。实践证明，签订区际协议的模式为中国区际法律冲突的解决提供了有益借鉴。①

(三) 解决中国区际法律冲突的步骤

一般认为，中国区际法律冲突的解决应当通过三个步骤进行：一是各法域类推适用各自的国际私法；二是制定统一的区际冲突法；三是利用实体法来避免和消除区际法律冲突。② 依前述可见，自中国对香港、澳门恢复行使主权以来，中国区际法律冲突的解决基本处于第一个步骤。从长远看来，为保障各法域间民商事交往更为顺利地进行，中国需要逐渐改变目前的局面，构建更为协调完善的区际法律冲突解决途径，完成后续的两个步骤。

第一，制定统一的区际冲突法。在"一国两制"原则的要求下，统一区际冲突法的制定应当由内地（大陆）、香港、澳门和台湾地区四大法域平等交流，共同协商。同时，多个法域均适用的国际条约也能够为凝聚共识起到重要的作用。如前所述，这种做法在对香港、澳门恢复行使主权以来已有实践，主要体现在司法协助方面的成果，包括基于《纽约公约》形成的《关于内地与香港特别行政区相互执行仲裁裁决的安排》和《关于内地与澳门特别行政区相互认可和执行仲裁裁决的安排》，以及借鉴《送达公约》和《取证公约》形成的《关于内地与香港特别行政区法院相互委托送达民商事司法文书的安排》和《关于内地与澳门特别行政区法院就民商事案件相互委托送达民商事司法文书和调取证据的安排》。而在冲突法规范方面，中国同样应当借鉴这一做法，进一步统一区际冲突法，形成相应的制度成果。

第二，制定统一实体法。实体法的统一是解决区际法律冲突最彻底的方式，但也是最为艰难的一步。在这个步骤中，仍然需要各法域的共同协调。为实现这一理想，这里的实体法应既包括各法域共同加入的实体法公约，也包括各地区分别采用的相同或类似的实体法；既要从个别容易达成一致的法律问题入手，也要对法律部门中的原则理念进行沟通，从而循序渐进，逐渐在实体法问题上达成更多共识。同时，在适用国际条约时还应当注意，如果条约规定仅适用于国家之间，则可通过国内立法的形式将其转化为国内法；如果条约规定地区也可作为缔约一方参加，则各地区适用该条约自然可作为解决区际法律冲

---

① 曹和平、吴一鸣：《CEPA 模式对于中国区际法律冲突解决途径的借鉴》，《南京社会科学》2006 年第 11 期。
② 韩德培主编：《中国冲突法研究》，武汉大学出版社 1993 年版，第 451—458 页。

突的手段之一。①

综上所述，中国区际法律冲突问题的解决并不容易，可能需要经历一个相当漫长的过程。在统一冲突法和实体法的过程中，无论是自觉协调单独立法，还是平等协商制定区际协议，或者借助国际条约推动区际法律冲突的缓和，都要注重法律内容的实质融合②，不能片面地追求形式上的一蹴而就。而随着各法域融合的加深，中国区际法律冲突问题也就能够逐渐得到解决。

思考题

1. 简述区际法律冲突意义下的法域及其特征。
2. 试论区际法律冲突的特点及其解决途径。
3. 论述中国区际法律冲突的产生。
4. 中国区际法律冲突有哪些特点？为什么说中国区际法律冲突具有特殊性？
5. 如何解决中国区际法律冲突？中国目前区际法律冲突的解决方式是什么？

▶ 自测习题

---

① 丁伟、马远超：《中国内地与澳门之间区际法律冲突解决途径之思考》，《华东政法学院学报》2001年第3期。
② 郭玉军、徐锦堂：《中国区际法律冲突解决路径探析（下）》，《时代法学》2008年第2期。

第十八章　区际民商事司法协助

新中国成立后，缘于历史遗留问题，香港、澳门长期受外国统辖，且海峡两岸在政治上对立，致使中国长期无法建立统一的区际司法协助制度。改革开放后，在"一国两制"条件下，中国统一事业逐步推进，先后对香港、澳门恢复行使主权，内地与港澳经贸关系日益密切，跨法域民商事纠纷的涌现客观上需要建立区际司法协助制度。尽管各法域在社会历史背景及法律传统上存在差异，但在内地与港、澳特别行政区的共同努力下，区际司法合作不断获得新的进展，先后签署了多项制度性"双边安排"。随着海峡两岸关系的缓和，尽管台湾地区与大陆尚未达成司法协助方面的协议或安排，但均通过单方正式立法或司法解释专门处理两岸法律事务，为两岸进一步协商对话奠定了良好的基础。

第一节　区际司法协助概述

区际司法协助（inter-regional judicial assistance）是对国际司法协助的延伸，系复合法域国家特有的制度。综观各国情况，区际司法协助主要包括澳大利亚、英国和美国三种模式。借鉴不同模式的合理内核，并立足中国区际问题实际，有益于探索符合中国国情的解决方案。

一、区际司法协助的定性和特征

（一）区际司法协助的定性

区际司法协助是指在一个主权国家内不同法域的司法机关之间，基于法律规定或安排，一法域的法院接受另一法域法院的请求，代为履行某些诉讼行为的制度。它包括送达诉讼文书、调查取证、认可和执行外法域法院的判决和仲裁裁决等内容。对区际司法协助这一概念的可适用性问题，学理上的探讨集中于两点：

1. 区际司法协助与国家主权

对于"司法协助"这一称谓可否被运用于区际领域，有着不同的观点。有学者提出，对司法上的合作关系并没有统一的称谓，"司法协助"应当是国际法或国际私法中特有的概念，体现的是主权国家的法律合作关系，故只能适用于国与国之间。如果将之适用于一个主权国家内部的协助，将混淆主权与非主权之间的关系，在法理上不能成立，所以主张用"司法互助""司法合作"或"法律协助"来概括国内不同法域的法院间相互委托代为进行的诉讼行为。[①]本书认为，区际司法协助就是一种司法协助。从历史起源角度看，"司法协助"并非国际法或国际私法中特有的概念。据学者考察，19世纪初的德国学者就已经将司法协助区分为"国际司法协助"和"国内司法协助"。"司法协助"这一概念最初表达的含义中也包括了一国内各域邦之间的司法合作关系。实际上，"司法协助"是一个属概念，"国际司法协助"与"区际司法协助"都是从属于它的种概念。在现代社会，"司法协助"一词的含义已被广泛接受，在用"国际"与"区际"界定之后，"区际司法协助"这一概念恰如其分地表明了国内不同法域之间有关司法事务的合作关系，在法理上是成立的，在政治上也符合"一国两制"原则，并且不涉及国家主权问题。

2. 区际司法协助与国家结构形式

单一制和联邦制是现代国家采用的两种基本国家结构形式。应该说，一个国家是否存在区际司法协助与其国家结构形式有一定关系，但并不具有绝对关系。事实上，区际司法协助既可以存在于联邦制国家中，如美国、加拿大；也可以存在于单一制国家内，如英国。单一制国家结构形式是中国固有的政治文化传统，法律制度长期以来也是单一的，由国家统一行使立法权和司法权，因而本不存在区际司法协助的可能性。但随着"一国两制"的确立与实施，必然会引起区际司法协助的产生。"一国两制"的实施并未改变中国单一制的国家结构形式，香港特别行政区、澳门特别行政区是全国人民代表大会依据宪法与法律设立的，因此特别行政区只能认定为单一制国家结构形式下的一个享有高度自治权的地方行政区域，这一点毋庸置疑。如上所述，区际司法协助与单一制或联邦制的国家结构形式没有必然的联系。中国存在区际司法协助，这是客观存在的事实，其运作与实施并不会影响中国的国家结构形式。

(二) 区际司法协助的特征

从区际司法协助的概念可以看出，区际司法协助具有以下特征：

[①] 曾涛：《论示范法模式在我国区际司法协助中的运用》，《学术交流》2004年第1期。

1. 区际司法协助与国际司法协助有别

（1）二者适用范围不同。区际司法协助产生于同一主权国家内部的不同法域之间，不涉及国家主权问题；而国际司法协助产生在不同的主权国家之间，是一种国家间的司法合作。

（2）二者法律渊源不同。区际司法协助的法律渊源只能是国内法；而国际司法协助的法律渊源除国内法外，更重要的是国际条约和国际惯例。

（3）二者体现的政策不同。区际司法协助主要体现维护国家统一，促进民族团结和各地经济发展的对内政策；而国际司法协助体现的是国家的对外政策，是一种以互惠为基础的国际合作。

2. 区际司法协助与同一法域内司法机关的协作有别

区际司法协助是在一个主权国家领土范围内具有独特法律制度的不同地区即不同法域之间进行的，一国之内同一法域的不同地区之间的协作不属于区际司法协助的范畴。例如，在中国，地方性法规是在全国实行统一法制的大前提下，基于地区特点经统一性法律明文授权由地方制定的，仅在该地方区域内有效实施。各地的此类法规虽有时会相互抵触，但并非法律体系上的实质性冲突，也无需专门规范来调整。在中国实行统一法制的各地区之间，也存在大量的有关司法方面的行业性协作。但这种协作不需要经过特定的中转机关，不需要进行任何形式上或实质上的审查，也不存在以保护区域公共秩序为由予以拒绝协作的情形。①

3. 区际司法协助中各法域法律制度在统一主权下的平等

区际司法协助是一个主权国家领域内处于平等地位的不同法域之间在司法方面进行的相互协作。这种法域平等不是指各法域在行政隶属上的平等，而是指各法域法律制度在统一主权下的平等。中国现有关于区际司法协助的立法，反映在《香港特别行政区基本法》第95条"香港特别行政区可与全国其他地区的司法机关通过协商依法进行司法方面的联系和相互提供协助"的规定中。《澳门特别行政区基本法》第93条也作了相同规定。由此，中国的区际司法协助制度主要建立在各法域间协商一致的基础上。

4. 区际司法协助的调整对象特定

区际司法协助调整的是一个主权国家内不同法域间有关民商事、刑事以及

---

① 杜新丽主编：《国际民事诉讼与商事仲裁》，中国政法大学出版社2009年版，第323页。

行政司法等方面的关系。但需要注意的是，区际私法所研究的协助问题，特指区际民商事司法协助。

二、区际民商事司法协助的范围和主体

(一) 区际民商事司法协助的范围

司法协助的范围，即司法协助的内容，指哪些司法行为需要对方司法机关提供协助。民商事司法协助的范围涉及民事诉讼程序的各个环节，国际社会对司法协助范围的理解有广义说与狭义说。中国《民事诉讼法》采取的是广义的司法协助概念，不仅包括文书的送达、调查取证，还涵盖对外国法院判决和仲裁裁决的承认与执行。

《民诉法解释》第549条规定："人民法院审理涉及香港、澳门特别行政区和台湾地区的民事诉讼案件，可以参照适用涉外民事诉讼程序的特别规定。"依据此规定，中国的区际民商事司法协助范围参照国际民商事司法协助的范围，涵盖区际送达、区际调查取证、区际仲裁裁决的承认与执行、区际法院判决的认可与执行等诸领域。

(二) 区际民商事司法协助的主体

1. 区际民商事司法协助的请求方

区际民商事司法协助请求的提起通常发生在民事诉讼程序进展过程中，其目的或在于保证民事诉讼活动顺利进行，如文书的送达、域外证据的调取、外法域法律情报资料的获取等；或在于保证民事诉讼和仲裁结果的实现，即法院判决和仲裁裁决的承认与执行。根据中国法律，司法文书送达属于司法行为，法院可依职权调查取证、查明外域法，因此此类司法协助请求应由一法域的法院提出请求，即法院是此类区际司法协助的请求方。与此不同的是，由于法院对判决与仲裁裁决的域外执行不负有主动执行的义务，所以由当事人向被执行人住所地或财产所在地的法院提出申请，因此当事人是此类区际司法协助的请求方。

2. 区际民商事司法协助的协助方

司法协助是司法机关通过行使司法权力为请求方提供协助的行为。协助行为的司法属性决定了司法协助的提供协助方只能且必须是司法机关。在民商事司法协助领域，司法协助方为法院。区际民商事司法协助关系是一主权国家内不同法域的司法机关即法院之间的一种司法合作关系，合作主体为不同法域的

法院，彼此之间的关系是平等的。但在司法协助关系建立后，具体落实合作关系并具体实施协助行为的主体则不限于法院，如交换法律情报资料、免除文书认证义务和认可文书证明效力、户籍文件的送交等还涉及其他相关主体的协助行为。

三、区际司法协助的模式

对于区际司法协助的模式问题，学者曾提出准国际司法协助模式、分别立法模式、区际协议模式、国际条约模式、国际组织模式、中心机关模式、中介机构模式、示范法模式、律师协助模式、统一法模式、特派员模式等十几种方案。① 综观世界上各主要复合法域国家的情况，在总结相关司法实践经验的基础上，区际司法协助已经形成了三种主要模式：

（一）澳大利亚模式

澳大利亚通过最高立法机关制定有关区际司法协助的立法来统一各州的司法协助行为，各州的法律不得与中央的法律相抵触。联邦成文法即 1992 年《送达与执行程序法》主要适用于联邦内的判决，外国判决则主要适用普通法规则和各州成文立法和联邦立法，即 1991 年联邦《外国判决法》。澳大利亚联邦法院判决的承认与执行在整个联邦内都不存在问题，高等法院、联邦法院和家庭法院的判决在整个联邦内均有效，各州司法机关应协助予以承认与执行。各州法院作出的判决，一般比外国法院作出的判决更容易得到承认与执行，原因在于：首先，联邦成文法要求各州在整个联邦内承认与执行他州法院的判决；其次，联邦宪法规定各州负有给予这种判决充分信任的义务。② 澳大利亚联邦《1901—1968 年诉讼中的送达和执行法》规定，在联邦范围内，各州之间法律文书的送达和执行与在一个州内进行的送达和执行并无二致。这种模式简便、迅捷、有保障、不附条件，被认为是区际司法协助最为理想的模式。

（二）英国模式

英国采用统一法的形式实施有条件的区际司法协助，一方面，要求各法域相互认可对方诉讼程序的效力；另一方面，各法域仍有权按照法定条件审查对方的诉讼行为，进而决定给予或拒绝司法协助。普通法系的民事诉讼为典型的

---

① 黄风：《"区际司法协助"概念辨析》，黄进、黄风主编：《区际司法协助研究》，中国政法大学出版社 1993 年版，第 3—8 页。
② 李新天：《论大陆与香港司法协助的模式》，《法学评论》1997 年第 2 期。

当事人模式，一般由当事人或律师送达文书、调查取证。只是最初的法定传票的送达对确定管辖权有着决定性的作用，故英国的区际司法协助主要是区际判决的承认与执行。1982年《民事管辖权和判决法》第二部分全面规定了联合王国内各法域之间的区际司法协助关系，即不同法域的各级法院判决可在对方高等法院登记，登记法院按不同的登记请求依相应条件予以审查。已经登记的，判决即在该法域生效。需承认与执行的判决分为三类：第一类，金钱判决的执行，但未遵守法定诉讼程序的判决和一事两诉的判决不予登记。第二类，非金钱判决的执行，但未遵守法定诉讼程序的判决、一事两诉的判决以及依非金钱法规所作的违背登记地有关法律规定的判决皆不予登记。第三类，判决的承认，以原判决法院对案件有管辖权为条件。①

（三）美国模式

与英国一样，美国的区际司法协助关系也主要体现在相互承认与执行判决与裁决方面。但与英国不同的是，美国采取三级调整的方式：第一级调整采取宪法调整的方式。《美国宪法》第4条第1款规定，美国各州必须对他州之法律及司法裁判给予充分信任和尊重。故各州在处理相互之间的区际司法协助关系时，应本着充分信任和尊重，认可其他州诉讼行为的效力。这就给各州开展区际司法协助创造了互惠的环境。第二级调整采取统一州法的方式。在美国，各州成立了一个半官方的"统一州法全国委员会"负责拟订法规草案，草案经全体会议通过后，由全体会议建议各州采用。如1965年，阿肯色、密苏里等八个州实施了一项统一州法，该法对相互执行州法院的判决作了具体规定。第三级调整采取各州单独立法的方式。许多州在其民事诉讼法规则中都规定了区际司法协助。②

应当指明，上述各种模式都是相关国家立足于自身国情选择的最适当、最有效的机制，均建立在同一社会制度、同一法律原则之上。各法域的法律虽有差异，但基本法律制度是完全统一的，即以"一国一制"为前提。探索中国四法域之间的民商事司法协助的模式，绝不能脱离中国的国情，必须坚持以"一国两制"原则为立足点，既要体现和维护国家主权的统一，又要充分尊重并保障香港特别行政区、澳门特别行政区的高度自治权。因而，简单仿照或移植澳

---

① 杜新丽主编：《国际民事诉讼与商事仲裁》，中国政法大学出版社2009年版，第325页。
② 徐昕：《中国区际司法协助方案选择》，《政治与法律》1996年第1期。

大利亚、英国、美国的模式,在实践中均行不通。必须认真研究中国的实际国情,借鉴三种模式的合理内涵,探索中国自己区际司法协助的可行方案。

第二节　中国区际司法协助

作为典型的多法域国家,中国形成了"一国、两制、三法系、四法域"的复杂情况,即中国境内存在四个具有独立司法权的法域。法域之间完善的司法协助制度、畅通的司法协助渠道,都是区际民商事案件得以顺利解决的必要条件。

一、送达

在区际司法协助中,域外送达是指一法域的法院根据双边安排或本国法律或按照互惠原则将司法文书和司法外文书送交给居住在本国另一法域的诉讼当事人或其他诉讼参与人的行为。中国目前关于不同法域之间送达的规定,主要体现在双边安排及最高人民法院发布的司法解释中。

(一)内地(大陆)向香港特别行政区、澳门特别行政区、台湾地区送达诉讼文书

1. 最高人民法院于 1998 年 12 月 30 日通过的《关于内地与香港特别行政区法院相互委托送达民商事司法文书的安排》(以下简称《内地与香港送达安排》)

(1)主管机关。在内地,委托送达司法文书的主管机关为各高级人民法院及最高人民法院,即送达途径为内地中级人民法院——省高级人民法院——香港特别行政区高等法院,最高人民法院司法文书可以直接委托香港特别行政区高等法院送达。在香港,可以提出委托申请的主管机关只有香港特别行政区高等法院。

(2)送达程序。送达司法文书,应当依照受委托方所在地法律规定的程序进行。送达司法文书后,内地人民法院应当出具送达回证,香港特别行政区法院应当出具送达证明书。出具送达回证和证明书,应当加盖法院印章。

(3)拒绝送达。《内地与香港送达安排》的规定体现了原则上不得拒绝的精神,只规定了当受托方无法送达时,才可拒绝委托申请,但应在送达回证或

证明书上注明妨碍送达的原因、拒收日期及事由，并及时退回委托书及所附全部文书。实践中，无法送达的主要原因是被送达人地址不详。

2. 最高人民法院于 2001 年 8 月 7 日通过的《关于内地与澳门特别行政区法院就民商事案件相互委托送达司法文书和调取证据的安排》（以下简称《内地与澳门送达与取证安排》）以及 2020 年生效的修改文本

中国对澳门恢复行使主权后，内地与澳门两地的有关机关一直以积极和建设性的态度进行协商。2001 年 8 月 7 日，根据《澳门特别行政区基本法》第 93 条的规定，最高人民法院审判委员会第 1186 次会议根据最高人民法院与澳门特别行政区代表经协商达成的一致意见，通过了《内地与澳门送达与取证安排》。其主要内容如下：

（1）委托送达的法院。根据《内地与澳门送达与取证安排》，内地人民法院与澳门特别行政区法院就民商事案件，在内地包括劳动争议案件，在澳门特别行政区包括民事劳工案件，可以相互委托送达司法文书。双方相互委托送达司法文书，均须通过各高级人民法院和澳门特别行政区终审法院进行；最高人民法院与澳门特别行政区终审法院之间可以直接相互委托送达。

（2）受托送达的要求。不论委托方法院司法文书中确定的出庭日期或者期限是否已过，受委托方法院均应送达。受委托方法院应当根据本辖区法律规定执行受托事项。委托方法院请求按照特殊方式执行委托事项的，如果受委托方法院认为不违反本辖区的法律规定，可以按照该特殊方式执行。完成司法文书送达事项后，内地人民法院应当出具送达回证，澳门特别行政区法院应当出具送达证明书。

（3）受托送达的拒绝。受委托方法院收到委托书后，不得以本辖区法律规定对委托方法院审理的该民商事案件享有专属管辖权或不承认对该请求事项提起诉讼的权利为由，不予执行受托事项。受委托方法院在执行受托事项时，如果该事项不属于法院职权范围，或者内地人民法院认为在内地执行该受托事项将违反其基本法律原则或社会公共利益，或者澳门特别行政区法院认为在澳门特别行政区执行该受托事项将违反其基本法律原则或公共秩序，可以不予执行，但应当及时向委托方法院书面说明不予执行的原因。

根据《澳门特别行政区基本法》第 93 条的规定，最高人民法院经与澳门特别行政区协商，于 2019 年对《内地与澳门送达与取证安排》进行修改。修改文本于 2019 年 12 月 30 日由最高人民法院审判委员会第 1790 次会议通过，自 2020 年 3 月 1 日起生效。修改后的《内地与澳门送达与取证安排》规定，内地人民法院与澳门特别行政区法院相互委托送达司法文书的，可通过内地与澳门司法协助网络平台以电子方式转递。在两地的共同努力下，该平台已建成并正式启用。平台启用将实现两地送达案件的全流程在线转递、在线审查、在线办理和在线追踪。还规定，最高人民法院可以授权部分中级人民法院和基层人民法院与澳门特别行政区终审法院相互委托送达司法文书，省去了过往由高级人民法院审查和转递的环节，将进一步提升司法协助效率。

3. 最高人民法院于 2009 年 2 月 16 日通过的《关于涉港澳民商事案件司法文书送达问题若干规定》（以下简称《送达规定》）

（1）适用范围。《送达规定》第 1 条规定，本规定适用于人民法院审理涉及香港特别行政区、澳门特别行政区的民商事案件时，向住所地在香港特别行政区、澳门特别行政区的受送达人送达司法文书。

（2）送达方式。包括以下七种：

第一，直接送达。受送达人在内地设立有代表机构或者在内地设立有分支机构或者业务代办人并授权其接受送达的，人民法院可以向上述机构直接送达。

第二，留置送达。人民法院向在内地的受送达人或者受送达人的法定代表人、主要负责人、诉讼代理人、代表机构以及有权接受送达的分支机构、业务代办人送达司法文书的，可以适用留置送达的方式。

第三，安排方式送达。人民法院向在内地没有住所的受送达人送达司法文书的，可以按照《内地与香港送达安排》或者《内地与澳门送达与取证安排》送达。按照上述方式送达，自内地的高级人民法院或者最高人民法院将有关司法文书递送香港特别行政区高等法院或者澳门特别行政区终审法院之日起满 3 个月，未能收到送达与否的证明文件且不存在《送达规定》第 12 条规定情形的，视为不能适用上述安排规定的方式送达。

第四，邮寄送达。人民法院向受送达人送达司法文书，可以邮寄送达。邮寄送达时应附具送达回证。受送达人未在送达回证上签收但在邮件回执上签收的，视为送达，签收日期为送达日期。自邮寄之日起满 3 个月，虽未收到送达与否的证明文件，但存在《送达规定》第 12 条规定情形的，期间届满之日视为送达。自邮寄之日起满 3 个月，未能收到送达与否的证明文件，且不存在《送达规定》第 12 条规定情形的，视为未送达。

第五，电子送达。人民法院可以通过传真、电子邮件等能够确认收悉的其他适当方式向受送达人送达。

第六，公告送达。人民法院不能依照上述方式送达的，可以公告送达。公告内容应当在内地和受送达人住所地公开发行的报刊上刊登，自公告之日起满3个月即视为送达。

第七，多种送达途径并重。除公告送达方式外，人民法院可以同时采取多种法定方式向受送达人送达。采取多种方式送达的，应当根据最先实现送达的方式确定送达日期。

（3）视为送达的情形。受送达人未对人民法院送达的司法文书履行签收手续，但存在以下情形之一的，视为送达：① 受送达人向人民法院提及了所送达司法文书的内容；② 受送达人已经按照所送达司法文书的内容履行；③ 其他可以确认已经送达的情形。

4. 最高人民法院于2008年4月17日颁布的《关于涉台民事诉讼文书送达的若干规定》（以下简称《涉台送达规定》）

（1）适用范围。人民法院审理涉台民事案件向住所地在台湾地区的当事人送达民事诉讼文书，以及人民法院接受台湾地区有关法院的委托代为向住所地在大陆的当事人送达民事诉讼文书，适用该规定。

（2）送达方式。人民法院向住所地在台湾地区的当事人送达民事诉讼文书，采用下列方式：

第一，受送达人居住在大陆的，直接送达。受送达人是自然人，本人不在的，可以交其同住成年家属签收；受送达人是法人或者其他组织的，应当由法人的法定代表人、其他组织的主要负责人或者该法人、其他组织负责收件的人签收；受送达人不在大陆居住，但送达时在大陆的，可以直接送达。

第二，受送达人在大陆有诉讼代理人的，向诉讼代理人送达，但受送达人在授权委托书中明确表明其诉讼代理人无权代为接收的除外。

第三，受送达人有指定代收人的，向代收人送达。

第四，受送达人在大陆有代表机构、分支机构、业务代办人的，向其代表机构或者经受送达人明确授权接受送达的分支机构、业务代办人送达。

第五，受送达人在台湾地区的地址明确的，可以邮寄送达。

第六，有明确的传真号码、电子信箱地址的，可以通过传真、电子邮件方式向受送达人送达。

第七，按照两岸认可的其他途径送达。

采用上述方式不能送达或者台湾地区的当事人下落不明的，公告送达。

（3）代为送达。人民法院按照两岸认可的有关途径代为送达台湾地区法院的民事诉讼文书的，应当有台湾地区有关法院的委托函。人民法院收到台湾地区有关法院的委托函后，经审查符合条件的，应当在收到委托函之日起两个月内完成送达。民事诉讼文书中确定的出庭日期或者其他期限逾期的，受委托的人民法院亦应予送达。

（二）香港特别行政区向内地送达诉讼文书

中国对香港恢复行使主权以前，香港与其他国家或地区之间的民事司法协助关系建立在英国缔结或参加的多边国际公约基础之上，如1965年《送达公约》、1970年《取证公约》等，因此两地间采用《送达公约》规定的方式送达文书。中国对香港恢复行使主权后，最高人民法院于1999年与香港特别行政区代表达成一致意见，以司法协助协议的形式发布了《内地与香港送达安排》。香港以1999年第39号法律公告方式将上述共识体现在《香港高等法院规则》第11号令第5A条规则中，即依据《内地与香港送达安排》，香港司法机构向内地通过发布送达令状完成司法协助，《送达公约》将不再适用于两地的司法协助问题。①

（三）澳门特别行政区向内地送达诉讼文书

根据《内地与澳门送达与取证安排》，澳门向内地送达诉讼文书应依照该安排进行。关于文书的范围，除该安排中的共同规定外，在澳门还包括民事劳工案件的文书。澳门的送达通过澳门特别行政区终审法院进行，完成诉讼文书送达事项后，内地法院应向澳门请求方出具送达回证。

二、取证

（一）内地与香港特别行政区之间的调查取证

1997年7月1日中国对香港恢复行使主权之前，英国是1970年《取证公约》的缔约国，而中国于1997年加入《取证公约》。因此，内地与香港特别行政区之间的调查取证参照1986年《最高人民法院、外交部、司法部关于我国法院和外国法院通过外交途径相互委托送达法律文书若干问题的通知》。中国

---

① 冯霞：《涉港澳台区际私法》，中国政法大学出版社2012年版，第340页。

对香港恢复行使主权后，由于香港特别行政区与内地同属一个主权国家，彼此之间的调查取证并不适用《取证公约》。《香港特别行政区基本法》第 95 条规定："香港特别行政区可与全国其他地区的司法机关通过协商依法进行司法方面的联系和相互提供协助。"

最高人民法院与香港特别行政区经协商，达成《关于内地与香港特别行政区法院就民商事案件相互委托提取证据的安排》，并于 2016 年 12 月 29 日签署。该安排已于 2016 年 10 月 31 日由最高人民法院审判委员会第 1697 次会议通过，自 2017 年 3 月 1 日起生效。其主要内容如下：

第一，双方相互委托提取证据，须通过各自指定的联络机关进行。其中，内地指定各高级人民法院为联络机关；香港特别行政区指定香港特别行政区政府政务司司长办公室辖下行政署为联络机关。最高人民法院可以直接通过香港特别行政区指定的联络机关委托提取证据。

第二，委托书及所附相关材料应当以中文文本提出。没有中文文本的，应当提供中文译本。委托方获得的证据材料只能用于委托书所述的相关诉讼。

第三，内地人民法院根据该安排委托香港特别行政区法院提取证据的，请求协助的范围包括：（1）讯问证人；（2）取得文件；（3）检查、拍摄、保存、保管或扣留财产；（4）取得财产样品或对财产进行试验；（5）对人进行身体检验。香港特别行政区法院根据该安排委托内地人民法院提取证据的，请求协助的范围包括：（1）取得当事人的陈述及证人证言；（2）提供书证、物证、视听资料及电子数据；（3）勘验、鉴定。

第四，受委托方应当根据本辖区法律规定安排取证。委托方请求按照特殊方式提取证据的，如果受委托方认为不违反本辖区的法律规定，可以按照委托方请求的方式执行。如果委托方请求其司法人员、有关当事人及其诉讼代理人（法律代表）在受委托方取证时到场，以及参与录取证言的程序，受委托方可以按照其辖区内相关法律规定予以考虑批准。批准同意的，受委托方应当将取证时间、地点通知委托方联络机关。

第五，受委托方因执行受托事项产生的一般性开支，由受委托方承担。受委托方因执行受托事项产生的翻译费用、专家费用、鉴定费用、应委托方要求的特殊方式取证所产生的额外费用等非一般性开支，由委托方承担。如果受委托方认为执行受托事项或会引起非一般性开支，应先与委托方协商，以决定是否继续执行受托事项。

第六,受委托方应当尽量自收到委托书之日起6个月内完成受托事项。受委托方完成受托事项后,应当及时书面回复委托方。如果受委托方未能按委托方的请求完成受托事项,或者只能部分完成受托事项,应当向委托方书面说明原因,并按委托方指示及时退回委托书所附全部或者部分材料。证人根据受委托方的法律规定,拒绝提供证言的,受委托方应当书面通知委托方,并按委托方指示退回委托书所附全部材料。

(二) 内地与澳门特别行政区之间的调查取证

根据《内地与澳门送达与取证安排》的规定,内地人民法院与澳门特别行政区法院就民商事案件,在内地包括劳动争议案件,在澳门特别行政区包括民事劳工案件,可以相互委托调取证据。

1. 委托取证的法院

双方相互委托调取证据,可以通过内地各高级人民法院和澳门特别行政区终审法院进行;最高人民法院与澳门特别行政区终审法院可以直接相互委托调取证据。此外,最高人民法院可以授权部分中级人民法院和基层人民法院与澳门特别行政区终审法院相互调取证据,省去了过往由高级人民法院审查和转递的环节,将进一步提升司法协助效率。

2. 委托的方式

除以传统委托书的形式进行协助外,《内地与澳门送达与取证安排》还规定,内地人民法院与澳门特别行政区法院相互调取证据的,可通过内地与澳门司法协助网络平台以电子方式转递。平台将实现两地调取证据的全流程在线转递、在线审查、在线办理和在线追踪,大大提高了两地司法协助的效率和便捷性。此外,修改后的《内地与澳门送达与取证安排》新增了可以安排证人通过视频、音频作证的规定。

3. 受托取证的要求

各级人民法院和澳门特别行政区终审法院相互收到对方法院的委托书后,应当立即将委托书及所附司法文书和相关文件转送根据本辖区法律规定有权完成该受托事项的法院。受委托方法院应当根据本辖区法律规定执行受托事项。委托方法院请求按照特殊方式执行委托事项的,如果受委托方法院认为不违反本辖区的法律规定,可以按照其要求的特殊方式执行。

4. 受托取证的拒绝

受委托方法院收到委托书后，不得以本辖区法律规定对委托方法院审理的该民商事案件享有专属管辖权或不承认对该请求事项提起诉讼的权利为由，不予执行受托事项。受委托方法院在执行受托事项时，如果该事项不属于法院职权范围，或者内地人民法院认为在内地执行该受托事项将违反其基本法律原则或社会公共利益，或者澳门特别行政区法院认为在澳门特别行政区执行该受托事项将违反其基本法律原则或公共秩序，可以不予执行，但应当及时向委托方法院书面说明不予执行的原因。

(三) 大陆与台湾地区之间的调查取证

自 2011 年 6 月 25 日开始施行的《最高人民法院关于人民法院办理海峡两岸送达文书和调查取证司法互助案件的规定》，适用于办理海峡两岸民事、刑事、行政诉讼案件中的送达文书和调查取证司法互助业务。

人民法院办理海峡两岸调查取证司法互助业务，限于与台湾地区法院相互协助调取与诉讼有关的证据，包括取得证言及陈述，提供书证、物证及视听资料，确定关系人所在地或者确认其身份、前科等情况，以及进行勘验、检查、扣押、鉴定和查询等。人民法院协助台湾地区法院调查取证，应当采用《民事诉讼法》《刑事诉讼法》《行政诉讼法》等法律和相关司法解释规定的方式。在不违反法律和相关规定、不损害社会公共利益、不妨碍正在进行的诉讼程序的前提下，人民法院应当尽力协助调查取证，并尽可能依照台湾地区法院请求的内容和形式予以协助。

三、判决的认可和执行

(一) 内地与香港特别行政区之间的判决认可和执行

根据《香港特别行政区基本法》第 95 条的规定，最高人民法院与香港特别行政区经协商，达成《关于内地与香港特别行政区法院相互认可和执行当事人协议管辖的民商事案件判决的安排》(以下简称《内地与香港协议管辖安排》)，于 2006 年 7 月 14 日签署。该安排于 2006 年 6 月 12 日由最高人民法院审判委员会第 1390 次会议通过。根据双方一致意见，该安排自 2008 年 8 月 1 日起生效。其主要内容如下：

1. 对终审判决的界定

《内地与香港协议管辖安排》所称"具有执行力的终审判决"，在内地是指：(1) 最高人民法院的判决；(2) 高级人民法院、中级人民法院以及经授权管辖第一审涉外、涉港澳台民商事案件的基层人民法院，依法不准上诉或者已经超过法定期限没有上诉的第一审判决、第二审判决和依照审判监督程序由上一级人民法院提审后作出的生效判决。在香港特别行政区是指终审法院、高等法院上诉法庭以及原讼法庭和区域法院作出的生效判决。

拓展阅读

鲍某申请认可和执行香港特别行政区法院民事判决案

2. 对书面管辖协议的界定

《内地与香港协议管辖安排》所称"书面管辖协议"，是指当事人为解决与特定法律关系有关的已经发生或者可能发生的争议，自《内地与香港协议管辖安排》生效之日起，以书面形式明确约定内地人民法院或者香港特别行政区法院具有唯一管辖权的协议。"特定法律关系"是指当事人之间的民商事合同，不包括雇佣合同以及自然人因个人消费、家庭事宜或者基于其他非商业目的作为协议一方的合同。

3. 不予认可和执行

原审判决中的债务人提供证据证明有下列情形之一，受理申请的法院经审查核实，应当裁定不予认可和执行：(1) 根据当事人协议选择的原审法院地的法律，管辖协议属于无效，但选择的法院已经判定该管辖协议为有效的除外；(2) 判决已获完全履行；(3) 根据执行地的法律，执行地法院对该案享有专属管辖权；(4) 根据原审法院地的法律，未曾出庭的败诉一方当事人未经合法传唤或者虽经合法传唤但未获依法律规定的答辩时间，但原审法院根据其法律或者有关规定公告送达的，不属于上述情形；(5) 判决是以欺诈方法取得的；(6) 执行地法院就相同诉讼请求已经作出判决，或者外国、境外地区法院就相同诉讼请求作出判决，或者有关仲裁机构作出仲裁裁决，已经为执行地法院所认可或者执行的。此外，内地人民法院认为在内地执行香港特别行政区法院判决违反内地社会公共利益，或者香港特别行政区法院认为在香港特别行政区执行内地人民法院判决违反香港特别行政区公共政策的，不予认可和执行。

近年来，两地跨境婚姻家庭纠纷呈现增长趋势。由于缺乏制度性安排，一地法院在两地互涉婚姻家庭案件中就夫妻财产、子女抚养等问题作出的判决无法在另一地获得认可，更不能得到执行，权利人只能通过在另一地重新起诉的方式寻求救济。这不仅严重浪费当事人的时间和金钱，也不利于保护妇女儿童的合法权益。2017年6月20日，最高人民法院和香港特别行政区政府律政司分别代表两地在香港特别行政区签署《关于内地与香港特别行政区法院相互认可和执行婚姻家庭民事案件判决的安排》。该安排共22条，对相互认可和执行的案件范围、当事人申请的程序及救济途径、法院的审查程序及处理结果、不予认可和执行的情形等作出了全面、明确的规定。2022年2月14日，最高人民法院公布《关于内地与香港特别行政区法院相互认可和执行婚姻家庭民事案件判决的安排》，自2022年2月15日起施行。该安排在两地同时生效后，绝大部分跨境婚姻家庭案件判决将在两地得到相互认可和执行。

2019年1月18日，最高人民法院和香港特别行政区政府律政司在北京签署《关于内地与香港特别行政区法院相互认可和执行民商事案件判决的安排》。这是自中国对香港恢复行使主权以来内地与香港商签的司法协助安排中，覆盖面最广、意义最为重大的一项安排。该安排的签署，标志着两地民商事领域司法协助已基本全面覆盖。该安排共31条，对两地相互认可和执行民商事案件判决的范围和判项内容、申请认可和执行的程序和方式、对原审法院管辖权的审查、不予认可和执行的情形、救济途径等作出了规定。该安排尽可能扩大了两地相互认可和执行民商事案件判决的范围，将非金钱判决以及部分知识产权案件的判决也纳入相互认可和执行的范围，既能大大减少当事人重复诉讼之累，为两地民众带来更多实实在在的福祉，也能进一步增进两地司法互信，为两地不断拓展和深化司法交流与合作奠定更加坚实的基础。

（二）内地与澳门特别行政区之间的判决认可和执行问题

2006年2月13日，根据《澳门特别行政区基本法》第93条的规定，最高人民法院审判委员会第1378次会议根据最高人民法院与澳门特别行政区经协商达成的一致意见，通过了《关于内地与澳门特别行政区相互认可和执行民商事判决的安排》，自2006年4月1日起生效。其主要内容如下：

1. 适用范围

该安排适用于内地与澳门特别行政区民商事案件（在内地包括劳动争议案件，在澳门特别行政区包括民事劳工案件）判决的相互认可和执行，亦适用于刑事案件中有关民事损害赔偿的判决、裁定，但不适用

冯某诉骆某申请认可和执行澳门特别行政区法院民事判决案

于行政案件。

2. 管辖法院

内地有权受理认可和执行判决申请的法院为被申请人住所地、经常居住地或者财产所在地的中级人民法院。澳门特别行政区有权受理认可判决申请的法院为中级法院,有权执行的法院为初级法院。

3. 不予认可和执行

被请求方法院经审查核实存在下列情形之一的,应当裁定不予认可和执行:(1)根据被请求方的法律,判决所确认的事项属被请求方法院专属管辖;(2)在被请求方法院已存在相同诉讼,该诉讼先于待认可判决的诉讼提起,且被请求方法院具有管辖权;(3)被请求方法院已认可或者执行被请求方法院以外的法院或仲裁机构就相同诉讼作出的判决或仲裁裁决;(4)根据判决作出地的法律规定,败诉的当事人未得到合法传唤,或者无诉讼行为能力人未依法得到代理;(5)根据判决作出地的法律规定,申请认可和执行的判决尚未发生法律效力,或者因再审被裁定中止执行;(6)在内地认可和执行判决将违反内地法律的基本原则或者社会公共利益,在澳门特别行政区认可和执行判决将违反澳门特别行政区法律的基本原则或者公共秩序。

(三)大陆与台湾地区民事判决的认可和执行

2009年4月26日,为保障海峡两岸人民合法权益,维护两岸交流秩序,海峡两岸关系协会与财团法人海峡交流基金会就两岸共同打击犯罪及司法互助与联系事宜,经平等协商,达成并在南京签署了《海峡两岸共同打击犯罪及司法互助协议》(以下简称《两岸协议》)。《两岸协议》第10条对裁判认可作了专门规定:"双方同意基于互惠原则,于不违反公共秩序或善良风俗之情况下,相互认可及执行民事确定裁判与仲裁裁决(仲裁判断)。"该条规定为两岸相互之间认可和执行民商事裁判提供了框架和原则。

台湾地区关于大陆判决的认可和执行,主要规定在"台湾地区与大陆地区人民关系条例"中,其第74条规定:"在大陆地区作成之民事确定裁判、民事仲裁判断,不违背台湾地区公共秩序或善良风俗者,得声请法院裁定认可。前项经法院裁定认可之裁判或判断,以给付为内容者,得为执行名义。前二项规定,以在台湾地区作成之民事确定裁判、民事仲裁判断,得声请大陆地区法院裁定认可或为执行名义者,始适用之。"因此,台湾地区认可和执行人民法院判决的限制性条件有两个,即公共秩序保留和互惠对等原则。较之台湾地区

"民事诉讼法"关于外国法院确定判决效力承认之规定,显然要宽松。①

对于台湾地区民事判决的认可和执行,自 1998 年以来,最高人民法院先后发布了《关于人民法院认可台湾地区有关法院民事判决的规定》(以下简称《1998 年规定》)、《关于当事人持台湾地区有关法院民事调解书或者有关机构出具或确认的调解协议书向人民法院申请认可人民法院应否受理的批复》、《关于当事人持台湾地区有关法院支付命令向人民法院申请认可人民法院应否受理的批复》和《关于人民法院认可台湾地区有关法院民事判决的补充规定》四个司法解释。上述司法解释较为全面、系统地规定了台湾地区有关法院民事判决在大陆的认可和执行问题,有效减轻了两岸当事人诉累,也为两岸经贸发展和人员往来提供了法律制度保障。②

近年来,随着两岸关系的和平发展和大陆有关民事诉讼法律制度的持续完善,前述四个司法解释在可申请认可和执行的台湾判决范围、申请认可和执行案件管辖连结点、与修改后的《民事诉讼法》衔接等方面,已不能充分满足两岸交流交往和审判实践的需要。为全面总结有关涉台判决认可的审判经验,更好地解决审判实践中遇到的有关法律适用问题,使有关司法解释更加系统化、清晰化,在整合并修订前述四个司法解释的基础上,针对台湾地区法院判决申请认可和执行,最高人民法院于 2015 年 6 月 29 日发布《关于认可和执行台湾地区法院民事判决的规定》,自同年 7 月 1 日起施行。其主要内容如下:

第一,台湾地区法院民事判决的当事人可以根据该规定,作为申请人向人民法院申请认可和执行台湾地区有关法院民事判决。台湾地区法院民事判决,包括台湾地区法院作出的生效民事判决、裁定、和解笔录、调解笔录、支付命令等。申请认可台湾地区法院在刑事案件中作出的有关民事损害赔偿的生效判决、裁定、和解笔录的,适用该规定。申请认可由台湾地区乡镇市调解委员会等出具并经台湾地区法院核定、与台湾地区法院生效民事判决具有同等效力的调解文书的,参照适用该规定。

第二,申请人同时提出认可和执行台湾地区法院民事判决申请的,人民法院先按照认可程序进行审查,裁定认可后,由人民法院执行机构执行。申请人

---

① 杜焕芳主编:《国际私法学关键问题》,中国人民大学出版社 2012 年版,第 234 页。
② 郃中林、李赛敏:《〈关于认可和执行台湾地区法院民事判决的规定〉的理解与适用》,《人民司法(应用)》2016 年第 7 期。

直接申请执行的,人民法院应当告知其一并提交认可申请;坚持不申请认可的,裁定驳回其申请。

第三,申请认可台湾地区法院民事判决的案件,由申请人住所地、经常居住地或者被申请人住所地、经常居住地、财产所在地中级人民法院或者专门人民法院受理。申请人向两个以上有管辖权的人民法院申请认可的,由最先立案的人民法院管辖。申请人向被申请人财产所在地人民法院申请认可的,应当提供财产存在的相关证据。对申请认可台湾地区法院民事判决的案件,人民法院应当组成合议庭进行审查。

第四,申请人申请认可台湾地区法院民事判决,应当提交申请书,并附有台湾地区有关法院民事判决文书和民事判决确定证明书的正本或者经证明无误的副本。台湾地区法院民事判决为缺席判决的,申请人应当同时提交台湾地区法院已经合法传唤当事人的证明文件,但判决已经对此予以明确说明的除外。申请书应当记明以下事项:(1)申请人和被申请人姓名、性别、年龄、职业、身份证件号码、住址(申请人或者被申请人为法人或者其他组织的,应当记明法人或者其他组织的名称、地址、法定代表人或者主要负责人姓名、职务)和通讯方式;(2)请求和理由;(3)申请认可的判决的执行情况;(4)其他需要说明的情况。

第五,人民法院受理认可台湾地区法院民事判决的申请之前或者之后,可以按照《民事诉讼法》及相关司法解释的规定,根据申请人的申请,裁定采取保全措施。人民法院受理认可台湾地区法院民事判决的申请后,当事人就同一争议起诉的,不予受理。一方当事人向人民法院起诉后,另一方当事人向人民法院申请认可的,对于认可的申请不予受理。案件虽经台湾地区有关法院判决,但当事人未申请认可,而是就同一争议向人民法院起诉的,应予受理。人民法院受理认可台湾地区法院民事判决的申请后,作出裁定前,申请人请求撤回申请的,可以裁定准许。

第六,台湾地区法院民事判决具有下列情形之一的,裁定不予认可:(1)申请认可的民事判决,是在被申请人缺席又未经合法传唤或者在被申请人无诉讼行为能力又未得到适当代理的情况下作出的;(2)案件系人民法院专属管辖的;(3)案件双方当事人订有有效仲裁协议,且无放弃仲裁管辖情形的;(4)案件系人民法院已作出判决或者中国大陆的仲裁庭已作出仲裁裁决的;(5)香港特别行政区、澳门特别行政区或者外国的法院已就同一争议作出判决且已为人民法院所认可或者承认的；（6）台湾地区、香港特别行政区、澳门特别行政区或者外国的仲裁庭已就同一争议作出仲裁裁决且已为人民法院所认可或者承认的；（7）认可该民事判决将违反一个中国原则等国家法律的基本原则或者损害社会公共利益的。

第七，人民法院经审查能够确认台湾地区法院民事判决真实并且已经生效，且不具有该规定所列情形的，裁定认可其效力；不能确认该民事判决的真实性或者已经生效的，裁定驳回申请人的申请。裁定驳回申请的案件，申请人再次申请并符合受理条件的，人民法院应予受理。经人民法院裁定认可的台湾地区法院民事判决，与人民法院作出的生效判决具有同等效力。对人民法院裁定不予认可的台湾地区法院民事判决，申请人再次提出申请的，人民法院不予受理，但申请人可以就同一争议向人民法院起诉。

四、仲裁裁决的认可和执行

（一）内地与香港特别行政区仲裁裁决的相互认可和执行

1999年6月18日，根据《香港特别行政区基本法》第95条的规定，经最高人民法院和香港特别行政区代表协商达成一致意见，最高人民法院审判委员会第1069次会议通过《关于内地与香港特别行政区相互执行仲裁裁决的安排》（以下简称《安排》），自2000年2月1日起施行。其主要内容如下：

1. 执行依据

香港特别行政区法院同意执行内地仲裁机构（名单由原国务院法制办公室经国务院港澳事务办公室提供）依据中国《仲裁法》作出的裁决，内地人民法院同意执行在香港特别行政区按香港特别行政区《仲裁条例》作出的裁决。

2. 管辖法院

管辖法院在内地指被申请人住所地或者财产所在地的中级人民法院，在香港特别行政区指香港特别行政区高等法院。

3. 申请执行

申请人向有关法院申请执行在内地或者香港特别行政区作出的仲裁裁决的，应当提交执行申请书、仲裁裁决书和仲裁协议。有关法院接到申请人申请后，应当按执行地法律程序处理及执行。

4. 不予执行

被申请人接到通知后，提出证据证明有下列情形之一的，经审查核实，有关法院可裁定不予执行：（1）仲裁协议当事人依对其适用的法律属于某种无行为能力的情形，或者该项仲裁协议依约定的准据法无效，或者未指明以何种法律为准时，依仲裁裁决地的法律是无效的。（2）被申请人未接到指派仲裁员的适当通知，或者因他故未能陈述意见的。（3）裁决所处理的争议不是交付仲裁的标的或者不在仲裁协议条款之内，或者裁决载有关于交付仲裁范围以外事项的决定的；但交付仲裁事项的决定可与未交付仲裁的事项划分时，裁决中关于交付仲裁事项的决定部分应当予以执行。（4）仲裁庭的组成或者仲裁程序与当事人之间的协议不符，或者在有关当事人没有这种协议时与仲裁地的法律不符的。（5）裁决对当事人尚无约束力，或者业经仲裁地的法院或者按仲裁地的法律撤销或者停止执行的。有关法院认定依执行地法律，争议事项不能以仲裁解决的，可不予执行该裁决。内地法院认定在内地执行该仲裁裁决违反内地社会公共利益，或者香港特别行政区法院认定在香港特别行政区执行该仲裁裁决违反香港特别行政区的公共政策的，可不予执行该裁决。

2020年11月9日，最高人民法院审判委员会第1815次会议通过《关于内地与香港特别行政区相互执行仲裁裁决的补充安排》（以下简称《补充安排》），规定：

第一，《补充安排》所指执行内地或者香港特别行政区仲裁裁决的程序，应解释为包括认可和执行内地或者香港特别行政区仲裁裁决的程序。

第二，将《补充安排》序言及第1条修改为："根据《中华人民共和国香港特别行政区基本法》第九十五条的规定，经最高人民法院与香港特别行政区（以下简称香港特区）政府协商，现就仲裁裁决的相互执行问题作出如下安排：一、内地人民法院执行按香港特区《仲裁条例》作出的仲裁裁决，香港特区法院执行按《中华人民共和国仲裁法》作出的仲裁裁决，适用本安排。"

第三，将《补充安排》第2条第3款修改为："被申请人在内地和香港特区均有住所地或者可供执行财产的，申请人可以分别向两地法院申请执行。应对方法院要求，两地法院应当相互提供本方执行仲裁裁决的情况。两地法院执行财产的总额，不得超过裁决确定的数额。"

第四，在《补充安排》第6条中增加一款作为第2款："有关法院在受理执行仲裁裁决申请之前或者之后，可以依申请并按照执行地法律规定采取保全或者强制措施。"

此外，2019年3月25日，最高人民法院审判委员会第1763次会议通过《关于内地与香港特别行政区法院就仲裁程序相互协助保全的安排》，自2019年10月1日起生效，该安排有助于两地仲裁程序中财产保全、证据保全、行为保全等保全措施的相互协助和落实。

（二）内地与澳门特别行政区仲裁裁决的相互认可和执行

2007年10月30日，根据《澳门特别行政区基本法》第93条的规定，最高人民法院与澳门特别行政区经协商达成并签署了《关于内地与澳门特别行政区相互认可和执行仲裁裁决的安排》。其主要内容如下：

1. 认可和执行依据

内地人民法院认可和执行澳门特别行政区仲裁机构及仲裁员按照澳门特别行政区仲裁法规在澳门作出的民商事仲裁裁决，澳门特别行政区法院认可和执行内地仲裁机构依据中国《仲裁法》在内地作出的民商事仲裁裁决。

2. 管辖法院

内地有权受理认可和执行仲裁裁决申请的法院为中级人民法院。两个或者两个以上中级人民法院均有管辖权的，当事人应当选择向其中一个中级人民法院提出申请。澳门特别行政区有权受理认可仲裁裁决申请的法院为中级法院，有权执行的法院为初级法院。

3. 申请认可和执行

申请人向有关法院申请认可和执行仲裁裁决的，应当提交申请书、申请人身份证明、仲裁协议、仲裁裁决书或者仲裁调解书，或者上述文件经公证的副本。上述文件没有中文文本的，申请人应当提交经正式证明的中文译本。

4. 不予认可和执行

对申请认可和执行的仲裁裁决，被申请人提出证据证明有下列情形之一的，经审查核实，有关法院可以裁定不予认可：（1）仲裁协议一方当事人依对其适用的法律在订立仲裁协议时属于无行为能力的；或者依当事人约定的准据法，或当事人没有约定适用的准据法而依仲裁地法律，该仲裁协议无效的。（2）被申请人未接到选任仲裁员或者进行仲裁程序的适当通知，或者因他故未能陈述意见的。（3）裁决所处理的争议不是提交仲裁的争议，或者不在仲裁协议范围之内，或者裁决载有超出当事人提交仲裁范围的事项的决定。但裁决中超出提交仲裁范围的事项的决定与提交仲裁事项的决定可以分开的，裁决中关于提交仲裁事项的决定部分可以予以认可。（4）仲裁庭的组成或者仲裁程序违反了当事人的约定，或者在当事人没有约定时与仲裁地的法律不符的。（5）裁决对当事人尚无约束力，或者业经仲裁地的法院撤销或者拒绝执行的。

2022年2月15日，最高人民法院审判委员会第1864次会议通过《关于内地与澳门特别行政区就仲裁程序相互协助保全的安排》，自2022年3月25日起施行，该安排有助于两地仲裁程序中财产保全、证据保全、行为保全等保全措施的相互协助和落实。

（三）大陆认可和执行台湾地区仲裁裁决的依据

大陆迄今有关认可和执行台湾地区仲裁裁决的法规和政策，可分为三个阶段[①]：第一阶段，在改革开放之前，两岸关系处于对立状态，根本就不可能产生所谓执行台湾地区仲裁裁决的问题。改革开放后直到1987年加入《纽约公约》，大陆没有承认与执行外国仲裁裁决的制度，也没有执行台湾地区仲裁裁决的制度安排。第二阶段，大陆加入《纽约公约》之后，尤其是1991年中国《民事诉讼法》颁行后，台湾地区仲裁裁决在理论上可以向人民法院申请认可和执行，人民法院参照执行外国仲裁裁决的规定予以办理，政策性较强。第三阶段，最高人民法院《1998年规定》是人民法院认可和执行台湾仲裁裁决的转折点，为认可和执行台湾地区仲裁机构作出的仲裁裁决提供了法律依据。但是，对仲裁裁决的认可和执行直接套用对法院判决认可和执行的规则，明显忽略了仲裁裁决与法院判决在认可和执行方面的差异，特别是审查条件上的差异（其中有些审查条件甚至相冲突）。近年来，法学理论和司法实务界均呼吁，对台湾地区仲裁裁决的认可和执行不宜再简单套用《1998年规定》，而应单独制定司法解释。鉴于此，最高人民法院于2015年6月29日发布《关于认可和执行台湾地区仲裁裁决的规定》，自2015年7月1日起施行。其主要内容如下：

第一，台湾地区仲裁裁决的当事人，可以根据该规定，作为申请人向人民法院申请认可和执行台湾地区仲裁裁决。台湾地区仲裁裁决是指，有关常设仲裁机构及临时仲裁庭在台湾地区按照台湾地区仲裁规定就有关民商事争议作出的仲裁裁决，包括仲裁判断、仲裁和解和仲裁调解。

第二，申请认可台湾地区仲裁裁决的案件，由申请人住所地、经常居住地

---

① 黄进、宋连斌、徐前权：《仲裁法学》（2002年修订版），中国政法大学出版社2002年版，第199—200页。

或者被申请人住所地、经常居住地、财产所在地中级人民法院或者专门人民法院受理。申请人向两个以上有管辖权的人民法院申请认可的，由最先立案的人民法院管辖。申请人向被申请人财产所在地人民法院申请认可的，应当提供财产存在的相关证据。对申请认可台湾地区仲裁裁决的案件，人民法院应当组成合议庭进行审查。

第三，申请人申请认可台湾地区仲裁裁决，应当提交以下文件或者经证明无误的副本：(1)申请书；(2)仲裁协议；(3)仲裁判断书、仲裁和解书或者仲裁调解书。申请书应当记明以下事项：(1)申请人和被申请人姓名、性别、年龄、职业、身份证件号码、住址（申请人或者被申请人为法人或者其他组织的，应当记明法人或者其他组织的名称、地址、法定代表人或者主要负责人姓名、职务）和通讯方式；(2)申请认可的仲裁判断书、仲裁和解书或者仲裁调解书的案号或者识别资料和生效日期；(3)请求和理由；(4)被申请人财产所在地、财产状况及申请认可的仲裁裁决的执行情况；(5)其他需要说明的情况。

第四，人民法院受理认可台湾地区仲裁裁决的申请之前或者之后，可以按照《民事诉讼法》及相关司法解释的规定，根据申请人的申请，裁定采取保全措施。人民法院受理认可台湾地区仲裁裁决的申请后，当事人就同一争议起诉的，不予受理。当事人未申请认可，而是就同一争议向人民法院起诉的，亦不予受理，但仲裁协议无效的除外。人民法院受理认可台湾地区仲裁裁决的申请后，在作出裁定前，申请人请求撤回申请的，可以裁定准许。

第五，对申请认可和执行的仲裁裁决，被申请人提出证据证明有下列情形之一的，经审查核实，人民法院裁定不予认可：(1)仲裁协议一方当事人依对其适用的法律在订立仲裁协议时属于无行为能力的；或者依当事人约定的准据法，或当事人没有约定适用的准据法而依台湾地区仲裁规定，该仲裁协议无效的；或者当事人之间没有达成书面仲裁协议的，但申请认可台湾地区仲裁调解的除外。(2)被申请人未接到选任仲裁员或进行仲裁程序的适当通知，或者由于其他不可归责于被申请人的原因而未能陈述意见的。(3)裁决所处理的争议不是提交仲裁的争议，或者不在仲裁协议范围之内；或者裁决载有超出当事人提交仲裁范围的事项的决定。但裁决中超出提交仲裁范围的事项的决定与提交仲裁事项的决定可以分开的，裁决中关于提交仲裁事项的决定部分可以予以认可。(4)仲裁庭的组成或者仲裁程序违反当事人的约定，或者在当事人没有约定时与台湾地区仲裁规定不符的。(5)裁决对当事人尚无约束力，或者业经台湾地区法院撤销或者驳回执行申请的。此外，依据国家法律，该争议事项不能以仲裁解决的，或者认可该仲裁裁决将违反一个中国原则等国家法律的基本原则或损害社会公共利益的，人民法院应当裁定不予认可。

第六，人民法院经审查能够确认台湾地区仲裁裁决真实，而且不具有该规定所列情形的，裁定认可其效力；不能确认该仲裁裁决真实性的，裁决驳回申请。裁定驳回申请的案件，申请人再次申请并符合受理条件的，人民法院应予受理。一方当事人向人民法院申请认可或者执行台湾地区仲裁裁决，另一方当事人向台湾地区法院起诉撤销该仲裁裁决，被申请人申请中止认可或者执行并且提供充分担保的，人民法院应当中止认可或者执行程序。申请中止认可或者执行的，应当向人民法院提供台湾地区法院已经受理撤销仲裁裁决案件的法律文书。台湾地区法院撤销该仲裁裁决的，人民法院应当裁定不予认可或者裁定终结执行；台湾地区法院驳回撤销仲裁裁决请求的，人民法院应当恢复认可或者执行程序。对人民法院裁定不予认可的台湾地区仲裁裁决，申请人再次提出申请的，人民法院不予受理。但当事人可以根据双方重新达成的仲裁协议申请仲裁，也可以就同一争议向人民法院起诉。

思考题

1. 简述中国四个法域签署的司法协助安排的主要内容及其特点。
2. 对复合法域而言，区际民商事司法协助有哪些主要模式？
3. 内地与香港特别行政区之间如何进行诉讼文书送达的司法协助？
4. 在哪些条件下，人民法院有权拒绝澳门特别行政区委托调查取证的请求？
5. 大陆与台湾地区之间认可和执行法院判决有哪些法律依据？

▶ 自测习题

阅 读 文 献

- 马克思、恩格斯:《共产党宣言》,《马克思恩格斯选集》第1卷,人民出版社2012年版。

- 江泽民:《坚持依法治国(一九九六年二月八日)》,《江泽民文选》第1卷,人民出版社2006年版。

- 胡锦涛:《坚定不移沿着中国特色社会主义道路前进 为全面建成小康社会而奋斗——在中国共产党第十八次全国代表大会上的报告(2012年11月8日)》,人民出版社2012年版。

- 习近平:《弘扬和平共处五项原则 建设合作共赢美好世界——在和平共处五项原则发表60周年纪念大会上的讲话(2014年6月28日)》,人民出版社2014年版。

- 习近平:《决胜全面建成小康社会 夺取新时代中国特色社会主义伟大胜利——在中国共产党第十九次全国代表大会上的报告(2017年10月18日)》,人民出版社2017年版。

- 习近平:《论坚持全面依法治国》,中央文献出版社2020年版。

- 习近平:《坚定不移走中国特色社会主义法治道路 为全面建设社会主义现代化国家提供有力法治保障》,《求是》2021年第5期。

- 习近平:《高举中国特色社会主义伟大旗帜 为全面建设社会主义现代化国家而团结奋斗——在中国共产党第二十次全国代表大会上的报告(2022年10月16日)》,人民出版社2022年版。

- 《中共中央关于全面推进依法治国若干重大问题的决定》,人民出版社2014年版。

- 《中共中央关于坚持和完善中国特色社会主义制度 推进国家治理体系和治理能力现代化若干重大问题的决定》,人民出版社2019年版。

- 《习近平法治思想概论》编写组:《习近平法治思想概论》,高等教育出版社2021年版。

- 黄进:《区际冲突法研究》,学林出版社1991年版。

- 韩德培、韩健：《美国国际私法（冲突法）导论》，法律出版社 1994 年版。

- 谢石松：《国际民商事纠纷的法律解决程序》，广东人民出版社 1996 年版。

- 李双元：《国际私法（冲突法篇）》（修订版），武汉大学出版社 2001 年版。

- 韩德培主编：《国际私法新论》，武汉大学出版社 2003 年版。

- 刘晓红主编：《国际商事仲裁专题研究》，法律出版社 2009 年版。

- 张仲伯：《国际私法学》（第四版），中国政法大学出版社 2012 年版。

- 韩德培主编、肖永平主持修订：《国际私法》（第三版），高等教育出版社、北京大学出版社 2014 年版。

- 邹国勇译注：《外国国际私法立法选译》，武汉大学出版社 2017 年版。

- 李双元、欧福永主编：《国际私法》（第五版），北京大学出版社 2018 年版。

- [法] 亨利·巴蒂福尔、保罗·拉加德：《国际私法总论》，陈洪武等译，中国对外翻译出版公司 1989 年版。

- [英] J. H. C. 莫里斯主编：《戴西和莫里斯论冲突法》（上、中、下），李双元等译，中国大百科全书出版社 1998 年版。

- [英] J. G. Collier：《冲突法（导读本）》，郭玉军编注，中国人民大学出版社 2005 年版。

- [德] 马丁·沃尔夫：《国际私法》（第二版）（上、下），李浩培、汤宗舜译，北京大学出版社 2009 年版。

- O. Kahn-Freund, *General Problems of Private International Law*, Sijhoff, 1976.

- Richard Fentiman, *Foreign Law in English Courts: Pleading, Proof and Choice of Law*, Oxford University Press, 1998.

- James Fawcett & Janeen M. Carruthers, *Cheshire, North & Fawcett: Private International Law*, 14th ed., Oxford University Press, 2008.

- J. H. C. Morris, *The Conflict of Laws*, 7th ed., Sweet & Maxwell, 2009.

- Lawrence Collins (el. ed.), *Dicey, Morris and Collins on the Conflict of Laws*, 15th ed., Sweet & Maxwell, 2012.

人名译名对照表

[荷]	阿塞尔，T. M. C.	T. M. C. Asser
[美]	艾伦茨威格，A. A.	A. A. Ehrenzweig
[法]	巴蒂福尔，亨利	H. Batiffol
[德]	巴尔，L. 冯	L. von Bar
[意]	巴尔都斯	Baldus
[法]	巴坦	Bartin
[意]	巴托鲁斯	Bartolus
[英]	贝克特	Beckett
[捷克]	贝斯里斯基，R.	R. Bystricky
[美]	比尔，J. H.	J. H. Beale
[瑞士]	布鲁赫	Brocher
[古巴]	布斯塔曼特，A. S.	A. S. de Bustamante
[法]	达让特莱	D'Argentré
[英]	戴西，A. V.	A. V. Dicey
[法]	德帕涅，F. C. R.	F. C. R. Despagnet
[法]	杜摩兰，C.	C. Dumoulin
[加拿大]	法尔肯布里奇，J. D.	J. D. Falconbridge
[瑞士]	菲舍尔，F.	F. Vischer
[德]	弗兰根斯坦	Frankenstein
[希腊]	弗朗西斯卡基斯	Francescakis
[法]	弗利克斯	Foelix
[荷]	胡伯，U.	U. Huber
[德]	卡恩，F.	F. Kahn
[德]	卡恩-弗罗因德，O.	O. Kahn-Freund
[美]	卡弗斯，戴维·F.	David F. Carvers
[德]	克格尔，格哈德	Gerhard Kegel
[美]	柯里，B.	B. Currie
[美]	库克，W. W.	W. W. Cook
[德]	拉贝尔，恩斯特	E. Rabel

[瑞士]	拉利夫	Lalive
[乌拉圭]	拉米勒兹,贡萨洛	Gonzolo Ramines
[德]	拉佩	Raape
[美]	莱弗拉尔,R. A.	R. A. Leflar
[法]	兰多	Lando
[美]	里斯,W. L. M.	W. L. M. Reese
[荷]	罗登伯格	Rodenburg
[美]	洛伦岑,E. G.	E. G. Lorenzen
[法]	马兰	Marlin
[法]	马耶尔,皮埃尔	Pierre Mayer
[美]	迈伦,A. T. 冯	A. T. von Mehren
[德]	梅尔希奥	Melchior
[意]	孟西尼,P. S.	P. S. Mancini
[英]	莫里斯,J. H. C.	J. H. C. Morris
[法]	尼布瓦耶	Niboyet
[德]	诺伊豪斯	Neuhaus
[德]	努斯鲍姆,A.	A. Nussbaum
[英]	诺思,P. M.	P. M. North
[委内瑞拉]	帕拉-阿朗古伦	Parra-Aranguren
[法]	皮耶	Pillet
[德]	齐特尔曼,E.	E. Zitelmann
[英]	戚希尔,G. C.	G. C. Cheshire
[匈牙利]	萨瑟,I.	I. Szászy
[德]	萨维尼,弗里德里希·卡尔·冯	Friedrich Carl von Savigny
[德]	舍夫纳,W.	W. Schaeffner
[英]	施米托夫,克莱夫·M.	Clive M. Schmitthoff
[瑞士]	施尼策尔	Schnitzer
[英]	斯卡曼	Scarman
[美]	斯托里,J.	J. Story
[美]	特劳特曼,唐纳德·T.	Donald T. Trautman
[法]	魏斯,A.	A. Weiss
[德]	韦希特尔,卡尔·格奥尔格·冯	Karl Georg von Wächter

［德］	文格勒	Wengler
［美］	温特劳布	Weintraub
［奥地利］	翁格尔	Unger
［德］	沃尔夫，马丁	Martin Wolff

后　记

《国际私法学》是马克思主义理论研究和建设工程重点教材，由教育部组织编写，经国家教材委员会审核通过。

在教材编写过程中，得到了国家教材委员会高校哲学社会科学（马工程）专家委员会、思想政治审议专家委员会以及教育部原马工程重点教材审议委员会的指导。同时，广泛听取了高校教师和学生的意见建议。

本教材由黄进主持编写，肖永平、吕岩峰任副主编。绪论、第一章，黄进撰写；第二章、第三章，肖永平撰写；第四章、第十四章第三节，杜焕芳撰写；第五章、第六章，刘仁山撰写；第七章、第八章，郭玉军撰写；第九章，齐湘泉撰写；第十章，吕岩峰撰写；第十一章，宣增益撰写；第十二章、第十七章，刘晓红撰写；第十三章、第十八章，杜新丽撰写；第十四章第一、二节，第十六章，宋连斌撰写；第十五章，谢石松撰写；王瀚参与了教材提纲的编写工作。

2023 年 2 月

郑重声明

高等教育出版社依法对本书享有专有出版权。任何未经许可的复制、销售行为均违反《中华人民共和国著作权法》，其行为人将承担相应的民事责任和行政责任；构成犯罪的，将被依法追究刑事责任。为了维护市场秩序，保护读者的合法权益，避免读者误用盗版书造成不良后果，我社将配合行政执法部门和司法机关对违法犯罪的单位和个人进行严厉打击。社会各界人士如发现上述侵权行为，希望及时举报，我社将奖励举报有功人员。

反盗版举报电话　（010）58581999　58582371
反盗版举报邮箱　dd@hep.com.cn
通信地址　北京市西城区德外大街4号　高等教育出版社法律事务部
邮政编码　100120

读者意见反馈

为收集对教材的意见建议，进一步完善教材编写并做好服务工作，读者可将对本教材的意见建议通过如下渠道反馈至我社。

咨询电话　400-810-0598
反馈邮箱　gjdzfwb@pub.hep.cn
通信地址　北京市朝阳区惠新东街4号富盛大厦1座
　　　　　高等教育出版社总编辑办公室
邮政编码　100029

防伪查询说明

用户购书后刮开封底防伪涂层，利用手机微信等软件扫描二维码，会跳转至防伪查询网页，获得所购图书详细信息。

防伪客服电话　（010）58582300